"十二五"职业教育国家规划教材
经全国职业教育教材审定委员会审定

桥涵工程 公路与城市道路方向

第三版

主　编　彭彦彬
副主编　叶文海　杜建华　周　静
主　审　韩庆哲

大连理工大学出版社

图书在版编目(CIP)数据

桥涵工程/彭彦彬主编. -- 3版. -- 大连：大连理工大学出版社，2021.1(2025.6重印)
新世纪高职高专道路桥梁工程类课程规划教材
ISBN 978-7-5685-2764-4

Ⅰ.①桥… Ⅱ.①彭… Ⅲ.①桥涵工程－高等职业教育－教材 Ⅳ.①U44

中国版本图书馆CIP数据核字(2020)第232000号

大连理工大学出版社出版

地址：大连市软件园路80号　邮政编码：116023
营销中心：0411-84707410　84708842　邮购及零售：0411-84706041
E-mail:dutp@dutp.cn　URL:https://www.dutp.cn
大连雪莲彩印有限公司印刷　　大连理工大学出版社发行

幅面尺寸：185mm×260mm　　印张：22.5　　字数：546千字
2011年5月第1版　　　　　　　　　　　2021年1月第3版
2025年6月第8次印刷

责任编辑：康云霞　　　　　　　　　　责任校对：吴媛媛
　　　　　　　　封面设计：张　莹

ISBN 978-7-5685-2764-4　　　　　　　　　定　价：58.80元

本书如有印装质量问题，请与我社营销中心联系更换。

前言

《桥涵工程》(第三版)是"十二五"职业教育国家规划教材。

《桥涵工程》自出版以来，被全国多所高职高专院校使用，得到了广泛好评。为适应高校教材改革，编者在第二版教材的基础上进行了修订，力求使教材内容更加完善、实用，更能符合专业发展的需要。

桥涵工程是道路桥梁工程技术及其他交通土建类专业的一门重要专业课。本教材是按照高等职业技术教育人才培养目标，针对目前蓬勃发展的高等职业教育培养技能型、应用型人才的要求，结合当代高等职业教育以就业为导向，面向社会，强调学用紧密结合而编写的。

桥涵工程是一门理论与实践并重、工程实践性较强的课程，主要阐述桥涵设计的基本理论、桥涵工程的基本构造、施工技术及工程质量控制方法等。根据项目教学规律和高职高专学生的就业特点，本教材在内容编排上以构造和施工为主，并精编部分设计内容，目的是使学生通过学习本课程，系统掌握桥涵设计基本理论、桥涵工程的基础知识、桥涵工程施工技术与施工管理方法，初步具备分析与解决工程实际问题和指导桥涵工程施工的能力。编者在编写过程中通过共同努力，使本教材基本做到了内容丰富新颖，能较好地反映桥涵建设中的新材料、新技术、新工艺、新设备，尤其是高速公路建设中的新技术、新工艺、新设备。

本教材由石家庄铁路职业技术学院彭彦彬任主编，湖北交通职业技术学院叶文海、石家庄铁路职业技术学院杜建华、太原城市职业技术学院周静任副主编，浙江交通职业技术学院贾佳、石家庄铁路职业技术学院金秀梅、湖北交通职业技术学院叶恒梅参与了部分内容的编写工作。

2　桥涵工程

具体编写分工如下：第一章、第五章及第四章的第一、二、三节由周静编写，第二章、第十四章由杜建华编写，第三章、第四章的第四节由叶恒梅编写，第六章、第七章由贾佳编写，第八章、第十章、第十三章由叶文海编写，第九章、第十二章由彭彦彬编写，第十一章由金秀梅编写。全书由彭彦彬负责统稿和定稿。石家庄市公路工程管理处处长、教授级高级工程师韩庆哲审阅了全书并提出了许多宝贵的意见和建议，在此深表感谢！青岛公路建设集团有限公司总工程师安丰军为本教材的编写提供了技术支持，在此一并表示感谢！

在编写本教材的过程中，我们参考、引用和改编了国内外出版物中的相关资料以及网络资源，在此对这些资料的作者表示诚挚的谢意。请相关著作权人看到本教材后与出版社联系，出版社将按照相关法律的规定支付稿酬。

鉴于编者学识和水平有限，教材中仍可能存在不足和疏漏之处，敬请读者批评指正，并将意见和建议反馈给我们，以便修订时改进。

建议课时见下表：

序号	课题名称	课时分配		序号	课题名称	课时分配	
		讲课	实习			讲课	实习
1	总论	6		9	墩台施工	12	4
2	混凝土简支梁桥	12	4	10	明挖基础	6	4
3	预应力混凝土连续梁桥	10	4	11	沉井基础	6	
4	桥面构造与桥梁支座	6		12	桩基础	6	4
5	圬工和钢筋混凝土拱桥	8		13	涵洞	6	
6	斜拉桥	6		14	桥涵工程质量检测	6	
7	其他桥型简介	8					
8	墩台的构造	10			合计	128	

编　者

2020 年 11 月

所有意见和建议请发往：dutpgz@163.com

欢迎访问职教数字化服务平台：https://www.dutp.cn/sve/

联系电话：0411-84707424　84708979

目 录

第一章 总 论 ... 1
- 第一节 国内外桥梁的发展概况 ... 1
- 第二节 桥梁的组成和分类 ... 5
- 第三节 桥梁的总体规划和设计要点 ... 10
- 第四节 桥梁设计荷载 ... 15

第二章 混凝土简支梁桥 ... 23
- 第一节 钢筋混凝土简支梁桥的类型与构造 ... 23
- 第二节 钢筋混凝土简支梁的制造工艺 ... 32
- 第三节 预应力混凝土简支梁桥的构造 ... 42
- 第四节 预应力混凝土简支梁桥的施工工艺 ... 49
- 第五节 简支梁桥的架设 ... 60

第三章 预应力混凝土连续梁桥 ... 67
- 第一节 预应力混凝土连续梁的构造 ... 67
- 第二节 预应力混凝土连续梁的施工 ... 72

第四章 桥面构造与桥梁支座 ... 93
- 第一节 桥面系统 ... 93
- 第二节 桥面伸缩缝 ... 97
- 第三节 桥面其他附属工程 ... 101
- 第四节 桥梁支座 ... 104

第五章 圬工和钢筋混凝土拱桥 ... 111
- 第一节 概 述 ... 111
- 第二节 拱桥的构造 ... 115
- 第三节 拱桥的施工 ... 129

第六章 斜拉桥 ... 141
- 第一节 概 述 ... 141
- 第二节 斜拉桥的总体布置 ... 143
- 第三节 主梁截面 ... 148
- 第四节 斜 索 ... 155
- 第五节 索 塔 ... 159
- 第六节 斜拉桥施工简介 ... 160

第七章　其他桥型简介 ... 165
第一节　悬索桥 ... 165
第二节　地道桥简介 ... 176
第三节　刚架桥简介 ... 183

第八章　墩台的构造 ... 189

第九章　墩台施工 ... 208
第一节　砌筑墩台 ... 208
第二节　混凝土墩台 ... 212
第三节　墩台顶帽施工 ... 224
第四节　起重吊装 ... 226
第五节　桥头锥体及台后搭板施工 ... 234

第十章　明挖基础 ... 238
第一节　明挖基础的类型及适用条件 ... 238
第二节　明挖扩大基础的设计与计算 ... 239
第三节　明挖扩大基础施工 ... 248

第十一章　沉井基础 ... 260
第一节　沉井基础的类型与构造 ... 260
第二节　沉井基础施工 ... 264

第十二章　桩基础 ... 285
第一节　桩基础的类型与构造 ... 286
第二节　钻孔灌注桩基础施工 ... 290
第三节　挖孔灌注桩基础施工 ... 307
第四节　打入桩基础施工 ... 311

第十三章　涵洞 ... 316
第一节　涵洞的类型和构造 ... 316
第二节　涵洞的设计与计算 ... 322
第三节　涵洞施工 ... 328

第十四章　桥涵工程质量检测 ... 334
第一节　桥涵施工质量检验评定与验收 ... 334
第二节　桥梁工程检测技术 ... 341
第三节　旧桥加固 ... 347

参考文献 ... 354

第一章 总论

重点提示

本章主要介绍我国桥梁建设的历史、现状及未来的发展趋势；国外桥梁的发展情况；桥梁的组成；桥梁的分类；桥梁设计的基本原则；桥梁的设计程序；桥梁纵、横断面设计和平面布置的内容；桥梁设计方案的比选；桥梁设计荷载。

道路路线遇到江河湖泊、山谷深沟以及其他障碍（如公路或铁路等）时，为了保持道路的连续性，充分发挥其正常的运输能力，就需要建造专门的人工构造物——桥梁来跨越障碍。桥梁一方面要保证桥上的交通运行，通常也要保证桥下水流的宣泄、船只的通航或车辆的通行。

第一节 国内外桥梁的发展概况

一、我国桥梁建筑的成就

我国古代劳动人民创造的文明源远流长，在桥梁建设方面也成就斐然。以河北赵州桥、北京永定河上的卢沟桥等为代表的我国古代桥梁是我国珍贵的文化遗产，无论是其造型艺术、工程技巧、文化内涵还是人文意义，都在世界上占有极高的地位。

根据史料记载，在距今约三千年的周文王时期，我国就已在宽阔的渭河上架过大型浮桥。由于浮桥的架设具有简便快速的特点，所以它常被用于军事活动。汉唐以后，浮桥的运用日趋普遍。桥梁构造的演变总是和当时当地的物质条件和生产力水平相适应的。我国山多河多，自然条件错综复杂，古代桥梁不但数量惊人，而且类型也丰富多彩，几乎包含了所有近代桥梁中的主要形式。

在秦汉时期，我国已广泛修建石梁桥。世界上现在尚存的最长、工程最艰巨的石梁桥，就是我国于 1053～1059 年在福建泉州建造的万安桥，也称洛阳桥。此桥规模宏伟，原长 1 200 m，宽约 5 m，桥墩 46 座，桥栏柱 500 根，石狮 28 只，石亭 7 座，石塔 5 座。现存桥长 834 m，宽 7 m。洛阳桥的建成，使得往来行旅"去舟而徒，易危为安"。此桥第一次用筏型基础来建造桥墩，第一次用"殖蛎"来巩固桥墩，是世界上绝无仅有的造桥方法。近千年前人们就能在这种艰难复杂的水文条件下建成如此的长桥，实为世界桥梁史上一个奇迹。在修建鹰厦铁路时也采用了这项技术。

2 桥涵工程

1240年建造的福建漳州虎渡桥也是令人惊奇的一座梁式石桥。该桥一直保存至今。此桥总长约335 m，某些石梁长达23.7 m，沿宽度用三根石梁组成，每根石梁宽1.7 m、高1.9 m、重达200 t。据历史记载，这些巨大的石梁是利用潮水涨落浮运架设的。

举世闻名、被美国土木工程师协会列为"国际历史土木工程里程碑"的河北省赵县的赵州桥（又称安济桥），是我国古代石拱桥的杰出代表（图1-1）。该桥在隋初（公元605年左右）由李春设计并组织建造，是一座空腹式的圆弧形石拱桥，净跨37.02 m，宽9 m，拱矢高度7.23 m。在拱圈两肩各设有两个跨度不等的腹拱，这样既能减轻自重、节省材料，又便于排洪，还可增加美观性。

图1-1 赵州桥

除赵州桥外，我国还有其他著名的石拱桥，如北京颐和园内的玉带桥和十七孔桥、苏州的枫桥等。我国石拱桥的建造技术在明朝时曾流传到日本等国，促进了我国与世界各国人民的文化交流，增进了友谊。

在我国古桥建筑中，值得一提的是广东潮安县横跨韩江的湘子桥（又名广济桥）。此桥始建于公元1169年，全桥长517.95 m，共20个墩台、19孔，上部结构有石拱、木梁、石梁等多种形式，还有用18条浮船组成的长达97.30 m的开合式浮桥。设置浮桥的目的，一方面是为了适应大型商船和上游木排的通过，另一方面也避免了过多的桥墩阻塞河道以致加剧桥基冲刷而造成水害。这座世界上最早的开合式桥，论石桥之长、石墩之大、桥型之多、施工条件之难、工程历时之久，都是古代建桥史上所罕见的。

中华人民共和国成立后，桥梁建设同社会主义其他各项建设一样，也出现了突飞猛进的发展局面。1957年，第一座长江大桥——武汉长江大桥（图1-2）的胜利建成，结束了我国万里长江无桥的状况，从此，"一桥飞架南北，天堑变通途"。大桥的正桥为三联3×128 m的连续钢桁梁，双线铁路，上层公路桥面宽18 m，两侧各设2.25 m宽的人行道，包括引桥在内全桥总长1 670.4 m。大型钢梁的制造和架设、深水管柱基础的施工等为发展我国现代桥梁技术开创了新路。

1969年我国又顺利建成了举世瞩目的南京长江大桥（图1-3），这是我国自行设计、制造、施工，并使用国产高强钢材16Mnq的现代化大型桥梁。正桥除北岸第一孔为128 m简支钢桁梁外，其余为9孔3联、每联为3×160 m的连续钢桁梁。上层为公路桥面，下层为双线铁路。包括引桥在内，铁路桥部分全长6 772 m，公路桥部分长4 589 m。桥址处水深流急，河床地质极为复杂，大桥桥墩基础的施工非常困难。2000年芜湖长江公铁两用大桥建成，主跨312 m，表明我国的建桥事业已达到了世界先进水平，也是我国桥梁史上又一个重要标志，被称为我国公铁两用桥梁建设史上继江西九江长江大桥之后的第四个里程碑。

图1-2 武汉长江大桥　　　　　　　　图1-3 南京长江大桥

我国还创造和推广了不少新颖的拱桥结构。在1964年创建的双曲拱桥，它具有用料省、造价低、施工简便和外形美观等优点，很快在全国公路上得到应用和推广，对加快我国公路桥梁的建设速度曾起了很大作用。

在拱桥的施工技术方面，除了有支架施工外，对于大跨拱桥，目前已广泛采用无支架施工法、转体施工法、劲性骨架施工法等。位于国道318线上的万县长江大桥全长856.12 m，宽24 m，主跨为420 m，是劲性骨架箱形钢筋混凝土结构。它的矢跨比为1/5，拱上结构为14孔30 m预应力混凝土简支T梁，引桥为13孔30 m预应力简支T梁（南5孔，北8孔）。

钢筋混凝土与预应力混凝土的梁式桥在我国也获得了很大的发展。对于中小跨径的梁桥，已广泛采用装配式的钢筋混凝土及预应力混凝土板式或T形梁桥的定型设计，它不但经济适用，并且施工方便，能加快建桥速度。1977年建成的洛阳黄河公路大桥采用跨径为50 m的预应力混凝土简支梁架设桥面，全长达3.4 km。

除简支梁桥以外，近年来我国还修建了多座现代化的大跨径预应力混凝土T形刚架桥、连续梁桥和悬臂梁桥。已建成的黄石长江公路大桥全桥总长约2 580.08 m，其中主桥长1 060 m，为(162.5+3×245+162.5)m五跨预应力混凝土连续刚构桥，采用钢围堰加大直径钻孔灌注桩基础。桥面净宽19.5 m，其中分向行驶的四个机动车道宽15 m，两侧各设2.25 m宽的非机动车道。

近年来在世界桥梁建筑中蓬勃兴起的现代斜拉桥，是结构合理、跨越能力大、用材指标低且外形美观的先进桥型。我国从1975年开始建造斜拉桥。从四川省云阳汤溪河桥到上海市的南浦大桥、杨浦大桥，跨径从75 m到602 m。1993年建成的世界上跨度最大的叠合梁斜拉桥——杨浦大桥，主跨径为602 m。杨浦大桥的成功兴建使我国的斜拉桥技术迅速达到了世界先进水平，它也促进了全国范围内建造大跨度斜拉桥的新高潮。

跨径达1 088 m的苏通长江公路大桥主塔最高、群桩基础规模最大、斜索最长、跨径最大。此外，横跨整个杭州湾南北两岸，南起宁波慈溪，北到嘉兴海盐，全长36 km的杭州湾大桥（图1-4(a)），超过了美国切萨皮克海湾桥和巴林道堤桥等世界名桥。杭州湾跨海大桥地处强腐蚀海洋环境，为确保大桥寿命，在国内第一次明确提出了设计使用寿命大于等于100年的耐久性要求。大桥50 m箱梁采用"梁上运架梁"技术，架设运输质量从900 t提高到1 430 t，刷新了目前世界上同类技术、同类地形地貌桥梁建设"梁上运架梁"的新纪录。大桥深海区上部结构采用70 m预应力砼箱梁整体预制和海上运架技术，为解决大型混凝土箱梁早期开裂的工程难题，开创性地提出并实施了"二次张拉技术"，彻底解决了这一工程"顽疾"。大桥钢管桩的最大直径1.6 m，单桩最大长度89 m，最大质量74 t，开创了国内外大直径超长整桩螺旋桥梁钢管桩之最。大桥南岸10 km滩涂底下蕴藏着大量的浅层沼气，对施工安全构成严重威胁。在滩涂区的钻孔灌注桩施工中，开创性地采用有控制放气的安全施工工艺，其施工工艺居世界同类地理条件之首。

港珠澳大桥由三座通航桥、一条海底隧道、四座人工岛及连接桥隧、深浅水区非通航孔连续梁式桥和港珠澳三地陆路联络线组成。江海直达船航道桥（图1-4(b)）是一座中央单索面三塔钢箱梁斜拉桥，斜拉索采用空间扇形布置、钢混组合结构塔身，共42根斜拉索，最长索长约135 m，最大索重约20 t；桥跨以129+258+258+129=994 m布置，共3个主墩和4个边辅墩；主梁为倒梯形、带悬臂整幅单箱三室截面；斜拉索采用接近竖琴型双索面，索塔为中央独柱型混凝土塔，其基础均采用群桩钢管复合桩基础；中塔体量最大，高106 m，重2800 t；过渡墩高18.8 m，墩底厚4.5 m，宽12 m，采用预制空心墩身；大桥设通航孔1个，净空高度40 m，净空宽度 210 m,通航吨级为 10 000 t。

图 1-4 杭州湾大桥和江海直达船航道桥

在建造大跨度斜拉桥的同时也迎来了建造大跨度悬索桥的新形势。1992~1997 年,在广州建成了虎门大桥,珠江主航道跨度 888 m,桥下净空 60 m。1992~1997 年,在香港建成了青马大桥,该桥位于青衣岛和马湾岛之间,是通往香港新机场联络线上的一个重点工程,该桥主跨 1 337 m。1999 年,建成了江阴长江大桥(图 1-5),其跨度是 1 385 m,居世界第四。以上悬索桥均为公路桥。

在桥梁基础工程方面,我国深水基础从武汉长江大桥首创管柱基础开始,有比较大的发展。特别是在修建南京长江大桥时,水深最大达到 30.5 m,覆盖层最厚达 48.5 m,成功地采用了重型沉井、深水浮运钢筋混凝土沉井和钢沉井、沉

图 1-5 江阴长江大桥

井加管柱等基础。20 世纪 60 年代初,公路首先用钻孔和挖孔灌注桩,铁路上从成昆线开始较大规模发展钻孔桩基础。20 世纪 70 年代后期,钻、挖孔桩技术迅速发展,九江长江大桥首创双壁钢围堰钻孔桩基础。现在长江上已建成的几座大桥都采用了双壁钢围堰钻孔桩基础。

二、国外桥梁建筑的发展

钢筋混凝土桥的崛起要追溯到 1873 年法国的约瑟夫莫尼尔首创的一座拱式人行桥。由于有石拱桥的技术和建筑艺术为基础,加之钢筋混凝土突出的受压性能,因此钢筋混凝土拱桥一开始就十分引人注目。从 19 世纪末到 20 世纪 50 年代间,钢筋混凝土拱桥在跨越能力、结构体系和主拱圈的截面形式上均有较大发展。由法国弗莱西奈教授设计,于 1930 年建成的三孔 186 m 拱桥和 1940 年瑞典建造的跨径 264 m 的桑独桥,均达到了很高的水平。后者作为此种拱桥的跨度纪录,一直保持到 1964 年澳大利亚悉尼港柏拉马塔河桥问世。鉴于修建钢筋混凝土拱桥时支架、模板的复杂性,加之耗费大量劳力,故在之后的 10 多年中,国外较少采用。直至 1980 年,在南斯拉夫用无支架悬臂施工方法建成了跨度达 390 m 的克尔克(KRK-Ⅱ)桥,突破了 305 m 的世界纪录。

国外在发展钢筋混凝土拱桥的同时,也修建了一些钢筋混凝土梁式桥,但限于材料本身所固有的力学特性,梁式桥的跨径远逊色于拱桥。直至 1928 年法国著名工程师弗莱西奈经过 20 年研究使预应力混凝土技术付诸实现后,新颖的预应力混凝土桥梁首先在法国和德国以异

乎寻常的速度发展起来。德国最早用全悬臂法建造预应力混凝土桥梁,特别是在1952年成功地建成了莱茵河上的沃伦姆斯桥(跨度为101.65 m+114.20 m+104.20 m,具有跨中剪力铰的连续刚架桥)后,这个方法就传播到全世界。10年后莱茵河上本道尔夫桥的问世,将预应力混凝土桥的跨度推进到208 m,悬臂施工技术也日趋完善。日本于1976年建成了当时世界上跨度最大的连续刚架桥——浜名大桥,跨径布置为55 m+140 m+240 m+140 m+55 m。

1962年,在委内瑞拉成功地建成了宏伟的马拉开波湖桥,为现代大跨度预应力混凝土斜拉桥的蓬勃兴起开辟了道路。该桥的主跨跨径为235 m,桥面布置为160 m+5×235 m+160 m。1999年,日本建成了主跨径为890 m的多多罗大桥。

日本明石海峡大桥(图1-6),全长3 910 m,主跨径1 990 m,桥跨布置960 m+1 990 m+960 m,桥宽35.5 m,于1988年开始施工,工期长达10年。

三、桥梁工程前景展望

图1-6　日本明石海峡大桥

桥梁的跨径代表着一个国家的经济、工业和科学技术的整体水平。从现代桥梁的发展趋势可以看出,近年来的桥梁结构逐步向轻巧、纤细方面发展,但桥梁的载重、跨长却不断增大。为了适应社会生产力发展所提出的越来越高的要求,需要建造大量的承受更大荷载、跨越海湾或大江等跨径和总长更大的桥梁,这就推动了桥梁结构向高强、轻型、大跨度的方向发展。

在结构理论上,人们更倾向于研究更符合实际状态的力学分析方法与新的设计理论。例如,充分发挥结构潜在的承载力,充分利用建筑材料的强度,力求工程结构的安全度更为科学和可靠;在大跨度桥梁的设计中,越来越重视空气动力学、振动、稳定、疲劳、非线性等研究成果的应用。除此之外,人们广泛应用计算机辅助设计,在吸收、引进国外软件的基础上,开发专门或综合性的原始数据输入、结构分析、设计,能进行人机交互、自动绘图甚至智能化的成套设计、计算、绘图软件;并且要研究特大、大跨度桥梁施工控制、运营监控成套系统测试设备与软件。在施工上,人们力求高度机械化、工厂化、自动化;在工程管理和监控养护方面,则力争高度科学化、自动化、信息化。

第二节　桥梁的组成和分类

一、桥梁结构的组成

桥梁一般由上部结构(也称桥跨结构)、下部结构、附属结构组成,如图1-7所示。

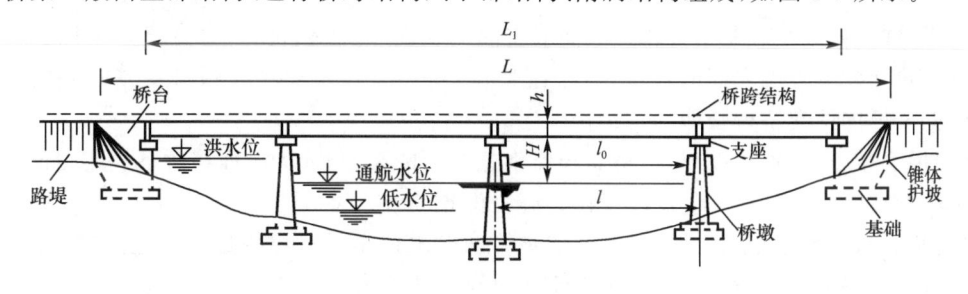

图1-7　桥梁的一般构造

(一)桥梁上部结构

桥梁上部结构承担线路荷载并跨越障碍,由桥面系、主要承重结构和支座组成。

桥面系一般由桥面铺装、栏杆(防撞墙)、人行道、伸缩缝、照明系统等组成。

主要承重结构承担上部结构所受的全部荷载并传给支座,如桁架梁桥中的主桁、梁式桥中的主梁、拱桥中的拱肋(拱圈)等。它是桥梁承载和跨越的重要部分。

支座是设于桥(墩)台顶部,支承上部结构并将荷载传给下部结构的装置。

(二)桥梁下部结构

桥梁下部结构是桥台、桥墩及桥梁基础的总称,用以支持桥梁上部结构并将荷载传给地基。

桥墩是位于多孔桥跨的中间部位,并支承相邻两跨上部结构的建筑物,其功能是将上部结构荷载传至基础。

桥台是位于桥梁的两端,支承桥梁上部结构,并使之与路堤衔接的建筑物。其功能是将上部结构荷载传至基础,并抵抗来自路堤的土压力。为了维持路堤的边坡稳定并将水流导入桥孔,除带八字形翼墙的桥台外,在桥台左右两侧筑有保持路肩稳定的锥形护坡,其锥体填土坡面以片石砌筑。

桥梁基础是桥梁最下部的结构,上承墩台,并将全部桥梁荷载传至地基。基底应设置在有足够承载力的持力层处,并要求有一定的埋置深度。

(三)桥梁附属结构

如路堤挡土墙、护坡、导流堤、检查设备、台阶扶梯、导航装置等。

二、桥梁结构的名词术语

(1)净跨径:梁式桥的净跨径是设计洪水位上相邻两个桥墩(或桥台)之间的净距,用 l_0 表示;对于拱式桥,净跨径则是每孔拱跨两个拱脚截面最低点之间的水平距离。

(2)总跨径:是多孔桥梁中各孔净跨径的总和,也称为桥梁孔径($\sum l_0$),它反映了桥下宣泄洪水的能力。

(3)计算跨径(也称为计算跨度,简称跨径或跨度):对于具有支座的桥梁,是指桥跨结构相邻两个支座中心之间的距离,用 l 表示;对于拱式桥,是指两相邻拱脚截面形心点之间的水平距离。因为拱圈(或拱肋)各截面形心点的连线称为拱轴线,故也就是拱轴线两端点之间的水平距离。

(4)桥梁全长:简称桥长,是桥梁两端两个桥台锥形护坡的侧墙或八字墙后端点之间的距离,用 L 表示。在一条线路中,桥梁和涵洞占总长的比重反映它们在整段线路建设中的重要程度。

对于梁桥,桥梁全长是指桥台挡碴前墙之间的长度;对于拱桥,桥梁全长是指拱上侧墙与桥台侧墙两伸缩缝外端之间的长度;对于刚架桥,桥梁全长是指刚架顺跨度方向外侧间的长度。桥梁全长加两端桥台长即为桥全长。

(5)桥梁高度:简称桥高,是指桥面与低水位之间的高差,或为桥面与桥下线路路面之间的距离。桥梁高度在某种程度上反映了桥梁施工的难易性。

(6)桥下净空高度:是指设计洪水位或计算通航水位至桥跨结构最下缘之间的距离,用 H 表示,它应保证桥梁能安全排洪,并不得小于对该河流通航所规定的净空高度。

(7)建筑高度:是指桥上行车路面(或轨顶)标高至桥跨结构最下缘之间的距离,用 h 表示,它不仅与桥梁结构的体系和跨径的大小有关,而且还随行车部分在桥上布置的高度位置而异。公路(或铁路)定线中所确定的桥面(或轨顶)标高与通航净空顶部标高之差,又称为容许建筑高度。显然,桥梁的建筑高度不得大于其容许建筑高度,否则就不能保证桥下的通航要求。

(8) 拱桥净矢高:是指拱桥从拱顶截面下缘至相邻两拱脚截面下缘最低点之间连线的垂直距离,用 f_0 表示。

(9) 计算矢高:是指从拱顶截面形心至相邻两拱脚截面形心之间连线的垂直距离,用 f 表示。

(10) 矢跨比:是指拱桥中拱圈(或拱肋)的计算矢高 f 与计算跨径 l 之比(f/l),也称为拱矢度,它是反映拱桥受力特性的一个重要指标。

(11) 标准跨径:对于梁桥,它是指相邻两桥墩中线之间的距离,或桥墩中线至桥台台背前缘之间的距离;对于拱桥和涵洞,则是指净跨径。

此外,涵洞是用来宣泄路堤下水流的构造物,通常在建造涵洞处路堤不中断。为了区别于桥梁,《公路工程技术标准》(JTG B01—2014)中规定,凡是多孔跨径的全长不到 8 m 和单孔跨径不到 5 m 的泄水结构物,均称为涵洞。

此外,我国《公路工程技术标准》(JTG B01—2014)中规定,当标准设计或新建桥涵跨径在 50 m 以下时,一般均应尽量采用标准跨径(l_k)。我国规定的公路桥涵标准跨径为 0.75~50 m,共分 21 种。

三、桥梁的分类

桥梁有各种不同的分类方式,每一种分类方式均反映出桥梁在某一方面的特征。

(一)按桥梁的结构体系及受力特点划分

根据结构体系及受力特点,桥梁可划分为梁式桥(即梁桥)、拱式桥(即拱桥)、刚架桥、悬索桥、组合体系桥五种结构体系。不同的结构体系对应不同的力学形式,表现出不同的受力特点。

1. 梁桥

梁桥是古老的结构体系之一。梁作为承重结构,主要是以其抗弯能力来承受荷载。在竖向荷载作用下,其支承处只产生竖向反力;一般,梁体结构只受弯受剪不承受轴向力,如图 1-8 所示。梁桥包括简支梁桥、连续梁桥和悬臂梁桥。

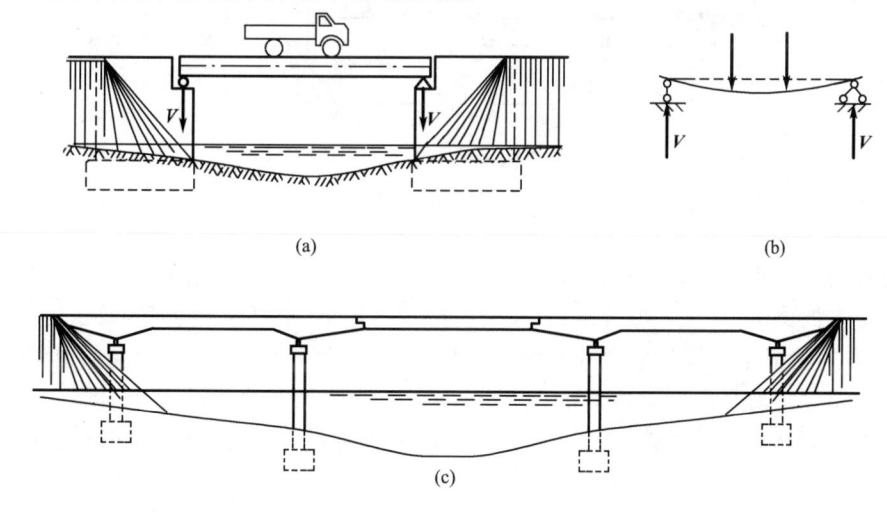

图 1-8 梁桥

2. 拱桥

拱桥的主要承重结构是拱圈或拱肋，如图1-9所示。

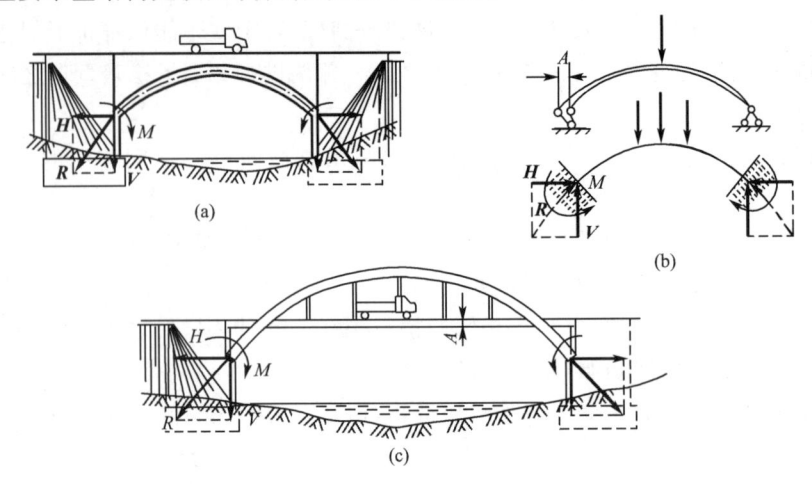

图1-9 拱桥

这种结构在竖向荷载作用下，桥墩或桥台将承受水平推力。同时，这种水平推力将显著抵消荷载所引起在拱圈（或拱肋）内的弯矩作用。因此，与同跨径的梁相比，拱的弯矩和变形要小得多。鉴于拱桥的承重结构以受压为主，通常可用抗压能力强的圬工材料（如砖石、混凝土）和钢筋混凝土等来建造。拱桥的跨越能力很大，外形也较美观，在条件允许的情况下，修建圬工拱桥往往是经济合理的。但为了确保拱桥能安全使用，下部结构和地基必须能经受住很大水平推力的不利作用。

3. 悬索桥

悬索桥（也称为吊桥），由塔架、锚碇、缆索、吊杆、加劲梁及索鞍等主要部分组成，如图1-10所示。活载、桥面和加劲梁荷载通过吊杆传给缆索，缆索通过索鞍支承在塔架上，两端锚固在锚碇结构上。悬索桥的主要承载结构为主缆，主缆由高强钢丝编制而成。该桥型轻巧美观，是跨越能力最大的桥型。其主要缺点是刚度小，一般不用于铁路桥。

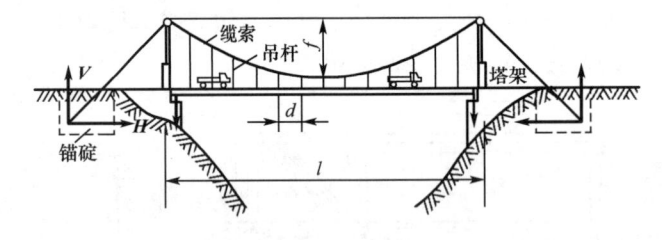

图1-10 悬索桥

4. 刚架桥

刚架桥的主要承重结构是梁或板和立柱或竖墙整体结合在一起的刚架结构，梁和柱的连接处具有很大的刚性，如图1-11所示。在竖向荷载作用下，梁部主要受弯，而在柱脚处也具有水平反力，其受力状态介于梁桥与拱桥之间。因此，对于同样的跨径，在相同的荷载作用下，刚架桥的跨中正弯矩要比一般梁桥的小。根据这一特点，刚架桥跨中的建筑高度就可以做得较小。在城市中当遇到线路立体交叉或需要跨越通航江河时，采用这种桥型能尽量降低线路标高以改善纵坡并能减少路堤土方量。当桥面标高已确定时，能增加桥下净空。刚架桥的缺点是施工比较困难。

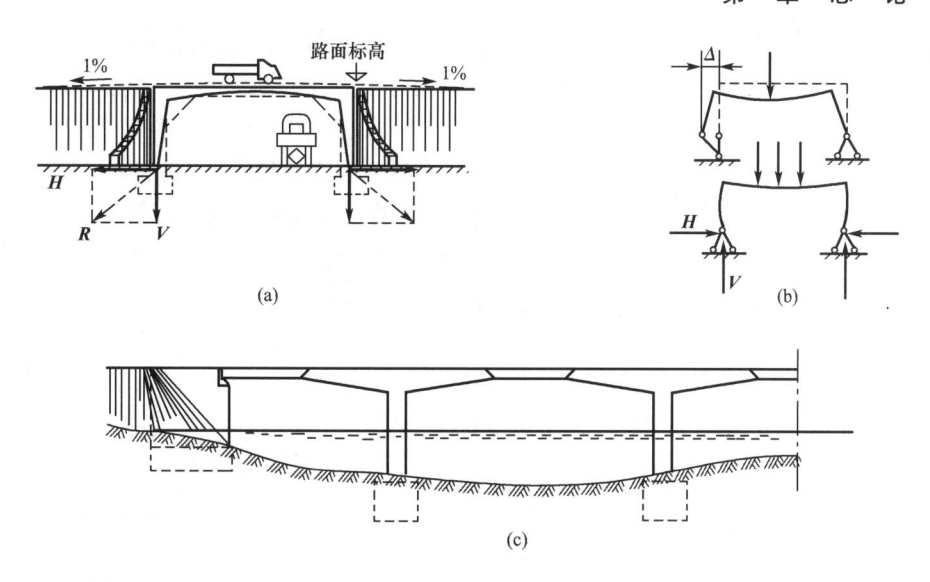

图 1-11　刚架桥

5. 组合体系桥

将上述几种结构形式进行合理的组合应用,即形成组合体系桥。常见的组合方式有:梁、拱结构的组合,如系杆拱桥,如图 1-12(a)、图 2-12(b)所示;梁、缆索、塔架的组合,如斜拉桥,如图 1-12(c)所示。

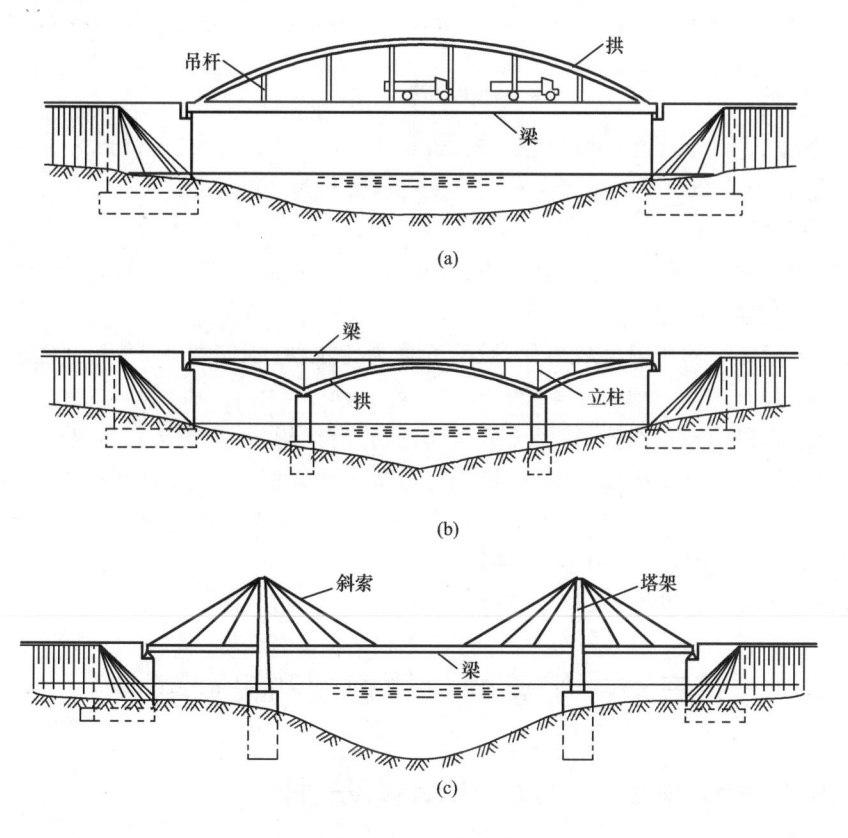

图 1-12　组合体系桥

斜拉桥是由梁、塔架和斜索(拉索)组成。在竖向荷载作用下,梁以受弯为主,塔架以受压为主,斜索承受拉力。梁体被斜索多点拉拽,表现出弹性支承连续梁的特点。因此,梁体荷载弯矩减小,梁体高度可以降低,从而减轻了结构自重并节省了材料。另外,塔架和斜索的材料性能也能得到较充分的发挥。因此,斜拉桥是近几十年来发展很快的一种桥型。

梁、拱、吊杆组合体系同时具备梁的受弯和拱的承压特点,可以是刚性拱及柔性拉杆,也可以是柔性拱及刚性梁。这类结构的主要优点是:利用梁部受拉来承受和抵消拱在竖直荷载下产生的水平推力,这样,桥跨结构既具有拱的外形和承压特点,又不存在很大的水平推力,可在一般地基条件下修建,相对而言这种组合体系的施工较为复杂。

(二)按桥梁跨径划分

根据桥梁多孔跨径总长 L_Z 和单孔跨径 l_K 将桥梁划分为:特大桥、大桥、中桥、小桥、涵洞,见表 1-1。这是我国公路和城市桥梁级别划分的依据。

表 1-1　　　　　　　　　　桥梁按跨径分类　　　　　　　　　　m

桥梁分类	多孔跨径总长 L_Z	单孔跨径 l_K
特大桥	$L_Z>1\ 000$	$l_K>150$
大　桥	$100\leqslant L_Z\leqslant 1\ 000$	$40\leqslant l_K\leqslant 150$
中　桥	$30<L_Z<100$	$20\leqslant l_K<40$
小　桥	$8\leqslant L_Z\leqslant 30$	$5\leqslant l_K<20$
涵　洞	—	$l_K<5$

注:1. 单孔跨径是指标准跨径。
2. 梁、板式桥的多孔跨径总长为多孔标准跨径的总长;拱桥为两岸桥台内起拱线之间的距离;其他形式桥梁为桥面系车道长度。
3. 管涵及箱涵不论管径或跨径大小、孔数多少,均称为涵洞。

铁路桥按桥长不同可分为 4 种:特大桥,桥长为 500 m 以上;大桥,桥长为 100~500 m(含 500 m);中桥,桥长为 20~100 m(含 100 m);小桥,桥长为 20 m 及以下。

(三)其他分类

(1)按用途来划分,桥梁可分为公路桥、铁路桥、公路铁路两用桥、农桥、人行桥、运水桥(渡槽)及其他专用桥梁(如通过管路、电缆等)。

(2)按主要承重结构所用材料划分,桥梁可分为圬工桥、钢筋混凝土桥、预应力混凝土桥、钢桥和木桥等。

(3)按跨越障碍的性质划分,桥梁可分为跨河桥、跨线桥(立体交叉)、高架桥和栈桥等。

(4)按上部结构的行车道位置划分,桥梁可分为上承式桥、下承式桥和中承式桥。其中,桥面布置在主要承重结构之上者称为上承式桥,桥面布置在承重结构之下者称为下承式桥,桥面布置在桥跨结构高度中间者称为中承式桥。

(5)按桥梁平面的形状划分,桥梁可分为正交桥、斜桥和弯桥等。

第三节　桥梁的总体规划和设计要点

一、桥梁总体规划原则和基本设计资料

桥梁应根据其使用任务、性质和将来的发展需要,按照适用、经济、安全和美观的原则进行设计。桥型的选择应遵循因地制宜、就地选材、便于施工和养护的原则。大、中桥应进行必要

的方案比较,选择最佳的桥型方案;公路和铁路桥梁应适当考虑农田排灌的需要,靠近村镇、城市、公路、铁路及水利设施的桥梁,应结合各有关方面的要求适当考虑综合利用。设计人员在工作中必须广泛吸取建桥实践中创造的先进经验,推广各种经济效益好的技术成果,积极采用新结构、新技术、新设备、新工艺和新材料。

(一)桥梁设计的基本原则

1. 安全

(1)所设计的桥梁结构在强度、稳定性和耐久性方面应有足够的安全储备。

(2)防撞栏杆应具有足够的高度和强度,人与车流之间应做好防护栏,防止车辆危及行人或撞坏栏杆而落到桥下。

(3)对于交通繁忙的桥梁,应设计好照明设施并有明确的交通标志,两端引桥坡度不宜太陡,以避免因发生车辆碰撞等引起的车祸。

(4)对于河床易变迁的河道,应设计好导流设施,防止桥梁基础底部被过度冲刷;对于通行大吨位船舶的河道,除按规定加大桥孔跨径外,必要时应设置防撞结构物等。

(5)对于修建在地震区的桥梁,应按抗震要求采取防震措施;对于大跨度柔性桥梁,尚应考虑风振效应。

2. 适用

(1)桥面宽度能满足当前以及今后规划年限内的交通流量(包括行人通行)。

(2)桥梁结构在通过设计荷载时不出现过大的变形和过宽的裂缝。

(3)桥跨结构的下面有利于泄洪、通航(跨河桥)或车辆和行人的通行(旱桥)。

(4)桥梁的两端方便于车辆的进入和疏散,而不致产生交通堵塞现象等。

(5)考虑综合利用,方便各种管线(水、电气、通信等)的搭载。

3. 经济

(1)桥梁设计应遵循因地制宜、就地取材和方便施工的原则。

(2)经济的桥型应该是造价和养护费用综合最省的桥型。设计中应充分考虑维修的方便和减少维修费的使用,维修时尽可能不中断交通或中断交通的时间最短。

(3)所选择的桥位应是地质和水文条件良好,并使桥梁长度较短。

(4)桥位应考虑建在能缩短河道两岸的运距,以促进该地区的经济发展,使其产生最大的效益。对于过桥收费的桥梁应能吸引更多的车辆通过,达到尽快回收投资的目的。

4. 美观

一座桥梁应具有优美的外形,而且这种外形从任何角度看都应该是优美的。结构布置必须精炼,并在空间上有和谐的比例。桥型应与周围环境相协调,城市桥梁和游览地区的桥梁可较多地考虑建筑艺术上的要求。合理的结构布局和轮廓是桥梁美观的主要因素。另外,施工质量对桥梁美观也有重大影响。

5. 技术先进

在因地制宜的前提下,桥梁设计应尽可能采用成熟的新结构、新设备、新材料和新工艺。在认真学习国内外的先进技术、充分利用最新科学技术成就的同时,努力创新,淘汰和摒弃原来落后和不合理的设计思想。只有这样才能更好地贯彻安全、适用、经济、美观的原则,提高我国的桥梁建设水平,进而赶上和超过世界先进水平。

6. 环境保护和可持续发展

桥梁设计应考虑环境保护和可持续发展的要求。从桥位选择、桥跨布置、基础方案、墩身外形、上部结构施工方法、施工组织设计等全面考虑环境要求,采取必要的工程控制措施,并建立环境监测保护体系,将不利影响减至最小。

(二)桥梁设计资料调查

一般桥梁设计中需要进行的资料调查工作包括以下几方面:

(1)调查桥梁的使用任务。即调查桥上的交通种类和行车、行人的往来密度,以确定桥梁的荷载等级和行车道、人行道宽度等。调查桥上是否有需要通过的各类管线(如电力线、电话线、水管、煤气管等),为此需设置专门的构造装置。

(2)测量桥位附近的地形,绘制地形图供设计和施工应用。

(3)探测桥位的地质情况,包括土壤的分层标高、物理力学性能、地下水等,并将钻探所得资料绘制地质剖面图。对于所遇到的地质不良现象,如滑坡、断层、溶洞、裂隙等,应详加注明。为使地质资料更接近实际,可根据初步拟定的桥梁分孔方案将钻孔布置在墩台附近。

(4)调查和测量河流的水文情况,为确定桥梁的桥面标高、跨径和基础埋置深度提供依据。其内容包括:

①河道性质:了解河道是静水河还是流水河,有无潮水,河床及两岸的冲刷和淤积,以及河道的自然变迁和人工规划的情况。

②测量桥位处河床断面。

③调查了解洪水位的多年历史资料,通过分析推算设计洪水位。

④测量河床比降,调查河槽各部分的形态标高和粗糙率等,计算流速、流量等有关的资料,通过计算确定设计水位下的平均流速和流量,结合河道性质可以确定桥梁所需要的最小总跨径,选择通航孔的位置和墩台基础形式及埋置深度。

⑤向航运部门了解和协调确定设计通航水位和通航净空,根据通航要求与设计洪水位,确定桥梁的分孔跨径与桥跨底缘设计标高。

(5)调查当地建筑材料(砂、石料等)的来源、水泥钢材的供应情况以及水陆交通的运输情况。

(6)调查了解施工单位的技术水平、施工机械等装备情况,以及施工现场的动力设备和电力供应情况。

(7)调查和收集有关气象资料,包括气温、雨量及风速(或台风影响)等情况。

(8)调查新建桥位上、下游有无老桥,其桥型布置和使用情况等。

(三)桥梁设计程序

一座桥梁的规划设计所涉及的因素很多,特别是对于工程比较复杂的大、中桥的设计。为了从错综复杂的客观情况中能得出合理的设计,需要进行各种不同设计方案的分析比较,从中选定最优方案,并编制成推荐上报的初步设计,这是桥梁设计的第一阶段。

初步设计应根据批复的可行性研究报告,勘测设计合同和初测、初勘或定测、详勘资料编制。初步设计的目的是确定设计方案,应通过多个桥型方案的比选,推荐最优方案,报上级审批。在编制各个桥型方案时,应提供平、纵、横面布置图,标明主要尺寸,并估算工程数量和主要材料数量,提供施工方案,编制设计概算,提供文字说明和图表资料。初步设计经批复后,即成为施工准备、编制施工图设计文件和控制建设项目投资等的依据。

桥梁设计的第二阶段是施工图设计,应根据初步设计(或技术设计)批复意见、勘测设计合同,进一步对审定的修建原则、设计方案、技术措施加以具体和深化。在此阶段中,必须对桥梁各种构件进行详细的结构计算,并且确保强度、刚度、稳定性、裂缝、变形等各种技术指标满足规范要求,绘制施工详图,提出文字说明及施工组织计划,并编制施工图预算。

目前,我国一般(常规)的桥梁采用两阶段设计,即初步设计和施工图设计。对于技术简单、方案明确的小桥,也可采用一阶段设计,即施工图设计。对于技术复杂的大型桥梁,在初步设计之后,还需增加一个技术设计阶段,在这一阶段要针对全部技术难点,进行如抗风、抗震、受力复杂部位等的试验、计算及结构设计,然后再做施工图设计。

二、桥梁纵、横断面设计和平面布置

(一)桥梁纵断面设计

桥梁纵断面设计包括确定桥梁的总跨径、桥梁的分孔、桥道的标高、桥上和桥头引道的纵坡以及基础埋置深度等。

1. 桥梁总跨径的确定

桥梁总跨径一般根据水文计算来确定。其基本原则是:应使桥梁在整个使用年限内,保证设计洪水能顺利宣泄;河流中可能出现的流冰、船只和排筏等能顺利通过;避免因过分压缩河床引起河道和河岸的不利变迁;避免因桥前壅水而淹没农田、房屋、村镇和其他公共设施等。为了使总跨径不致过大而增加桥梁的总长度,同时又要允许有一定的冲刷,因此,桥梁的总跨径不能机械地根据计算和规定冲刷系数来确定,而必须按具体情况分别对待。例如,当桥梁墩台基础埋置深度较浅时,桥梁的总跨径应大一些,可接近于洪水泛滥的宽度,以避免河床过多地冲刷而引起桥梁破坏;对于深基础,允许较大冲刷,可适当压缩桥下排洪面积,以减小桥梁总跨径。山区河流一般河床流速本来已经很大,则应尽可能少压缩或不压缩河床,因为当桥头路堤和锥体护坡伸入河床时,就难以承受高速流水的冲刷。平原宽滩河流虽然可允许较大的压缩,但必须注意壅水对河滩路堤以及附近农田和建筑物可能发生的危害。

2. 桥梁分孔的确定

对于一座较长的桥梁,应当分成几孔以及各孔的跨径应当多大,这不仅影响到使用效果、施工难易等,并且在很大程度上关系到桥梁的总造价。跨径越大、孔数越少,上部结构的造价就越高,墩台的造价就越少;反之,上部结构的造价越低,而墩台造价就越高。桥梁的分孔与桥墩的高度以及基础工程的难易程度有密切关系。最经济的分孔方式就是使上、下部结构的总造价趋于最低。具体要求如下:

(1)对于通航河流,在分孔时首先应满足桥下的通航要求。桥梁的通航孔应布置在航行最方便的河域。对于变迁性河流,根据具体条件,应多设几个通航孔。

(2)当在山区的深谷、水深流急的江河以及水库上修桥时,为了减少中间桥墩的数量,应加大跨径。条件允许时,甚至可以采用特大跨径的单孔跨越。

(3)对于平原区宽阔河流上的桥梁,通常在主河槽部分按需要布置较大的通航孔,而在两侧浅滩部分按经济跨径进行分孔。

(4)对于采用连续体系的多孔桥梁,应从结构的受力特性考虑,使边孔与中孔的跨中弯矩接近相等,合理地确定相邻跨之间的比例。

(5)对于河流中存在不利的地质段,如岩石破碎带、裂缝、溶洞等,在布孔时,为了使桥梁基础避开这些区段,可以适当加大跨径。

总之,大、中桥的分孔是一个相当复杂的问题,必须根据使用任务、桥位处的地形和环境、河床地质、水文等具体情况,通过技术、经济等方面的分析比较,才能做出比较完美的设计方案。

3. 桥道标高的确定

对于跨河桥梁,桥道的标高应保证桥下排洪和通航的需要;对于跨线桥,则应确保桥下安全行车。在平原区建桥时,桥道标高的抬高往往伴随着桥头引道路堤土方量的显著增加。在修建城市桥梁时,若将桥道标高设计得较高,则两端引道的延伸会影响市容,或者需要设置立体交叉或高架栈桥,这会导致造价的提高。因此,必须根据设计洪水位、桥下通航(或通车)净空等需要,结合桥型、跨径等一起考虑,以确定合理的桥道标高。

(1)流水净空要求 在不通航河流上,为了保证河流桥下净空,其值不应小于表 1-2 的规定。当在河流中有形成流冰阻塞的危险或有漂浮物通过时,桥下净空应按当地具体情况确定。对于有淤积的河床,桥下净空应适当加高。

表 1-2　　　　　　　　　　　非通航河流桥下净空　　　　　　　　　　　m

桥梁的部位	高出计算水位	高出最高流冰位
梁 底	0.50	0.75
支承垫石顶面	0.25	0.50
拱 脚	0.25	0.25

(2)通航净空要求 为了保证桥下安全通航,通航孔桥跨结构下缘的标高应高出从设计通航水位算起的净空高度。有关通航净空的尺寸规定,参见《海轮航道通航标准》(JTS 180-3—2018)及《内河通航标准》(GB 50139—2014)。

(3)跨线桥桥下的交通要求 在设计跨线桥(铁路或公路)的立体交叉时,桥跨结构底缘的标高应高出相应的设计规范规定的车辆净空高度。

综上所述,全桥位于河中各跨的桥面标高均应首先满足流水净空的要求;对于通航或桥下通车的桥孔,还应满足通航或通车净空的要求;另外,还应考虑桥的两端能够与公路或城市道路顺利衔接等。因此,全桥各跨的桥面标高是不相同的,必须综合考虑和规划。一般将桥梁的纵断面设计成具有单向或双向的坡度,既利于交通、美观效果好,又便于桥面排水(对于不太长的小桥,可以做成平坡桥),但桥面纵坡不宜大于 4%,桥头引道纵坡不宜大于 5%。对于位于市镇混合交通繁忙处的桥梁,桥上纵坡和桥头引道纵坡均不得大于 3%,并应在纵坡变更的地方,按规定设置竖曲线使坡度改变处不致出现转角。

(二)桥梁横断面设计

桥梁横断面的设计主要包括决定桥面的宽度和桥跨结构横截面的布置。桥面宽度决定于行车和行人的交通需要。我国颁布的《公路工程技术标准》(JTG B01—2014),规定了各级公路桥面净空的限界,在建筑限界内,不得有任何的结构部件。

(三)桥梁平面布置

桥梁的线形及桥头引道要保持平顺,使车辆能平稳地通过。高速公路和一级公路上的大、中桥,以及各级公路上的小桥的线形及其与公路的衔接,应符合路线布设的规定。

二、三、四级公路上的大、中桥平面线形一般为直线,如必须设计成曲线时,其各项指标应符合路线布设规定。

从桥梁本身的经济性和施工方便来说,应尽可能避免桥梁与河流或与桥下路线斜交。但对于一般小桥,为了改善路线线形,或城市桥梁受原有街道的制约时,有时也修建斜交桥,斜度通常不宜大于 45°,在通航河流上则不宜大于 5°。

第四节 桥梁设计荷载

一、公路桥梁设计荷载

桥梁结构设计的主要内容之一就是荷载的选定和计算。我国《公路桥涵设计通用规范》(JTG D60—2015)(以下简称为《桥规》)将桥梁结构承受的各种荷载和外力统称为作用,作用使桥梁结构产生内力、变形或裂缝,这些内力、变形、裂缝统称为作用效应。根据它们作用的性质和影响程度的不同,可将桥梁作用归纳为永久作用、可变作用、偶然作用三类。公路、城市桥梁各类作用见表1-3。

表1-3 公路、城市桥梁作用分类表

作用分类	作用名称
永久作用	结构重力(包括结构附加重力)、预加力、土的重力及土侧压力、混凝土收缩及徐变作用、水的浮力、基础变位作用
可变作用	车辆荷载、车道荷载、汽车冲击力、汽车离心力、汽车引起的土侧压力、人群荷载、汽车制动力、风荷载、流水压力、冰压力、温度影响力、支座摩阻力
偶然作用	地震作用、船舶或漂流物的撞击作用、汽车撞击作用

(一)永久作用

永久作用也称为恒载,是指在设计使用期内其作用位置、大小、方向不随时间变化,或其变化与平均值相比可忽略不计。永久作用包括结构物自重、桥面铺装、附属设备的重量、作用于结构上的土重及土侧压力、基础变位作用、水浮力、长期作用于结构上的预应力以及混凝土收缩和徐变作用等。

结构自重、桥面铺装及附属设备等附加重力均属结构重力。结构重力标准值可按常用材料的重力密度计算,见表1-4。

表1-4 常用材料的重力密度 kN/m³

材料种类	重力密度	材料种类	重力密度
钢、铸钢	78.5	浆砌片石	23.0
铸铁	72.5	干砌块石或片石	21.0
锌	70.5	沥青混凝土	23.0~24.0
铅	114.0	沥青碎石	22.0
黄铜	81.1	碎(砾)石	21.0
青铜	87.4	填土	17.0~18.0
钢筋混凝土或预应力混凝土	25.0~26.0	填石	19.0~20.0
混凝土或片石混凝土	24.0	石灰三合土、石灰土	17.5
浆砌块石或料石	24.0~25.0		

对于公路桥梁,结构物的自重往往占全部设计荷载的很大部分。例如,当跨径为20~150 m时,结构自重占30%~60%,跨径越大则所占比例越高。因此,采用轻质、高强材料来减少桥梁结构的自重,应是桥梁建设研发的方向。

(二)可变作用

可变作用是指在设计使用期内,其作用位置、大小、方向随时间变化,且其变化与平均值相比不可忽略的作用。桥梁设计中考虑的可变作用有汽车荷载和人群荷载。对于汽车荷载应计及其冲击力、制动力和离心力;对于所有车辆荷载,尚应计算其所引起的土侧压力。此外,可变作用还包括支座摩阻力、温度(均匀温度和梯度温度)作用、风荷载、流水压力和冰压力等。

1. 汽车荷载

公路桥梁设计时,汽车荷载的计算图式、荷载等级及其标准值、加载方法和纵横向折减等应符合下列规定:

(1)汽车荷载分为公路-Ⅰ级和公路-Ⅱ级两个等级。

(2)汽车荷载由车道荷载和车辆荷载组成。车道荷载由均布荷载和集中荷载组成。桥梁结构的整体计算采用车道荷载,桥梁结构的局部加载、涵洞、桥台和挡土墙土压力等的计算采用车辆荷载。车辆荷载与车道荷载的作用不得叠加。

(3)各级公路桥梁设计的汽车荷载等级应符合表1-5的规定。

表 1-5　　　　各级公路桥梁设计的汽车荷载等级

公路等级	高速公路	一级公路	二级公路	三级公路	四级公路
汽车荷载等级	公路-Ⅰ级	公路-Ⅰ级	公路-Ⅱ级	公路-Ⅱ级	公路-Ⅱ级

二级公路为干线公路且重型车辆多时,其桥梁的设计可采用公路-Ⅰ级汽车荷载等级。

四级公路上重型车辆少时,其桥梁设计所采用的公路-Ⅱ级车道荷载的效应可乘以0.8的折减系数,车辆荷载的效应可乘以0.7的折减系数。

(4)车道荷载的计算图式如图1-13所示。

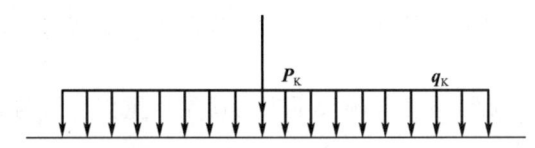

图 1-13　车道荷载的计算图式

①公路-Ⅰ级车道荷载的均布荷载标准值为 $q_K = 10.5 \text{ kN/m}$;集中荷载标准值按以下规定选取:桥梁计算跨径小于或等于 5 m 时,$P_K = 180$ kN;桥梁计算跨径等于或大于 50 m 时,$P_K = 360$ kN;桥梁计算跨径为 5~50 m 时,P_K 值采用直线内插求得。计算剪力效应时,上述集中荷载标准值 P_K 应乘以1.2的系数。

②公路-Ⅱ级车道荷载的均布荷载标准值 q_K 和集中荷载标准值 P_K 按公路-Ⅰ级车道荷载的75%采用。

③车道荷载的均布荷载标准值应满布于使结构产生最不利效应的同号影响线上,集中荷载标准值只作用于影响线中一个最大影响线峰值处。

(5)公路-Ⅰ级和公路-Ⅱ级汽车荷载采用相同的车辆荷载标准值。车辆荷载的立面布置、平面尺寸如图1-14所示。

(6)车道荷载横向分布系数应按设计车道数布置车辆荷载进行计算,如图1-15所示。

(7)桥梁设计车道数应符合表1-6的规定。多车道桥梁上的汽车荷载应考虑多车道折减。当桥梁设计车道数等于或大于 2 时,由汽车荷载产生的效应应按表1-7规定的多车道折减系数进行折减,但折减后的效应不得小于两设计车道的荷载效应。

(a)立面布置

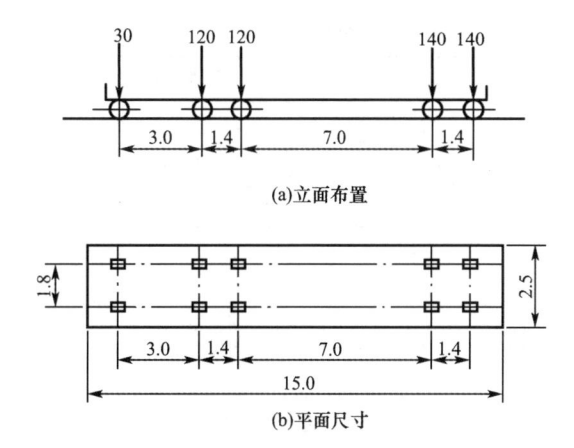

(b)平面尺寸

图 1-14 车辆荷载的立面布置、平面尺寸(荷载单位:kN;尺寸单位:m)

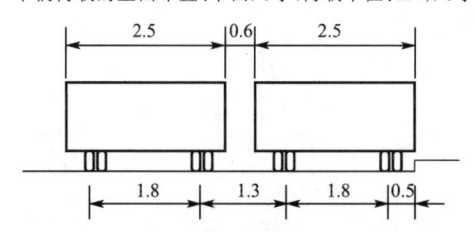

图 1-15 车道荷载横向分布(尺寸单位:m)

表 1-6　　　　　　　　　　　　桥梁设计车道数

桥面宽度 W/m		桥梁设计车道数
车道单向行驶时	车道双向行驶时	
W<7.0		1
7.0≤W<10.5	6.0≤W<14.0	2
10.5≤W<14.0		3
14.0≤W<17.5	14.0≤W<21.0	4
17.5≤W<21.0		5
21.0≤W<24.5	21.0≤W<28.0	6
24.5≤W<28.0		7
28.0≤W<31.5	28.0≤W<35.0	8

表 1-7　　　　　　　　　　　　横向折减系数

横向布置设计车道数	2	3	4	5	6	7	8
横向折减系数	1.00	0.78	0.67	0.60	0.55	0.52	0.50

(8)大跨径桥梁上的汽车荷载应考虑纵向折减。当桥梁计算跨径大于150 m时,应按表1-8规定的纵向折减系数进行折减。当为多跨连续结构时,整个结构应按最大的计算跨径考虑汽车荷载效应的纵向折减。

表 1-8　　　　　　　　　　　　　　　纵向折减系数

计算跨径 l/m	纵向折减系数	计算跨径 l/m	纵向折减系数
150<l<400	0.97	800≤l<1 000	0.94
400≤l<600	0.96	l≥1 000	0.93
600≤l<800	0.95		

2. 车辆荷载的影响力

车辆荷载的影响力包括汽车荷载的冲击力、汽车制动力、汽车离心力、汽车引起的土侧压力。

(1) 汽车荷载的冲击力　车辆以较高速度驶过桥梁时,由于桥面不平整、车轮不圆以及发动机抖动等原因,会使桥梁结构引起振动,从而使桥梁结构承受比静荷载要大的竖向荷载作用,这种动力效应通常称为冲击作用。《桥规》将这种车辆荷载冲击力以动力系数($1+\mu$)予以考虑,μ 为冲击系数。《桥规》规定按下述方法计算:

当 $f < 1.5$ Hz 时,　　　　　$\mu = 0.05$

当 1.5 Hz $\leq f \leq 14$ Hz 时,　$\mu = 0.176\ 7\ln f - 0.015\ 7$

当 $f > 14$ Hz 时,　　　　　$\mu = 0.45$

式中　f——结构基频(Hz),采用有限元方法计算,对于常规结构,可采用《桥规》条文说明中的计算公式计算。

钢桥、钢筋混凝土和预应力混凝土桥、混凝土桥和砖石拱桥等的上部结构以及支座、橡胶支座或钢筋混凝土柱式墩台,应计算汽车荷载的冲击力。鉴于结构物上的填料能起缓冲和扩散荷载的作用,故对于拱桥、涵洞以及重力式墩台,当填料厚度(包括路面厚度)等于或大于 50 cm 时,可以不计冲击作用。汽车荷载的局部加载及在 T 梁、箱梁悬臂板上的冲击系数采用 1.3。

(2) 汽车制动力　桥上汽车制动力是指车辆在刹车时为克服车辆的惯性力而在路面与车辆之间发生的滑动摩擦力。汽车制动力大小与车辆和路面间的摩阻系数及汽车荷载大小有关,考虑到刹车常常只出现在一部分车辆上,且制动力只有同向行驶的汽车才能叠加,《桥规》规定:一个设计车道的制动力标准值按布置在加载长度内车道荷载的 10% 计,但公路-Ⅰ级汽车荷载的制动力不得小于 165 kN,公路-Ⅱ级汽车荷载的制动力不得小于 90 kN。同向行驶双车道的制动力为一个设计车道制动力的 2 倍,同向行驶三车道的制动力为一个设计车道制动力的 2.34 倍,同向行驶四车道的制动力为一个设计车道制动力的 2.68 倍。

制动力的方向就是行车方向。制动力的着力点在桥面以上 1.2 m 处,计算墩台时,可移至支座中心线或支座底座面上。计算钢构桥、拱桥时,制动力的着力点可移至桥面上,但不计因此而产生的竖向力和力矩。

各种支座传递的制动力可按《桥规》中有关规定采用。

(3) 汽车离心力　汽车在弯道桥梁上行驶时会产生离心力,曲线半径越小,离心力越大,当弯道桥梁的曲线半径小于或等于 250 m 时,应计算汽车荷载引起的离心力。离心力标准值为车辆荷载(不计冲击力)标准值乘以离心力系数 C。离心力系数按下式计算:

$$C = \frac{v^2}{127R} \tag{1-1}$$

式中　v——设计速度(按桥梁所在路线设计速度采用)(km/h);

R——曲线半径(m)。

离心力的着力点在桥面以上1.2 m处(为计算简便也可以移至桥面上,不计由此引起的作用效应)。多车道时,车辆荷载标准值也应乘以表1-7规定的横向折减系数。

(4)汽车引起的土侧压力　汽车荷载作用在桥台或挡土墙后填土上,将引起后填土的破坏棱体对桥台或挡土墙的土侧压力,土侧压力可按下式换算成等代均布土层厚度 $h(m)$,即

$$h=\frac{\sum G}{Bl_0\gamma} \tag{1-2}$$

式中　γ——土的容重(kN/m^3);
　　　B——桥台的计算宽度或挡土墙的计算长度(m);
　　　l_0——桥台或挡土墙后填土的破坏棱体长度(m);
　　　$\sum G$——布置在 Bl_0 面积内的车辆车轮重力(kN),当涉及多车道加载时,车轮总重力应按表1-7进行折减。

3. 人群荷载

设有人行道的桥梁在以汽车荷载计算内力时,应同时考虑人行道上人群荷载所产生的内力。一般公路桥梁的人群荷载标准值按下列规定采用:

(1)当桥梁计算跨径小于或等于50 m时,人群荷载标准值为3.0 kN/m^2;当桥梁计算跨径等于或大于150 m时,人群荷载标准值为2.5 kN/m^2;当桥梁计算跨径为50~150 m时,可由线形内插得到人群荷载标准值。对跨径不等的连续结构,以最大计算跨径为准。

(2)城镇、郊区行人密集地区的公路桥梁,人群荷载标准值取上述规定值的1.15倍。对于专用人行桥梁,人群荷载标准值为3.5 kN/m^2。

(3)人群荷载在横向应布置在人行道的净宽度内,在纵向施加于使结构产生最不利荷载效应的区段内。

(4)人行道板(局部构件)可以一块板为单元,按标准值4.0 kN/m^2 的均布荷载计算。计算人行道栏杆时,作用在栏杆立柱顶上的水平推力标准值取0.75 kN/m;作用在栏杆扶手上的竖向力标准值取1.0 kN/m。

其他可变荷载的计算详见《桥规》有关规定。

(三)偶然作用

偶然作用是指在桥梁结构设计基准期内不一定出现,若一旦出现其量值很大且持续时间较短的作用。桥梁设计考虑的偶然作用有地震作用、船舶或漂流物的撞击作用和汽车的撞击作用。偶然作用的计算方法详见《公路工程抗震规范》(JTG B02—2013)和《桥规》的有关规定。

(四)作用效应组合

在以上介绍的这些作用中除永久作用外,可变作用和偶然作用中有些不能同时出现,有些虽然同时出现但并不同时出现最大值。且对于不同的结构、不同的部位、不同的检算项目及不同的阶段也有不同的检算要求。因此,就存在一个作用效应组合问题。

公路桥涵设计计算时的作用效应组合见《桥规》有关规定。

二、城市桥梁设计荷载

城市桥梁的永久作用和偶然作用与公路桥梁相同,这里仅就不同部分的可变作用介绍如下:

1. 车辆荷载

城市桥梁设计荷载可分为车辆荷载和车道荷载。桥梁的横断梁、行车道板、桥台或挡土墙

后填土压力的计算（局部计算）应采用车辆荷载。桥梁的主梁、主拱和主桁架等的计算（总体计算）应采用车道荷载。当桥面车行道内有轻轨车辆混合运行时，尚应按有关轻轨荷载规定进行验算，并取其最不利者进行设计。当进行桥梁结构计算时不得将车辆荷载和车道荷载的作用叠加。

车辆荷载的等级可划分为城－A级车辆荷载和城－B级车辆荷载，其标准车辆纵、平面布置如图1-16和图1-17所示。

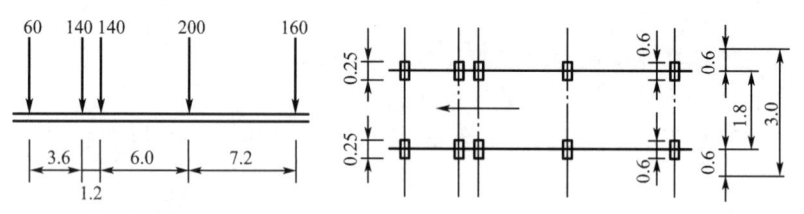

图1-16　城－A级标准车辆纵、平面布置（总重700 kN）
（轴重单位：kN；尺寸单位：m）

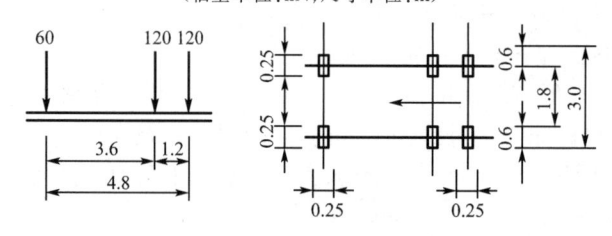

图1-17　城－B级标准车辆纵、平面布置（总重300 kN）
（轴重单位：kN；尺寸单位：m）

城－A级车道荷载和城－B级车道荷载应按均布荷载加一个集中荷载计算（图1-18），均布荷载和集中荷载的标准值按桥梁的跨径确定，并符合表1-9的规定（当计算弯矩时，均布荷载 q 采用标准值 q_M；当计算剪力时，均布荷载 q 采用标准值 q_Q）。

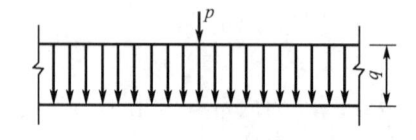

图1-18　城－A级和城－B级车道荷载计算图示

表1-9　车道荷载计算取值表

跨径/m	城－A			城－B			当跨径大于20 m而小于或等于150 m，且车道数目大于或等于4条时，计算剪力应分别乘增长系数1.25（城－A）和1.30（城－B）
	q_M/(kN·m^{-1})	q_Q/(kN·m^{-1})	P/kN	q_M/(kN·m^{-1})	q_Q/(kN·m^{-1})	P/kN	
2≤跨径≤20	22.5	37.5	140	19.0	25.0	130	
20＜跨径≤150	10.0	15.0	300	9.5	11.0	160	

车道荷载的单向布载宽度应为3.0 m，如图1-19(a)所示。为简化桥梁横向影响线的计算，车道荷载可按图1-19(b)所示的等效荷载车轮集中力形式布置。

设计车道数目 n 与行车道总宽度 W 的关系与《桥规》标准相同，可按表1-6确定。当设计车道数目大于2时，应计入车道的横向折减系数，车道横向折减系数按表1-10采用。加速车道位置应选结构能产生最不利的荷载效应之外，不考虑车道的纵向折减。

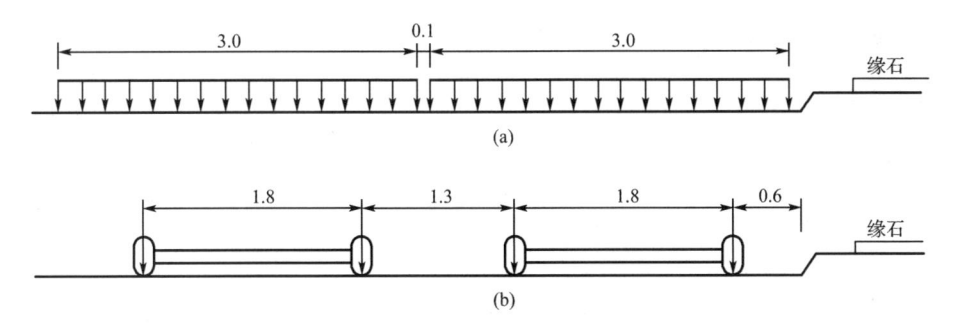

图 1-19 车道荷载横向布置(尺寸单位:m)

表 1-10　　　　　　　　　　车道横向折减系数

设计车道数目	1	2	3	4	5	≥6
横向折减系数	1.00	1.00	0.80	0.67	0.60	0.55

2.汽车荷载的冲击力

钢桥、钢筋混凝土和预应力混凝土桥、混凝土桥和砖石拱桥等的上部结构以及支座、橡胶支座或钢筋混凝土柱式墩台,应计算汽车荷载的冲击力。

对于拱桥、涵洞以及重力式墩台,当填料厚度(包括路面厚度)大于或等于 50 km 时,可以不计汽车荷载的冲击作用。

汽车荷载的冲击力为汽车荷载乘以冲击系数 μ。汽车荷载的冲击系数 μ 可按下列两种情况计算。

(1)车道荷载的冲击系数:

$$\mu = \frac{20}{80+l} \tag{1-3}$$

式中　l——跨径(m)。

当 $l=20$ m 时,$\mu=0.2$;当 $l=150$ m 时,$\mu=0.1$。

(2)车辆荷载的冲击系数:

$$\mu = 0.668\,6 - 0.303\,2\log l\,(\mu\text{ 的最大值不得超过 }0.4) \tag{1-4}$$

在式(1-4)中:

①对于简支的主梁、主桁、拱桥的拱圈等主要构件,l 为计算跨径。

②对于悬臂梁、连续梁、钢构件、桥面系构件、仅受局部荷载的构件以及墩台等,l 为其相应内力影响线的荷载长度(即为各荷载区段加载长度之和)。

汽车对支座的冲击力,按相应的桥梁设计规范采用。

3.人群荷载

人行道板(局部结构)的人群荷载应按 5 kN/m² 的均布荷载或 1.5 kN 的竖向集中力分别计算,并作用在一个构件上,取其不利者。

梁、桁架及其他大跨结构的人群荷载 ω,可按下列公式计算,且 ω 值在任何情况下不得小于 2.4 kN/m²。

当加载长度 $l<20$ m 时:

城市桥梁的人群荷载　　　　$\omega = 4.5 \times (20 - \omega_p)/20$ 　　　　(1-5)

专用人行桥的人群荷载　　　$\omega = 5 \times (20 - \omega_p)/20$ 　　　　(1-6)

当加载长度 $l \geqslant 20$ m 时：

城市桥梁的人群荷载 $\qquad \omega = (4.5 - 2 \times \dfrac{l-20}{80}) \times \dfrac{20 - \omega_p}{20}$ (1-7)

专用人行桥的人群荷载 $\qquad \omega = (5 - 2 \times \dfrac{l-20}{80}) \times \dfrac{20 - \omega_p}{20}$ (1-8)

式中 ω——单位面积上的人群荷载(kN/m^2)；

l——加载长度(m)；

ω_p——当计算城市桥梁的人群荷载时为单边人行道宽度(m)；在专用非机动车桥上时宜取 1/2 桥宽，当 1/2 桥宽大于 4 m 时应按 4 m 计；在计算专用人行桥的人群荷载时为半桥宽，当大于 4 m 时应按 4 m 计。

计算桥上人行道栏杆时，作用在栏杆扶手上的活载：竖向荷载采用 1.2 kN/m^2；水平向外荷载采用 1.0 kN/m，两者应分别考虑，不得同时作用。作用在栏杆立柱柱顶的水平推力应为 1.0 kN/m，防撞栏应采用 80 kN 横向集中力进行检验，其作用点在防撞栏杆板的中心。

4. 汽车荷载引起的离心力、土侧压力

车辆荷载引起的离心力、土侧压力的计算应按现行《桥规》执行，可参照公路桥梁车辆荷载引起的离心力、土侧压力计算公式。

复习思考题

1. 试说出我国历史上几座有代表性意义的桥梁。
2. 试阐述我国桥梁未来发展的趋势。
3. 桥梁设计应满足哪些基本要求？
4. 桥梁的上部结构、下部结构、附属结构分别包括哪些内容？
5. 试述桥梁设计前应调查哪些资料。
6. 桥梁工程纵断面、横断面、平面设计包括哪些内容？
7. 简述桥梁工程的设计程序。
8. 简述梁桥、拱桥、刚架桥、斜拉桥、悬索桥的主要受力特点。
9. 试列出永久作用、可变作用、偶然作用的主要内容。
10. 公路桥梁汽车荷载分成几种等级？车辆荷载和车道荷载各有哪些特点？
11. 简述公路桥梁与城市桥梁汽车荷载的区别。

第二章 混凝土简支梁桥

重点提示

主要介绍混凝土简支梁(板)桥的类型和构造;钢筋混凝土和预应力混凝土梁(板)桥的制造工艺;钢筋混凝土和预应力混凝土简支梁(板)桥的架设方法。简支梁是目前使用最广泛的桥梁形式,是学习的重点。

简支梁桥是梁式桥中应用最早、使用最广泛的一种桥型。它受力简单,梁中只有正弯矩,温度变化、混凝土收缩徐变、张拉预应力等均不会在梁中产生附加内力,设计计算方便,最易设计成各种标准跨径的装配式结构。由于简支梁是静定结构,结构内力不受地基变形的影响,对地基要求较低,能适应地基条件较差的情况。为减少伸缩缝装置,改善行车平整舒适度,可采用桥面连续的预应力混凝土简支梁桥。目前,世界上预应力混凝土简支梁桥最大跨径已达 76 m。在一般情况下,跨径超过 50 m 后,桥形显得过于笨重,安装重力较大,给装配式施工带来困难,实际上并不经济。我国预应力混凝土简支梁桥的标准跨径在 40 m 以下。

第一节 钢筋混凝土简支梁桥的类型与构造

公路钢筋混凝土简支梁桥的截面形式有板式和肋梁式两种。

(一)钢筋混凝土简支板桥的构造

板桥建筑高度小,外形简单,而且内部一般无须配置抗剪钢筋,仅按构造要求布置弯起钢筋,因而具有施工简单、节省模板和钢筋等优点,故在小跨径桥梁中应用广泛。钢筋混凝土简支板桥的标准跨径一般在 10 m 以下,预应力混凝土简支板桥的标准跨径不宜大于 20 m。

简支板桥按照施工方法分为装配式、整体式和装配-整体组合式。对于正交板桥,在缺乏起重设备的情况下,可考虑采用现浇的整体式钢筋混凝土简支板桥。对于斜、弯、既斜又弯或其他异形板桥,采用现浇的整体式钢筋混凝土结构是最方便的。在有条件的情况下,为了缩短工期可考虑采用装配式钢筋混凝土结构。

1. 整体式简支板桥

整体式简支板桥常见截面类型有实心板桥、矮肋板桥。整体式实心板桥一般为矩形截面(图 2-1(a)),常用于 5~10 m 跨径的桥梁,具有形状简单、施工方便、建筑高度小、结构整体刚度大等优点,但施工时需现浇混凝土,受季节气候影响较大,并需模板与支架。有时为了减轻自重,也可将截面受拉区稍加挖空做成矮肋式截面(图 2-1(b))。

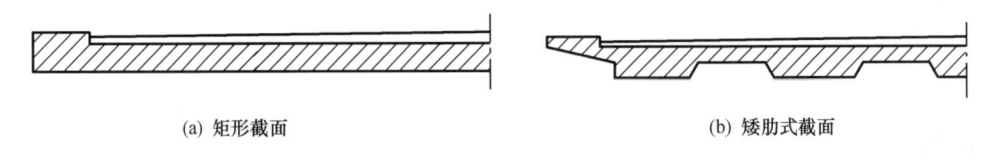

(a) 矩形截面　　　　　　　　　　　(b) 矮肋式截面

图 2-1　整体式简支板桥横截面基本形式

2. 装配式简支板桥

(1) 装配式实心板桥

这种矩形实心板桥是目前最常用的,它具有形状简单、施工方便、建筑高度小、施工质量易于保证等优点。图 2-2~图 2-6 所示为装配式简支实心板桥上部构造。

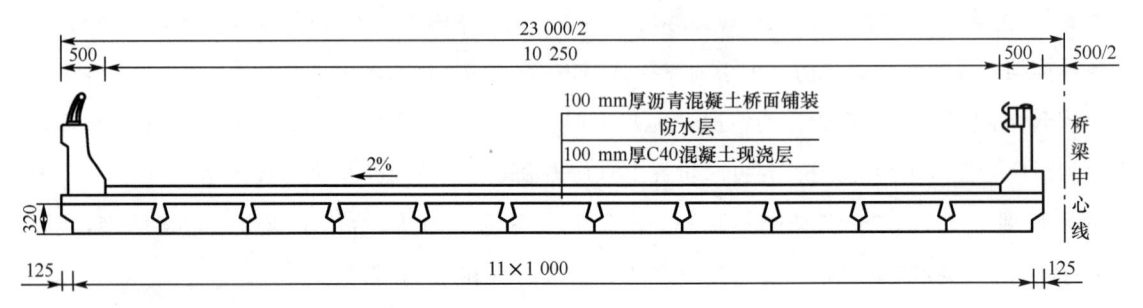

图2-2　装配式实心板横断面布置图

(2) 装配式空心板桥

当桥梁跨径增大时,宜采用钢筋混凝土空心板截面,板厚度一般为 40~70 cm,图 2-7 所示为几种常用的空心板截面形式。图 2-7(a)和 2-7(b)开成单孔,挖空面积最大、重量小,但顶板需配置横向受力钢筋以承担车轮荷载;图 2-7(a)略呈弯形,可以节省一些钢筋,但模板较图 2-7(b) 复杂;图 2-7(c)挖成两个圆孔,当用无缝钢管作芯模时施工较方便,但挖空率小;图 2-7(d)的芯模由两块半圆和两块侧模板组成,当板的厚度改变时只需更换两块侧模板。

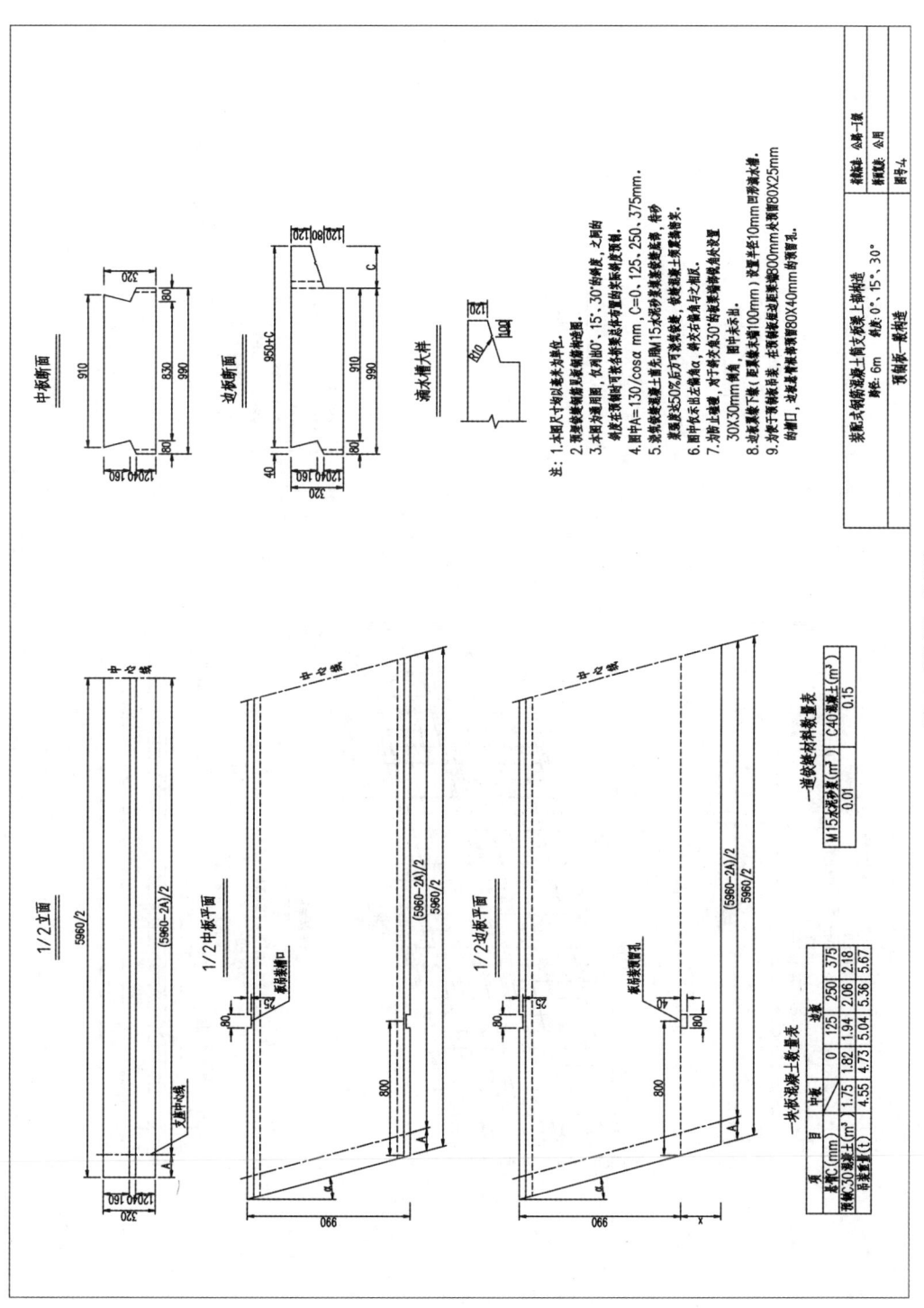

图2-3 预制板一般构造

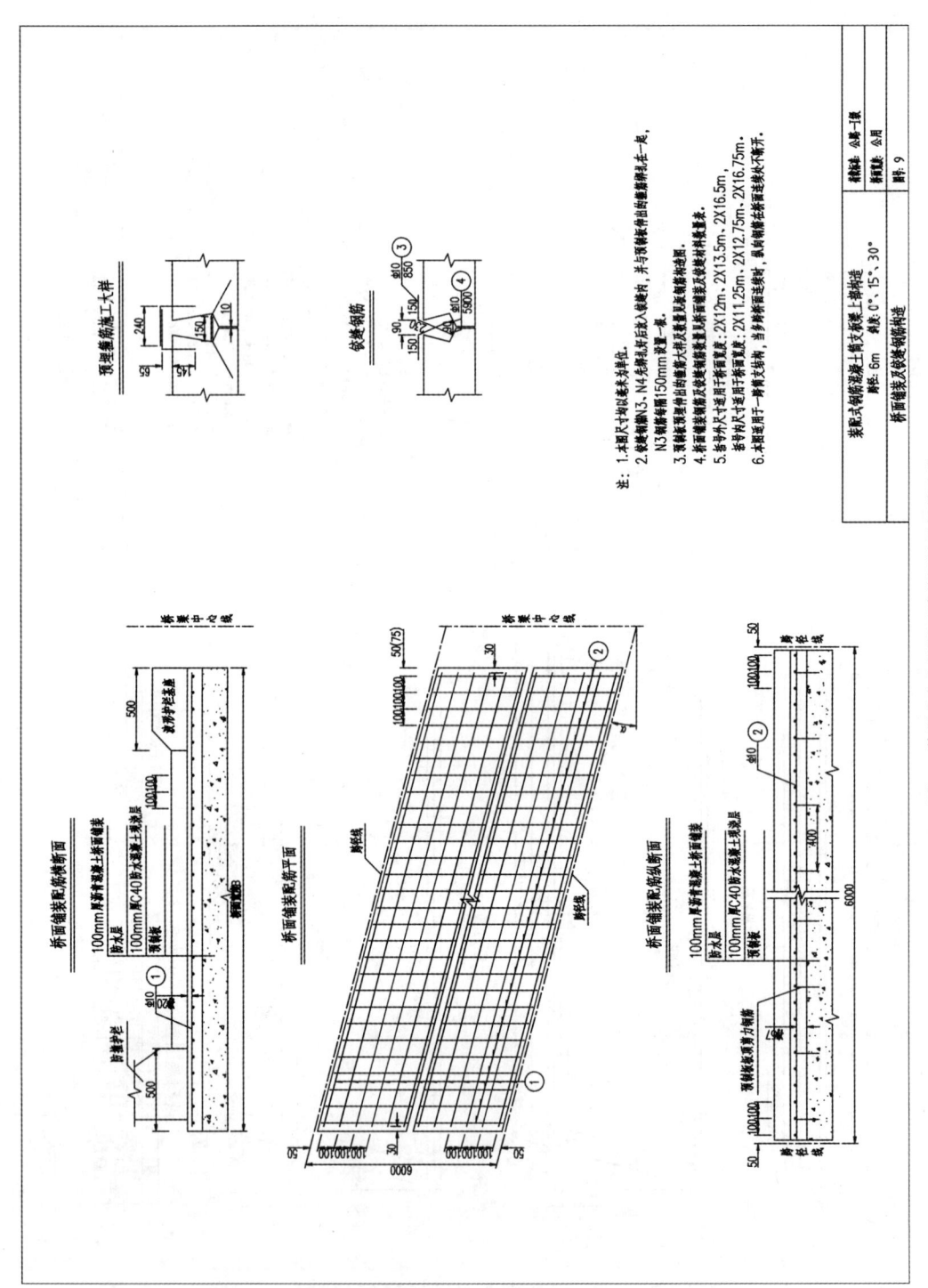

图2-4 装配式实心板桥桥面铺装及铰缝钢筋构造

第二章 混凝土简支梁桥

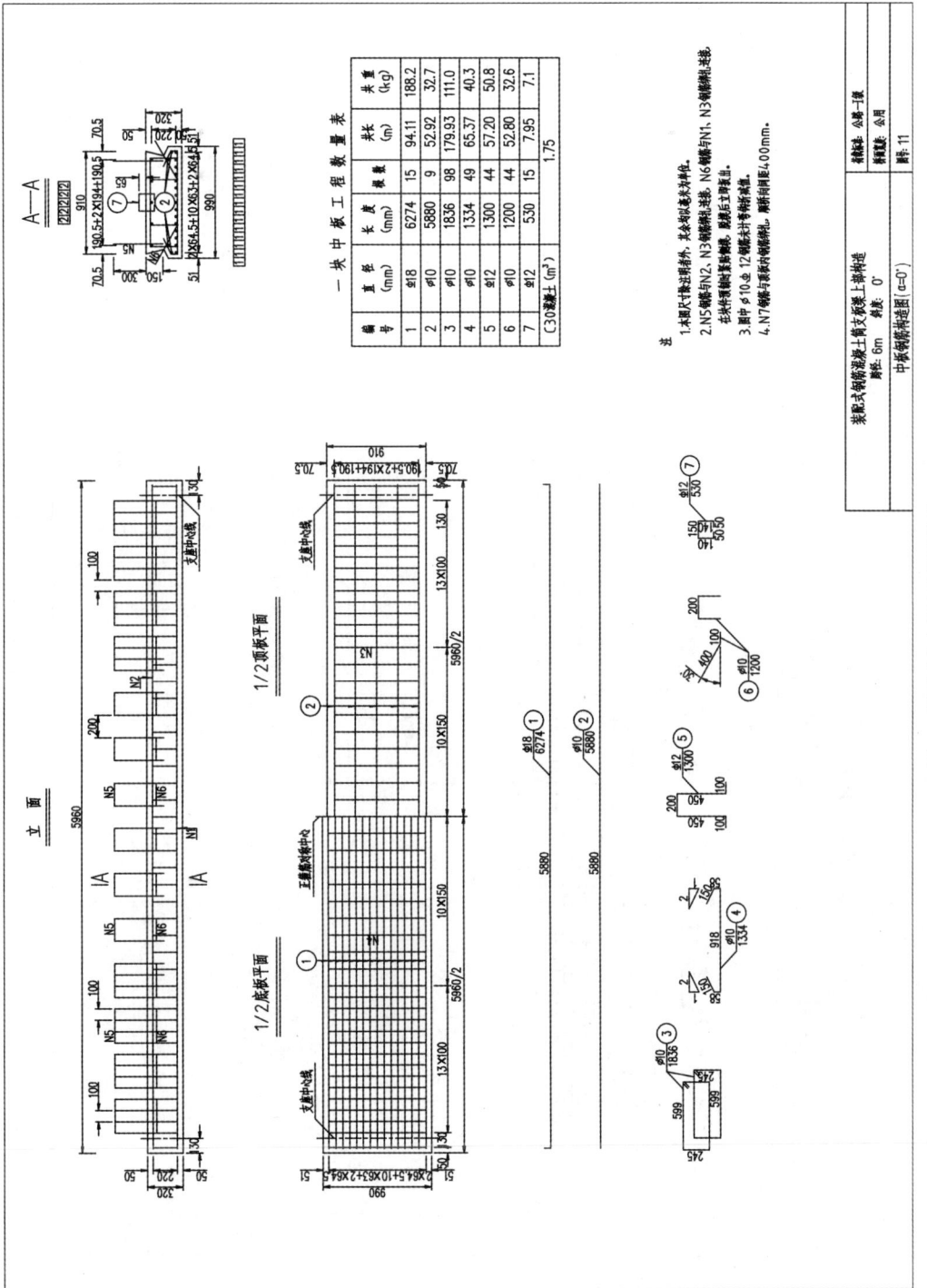

一块中板工程数量表

编号	直径 (mm)	长度 (mm)	根数	共长 (m)	共重 (kg)
1	φ18	6274	15	94.11	188.2
2	φ10	5880	9	52.92	32.7
3	φ10	1836	98	179.93	111.0
4	φ10	1334	49	65.37	40.3
5	φ12	1300	44	57.20	50.8
6	φ10	1200	44	52.80	32.6
7	φ12	530	15	7.95	7.1
C30混凝土 (m³)					1.75

注:
1. 本图尺寸除注明者外, 其余均以毫米为单位。
2. N5钢筋与N2、N3钢筋点焊连接, N6钢筋与N1、N3钢筋点焊连接, 在水泥钢筋骨架整体绑扎、骨架成型后进行。
3. 即φ10、φ12钢筋均采用弯钩锚固。
4. N7钢筋与其余钢筋绑扎、捆绑间距400mm。

装配式钢筋混凝土简支板上部构造		桥梁 公路-I级
跨径: 6m 斜度: 0°		绘图 公同
中板钢筋构造图 (α=0°)		图 11

图2-5 装配式实心板中板钢筋构造

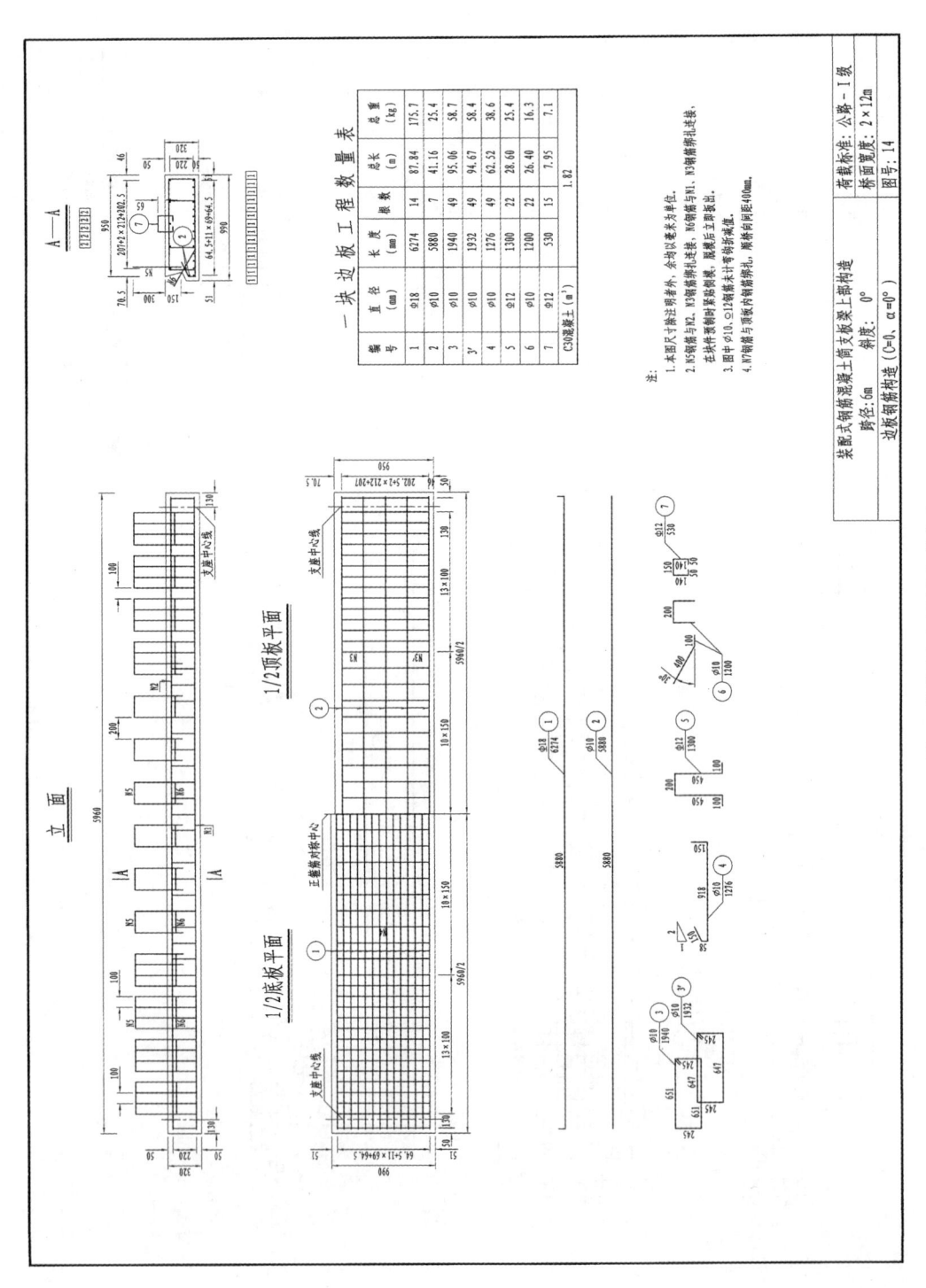

图2-6 装配式实心板板边板钢筋构造

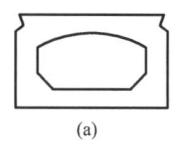

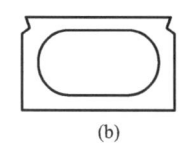

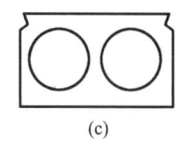

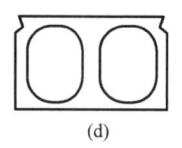

图 2-7 空心板的截面形式

图 2-8 为标准跨径 8 m 的装配式钢筋混凝土空心板桥的中板钢筋构造。

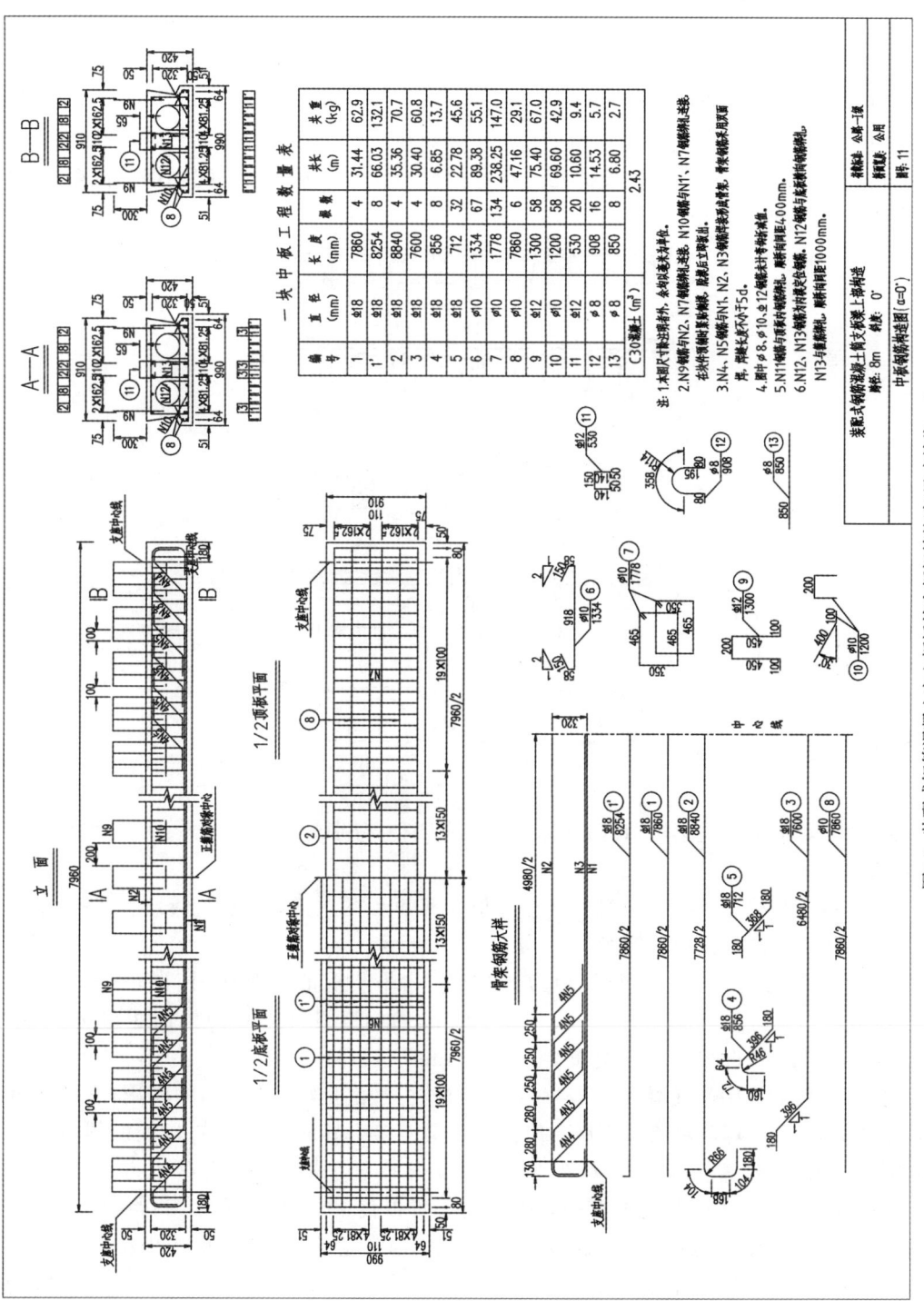

图 2-8 装配式钢筋混凝土空心板桥的中板钢筋构造(尺寸单位:cm)

(3)装配式板桥的横向连接

为了增加块件间的整体性和在外荷载作用下相邻的几个块件能共同工作,在块件之间必须设置横向连接,这种连接的构造有企口圆形混凝土铰和企口菱形混凝土铰两种。它是在块件安装就位后,在企口缝内用C30~C40小石子混凝土填筑密实而成的。

为了加强块件间和板与桥面铺装间的连接,还可以将块件中钢筋伸出与相邻块伸出的钢筋互相搭接绑扎,并浇筑在混凝土铺装层内,需待混凝土达到设计强度后才能通车。为了加快工程进度也可以采用钢板联结,用一块钢盖板焊在相邻两构件的预埋钢板上。联结构件的纵向中距通常为80~150 cm,在跨中部分布置较密,向两端支点逐渐减疏。

(二)钢筋混凝土简支肋梁桥的构造

在中等跨径(13~15 m以上)的钢筋混凝土肋梁桥中,多采用装配式肋梁桥。图2-9所示为装配式钢筋混凝土肋梁桥横截面的几种基本类型。下面主要介绍装配式钢筋混凝土T梁桥的构造。

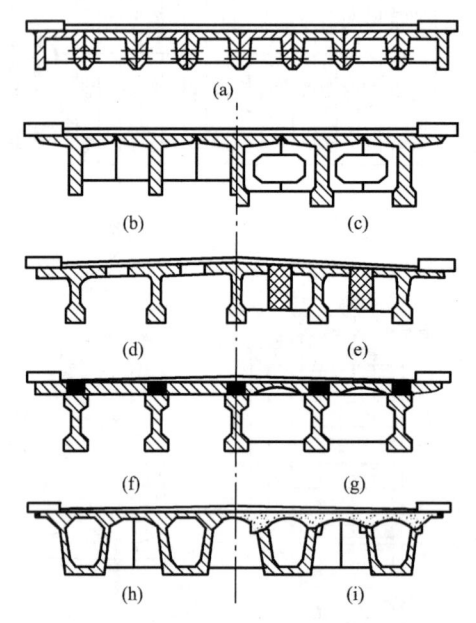

图2-9 装配式钢筋混凝土肋梁桥横截面的基本类型

对于钢筋混凝土简支梁桥,我国的标准跨径有四种,分别为10 m、13 m、16 m和20 m。

1. 主梁与横隔梁的构造

装配式钢筋混凝土T梁桥上部构造由几根T形截面的主梁、横隔梁及设在横隔梁下方和横隔梁翼缘顶板处的焊接钢板连成整体,如图2-10所示。

1983年编制的标准图中,主梁间距为2.2 m。当吊装重量允许时,主梁间距采用1.8~2.2 m为宜。对于跨径为10 m、13 m、16 m、20 m的标准设计采用的梁高相应为0.9 m、1.1 m、1.3 m、1.5 m,常用的梁肋宽度为15~18 cm。

横隔梁在装配式钢筋混凝土T梁桥中起保证主梁相互连接成整体的作用,它的刚度越大,桥梁的整体性就越好,在荷载作用下使各根主梁能够更好地共同工作。然而,设置横隔梁使主梁模板工作稍趋复杂,而且横隔梁的焊接接头往往设于桥下的工作架上方,施工比较麻烦。但端横隔梁是必须要设置的,跨内随跨径增大可以设1~3道横隔梁,间距以5~6 m为宜。跨中横隔梁的高度应保证具有足够的抗弯刚度,通常做成主梁高度的3/4左右;梁肋下部呈马蹄形加宽时,横隔梁延伸至马蹄的加宽处。横隔梁的肋宽常采用150~180 mm,宜做成

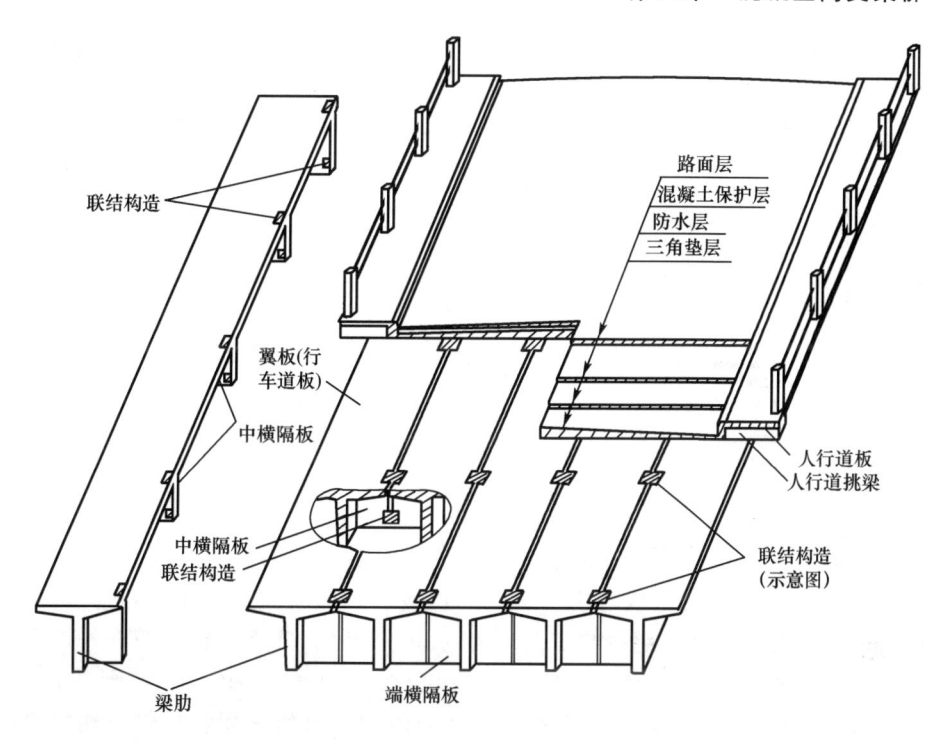

图 2-10 装配式钢筋混凝土 T 梁桥上部构造

上宽下窄、内宽外窄的楔形,以便于脱模。

2. 装配式钢筋混凝土 T 梁的横向连接

装配式钢筋混凝土 T 梁的接头处要有足够的强度,以保证结构的整体性,并保证在施工、营运中不发生松动。其连接的方式有以下几种。

(1)钢板连接(图 2-11)。它是在横隔梁上、下进行钢板焊接。

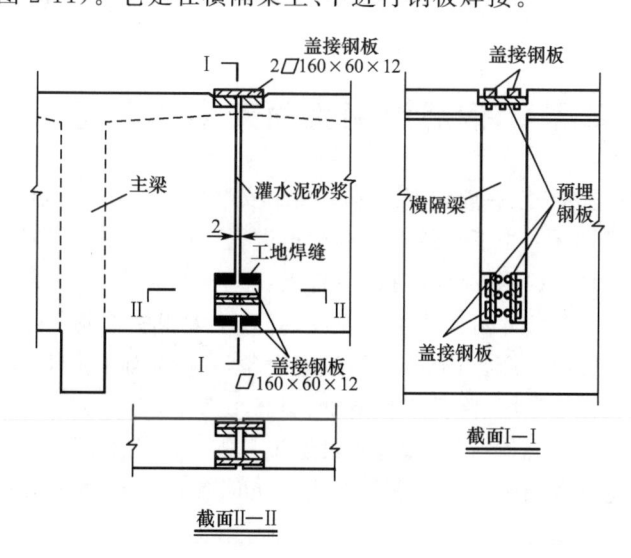

图 2-11 横隔梁的钢板接头构造(尺寸单位:mm)

(2)螺栓连接。此方式与钢板连接相似,不同之处是用螺栓与预埋钢板连接。预埋钢板要预留螺栓孔。但此方法螺栓易松动,如图 2-12(a)所示。

(3)扣环连接。横隔梁在预制时在接缝处伸出钢筋扣环 A,安装时在相邻构件的扣环两侧再安上腰圆形的接头扣环 B,在形成的圆环内插入短分布筋后就现浇混凝土封闭接缝,接缝宽度为 0.20～0.50 m,如图 2-12(b)所示。

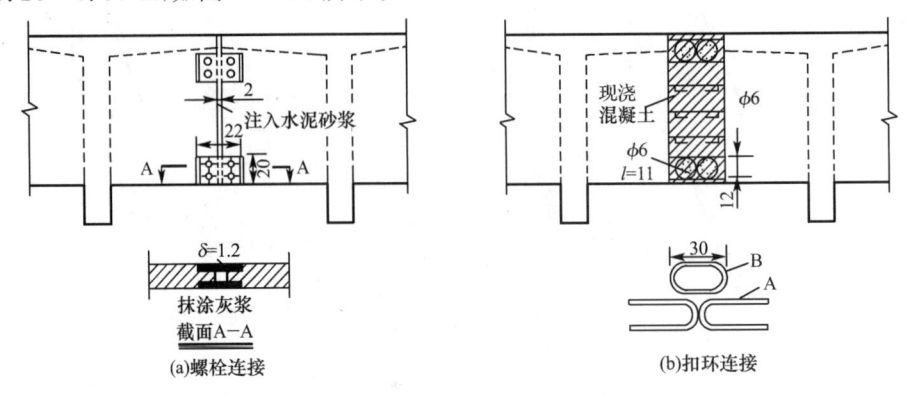

图 2-12 横隔梁的接头构造(尺寸单位:mm)

(4)翼缘板处的企口缝铰接。目前,为改善挑出翼缘板的受力状态,横向连接往往做成企口铰接式的简易构造。T梁标准设计中所采用的连接方式如图 2-13(a)所示。主梁翼缘板内伸出连接钢筋,交叉弯制后在接缝处再安放局部的 $\phi 6$ 钢筋网,并将它们浇筑在桥面混凝土铺装层内。或者将翼缘板的顶层钢筋伸出,并弯转套在一根长的钢筋上,以形成纵向铰,如图 2-13(b)所示。必要时也可在铺装层内设两层钢筋网或相邻板采用扣环钢筋连接形成刚性连接。

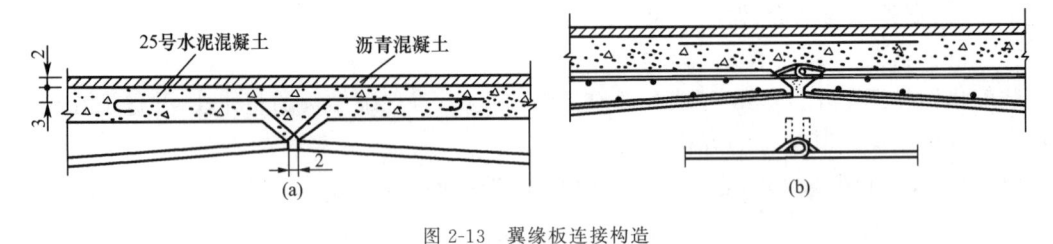

图 2-13 翼缘板连接构造

第二节 钢筋混凝土简支梁的制造工艺

简支梁桥跨度小、重量轻,一般情况下采用预制安装的施工方法,可在下部结构施工的同时进行上部构件的预制工作,当下部结构完成后再进行上部结构的运输和安装。

与支架现浇施工相比,预制安装具有以下特点:
(1)桥梁构件的形式和尺寸可向标准化发展,有利于大规模工业化生产;
(2)在预制厂(场)集中生产,可充分利用先进设备,提高施工机械化和自动化的程度,因此可提高工程质量、降低劳动强度、降低工程造价、提高生产率;
(3)能节省大量支架和模板材料,多跨桥梁施工只需一套施工设备,能多次周转使用;
(4)构件预制不受季节的限制,上、下部结构可同时施工,预制梁安装速度快;
(5)需要有一定起吊能力的吊装设备,施工时高空作业多。

一、模板工程

模板是使新浇筑混凝土成形并养护,使之达到一定强度以承受自重的临时性结构,是能拆除的模型板。模板应具有足够的强度、刚度和稳定性,能承受施工过程中所产生的各种荷载;

模板的构造应简单、合理,结构受力应明确,安装、拆除应方便;模板应能与混凝土结构或构件的特征、施工条件和浇筑方法相适应,保证结构物各部位形状尺寸和相互位置准确;模板的板面应平整光滑,接缝处严密不漏浆;模板和混凝土的接触面应涂刷隔离剂,不得用废机油等油料,不得污染钢筋及混凝土的施工缝。

模板的主要类型有木模板和钢模板。木模板制作方便,一次性投入小,但周转次数少。钢模板刚度大,周转次数多,工厂制造精度高,根据梁的结构定制的模板拆装方便,梁的质量好,但一次性投入大。同种规格的梁片数较少时一般采用木模,当同种规格的梁片数较多时一般采用由型钢和钢板制成的钢模板。

(一)模板的构造

1. 肋梁的模板

跨径不大的肋梁,其模板如图 2-14(a)所示,一般用木料制成。安装时,首先在支架纵梁上安装横木(分布杆件),横木上钉底板,然后在其上安装肋梁的侧面模板及桥面板的底板。肋梁的侧面模板钉在肋木之上。桥面板底板横木则由钉在上述肋木上的托板承托。肋木后面需钉以压板,以支承肋梁混凝土的水平压力。为减少现场的安装工作,肋梁的侧面模板及桥面板的底板(包括横木)可预先分别制成镶板块件。

当上部结构的肋梁较高时,其模板一般需采用框架式;梁的侧模及桥面板的底模用木板或镶板钉于框架之上即可。但当梁的高度超过 1.5 m 左右时,梁下部混凝土的浇筑和捣实宜从侧面进行,此时,梁的一侧的模板需开窗口或分两次装钉。

框架式模板的构造示例如图 2-14(b)、图 2-14(c)、图 2-14(d)所示。

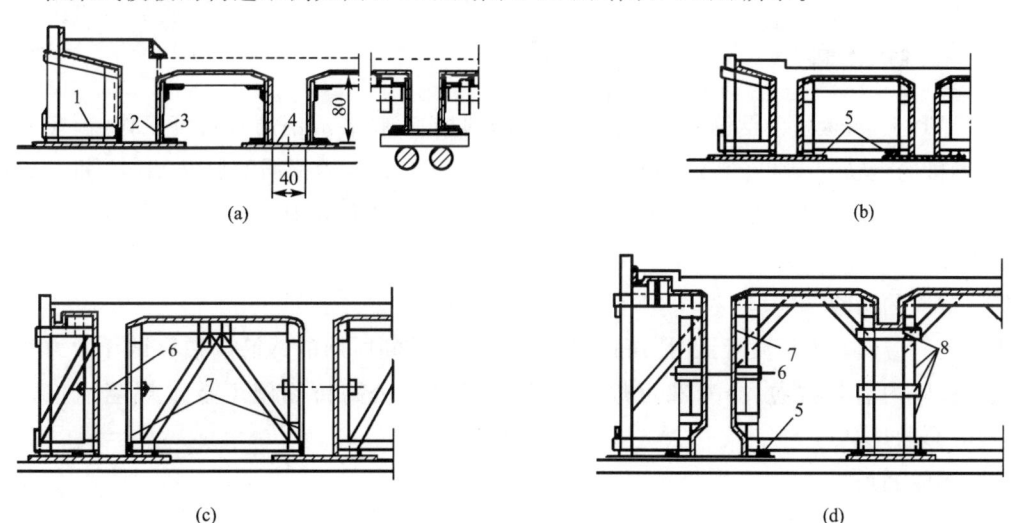

图 2-14 肋梁模板(尺寸单位:cm)
1—小柱架;2—侧面镶板;3—肋木;4—底板;5—压板;
6—拉杆;7—填板;8—连接两个框架的木板(就地安钉)

当预制梁的数量较多时,一般采用钢模板。钢模板用型钢和钢板制成。钢模底板通常采用 10 mm 厚的钢板,侧模采用 6~8 mm 厚的钢板。钢模的构造和尺寸应按梁的结构和尺寸设计。模板应在横隔板处分段,下部可与底模横梁通过插销铰接固定,梁顶通过刚度较大的拉杆固定。模板刚度设计较大时可避免设计穿过混凝土梁体的拉杆。

2.箱梁的模板

在支架上就地浇筑的箱梁模板,一般由底模、侧模及内模三部分组成,并预先分别制作成组件,可在使用时拼装。模板的内模框架由设置在底模板上的混凝土预制块支承。

若箱梁分层浇筑,模板的外模需先后分层拼装。

(二)模板和支架的制作与安装

模板和支架在制作与安装时的注意事项如下:

(1)构件的连接应尽量紧密,以减小支架变形,使沉降量符合预计数值。

(2)为保证支架稳定,应防止支架与脚手架和便桥等接触。

(3)模板的接缝必须密合,如有缝隙,需塞堵严密,以防漏浆。

(4)建筑物外露面的模板应刨光并涂以石灰乳浆、肥皂水或润滑油等润滑剂。

(5)为减少施工现场的安装拆卸工作和便于周转使用,支架和模板应尽量制成装配式组件或块件。

(6)钢制支架宜制成装配式常备构件,制件时应特别注意构件外形尺寸的准确性,一般应使用样板放样制作。

(7)模板应用内撑支承,用螺栓紧固。使用木内撑时,在浇筑到该部位时应及时将支承撤去。

(8)钢筋混凝土简支梁制作时应考虑在自重和后期恒载作用下产生的挠度,设置相应的预拱度。

二、钢筋工程

钢筋混凝土板、梁桥的钢筋工程包括普通钢筋的加工、拼装成钢筋骨架等工作;预应力混凝土板、梁桥的钢筋工程除了普通钢筋的加工成型外,还有预应力钢筋的加工、编束、拼装成钢筋骨架等工作。普通钢筋从加工到形成钢筋骨架需要经过钢筋调直、切断、除锈、弯钩、焊接、绑扎等工序。

(一)钢筋的检验

进场钢筋应具有出厂质量证明书和试验报告单,对桥涵所用的钢筋应抽取试样做力学性能试验。检验内容是抗拉、冷弯和可焊性试验,应遵照《公路桥涵施工技术规范》(JTG/T 3650—2020)的规定。

(二)钢筋的加工

钢筋调直和清除污锈应符合下列要求:

(1)钢筋的表面应洁净,使用前应将表面油渍、漆皮、鳞锈等清除干净。

(2)钢筋应平直,无局部弯折,成盘的钢筋和弯曲的钢筋均应调直。

(3)采用冷拉方法调直钢筋时,HPB300钢筋的冷拉率不宜大于2%;HRB400钢筋的冷拉率不宜大于1%。

(4)钢筋宜采用数控化机械设备在专用厂房中集中下料和加工,其形状、尺寸应符合设计的规定;加工后的钢筋,其表面不应有削弱钢筋截面的伤痕。

钢筋的弯制和末端的弯钩应符合设计要求,如设计无规定时,应符合表2-1的规定。

表 2-1　　　　　　　　　　受力主钢筋制作和末端弯钩形状

弯曲部位	弯曲角度	形状图	钢筋种类	弯曲直径 D	平直段长度
末端弯钩	180°		HPB300	≥2.5d	≥3d
	135°		HRB400 HRBF400 HRB500 HRB400	≥5d	≥5d
	90°		HRB400 HRBF400 HRB500 HRB400	≥5d	≥10d
中间弯折	≤90°		各种钢筋	≥20d	—

注：当用环氧涂层钢筋时，除应满足表内规定外，当钢筋直径 d≤20 mm 时，弯曲直径 D 应不小于 5d；当 d>20 mm 时，弯曲直径 D 应不小于 6d；平直段长度应不小于 5d。

箍筋的末端应做弯钩，弯钩的形状应符合设计规定。弯钩的弯曲直径应大于受力主钢筋的直径，且 HPB300 钢筋应不小于箍筋直径的 2.5 倍。HRB400 钢筋应不小于箍筋直径的 5 倍。弯钩平直段的长度，一般结构不宜小于箍筋直径的 5 倍；有抗震要求的结构，不应小于箍筋直径的 10 倍。

图 2-15　箍筋弯钩形式

设计对弯钩的形式未规定时，可按图 2-15(a)、图 2-15(b)加工；对于有抗震要求的结构，应按图 2-15(c)加工。

(三)钢筋骨架的安装

1. 骨架的制作

在支架上浇筑钢筋混凝土梁时，为了减少在支架上的钢筋安装工作，梁内的钢筋宜预先在工厂或桥梁工地制成平面或立体骨架；当梁的跨径较大时，可预先分段制成骨架；当预先不能制成骨架时，需焊扎坚固，以防在运输和吊装过程中变形。

多层钢筋焊接时，可采用侧面焊缝，使之形成平面骨架，焊缝设在弯起钢筋的弯起点处。如斜筋弯起点之间的距离较大，应在中间部分适当增加焊缝，以便有效地固定各层主钢筋。

2. 钢筋的接头

(1)钢筋的连接宜采用焊接接头或机械连接接头。绑扎接头仅当钢筋构造复杂施工困难时方可采用,绑扎接头的钢筋直径不宜大于 28 mm,对轴心受压和偏心受压构件中的受压钢筋可不大于 32 mm;轴心受拉和小偏心受拉构件不应采用绑扎接头。桥梁钢筋宜采用焊接,并以闪光接触对焊为主;主筋接头采用闪光接触对焊。

普通混凝土中直径小于 25 mm 的螺纹钢筋或光圆钢筋均可采用绑扎接头,受拉钢筋搭接长度不小于表 2-2 中的规定;受压钢筋的搭接长度,应取受拉钢筋搭接长度的 0.7 倍。

表 2-2 　　　　　　　　　　受拉钢筋绑扎接头的搭接长度

钢筋类型	HPB300		HRB400、HRBF400、RRB400	HRB500
混凝土强度等级	C25	≥C30	≥C30	≥C30
搭接长度(mm)	$40d$	$35d$	$45d$	$50d$

注:①当带肋钢筋直径 d 大于 25 mm 时,其受拉钢筋的搭接长度应按表中值增加 $5d$ 采用;当带肋钢筋直径 d 小于或等于 25 mm 时,其受拉钢筋的搭接长度应按表中值减少 $5d$ 采用。

②当混凝土在凝固过程中受力钢筋易受扰动时,其搭接长度应增加 $5d$。

③在任何情况下,纵向受拉钢筋的搭接长度不应小于 300 mm;受压钢筋的搭接长度不应小于 200 mm。

④环氧树脂涂层钢筋的绑扎接头搭接长度,受拉钢筋按表值 1.5 倍采用。

⑤两根不同直径的钢筋的搭接长度,以较细的钢筋直径计算。

(2)钢筋接头应设置在内力较小处,并错开布置。对于绑扎接头,两接头间距离不小于 1.3 倍搭接长度。对于焊接接头,在接头长度区段内,同一根钢筋不得有两个接头。配置在接头长度区段内的受力钢筋,其接头的横截面面积占总横截面面积的百分率应符合表 2-3 的规定。

表 2-3 　　　　　接头长度区段内受力钢筋接头面积的最大百分率

接头形式	接头面积最大百分率/%	
	受拉区	受压区
主钢筋绑扎接头	25	50
主钢筋焊接接头	50	不限制

注:①焊接接头长度区段内是指 $35d$(d 为钢筋直径)长度范围内,但不得小于 500 mm,绑扎接头长度区段是指 1.3 倍搭接长度。

②在同一根钢筋上应尽量少设接头。

③装配式构件连接处的受力钢筋焊接接头可不受此限制。

④绑扎接头中钢筋的横向净距不应小于钢筋直径且不应小于 25 mm。

(3)钢筋接头采用搭接电弧焊时,两钢筋搭接端部应预先折向一侧,使两接合钢筋轴线一致。接头双面焊缝的长度不应小于 $5d$,单面焊缝的长度不应小于 $10d$(d 为钢筋直径)。

(4)钢筋接头采用帮条电弧焊时,帮条应采用与主筋同级别的钢筋,其总截面面积不应小于被焊钢筋的横截面面积。帮条长度如用双面焊缝不应小于 $5d$,如用单面焊缝不应小于 $10d$(d 为钢筋直径)。

(5)凡施焊的各种钢筋、钢板均应有材质证明书和试验报告单。焊条、焊剂应有合格证,各种焊接材料的性能应符合现行标准《钢筋焊接及验收规程》(JGJ 18—2012)的规定,质量验收标准按《公路桥涵施工技术规范》(JTG/T 3650—2020)执行。各种焊接材料应分类存放并妥善管理，并应采取防止腐蚀、受潮变质的措施。

(6)焊接时，施焊场地应有适当的防风、雨、雪、严寒设施。冬期施焊时应按规范中对冬期施工的要求进行，低于−20 ℃时不得施焊。

3.钢筋骨架的拼装

对于预制钢筋骨架或钢筋网必须具有足够的刚度和稳定性。

骨架的焊接拼装应在坚固的工作台上进行，操作时应符合下列要求：

(1)拼装时应按设计图纸放大样，放样时应考虑焊接变形和预留拱度。

(2)钢筋拼装前，对有焊接接头的钢筋应检查每个接头是否符合焊接要求。

(3)拼装时，在需要焊接的位置用楔形卡卡住，防止电焊时局部变形。待所有焊接点卡好后，先在焊缝两端点焊定位，然后进行焊缝施焊。

(4)骨架焊接时，不同直径钢筋的中心线应在同一平面上。因此，较小直径的钢筋在焊接时，下面宜垫以厚度适当的钢板。

(5)施焊顺序宜由中心到两边对称进行，先焊骨架下部，后焊骨架上部。相邻的焊缝采用分区对称跳焊，不得顺方向一次焊成。

钢筋网焊点应符合设计规定，当设计无规定时，应按下列要求焊接：

(1)当钢筋网的受力钢筋为HPB300或冷拉HPB300钢筋时，如钢筋网只有一个方向为受力钢筋，钢筋网两端边缘的两根锚固横向钢筋与受力钢筋的全部相交点均应焊接；如钢筋网的两个方向均为受力钢筋，则沿钢筋网四周边缘的两根钢筋的全部相交点均应焊接，其余的交叉点可根据运输和安装条件决定，一般可焊接或绑扎一半交叉点。

(2)当钢筋网的受力钢筋为冷拔低碳钢丝，而另一方向的钢筋间距小于100 mm时，除钢筋网两端边缘的两根钢筋的全部相交点必须焊接外，中间部分的焊点距离可增大至250 mm。

钢筋安装注意事项：

(1)钢筋接头应按规定要求错开布置。

(2)钢筋交叉点应用铁丝绑扎结实，必要时可用焊接。

(3)除设计有特殊规定外，梁中箍筋应与主筋垂直。箍筋弯钩叠合处沿梁纵向置于上面并交错布置。

(4)在钢筋与模板间设置保护层垫块，交错布置。

(5)为保证钢筋净距，可于两排钢筋间设分隔块或短钢筋。

(6)为保证钢筋骨架刚度，必要时可增加装配钢筋。

4.钢筋骨架的质量检查

钢筋笼(网)安装完毕后应按设计和规范要求对其进行全面检查，包括钢筋的品种、数量、位置、间距、形状、尺寸，绑扎或焊接的质量，钢筋笼的稳定性和保护层厚度。检查合格后经监理人员签证后方可进行下道工序施工。

钢筋加工、焊接和安装的允许偏差详见《公路桥涵施工技术规范》(JTG/T 3650—2020)的有关规定。

三、混凝土工程

混凝土原材料在进场之前,施工单位应自检,做好混凝土配合比设计,并报请监理工程师验证批准后才能进场。具体内容如下:

(一)原材料的检验与保管

1. 水泥的检验与保管

(1)水泥进场之前应抽取样品进行检验,并报请监理工程师检验,经监理工程师同意后才能进场。进场的水泥应按其品种、标号、证明文件(质保书)以及出厂时间等情况分批进行检查、验收。

(2)入库的水泥应按品种、标号、出厂日期分别堆放,并竖立标志。做到先到先用,并防止混掺使用。

(3)为了防止水泥受潮,现场仓库应尽量密封。包装水泥存放时应垫离地面 30 cm,离墙 30 cm 以上。临时露天暂存水泥时应用防雨篷布盖严,底板需垫高。

(4)水泥贮存时间不宜过长,以免结块降低强度。常用水泥出厂超过三个月应视为过期水泥,使用时必须重新检验确定等级。因为水泥在正常环境存放超过三个月强度会降低 $10\%\sim20\%$,存放六个月强度会降低 $15\%\sim30\%$。

(5)受潮、结块水泥一般不得用在结构工程中。

2. 粗、细集料的检验与保管

无论是粗集料还是细集料,在进场之前必须报请监理抽验,填写进场材料检验申请单,经监理工程师检验合格并签证后方可进场使用。

组成混凝土的材料还有水、外加剂以及混合材料。人畜可用的洁净水可用来拌制混凝土。主要的外加剂类型有普通和高效减水剂、早强减水剂、缓凝减水剂、引气减水剂、抗冻剂、膨胀剂、阻锈剂和防水剂等。混合材料包括粉煤灰、火山灰质材料、粒化高炉矿渣等。混合材料的技术条件可以参考相关桥涵施工技术规范。但应注意的是,在预应力钢筋混凝土结构中不得使用加气剂,加气型减水剂及掺加氯化钠、氯化钙等氯盐,各组成材料中引入的氯离子一般不超过水泥用量的 0.06%。

(二)配合比

城市桥梁施工,可采用商品混凝土(预拌混凝土)。但大部分桥梁施工会远离城市,特别是中、小桥,涵洞工程以及混凝土数量不大时,基本上都是采用现场拌制混凝土。因此,工程技术人员要设计并控制好现场混凝土配合比,确保混凝土质量。

在做配合比试验时,所有材料都应当与施工用料相同。为了节约水泥和改善和易性,缩短或延长凝结时间提高耐冻性,应积极使用外加剂。

混凝土施工配合比是在试验确定的理论配合比的基础上,考虑了砂石的含水率以后换算得来的施工配合比。由于露天放置的砂石经常受到风吹日晒雨淋的影响,其含水率必然经常发生变化,因此在拌制混凝土前试验人员必须先测定砂石的含水率,然后对理论配合比进行调整以确定本次拌制混凝土的施工配合比。

(三)混凝土拌制

混凝土拌制通常以机械为主,以人工为辅。主要的基本工程一般为机械拌制,工程中少量的塑性混凝土才用人工拌制,且仅用于辅助或修补工程。

机械拌制靠搅拌机完成,常用的搅拌机有自落式和强制式两种。自落式搅拌机用于拌和塑性混凝土,强制式搅拌机用于拌和半干硬性混凝土。搅拌机使用前应清扫干净,否则搅拌机内部有灰浆黏着硬化,会缩短机器的正常使用寿命,影响拌和料的质量。当搅拌机长久未用时,使用时应先放入一部分砂、石搅拌一会,然后倒去,以除去搅拌机内的杂质。给搅拌机喂料配料数量允许质量偏差控制如下:现场拌制时,水泥、干燥状态下的掺合料±2%,水、外加剂允许偏差±2%,粗、细集料±3%;预制场或集中搅拌站拌制时,水泥、干燥状态下的掺合料±1%,水、外加剂允许偏差±1%,粗、细集料±2%。喂料顺序应根据机器类型、集料种类等具体情况确定。对于强制式搅拌机,先加砂,再加水泥,最后加石料,上料后提起料斗,把全部原料倒入搅拌机内拌和,同时打开进水阀,等搅拌机拌和至各材料混合均匀、颜色一致才可出料。混凝土最短搅拌时间参看相关规范。

对于大桥或特大桥以及混凝土数量较多时应设置混凝土拌和站,各种混凝土采用集中拌制,电子计量,利于混凝土的质量控制。

(四)混凝土的运输

混凝土应以最少的转运次数以及最短的距离迅速地从拌制地点运往浇筑地点,避免发生离析、泌水和灰浆流失现象。坍落度前后相差不得超过30%,否则应进行二次拌制。混凝土运输时间不宜超过时间限制允许值。

1. 桥面上运输

对于跨径不大的桥梁,可在上部结构模板上运送混凝土。用手推车或小型机动斗车运送时,需在模板上铺跳板和马凳,并随着浇筑工作的推进逐一撤除。用轻轨斗车运送时,模板上需放置混凝土短柱或铁支架,上搁纵梁、横木、面板,再铺铁轨。混凝土短柱和铁支架可留在混凝土体内。

2. 索道吊机运输

索道吊机一般沿顺桥方向跨越全部桥跨设置,可设一条或两条索道。在桥的横向可用牵引或搭设平台的方法分送混凝土。此法适用于河谷较深或水流湍急的桥梁。

3. 河滩上运输

当桥下为较平坦的河滩时,可用汽车或轻轨斗车进行水平运输,用吊机进行垂直和横向运输。进行水平运输(顺桥向)和垂直运输(垂直桥向)时,宜用同一活底吊斗装载混凝土并将其送入模板,避免倒料。如不得已需要先将料放在平台上然后进行分送时,应经过重新拌和后再分送与浇筑。

4. 水上运输

在较大的、可通航的河流上,可在浮船上设置水上混凝土工厂和吊机,以供应混凝土并将其运送到浇筑部位。需另用小船运送混凝土时,应尽可能使用同一装载混凝土的工具。

5. 混凝土泵车运输

混凝土泵是近年来发展起来的一种较好的水平兼垂直运输工具,适应性强,适用于施工困难、结构复杂的钢筋混凝土工程和较高墩台的混凝土灌注。目前所使用的大型号混凝土输送泵可将混凝土水平输送800 m,垂直输送300 m,有效地解决了超高建筑混凝土运输问题。随着施工机械的发展,灵活方便的混凝土泵车得到广泛的应用,它可以灵活地把混凝土输送到其机臂可以伸到的任何部位,使现场浇注混凝土十分方便。

(五)混凝土的浇筑

在浇筑混凝土前应会同监理工程师对模板、钢筋以及预埋件的位置进行检查。

1. 混凝土的浇筑速度

为了保证浇筑混凝土的整体性,防止在浇筑上层混凝土时破坏下层混凝土,须使次一层的浇筑能在先浇筑的一层混凝土初凝以前完成。

2. 梁桥混凝土的浇筑顺序

无论对简支梁桥还是悬臂梁桥或连续梁桥,在考虑主梁混凝土的浇筑顺序时,不应使模板和支架产生有害的下沉;为了使混凝土振捣密实,应采用相应的分层浇筑;当在斜面或曲面上浇筑混凝土时,一般应从低处开始。简支梁桥混凝土浇筑方式如下:

(1)水平分层浇筑

对于跨径不大的简支梁桥,可在钢筋全部扎好以后,将梁和板沿一跨全长内水平分层浇筑,在跨中合龙。分层的厚度视振捣器的能力而定,一般为 0.15～0.3 m。当采用人工振捣时可采用 0.15～0.2 m。为避免支架不均匀下沉的影响,浇筑工作应尽量快速进行,以便在混凝土失去塑性以前完成。

(2)斜层浇筑

跨径不大的简支梁桥混凝土的浇筑,还可用斜层法从主梁两端对称向跨中进行,并在跨中合龙。T 梁和箱梁采用斜层浇筑的顺序,如图 2-16(a)所示。当采用梁式支架、支点不设在跨中时,应在支架下沉量大的位置先浇混凝土,使应该发生的支架变形及早完成,其浇筑顺序如图 2-16(b)所示。采用斜层浇筑时,混凝土的倾斜角与混凝土的稠度有关,一般为 20°～25°。

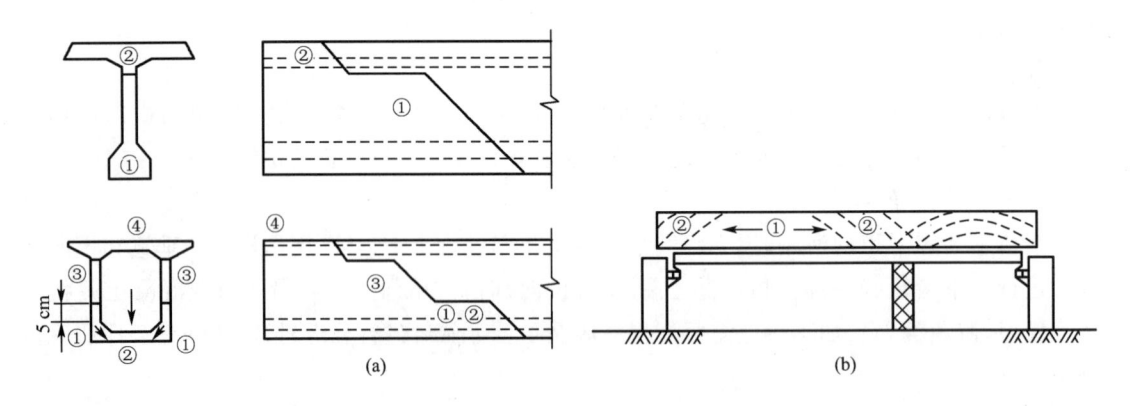

图 2-16 简支梁桥在支架上的浇筑顺序

对于较大跨径的简支梁桥,可用水平分层或斜层法先浇筑纵横梁,待纵横梁浇筑完毕后,再沿桥的全宽浇筑桥面板混凝土。在桥面板与纵横梁间应设工作缝。

(六)混凝土的振捣

混凝土的振捣分人工振捣(用铁钎)和机械振捣两种。人工振捣一般用于坍落度大、混凝土数量少或钢筋过密部位的振捣。大规模的混凝土浇筑必须用机械振捣。

机械振捣设备有插入式振捣器、附着式振捣器、表面振捣器和振动台等,振捣器的工作方式如图 2-17 所示。常用的插入式振捣器是软管式的,只要构件断面有足够的地方插入振捣器而钢筋又不太密时,采用插入式振捣器的振捣效果比附着式振捣器和表面振捣器的振捣效果都要好;附着式振捣器可设在侧模板上,但附着式振捣器是借助振动模板来振捣混凝土,故对模板要求较高,而振捣效果不是太好,常用于薄壁混凝土部分振捣,如梁肋上和空心板两侧部分;表面振捣器用于大面积混凝土施工,如桥面、基础等。

(a)插入式振捣器　　(b)附着式振捣器　　(c)表面振捣器

图 2-17　振捣器的工作方式

(1)插入式振捣器的移位间距应不超过振捣器作用半径的 1.5 倍,与侧模应保持 50～100 mm 的距离,且插入下层混凝土中的深度宜为 50～100 mm。

(2)表面振捣器的移动间距应使平板能覆盖已振实部分不小于 100 mm。

(3)每一振点的振捣延续时间为 20～30 s,以混凝土停止下沉、不出现气泡、表面呈现浮浆为度。

(七)混凝土的养护及模板和落架的拆除

1.混凝土的养护

混凝土浇筑完成后应及时进行养护。养护可分自然养护和蒸汽养护两种。在养护期间,应使其保持湿润,防止雨淋、日晒、受冻及受荷载的振动和冲击,以促使混凝土硬化,并在获得强度的同时,防止混凝土干缩引起的裂缝。因此,对于混凝土外露面,在表面收浆、凝固后即用草帘等物覆盖,并应经常在覆盖物上洒水,洒水养护时间不少于《公路桥涵施工技术规范》(JTG/T 3650—2020)所规定的时间。

当日平均气温低于+5 ℃或日最低气温低于-3 ℃时,应按冬季施工要求进行养护。

2.模板和落架的拆除

当混凝土强度达到设计标号的 25% 以后,可拆除侧面模板;达到设计标号的 50% 后,可拆除跨径 3 m 以内梁的模板;达到在桥跨结构静重作用下所必需的强度且不小于设计标号的 70% 以后,可拆除梁的各种模板。

梁体的落架程序应从梁挠度最大处的支架节点开始,逐步卸落相邻两侧的节点,并要求对称、均匀、有顺序地进行;同时要求各节点应分多次进行卸落,以使梁的沉落曲线逐步加大到梁的挠度曲线。简支梁桥通常可从跨中向两端卸落。

第三节　预应力混凝土简支梁桥的构造

钢筋混凝土梁由于混凝土的抗压强度高而抗拉强度低,在一般荷载作用下,受拉区混凝土不可避免会产生裂缝。裂缝一旦超过一定宽度,不仅导致构件刚度大幅下降,而且侵入的湿气将引起钢筋锈蚀,降低构件的耐久性,因此必须限制裂缝的宽度。由于裂缝宽度的大小与结构中的钢筋应力成正比,这就限制了高强材料的应用,同时使钢筋混凝土的应用范围受到很大限制。为了解决上述矛盾,人们在长期的生产实践中创造了预应力混凝土结构。预应力混凝土梁和钢筋混凝土梁相比有如下优点:

(1)采用高强钢材,可节省钢材用量20%～40%;
(2)预应力大大提高了梁的抗裂性,从而增加了梁的耐久性;
(3)由于采用高强混凝土,截面尺寸减小,梁体自重减轻,可以扩大跨越能力,也有利于运输和架设;
(4)混凝土全截面受压,充分发挥了混凝土的抗压性能高的优势,提高了梁的刚度。

预应力混凝土简支梁多采用预制装配施工法,按照预制工艺分为先张法和后张法两种。

一、先张法预应力混凝土简支梁的构造

先张法预应力混凝土简支梁是在灌注混凝土前利用张拉台座等设备先张拉预应力钢筋(钢丝或钢绞线),使其达到设计应力后,临时锚固在台座上,随后灌注混凝土,待混凝土达到一定强度后,放松预应力钢筋,通过钢筋与混凝土之间的黏结力或预设于混凝土内的锚具将预应力传给混凝土。

(一)公路桥梁通用图简介

由交通运输部专家委员会组织,中交第一公路勘察设计研究院有限公司等二十多家勘察设计单位根据现行的标准和规范编制了公路桥梁通用图。通用图上部结构形式有板梁、T梁和箱梁三个系列。板梁系列有装配式先张法和后张法预应力混凝土简支和连续空心板梁上部构造、装配式钢筋混凝土简支板梁上部构造,跨径有10 m、13 m、16 m和20 m四种,荷载等级有公路-Ⅰ级和公路-Ⅱ级,分别对应不同的桥面宽度,并有0°、15°和30°三种斜度。在上部构造通用图中只有空心板梁采用了先张法。在桥梁设计中,先张法很少用于T梁和箱梁,本节内容也是以空心板梁为例对先张法简支梁构造进行说明。

(二)装配式先张法预应力混凝土简支空心板梁上部构造

装配式先张法预应力混凝土简支空心板梁上部构造中除板底设有预应力钢筋外,其他构造与装配式钢筋混凝土简支板梁类似。图2-18和图2-19为标准跨径13 m的装配式先张法预应力混凝土空心板梁钢筋构造图。

从图2-18中可以看出,板底纵向普通钢筋有6根,直径12 mm,钢筋编号11号,钢筋主要起到形成钢筋骨架的作用,一般为构造配筋。从图2-19中可以看出,预应力钢筋采用9ϕ15.2钢绞线,标准强度为1 860 MPa,张拉控制应力为1 395 MPa,预应力钢筋为主要受力钢筋。

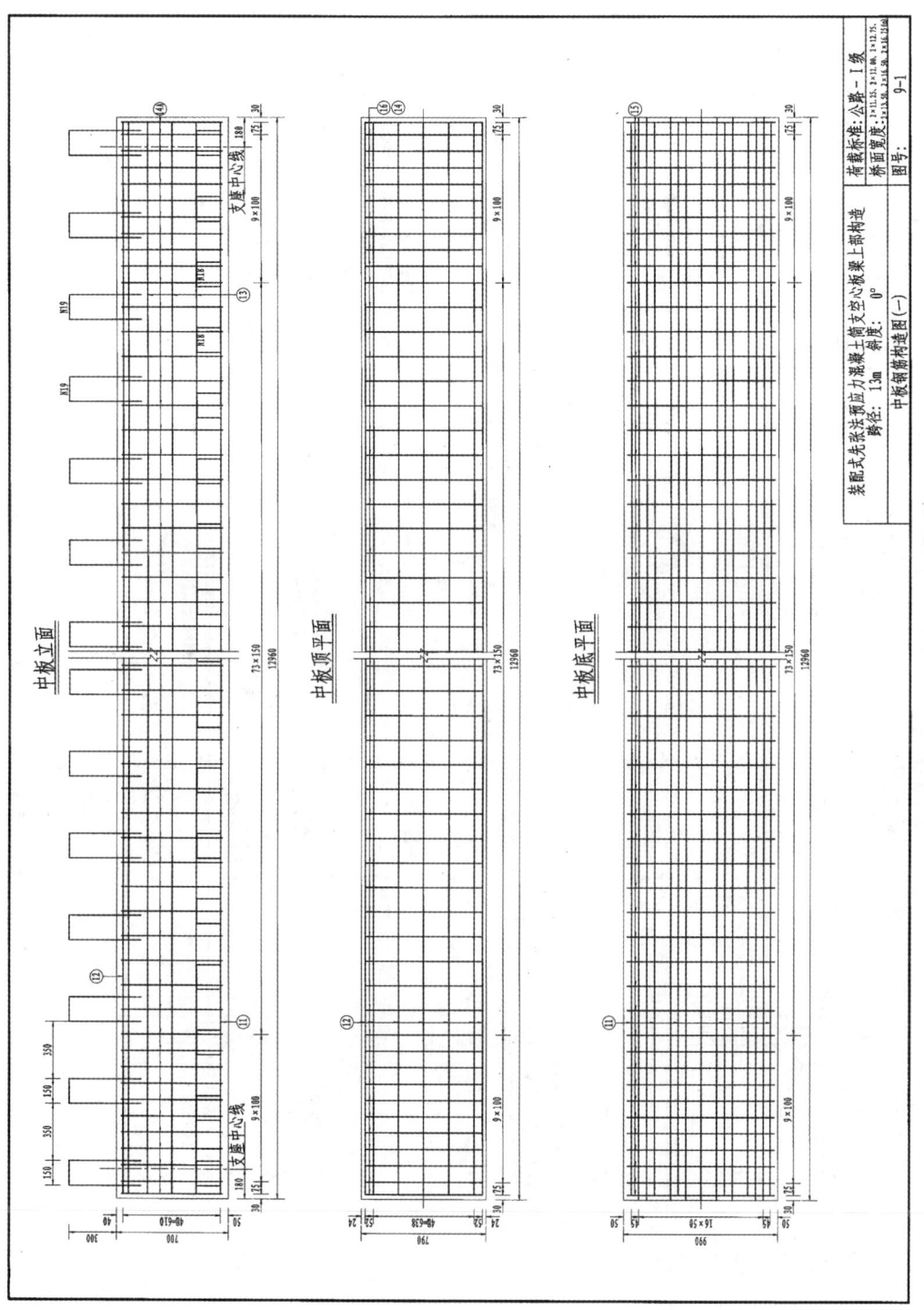

图2-18 装配式先张法预应力混凝土空心板梁钢筋构造图(1)

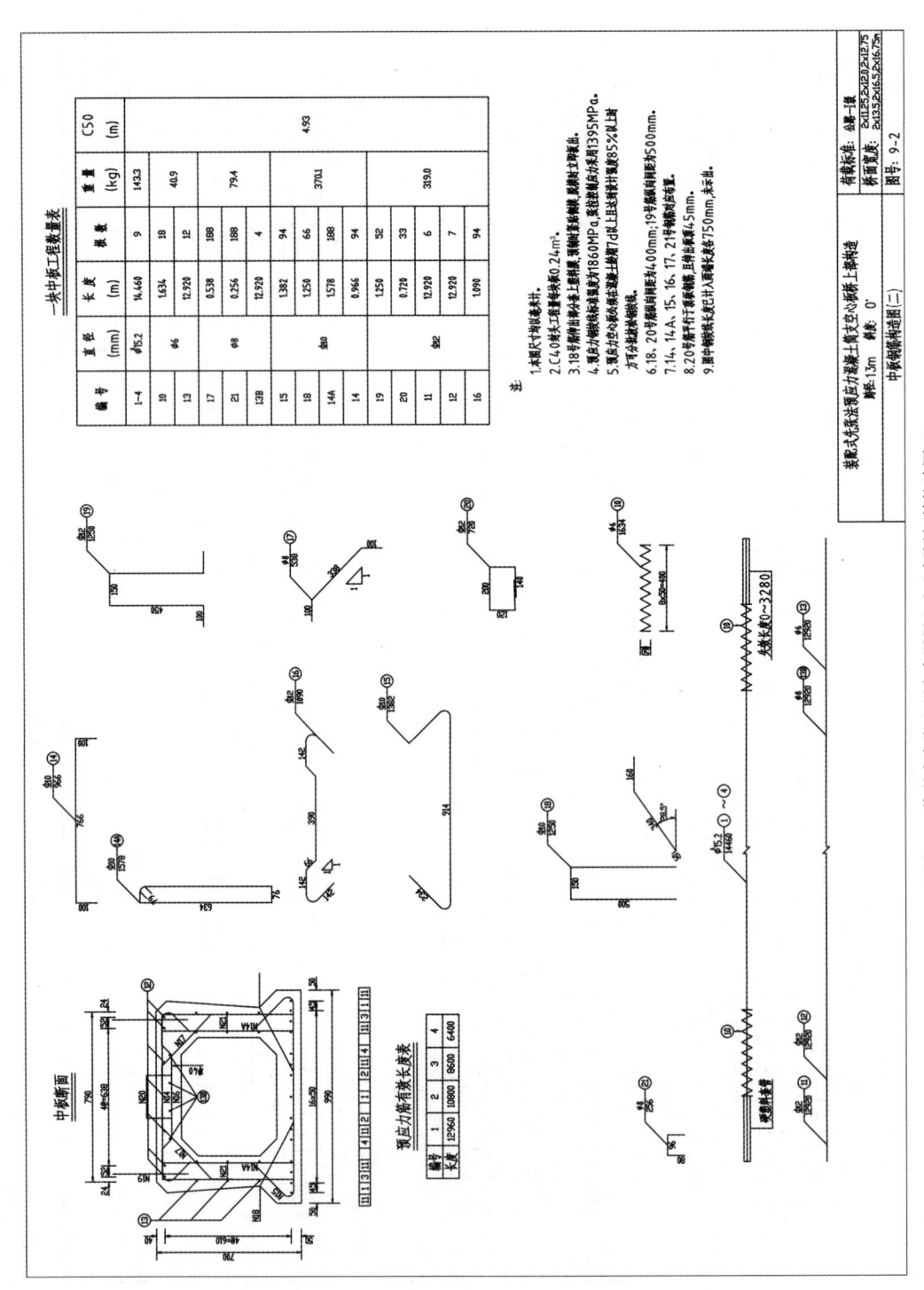

图2-19 装配式先张法预应力混凝土空心板梁钢筋构造图(2)

预应力钢筋配置有两种方法:直线配筋和曲线配筋。从结构合理性来说,以曲线配筋为宜。但曲线配筋使张拉设备复杂,施工麻烦。通用图采用直线配筋,利用钢筋与混凝土间的黏结力自锚于混凝土中。为适应荷载弯矩沿梁跨的变化情况,避免梁上缘混凝土因预应力作用而开裂,在跨度 1/4 左右至梁端有不同数量的钢绞线分批进行绝缘,即用内径 19 mm、外径 25 mm 的硬质塑料管将钢筋与混凝土隔离开来,以消除绝缘段预应力钢筋的预应力。

二、后张法预应力混凝土简支梁的构造

采用后张法施工预应力混凝土梁时,在灌注混凝土前先要预留孔道,待混凝土达到设计强度后,在管道中穿进预应力钢筋进行张拉,使混凝土受压。张拉至设计应力后,利用锚具将预应力钢筋锚固在梁端混凝土上,预应力钢筋通过锚具对混凝土施加了预压应力。然后撤去张拉设备,在孔道内压注水泥浆,以防预应力钢筋遭受锈蚀,并使预应力钢筋和梁体混凝土黏结成整体。后张法制梁中预应力钢筋多布置成曲线形,适应荷载弯矩的需要,提高了梁的抗剪强度。后张法工序繁杂,钢材用量较大,但不需专门的台座,适用于现场制造大型构件。目前公路上预应力混凝土简支梁的跨径已做到 50~60 m,我国编制了装配式后张法预应力混凝土简支梁桥的标准设计图,标准跨径为 20 m、25 m、30 m、35 m、40 m。

下面介绍预应力混凝土简支 T 梁桥的构造布置、截面尺寸及配筋特点。

(一)构造布置及截面尺寸

我国编制的公路桥涵通用图中,主梁间距采用 2.250 m,并根据桥梁横断面不同的净宽而相应采用 5、6、7 片主梁。图 2-20 和图 2-21 分别为标准跨径 20 m、桥面净空为净-10.250 的上部结构标准横断面图和 T 梁一般构造图。

当吊装质量不受限制时,对于较大跨径的 T 梁,宜用较大的主梁间距(1.8~2.5 m),可减少钢筋与混凝土的用量。

主梁的高度随截面形式、主梁片数及建筑高度的不同而不同。对于常用的等截面简支梁,高跨比可在 1/25~1/14 内选取。跨径增大取较小值,梁数减少取较大值,中等跨径一般可取 1/18~1/16。

预应力混凝土简支 T 梁的梁肋下部通常加宽做成马蹄形,以承受钢束带来的较大预压力(图 2-20),在靠近支点处腹板要加厚至与马蹄同宽,加宽范围最好达一倍梁高左右,一般跨径中部肋宽采用 200 mm。

为了防止在施工和运输中马蹄部分出现纵向裂缝,除马蹄面积不宜小于全截面的 10%~20%以外,建议具体尺寸如下:

(1)马蹄宽度为肋宽的 2~4 倍,并注意马蹄部分(含斜坡区)的管道保护层厚度不宜小于 6 cm。

(2)马蹄全宽部分高度加 1/2 斜坡区高度约为$(0.15~0.20)h$,斜坡宜陡于 45°。

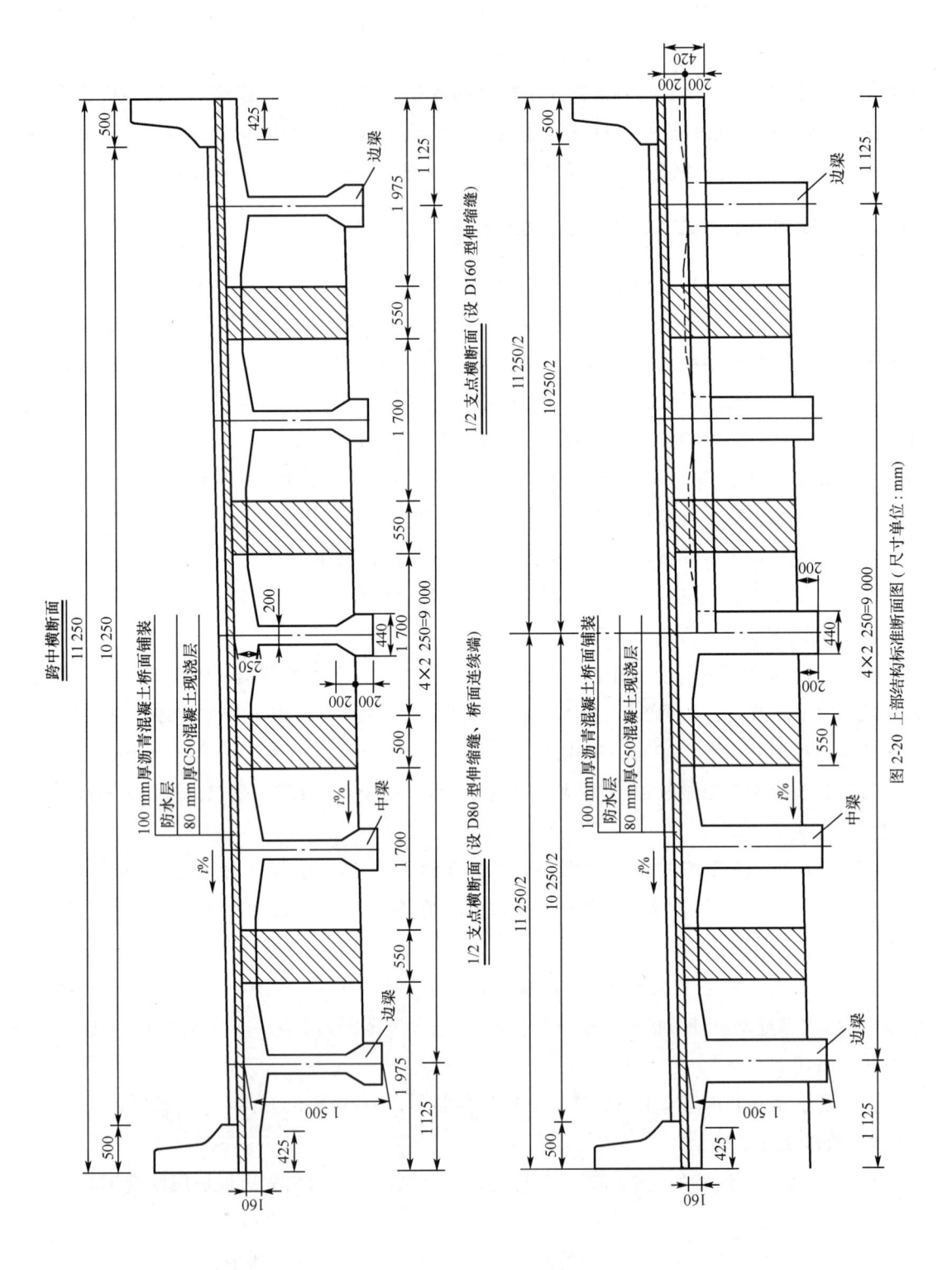

图 2-20 上部结构标准断面图 (尺寸单位：mm)

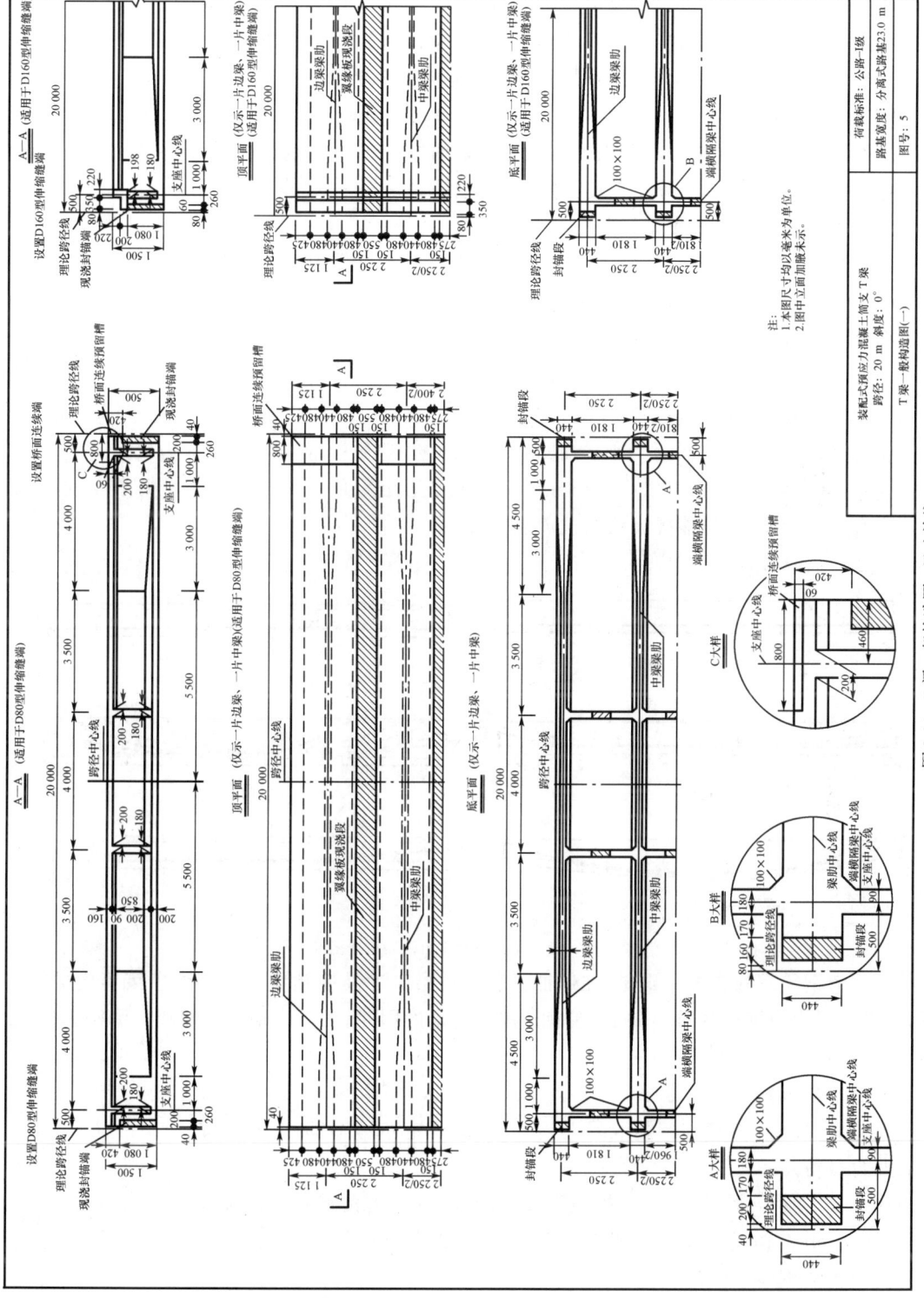

图 2-21 T 梁一般构造图（尺寸单位：mm）

同时应注意，马蹄部分不宜过高、过大，否则会降低截面形心，减小偏距，导致抵消自重的能力降低。在靠近支点时，为适应预应力钢筋的弯起，可将马蹄部分逐渐加高。从预应力梁的受力特点可知，为了使截面布置经济合理，节省预应力钢筋的配筋数量，T梁截面的效率指标 P 应大于 0.50。加大翼板宽度能有效地提高截面的效率指标。

(二)配筋特点

装配式预应力混凝土简支梁内配筋除了主要的纵向预应力钢筋外，还有一些非预应力钢筋，如架立钢筋、箍筋、水平分布钢筋、局部受力钢筋。

1. 纵向预应力钢筋的布置

布置方式有以下几种(图 2-22)：

(1)全部主筋直线形布置，适用于先张法。缺点是在梁端上缘会产生过高拉应力。有时为了减小此应力，可根据弯矩的变化，将纵向预应力钢筋按需要截断。

(2)直线形预应力钢筋的后张法梁，为了减小梁端负弯矩，节省钢材，可以将主梁部分预应力钢筋在中间截面截断。但锚固处受力与构造较复杂，且预应力钢筋没有充分发挥抗剪作用。

(3)将预应力钢筋全部弯至梁端锚固，可以减少摩擦损失，但梁端受预应力较大。

(4)当梁高受限制时，可以将一部分预应力钢筋弯出梁顶。此方法摩擦损失增大，但能缩短预应力钢筋的长度，且能提高梁的抗剪能力。

图 2-22(c)所示的方式应用较广泛。

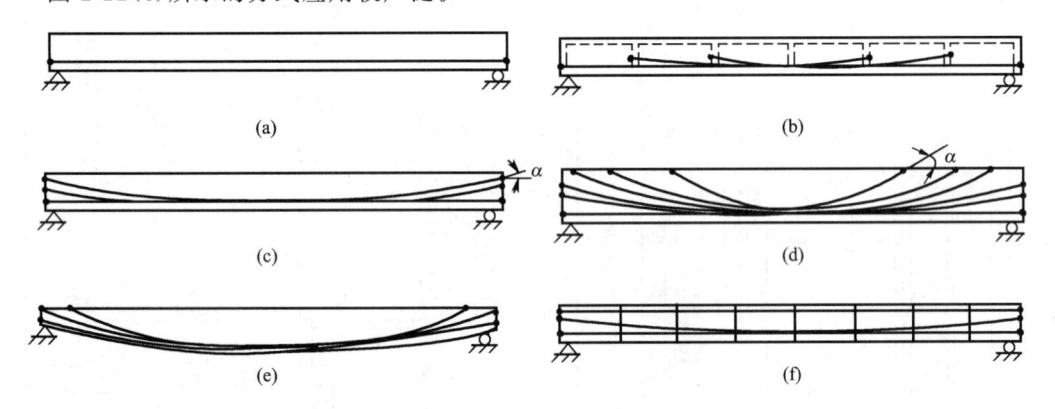

图 2-22 简支梁纵向预应力钢筋布置图示

预应力钢筋总的布置原则是：在保证梁底保护层厚度及使预应力钢筋位于束界内的前提下，尽量使预应力钢筋的重心靠下；在满足构造要求的同时，预应力钢筋尽量相互紧密靠拢，使构件尺寸紧凑。

2. 非预应力钢筋的布置

预应力混凝土T梁与钢筋混凝土梁一样，按规定布置箍筋、分布钢筋、架立钢筋。另外，还有其自身特点。

图 2-23 所示为梁端锚固区(约等于梁高的长度内)的配筋构造。加强钢筋网的网格约为 10 cm×10 cm。锚具下设置厚度不小于 16 mm 的钢垫板与 $\phi 9$ 的螺旋筋，其螺距为 3 cm，长 21 cm，以提高混凝土的抗裂性。

此外，对于预应力钢筋比较集中的下翼缘(下马蹄)内必须设置闭合式加强箍筋，其间距不大于 15 cm。制孔管的直径，应比预应力钢筋直径大 10 mm，采用铁皮套管时应大 20 mm，管道间的最小净距主要是由灌注混凝土的要求所确定，在有良好振捣工艺时(例如同时采用底振和侧振),最小净距不小于 4 cm。

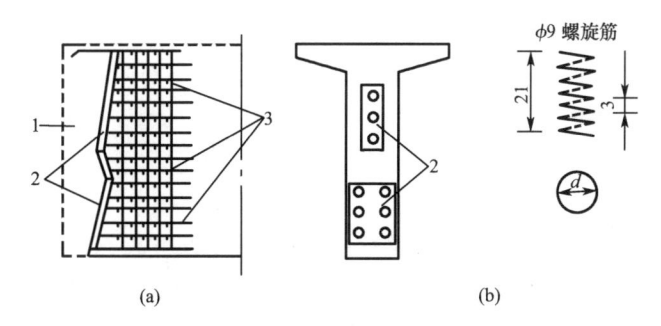

图 2-23 梁端锚固区的配筋构造(尺寸单位:cm)
1—后浇封头混凝土;2—垫板;3—钢筋网($\phi 8$,间距 10 cm)

另外,有时预应力钢筋与非预应力钢筋共同配置,会取得很好的效果。

图 2-24(a)所示为当梁中预应力钢筋在两端不便弯起时,为了防止张拉阶段在梁端顶部可能开裂而布置的受拉钢筋。

对于自重比恒载与活载小得多的梁,在预加力阶段跨中部分的上翼缘可能会开裂破坏,因而也可在跨中部分的顶部加设无预应力的纵向受力钢筋,如图 2-24(b)所示。这种钢筋在营运阶段还能加强混凝土的抗压能力,在破坏阶段则可提高梁的安全度。

图 2-24(c)所示为在跨中部分下翼缘内设置的钢筋,多半是在全预应力梁中为了加强混凝土预压力而设置。

对于部分预应力梁也往往利用通长布置在下翼缘的纵向钢筋来补足极限强度的需要,如图 2-24(d)所示。并且这种钢筋对于配置无黏结预应力钢筋的梁能起到分布裂缝的作用。

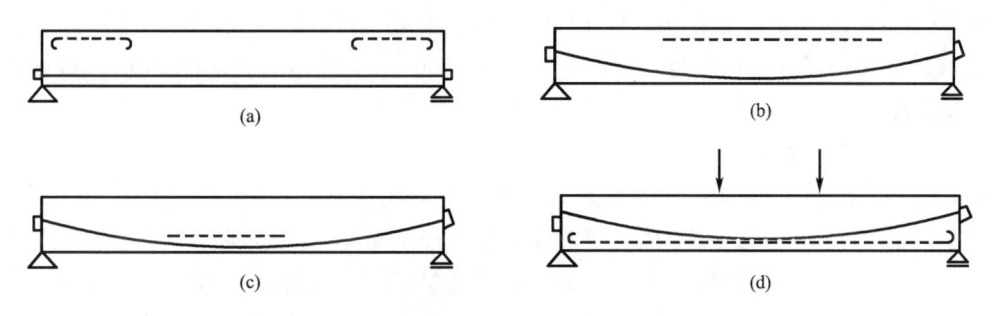

图 2-24 非预应力纵向受力钢筋(虚线)的布置

第四节 预应力混凝土简支梁桥的施工工艺

一、预应力混凝土基本知识

(一)预应力钢筋的品种和规格

桥涵工程中,常用的预应力钢筋按材料类型可分为:钢丝、钢绞线、精轧螺纹钢筋。其中,以钢丝、钢绞线应用最多,精轧螺纹钢筋往往作为竖向预应力钢筋使用。

1.预应力混凝土用钢丝

钢丝按加工状态分为冷拉钢丝和消除应力钢丝两类。消除应力钢丝按松弛性能分为低松弛钢丝和普通松弛钢丝。钢丝按外形分为光圆钢丝、螺旋肋钢丝、刻痕钢丝三种,按表面镀层可分为无镀层预应力钢丝、涂环氧树脂预应力钢丝和镀锌预应力钢丝。

冷拉钢丝一般用于管道，尤其是用PCCP工艺制作的管道。低松弛钢丝广泛应用于铁路轨枕和预应力混凝土电杆，少量用于建筑构件，预制梁已基本不采用。低松弛镀锌钢丝常用于斜拉桥的斜索、钢管拱桥的吊杆及大跨度建筑的预应力索，不经过稳定化处理的镀锌钢丝一般用于悬索桥的缆索。

2.钢绞线

钢绞线按照深加工可以分为标准型钢绞线、刻痕钢绞线和模拔型钢绞线。标准型钢绞线是指用冷拉光圆钢丝捻制成的钢绞线，即消除应力钢绞线；刻痕钢绞线是指用刻痕钢丝捻制成的钢绞线；模拔型钢绞线是指捻制后再经冷拔成的钢绞线。

钢绞线按结构可分为五类，其代号为：用两根钢丝捻制的钢绞线—1×2；用三根钢丝捻制的钢绞线—1×3；用三根刻痕钢丝捻制的钢绞线—1×3I；用7根钢丝捻制的标准型钢绞线—1×7；用7根钢丝捻制又经模拔的钢绞线—(1×7)C。

3.预应力混凝土用螺纹钢筋

预应力混凝土用螺纹钢筋(也称为精轧螺纹钢筋)是一种热轧成带有不连续外螺纹的直条钢筋，该钢筋在任意截面处均可用带有匹配形状的内螺纹的连接器或锚具进行连接或锚固。螺纹钢筋无须冷拉及焊接，施工方便，主要用于房屋、桥梁与构筑物等直线筋。

(二)预应力钢筋的检验、保管与加工

1.预应力钢筋的检验

预应力混凝土结构所采用的钢丝、钢绞线、螺纹钢筋等材料的性能和质量应符合现行国家标准的规定。预应力钢筋进场后，要分批验收，验收时除对其质量证明书、包装、标志和规格等进行检查外，还应按预应力钢筋种类进行其他检验。钢丝、钢绞线分批检验时，每批质量不大于60 t；精轧螺纹钢筋分批检验时，每批质量不大于100 t。具体检验要求详见现行《公路桥涵施工技术规范》。

2.预应力钢筋的保管

预应力钢筋应保持清洁，在存放和搬运过程中应避免使其产生机械损伤和有害的锈蚀。进场后的存放时间不宜超过6个月，宜存放在干燥、防潮、通风良好、无腐蚀气体和介质的仓库内；在室外存放时，不得直接堆放于地面，应支垫并遮盖，防止雨露和各种腐蚀性介质对其产生不利影响。

3.预应力钢筋的加工

下料长度应通过计算确定，计算式应考虑结构的孔道长度或台座长度、锚夹具厚度、千斤顶长度、墩头预留量、冷拉伸长值、弹性回缩值、张拉伸长值和张拉工作长度等因素。钢丝束两端采用墩头锚具时，可采用等长下料法对钢丝进行下料。预应力钢筋的下料应采用切断机或砂轮锯切断，严禁采用电弧切割。

预应力钢筋由多根钢丝或钢绞线组成，且整束穿入孔道时应预先编束，编束时应将钢丝或钢绞线逐根理顺，防止缠绕，并应每隔1~1.5 m捆绑一次，使其绑扎牢固、顺直。

(三)锚具、夹具和连接器

1.锚具的分类

锚具的形式繁多，按其传力锚固的受力原理可分为以下几类。

(1)依靠摩阻力锚固的锚具。如楔形锚、锥形锚和用于锚固钢绞线的JM锚与夹片式群锚等,都是借张拉预应力钢筋的回缩或千斤顶压,带动锥销或夹片将预应力钢筋楔紧于锥孔中而锚固的。

(2)依靠承压锚固的锚具。如镦头锚、钢筋螺纹锚等,是利用钢丝的镦粗头或钢筋螺纹承压进行锚固。

(3)依靠黏结力锚固的锚具。如先张法的预应力钢筋锚固,以及后张法固定端的钢绞线压花锚具等,都是利用预应力钢筋与混凝土之间的黏结力进行锚固的。

对于不同形式的锚具,往往需要配套使用专门的张拉设备。因此,在设计、施工中,锚具与张拉设备的选择应同时考虑。

2. 目前桥梁结构中几种常用的锚具

(1)锥形锚

锥形锚又称为弗式锚,主要用于钢丝束的锚固。它由锚圈和锚塞(又称为锥销)两部分组成。

锥形锚是通过张拉钢束时顶压锚塞,把预应力钢丝楔紧在锚圈与锚塞之间,借助摩阻力锚固的(图 2-25)。在锚固时,利用钢丝的回缩力带动锚塞向锚圈内滑进,使钢丝被进一步楔紧。

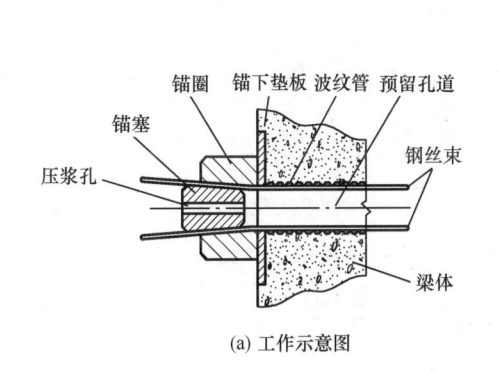

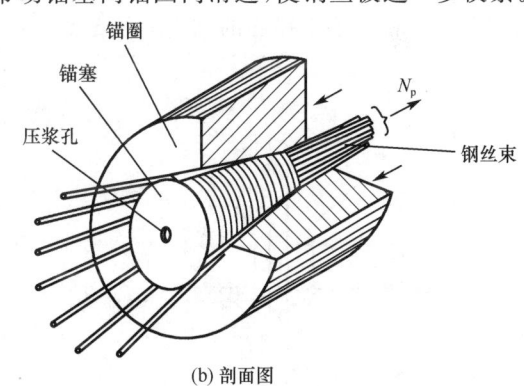

(a) 工作示意图　　(b) 剖面图

图 2-25　锥形锚

锥形锚的优点是锚固方便,锚具面积小,便于在梁体上分散布置。但锚固时钢丝的回缩量较大,应力损失较其他锚具大。同时,它不能重复张拉和接长,使预应力钢筋设计长度受到千斤顶行程的限制。为防止受震松动,必须及时给预留孔道压浆。

(2)镦头锚

镦头锚主要用于锚固钢丝束,也可锚固直径在 14 mm 以下的预应力粗钢筋。

镦头锚的工作原理如图 2-26 所示。先以钢丝逐一穿过锚杯的蜂窝眼,然后用镦头机将钢丝端头镦粗如蘑菇形,借镦头直接承压将钢丝锚固于锚杯上。锚杯的外圆车有螺纹,穿束后,在固定端将锚圈(大螺帽)拧上,即可将钢丝束锚固于梁端。在张拉端,先将与千斤顶连接的拉杆旋入锚杯内,用千斤顶支承于梁体上进行张拉,待达到设计张拉力时,将锚圈(螺帽)拧紧,再慢慢放松千斤顶,退出拉杆,于是钢丝束的回缩力就通过锚圈、垫板,传递到梁体混凝土而获得锚固。

(3)钢筋螺纹锚具

当采用高强粗钢筋作为预应力钢筋时,可采用钢筋螺纹锚具固定。即借助于粗钢筋两端的螺纹,在钢筋张拉后直接拧上螺帽进行锚固,钢筋的回缩力由螺帽经支承垫板承压传递给梁体而获得锚固(图 2-27)。

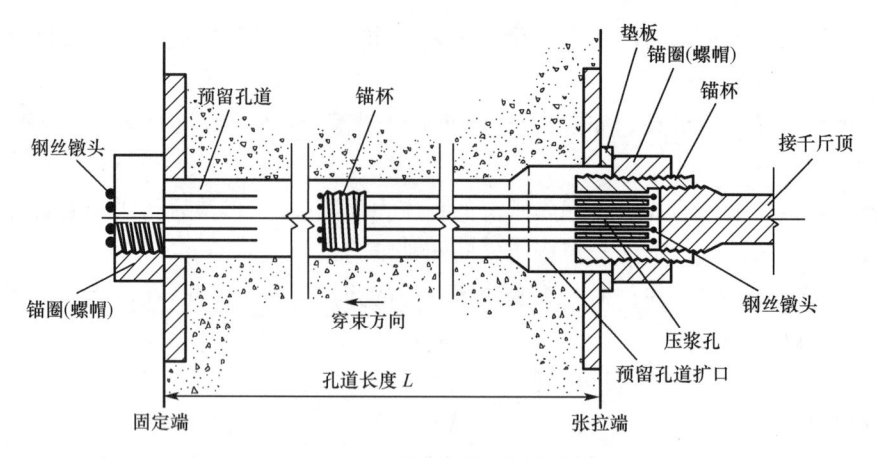

图 2-26 镦头锚的工作原理

20世纪70年代以来,国内外相继采用可以直接拧上螺帽和连接套筒(用于钢筋接长)的高强精轧螺纹钢筋,它沿通长都具有规则但不连续的凸形螺纹,可在任何位置进行锚固和连接,故可不必再在施工时临时轧丝。国际上采用的迪维达格锚具(图 2-27(b)),就是采用特殊的锥形螺帽和垫板来锚固的钢筋螺纹锚具。

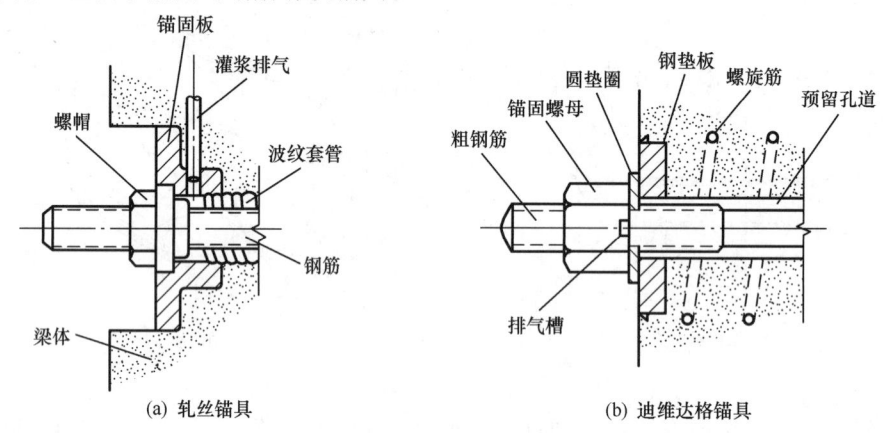

图 2-27 钢筋螺纹锚具

钢筋螺纹锚具的受力明确,锚固可靠;构造简单,施工方便;能重复张拉、放松或拆卸,并可以简便地采用套筒接长。

(4)夹片锚具

夹片锚具体系主要用于锚固钢绞线。由于钢绞线与周围接触的面积小,且强度高、硬度大,故对其锚具的锚固性能要求很高。夹片锚具的工作原理如图 2-28 所示。

①钢绞线夹片锚具

夹片锚由带锥孔的锚板和夹片所组成。张拉时,每个锥孔放置一根钢绞线,张拉后各自用夹片将孔中的该根钢绞线抱夹锚固,每个锥孔各自成为一个独立的锚固单元。每个夹片锚具一般由多个独立锚固单元组成,它能锚固由1~55根不等的 $\phi^s 15.2$ mm 或 $\phi^s 12.7$ mm 钢绞线所组成的预应力钢束,其最大锚固吨位可达 11 000 kN,故夹片锚又称为大吨位钢绞线群锚体系。其特点是各根钢绞线均单独工作,即一根钢绞线锚固失效也不会影响全锚,只需对失效锥孔的钢绞线进行补拉即可。但预留孔端部,因锚板锥孔布置的需要,必须扩孔,故工作锚下的一段预留孔道一般需设置成喇叭形,或配套设置专门的铸铁喇叭形锚垫板。

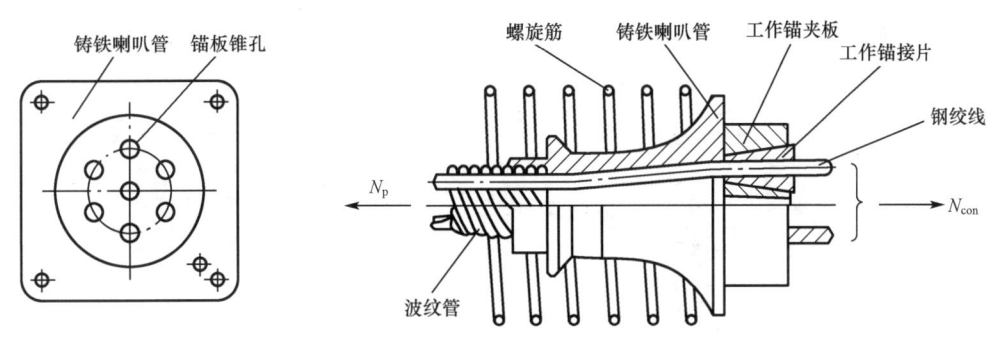

图 2-28 夹片锚具的工作原理

②扁型夹片锚具

扁型夹片锚具是为适应扁薄截面构件(如桥面板梁等)预应力钢筋锚固的需要而研制的,简称扁锚。其工作原理与一般夹片锚具体系相同,只是工作锚板、锚下钢垫板和喇叭管,以及形成预留孔道的波纹管等均为扁形而已。每个扁锚一般锚固 2~5 根钢绞线,采用单根逐一张拉,施工方便。其一般符号为 BM 锚。

(5)固定端锚具

采用一端张拉时,其固定端锚具除可采用与张拉端相同的夹片锚具外,还可采用挤压锚具和压花锚具。

挤压锚具是利用压头机,将套在钢绞线端头上的软钢(一般为 45 号钢)套筒与钢绞线一起,强行顶压通过规定的模具孔挤压而成(图 2-29)。为增加套筒与钢绞线间的摩阻力,挤压前,在钢绞线与套筒之间衬置一硬钢丝螺旋圈,以便在挤压后使硬钢丝分别压入钢绞线与套筒内壁之内。

压花锚具是用压花机将钢绞线端头压制成梨形花头的一种黏结型锚具(图 2-30),张拉前预先埋入构件混凝土中。

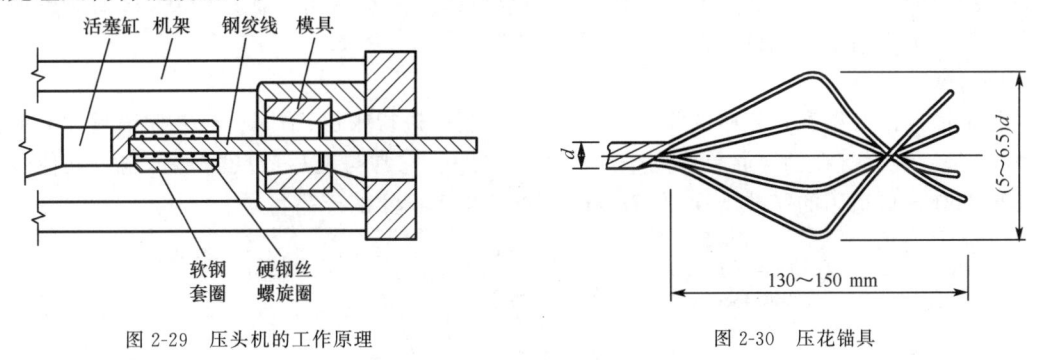

图 2-29 压头机的工作原理

图 2-30 压花锚具

(6)连接器

连接器有两种:钢绞线束 N_1 锚固后,用来再连接钢绞线束 N_2 的工具称为锚头连接器(图 2-31(a));当两段未张拉的钢绞线束 N_1、N_2 需直接接长时,则可采用接长连接器(图 2-31(b))。

以上锚具的设计参数以及锚具、锚垫板、波纹管和螺旋筋等的配套尺寸,可参阅各生产厂家的"产品介绍"选用。

应当特别指出,为保证施工与结构的安全,锚具必须按规定程序进行试验验收,验收合格者方可使用。工作锚具使用前,必须逐件擦洗干净,表面不得残留铁屑、泥砂、油垢及各种减摩剂,以防止锚具回松和降低锚具的锚固效率。

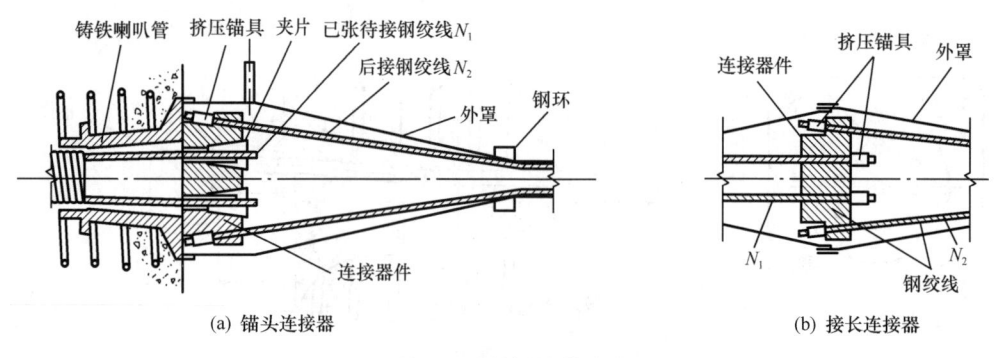

图 2-31 连接器的构造
(a) 锚头连接器
(b) 接长连接器

(四)管道

目前,国内桥梁构件预留孔道所用的制孔器主要有抽拔橡胶管、螺旋金属波纹管和塑料波纹管。

(1)抽拔橡胶管。在钢丝网胶管内事先穿入钢筋(称芯棒),再将胶管(连同芯棒一起)放入模板内,待浇筑混凝土达到一定强度后,抽去芯棒,再拔出胶管,则预留孔道形成。

(2)螺旋金属波纹管(简称波纹管)。在浇筑混凝土之前,将波纹管按预应力钢筋设计位置,绑扎于与箍筋焊接的定位钢筋上,再浇筑混凝土,结硬后即可形成穿束的孔道。使用波纹管制孔的穿束方法,有先穿法与后穿法两种。先穿法即在浇筑混凝土之前将预应力钢筋穿入波纹管中,绑扎就位后再浇筑混凝土;后穿法即是浇筑混凝土成孔之后再穿预应力钢筋。金属波纹管是用薄钢带经卷管机压波后卷成,其重量轻,纵向弯曲性能好,径向刚度较大,连接方便,与混凝土黏结良好,与预应力钢筋的摩阻系数也小,是后张法预应力混凝土构件一种较理想的制孔器。

(3)塑料波纹管。这种波纹管由聚丙烯或高密度聚乙烯制成。使用时,波纹管外表面的螺旋肋与周围的混凝土具有较高的黏结力。这种塑料波纹管具有耐腐蚀性能好、孔道摩擦损失小以及有利于提高结构抗疲劳性能的优点。

(五)张拉设备

各种锚具都必须配置相应的张拉设备,才能顺利地进行张拉、锚固。与夹片锚具配套的张拉设备,是一种大直径的穿心单作用千斤顶(图 2-32)。它常与夹片锚具配套研制。其他各种锚具也都有各自适用的张拉千斤顶,需要时可查各生产厂家的产品目录。

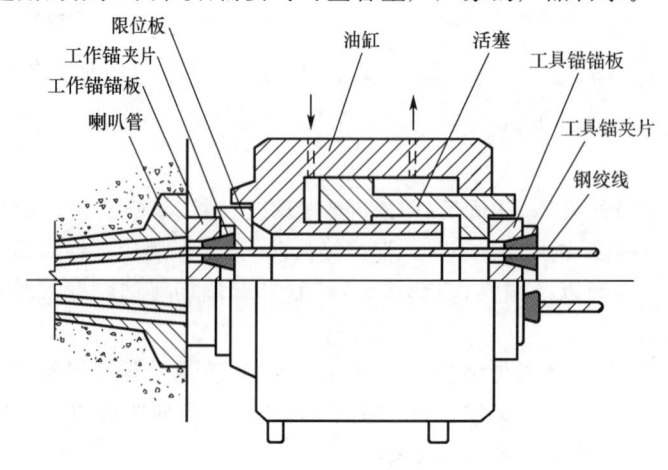

图 2-32 与夹片锚具配套的张拉千斤顶

二、先张法预应力简支梁桥的施工工艺

先张法预应力混凝土简支梁的预制有固定台座法和流水台车法两种。

流水台车法是在预制厂内设置运输轨道,在活动的台车上制梁。流水台车由轨道轮、底板、加劲肋、底模和底模振捣装置组成。预制梁在台车上生产,而安装模板、绑扎钢筋、预应力钢筋组束、浇筑混凝土以及张拉等工序安排在固定车间内,通过台车流动组织生产。它的主要优点在于可组织流水作业,机械化程度高,生产率高。这种生产方式需要较大的生产车间和堆放场地,宜在生产量大的大型预制厂采用。

固定台座法是一种在固定台位上生产预制梁的方法,是现场制梁最常用的方法。现重点介绍固定台座法制造预应力混凝土简支梁的生产工艺。

先张法施工工艺基本流程如图2-33所示。

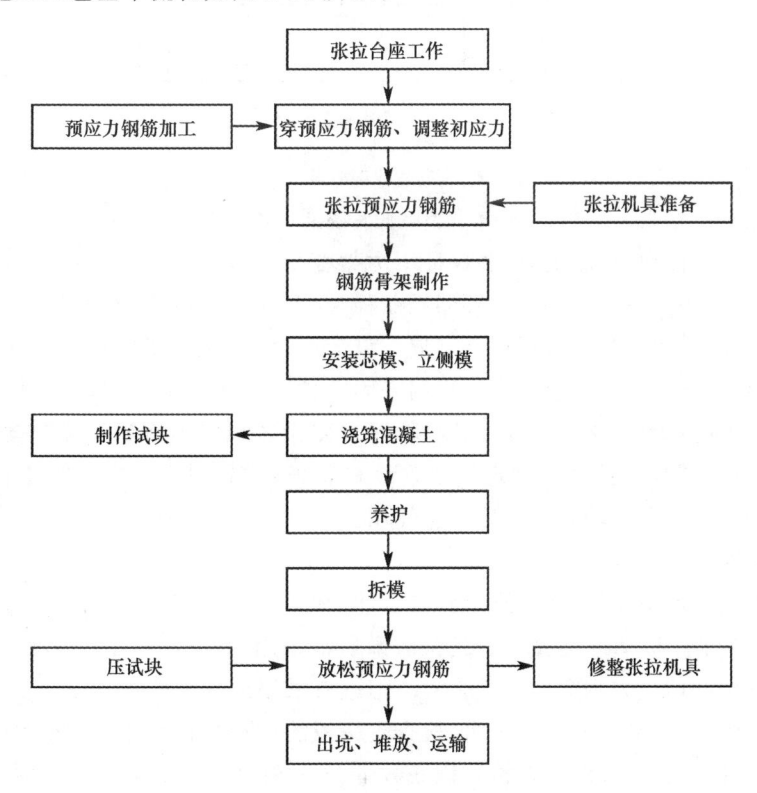

图2-33 先张法施工工艺基本流程

(一)台座

在梁的制造过程中,台座是主要设备,用于承受张拉预应力钢筋的反力。张拉台座必须在受力后不倾覆、不移动、不变形。张拉台座类型:按构造形式分为框架式、槽式和墩式;按受力形式分为轴心压柱式、偏心压柱式和无压柱式;按使用方式分为可拆装配式和固定式;按材料分为钢筋混凝土式、钢筋混凝土和型钢组合式及钢管混凝土式等。固定生产的桥梁预制厂多采用长线压柱式台座,在一条生产线上可以同时预制若干个构件,提高生产率。

槽式和墩式张拉台座的形式和构造如图2-34所示。台座的长度和宽度根据施工现场的实际情况和生产板梁的数量决定,长度一般为50～120 m。台座主要由底板、承力架(支承梁)、横梁、定位板和固端装置等组成。台座的底板有整体式混凝土台面和装配式台面两种,作

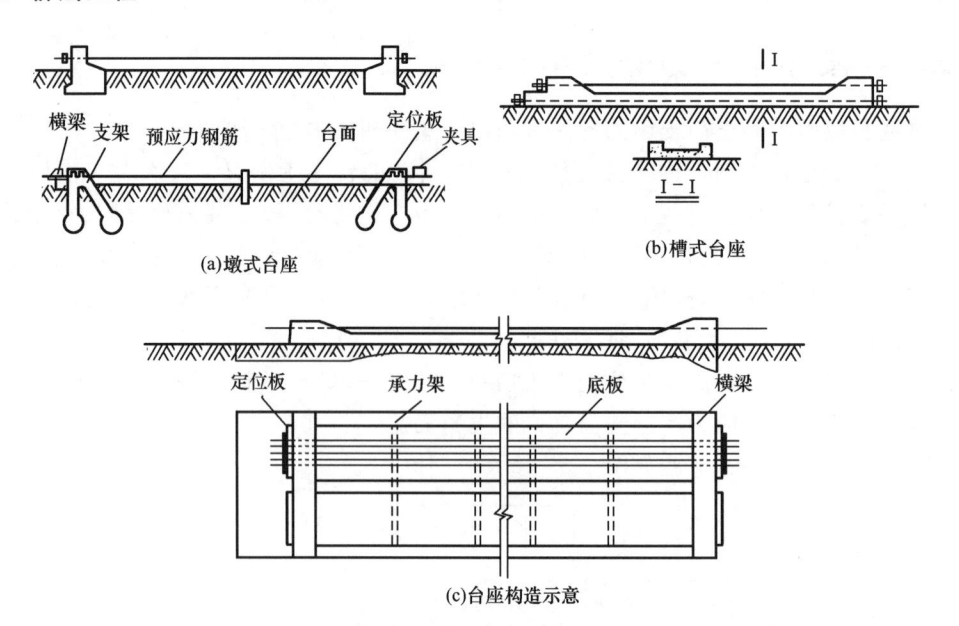

图 2-34 张拉台座的形式与构造

为预制构件的底模。先张台座的底板应平整,排水畅通,地基不产生不均匀沉降。承力架或支承梁要求承受全部张拉力,在制造时,要保证承力架变形小、经济、安全、便于操作等。压柱式台座的支承梁是细长的压杆,要求有足够的压曲稳定性和抗压强度。横梁是将预应力钢筋的张拉力传给承力架的横向构件,常用型钢制成。设计时,要根据横梁的跨径、张拉力的大小确定截面,并保证其刚度和稳定要求。定位板用来固定预应力钢筋的位置,用钢板制成,其厚度应保证承受张拉力后具有足够的刚度。孔的位置按照梁体预应力钢筋的位置设置,孔径比钢筋直径大 2~5 mm,以便于穿筋。固定端装置设在非张拉端,用于固定钢筋位置并在梁预制完成后放松钢筋。它仅在一端张拉的后座上使用。

(二)预应力钢筋的张拉

先张法梁是在底模整理后,在台座上张拉已加工好的预应力钢筋。对于长线台座,预应力钢筋需要先用连接器串联后才能张拉。先张法梁通常采用一端张拉,另一端在张拉前要设置好固定装置或安放好预应力钢筋的放松装置。但也有采用两端张拉的方法。

预应力钢筋张拉前,应先安装定位板,检查定位板的钻孔位置和孔径大小是否符合设计要求,然后将定位板固定在横梁上。在检查钢筋数量、位置和张拉设备后,方可进行张拉。

先张法张拉钢筋,可以单根张拉或多根张拉。单根张拉设备比较简单,吨位低,但张拉速度慢,张拉的顺序应不致使台座承受过大的偏心力。多根张拉一般需有两个大吨位拉伸机,张拉速度快。数根钢筋张拉时,必须使它们的初始长度一致,张拉后每根(束)钢筋的应力均匀。因此,可在钢筋的一端选用螺丝端杆锚具,另一端选用镦粗夹具与拉伸机连接,这样可以利用螺丝端杆的螺帽调整各根钢筋的初始长度。如果钢筋直径较小,在保证每根钢筋下料长度精确的情况下,两端都可采用镦粗夹具。此外还必须使两个千斤顶与钢筋对称布置,两个千斤顶油路串通,同步顶进。

预应力钢筋张拉控制应力的大小直接影响预应力效果,影响到构件的抗裂性和刚度,因而控制应力不能过低。当然也不能过高,否则会使构件出现裂缝的荷载,与破坏荷载很接近,在破坏前没有明显的预告;同样张拉力过大使钢筋应力超过屈服点,产生的变形将直接影响预应力值的准确性和张拉工艺的安全性;此外控制应力过大造成构件反拱过大或预拉区出现裂缝也是不利的。因此预应力钢筋的张拉控制应力应符合设计要求,当施工中需要超张拉时,可比设计要求提高5%,但最大控制应力不能超过有关规定。

钢筋张拉的程序依钢筋的类型而异,一般张拉程序见表2-4。

表2-4　　　　　　　　　先张法预应力钢筋张拉程序

预应力钢筋种类		张拉程序
钢丝、钢绞线	夹片式等具有自锚性能的锚具	普通松弛预应力钢筋:$0 \rightarrow$ 初应力 $\rightarrow 1.03\sigma_{con}$(锚固) 低松弛预应力钢筋:$0 \rightarrow$ 初应力 $\rightarrow \sigma_{con}$(持荷 5 min 锚固)
	其他锚具	$0 \rightarrow$ 初应力 $\rightarrow 1.05\sigma_{con}$(持荷 5 min)$\rightarrow 0 \rightarrow \sigma_{con}$(锚固)
螺纹钢筋		$0 \rightarrow$ 初应力 $\rightarrow 1.05\sigma_{con}$(持荷 5 min)$\rightarrow 0.9\sigma_{con} \rightarrow \sigma_{con}$(锚固)

为了减少预应力钢筋的应力松弛损失,通常采用超张拉方法。以上张拉程序中应力由 $1.05\sigma_{con}$ 退至 $0.9\sigma_{con}$,主要是为了设置预埋件、绑扎钢筋等工作的安全。

$1.05\sigma_{con}$ 为张拉时的控制应力,包括预应力损失值。

预应力的张拉一般采用双控法,即以油压表读数控制张拉应力,同时以预应力钢筋张拉伸长值进行校核。若二者不符则应停止张拉,待检查找出原因并处理后再进行张拉。

(三)预应力钢筋的放松

当混凝土强度达到设计要求后,可在台上放松受拉预应力钢筋(称为放张),对预制梁施加预应力。当设计无规定时,一般应在大于混凝土设计强度的80%时进行。预应力钢筋放松应按照对称慢速的原则进行。放松之后,切割梁外钢筋,即可移位准备再生产。

放松预应力钢筋的方法有:千斤顶放松法、张拉放松法、滑楔放松法、砂箱放松法、螺杆放松法和氧割法等,以下只简单介绍常用的前两种放松法。

1.千斤顶放松法

张拉前在台座固定端承力架与横梁之间安放两个千斤顶,待混凝土达到规定放松强度后,即可让两个千斤顶同步回程,使拉紧的力筋慢慢回缩,将预应力钢筋放松。

2.张拉放松法

在张拉端利用连接器、拉杆、双螺帽放松预应力钢筋,如图2-35所示。施加的应力不应超过原有的张拉控制应力。之后将固定在横梁定位板前的双螺帽慢慢旋动,同一组放松的预应力钢筋螺帽旋动的距离应相等,然后再将千斤顶回油,预应力钢筋慢慢回缩,张拉力即被释放。如果采用单根放松时,应自构件两侧对称向中心分阶段进行。

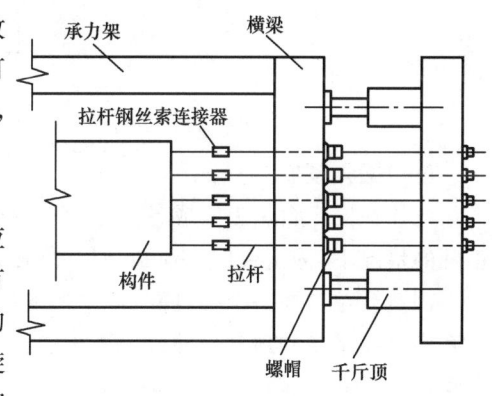

图2-35　张拉端张拉放松示意图

三、后张法预应力简支梁桥的施工工艺

后张法施工工艺是先浇筑混凝土梁体,并在梁体内按预应力钢筋的位置留出相应的孔道,待混凝土达到规定强度后(一般不低于设计强度的80%),再在预留孔道内穿入预应力钢筋进行张拉锚固(有时预留孔道内已预埋钢筋束,待混凝土达到规定强度后,对预应力钢筋进行张拉锚固),最后进行孔道压浆并浇筑梁端混凝土封锚。

后张法梁施加预应力前必须完成梁内预留孔道、制束、制锚、穿束和张拉设备的准备工作。但利用后张法制造混凝土梁不需要张拉台座和大型的张拉设备,便于在桥梁施工现场施工,而且适于配置曲线形预应力钢筋的重、大型混凝土梁的制作,因此在桥梁施工中应用广泛。后张法施工工艺基本流程如图 2-36 所示。

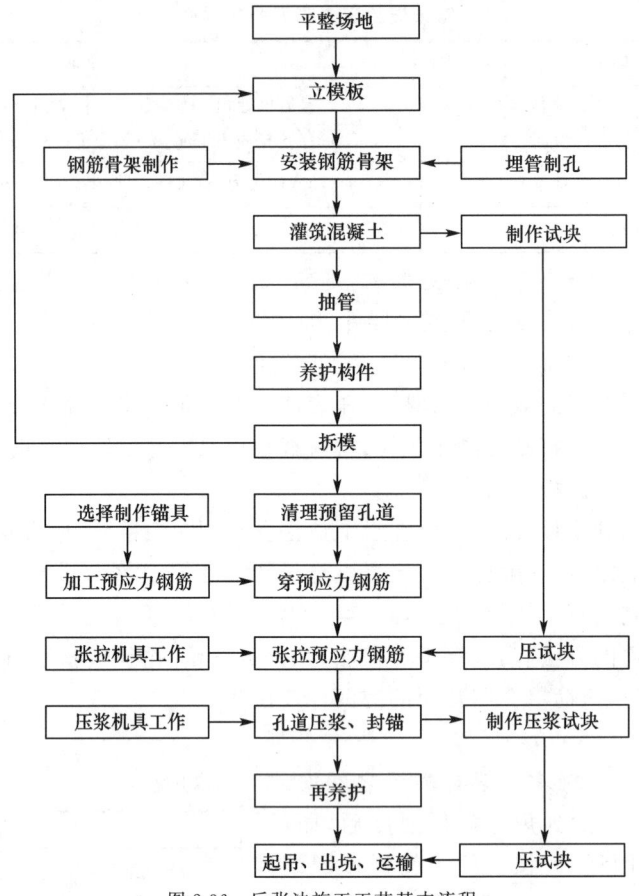

图 2-36 后张法施工工艺基本流程

(一)梁体预制

梁体在固定台位上完成各工序,直到构件完全可以移动后再进行下一个构件的制作。在正常的情况下,固定台位上预制一片 30 m 跨径的后张法预应力 T 梁需要 50 h 的工作时间。

固定台位需要一个强度高、不变形的底座,在构造上有整体式底座和底座垫块两类。整体式底座是在坚实的地基上铺设混凝土底板,预制时,在底板上设置垫木和底模板。底座垫块是在预制梁的长度范围内,每隔一定距离(0.5~1.0 m)设置一组混凝土垫块(横向可设置 2~3 块),在横向的底座垫块之间设置钢横梁,在其上铺设底模板。采用底座垫块的固定台座,可使底模下有足够的空间以便放置底模振捣器。为减小对垫块的震动,可在底板垫块与横梁之间放置 1~2 层橡胶垫板。同时可在横梁下方加焊限位块,或在底座垫块上预留限位缺口或预埋限位钢筋,以便控制横梁的位置(图 2-37)。

预应力钢筋的预留管道可采用抽拔管抽拔成孔或预埋金属波纹管的方法成孔。孔道直径比钢丝束直径约大 10 mm。抽拔管可用特制的橡胶管。为了保证孔道顺直,应在中间圆孔内穿入粗钢筋。当混凝土达到 4~8 MPa 时,将橡胶管拔出。根据经验,橡胶管的抽拔时间可参考表 2-5 按下式估算:

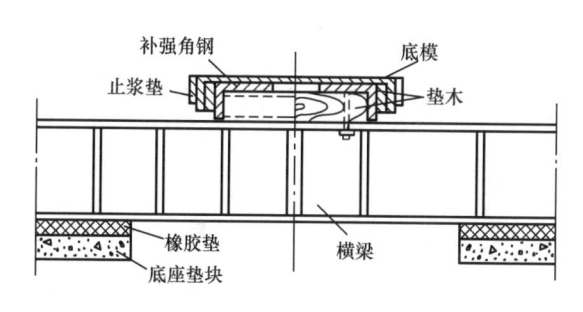

图 2-37 横梁与底座垫块的连接

表 2-5　　橡胶管抽拔时间表

环境温度/℃	抽拔时间/h
30 以上	3
30～20	3～5
20～10	5～8
10 以下	8～12

$$H = 100/T$$

式中　H——混凝土灌筑完毕至抽拔管的时间(h)；

　　　T——预制构件的环境温度(℃)。

波纹管在安装就位的过程中应尽量避免反复弯曲，以防管壁开裂。同时，还应防止电焊火花烧伤管壁。发现管壁破损，应及时用黏胶带修补。

波纹管的接长可采用大一号同型波纹管作为接头管。接头管的长度为 20～30 cm。接头管的两端用密封胶带或塑料热缩管封裹，以防接缝处漏浆。

灌浆孔(或泌水孔)与波纹管的连接方法是：在波纹管上开洞，在洞口上覆盖海绵垫片与带嘴的塑料弧形压板并用铁丝扎紧，再用塑料管(或钢管)插在嘴上，并将其引出梁顶面 40～60 cm。

(二)预应力钢筋穿束与张拉

预应力钢筋穿入孔道的方法有先穿束法和后穿束法两种。先穿束法即在浇筑混凝土之前穿束。这种穿束法较省力，但束端保护不当易生锈。后穿束法即在浇筑混凝土之后穿束。穿束可在混凝土养护期内进行，不占工期，便于用通孔器或高压水通孔，穿束后及时张拉，易于防锈，但穿束较为费力。后穿束法可用人工穿束、卷扬机穿束和穿束机穿束。

预应力钢筋张拉时的混凝土强度直接影响构件的安全度、锚固区的局部承压、徐变引起的损失等，是施加预应力成败的关键。

预应力钢筋张拉常用的张拉设备有三种类型：锥锚式三作用千斤顶、穿心式千斤顶和拉杆式千斤顶。锥锚式三作用千斤顶主要用于钢丝束的张拉；穿心式千斤顶可用于单根钢筋、单根钢绞线或钢筋束、钢绞线束的张拉；拉杆式千斤顶适用于带有螺杆和镦头锚、夹具的单根粗钢筋、钢筋束或钢丝束的张拉。

施加预应力的方式很多，常用的有一端张拉、两端张拉、对称张拉、分批张拉、分段张拉、分阶段张拉、补偿张拉等。

(三)管道压浆

压浆的目的是保护预应力钢筋不致锈蚀，并通过水泥浆把预应力钢筋与混凝土黏结成整体，提高梁的承载力、抗裂性能和耐久性。孔道压浆用专门的压浆泵进行，压浆时要求密实、饱满，并在张拉后尽快进行。

压浆前烧割锚外钢丝时，应采取降温措施，以免锚具和预应力钢筋因过热而产生滑丝；用压缩空气清除管道内的杂物，确保管道畅通。孔道灌浆用的水泥采用性能稳定、强度等级不低于 42.5 的低碱硅酸盐水泥或低碱普通硅酸盐水泥。在寒冷地区和低温季节，不宜采用矿渣硅酸盐水泥。水泥浆的水灰比为 0.4～0.45，搅拌后 3 h 的泌水率宜控制在 2%，最大不得超过

3%。施工温度控制在 5~25 ℃。压浆时用压浆机从锚塞中央的压浆孔压入。对水平或曲线孔道,压浆的压力宜为 0.5~0.7 MPa;对超长孔道,压浆的最大压力不宜超过 1.0 MPa;对竖向孔道,压浆的压力宜为 0.3~0.4 MPa。压浆的充盈度应达到孔道另一端饱满且排气孔排出与规定流动度相同的水泥浆为止,关闭出浆口后,宜保持一个不小于 0.5 MPa 的稳压期,稳压期的保持时间宜为 3~5 min。

在压浆操作中应注意:
(1)在冲洗孔道时如发现串孔,则改为两孔同时压注;
(2)压浆时,对曲线孔道和竖向孔道应从最低点的压浆孔压入,由最高点的排气孔排气和泌水,压浆顺序宜先压注下层孔道;
(3)每个孔道的压浆作业必须一次完成,不得中途停顿,如因故停顿,时间超过 20 min,则应用清水冲洗已压浆的孔道,重新压注;
(4)水泥浆从拌制到压入孔道的间隔时间视气温情况而定,一般在 30~45 min 范围内,在此时间内,应不断搅拌水泥;
(5)输浆管的长度最多不得超过 40 m。当超过 30 m 时,就要提高压力 100~200 kPa,以补偿输浆过程的压力损失。

(四)封端

孔道压浆后应立即将梁端水泥浆冲洗干净,并将端面混凝土凿毛,为封端做准备。封端就是为防止梁端外露的锚头引起预应力钢筋及锚头的锈蚀,用混凝土将其封住。封端混凝土标号不宜低于结构本身混凝土标号的 80%,也不宜低于 C30。

第五节 简支梁桥的架设

在公路工程中,中小跨度桥梁的数量最多。目前,我国跨度在 40 m 以内的公路桥梁,几乎全部采用钢筋混凝土梁和预应力钢筋混凝土梁。在梁体架设安装阶段,架梁进度常常控制工期,采用专用的架桥机架梁,才能达到既快又省的效果。现仅就常用架桥设备和方法介绍如下。

一、构件的起吊和卸落

构件的起吊,是把构件从预制的底座或存放台座上移出来。起吊时,混凝土强度应不低于设计要求,设计无规定时,构件混凝土强度一般要达到设计强度的 80%,对已压浆的预应力混凝土构件,其孔道水泥浆的强度一般不低于 30 MPa。构件的吊环应顺直,如吊绳与起吊构件的夹角小于 60°,应设置吊架或扁担,尽可能使吊环垂直受力。吊移板式构件时,注意不得将上下面吊反,以免构件折断。吊绳与构件棱角接触处,须用橡胶、麻袋或木块隔开,以防止构件棱角损伤,并减少吊绳的磨损。

制作混凝土构件时,一般都在设计图样上规定好吊点位置,预埋吊环或预留吊孔。当设计无规定时,应根据构件配筋情况、外形特征等慎重确定。

构件起吊卸落可以用龙门式起重机(又称龙门架)、汽车式起重机、履带式起重机、浮式起重机(俗称浮吊)、千斤顶、卷扬机、链滑车(又称手拉葫芦)、扒杆吊装设备、缆索吊装设备等进行起吊和卸落。各种吊装设备在每次组装后,初次使用时,应先进行试吊。试吊时,将构件吊离支承面约 20~30 mm 后暂停,对各主要受力部位的工作情况做详细检查,确认受力良好后,方可撤除支垫继续起吊。起吊卸落时,必须等支承稳妥后,才可卸除吊钩。

二、构件的运输

构件运输时,一般都要求其放置符合受力方向,并在构件的两侧有防止其倾倒的固定措施,使构件有足够的稳定性。可采用特制的固定架、斜撑或木楔加以临时固定,防止构件发生倾倒、滑动或跳动造成构件的损坏。图 2-38 所示为 T 梁在汽车上的稳定措施。

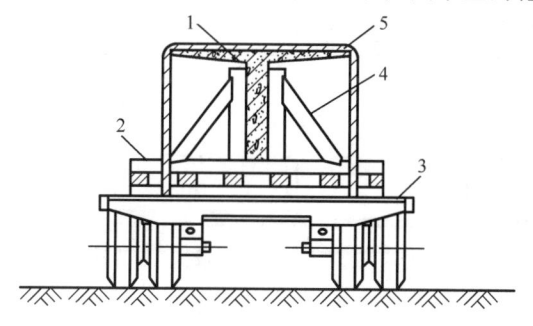

图 2-38　T 梁在汽车上的稳定措施
1—T 梁;2—支点木垛;3—汽车;4—木架;5—捆绑绳索

1. 龙门式起重机运输法

龙门式起重机的运动方向有三个,即起重行车上下升降、起重行车横向移动和龙门式起重机在专用轨道上的纵向运动。用龙门式起重机可以把构件从底座上吊起,横移,在专用的轨道上纵向行进运输,卸落构件(图 2-39)。

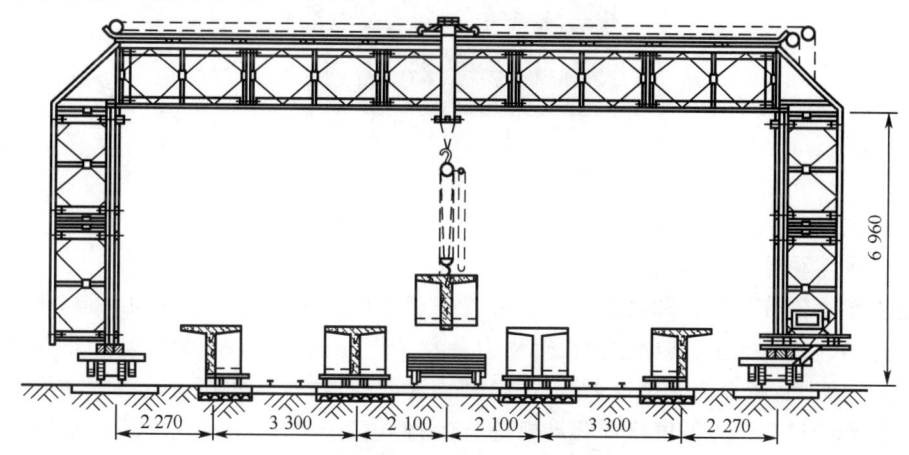

图 2-39　龙门式起重机运输法(尺寸单位:mm)

2. 汽车、驳船、火车运输

若构件预制场离桥位较远,可采用汽车、驳船或火车等运输工具。采用这些运输工具运输时,应有特制的固定架以稳定构件,并有防止倾倒的固定措施。图 2-40 所示为汽车运梁示意图。

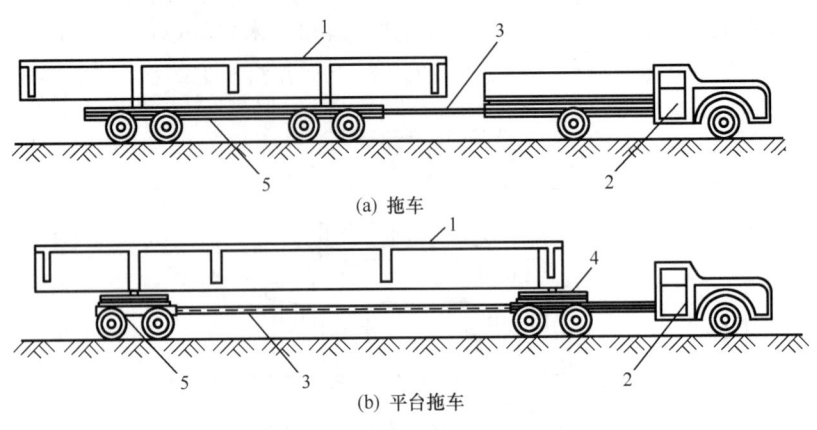

图 2-40 汽车运梁示意图
1—预制梁;2—主车;3—连接杆;4—转盘装置;5—拖车

3. 轨道平车运输

轨道平车运输分为纵移和横移两种。轨道平车纵移是先设置纵向移动轨道,把构件吊装在通往桥位的轨道平车上,利用卷扬机等动力装置牵引拖拉至安装位置。轨道平车设转盘装置,以便装上构件后能在曲线轨道上运行,同时装设制动设备,以便在运行过程中发生情况时刹车。轨道平车横移是先设置横向移动轨道,将构件放置于轨道平车之上进行横移。图 2-41 所示为轨道平车纵移运输构件示意图。

4. 滚筒移运

滚筒移运包括横向滚移和纵向滚移两种,如图 2-42、图 2-43 所示。横向滚移是把构件抬高后,在构件底面两端设置横向滚移设备,用链滑车牵引横移构件。

滚移设备包括走板、滚筒和滚道三部分(图 2-44)。走板托在构件底面,与构件一起行走。滚筒放在走板与滚道之间,由于它的滚动而使构件行走。滚筒用硬木或无缝钢管制成。滚道是滚筒的走道,有钢轨滚道和木滚道两种。

纵向滚移用滚移设备,以人力或电动卷扬机牵引,把构件从预制场运往桥位。其设备和操作方法与横向滚移基本相同,不过走板的宽度要适当加宽,以便在走板上装置斜撑等固定设施,使构件具有足够的稳定性。

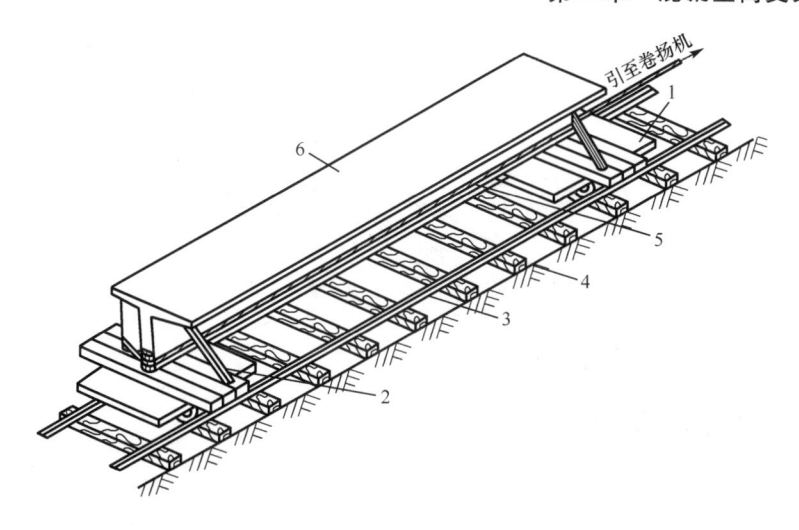

图 2-41 轨道平车纵移运输构件示意图
1—平车;2—边梁临时支承;3—钢轨;4—枕木;5—钢丝绳;6—T 梁

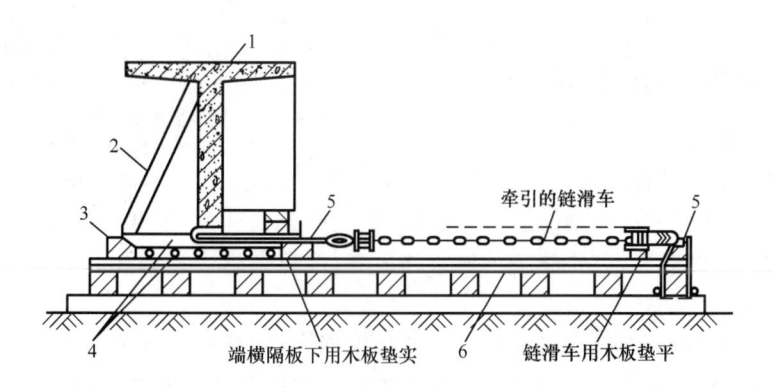

图 2-42 T 梁横向滚移法
1—预制 T 梁;2—临时支承;3—保险三角木;4—走板和滚筒;5—千斤顶;6—滚道

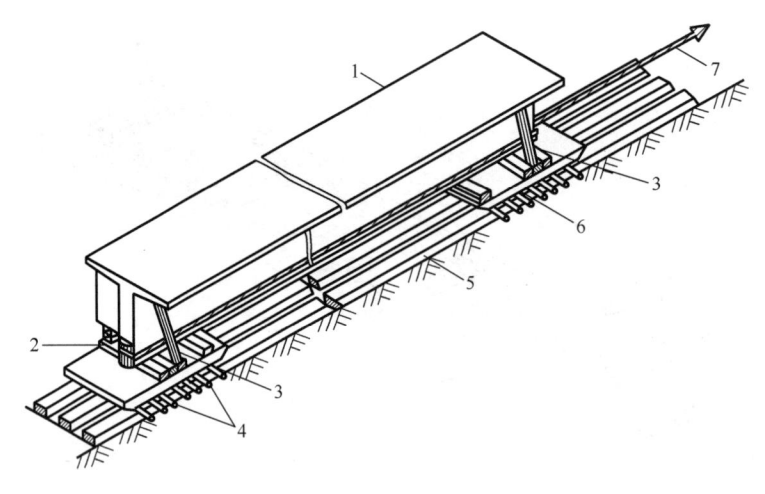

图 2-43 T梁纵向滚移法
1—预制T梁；2—垫木；3—临时支承；4—走后板及支承；5—方木滚道；6—走前板及滚筒；7—牵引钢丝绳

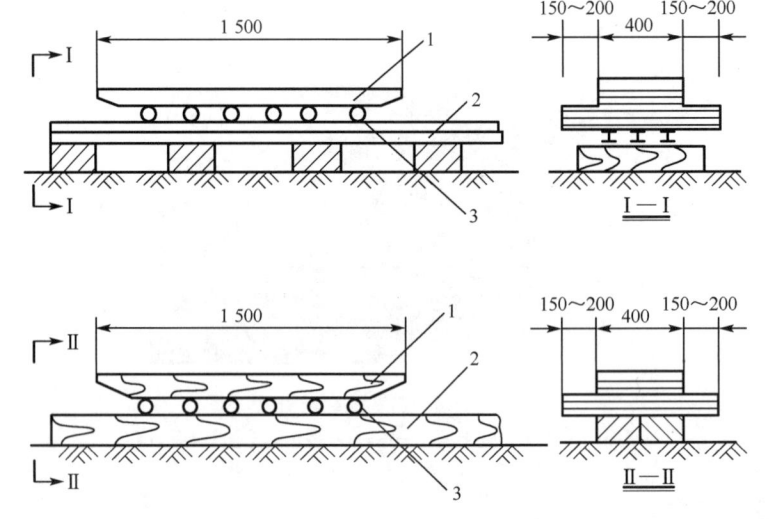

图 2-44 滚移设备的结构(尺寸单位:mm)
1—走板；2—滚道；3—滚筒

三、常用梁体架设方法

(一)自行式吊机架梁法

自行式起重机本身有动力,不需要架设桥梁的临时动力设备,不需要进行任何架设设备的准备工作,不需要其他方法架梁时所必需的技术工种,架设速度快,可缩短工期。故一般中小跨径的预制梁的架设安装,只要施工场地条件适应,都越来越多地采用自行式起重机(汽车起重机或履带起重机)。

当预制梁自重不大,而起重机又有相当的起重能力,河床坚实无水或少水,起重机能行驶和停搁时,可用一台起重机或两台(抬吊)起重机直接在桥下进行吊装；如果桥下是河道或桥墩较高,当跨径不大,梁体重量较轻且起重机起重能力足够大时,起重机可搁放在桥台后路基上架设安装,或搁放在一孔已安装好的桥面上架设安装次一孔的梁,利用起重机的伸臂边架梁边前进。不过,此时对于已经架好的桥孔主梁,当横向尚未连成整体时,必须核算主梁是否具有承受起重机、被吊构件、机具以及施工人员重量的能力。

(二)跨墩或墩侧高低脚龙门架架梁法

本法是以胶轮平板拖车、轨道平车或跨墩龙门架将预制梁运送到桥孔,然后用跨墩龙门架或墩侧高低脚龙门架将梁吊起,再横移到梁设计位置,然后落梁就位完成架梁工作。

用本法架梁的优点是架设安装速度较快,河滩无水时也较经济,而且架设时不需要特别复杂的技术工艺,作业人员较少。但龙门吊机的设备费用一般较高,尤其在高桥墩的情况下。

跨墩龙门架架梁法如图2-45(a)所示。预制梁可由轨道平车运送至桥孔,如两台龙门架架梁法吊机自行且能达到同步运行时,也可利用跨墩龙门架将梁吊着运送到桥孔,再吊起横移落梁就位。

墩侧高低脚龙门架架梁法如图2-45(b)所示,其架设程序与跨墩龙门架架梁法基本相同。但预制梁必须用轨道平车或胶轮平车拖板运送至桥孔。

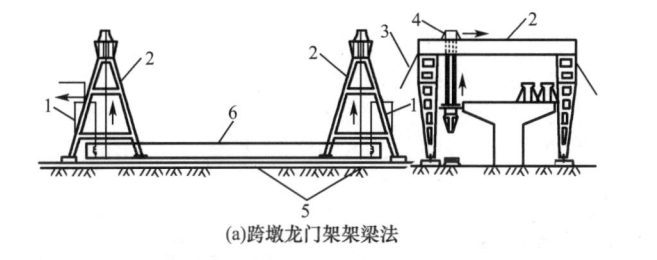

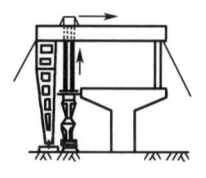

图2-45 龙门架架梁法
1—桥墩;2—龙门架吊机(自行式);3—风缆;4—横移行车;5—轨道;6—预制梁

(三)双导梁穿行式架梁法

本法是在架设孔间设置两组导梁,导梁上安设配有悬吊预制梁设备的轨道平车和起重行车或移动式龙门吊机,将预制梁在双导梁内吊着运到规定位置后,再落梁、横移就位。横移时可将两组导梁吊着预制梁整体横移,另一种是导梁设在桥面宽度以外,预制梁在龙门吊机上横移,导梁不横移,这比第一种横移方法安全。

双导梁穿行式架梁法(图2-46)适用于墩高、水深的情况下架设多孔中小跨径的装配式梁桥,因配备双组导梁,故架设跨径可较大,吊装的预制梁可较重。我国用该类型的吊机架设了梁长51 m、重1 310 kN的预应力混凝土T梁桥。

两组分离布置的导梁可用公路装配式钢桥桁节、万能杆件设备或其他特制的钢桁节拼装而成。两组导梁内侧净距应大于待安装的预制梁宽度。导梁顶面铺设轨道,供吊梁起重行车行走。导梁设三个支点,前端可伸缩的支承设在架桥孔前方桥墩上。双导梁架桥机如图2-47所示。

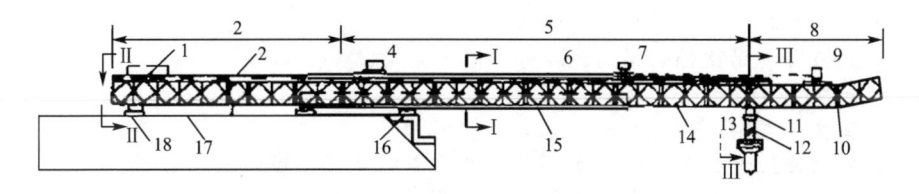

图2-46 双导梁穿行式架梁法
1—平衡压重;2—平衡部分;3—人行便道;4—后行车;5—承重部分;6—行车轨道;7—前行车;
8—引导部分;9—绞车;10—装置特殊接头;11—横移设备;12—墩上排架;13—花篮螺丝;
14—钢桁架导梁;15—预制梁;16—预制梁纵向滚移设备;17—纵向滚道;18—支点横移设备

图 2-47 双导梁架桥机

(四)联合架桥机架梁法

联合架桥机架梁法的特点与双导梁穿行式架梁法相同,用于孔数较多和较长的桥梁时才比较经济。

导梁就位后,先用托架(即蝴蝶架)将两个龙门式起重机移至待架桥孔两端的桥墩上。由轨道平车运预制梁至架梁孔位,再由龙门式起重机将它起吊、横移并落梁。可将被导梁临时占住位置的预制梁暂放在已架好的梁上,待用卷扬机将导梁移至下一桥孔后,再由龙门式起重机将暂放一侧的预制梁架设完毕。如此反复,直到将各孔主梁全部架好为止,如图 2-48 所示。

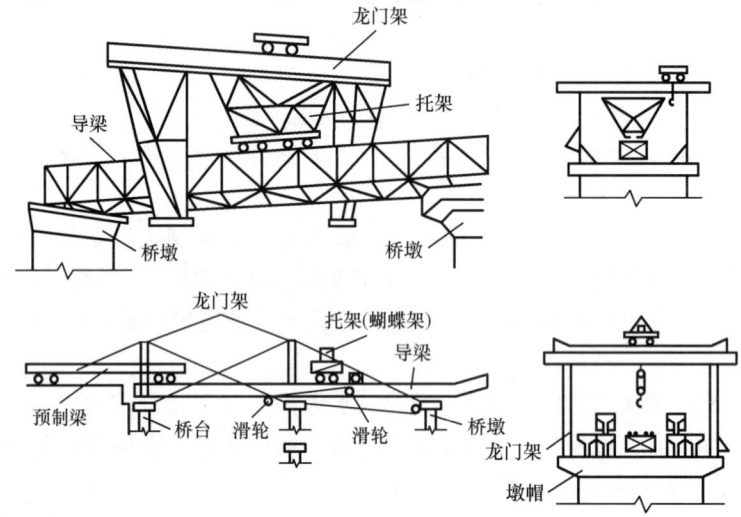

图 2-48 联合架桥机架梁法

复习思考题

1. 钢筋混凝土简支梁桥分为哪几类,其特点如何?
2. 简述装配式板桥和装配式 T 梁桥的横向连接形式。
3. 确定施工预拱度时应考虑哪些因素?
4. 装配式板桥和肋梁桥的横向连接分别有哪些方式?
5. 简述预制安装法施工的特点。
6. 模板及支架在制作和安装时应注意哪些问题?
7. 钢筋安装应注意哪些事项?钢筋骨架的质量检查应检查哪些项目?
8. 预应力混凝土梁和钢筋混凝土梁相比有哪些优点?
9. 预应力简支梁的类型主要有哪些?
10. 简述装配式预应力混凝土简支梁的配筋特点。
11. 简述预应力混凝土简支梁的两种施工工艺及其特点。
12. 后张法中孔道压浆的目的是什么?应注意哪些事项?
13. 简支梁桥常用的运输和架设方法有哪些?

第三章 预应力混凝土连续梁桥

重点提示

主要介绍预应力混凝土连续梁桥的构造及施工方法。支架法、悬臂施工法、预制梁逐孔施工法是连续梁桥最常用的施工方法。悬臂施工法、顶推施工法是本章学习的难点。

第一节 预应力混凝土连续梁的构造

连续梁和简支梁一样,都是很早被应用的一种结构体系。连续梁的承重结构(板、T 梁、箱梁)连续跨越几个桥孔而形成超静定结构,具有结构刚度大,变形小,伸缩缝少,行车平顺舒适,有利于满足现代高速行车的要求等突出优点。它与简支梁桥在构造上的不同之处是:连续梁桥是由若干跨梁组成一联,而整桥由一联或多联组成,各跨梁在支点上连续通过;而简支梁桥则以跨为单元,各跨梁在支点上断开,属于静定结构。

简支体系的梁桥,当跨径超过 20~25 m 时,由于跨中恒载弯矩和活载弯矩迅速增大,致使梁的截面尺寸和自重显著增加,而且安装重量增大也给施工造成困难。采用预应力混凝土简支梁时,跨径一般也不超过 50 m。普通钢筋混凝土连续梁的适用跨径为 15~30 m,当跨径进一步增大时,结构自重产生的弯矩迅速增大,难以避免混凝土开裂。因此,当需要跨越更大的跨度时,采用预应力混凝土连续梁不仅充分发挥了高强材料的特性,而且提高了混凝土的抗裂性,促使结构轻型化,成为我国大跨径桥梁的主要桥型之一。预应力混凝土连续梁桥的跨径通常为 30~150 m。

一、预应力混凝土连续梁桥的立面布置

预应力混凝土连续梁桥根据梁高变化可分为等截面连续梁和变截面连续梁,可按照等跨和不等跨两种方式布置。

大中跨径连续梁桥一般采用不等跨布置,对于采用顶推施工法或先简支后连续施工法施工的桥梁,为使结构简单和模式统一,需采取等跨布置。连续梁桥梁跨数不多时,一般采用奇数孔,以三跨及五跨较为常见。这主要是因为从桥梁美学的角度来看,庞大桥墩矗立于河中央的偶数孔连续梁桥会给人以呆板平淡的感觉,而跨度从中孔向两侧逐渐减小的奇数孔布置,既突出了大孔,又有两旁桥孔的和谐过渡,给人以耐人寻味的节奏感和韵律感。

(一)等截面连续梁

连续梁在恒载和活载作用下,支点截面产生的负弯矩一般比跨中截面正弯矩大,但跨径不

大时这个差值不是很大,可以采用等截面形式,并采取一定的构造措施予以调节,从而使主梁构造简单,施工快捷。

等截面连续梁一般适用于中等跨径桥梁,以 40～60 m 为宜,也适用于有支架施工、逐孔架设施工、移动模架施工及顶推施工法施工的桥梁。立面布置以等跨径为宜,如图 3-1(a)所示。当标准跨径较大时,有时为减少边跨正弯矩,也可以将边跨跨径取小于中跨跨径的不等跨径布置,一般边跨跨径与中跨跨径之比为 0.6～0.8,如图 3-1(b)所示。

(a)等跨径等截面连续梁

(b)不等跨径等截面连续梁

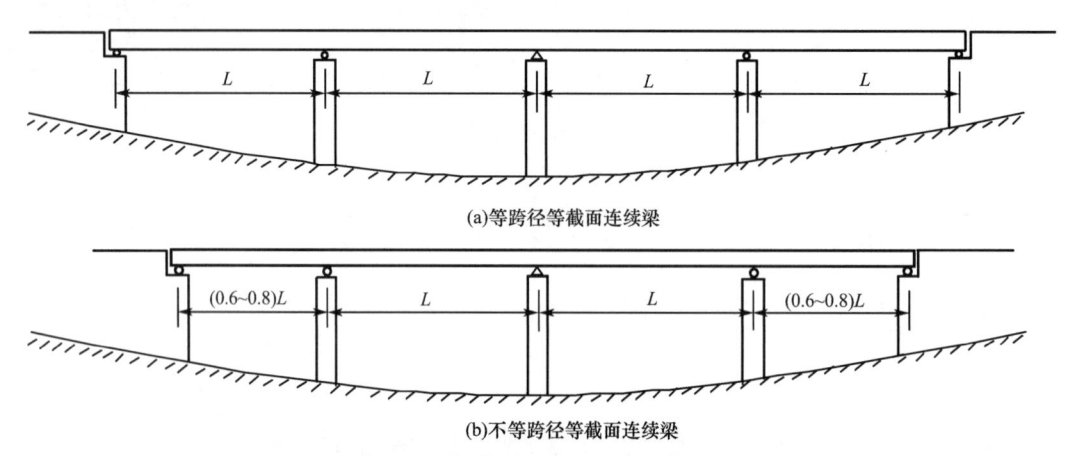

图 3-1　等截面连续梁的立面布置图

(二) 变截面连续梁

当连续梁的主跨跨径达到或大于 70 m 时,在恒载和活载作用下,支点截面产生的负弯矩将比跨中截面正弯矩大得多,采用等截面形式从受力和经济角度来看都显得不太合理,而采用变截面连续梁则更符合梁的内力变化规律,梁高度的变化基本与内力变化一致,使结构受力合理、造价经济。变截面布置还适合悬臂法施工的连续梁桥,施工阶段的主梁内力与运营阶段主梁内力基本一致。

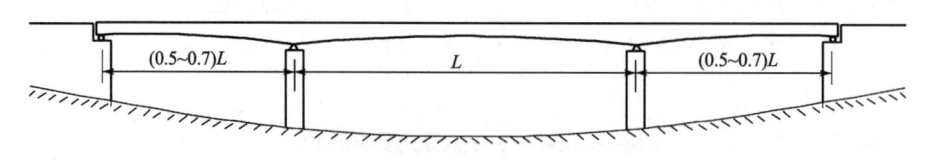

变截面形式的大跨径预应力混凝土连续梁桥,当采用多于两跨的连续梁桥,其边跨跨径一般为中跨跨径的 60%～80%。三跨连续梁的应用最广泛,当采用箱形截面的三跨连续梁时,边跨跨径可减少至中跨跨径的 50%～70%,如图 3-2 所示。梁底立面曲线可采用圆弧线、二次抛物线及折线等。采用变截面布置不仅外形美观,还可节省材料并增大桥下净空高度。

图 3-2　变截面连续梁的立面布置图

连续梁桥在支点和跨中梁高的估算值可参考表 3-1,此表数据由已建成桥梁的资料归纳而得。

表 3-1　　　　　　　　　　连续梁桥在支点和跨中梁高的估算值

桥梁立面布置	支点高度	跨中高度
等高度连续梁	$H=(1/30\sim1/15)L$,常用$(1/20\sim1/18)L$	
变高度(折线形)连续梁	$H=(1/20\sim1/16)L$	$H=(1/28\sim1/22)L$
变高度(曲线形)连续梁	$H=(1/20\sim1/16)L$	$H=(1/50\sim1/30)L$

注:表中 L 为计算跨径。

二、预应力混凝土连续梁桥的横截面形式和尺寸

预应力混凝土连续梁桥常用的横截面形式主要有板式截面、肋梁式截面和箱形截面。截面形式的选用应根据桥梁的跨径、宽度、梁高、荷载、静力体系和施工方法等方面综合确定。

(一) 板式截面

板式截面分为：实体截面，如图 3-3(a)、图 3-3(b) 所示；空心截面，如图 3-3(c)、图 3-3(d) 所示。矩形实体截面使用较少，曲线形板式截面近年来使用相对较多。实体截面多用于中小跨径，且多采用有支架整体浇筑施工，此时支点截面板厚为 $(1/20 \sim 1/16)L$；变截面板跨中板厚为支点截面的 $1/1.5 \sim 1/1.2$。空心截面常用于跨径为 $15 \sim 30$ m 的连续梁桥，板厚一般为 $0.8 \sim 1.5$ m，亦多采用有支架整体浇筑施工。

(二) 肋梁式截面

肋梁式截面预制方便，常采用预制架设施工，并在梁段安装后经体系转换为连续梁桥。常用跨径为 $25 \sim 50$ m，梁高取 $1.5 \sim 2.5$ m，如图 3-3(e) 所示。

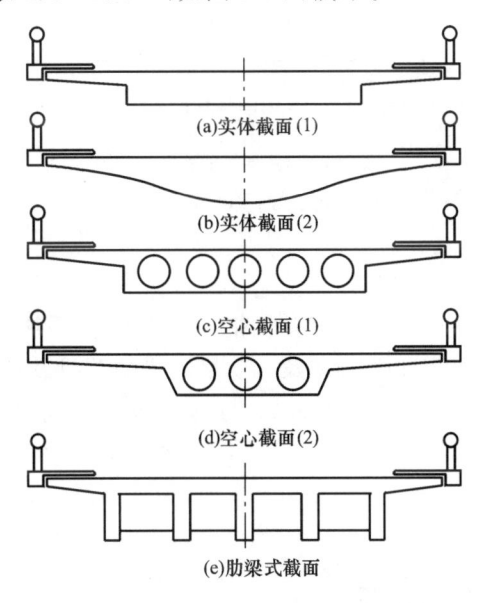

图 3-3 板式截面和肋梁式截面

(三) 箱形截面

当连续体系梁桥的跨径超过 60 m 或更大时，箱形截面是最适宜的截面形式，而且箱梁底部一般较窄，与之相配的桥墩工程量可大大减少，所以在高桥墩中效果更为显著。箱形截面具有很大的抗弯刚度和抗扭刚度，对于采用悬臂施工的桥梁尤为有利。

常用的箱形截面的形式有单箱单室、双箱单室、单箱双室及单箱多室等，如图 3-4 所示。

单箱单室截面受力明确，施工方便，节省材料用量，常用于宽 14 m 左右的桥梁。如果桥面宽度较大，达到 $22 \sim 32$ m 时，若采用单箱单室截面，则需要在截面构造上采取一定措施。例如，为了加强长悬臂板的抗弯刚度，在悬臂板上设置横梁加劲，并在每根横梁上施加横向预应力。有些单箱单室截面长悬臂虽无横梁加劲，但在桥面内设置了横向预应力钢筋。桥面较宽时，可以采用多室箱梁的形式，但多室箱梁施工不便，所以人们一般更愿意采用两个分离的单室箱梁即双箱单室。两个箱梁分别支承在一排独立的桥墩上，箱梁中间设纵向接缝连接，桥的总宽度可达 40 m 左右。这种分离的箱室截面，荷载分布系数较小，对双向四车道的高速公

(a)单箱单室

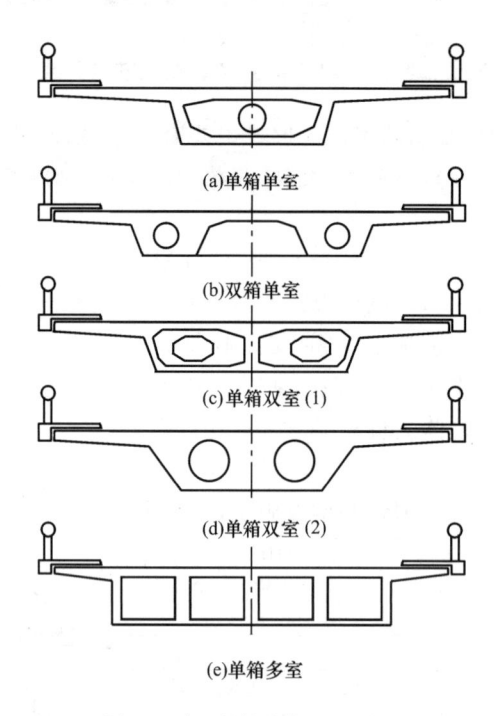

(b)双箱单室

(c)单箱双室(1)

(d)单箱双室(2)

(e)单箱多室

图 3-4 常用的箱形截面的形式

路上的桥梁,从施工、运营、维修、养护等方面考虑都更为适宜。

三、横隔梁的设置

采用 T 形和 I 形截面的连续梁桥,因其抗扭刚度较小,为增加桥梁的整体性和使荷载有良好的横向分布,宜设置中横隔梁和端横隔梁。中横隔梁的数目及位置依主梁的构造和桥梁的跨径确定,常用横隔梁肋宽度为 12~20 cm。箱形截面梁的抗弯刚度及抗扭刚度大,除在支点处设置横隔梁以满足支座布置及承受支座反力需要外,可设置少量中横隔梁。对于单箱室截面,目前的趋势为不设中横隔梁。对于多箱室截面,为加强桥面板和各箱间的联系,可在箱间设置数道横隔梁。

四、预应力钢筋的布置

连续梁主梁的内力主要有三个,即纵向受弯、受剪以及横向受弯。预应力混凝土连续梁桥中预应力钢筋的布置分为纵向布置、横向布置及竖向布置。纵向预应力钢筋抵抗纵向受弯和部分受剪,竖向预应力钢筋抵抗剪力,横向预应力钢筋则抵抗横向受弯。同时布置有三种预应力钢筋的称为三向预应力体系;同时布置有纵向与竖向预应力钢筋或纵向与横向预应力钢筋的称为双向预应力体系。

预应力钢筋的数量和布筋位置都需要根据结构在使用阶段的受力状态予以确定,同时,也要满足施工各阶段的受力需要。施工方法不同,施工阶段的受力状态差别很大,因此,结构配筋必须结合施工方法考虑。

(一)纵向预应力钢筋

沿桥跨方向的纵向预应力钢筋又称为主筋,是用以保证桥梁在恒载和活载作用下纵向跨越能力的主要受力钢筋,可布置在顶板、底板和腹板中。预应力混凝土连续梁桥中纵向预应力钢筋的布置方式有多种,与所采用的施工方法以及预应力钢筋的种类等有密切关系。

图 3-5(a)所示为采用顶推施工法施工的直线形预应力钢筋的布置方式。此种布置方式可减少预应力钢筋的摩阻损失,并且穿束方便,也改善了腹板的混凝土浇筑条件;水平预应力钢筋的设计和构造仅由弯曲应力决定,而抗剪强度则由竖向预应力钢筋来提供。上、下的钢筋通束使截面接近轴心受压,以抵抗顶推过程中各截面承受的正负弯矩的交替变化。待顶推完成后,再在跨中的底部和支点的顶部增加局部预应力钢筋,用来满足运营荷载下相应的内力要求。有时按设计还在跨中的顶部和支点附近的底部设置局部的施工临时钢筋束,待顶推完成后卸除。

图 3-5(b)所示为采用先简支后连续施工法的预应力钢筋的布置方式。待桥墩上接缝混凝土达到规定强度后,用设置在接缝顶部的局部预应力钢筋来建立结构的连续性。

图 3-5(c)、图 3-5(d)所示为采用悬臂施工法的预应力钢筋的布置方式。梁中除了正弯矩区和负弯矩区各需布置顶部和底部预应力钢筋外,在有正、负弯矩的区段内,顶板、底板中均需设置预应力钢筋。

图 3-5(e)所示为整根曲线形钢筋束锚固于梁端的布置方式,一般用于整联现浇的情形。若预应力钢筋既长且弯曲次数又多,就显著加大了预应力钢筋的摩阻损失,故预应力钢筋不宜过长。预应力钢筋的布置要考虑张拉操作的方便。当需要在梁内、梁顶或梁底锚固预应力钢筋时,应根据预应力钢筋锚固区的受力特点进行局部加强,以防开裂损坏。

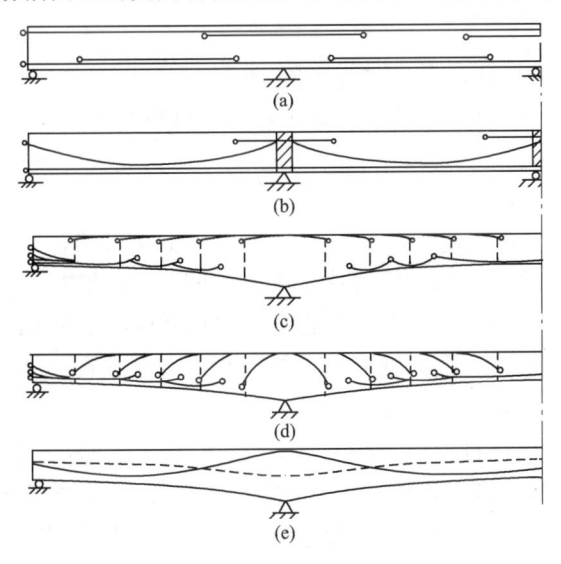

图 3-5 预应力混凝土连续梁配筋

(二)横向预应力钢筋

横向预应力钢筋是用以保证桥面板、横隔板的横向抗弯能力以及桥梁的横向整体性的主要受力钢筋,一般布置在横隔板和顶板中。图 3-6 所示为对箱梁截面的顶板施加横向预应力的预应力钢筋构造。由于目前大跨径梁桥主梁大都采用箱形截面,顶板厚度一般为 25～35 cm,在保证大量纵向预应力钢筋穿过的前提下,所剩空间位置有限,此时横向预应力钢筋趋向于采用扁锚体系,以减少布筋所需空间。

(三)竖向预应力钢筋

竖向预应力钢筋布置在腹板中,主要作用是提高截面的抗剪能力。图 3-6 中还给出了对箱形截面的腹板施加竖向预应力的预应力钢筋构造。竖向预应力钢筋在梁体腹板内沿纵向的布置间距可根据竖向剪力的分布进行调整,靠近支点截面位置较密,靠近跨中位置较疏。竖向预应力钢筋常采用高强粗钢筋以减少预应力钢筋张拉锚固时的回缩损失。

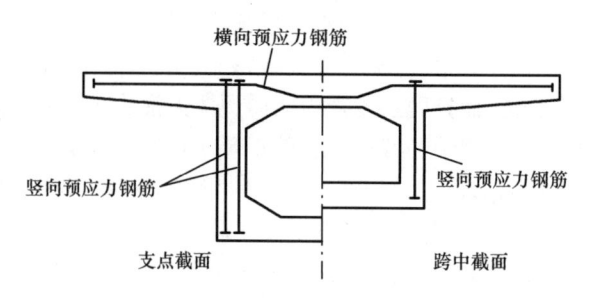

图 3-6 箱梁横向及竖向预应力钢筋布置方式

第二节 预应力混凝土连续梁的施工

预应力混凝土连续梁桥的施工方法很多,本节主要介绍支架现浇施工法、预制梁逐孔施工法、移动模架施工法、悬臂施工法和顶推法。对于施工方法的选择,应根据桥梁的设计、施工现场、环境、设备、经验等因素决定。

一、支架现浇施工法

支架现浇施工法是直接在支架上安装模板,绑扎钢筋骨架,预留孔道,现场浇筑混凝土并施加预应力的方法。通常可以在一联桥跨上布设支架进行整体支架现浇施工,也可以仅在一跨梁上使用移动支架逐孔现浇施工。

(一)整体支架现浇施工

20世纪50年代初期,我国建造的钢筋混凝土梁桥主要采用整体支架现浇施工。随着各种新型施工方法的出现,这种方法在桥梁施工中较少采用。近年来,随着大量标准钢制脚手架的应用,在大跨径预应力混凝土连续梁桥中也有采用这种方法施工的。

整体支架现浇施工的优点是:①混凝土浇筑与预应力张拉可一气呵成,连续梁整体性好,施工平稳可靠;②施工中不需要体系转换;③无须大型起重设备,施工方便。缺点是:①需要大量的脚手架,可能影响通航和排洪;②设备周转次数少,施工工期长;③施工费用较高。该方法适用于低矮桥墩的中小跨径连续梁桥或弯桥、宽桥、斜交桥、立交桥等复杂桥型。

支架材料多采用钢制标准杆件,按其构造形式分为支柱式、梁式和梁柱式三种。支柱式支架常用于陆地、不通航的河道或桥墩较矮的小跨径桥梁。梁式支架可采用工字钢、钢板梁或钢桁梁。其中工字钢适用于10 m以下的跨径,钢板梁适用于20 m以下的跨径,钢桁梁适用于大于20 m的跨径。梁柱式支架一般在大跨径桥梁上使用,梁支承在桥梁墩台、临时支架或临时墩上,形成多跨连续支架。常用的支架构造如图3-7所示。

支架是就地浇筑施工的关键,它应满足如下要求:①支架要承受桥梁上部的大部分恒载,必须有足够的刚度和强度;②在河道中施工要能抵抗水流和漂浮物的撞击;③支架的基础要可靠;④构件结合要紧密,要有足够的纵、横、斜连接杆件,使支架具有可靠的整体性;⑤支架在承受荷载后会有弹性和非弹性变形,在架设前应计算好,设置合适的预拱度,以保证梁体的外形尺寸及标高;⑥基础的允许下沉量应满足施工后梁体设计标高的要求;⑦要设置落梁设施,如木楔、砂筒和千斤顶等,以确保落架对称、均匀,使主梁不产生局部受力状态。

整体支架现浇施工的顺序为:采用一联同时搭设支架,按一定程序浇筑混凝土,待张拉预应力钢筋并压浆后移架。对于小跨径桥梁,一般采用从一端到另一端浇筑的施工顺序,先梁身

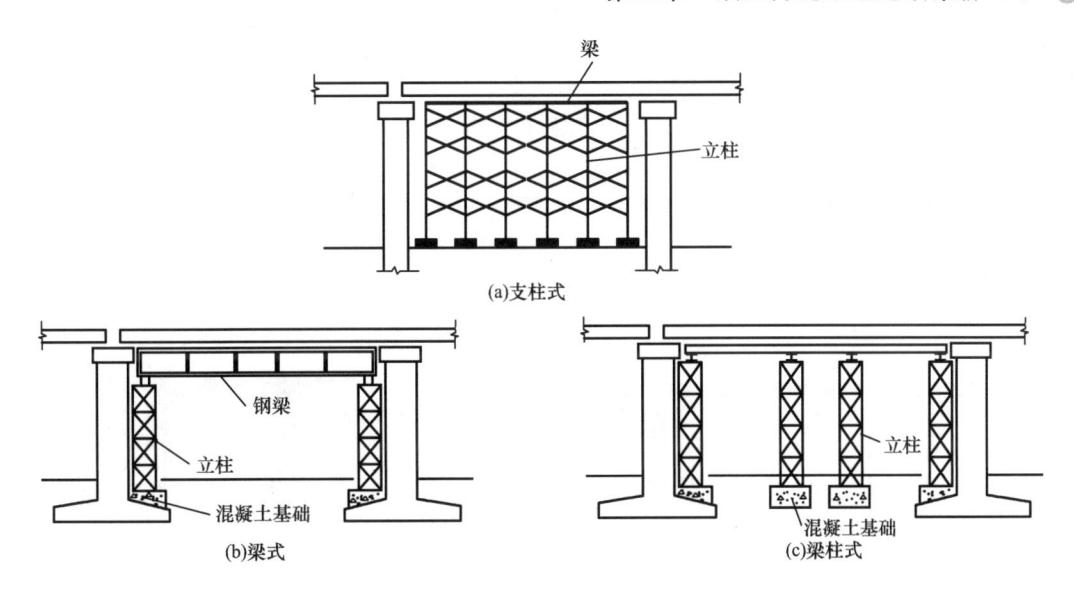

图 3-7 支架构造

后支点,依次进行。对于大跨径预应力混凝土箱形截面连续梁桥,施工时有两种方法:一种是水平分层施工,即先浇筑底板,待达到一定强度后再进行腹板施工,最后浇筑顶板。另一种是分段施工,即每隔 20~25 m 设置一条连接缝,接缝宽约 1 m,待各段混凝土浇筑完成后,最后在接缝处合龙。为使接缝处混凝土结合紧密,通常把该处腹板做成企口缝或齿形,同时腹板与底板不能在同一竖截面内接头。预应力混凝土连续梁桥在支架上施工,其预应力钢筋可一次性布置,集中张拉,因此便于采用大型预应力钢筋。

整体支架现浇施工程序如图 3-8 所示。

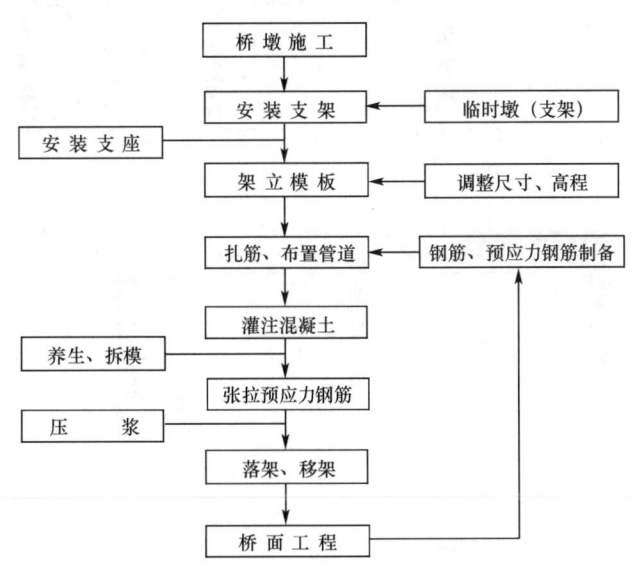

图 3-8 整体支架现浇施工程序框图

(二)移动支架逐孔现浇施工

移动支架逐孔现浇施工与整体支架现浇施工的区别在于:移动支架逐孔现浇施工仅在一跨梁上设置支架,当预应力钢筋张拉结束后,将支架移到下一跨施工。因此,在施工过程中会出现体系转换问题,混凝土徐变对结构产生次内力。整体支架现浇施工通常在一联桥跨内布设支架连续施工,没有体系转换问题。

移动支架逐孔现浇施工的主要特点是:所用支架数量较整体支架现浇施工要少,周转次数多,利用效率高,施工速度也比整体支架现浇施工快得多,但由于后支点位于悬臂端会产生较大的施工弯矩,因此该方法适用于中等跨径及结构较简单的桥梁。

移动支架常用的形式有落地式和梁式,如图 3-9 所示。落地式支架适合于在陆地上或桥墩较低、水不深的情况下建桥。梁式支架的承重梁可支承在锚固于桥墩的横梁上,也可支承在已施工完成的梁体上,它适合于在较深的水中建桥。

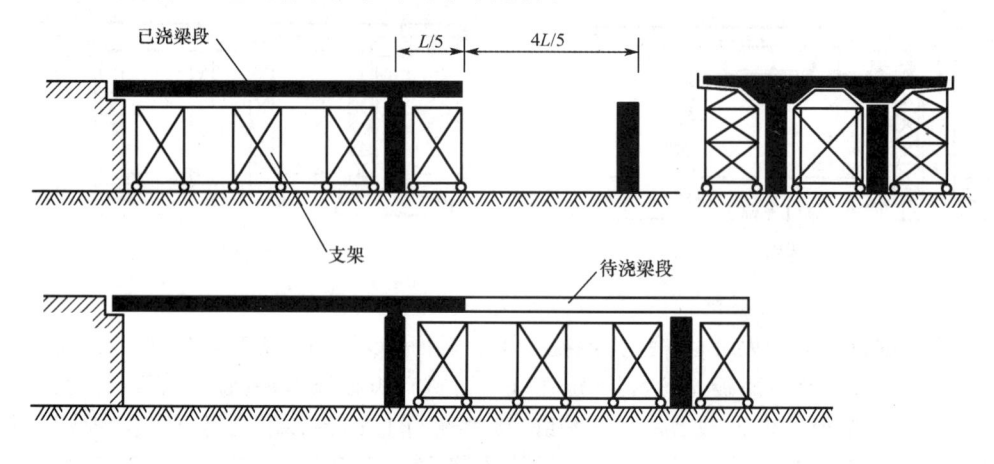

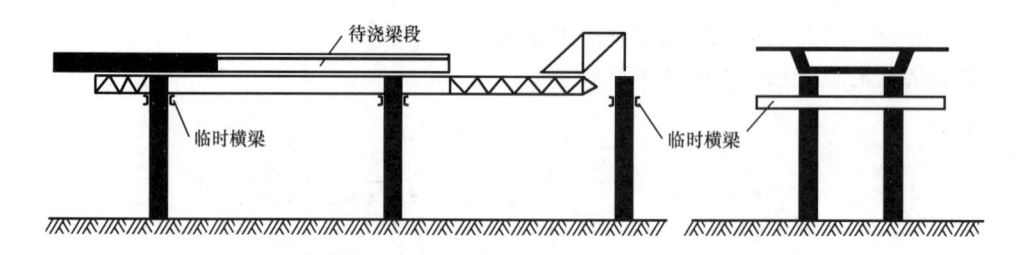

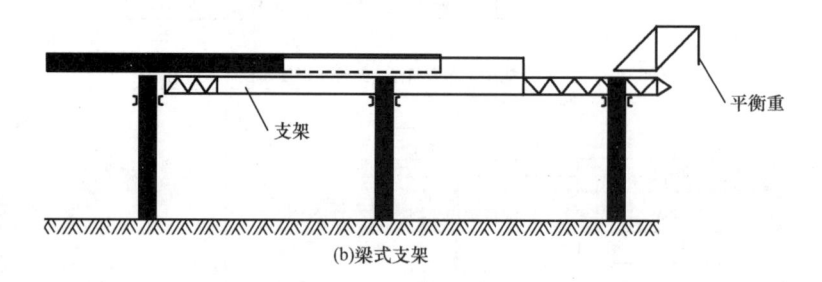

图 3-9 移动支架逐孔现浇施工的支架

二、预制梁逐孔施工法

预制梁逐孔施工法是中等跨径预应力混凝土连续梁桥常采用的一种施工方法。它是先在工厂或现场预制整跨梁或分段梁,然后将预制构件安装在墩台和轻型的临时支架上,再现浇接头混凝土,最后通过张拉部分预应力钢筋,使梁体集整形成连续梁。当起吊能力受到限制时,也可沿桥的横向将梁分割,分别预制,在安装形成连续梁体系后再进行横向整体化施工。由于预制梁或预制段较长,因此,需要在预制时先进行第一次预应力钢筋的张拉,拼装就位后再进行二次张拉。预制梁逐孔施工的优点是:①无须满布支架,大大减少了现浇混凝土的数量;②施工中能连续操作,可以选择最佳的施工接缝位置;③可以使上部结构的预制工作和下部结构的施工同步进行,施工速度快。缺点是:①施工过程中结构体系不断改变;②需要大型的起重设备。该方法适用于中等跨径的桥梁。

预制梁逐孔施工法有两种结构体系转换的施工方式:简支—连续施工,悬臂—连续施工。

(一)简支—连续施工

简支—连续施工是先预制简支梁,预制时按预制简支梁的受力状态进行第一次预应力钢筋(正弯矩)的张拉锚固,分片预制并安装完成后调整位置,再浇筑墩顶接头处混凝土,更换支座,进行第二次预应力钢筋(负弯矩筋)的张拉锚固,进而完成一联预应力混凝土连续梁的施工,如图 3-10 所示。

(二)悬臂—连续施工

悬臂—连续施工是先将简支的预制梁段连成悬臂体系,然后安装好中间段,浇筑接缝混凝土并张拉预应力钢筋,最后拆除临时支架,形成连续体系。图 3-11 为简支—单悬臂—连续施工的示意图。

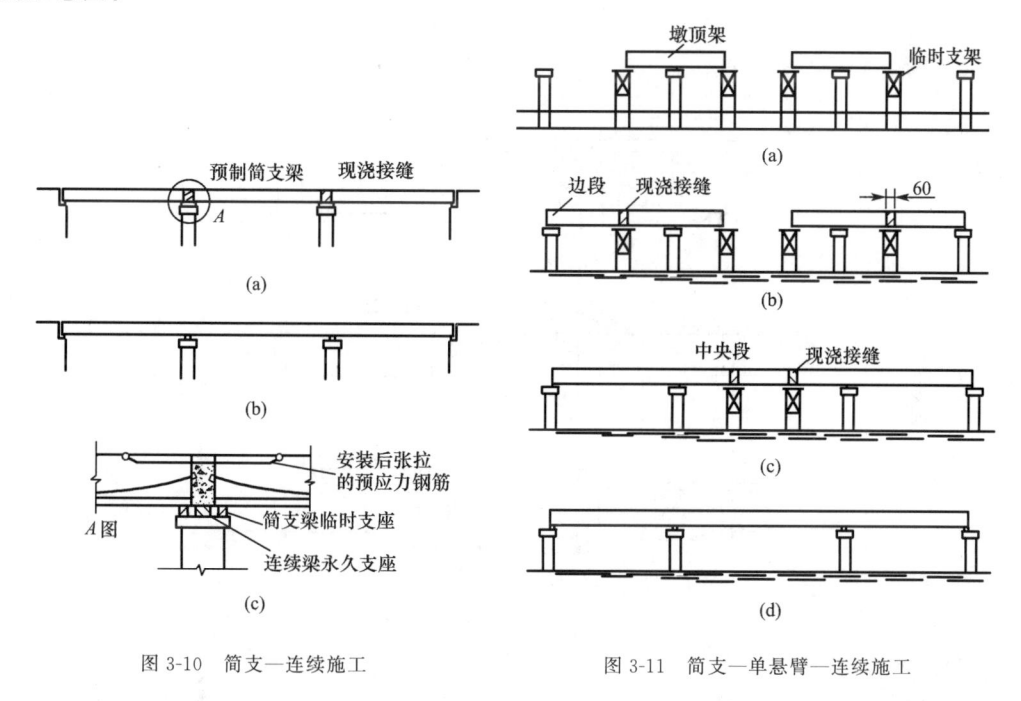

图 3-10 简支—连续施工

图 3-11 简支—单悬臂—连续施工

三、移动模架施工法

移动模架施工法是使用移动式的脚手架和装配式的模板,在桥上逐孔浇筑施工。它像一座设在桥孔上的活动预制场,随着施工进程不断移动和连续现浇施工。

移动模架施工法的优点是:①模板、钢筋、混凝土和张拉工艺等整套工序均可在模架内完成,机械化、自动化程度高;②施工作业可连续进行,不受气候等外界因素干扰,既便于管理,又能提高工程质量,加快施工速度;③场地占用少,施工中不影响通行、通航。缺点是:①需要一整套设备及配件,耗用钢材多,一次性投入大;②设备的拼装、运输、维修及养护较烦琐。该方法适用于高墩、多跨的中等跨径等截面梁桥,弯桥或坡桥也可采用。

常用的移动模架可分为移动悬吊模架和活动模架两种。

(一) 移动悬吊模架

移动悬吊模架的基本结构包括三部分：承重梁、从承重梁伸出的肋骨状的横梁以及支承主梁的移动支承。承重梁也称支承梁，通常采用钢梁，采用单梁或双梁依桥宽而定。承重梁是承受施工设备自重、模板和悬吊脚手架系统的重力和现浇混凝土重力的主要构件。承重梁的前段作为前移的导梁，总长度要大于桥梁跨径的两倍，后段通过可移式支承落在已完成的梁段上，它将重力传给桥墩或直接落在墩顶。承重梁的前端支承在前方墩上，导梁部分悬出，因此其工作状态呈单悬臂梁。移动悬吊模架也称为上行式移动模架、吊杆式移动模架或挂模式移动模架。承重梁除起承重作用外，在一孔梁施工完成后作为导梁带动悬吊模架纵移至下一施工跨。承重梁的移位以及内部运输由数组千斤顶或起重机完成，并通过中心控制室操作。承重梁的设计挠度一般控制在 $L/800 \sim L/500$ 范围内。钢承重梁制作时要设置预拱度，并在施工中加强观测。移动悬吊模架的施工程序如图 3-12 所示。

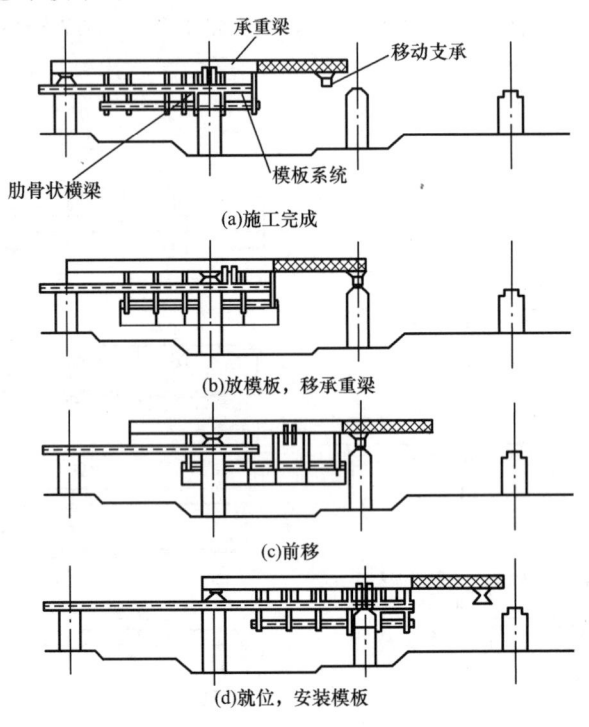

图 3-12 移动悬吊模架的施工程序

(二) 活动模架

活动模架的形式较多，这里主要介绍两种：一种是采用两根长度大于两倍跨径的承重梁，将其分别设在箱梁截面的翼缘板下方，兼具支承和移动模架的功能，不需要导梁。承重梁设置在墩顶的临时横梁上，两根承重梁间用钢螺栓框架连接。另一种是由承重梁、导梁、台车、桥墩托架和模架等构件组成，如图 3-13 所示。承重梁设置在混凝土箱梁两侧，用于支承模板和承受施工重力。承重梁的长度要大于桥梁跨径，浇筑混凝土时承重梁支承在桥墩托架上。导梁主要用于运送承重梁和活动模架，需要有大于两倍桥梁跨径的长度。当一跨梁施工完成后便进行脱模卸架，由前方台车和后方台车在导梁和已完成的桥梁上面，沿纵向将承重梁和活动模架运送至下一跨，承重梁就位后导梁再向前移动。

必须强调的是：移动模架需要一整套机械动力设备、自动装置和大量钢材，一次投资是相当可观的，为了提高使用效率，必须解决装配化和科学管理的问题。装配化就是设备的主要构

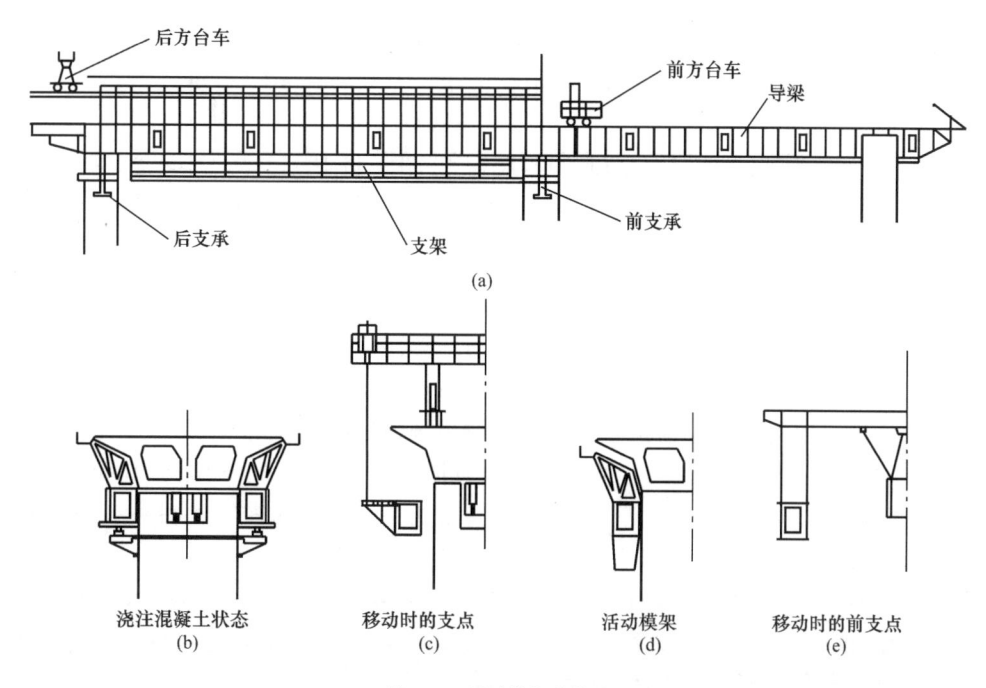

图中标注：
- 后方台车
- 前方台车
- 导梁
- 后支承
- 支架
- 前支承

(a)

浇注混凝土状态 (b)　　移动时的支点 (c)　　活动模架 (d)　　移动时的前支点 (e)

图 3-13　活动模架的构造

件能适用于不同的桥梁跨径、不同的桥宽和不同形状的桥梁,以扩大设备的使用面,降低施工成本。科学管理的目的在于充分发挥设备的使用能力,注意设备的配套和维修养护,如果备有专业队伍固定操作,并能持久地使用到它所适用的桥梁施工上,必将取得较好的效益。

四、悬臂施工法

悬臂施工法亦称分段施工法,它是在已建成的桥墩上,沿桥梁跨径方向对称地逐段浇筑或拼装的施工方法。其主要特点是:①淘汰了满堂固定脚手架的施工方法,使桥下有足够宽敞的净空;②施工时不受季节、河流水位的影响,不影响桥下通航;③减少了施工设备,简化了施工程序,高度机械化,能循环重复作业。悬臂施工法适用于:①位于深山峡谷之中,不便使用支架法的桥梁;②位于江河之上,水流湍急,需通航或有流冰、流木的桥梁;③不能影响桥下交通的立交桥;④工期较短的大跨度桥梁。

悬臂施工法现已成为大跨径预应力混凝土连续梁桥的主要施工方法,施工过程中存在体系转换问题,因为施工时需先将墩与梁临时固结,此时结构的受力状态与 T 形刚构一致,当边孔合龙将最后块件放置在支座上时,形成一端固结、一端简支的单侧固端梁,拆除梁与墩先行固结的锚固筋,放置支座形成铰接后,此时梁呈单悬臂梁,两跨以上悬臂梁合龙后呈最后的连续梁受力状态。因此,采用该方法时应考虑由于体系转换和其他因素引起的结构内力以及施工过程中的内力变化,以便及时调整预应力以适应这一转换。为使结构施工受力与运营状态的受力相吻合,悬臂施工的连续梁桥常采用变截面。

悬臂施工法通常分为悬臂浇筑和悬臂拼装两类。

(一)悬臂浇筑

悬臂浇筑(简称悬浇)一般采用移动式挂篮作为主要施工设备,以桥墩为中心,对称地向两岸利用挂篮浇筑梁节段的混凝土,待混凝土达到要求强度后张拉预应力钢筋束,然后移动机具模板(挂篮),再进行下一节段的施工,一直推进到悬臂端为止。

悬臂浇筑施工时,梁体一般分为四大部分浇筑,如图 3-14 所示。

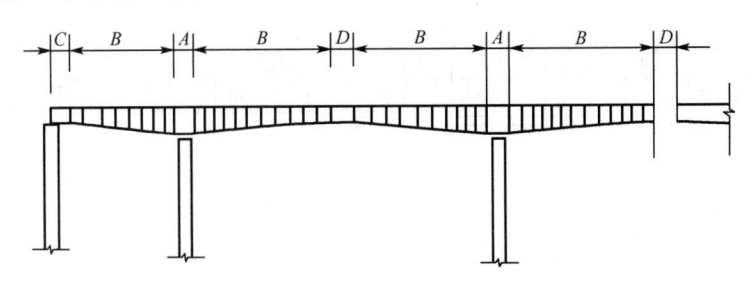

图 3-14 悬臂浇筑分段示意图
A—墩顶梁段;B—对称悬浇梁段;C—支架现浇梁段;D—合龙段

A 为墩顶梁段(0 号段),B 为由 0 号段两侧对称分段悬臂浇筑部分,C 为边孔在支架上的现浇部分,D 为主梁在跨中合龙段。主梁各部分的长度视主梁形式、跨径、挂篮的形式及施工周期而定。墩顶梁段一般为 5~10 m,悬浇分段一般为 3~5 m。支架现浇段一般为 2~3 个悬浇分段长,合龙段一般为 1~3 m。

施工程序一般为:在墩顶托架上浇筑 0 号段并实施墩梁临时固结系统→在 0 号段上安装悬臂挂篮,向两侧依次对称地分段浇筑主梁至合龙段→在临时支架或梁端与边墩间的临时托架上支模板浇筑现浇梁段→合龙段可在改装的简支挂篮托架上浇筑。

下面从施工挂篮、墩顶 A 梁段(0 号段)浇筑、B 梁段悬浇施工、C 梁段现浇施工、合龙段施工及体系转化、悬臂浇筑的施工要点六个方面进行介绍。

1. 施工挂篮

挂篮是悬臂浇筑施工的主要机具。挂篮是一个能沿着轨道行走的活动脚手架,挂篮悬挂在已经张拉锚固的箱梁梁段上,悬臂浇筑时箱梁梁段的模板安装、钢筋绑扎、管道安装、混凝土浇筑、预应力张拉、压浆等工作均在挂篮上进行。当一个梁段的施工程序完成后,挂篮解除后锚,移向下一梁段施工。所以挂篮既是空间的施工设备,又是预应力钢筋未张拉前梁段的承重结构。

(1)挂篮的形式及构造

①挂篮的形式。随着施工技术的不断改进,挂篮已由过去的压重平衡式发展成现在通用的自锚平衡式。自锚式施工挂篮结构的形式主要有桁架式、斜拉式两种。桁架式挂篮按其构成部件的不同,分为万能杆件挂篮、贝雷梁或装配式公路钢桁梁组合式挂篮、型钢组合式挂篮等;按桁架构成形状的不同,又可分为平行桁架式、平弦无平衡重式、菱形式、弓弦式等多种。随着桥梁跨径越来越大,为了减轻挂篮自重,在桁架式挂篮的基础上研制了斜拉式挂篮,也称为轻型挂篮。常用的斜拉式挂篮有三角斜拉式挂篮、预应力斜拉式挂篮。部分形式如图 3-15 和图 3-16 所示。

②挂篮的构造。挂篮的构造如图 3-17 所示。

承重结构:承重结构是挂篮的主要受力构件,可用万能杆件或贝雷梁组拼或采用大号型钢制成。

悬吊系统:悬吊系统的作用是将底模架、工作平台的自重及其上面的荷载传递到承重结构上,悬吊系统可用钻有销孔的扁钢或两端有螺纹的圆钢组成。

锚固系统及平衡重:锚固系统是主纵桁梁自锚平衡装置,目的是防止挂篮在行走状态及浇筑混凝土梁段时倾覆失稳。

(a)

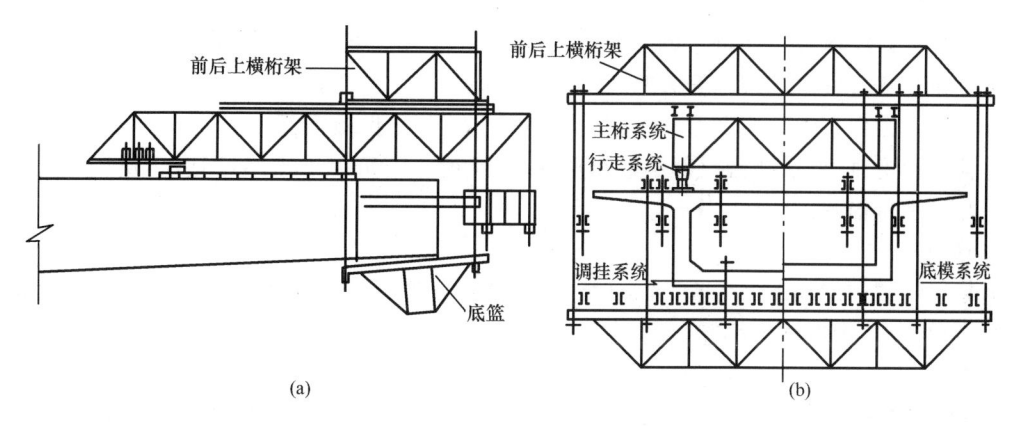

(b)

图 3-15 平弦无平衡重式挂篮

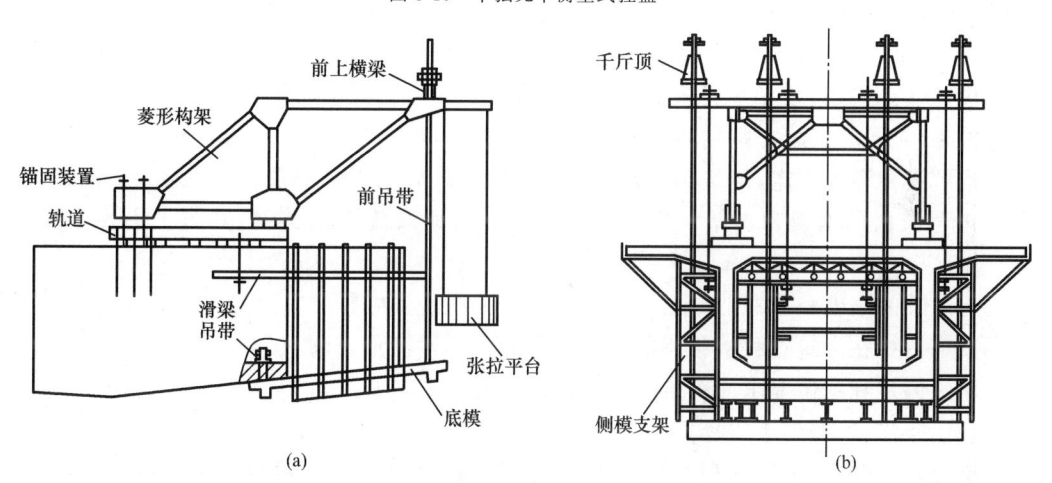

(a)

(b)

图 3-16 菱形桁架式挂篮

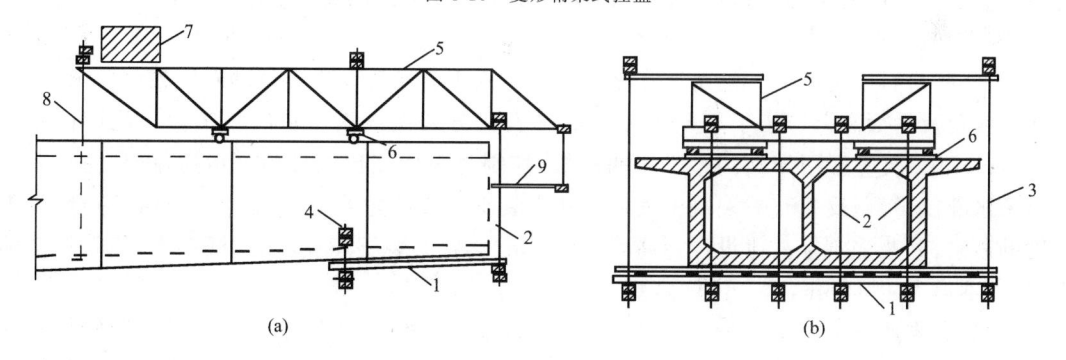

(a)

(b)

图 3-17 挂篮的构造简图
1—底模架;2、3、4—悬吊系统;5—承重结构;6—行走系统;7—平衡重;8—锚固系统;9—工作平台

行走系统:挂篮整体纵移采用电动卷扬机牵引,挂篮上铺设上滑道,梁上铺设下滑道,中间可用滚轴或聚四氟乙烯板做滑道。

工作平台:工作平台设于挂篮承重结构的前端,供张拉预应力束、压浆等操作时使用。

底模架:底模架供立模板、绑扎钢筋、浇筑混凝土、养生等工序时使用。

(2)挂篮的安装

①挂篮组拼后,应全面检查安装质量,并做载重试验,以测定其各部位的变形量,并设法消除其永久变形。

②在起步长度内梁段浇筑完成并获得要求的强度后,在墩顶拼装挂篮。有条件时,挂篮运至工地时应在试拼台上试拼。拼装时,应对称进行。

③挂篮的操作平台下应设置安全网,防止物件坠落,确保施工安全。

④挂篮行走时,须在挂篮尾部压平衡重,以防倾覆。浇筑混凝土梁段时,必须在挂篮尾部将挂篮与梁进行锚固。

(3)挂篮试压

为了检验挂篮的性能和安全,并消除结构的非弹性变形,应对挂篮进行试压。试压通常采用试验台加压法、水箱加压法等。

2. 墩顶 A 梁段(0 号段)浇筑

0 号段位于桥墩上方,浇筑 0 号段相当于给挂篮提供了一个安装场地。0 号段结构复杂,预埋件、钢筋、各向预应力钢筋束及其孔道、锚具密集交错,梁面有纵横坡度,端面与待浇段密切相连,务必精心施工。0 号段的长度依两个挂篮的纵向安装长度而定,当 0 号段设计较短时,常将对称的 B 梁段浇筑后再安装挂篮。0 号段一般需在桥墩两侧设托架或支架现浇,立 0 号段底模时,应同时安装支座及防倾覆锚固装置。0 号段一般分 2~3 层浇筑,每层浇筑厚度视其结构形式和高度而定,浇筑顺序是先底板、再腹板、后顶板。浇筑时应注意以下问题:

(1) 0 号梁段的模板和支架。模板和支架是 0 号梁段施工的关键,其施工主要的技术要求是:

①有足够的刚度和承载能力。

②准确估算在浇筑过程中结构的弹性变形和非弹性变形。

③施工偏差和定位要求应符合施工规范的规定。

④便于操作,确保施工质量。

当墩身较高时,可采用在高墩托架的顶面立模板,浇筑 0 号梁段混凝土,也可由墩顶放置的型钢和墩身预埋的牛腿作为贝雷梁的支承而形成 0 号梁段的施工托架,再在托架上设立模板、支架,浇筑混凝土。

(2)支座垫石。支座垫石是永久支座的基石。由于支座安装平整度和对中精度要求高,因此垫石四角及平面高差应小于 1 mm。为此,垫石应分两次浇筑。首次浇筑标高比设计标高低 15 cm,第二次应利用带微调整平器的模板,控制浇筑标高比设计标高稍高,再利用整平器及精密水准仪量测,反复整平混凝土表面。在安装支座前应凿毛垫石,铺 2~3 cm 厚与墩身等强度的砂浆,砂浆浇筑标高比设计标高略高 3 mm,然后安装支座就位,用锤振击,使其符合标高,偏差不得大于 1 mm,水平位置偏差不得大于 2 mm。

(3)临时支座。临时支座的作用是在施工阶段临时固结墩、梁,承受施工时由两侧传来的悬浇梁段荷载,在梁体合龙后便于拆除和体系转换。临时支座一般采用 C40 混凝土,并用塑料包裹的锚固钢筋穿过混凝土,预埋于梁底和墩顶中。在混凝土支座中层设有 10~20 cm 厚、夹有电阻丝的硫黄砂浆层,以便于拆除时加热融化,也可以采用静态爆破等其他方法解除固结。

(4)预应力管道的设置。为确保预应力钢筋布置、穿管、张拉、灌浆的施工质量,必须确保预应力管道的设置质量,一般采用预埋铁皮管、锌铁皮波纹管或橡胶抽拔管等方法。浇筑后的铁皮管和抽拔后的管道,必须用小于管内径 10 mm 的梭形钢锤清孔,以便清除异物、补救塌孔,保证预应力钢筋穿孔畅通。

3. B 梁段悬浇施工

B 梁段一般按 3~5 m 长分段,使用挂篮对称悬浇。悬浇段的前三个梁段因箱梁高度大,顶板管道密集,分三次浇筑,后几个梁段分两次浇筑,浇筑程序如图 3-18 所示。

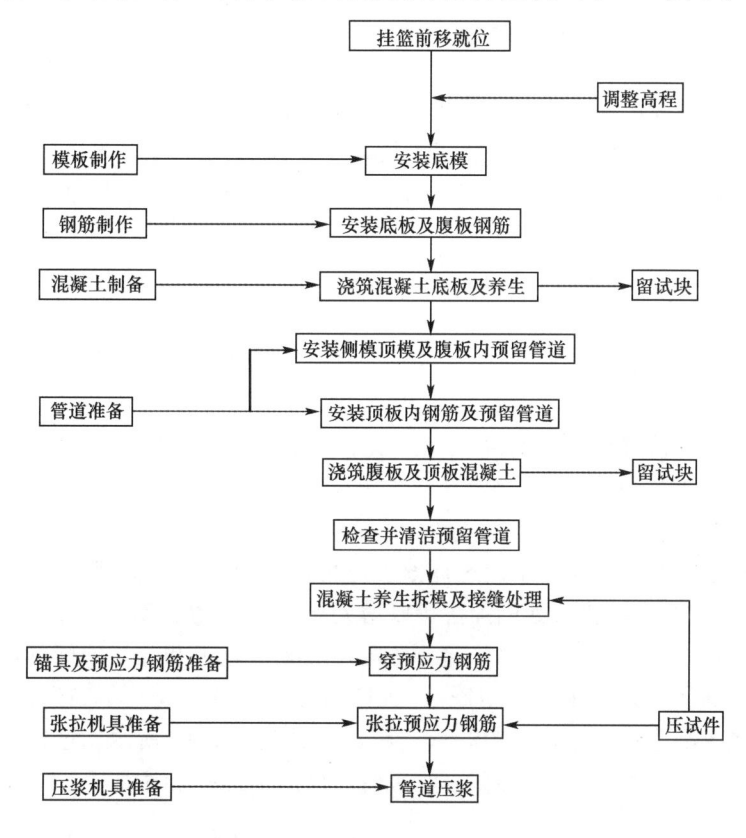

图 3-18 悬臂浇筑段施工工艺流程

4. C 梁段现浇施工

施工边跨支架上的现浇梁段部分时,可在墩旁搭设临时墩支承平台,一般采用万能杆件、贝雷架等拼装,在其上分段浇筑。当与采用顶推法施工的连接桥相接时,可把现浇梁段临时固结在顶推梁上,到位后再进行梁的联结。其步骤如下:

设置临时桩基 → 浇筑钢筋混凝土承台 → 加宽边墩混凝土承台和设置预埋件 → 拼装扇形全幅万能杆件支架 → 搭设型钢平台 → 加载试压 → 安装现浇底模和侧模,底模下设木楔调整块 → 测量底板高程(包含预抬量)和位置 → 绑扎底腹板钢筋及竖向预应力钢筋 → 安装底板纵向预应力管道 → 装端模和腹板模 → 自检及监理工程师验收 → 浇筑底板和腹板混凝土 → 养生待强 → 装内顶模 → 绑扎顶板底钢筋 → 安装纵向及横向预应力管道 → 绑扎顶板顶层钢筋 → 自检及监理工程师验收 → 浇筑顶板混凝土 → 养生凿毛 → 拆除端头模板 → 张拉竖向预应力钢筋和顶板横向预应力钢筋 → 拖移外侧模 → 拆除箱内模板。

5. 合龙段施工

合龙段施工是悬臂施工技术的重要环节,在混凝土刚浇筑完成至张拉预应力钢筋完毕期间,由于昼夜温差的变化、新浇混凝土的早期收缩、已成梁段混凝土产生的收缩和徐变、新浇混凝土的水化热、结构体系的变化、施工荷载及外力变化等原因,在结构中会产生变形和内力,这对尚未达到强度的合龙段混凝土质量有直接影响。若合龙段设计不合理,施工措施不利,势必引起合龙段混凝土的压碎或开裂,其后果是非常严重的。

为保证桥梁工程质量,从合龙段混凝土开始灌筑至达到设计强度并张拉部分预应力钢筋

之前,既要保持新浇混凝土不承受任何外力,又要使合拢段所连接的梁体在各种因素影响下变形协调,为此,应从以下方面采取措施:

(1)结构设计

①在满足施工需要的前提下尽量缩短合龙段的长度,以减小现浇混凝土数量,缩短合龙混凝土浇筑时间,据国内外施工实践,合拢段长度以 1.5~2.0 m 为宜。

②合龙段的混凝土应选用早强、高强、微膨胀混凝土,以使混凝土尽早达到设计强度,及早施加预应力,完成合龙段的施工。

③合理选择合龙顺序,使合龙段施工中及合龙后体系转换时产生的内力较小,且又满足工期的需要。

④加强合龙段的配筋。

(2)施工设计

为了保证结构按设计要求合龙,往往在合龙段设置临时劲性支承,以保证合龙前、后结构变形协调。临时支承分为下述两大类:

①体内支承法

a.用劲性钢管作为合龙段支承。这种方法是在合龙段内用厚壁钢管安装在箱梁顶、底板的某些预应力孔道位置上,钢管两端加法兰以增大支承面,并在钢管对应的预应力钢筋孔道内张拉部分预应力钢筋,以共同承受和传递合龙段在混凝土施工和养生期间的内力。待合龙段混凝土达到设计强度并张拉预应力钢筋后,放松钢管内临时束或补足到设计应力,成为永久索。最后拆除支承处临时支座,实现体系转换,其构造如图 3-19 所示。这种方法的不足是钢管不能回收。由于钢管的作用,减小了合龙后所张拉预应力钢筋对混凝土的有效预应力值。

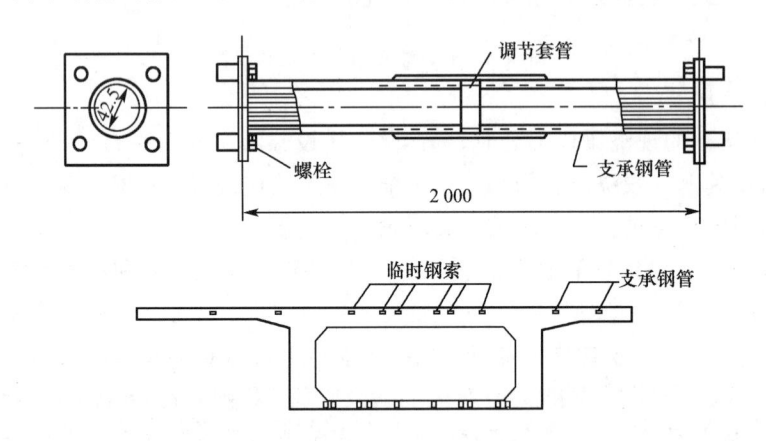

图 3-19 支承钢管构造及临时力筋布置

b.采用预制钢筋混凝土短柱支承。在合龙段的上、下部设置预制钢筋混凝土短柱,短柱做成空心(与合龙段预应力孔道相吻合),短柱两端预埋带孔钢板,以便与已完成悬臂端预埋钢板焊接。施工程序与劲性钢管支承相同,这种方法能节省钢材,且可避免钢管对预应力的影响。

②体外支承法

在箱梁顶面及底板上方预先设置若干牛腿,然后在两悬臂端相应位置的牛腿上安装临时钢支承,以传递合龙段混凝土的压应力。在预应力管道中张拉部分预应力钢筋,以承受合龙段施工时悬臂两端的拉力。待合龙段混凝土达到张拉强度后,张拉连续束,解除临时钢支承,实现体系转换,其构造如图 3-20 所示。这种方法钢材可以回收,但需设置专门的牛腿,牛腿位置往往与合龙用的托架模板有干扰,须特殊处理。

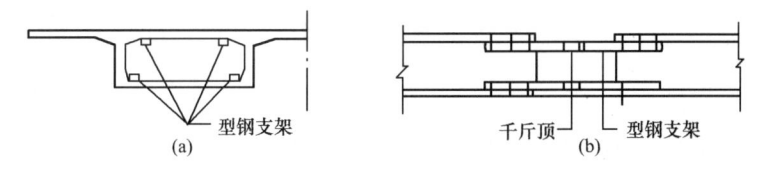

图 3-20 临时劲性钢杆的布置

(3)施工措施

合龙段设计及构造除应注意以上方面以外,在施工过程中还应采取以下措施:

①采取低温合龙。为避免新浇混凝土早期受到较大的拉力作用,合龙段混凝土浇筑时间应选在当天气温最低时刻,使气温最高时混凝土本身已能承受部分应力。

②加强混凝土养护,使新浇箱梁混凝土在达到设计强度前处于潮湿状态,以减小箱梁顶面因日照不均所造成的温差。

③为防止合龙段两边悬臂端因降温而产生上翘,在合龙段施工时应在两悬臂端增加压重。

④及时张拉。在合龙段混凝土强度达到设计强度的 80% 时,应及时张拉预应力连续束,解除临时支座,实现体系转换,以策安全。

⑤支承合龙段混凝土重的吊架,应具有较大的竖向刚度,以保证合拢段混凝土施工时两悬臂端不致因升温产生过大的挠度。

6. 悬臂浇筑的施工要点

(1)挂篮就位后,吊架安装并校正模板,此时应对浇筑预留梁段混凝土进行抛高,以使施工完成的桥梁符合设计标高。

(2)模板安装应核准中心位置及标高,模板与前一段混凝土表面应平整密贴。当上一节段施工后出现中线或高程误差需要调整时,应在模板安装时予以调整。

(3)安装预应力管道时,应与前一段预应力管道接头严密对准,并用胶布包贴,防止灰浆渗入管道。管道四周应布置足够的定位钢筋,确保预应力管道位置正确,线形平顺。

(4)浇筑混凝土时可以从前端开始,应尽量对称平衡浇筑。浇筑时应加强振捣,并注意对预应力管道的保护。

(5)为提高混凝土早期强度,应加快施工速度,在设计混凝土配合比时,一般加入早强剂或减水剂。为防止混凝土出现过大的收缩、徐变,应在配合比设计时按规范要求控制水泥用量。

(6)梁段拆模后,应对梁端的混凝土表面进行凿毛处理,以加强接头混凝土的连接。

(7)箱梁梁段混凝土浇筑,一般采用一次浇筑法。在箱梁顶板中部留一窗口,混凝土由窗口注入箱内,再分布到底模上。当箱梁截面较大时,考虑梁段混凝土数量较多,每个节段可分两次浇筑,先浇筑底板到肋板倒角以上,待底板混凝土达到一定强度后,再支内模,浇筑肋板上段和顶板。

(8)箱梁梁段分次浇筑混凝土时,为了不使后浇混凝土的重力引起挂篮变形,导致先浇混凝土开裂,要有消除后浇混凝土引起挂篮变形的措施。

(二)悬臂拼装

悬臂拼装(简称悬拼)是将块件分段预制,当下部结构完成后,将预制块件运到桥下,用活动吊机逐段起吊,拼装就位,施加预应力,使块件成为整体的施工方法。预制块件的长度,应根据悬拼吊机的起重能力确定,一般为 2~5 m。悬拼按起重吊装的方式不同分为:浮吊悬拼、牵引滑轮组悬拼、连续千斤顶悬拼、缆索起重机(缆吊)悬拼及移动支架悬拼等。悬拼的核心是梁段的吊拼,而梁段的预制则是悬拼的基础。

下面就悬拼梁段的预制、存放、脱模、吊运、拼装施工及接缝处理等主要工序内容作简要介绍。

1. 梁段预制

悬拼梁段的预制质量直接关系着悬拼的速度和质量,因此预制时应严格控制梁段断面及形体的精度。预制节段的长度取决于运输、吊装设备的能力,一般采用的块件长度为 1.4~6.0 m,重量为 140~1 700 kN。目前梁段预制常采用长线预制法和短线预制法,桁架梁段采用卧式预制法。

(1) 长线预制。长线预制是在工厂或施工现场按梁底曲线形状制作固定底座,在底座上安装底模进行节段混凝土浇筑工作。底座可用土胎或石砌形成梁底形状,底模长度可取桥跨的一半或从桥墩对称取桥跨的长度。浇筑时常采用间隔浇筑法,即先浇筑 1、3、5 等节段,然后让先浇筑的节段端面成为浇筑 2、4 节段的端模。图 3-21 所示为选用整跨长线分段预制的施工顺序和模板的构造。

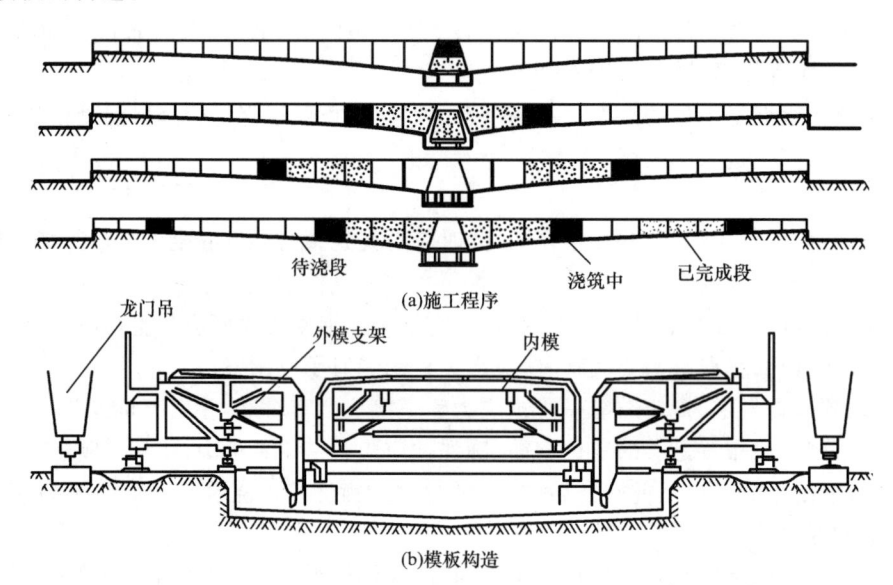

图 3-21 长线法预制节段的程序和模板构造

长线预制的优点是:台座可靠,设备的使用效率较高,成桥后梁体的线性较好。缺点是:需要较大的施工场地,并要求操作设备能在预制场地移动,节段要按序堆放。长线法宜在具有固定的水平和竖向曲率的多跨桥上采用。

(2) 短线预制。短线预制设备由可调整外部及内部模板的台车与端模架系统组成。预制时第一段混凝土浇筑完成后,在其相对位置上安装下一段模板,并利用第一节段的端面作为第二节段的端模完成混凝土的浇筑工作。如此周而复始,台座仅需三个梁段长。短线预制施工方法如图 3-22 所示。短线法的优点是:场地相对较小,浇筑模板及设备基本无须移动,底、侧模可调,便于平、竖曲线梁段的预制。缺点是:精度要求高,施工周转不便,工期相对较长。曲线桥和弯桥采用悬拼施工时常采用短线预制,预制节段可在纵轴位置和节段宽度方向上进行调整。

(3) 卧式预制。卧式预制常应用于桁架梁的节段预制。此法需要有一个较大的地坪。地

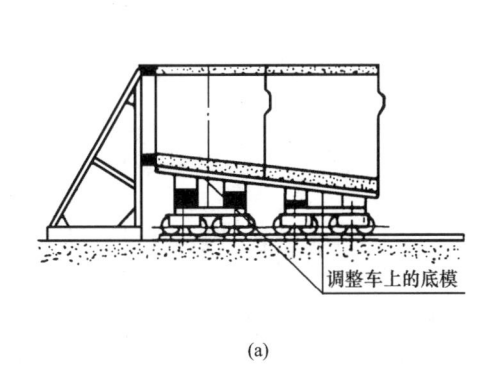

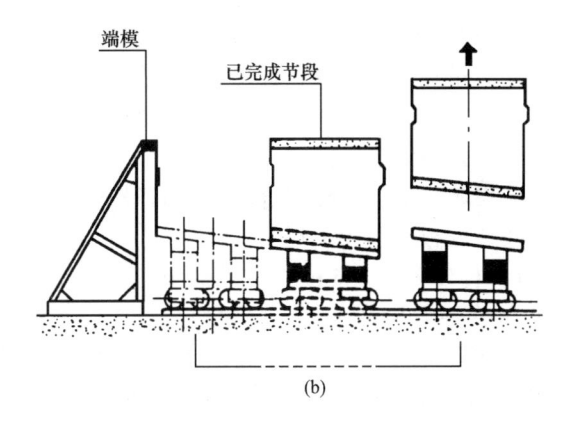

图 3-22 短线法预制节段

坪的高度要经过测量,并有足够的强度,不致产生不均匀沉陷。对相同的节段还可以在已预制完成的节段上安装模板进行叠制,两层构件间常用塑料布或涂机油等方法分隔。桁架梁预制节段的起吊、翻身工作要求操作细致,并注意吊点和吊装机具的选择。

2. 梁段存放

梁段存放应注意以下问题:

(1) 一般宜单层放置,不得多于 2 层,且应防止梁段堆放的不合理受力。

(2) 吊运时梁段强度应不低于设计强度标准值的 75%。

(3) 存放时宜用枕木支垫,梁面呈水平搁置。

(4) 梁段吊离台座后,应及时清除梁段上的隔离剂,以免影响拼合施工。

3. 梁段脱模

模板的拆除时间应根据结构物的特点、模板所在部位和混凝土所达到的强度来决定。非承重侧模板应在混凝土强度能保证其表面及棱角不致因拆模而受损坏时拆除,一般应在混凝土抗压强度达到 2.5 MPa 时方可拆除侧模板。芯模和预留孔道内模应在混凝土强度能保证其表面不发生塌陷和裂缝时拆除,拔除时间应通过试验确定,以混凝土抗压强度达到 0.4~0.8 MPa 时为宜,抽拔时不应损伤结构混凝土。采用胶囊做芯模时,其拔除时间应经试验确定,以混凝土强度达到能保持构件不变形为宜。

由于梁段的质量较大(一般最大可能达 70 t 以上),起吊前须在底板四角处设置 4 个起重能力为 500 kN 的千斤顶,将梁段顶起脱离底模,然后用起重机(或龙门吊)把脱离底模的梁段吊离预制台座。

4. 梁段吊运

(1) 移运前的准备工作:

① 在梁段顶面标定纵轴线和测控点,便于悬拼时监控。

② 测定梁段施工中顶面上测控点的标高,以作为分析梁高、转角及扭转的依据。

③ 拆模后应及时注明梁段所属墩号、梁段编号、吊拼方向及混凝土浇筑日期。

④ 准备存放场地,检查吊运的机具设备。

⑤ 将与浇筑梁段现场同条件养生的试件试压,以确保梁段吊运强度。

(2) 梁段移运时混凝土强度应不低于设计所要求的吊装强度,一般不得低于设计强度的 75%。对孔道已压浆的预应力混凝土构件,其孔道水泥浆的强度不应低于设计要求,当设计无规定时,一般不低于 30 MPa。

(3) 构件移运时的吊点位置应按设计规定。当设计无规定时,梁、板构件的吊点应根据计算确定。吊点一般设在腹板附近,以下四种供参考:

① 在翼板下腹板两侧留孔,用钢丝绳与钢棒穿插起吊。
② 直接用钢丝绳捆绑。
③ 在腹板上预留孔穿过底板,用精轧螺纹钢穿过底板锚固起吊。
④ 在腹板上埋设吊环。

(4) 构件的吊环应顺直。吊绳与起吊构件的交角小于 60°时,应设置吊架或扁担,尽可能使吊环垂直受力。

(5) 吊移板式构件时,不得吊错上、下面,以免折断。构件运输时,应有特制的固定架以稳定构件。小构件宜沿宽度方向侧立放置,并注意防止倾斜;如平放,两端吊点处必须设置支搁方木。梁的运输应沿高度方向竖立放置,并应有防止倾倒的固定措施。装卸梁时,必须等支承稳妥后,再卸除吊钩。

(6) 使用平板拖车或超长拖车运输大型构件时,车长应满足支承间的距离要求,支点处应设活动转盘以免挫伤构件混凝土。运输道路应平整,如有高低不平处,应事先修理平整。

5. 拼装施工及接缝处理

悬臂拼装施工如图 3-23 所示。

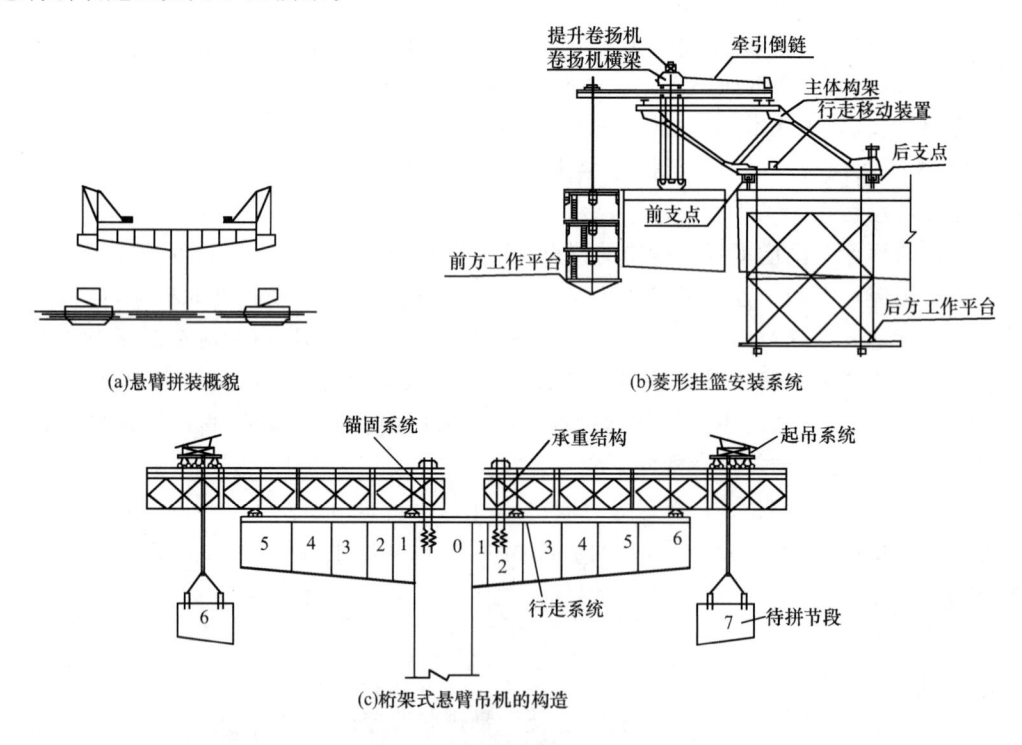

图 3-23 悬臂拼装施工

悬臂拼装时墩柱上的 0 号块大多采用就地现场浇筑施工,也有的采用预制装配施工。悬臂拼装时,预制块件接缝的处理分湿接缝、干接缝、胶接缝和半干接缝等。

干接缝是相邻块件拼装时,将两端面直接贴合,接缝上的内力通过预施力及肋板上的齿形键传递。湿接缝是在相邻块件间现浇一段 10～20 cm 宽的高强度等级的砂浆或小石子混凝土,将块件连接成整体。胶接缝是在接缝端面涂一薄层环氧树脂等胶结材料,将相邻块件连成整体。目前在施工中应用最为广泛的是用环氧树脂做的胶接缝。通常情况下,与 0 号块连接的第一对块件采用伸出钢筋焊接的湿接缝,在满足抗剪强度的情况下,也可以采用无伸出钢筋、仅填筑水泥砂浆的平面湿接缝。一般不宜采用干接缝,干接缝节段密贴性差,接缝中水气浸入导致钢筋锈蚀。

影响安装误差的因素很多,其中最关键的是1号块的定位和胶接缝的施工。1号块定位不准、胶浆层太厚、接缝加压不均匀,都势必引起梁的意外上翘。为控制和纠正梁体上翘,可以采取如下措施:

(1)采用各种定位方法确保1号块定位的精度。

(2)尽量减薄其他块件胶接缝的浮层,并使其在临时的均匀压力下固化。

(3)如发现实际悬拼挠度过大,可以通过多次涂胶将胶接缝做成上厚下薄或在接缝上缘的胶层内加垫钢板,增大接缝厚度,也可以增加一个湿接缝将块件调整到要求位置。

五、顶推法

顶推法施工是沿桥纵轴方向,在桥台后设置预制场地,分节段预制,并用纵向预应力钢筋将预制节段与前阶段施工完成的梁体连成整体,然后通过水平千斤顶施力,借助滑动装置将梁体向前顶推出预制场地,之后继续在预制场地进行下一节段梁的预制,直至施工完成。

预应力混凝土连续梁桥采用顶推法施工在世界各地颇为流行。顶推法的优点是:模板可周转,节省材料,节约劳力,无须大型起吊设备,适合工厂化生产,不影响通航且施工安全。缺点是:不适应曲率变化的曲线桥和竖向曲率大的桥梁,受顶推悬臂弯矩的限制,顶推跨径大于70~80 m时不经济。顶推过程中的反复应力,使梁高取值大,临时束多,张拉工序烦琐。随着桥长的增大,施工进度减慢。顶推法适用于桥下空间无法利用的施工场地。例如,在高山深谷和水深流急的河道上建桥以及多跨连续梁桥施工。

顶推法施工程序如图3-24所示。

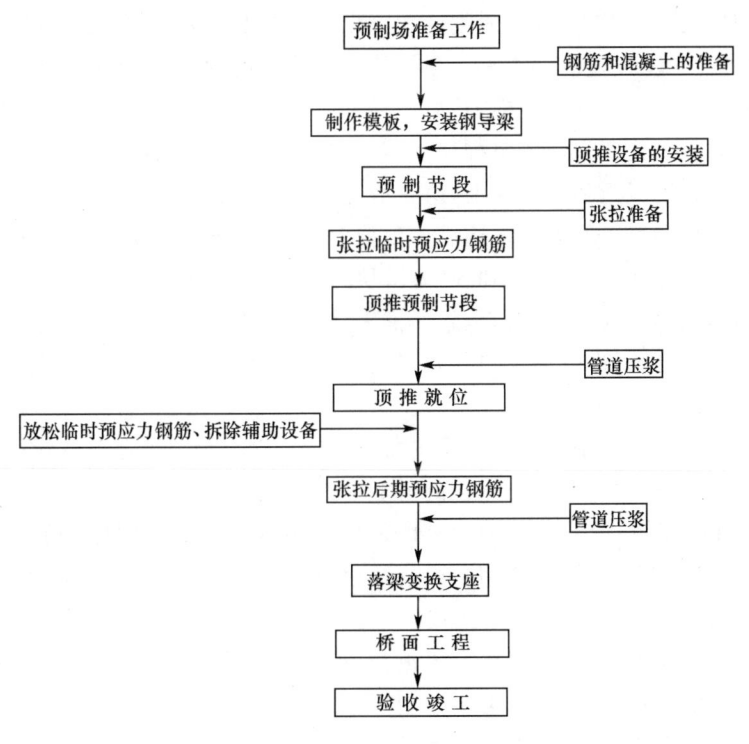

图3-24 顶推法施工程序框图

顶推法有多种,纵向只设一个顶推装置的称为单点顶推法。近年来,也常有采用多点顶推法的。多点顶推法是在每个墩台上设置一对小吨位的水平千斤顶,将集中力发散到各墩上的施工法。下面从单点顶推(TL顶推)、多点顶推(SSY顶推)、其他分类的施工方法概述、施工中的临时设施及顶推施工中的要点等方面来讲述顶推法施工。

1. 单点顶推(TL顶推)

单点顶推又可分为单向单点顶推和双向单点顶推两种方式,如图3-25(a)和图3-25(b)所示。只在一岸桥台处设置预制场地和顶推设备的称单点顶推。为了加快施工进度,也可在两岸的桥台处设置预制场地和顶推设备,从两岸向河中顶推,称为双向单点顶推。

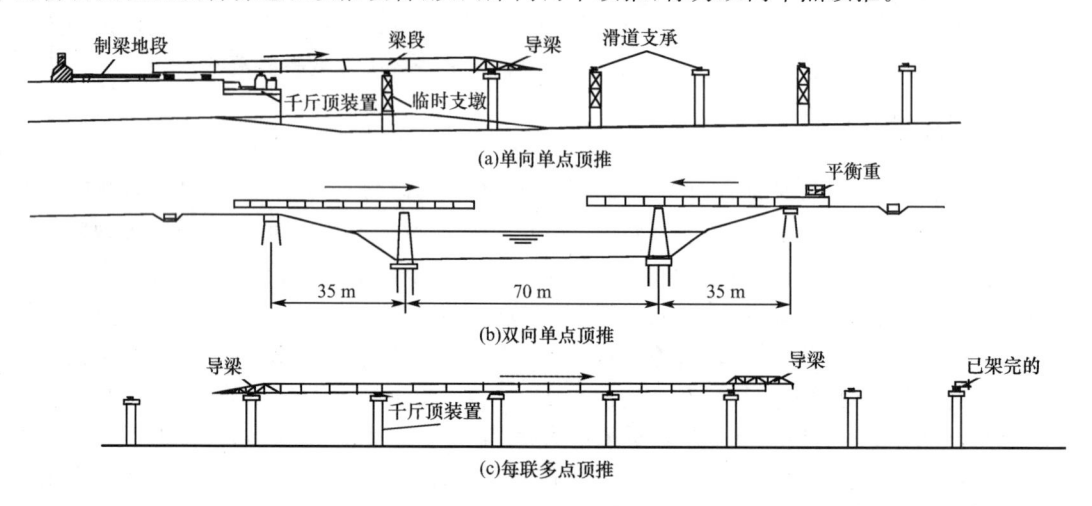

图 3-25 顶推施工示意图

在顶推中为了减小悬臂梁的负弯矩,一般要在梁的前端安装长度为顶推跨径的60%~70%的钢导梁,导梁应自重轻而刚度大。顶推装置集中在主梁预制场附近的桥台或桥墩上,前方桥墩各支点上设置滑动支承。顶推装置可分为两种:一种是由水平千斤顶通过沿箱梁两侧的牵动钢杆给预制梁一个顶推力;另一种是由水平千斤顶与竖直千斤顶联合使用,顶推预制梁前进。它的施工程序为顶梁→推移→落下竖直千斤顶→收回水平千斤顶的活塞杆。滑动支承设置在墩上的混凝土临时垫块上,由光滑的不锈钢板与聚四氟乙烯滑块组成,其中的滑块由四氟板与具有加劲钢板的橡胶块构成。顶推时,组合的聚四氟乙烯滑块在不锈钢板上滑动,并在前方滑出,通过在滑道后方不断喂入滑块,带动梁身前进。

每个节段的顶推周期为6~8天,全梁顶推完毕后,便可解除临时预应力钢筋,调整、张拉和锚固后期预应力钢筋,再进行灌浆、封端、安装永久性支座,至此主体结构完成。

2. 多点顶推(SSY顶推)

多点顶推又称SSY顶推施工法,如图3-25(c)所示,它在每个墩台上设置两道滑道和一台或两台水平千斤顶,通过拉杆牵引梁体在滑道上前进。这样可将集中顶推力分散到各墩上,各墩在预制过程中承受的水平力较小,因此可以将多点顶推法应用到柔性墩上。千斤顶采用液压穿心式水平千斤顶,每侧的拉杆使用一根或两根高强螺纹钢筋,其一端使用特制的拉锚器、锚碇板等连接器与箱梁连接,另一端通过楔块固定在水平千斤顶活塞杆的头部。水平千斤顶固定在墩身特制的台座上,梁体下设置有滑板和滑块,千斤顶顶推时,箱梁在滑道上滑动。

多点顶推施工的关键在于同步,需要控制各千斤顶的出力等级,使每个墩上的水平千斤顶出力克服该墩上的摩阻力,以保证同时启动、同步前进、同时停止和同时换向。同步既包括各个墩顶推设备纵向同步运行,也包括同一墩上顶推设备的同步运行。任一墩上的水平千斤顶由于某种原因顶推力减小,都将使该墩受到水平推力。

多点顶推法与集中单点顶推比较,可以免去大规模的顶推设备,能有效地控制顶推梁的偏离,顶推时对桥墩的水平推力可以减到很小,便于结构采用柔性墩。采用拉杆式顶推系统,可免去在每一循环顶推过程中用竖向千斤顶将梁顶起使水平千斤顶复位,简化了工艺流程,加快了顶推速度。但多点顶推需要较多的设备,操作要求也比较高。

多联桥的顶推可以分联顶推,通联就位,也可连在一起顶推。两联间的结合面可用牛皮纸或塑料布隔离层隔开,也可采用隔离剂隔开。对于多联一并顶推,多联顶推就位后,可根据具体情况设计解联、落梁及形成伸缩缝的施工方案。如两联顶推,第二联就位后解联,然后第一联再向前顶推就位,形成两联间的伸缩缝。

常用的顶推方法大多为连续顶推,而以水平千斤顶的一个有效行程为步距逐步顶推又称为间断顶推,间断顶推应用较少。随着科学技术的发展,工程技术人员在连续顶推的基础上又发明了多点自动连续顶推。多点自动连续顶推主要应用 ZLD-100 型连续千斤顶。ZLD-100 型连续千斤顶由两台行程为 20 cm 的穿心式千斤顶串联而成,其前、后顶均设有自动工具锚和行程开关,油泵为双油路的 ZLDB 型自动连续顶推油泵。6 个行程开关指挥联体千斤顶交替工作,自动工具锚夹紧钢绞线牵引梁体均匀连续地前移。

3. 其他分类的施工方法概述

(1) 设置临时滑动支承顶推施工

滑道在墩上临时设置,待主梁顶推就位后,张拉后期力筋。然后管道压浆,待水泥浆达到设计强度后,用大吨位竖向千斤顶同步将一联梁顶起,拆除滑道、滑块和滑道底座混凝土,根据设计要求检查支反力和支座的高度,同时对同一吨位的各支座反力按横向分布进行调整,调整前要周密计划,操作时要统一指挥,做到分级同步,最后安放正式支座。

(2) 使用与永久支座兼用的滑动支承顶推

这种方法又称 RS 施工法。RS 施工法的顶推装置采用水平千斤顶与竖向千斤顶联用,可以单点顶推,也可以多点顶推。这种方法使用施工时的临时滑动支承与竣工后的永久支座兼用的支承进行顶推。将竣工后的永久支座安置在墩上的设计位置上,施工时改造成为顶推滑道,主梁就位后不需进行临时滑动支座的拆除工作,也不需用大吨位千斤顶将梁顶起。其顶推装置采用兼用支承,滑动带自动循环,操作简单,省工省时,但支承本身构造复杂,需通过试验,证实它的实用性后再逐步使用。

4. 施工中的临时设施

在顶推施工过程中,结构体系在不断变化,因此对每个截面来说,正、负弯矩交叉出现。为了减小施工中的内力,扩大顶推法施工的适用范围,同时也从安全(特别在施工初期不致发生倾覆失稳)和方便出发,可在施工过程中使用一些临时设施,如导梁(鼻梁)、临时墩、拉索和托架等结构。

(1) 导梁

导梁一般在专业厂家制作,运输到工地拼装成型。导梁设置在梁段的前端,为变截面或等截面的钢板梁或钢桁梁,主梁前端装有预埋件与钢导梁栓接。导梁底缘与箱梁底应在同一平面上,前端底缘呈向上圆弧形,以便顶推时顺利通过桥墩。导梁设置的长度一般为顶推跨径的 60%~80%,导梁的刚度为主梁的 1/15~1/9。

(2)临时墩

当梁的设计跨径大于 50 m 时,宜考虑设置临时墩。临时墩由于仅在施工中使用,造价低,便于装拆。设置时,要根据桥下交通、通航要求、临时墩的工程量、施工的难易程度、拆除方案以及技术和经济方面综合比较决定。

临时墩应能承受顶推时最大竖直荷载和最大水平摩阻力引起的变形。钢制临时墩在荷载作用和温度变化下变形较大,较少采用,目前用得较多的是用滑升模板浇筑的混凝土薄壁空心墩、混凝土预制板拼砌的空心墩或混凝土板和轻便钢架组成的框架临时墩。临时墩的基础由地质、河水深度等情况决定,可采用桩基础等。为了减小临时墩承受的水平力和增加临时墩的稳定性,在顶推前将临时墩与永久墩用钢丝绳拉紧。也可采用在每墩上、下游各设一束钢索进行张拉,效果较好,施工也很方便。通常在临时墩上不设顶推装置而仅设滑移装置。

(3)拉索和托架

用拉索加劲主梁,可以抵消顶推时的悬臂弯矩。拉索系统由钢制塔架、竖向千斤顶、连接构件和钢索组成,设置在主梁的前端。牵拉的范围约为顶推跨径的两倍,塔架支承在主梁的混凝土固定块上,用钢铰连接,并在该处的箱梁截面进行加固,以承受塔架的竖向集中力。在顶推过程中,箱梁内力不断变化。因此,要根据不同阶段的受力状态调节索力,这项工作由设在塔架下端的两个竖向千斤顶来完成。

斜索在顶推时用于加固桥墩,特别是在具有较大纵坡和较高桥墩的情况下,采用斜索可以减小桥墩的水平力,增加稳定性。

5.顶推施工中的要点

(1)分段长度的确定和预制场地的布置

顶推法的制梁有两种方法:一种是在工厂制成预制块件,运送到桥位连接后进行顶推。另一种是在沿梁轴线的预制场上连续预制,逐段顶推。在前一种情况下,必须根据运输条件决定节段的长度和重量,一般不超过 5 m,同时增加了接头工作,需要大型起重,运输设备,因此以现场预制为宜。主梁的节段长度划分主要考虑段间的连接处不要设在连续梁受力最大的支点与跨中截面,同时要考虑制作加工容易,尽量减少分段,缩短工期。因此,一般常取每段长 10~30 m。

预制场是预制箱梁和顶推过渡的场地,包括主梁节段的浇筑平台和模板、钢筋、预应力钢筋的加工场地,混凝土搅拌机以及沙、石、水泥的堆放和运输路线用地。预制场一般设在桥台后面的引桥或者引道上,长度需要有预制节段长的三倍以上。500 m 左右的桥长,通常只设一端预制场。较长的桥梁或者中间跨为不同结构时,也可在桥两端设预制场地相向顶推。预制场布置时应保证场地坚实、平整,必要时需采取排水措施,防止场地沉陷。

(2)节段的预制工作

节段的预制对桥梁的施工质量起决定作用。模板工作是保证预制质量的关键。模板宜采用钢模板,以保证预制梁尺寸的准确性。底模板安置在预制平台上,平台的平整度必须严格控制。

浇筑梁段混凝土时,既可在桥台后面地基坚实可靠的固定场地上进行,也可在刚性较好的拼装支架上完成。每块梁段都紧接前一梁段浇筑。同一梁段可以一次浇成,对于块件较大者也可以分两次完成。首先浇筑一个节段的底板混凝土,顶推出一个梁段的底板后,在原底模板上继续浇筑下一节段的底板混凝土;同时,在前一节段底板混凝土上浇筑腹板和顶板。浇筑混凝土时,应严格控制混凝土的浇筑质量,为了缩短顶推周期,对混凝土可采取早强措施,这时混凝土仅需2~7天就可达到顶推强度。在浇筑混凝土之后、顶推之前,必须穿预应力钢筋束并且进行张拉,此部分预应力钢筋束仅仅是为了满足块件之间连接的要求,以及在顶推过程中,抵消梁体自重产生的弯矩。此时的预应力钢筋束只是一部分。某些筋束也可能只张拉部分应力,还有些筋束仅是为顶推需要而设置的临时预应力钢筋束,待顶推就位、放松部分临时预应力钢筋束和拆除辅助设施后,再张拉后期预应力钢筋束。

(3)顶推

顶推装置是由垂直千斤顶、滑架、滑台(包括滑板)、锚栓及水平千斤顶组成,如图3-26所示。

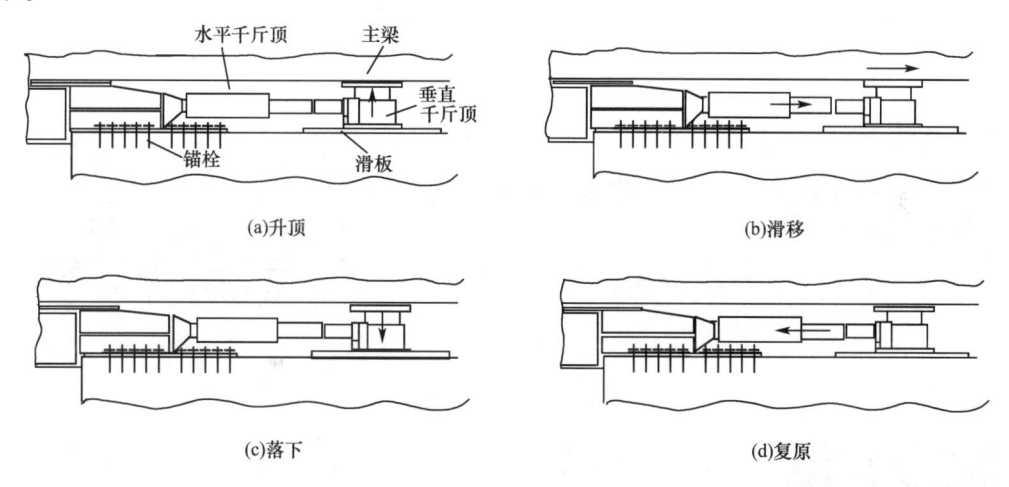

(a)升顶　　(b)滑移

(c)落下　　(d)复原

图3-26　水平千斤顶与垂直千斤顶联用顶推

顶推装置一般设置在紧靠梁段预制场地的桥台或支架上的梁底处。滑架长约2 m,固定在桥台或支架上,用镀铬钢板支承。滑台是钢制方块体,其顶面垫以氯丁橡胶块承托梁体,滑台与滑架之间垫有滑块,滑块由氯丁橡胶板下面嵌一聚四氟乙烯板组成。顶推时,开动液压泵,驱动水平千斤顶推动滑台,由于滑台顶面的橡胶垫块与梁底之间的摩阻力大于滑架与滑块之间的摩阻力,故水平千斤顶能够顺利地推动滑台顶着混凝土梁体前进。水平千斤顶行程一般为1~2 m,顶完一个行程后垂直千斤顶回油,梁体离开滑台,水平千斤顶回油后,将滑台退回,随后垂直千斤顶给油,梁体落到滑台上,开动油泵后,水平千斤顶继续向前顶推,开始下一个顶推过程。在顶推过程中,各个桥墩墩顶均需设置滑道装置,它由混凝土滑台、不锈钢板和滑板组成。顶推时需要严格控制梁体两侧千斤顶同步运行。为防止梁体偏移,通常在梁体旁边隔一定距离设有导向装置,如图3-27所示。要想用有限的顶推力将庞大的梁体顶推就位,必须要有摩擦因数很小的滑移装置才能实现。通常利用聚四氟乙烯滑板在不锈钢滑道上滑动,其滑移面的摩擦因数很小,为0.015~0.065。图3-28所示为常用的滑道。

由立模、浇筑到顶推、张拉,一个循环需6~8天;顶推完毕就位后,拆除顶推用的临时预应力钢筋束,张拉通长的纵向预应力钢筋束以及在顶推时未张拉到设计值的筋束;然后灌浆,封端,安装永久支座,落梁,主体工程完成。

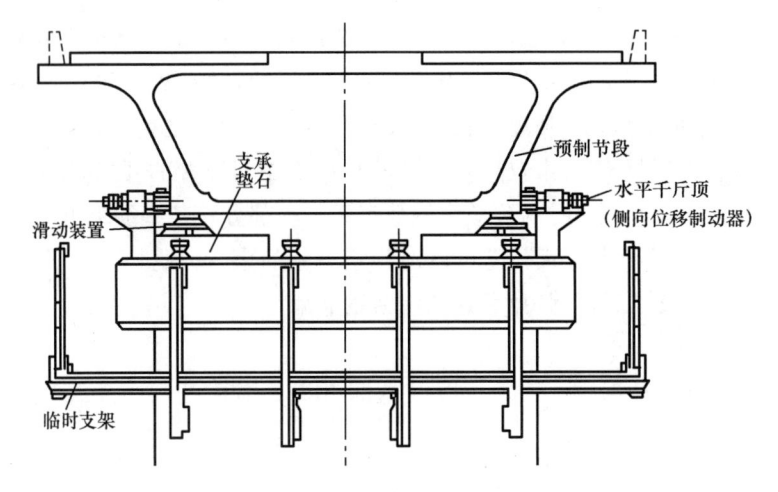

图 3-27 顶推施工的横向导向设施

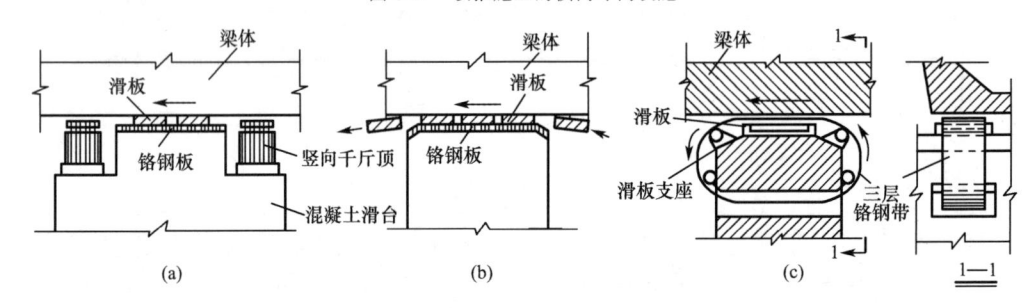

图 3-28 滑道构造

复习思考题

1. 连续梁桥如何考虑分跨？
2. 连续梁桥常用的截面形式有哪几种？
3. 预应力混凝土连续梁桥常采用的施工方法有哪些？
4. 支架现浇施工方法有何特点？
5. 支架按其构造形式分为哪几种？各自适用的情况是什么？
6. 移动支架逐孔现浇施工与整体支架现浇施工的区别是什么？
7. 移动支架常用的形式有哪几种？各自适用的情况是什么？
8. 在支架上进行现浇施工对支架有哪些要求？
9. 简述预制梁逐孔施工法的特点及适用情况。
10. 简述移动模架施工法的特点及适用情况。
11. 常用的移动模架有哪几种？
12. 悬臂施工法通常分为哪几类，各有何特点？
13. 悬臂浇筑施工时，梁体一般分为哪几部分进行浇筑？
14. 挂篮的类型及主要构造有哪些？
15. 简述顶推施工法的特点及适用情况。
16. 顶推施工中的临时设施有哪些？

第四章 桥面构造与桥梁支座

重点提示

本章主要介绍桥面铺装层的作用、类型及施工方法;桥面横坡的设置要求及方法;桥面的防、排水设施的设置要求;桥面伸缩缝的构造要求、类型及施工方法;人行道、栏杆、灯柱及防撞栏杆的种类和施工要求;支座的类型构造和施工要点。

第一节 桥面系统

钢筋混凝土和预应力混凝土桥梁的桥面系统通常包括桥面铺装、防水和排水设施、伸缩缝、人行道(或安全带)、缘石、栏杆和灯柱等构造,如图 4-1 所示。

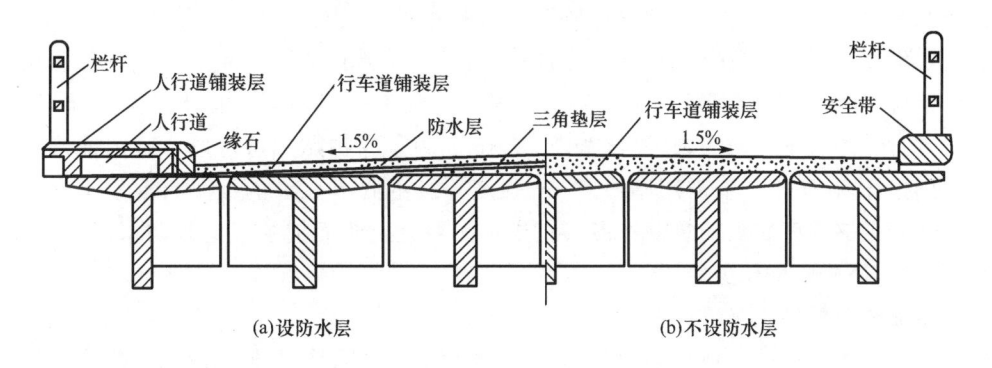

图 4-1 桥面系统

一、桥面铺装

桥面铺装也称行车道铺装,其功能如下:一是防止车辆轮胎与履带直接磨耗行车道板;二是保护主梁免受雨水侵蚀;三是对车辆轮重的集中荷载起分布作用。装配式钢筋混凝土、预应力混凝土桥梁通常采用普通水泥混凝土或沥青混凝土铺装。

桥梁铺装部分在桥梁恒载中占有相当的比重,特别对于小跨径桥梁尤为显著,故应尽量设法减轻铺装的重量。如桥面铺装采用混凝土,其强度等级不低于桥面板混凝土的强度等级,并在施工中能确保铺装层与桥面板紧密结合成整体。为使铺装层具有足够的强度和整体性,一般宜在混凝土中铺设直径为 4~6 mm 的钢筋网。

(一) 桥面铺装的类型

钢筋混凝土和预应力混凝土桥梁的桥面铺装,目前使用下列几种形式:

1. 普通水泥混凝土或沥青混凝土铺装

在非严寒地区的小跨径桥上,通常桥面内可不做专门的防水层,而直接在桥面上铺筑5~8 cm厚的普通水泥混凝土或沥青混凝土铺装层。普通水泥混凝土铺装的造价低,耐磨性能好,适用于重载交通,但其养生期比沥青混凝土铺装长,日后修补也比较麻烦。沥青混凝土铺装的重量较轻,维修养护也较方便,在铺筑后只等几个小时就能通车运营。桥上的沥青混凝土铺装可以做成单层式的(5~8 cm)或双层式的(底层4~5 cm,面层3~4 cm)。

2. 防水混凝土铺装

对位于非冰冻地区的桥梁需做适当的防水时,可在桥面板上铺筑8~10 cm厚的防水混凝土作为铺装层,如图4-2(a)所示。防水混凝土的强度等级一般不低于桥面板混凝土的强度等级,其上一般可不另设面层,但为延长桥面的使用年限,宜在上面铺筑2 cm厚的沥青表面处治作为可修补的磨耗层。

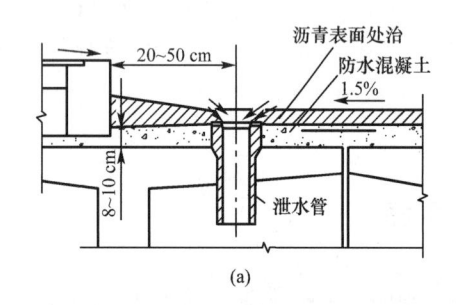

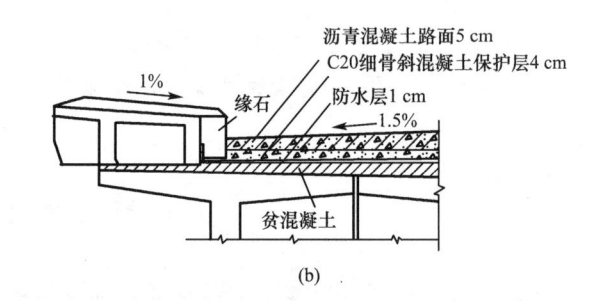

图 4-2 桥面铺装构造

3. 具有贴式防水层的水泥混凝土或沥青混凝土铺装

在防水程度要求高,或在桥面板位于结构受拉区而可能出现裂纹的桥梁上,往往采用柔性的贴式防水层,如图4-2(b)所示。贴式防水层设在低强度等级混凝土排水三角垫层上面,可采用"三油两毡"的防水层做法,其厚度为1~2 cm。为了保护贴式防水层不致因铺筑和翻修路面而受到损坏,在防水层上需用厚约4 cm、强度等级不低于C20的细骨料混凝土作为保护层。等它达到足够强度后再铺筑沥青混凝土或水泥混凝土桥面铺装。这种防水层造价高,施工也麻烦费时,因此使用较少。

(二) 桥面铺装层施工

桥面铺装层的作用是实现桥梁的整体化,使各片主梁共同受力,同时为行车提供平坦舒适的行车道面。高等级公路及二、三级公路的桥面铺装层一般为两层,上层为4~8 cm厚沥青混凝土,下层为8~10 cm厚钢筋混凝土。钢筋混凝土增加桥梁的整体性;沥青混凝土提高行车的舒适性,同时能减轻车辆对桥梁的冲击和振动。四级公路或个别三级公路为减少工程造价,直接采用水泥混凝土桥面,也有的三级公路在水泥混凝土桥面上铺设一层沥青碎石或沥青表面处治,所以其结构形式应根据公路等级、交通量大小和设计荷载等级确定,现就钢筋混凝土和沥青混凝土铺装层分别作以下介绍。

1. 钢筋混凝土桥面铺装层施工

(1) 梁顶标高的测定和调整。预应力混凝土空心板或大梁在预制后存梁期间由于预应力的作用,往往会产生反拱,如果反拱过大就会影响到桥面铺装层的施工,因此设计中对存梁时间、存梁方法都做了一定要求。架梁后对梁顶标高进行测量,测定各跨中线、边线的跨中和墩顶处的标高,分析评价其是否满足规范要求,若偏差过大,则应采取调整桥面标高、改变引线纵坡等方法,以保证铺装层厚度,使桥梁上部结构形成整体。

(2)梁顶处理。为了使现浇混凝土铺装层与梁、板结合成整体,预制梁板时对其顶面进行拉毛处理,浇筑前要用清水冲洗梁顶,不能留有灰尘、油渍和污渍等,并使梁顶充分湿润。

(3)绑扎布设桥面钢筋网。按设计文件要求下料制作钢筋网,用混凝土垫块将钢筋网垫起以满足钢筋设计位置及混凝土净保护层厚度的要求。若为低等级公路桥梁,用铺装层厚度调整桥面横坡,横向分布钢筋要做相应弯折,与桥面横坡相一致。在两跨连接处,若为桥面连续,应同时布设桥面连续的构造钢筋;若为伸缩缝,要注意做好伸缩缝的预埋钢筋。

(4)混凝土浇筑。对板顶处理情况、钢筋网布设进行检查,满足设计和规范要求后,即可浇筑混凝土,浇筑时由桥一端向另一端推进,连续施工,防止产生施工缝,用表面振捣器振捣,确保振捣密实。施工结束后注意养护,高温季节应采用草帘覆盖,并定时洒水养生,在桥两端设置隔离设施,防止施工和地方车辆通行,影响混凝土强度。待混凝土强度形成后,方能开放交通或铺筑上层沥青混凝土。

2. 沥青混凝土桥面铺装层施工

桥面沥青混凝土与同等级公路沥青混凝土路面的材料、工艺、施工方法相同,一般与路面同时施工。

注意铺装后桥面的泄水孔的进水口应略低于桥面面层,保证排水畅通。

二、桥面横坡设置

桥面设置纵横坡,以利雨水迅速排除,防止或减少雨水对铺装层的渗透,从而保护了行车道板,延长桥梁使用寿命。

对于沥青混凝土或水泥混凝土铺装,横坡为1.5%~2.0%。行车道路面普遍采用抛物线形横坡,人行道则用直线形。

(1)对于板桥或就地浇筑的肋梁桥,为了节省铺装材料并减轻恒载重量,也可将横坡设在墩台顶部而做成倾斜的桥面板,如图4-3(a)所示,此时铺装层在整个桥面板上就可做成等厚的。

(2)对于装配式肋梁桥,为架设和拼装的方便,通常都采用不等厚的铺装层(包括混凝土的三角垫层和等厚的路面铺装层)以构成桥面横坡,如图4-3(b)所示。

(3)在较宽的桥梁(如城市桥梁)中,用三角垫层设置横坡会使混凝土用量与恒载重量增加过多。在此情况下也可直接将行车道板做成双向倾斜的横坡,如图4-3(c)所示。

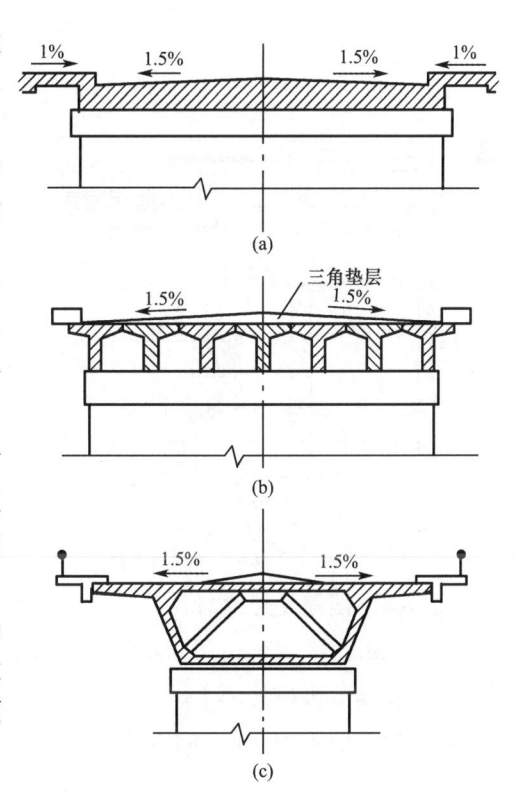

图4-3 桥面横坡形式

三、桥面排水设施

当桥面纵坡大于2‰而桥长小于50 m时,雨水可流至桥头从引道上排除,桥上就不必设置专门的泄水孔道。为防止雨水冲刷引道路基,应在桥头引道的两侧设置流水槽。

当桥面纵坡大于2‰但桥长超过50 m时,宜在桥上每隔12~15 m设置一个泄水管。如桥面纵坡小于2‰,则应每隔6~8 m设置一个泄水管。泄水管的过水面积通常是每平方米桥面上不少于2~3 cm²,泄水管可以沿行车道两侧左右对称排列,也可以交错排列,其离缘石的距离为20~50 cm。

对于跨线桥和城市桥梁最好像建筑物那样设置完善的排水管道,将雨水排至地面阴沟或下水道内。

泄水管也可布置在人行道下面(图4-4),为此需要在人行道块件(或路缘石部分)上留出横向进水孔,并在泄水孔周围(除了朝向桥面的一方外)设置相应的泄水槽。

目前梁式桥上常用的泄水管有下列几种形式。

(一)金属泄水管

金属泄水管适用于具有贴式防水层的铺装结构,如图4-5(a)所示。泄水管的内径一般为10~15 cm,管子下端应伸出行车道板底以下至少15~20 cm。安放泄水管时,与防水层的接合处要做得特别仔细,防水层的边缘要紧夹在管子的顶缘与泄水漏斗之间,以便防水层的渗水通过漏斗上的过水孔流入管内。这种铸铁泄水管使用效果好,但构造较复杂。

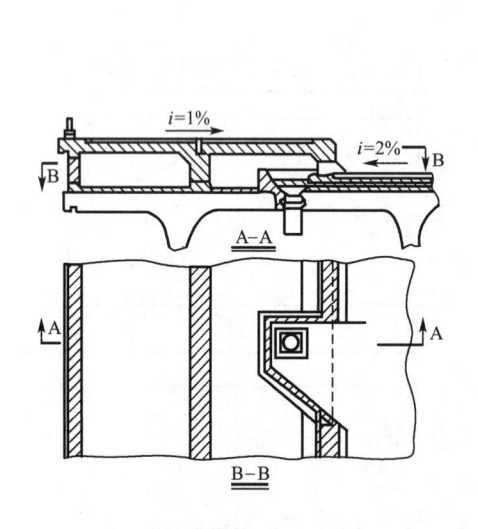

图4-4 泄水管布置在人行道下面

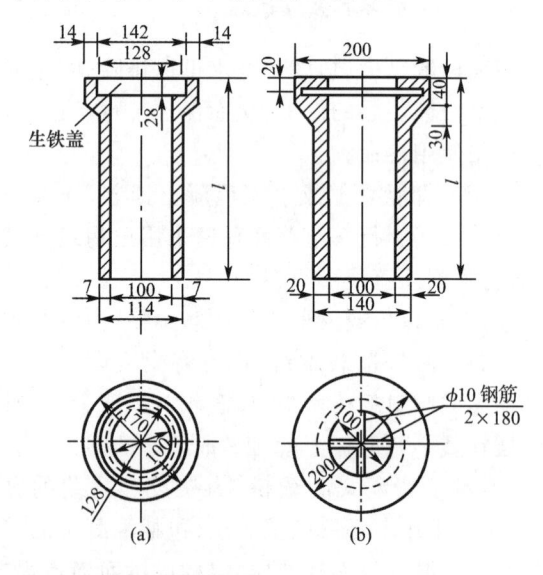

图4-5 金属与钢筋混凝土泄水管(尺寸单位:mm)

(二)钢筋混凝土泄水管

钢筋混凝土泄水管适用于不设专门防水层而采用防水混凝土的铺装构造上,如图4-5(b)所示。布置细节可参见图4-2(a)。在制作时,可将金属栅板直接作为钢筋混凝土管的端模板,以使焊于板上的短钢筋锚固于混凝土中。这种预置的泄水管构造简单,也可以节约钢材。

(三)横向排水管道

对于一些小跨径桥,有时为了简化构造和节省材料,可以直接在行车道两侧的安全带或缘石上预留横向泄水孔(图 4-6),并用铁管、竹管等将水排出桥外。这种做法构造简单,管口要伸出构件 0.02~0.03 m,以便滴水。但因孔道坡度平缓,易堵塞。

(四)封闭式排水管道

对于城市桥梁、立交桥及高速公路上的桥梁,应该避免泄水管直接挂在板下,既影响桥梁外观,又妨碍公共卫生。完整的排水系统应将排水管道直接引向地面。

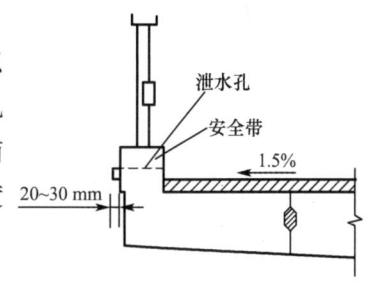

图 4-6 横向泄水孔

第二节 桥面伸缩缝

一、伸缩缝构造要求

为了保证桥跨结构在气温变化、活载作用、混凝土收缩与徐变等影响下按静力图式自由地变形,就需要使桥面在两梁端之间以及在梁端与桥台背墙之间设置横向的伸缩缝(也称变形缝)。

伸缩缝的构造有简有繁,视桥梁变形量的大小和活载轮重而异,其作用不但要保证梁能自由变形,而且要使车辆在设缝处能平顺地通过,并防止雨水、垃圾、泥土等渗入阻塞。对于城市桥梁,还应使伸缩缝的结构在车辆通过时减少噪声。伸缩缝的构造应能保证施工和安装方便,其部件除本身要有足够的强度外,还应与桥面铺装部分牢固连接。对于敞露式的伸缩缝的构造,要便于检查和清除缝下沟槽的污物。特别要注意的是,在伸缩缝附近的栏杆、人行道结构也应断开,以满足梁体的自由变形。

二、伸缩缝的分类及施工方法

为适应材料膨胀变形对结构的影响而在桥梁结构的两端设置的间隙称为伸缩缝。为了使车辆平稳地通过桥面并满足桥面变形的需要,在桥面伸缩缝处设置的各种装置统称为伸缩装置。

(一)伸缩缝的类型

在我国各地使用的伸缩缝种类繁多,按其传力方式及构造特点可以分为无缝式(暗缝式)伸缩缝、对接式伸缩缝、跨搭钢板式伸缩缝、板式橡胶伸缩缝等。

(二)伸缩装置的构造与施工

根据调查,桥梁伸缩装置破坏的原因多数与锚固系统有关。锚固系统薄弱,本身就容易破坏,锚固系统范围内的标高控制不严,容易造成跳车,车辆的反复冲击会导致伸缩装置过早破坏。

1. 无缝式(暗缝式)伸缩装置

此类伸缩装置的特点是桥面铺装为整体型,它适用于伸缩量小于 5 mm 的桥梁,只能用于桥面是沥青混凝土的情况。

施工要求：

(1)防水接缝材料应具有较好的抗老化性能，能与壁面强力黏结，适应伸缩变形，恢复性能好，并具有一定强度以抵抗砂石材料的刺破力。

(2)塞入物用于防止未固化的接缝材料往下流动，需要有足够的可压缩性能，如泡沫橡胶或聚乙烯泡沫塑料板等，在施工桥面板的现浇层时就把它当作接缝处的模板。

2. 对接式伸缩装置

(1)填塞对接式伸缩装置。该类伸缩缝的伸缩体所用材料主要有矩形橡胶条、组合式橡胶条、管形橡胶条、M形橡胶条、U形锌铁皮等。要求具有适度的压缩性、恢复性和抗老化性，在气温发生变化时不发生硬化和脆化，U形锌铁皮式伸缩缝如图4-7所示。图4-7(a)适用于变形量为20～40 mm的中小跨径桥梁；图4-7(b)适用于变形量不超过10 mm，桥面不断开的沥青混凝土桥面铺装；图4-7(c)适用于变形量较大且桥面不断开的桥面铺装。

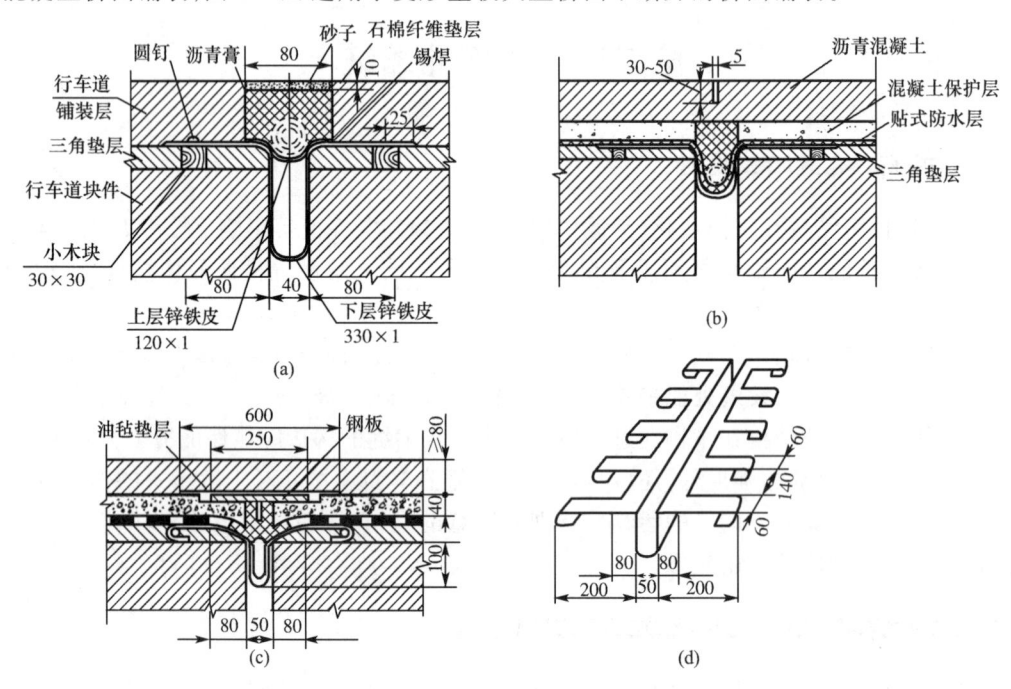

图 4-7　U形锌铁皮式伸缩缝(尺寸单位：mm)

填塞对接式伸缩装置适用于伸缩量小于20 mm的桥梁结构，它在安装过程中应注意如下问题：

①所采用的伸缩体产品质量要符合有关规定。

②安装伸缩装置一定要严格按照施工程序，才能够保证其安装质量。

③对于现浇C50混凝土，在混凝土内适当地布置一些钢筋或钢筋网，此钢筋要与梁(板)体钢筋焊接在一起。C50混凝土的厚度不能小于12 cm，顺桥方向的宽度不小于30 cm。

④安装时一定要保证伸缩体在设计的最低温度时仍处于压缩状态。

⑤安装时一定要保证伸缩体与混凝土的可靠黏结，可采用胶黏剂。

⑥伸缩体一定要低于桥面标高，安装时应保证伸缩体在最大压缩状态下也不会高出桥面标高。

(2)嵌固对接式伸缩装置。此伸缩装置包括RG型、FV型、CNG型、SD型、CQF-C型等。它的特点是将不同形状的橡胶条用不同形状的钢构件嵌固起来，然后通过锚固系统将它们与接缝处梁体锚固成整体,如图4-8所示。此类伸缩装置适用于伸缩量小于60 mm的桥梁结构,即接缝宽为20~80 mm。

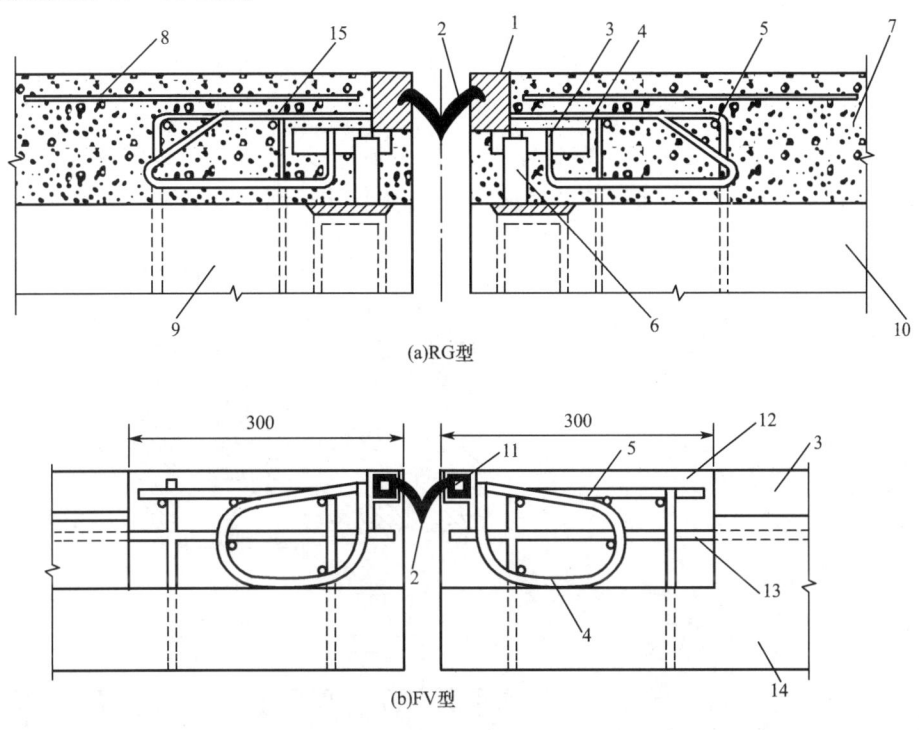

图4-8 嵌固对接式伸缩装置(尺寸单位:mm)
1—异形钢;2—密封橡胶带;3—锚板;4—锚筋;5—预埋筋;6—连接钢板;7—桥面铺装;8—钢筋网;9—梁(墩台);10—梁;11—F形钢件;12—填料;13—梁主筋;14—行车道板;15—横向水平筋

在安装过程中应注意以下问题:

①首先要处理好伸缩装置接缝处的梁端。因为梁预制时的长度有一定误差,再加上吊装就位时的误差,使伸缩接缝处的梁端参差不齐,故首先处理好梁端,以便有利于伸缩装置的安装。

②切除桥梁伸缩装置处的桥面铺装,并彻底清理梁端预留槽及预埋钢筋,槽深不得小于12 cm。

③用4~5根角铁作定位角铁,将钢构件点焊或用螺栓固定在定位角铁上。

④将连接钢筋与梁体预埋构件牢固焊接,并布置两层钢筋网,钢筋直径为8 mm,网孔尺寸为10 cm×10 cm,然后浇筑C50混凝土或C50环氧树脂混凝土,浇捣密实并严格养生。混凝土初凝后应立即拆除定位角铁,以防止因气温变化导致梁体伸缩,从而引起锚固系统的松动。

⑤安装密封胶条。

3. 跨搭钢板式伸缩装置

对于梁端变形量较大(60 mm以上)的情况,可采用以钢板为跨缝材料的伸缩缝构造。

图4-9(a)所示为最简单的钢板伸缩缝,用一块厚度约为10 mm的钢板搭在断缝上,钢板的一侧焊在锚固于铺装层混凝土内的角钢1上,另一侧可沿着对面的角钢2自由滑动,角钢2的边缘再焊上一条窄钢板,以抵住桥面的沥青砂面层。对于一侧固定的钢板伸缩装置,当车辆驶过时,往往由于梁端转动或挠曲变形引起的拍击作用使结构损坏。

图 4-9(b)所示为借助螺杆弹簧装置来固定滑动钢板的新颖构造(变形量可达 70 mm)。其特点是滑动钢板始终通过橡胶垫块紧压在护缘角钢上,这样既消除了不利的拍击作用,又显著减小了车辆荷载的冲击影响。

如果梁端的变形量更大,还可采用图 4-9(c)所示的两侧同时滑动的钢板伸缩装置(变形量可达 200~400 mm)。

图 4-9(d)所示为梳齿式钢板伸缩装置构造,它由梳形板、连接件及锚固系统组成。有的钢梳齿形桥梁伸缩装置在梳齿之间填塞合成胶,起防水作用。施工时应注意以下问题:

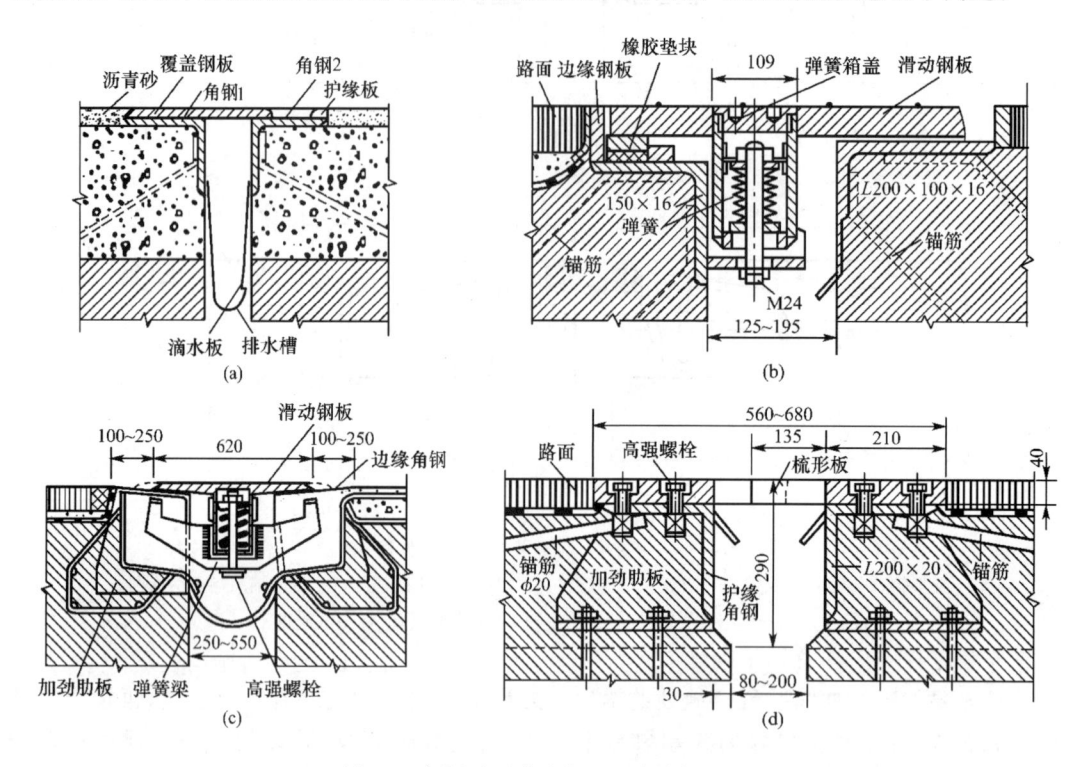

图 4-9 跨搭钢板式伸缩装置(尺寸单位:mm)

① 定位角铁的拆除一定要及时,以保证伸缩装置能因温度变化而自由伸缩,也可采用其他方式,把相对的梳形板固定在两个不同的角铁上,让它们连同相应的角铁自由伸缩。

② 安装工作应仔细进行,防止产生梳齿不平、扭曲及其他变形。安装时一定要将构件固定在定位角铁上,以保证安装精度。要严格控制好梳齿间的横向间缝,由于伸缩方向性的误差及横向伸缩等原因,在最高温度时,梳齿横向间缝不得小于 5 mm。

③ 当构件安装及位置固定好后,进行锚固系统的树脂混凝土浇筑。为了使锚固系统可靠牢固,必须配备较多连接钢筋及钢筋网。尤其角隅处的混凝土,一定要捣固密实,千万不可有空洞。在钢梳齿根部可适当钻些 20 mm 的小孔,以利于浇筑混凝土时空气的排出。

跨搭钢板式伸缩装置的构造比较复杂,消耗钢材也较多,但能适应较大的变形量。在施工中应特别注意护缘角钢与混凝土的锚固要牢靠,护缘角钢下混凝土的浇筑要密实。

4. 板式橡胶伸缩装置

按伸缩体的受力变化机理不同,可把板式橡胶伸缩装置分为剪切型板式橡胶伸缩装置和对接组合型板式橡胶伸缩装置两种。剪切型板式橡胶伸缩装置由橡胶伸缩体和锚固系统组成,具有构造简单、安装方便和经济适用等优点。主要适用于伸缩量为 30~60 mm 的二级以下公路桥梁,如图 4-10 所示。对接组合型板式橡胶伸缩装置由上下开槽的防水表层橡胶体、梳形承托钢板、槽体角钢及锚固系统四大部分组成,如图 4-11 所示。

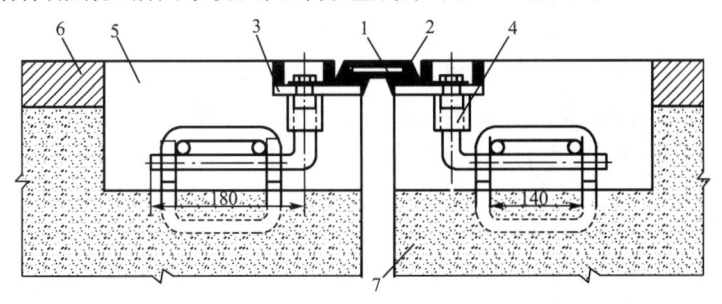

图 4-10 剪切型板式橡胶伸缩装置构造图(尺寸单位:mm)
1—支承钢板;2—橡胶;3—地板角钢;4—L 形锚固螺栓;
5—现浇 C60 树脂混凝土;6—铺装;7—梁体

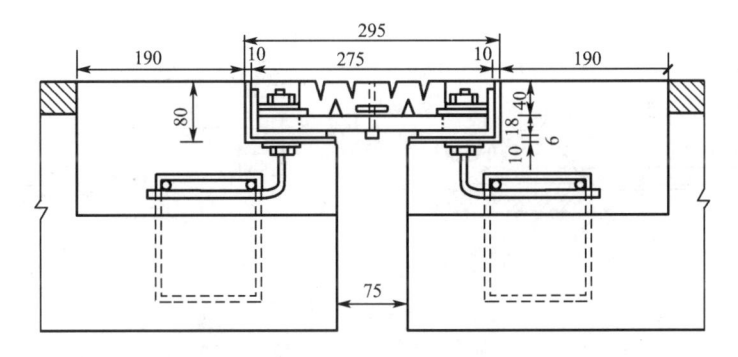

图 4-11 对接组合型板式橡胶伸缩装置构造图(尺寸单位:mm)

第三节 桥面其他附属工程

桥面其他附属工程包括人行道及安全带、桥面防护(栏杆、防撞护栏)、灯柱支座、桥面防水、桥头搭板等。高等级公路以及二、三级公路上的桥梁通常采用防撞护栏,而城市立交桥、城镇公路桥及低等级公路桥往往要考虑人群通行而设立人行道。灯柱一般只在城镇桥梁上设置。

一、人行道及安全带

位于城镇和近郊的桥梁一般需设置人行道,其宽度和高度应根据行人的交通量和周围环境来确定。人行道的宽度可选用 0.75 m 或 1 m,当宽度要求大于 1 m 时按 0.5 m 的倍数增加。在城市快速路、主干路、次干路上的桥梁或行人稀少地区的桥梁,若两侧无人行道,则两侧应设安全带。

城市桥梁人行道顶面可铺设彩砖,以增加美观。此外,人行道在桥面断缝处必须设置伸缩缝。

人行道的构造形式多种多样,根据不同的施工方法有就地浇筑式、预制装配式、部分装配和部分现浇的混合式。其中,就地浇筑式的人行道现在已经很少采用;而预制装配式的人行道具有构件标准化、拼装简单化等优点,在各种桥梁结构中应用广泛。在斜拉桥中,当直柱门形塔对人行道有妨碍时,可将人行道用悬臂梁向塔柱外侧挑出,绕过塔柱,这时需采用混合式人行道。

图 4-12(a)所示为整体预制的 F 形人行道,它搁置在主梁上,适用于各种净宽的人行道,人行道下可以放置过桥的管线,但是对管线的检修和更换十分困难;图 4-12(b)所示为人行道敷设在桥面板上,人行道部分用填料填高,上面敷设 20~30 mm 砂浆面层或沥青砂,人行道内缘设置缘石;图 4-12(c)所示为小跨宽桥上将人行道部分墩台加高,在其上搁置独立的人行道板;图 4-12(d)所示为就地浇筑式人行道,适用于整体浇筑的钢筋混凝土梁桥,将人行道设在挑出的悬臂上,这样可以缩短墩台宽度,但施工不太方便。

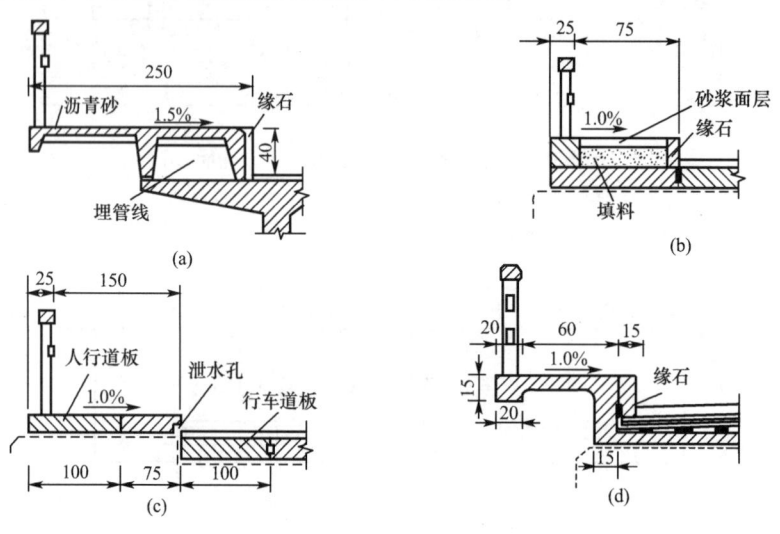

图 4-12 人行道一般构造(尺寸单位:mm)

图 4-13 预制装配悬臂式人行道的构造(尺寸单位:m)

人行道顶面一般高出桥面 0.25~0.3 m,顶面做成倾向桥面 1%~1.5%的排水横坡,按人行道安装在主梁上的位置分搁置式(非悬臂式)和悬臂式。如图 4-13 所示为预制装配悬臂式人行道的构造。在预制或现浇人行道板时,要注意预留出安装灯柱、栏杆的位置,埋设好预埋件。人行道应在桥面断缝处做成伸缩缝。人行道防水层通过人行道板在路缘石砌缝处与桥面防水层连成整体。

安全带是当桥面不设人行道时,为保障交通安全,在行车道边缘设置高出行车道的带状构造物。我国《公路工程技术标准》(JTG B01—2014)规定,一般公路上不设人行道的桥梁应设置栏杆和安全带,除高速公路以外的一般公路上应设置宽度不小于 0.25 m,高为 0.25~0.35 m 的护轮安全带。为了保证行车安全,近年来,安全带的高度已经用到了 0.4 m,甚至更高。施工时应注意以下几点:

①悬臂式安全带和悬臂式人行道板构件必须与主梁横向联结或拱上建筑完成后才能安装。

②安全带梁及人行道必须安放在未凝固的 M20 稠水泥砂浆上,并以此来形成人行道顶面设计的横向排水坡。

③人行道板必须在人行道梁锚固后才能铺设;对于设计无锚固的人行道梁,人行道板的铺设应按照由里向外的次序。

④栏杆块件必须在人行道板铺设完毕后才能安装,安装栏杆柱时,必须全桥对直、校平(弯桥、坡桥要求平顺)、竖直后用水泥砂浆填缝固定。

⑤在安装有锚固措施的人行道梁时,应对焊接认真检查,注意施工安全。

⑥为减少缘石与桥面铺装层中渗水,缘石宜采用现浇混凝土,使其与桥面铺装的底层混凝土结合为整体。

二、栏杆与灯柱

栏杆是桥梁工程的重要组成部分,对桥梁工程的评价起着直观的作用。栏杆不仅要牢固,满足功能要求,还要顾及艺术效果并与桥梁风格相协调。

栏杆常用混凝土、钢筋混凝土、金属或金属与混凝土混合材料制作,也有的用石料制作,从形式上可分为节间式与连续式。节间式由立柱、扶手及横档(或栏杆板)组成,便于预制安装,如图4-14(a)所示。连续式具有连续的扶手,一般由扶手、栏杆板(柱)及底座组成,如图4-14(b)所示。

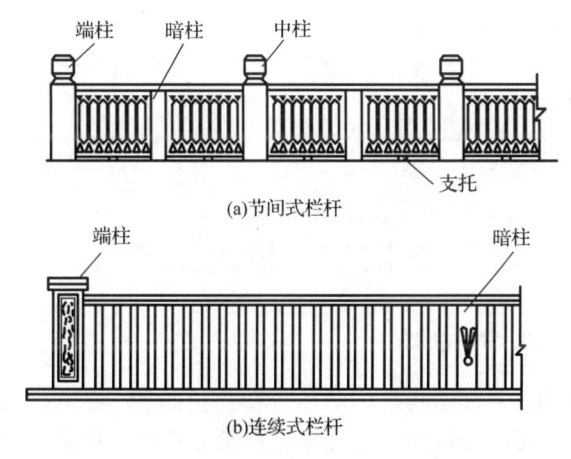

图 4-14 栏杆

灯柱通常只在城镇设有人行道的桥梁上设置,灯柱的设置位置有两种:一种是设在人行道上,另一种是设在栏杆立柱上。第一种铺设较为简单,在人行道下布埋管道,按设计位置预设灯柱基座,在基座上安装灯柱、灯饰,连接好线路即可。这种布设方法大方、美观,灯光效果好,适合于人行道较宽(大于1 m)的情况。但灯柱会减小人行道的宽度,影响行人通行,且要求灯柱布置稍高一些,不能影响行车净空。第二种布设稍微麻烦一些,电线在人行道下预埋后,还要在立柱内布设线管通至顶部,因立柱既要承受栏杆上传来的荷载,又要承受灯柱的重量,因此带灯柱的立柱要特殊设计和制作。在立柱顶部还要预埋灯柱基座,保证其连接牢固。这种情况一般只适用于安装单柱灯柱,顶部可向桥面内侧弯曲延伸一部分,以保证照明效果。该铺设方法的优点是灯柱不占人行道空间,桥面开阔,但施工、维修较为困难。

桥上灯柱应按照设计位置安装,必须牢固,线条顺直,整齐美观,灯柱电路必须安全可靠。行车道上灯具距路面的高度应不小于5 m。大型桥梁必须配置照明控制配电箱,固定在桥头附近的安全场所。

灯柱检查验收标准:灯柱顺桥向位置偏差不能超过100 mm,横桥向偏差不能超过20 mm,竖直度在顺桥向、横桥向均不能超过10 mm。

三、防撞护栏

边板(梁)预制时应在翼板上按设计位置预埋防撞护栏锚固钢筋,支设护栏模板时应先进行测量放线，确保位置准确。特别是位于曲线上的桥梁应首先计算出护栏各控制点坐标，用全站仪逐点放线控制，使其满足线形要求。绑扎钢筋时注意预埋防护钢管支承钢板的固定螺栓，保证其牢固可靠。在有伸缩缝处，防撞护栏应断开，依据选用的伸缩缝形式，安装相应的伸缩装置。图 4-15 所示为钢筋混凝土防撞护栏基本形状。

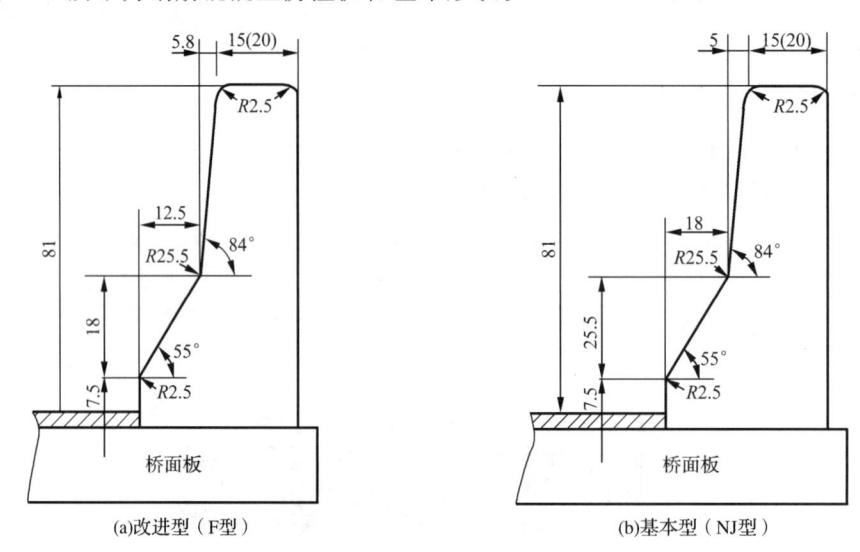

图 4-15　钢筋混凝土防撞护栏基本形状(尺寸单位：cm)

第四节　桥梁支座

一、支座的类型和构造

支座是设置在桥梁上、下部结构之间的传力和连接装置。其作用是将上部结构的各种荷载传递到墩台上，并适应活载、温度变化、混凝土收缩和徐变等因素所产生的位移，使桥梁的实际受力情况符合结构计算图式。

桥梁支座必须满足以下功能要求：桥梁支座必须具有足够的承载能力，以保证安全可靠地传递支座反力；支座对桥梁变形的约束尽可能小，以适应梁体自由伸缩及转动的需要；此外支座应便于安装、养护和维修，并在必要时进行更换。

桥梁支座按其容许变位方式分为固定支座与活动支座，活动支座又分为单向活动支座与多向活动支座，桥梁支座的平面图示和立面图示分别如图 4-16 和图 4-17 所示。

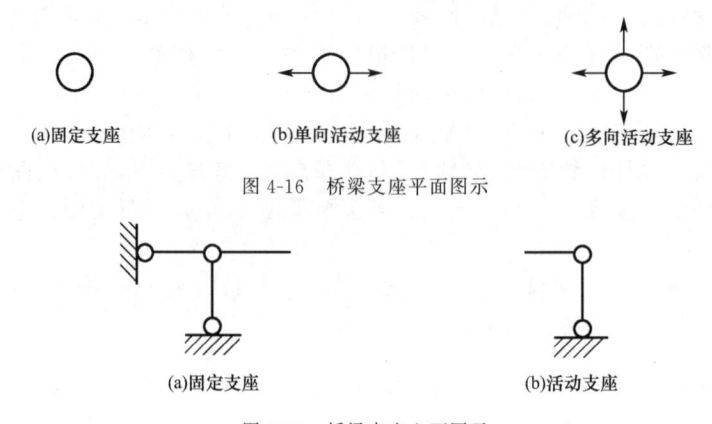

图 4-16　桥梁支座平面图示

图 4-17　桥梁支座立面图示

固定支座是容许桥梁上部结构支承处能在竖直平面内转动,而不能在水平面内移动的支座。固定支座除承受竖向压力外,还承受因车辆制动力、风力、支座摩阻力等引起的水平力。

活动支座是容许桥梁上部结构支承处既能在竖直平面内转动,又能在水平面内移动的支座。容许水平移动的目的是使桥梁在活载、温度变化等因素影响下不致产生过大的附加水平反力。活动支座按其活动方式可分为滑动支座、滚动支座和摆动支座。

支座按制作材料分为橡胶支座(图 4-18)、混凝土支座(图 4-19)(混凝土铰支座、钢筋混凝土摆柱式支座)、钢支座(图 4-20)等;按构造形式分为平板支座、弧形支座、辊轴支座、摇轴支座、板式橡胶支座、铅芯橡胶支座、盆式橡胶支座和球形支座等。

图 4-18 橡胶支座

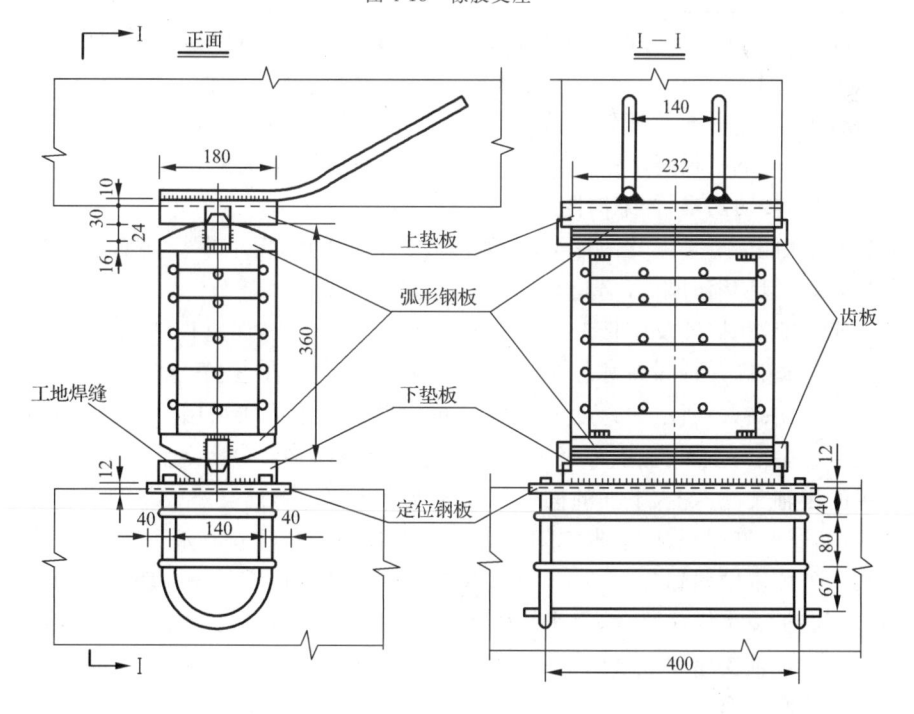

图 4-19 钢筋混凝土摆柱式支座(尺寸单位:mm)

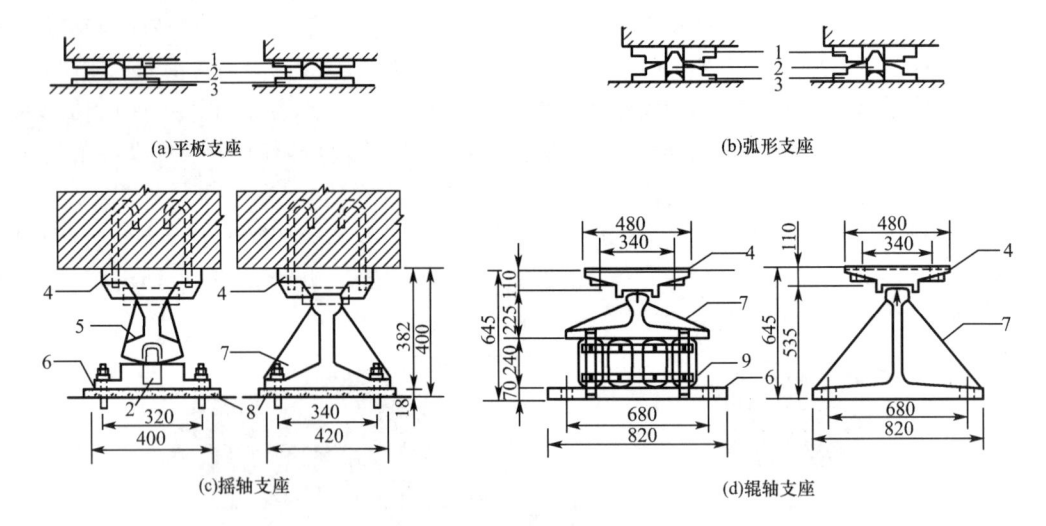

图 4-20　钢支座(尺寸单位:mm)

(a)平板支座　(b)弧形支座　(c)摇轴支座　(d)辊轴支座

1—上平板;2—销钉;3—下平板;4—上摆;5—摇轴;6—座板;7—下摆;8—干硬性砂浆垫层;9—辊轴

(一)钢支座

目前钢支座在公路桥梁中已用得不多,主要用于铁路桥梁中,常用的钢支座及其适用范围见表 4-1。

表 4-1　　　　　　　　常用的钢支座及其适用范围　　　　　　　　　　m

支座类型	平板支座	弧形支座	摇轴支座	辊轴支座
钢筋混凝土桥	$L \leqslant 8$	$8 < L < 20$	$L \geqslant 20$	$L \geqslant 20$
钢桥	$L < 10$	$10 \leqslant L \leqslant 24$	$L > 24$	$L > 24$

我国跨度 $L \leqslant 6$ m 的钢筋混凝土板式桥标准设计不设支座,仅在梁底与墩台顶垫石面间垫一层石棉板或油毛毡。

平板支座由上、下平板及销钉组成,如图 4-20(a)所示。上、下平板都由两层钢板焊接而成。固定支座的上、下平板间用销钉固定。活动支座只将上平板销孔改成长圆形。这种支座构造简单,但梁端转动困难,伸缩时阻力很大。

弧形支座也由上、下平板及销钉组成,如图 4-20(b)所示,但下平板顶面改为弧面。因而,梁端能自由转动,但伸缩时阻力仍较大。

摇轴支座由上摆、摇轴及座板三部分组成。上摆与梁相连,而座板则固定于墩台上。摇轴的上、下做成半径相等并且同一圆心的两个弧形面。有了摇轴、上摆与座板,梁就可以沿纵向做水平移动。图 4-20(c)所示为跨度 $L \geqslant 20$ m 的钢筋混凝土梁所采用的摇轴支座。

辊轴支座由上摆、下摆、辊轴和座板四部分组成。图 4-20(d)所示为跨度为 64 m 的简支钢桁梁采用的辊轴支座。上、下摆的构造与摇轴支座相似。下摆与座板之间设置 4 个辊轴,辊轴做成圆柱形,其两侧削平,以节省空间。辊轴两端各有两条连接板联系全部辊轴,以保证辊轴转动一致。外侧辊轴两端各附一个牙板,其上、下牙分别伸入下摆和座板上的缺口中。为防止下摆、辊轴、底板发生横向错动,每个辊轴中段上下均开有槽口,分别咬住下摆底部和底板顶部凸出的梗条。辊轴支座固定端的构造与摇轴支座相似。

(二)板式橡胶支座

板式橡胶支座构造简单,从外形上看,它就是一块放置在上、下部结构之间的黑色橡胶板,如图 4-21 所示。它的作用机理是:利用橡胶的不均匀弹性压缩实现转角 θ,利用其剪切变形实

现水平位移 Δ。

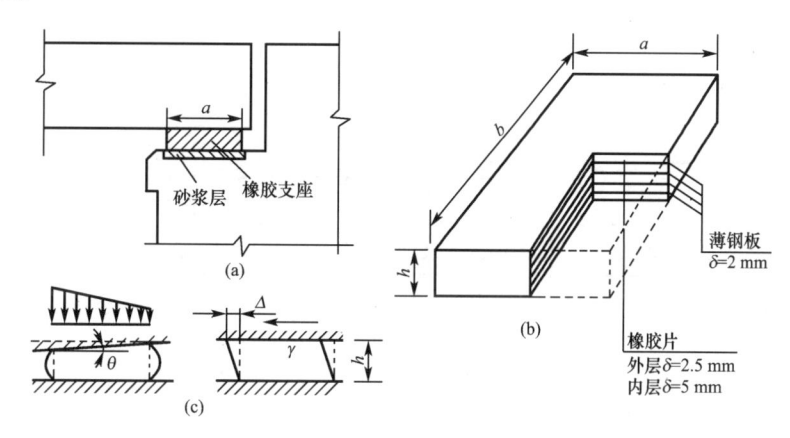

图 4-21 板式橡胶支座

板式橡胶支座一般分为无加劲支座和加劲支座两种。无加劲支座只有一层纯橡胶板,其容许压应力约为 3 000 kPa,故只适用于小跨径桥梁。加劲支座是由在几层橡胶片内嵌入刚性加劲物组成的,常用薄钢板作为刚性加劲物。桥梁上常用的板式橡胶支座内层每层橡胶片厚 5 mm,外层橡胶片厚 2.5 mm,橡胶片间嵌入 2 mm 厚的薄钢板。由于薄钢板的加劲作用,阻止橡胶片的侧向膨胀,从而提高了橡胶片的抗压能力,支承反力达 7 000 kN,适用于中等跨径桥梁。

板式橡胶支座可以设计成固定支座或活动支座,也可以设计成不分固定端与活动端的支座,它从构造上无固定支座与活动支座之分。固定支座一般较薄,能满足支承竖向荷载及梁端自由转动的要求,水平位移主要由活动支座的橡胶剪切变形来完成,其高度取决于水平位移量的大小。

板式橡胶支座的平面形状有矩形和圆形,应根据不同的桥跨结构采用不同的平面形状。一般情况下,正交桥梁采用矩形支座,曲线桥、斜交桥及圆桩墩桥宜用圆形支座。

为满足较大位移量的需要,通常采用聚四氟乙烯板式橡胶支座。它是在普通板式橡胶支座上按照支座尺寸大小粘贴一层厚 2~4 mm 的聚四氟乙烯板,除具有普通板式橡胶支座的竖向刚度与压缩变形,且能承受竖向荷载及适应梁端转动外,还能利用聚四氟乙烯板与梁底不锈钢板间的低摩擦因数(聚四氟乙烯板与不锈钢板间摩擦因数为 0.06),使桥梁上部结构水平位移不受限制。聚四氟乙烯板式橡胶支座适用于桥面连续的结构及由简支安装再转为连续体系的连续梁,还可在顶推、横移等施工中作滑板使用。

(三)盆式橡胶支座

一般的板式橡胶支座处于无侧限受压状态,故其抗压强度不高,加之其位移量取决于橡胶的容许剪切变形和支座高度,要求的位移量越大,支座就要做得越厚,所以板式橡胶支座的承载能力和位移量受到一定限制。盆式橡胶支座是在板式橡胶支座的基础上进一步改进后更为完善的一种橡胶支座(图 4-22),其工作原理是:利用底钢盆对橡胶块的三向约束来获得较大的承载能力;利用中间衬板上的聚四氟乙烯板与顶板上不锈钢板的低摩擦因数获得较大的水平位移;利用钢盆中三向受力的弹性橡胶块的不均匀压缩获得较大的转角。

盆式橡胶支座按其工作特征可分为固定支座、多向活动支座和单向活动支座三种。盆式橡胶支座的上支座板与桥梁上部结构连接,随梁的运动而运动,上支座板上的不锈钢板与下支座板的聚四氟乙烯板组成一摩擦因数很小的摩擦件,实现水平位移,并以很小的水平推力通过

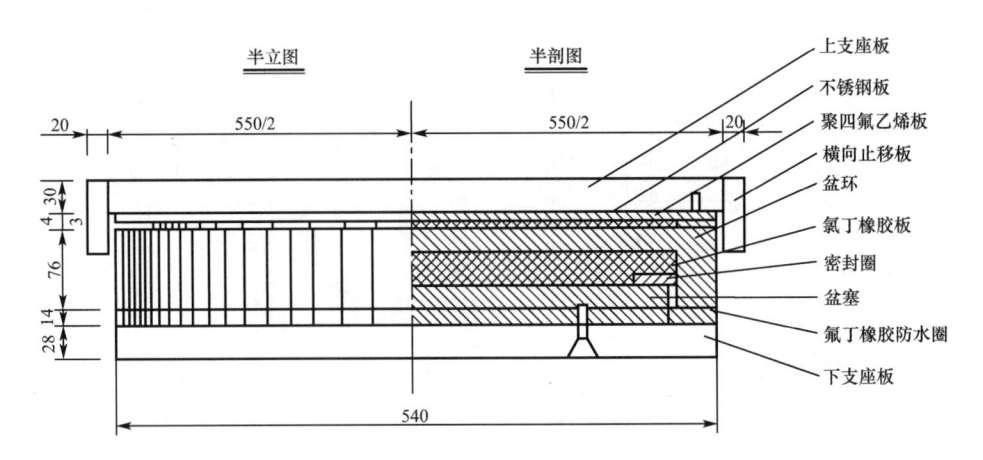

图 4-22 盆式橡胶支座(尺寸单位:mm)

下支座板而作用在桥墩上。下支座板固结在桥墩上,承受上部构造的作用力并传递给桥墩。

(四)球形支座

如图 4-23 所示为球形支座构造示意图。它由下支座板、钢衬板、上支座板、聚四氟乙烯板(平面和球面各一块,以下简称四氟板)及橡胶密封圈和防尘罩等部件组成。

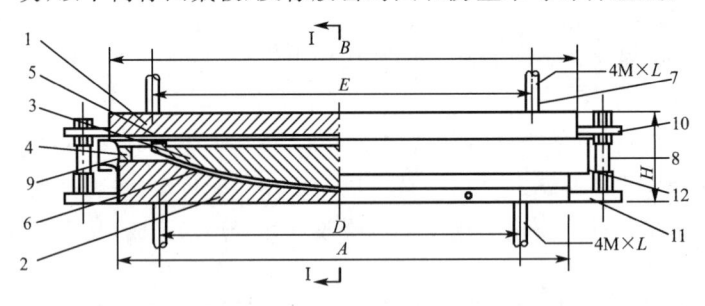

图 4-23 球形支座构造示意图

1—上支座板;2—下支座板;3—钢衬板;4—钢挡圈;5—平面聚四氟乙烯板;6—球面聚四氟乙烯板;
7—锚固螺栓;8—连接螺栓;9—橡胶密封圈;10—上支座连接板;11—下支座连接板;12—防尘罩

球冠衬板是球形支座的核心,它的平面部分开有镶嵌四氟板的凹槽,用以固定平面四氟板。球面部分必须保证球面半径及球面度符合设计要求,球面表面镀以工作性铬层,其厚度为 $80\sim100~\mu m$。支座的转角通过球冠衬板与球面四氟板之间的滑动来实现。

下支座板由钢板或铸件制成,主要起固定球面四氟板的作用,并将支座反力分散传递到桥墩、桥台上。

平面四氟板和球面四氟板是支座的主要滑动部件,在四氟板表面用专用模具压制成硅脂贮油坑,并涂以 295 硅脂,以减小四氟板的滑动摩擦及磨耗。平面四氟板与上支座板的不锈钢之间的滑动能满足支座的位移需要,其工作原理与盆式橡胶支座完全一致。

上支座板用普通钢板或铸钢制成,上支座板与四氟板接触面处焊一块精轧不锈钢板,并要求不锈钢板表面平面度不大于四氟板直径的 $0.3‰$,以保证支座的摩擦因数不超过 0.03。

为了防止灰尘侵入四氟板表面,影响支座的滑动性能,球形支座设有橡胶密封圈及防尘罩。

球形支座按其工作特性也可分为固定支座、单向活动支座和多向活动支座三种形式。

球形支座与盆式橡胶支座的主要区别在于:盆式橡胶支座通过钢盆中橡胶的不均匀压缩来满足梁体转角的需要,球形支座通过球冠衬板与球面四氟板之间的滑动来满足梁体转角的需要。

球形支座的优点及适用范围：

(1)球形支座通过球面传力,因而作用到支承混凝土上的反力比较均匀。

(2)球形支座的转动力矩小。转动力矩只与支座的球面半径及四氟板的滑动摩擦因数有关,与支座转角的大小无关,因此特别适用于大转角的支座,设计转角可达 0.05 rad 以上。

(3)球形支座各向转动性能一致,适用于曲线桥和宽桥。

(4)球形支座不再使用橡胶承压,不存在橡胶变硬或老化等对支座转动性能的影响,特别适用于低温地区。

目前,球形支座已在国内独柱支承的连续弯板结构、独柱支承的连续弯箱梁结构、双柱支承的 T 梁结构及大跨度斜拉桥中得到广泛应用。

当希望支座只发生单方向转动时,可将球形支座的球凸板改成圆柱面的一部分,相应的下支座板也改成一块凹板,从而形成柱面支座。

二、支座的布置原则

(1)桥宽较小的桥梁,支座横向位移很小,一般只需设置单向活动支座(纵向活动支座)。

(2)桥面较宽的桥梁,要考虑支座横桥向位移的可能性,即在固定墩上设置一个固定支座,相邻的支座设置为横向可动、纵向固定的单向活动支座,而在活动墩上设置一个纵向活动支座(与固定支座相对应),其余均设置多向活动支座。

(3)位于坡道上的桥梁,简支梁桥固定支座一般设在下坡方向的前端;连续梁桥一般设在下坡方向的桥台上。平坡上的桥梁,简支梁桥固定支座设在主要行车方向的前端;连续梁桥宜设在主要行车方向的前端桥台上。

(4)较长的连续梁桥的固定支座宜设在桥跨中间部位的桥墩上,以使其两侧的自由伸缩长度比较均匀。位于山谷区时,固定支座宜设在相对矮壮的桥墩上,并尽量靠中间墩设置。

(5)固定支座宜设置在具有较大支座反力的地方,并应避开不良地质的桥墩。

(6)宽桥、弯桥,应根据全桥总布置图、线形、桥梁受力等情况综合布设。当横向有两个以上支座时,应考虑桥的横向变形;当纵向为固定支座时,其相邻横向支座为单向活动支座;当纵向为单向活动支座时,其相邻横向支座为多向活动支座。

(7)在地震区要满足桥梁防震、减震的需要。

三、支座的安装

(一)板式橡胶支座的安装

板式橡胶支座安装时,应注意下列事项：

(1)橡胶支座在安装前,应检查产品合格证书中有关技术性能指标,如不符合设计要求,不得使用。

(2)支座下设置的支承垫石,混凝土强度应符合设计要求,顶面要求标高准确,表面平整,在平坡情况下同一片梁两端支承垫石水平面应尽量处于同一平面内,其相对误差不得超过 3 mm,避免支座发生偏歪、不均匀受力和脱空现象。

(3)安装前应将墩、台支承垫石处清理干净,用干硬性水泥砂浆抹平,并使其顶面标高符合设计要求。

(4)将设计图上标明的支座中心位置标在支承垫石及橡胶支座上,橡胶支座准确安放在支承垫石上,要求支座中心线同支承垫石中心线相重合。

(5)当墩、台两端标高不同,顺桥向有纵坡时,支座安装应按设计规定进行。

(6)吊装梁、板前,抹平的水泥砂浆必须干燥并保持清洁和粗糙。梁、板安放时,必须仔细,使梁、板就位准确且与支座密贴。就位不准或支座与梁板不密贴时,必须吊起,采取措施如垫钢板,使支座位置限制在允许偏差内,不得用撬棍移动梁、板。

(二)盆式橡胶支座的安装

支座规格和质量应符合设计要求,支座组装时其底面与顶面(埋置于墩顶和梁底面)的钢垫板必须埋置密实。垫板与支座间平整密贴,支座四周不得有 0.3 mm 以上的缝隙,严格保持清洁。活动支座的四氟板和不锈钢板不得有刮伤、撞伤。氯丁橡胶板块密封在钢盆内,要排除空气,保持紧密。

活动支座安装前用丙酮或酒精仔细擦洗各相对滑移面,擦净后在四氟板的储油槽内注满硅脂类润滑剂,并注意硅脂保洁,坡道桥注硅脂应注意防滑。

盆式橡胶支座的顶板和底板可用焊接或锚固螺栓拴接在梁体底面和墩台顶面的预埋钢板上。采用焊接时,应防止烧坏混凝土。安装锚固螺栓时,其外露螺杆的高度不得大于螺母的厚度。现浇梁底部预埋的钢板或滑板,应根据浇筑时的温度、预应力张拉、混凝土收缩与徐变对梁长的影响,设置相对于设计支承中心的预偏值。

复习思考题

1. 桥面构造包括哪几部分?
2. 桥面铺装有什么作用?类型有哪些?
3. 伸缩缝有哪些种类?
4. 人行道和安全带的设置原则是什么?
5. 桥面铺装为何要设置伸缩缝?
6. 桥面泄水管常用的类型有哪些?有何区别?
7. 栏杆和护栏的区别是什么?
8. 桥梁支座的作用是什么?
9. 桥梁支座有哪些类型?
10. 板式橡胶支座的构造及工作原理是什么?
11. 盆式橡胶支座的构造及工作原理是什么?
12. 桥梁支座的基本布置原则是什么?

第五章 圬工和钢筋混凝土拱桥

重点提示

本章主要介绍拱桥的基本特点、适用范围、主要组成及主要类型；拱桥的主拱圈构造、拱上建筑及其细部构造；有支架施工法、转体施工法、缆索吊装施工法、劲性骨架施工法及悬臂施工法等内容。

第一节 概　述

一、拱桥的基本特点及适用范围

拱桥是在我国使用很广泛的一种桥梁体系。拱桥与梁桥的区别，不仅在于外形不同，而且在受力性能上两者也有本质差别。梁式结构在竖向荷载作用下，支承处仅产生竖向支承反力，而拱结构在竖向荷载作用下，支承处不仅产生竖向反力，还产生水平推力。由于这个水平推力的存在，拱的弯矩将比相同跨径的梁的弯矩小很多，而使整个拱主要承受压力。这样，拱桥不仅可以利用钢筋混凝土材料来修建，而且还可以根据拱的这个受力特点，充分利用抗压性能较好而抗拉性能较差的圬工材料（石料、混凝土、砖等）来修建。这种由圬工材料修建的拱桥又称为圬工拱桥。

拱桥的主要优点是：①跨越能力较大；②能充分做到就地取材，与钢桥和钢筋混凝土梁桥相比，可以节省大量的钢材和水泥；③能耐久，而且养护、维修费用少，承载潜力大；④外形美观；⑤构造较简单，尤其是圬工拱桥，技术容易被掌握，有利于广泛采用。

为了减小拱的截面尺寸，减轻拱的重量，在混凝土拱中，配置有受力钢筋的称为钢筋混凝土拱桥。在钢筋混凝土拱桥中，截面的拉应力主要由受拉钢筋承受。这样，无论从桥跨结构本身还是从桥梁墩台和基础来说，工程数量都相应减少，有效地提高了拱桥的经济性能，扩大了拱桥的使用范围。同时，钢筋混凝土拱桥在建筑艺术上也容易满足，可以通过选择合理的拱式体系及突出结构上的线条来达到美的效果。

拱桥的主要缺点是：①自重大，相应的水平推力也较大，增加了下部结构的工程量，当采用无铰拱时，对地基条件要求高；②由于拱桥水平推力较大，在连续多孔的大、中桥梁中，为防止一孔破坏而影响全桥的安全，需要采用较复杂的措施，或设置单向推力墩，增加了造价；

③与梁桥相比,上承式拱桥的建筑高度较高,当用于城市立体交叉及平原区的桥梁时,因桥面标高提高,而使两岸接线的工程量增大,或使桥面纵坡增大,既增加造价又对行车不利;④圬工拱桥施工需要劳动力较多,建桥时间较长,因此使拱桥的使用范围受到一定的限制。

二、拱桥的组成及主要类型

(一)拱桥的组成

拱桥同其他桥梁一样,也是由桥跨结构(上部结构)及下部结构两大部分组成。图 5-1 所示为拱桥各主要组成部分的名称。

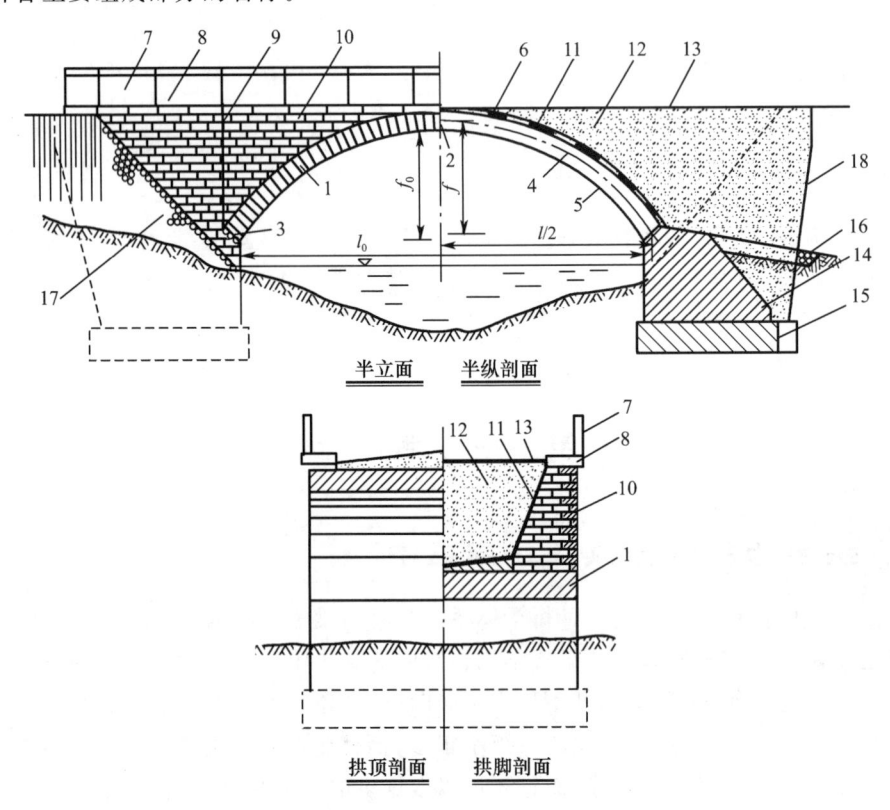

图 5-1　拱桥的主要组成部分

1—主拱圈;2—拱顶;3—拱脚;4—拱轴线;5—拱腹;6—拱背;7—栏杆;8—人行道块石;9—伸缩缝;
10—侧墙;11—防水层;12—填料;13—桥面;14—桥台;15—基础;16—盲沟;17—锥坡;18—桥台侧墙

桥面系和这些传力构件或填充物统称为拱上结构或拱上建筑。桥面系包括行车道、人行道及两侧栏杆或砌筑的矮墙等构造。

拱桥的下部结构由桥墩、桥台及基础等组成,用以支承桥跨结构,将桥跨结构的荷载传至地基,并与两岸路堤连接。

(二)拱桥的主要类型

拱桥由于发展历史很长,使用又极为广泛,因而它的形式多种多样,构造各有差异。为了便于研究,可以按照不同的方式将拱桥分为各种类型,例如:

按照主拱圈(板、肋、箱)所使用的材料可以分为圬工拱桥、钢筋混凝土拱桥及钢拱桥等;

按照拱上建筑的形式可以分为实腹式拱桥及空腹式拱桥;

按照主拱圈所用的拱轴线形式,可将拱桥分为圆弧拱桥、抛物线拱桥及悬链线拱桥等;

按照桥面与主拱圈的相对位置可分为上承式拱桥、下承式拱桥及中承式拱桥；

按照有无水平推力可分为有推力拱桥及无推力拱桥等。

现仅根据下面两种不同的分类方式对圬工和钢筋混凝土拱桥的主要类型作一些介绍。

1. 按主拱圈截面形式分类

拱桥的主拱圈横截面形式是多种多样的（图 5-2），可分为下面几种类型。

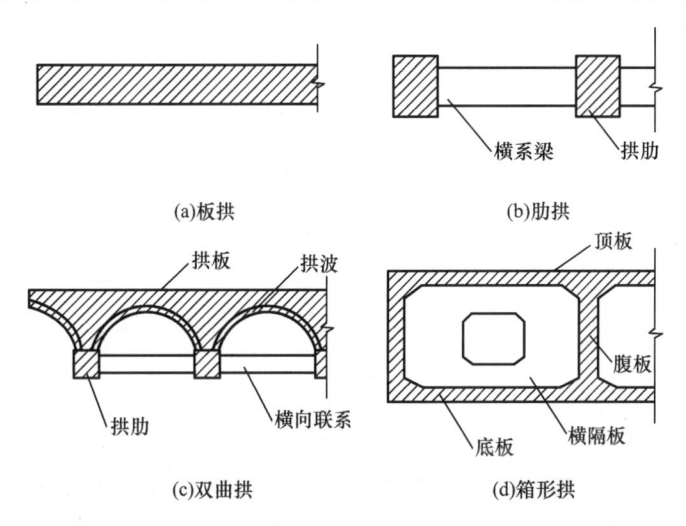

图 5-2 主拱圈横截面形式

（1）板拱桥。如图 5-2(a)所示，主拱圈采用矩形实体截面是圬工拱桥的基本形式。由于它的构造简单、施工方便，因而使用广泛。但由于在相同横截面面积的条件下，实体矩形截面比其他形式截面的截面抵抗矩小，若想获得较大的截面抵抗矩，必须增大截面尺寸。这就相应地增加了材料用量和结构自重，从而加重了下部结构的负担，也不经济，所以通常只在地基条件较好的中、小跨径圬工拱桥中采用板拱形式。

（2）面肋拱桥。如图 5-2(b)所示，为了节省材料，减轻结构自重，必须充分利用材料的强度，以较小的横截面面积获得较大的截面抵抗矩。在板拱桥的基础上，将板拱划分成两条（或多条），形成分离的、高度较大的拱肋，肋与肋之间由横系梁相连。这种由几条肋组成的拱桥，称为肋拱桥。肋拱桥材料用量一般比板拱桥少，大大减轻了拱桥的自重，但构造复杂，因此多用于较大跨径的拱桥。

（3）双曲拱桥。如图 5-2(c)所示，这种拱桥的主拱圈横截面是由一个或数个小拱组成的，由于主拱圈在纵向及横向均呈曲线形，故称为双曲拱桥。由于这种截面的截面抵抗矩较相同材料用量的板拱大，因而可以节省材料。加之在施工等方面比板拱有较多的优越性，可以预制装配，故在全国公路上得到广泛推广，并在铁路、渠道等工程结构中也被采用。

现在，随着双曲拱桥的大量修建，在设计计算理论、结构形式和施工方法等方面都得到了不断的发展和提高；另一方面，人们在实践中也发现了它所存在的缺点，如施工程序多、组合截面的整体性较差、易开裂等。因此，双曲拱只宜在中、小跨径桥梁中采用。

（4）箱形拱桥。如图 5-2(d)所示，箱形截面拱圈的拱桥，外形与板拱和肋拱相似，由于截面挖空，使箱形拱的截面抵抗矩较相同材料用量的实心截面大很多，所以能节省材料，对于大跨径桥效果更为显著。又由于它是闭口箱形截面，截面抗扭刚度大，横向整体性和结构稳定性均较双曲拱好，所以特别适用于无支架施工。但箱形截面施工制作较复杂，一般情况下，跨径在 50 m 以上的拱桥采用箱形截面才是合适的。它是国内外大跨径钢筋混凝土拱桥主拱圈截面的基本形式。

(5)钢管混凝土拱桥。钢管混凝土拱桥是我国近年来兴起的一种拱桥桥型,它是指以内灌混凝土的钢管作为拱肋的拱桥(图 5-3)。管内混凝土由于受到钢管的约束,在承受轴向压力时发生的侧向膨胀受到限制而处于三向受力状态,从而具有比普通钢筋混凝土大得多的承载能力和抵抗变形的能力。1990 年,四川旺苍东河大桥是我国首次采用钢管混凝土作为拱肋而修建的桥梁,随后这种桥梁在各地得到了广泛的应用。

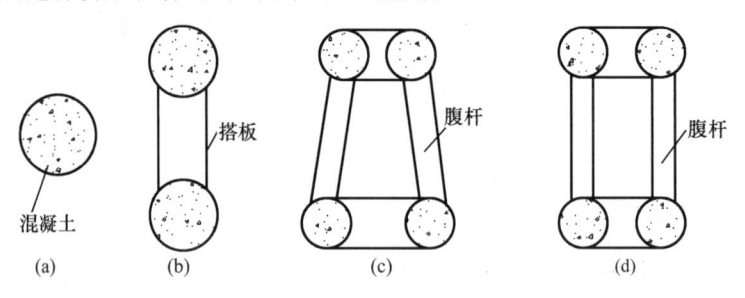

图 5-3 钢管混凝土拱肋形式

2.按结构受力图式分类

按照主拱圈与行车道结构之间相互作用的性质和影响程度,可以把拱桥分为简单体系拱桥及组合体系拱桥两大类。

在简单体系拱桥中,行车道结构(拱上结构或拱下悬吊结构)不与主拱圈一起受力,主拱圈以裸拱的形式作为主要承重结构。按照静力图式,可以分为三种类型,如图 5-4 所示。

三铰拱(图 5-4(a))属静定结构:温度变化、混凝土收缩、支座沉陷等原因引起的变形不会在主拱圈内产生附加内力。当地质条件不良又需要采用拱桥时,可以采用三铰拱。但是,由于铰的存在,使其构造复杂,施工困难,维护费用高,而且减小了整体刚度,尤其是降低了抗震的能力。由于拱的挠度曲线在顶铰上面有拐点,致使拱顶铰处的桥面下沉,当车辆通过时,会产生大的冲击,对行车不利。因此,三铰拱一般仅在小跨度公路桥中采用。

两铰拱(图 5-4(b))属一次超静定结构:由于取消了拱顶铰,使结构整体刚度较三铰拱大。在墩台基础可能发生位移的情况下或平坦的拱桥中可以采用两铰拱。它较之无铰拱可以减小基础位移、温度变化、混凝土收缩和徐变等引起的附加内力,但需在拱脚处设铰。

无铰拱(图 5-4(c))属三次超静定结构:在自重及外荷载作用下,由于无铰拱的内力分布比两铰拱均匀,所以它的材料用量省。又由于没有设铰,结构的整体刚度大,构造简单,施工方便,维护费用少,因此实际应用最广泛。但由于无铰拱的超静定次数高,温度变化、材料收缩、结构变形、墩台位移会在拱内产生较大的附加内力,所以无铰拱一般应修建在良好的地基上。目前,最大跨径的钢筋混凝土箱形拱是我国的万州长江大桥,主跨 420 m。

组合体系拱桥是将行车道结构与主拱按不同的构造方式构成一个整体,以共同承受荷载。根据不同的组合方式和受力特点,组合体系拱桥又分为无推力的(图 5-4(d)、图 5-4(e)、图 5-4(f)、图 5-4(g))和有推力的(图 5-4(h)、图 5-4(i)、图 5-4(j))。根据拱肋和系杆的强度和刚度大小(吊杆较小,仅受拉力)可分为:柔性系杆刚性拱,简称系杆拱,如图 5-4(d)所示;刚性系杆柔性拱,如图 5-4(e)所示;刚性系杆刚性拱,如图 5-4(f)所示;有斜吊杆的柔性系杆刚性拱,如图 5-4(g)所示。有推力组合体系拱桥的形式有桁架拱(图 5-4(h))、拱片拱(图 5-4(i))和有刚性梁柔性拱(图 5-4(j))等。

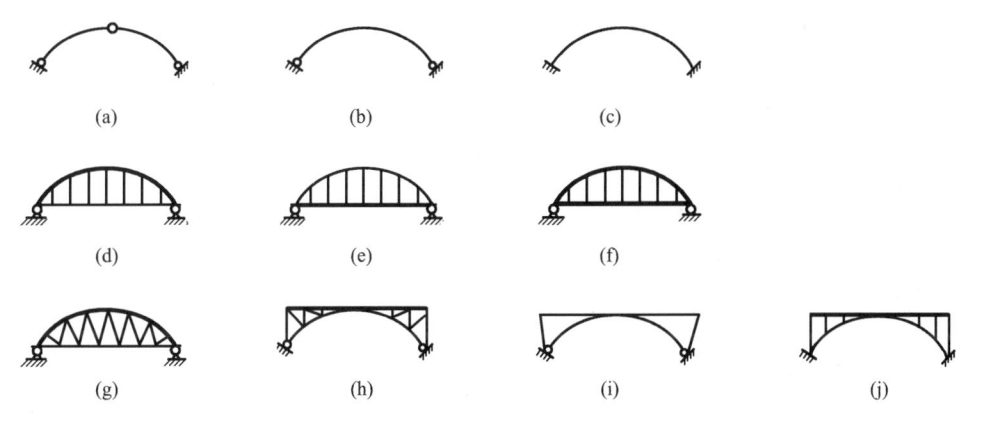

图 5-4 拱桥按结构受力图式的分类形式

第二节 拱桥的构造

一、主拱圈的构造

(一)板拱

板拱桥多为石砌拱桥,其主拱圈通常做成实体的矩形截面,所以又称为石板拱。按照砌筑主拱圈的石料规格,又可以分为片石板拱、块石板拱及料石板拱等类型。

不论何种石板拱,用来砌筑主拱圈的石料要求是未经风化的,其标号不得小于 MU30。砌筑用的砂浆标号,对于大、中跨径拱桥不得小于 M7.5,对于小跨径拱桥不得小于 M5。为了节省水泥,在有条件的地方可以用小石子混凝土代替砂浆砌筑片石或块石主拱圈。小石子粒径一般不宜大于 2 cm。采用小石子混凝土砌筑的片石板拱,其砌体强度比用相同标号的水泥砂浆的砌体强度高,而且一般可以节省水泥用量 1/4~1/3。

拱石的规格:对于片石板拱,其拱石的厚度不小于 15 cm,将尖锐突出部分敲击即可。各类拱石的石料层面应与拱轴线垂直。对于块石拱,拱石可制成大致方正的形状,厚度不小于 20 cm,宽度为厚度的 1.0~1.5 倍,长度为厚度的 1.5~3.0 倍。拱石上下的弧线差可用灰缝宽度调整。对于粗料石拱石,其厚度(拱轴方向)不小于 20 cm,高度应为厚度的 1.5~2.0 倍,长度为厚度的 1.5~4.0 倍。当拱石上下砌缝宽度相差超过 30%时,拱石宜制成楔形。由于料石加工要求较高,因此,对于中、小跨径的公路石拱桥,如果条件允许,应尽量采用片石板拱,以节省劳动力,降低工程造价。

石拱圈可以采用等截面圆弧拱,也可以采用等截面或变截面悬链线拱。等截面圆弧拱所用拱石规格少,编号简单。采用变截面悬链线拱,拱石类型多,编号较复杂,施工麻烦。

在砌筑料石板拱时,根据受力的需要,构造上应满足以下几点要求:

(1)拱石受压面的砌缝应是辐射方向,即与拱轴线相垂直。这种辐射方向的砌缝一般可做成通缝,不必做成错缝。

(2)当主拱圈厚度不大时,可采用单层拱石砌筑;当主拱圈厚度较大时,可采用多层拱石砌筑。因此,要求垂直于受压面的顺桥向砌缝错开,其错缝间距不小于 10 cm,如图 5-5 所示。

(3)在主拱圈的横截面内,拱石的竖向砌缝应当错开,其错开宽度至少为 10 cm,如图 5-5 所示。

(4)砌缝的缝宽不应大于 2 cm。

(5)主拱圈与墩台、空腹式拱上建筑的腹孔墩与主拱圈相连接处,应采用特制的五角石或混凝土拱座、底梁,以改善连接处的受力状态,如图 5-6 所示。

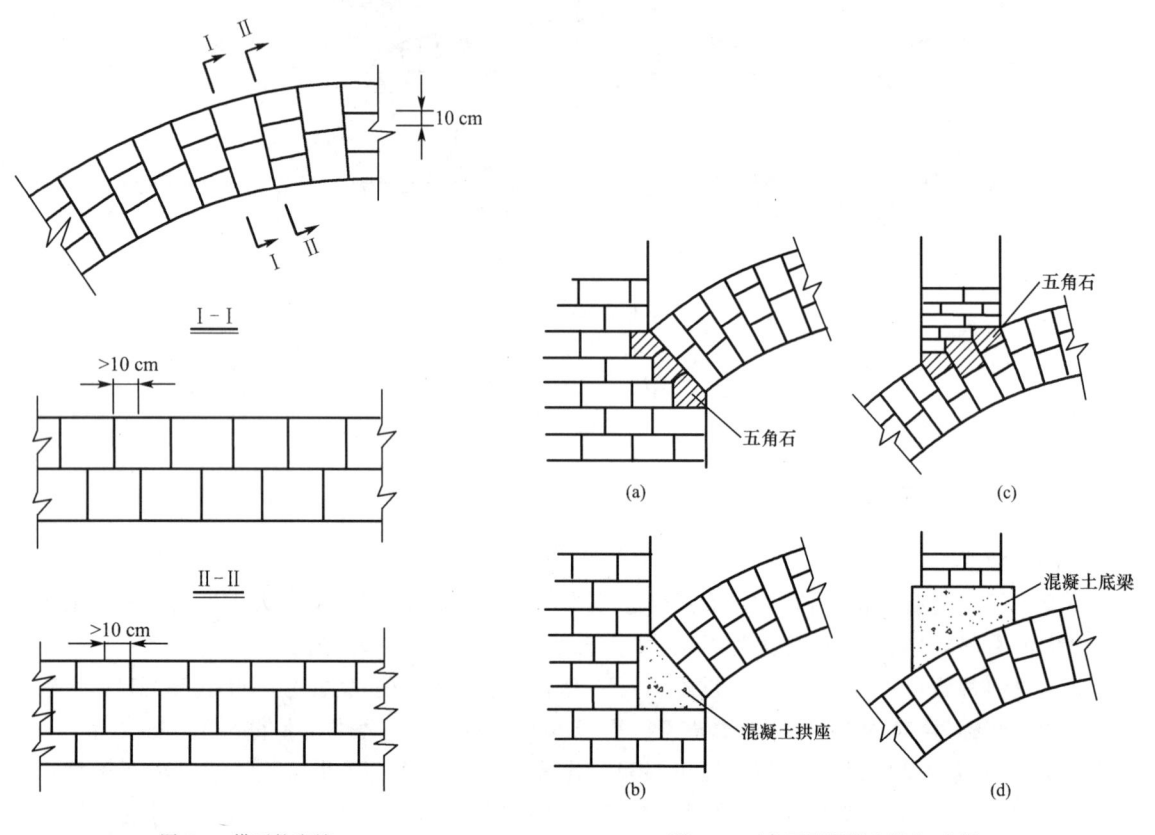

图 5-5　拱石的砌缝

图 5-6　五角石及混凝土拱座、底梁

(二)肋拱

用两条或多条分离式的平行拱肋来代替主拱圈,如图 5-7 所示,即为肋拱桥。在分离的肋拱之间,须于拱顶和每一拱上横向刚架处设置刚劲的横撑,以保证拱肋的横向稳定性。由于肋拱相对板拱更多地减轻了拱体重量,拱肋恒载内力减小,相应活载内力的比重增大,钢筋可以较好地承受拉应力,能充分发挥建筑材料的作用。肋拱常常用于一些矢跨比很大的高桥中,其跨越能力也较大。

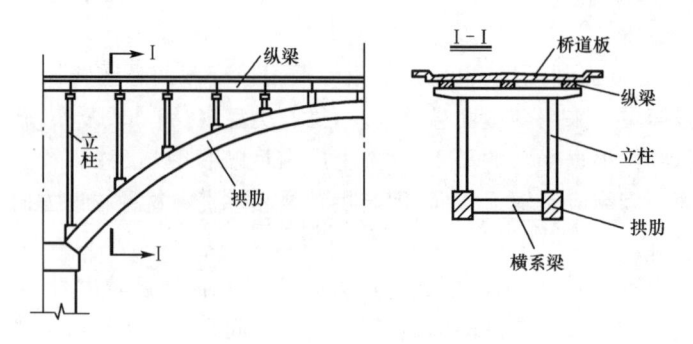

图 5-7　肋拱桥

拱肋是肋拱桥的主要承重结构，通常是由混凝土或钢筋混凝土做成的。拱肋的数目和间距以及拱肋的截面形式等，均应根据使用要求（跨径、桥宽等）、所用材料和经济性等条件综合比较选定。为了简化构造，宜选用较少的拱肋数量。同时，与其他形式拱桥一样，为了保证肋拱桥的横向整体稳定性，肋拱桥两侧的拱肋最外缘间的距离一般也不应小于跨径的1/20。

拱肋的截面形式，根据跨度大小和荷载等级，可以选用矩形、工字形、箱形、管形等，如图5-8所示。

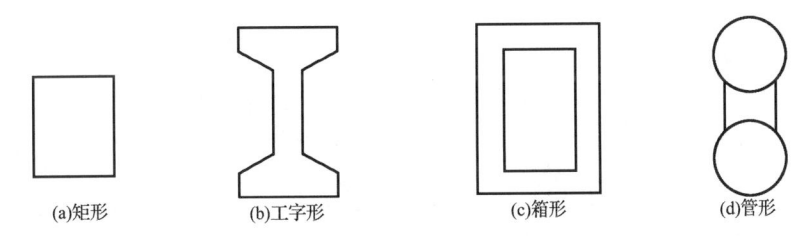

(a)矩形　　(b)工字形　　(c)箱形　　(d)管形

图 5-8　肋拱拱肋的截面形式

矩形截面具有构造简单、施工方便等优点，一般仅用于中、小跨径的肋拱桥。

工字形截面由于截面抵抗矩比矩形截面大，具有更大的抗弯能力，适用于拱内弯矩更大的场合，因而常用于大、中跨径的肋拱桥。

箱形截面肋拱截面抵抗矩比矩形截面大，可以降低截面拉应力的数值，而适应拱内弯矩更大的场合。但其构造复杂，施工比较麻烦。而在材料的使用上，它比矩形截面经济合理，可以减少材料用量。

在分离的拱肋间，需设置横系梁，以增强肋拱桥的横向稳定性。

(三)双曲拱

双曲拱桥主拱圈通常是由拱肋、拱波、拱板和横向联系等几部分组成。双曲拱桥的主要特点是将主拱圈以"化整为零"的方法按先后顺序进行施工，再以"集零为整"的组合整体结构承重。因此，双曲拱的构造与板拱、肋拱相比有其独特之处，尤其适用于无支架吊装施工且无大型起吊机具的情况。

在施工时，先把分段预制的钢筋混凝土拱肋合龙，与横向联系构件组成拱形框架，然后在拱肋之间砌筑拱波，再在拱波上现浇混凝土拱板，形成主拱圈。由于主拱圈是拱肋、拱波、拱板组成的组合截面，截面整体性差，不少双曲拱桥在使用中出现较严重的裂缝，影响了双曲拱桥的推广应用。因此，确保主拱圈的整体性是一个重要的问题，必须在设计、施工中从各方面采取措施加强其整体性。

1. 主拱圈的截面形式

双曲拱桥主拱圈截面根据桥梁的跨度、宽度、设计荷载的大小、所用材料以及施工等不同情况，可以采用不同的形式，如图 5-9 所示。

目前，公路双曲拱桥采用最多的是多肋多波的截面形式，如图 5-9(a)、图 5-9(b)、图 5-9(c)所示。在拱宽一定的情况下，一般来说，拱肋的间距宜大一些，以加大拱波矢高，增加主拱圈的截面刚度，截面较为经济，整体性也好。但考虑到无支架施工的起吊能力，拱肋间距又不宜过大，以免加大拱肋截面尺寸，增加吊装重量，给施工带来麻烦。在跨径和载重量较小的单车道桥梁中，还可以采用单波的形式，如图 5-9(d)所示。

2. 拱肋

拱肋是双曲拱桥主拱圈的骨架。在安砌拱波过程中，它承受本身自重、横向联系构件及拱

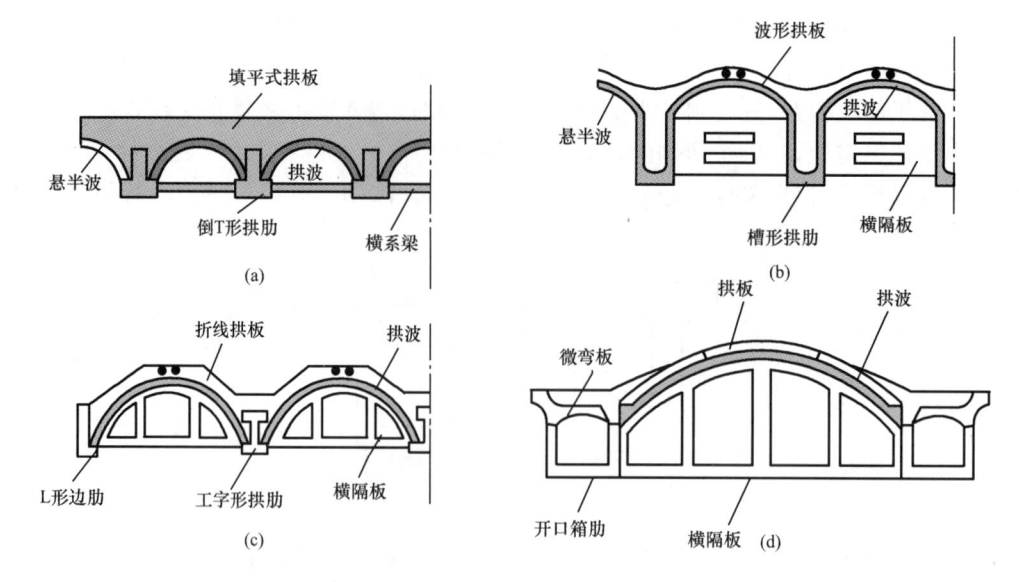

图 5-9　主拱圈的截面形式（双曲拱）

波重量和相应的施工荷载。在浇筑拱板的过程中，拱肋作为肋波组合截面的一部分承受荷载。因此，拱肋的设计除应能满足在吊装阶段的强度和纵横向稳定的要求外，还应满足截面在组合过程中各阶段荷载作用下强度的要求。

常用的拱肋截面形式有矩形、倒 T 形（凸形）、槽形和工字形等。一般根据跨径大小、受力性能、施工难易等条件综合选择合理的截面形式，要求所选拱肋截面有利于增强主拱圈的整体性，制作简单且保证施工安全。

拱肋通常采用有支架现浇或预制安装的方法施工。预制的拱肋，跨径在 30 m 以下时，可以单根拱肋整体预制吊装；跨径若较大，根据吊装能力，常将一根拱肋分成数段预制吊装。由于拱顶往往是受力最不利的截面，因此拱肋分段时接头不宜布置在拱顶。为了避开拱顶接头，一般按奇数分为 3 或 5 段。同时，为了保证拱肋在吊装中的稳定性，每段拱肋的长度一般也不宜超过拱肋宽度的 50 倍。

拱肋的接头宜做到构造简单，结合牢固，操作方便。制作时，应特别注意尺寸准确。在简易排架上施工的拱肋，可采用主筋焊接、绑扎或环状套接等现浇混凝土接头。对于无支架施工的拱肋，常用的有电焊钢板对接接头、环氧树脂电焊主筋搭接接头或法兰盘螺栓对接接头等，如图 5-10 所示。

接头处的现浇混凝土标号，应较拱肋混凝土标号高一级。连接钢筋、钢板（或型钢）的截面尺寸，应由计算确定；钢筋的焊缝长度，以及钢筋绑扎的最小搭接长度，应符合《公路钢筋混凝土及预应力混凝土桥梁设计规范》（JTG 3362—2018）中的规定。焊接时，应注意防止周围混凝土过热烧伤。对于法兰盘螺栓接头，螺栓拧紧后应焊死。

3. 拱波

拱波一般用混凝土预制成圆弧形。拱波不仅是参与主拱圈共同承受荷载的组成部分，而且在浇筑拱板混凝土时又起模板的作用。对于多肋多波的截面，拱波的跨径一般为 1.3～2.0 m，厚度为 6～8 cm，矢跨比为 1/5～1/2，宽度为 30～50 cm。对于少波和单波的截面，拱波跨径一般为 3～5 m，厚度为 6～8 cm，矢跨比为 1/6～1/3，宽度为 2.5～5 m，拱波分块宽度还要由横隔板的间距决定，故宽度不完全相等。各块拱波纵向须按所在部位的坐标放样，曲率各不相同，吊

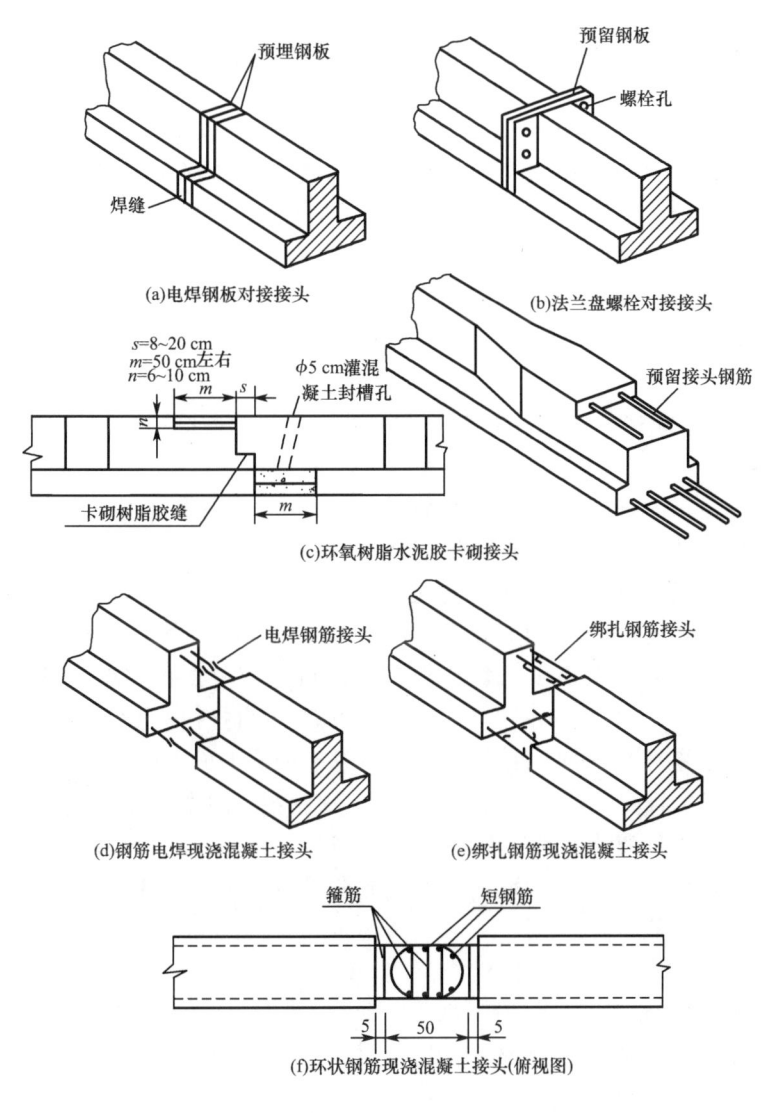

图 5-10 拱肋接头形式(尺寸单位:cm)

装时需对号就位。大型拱波内一般布置直径为 4~6 mm 的钢筋网,网格间距为 30 cm×30 cm。

4. 拱板

拱板多采用现浇混凝土,把拱肋、拱波结合成整体。目前常用波形或折线形拱板,其厚度不小于拱波的厚度。这种拱板可节省材料,减轻自重,使截面刚度分布较均匀,截面重心轴大致居中,受力比较合理。

拱板中的钢筋应根据受力情况设置。若计算不需受力钢筋,仍须在拱板顶部设置纵向构造钢筋。对于拱脚截面,当荷载效应不利组合的设计值小于混凝土的抗力效应设计值时,则按构造钢筋设置,并与拱顶纵向构造筋相接,一起与墩、台拱座伸出的钢筋焊接,形成沿主拱圈全弧长的纵向钢筋;当荷载效应不利,组合的设计值大于混凝土的抗力效应设计值时,则按大偏心受压构件计算并设置钢筋。

拱顶、拱脚部位的拱板上缘,宜适当设置横向分布钢筋,并与拱肋的锚固钢筋、板顶的纵向钢筋相连接,并予以张紧,从而提高主拱圈的整体性。

5. 横向连接构件

主拱圈设置横向连接构件，可以大大加强主拱圈的整体性，使主拱圈在活载作用下受力较均匀，避免拱波顶可能出现的纵向裂缝。同时，在无支架施工中，可以利用横向联系将几根拱肋在横向连成整体，形成一个拱形框架，加强拱肋的横向刚度，保证拱肋的横向稳定。

横向连接构件，常用的有横系梁和横隔板。横系梁一般用于中、小跨径桥梁，其厚度一般为 20 cm，每 3～5 m 设置一道，常采用正方形或矩形截面。横隔板的横向刚度大，一般用于大、中跨径桥梁和宽桥，其厚度一般为 15～20 cm，每 3～5 m 设置一道。横隔板可伸入到拱板中，伸入拱板部分最好与拱板一起现浇，以免留工作缝。

横系梁与横隔板可以间隔使用。在拱顶、立柱（横墙）及拱肋接头部位，均应设置横向连接构件。横向连接构件一般按构造要求确定其尺寸和配筋，一般横系梁设置 4 根钢筋，横隔板则设置 8 根钢筋，直径均为 10～16 mm，并尽量与拱肋的主筋相连接。

（四）箱形拱

大跨径拱桥的主拱圈，可以采用箱形截面。为了采用预制装配的施工方法，在横向将主拱圈截面划分成一些箱肋，在纵向将箱肋分段，待箱肋拼装成拱后，再用现浇混凝土把各箱肋连成整体，形成主拱圈。箱形拱桥的主要特点是：①截面挖空率大。挖空率可达全截面的 50%～70%，因此，与板拱相比，可节省材料用量，减轻重量。而双曲拱桥的挖空率一般只占全截面的 30%～40%。②主拱圈横截面由几个闭合箱组成，可以单箱成拱，单箱的刚度较大，构件间接触面积大，便于无支架吊装。③由于是闭合空心截面，抗弯抗扭刚度大，主拱圈的整体性好，应力分布较均匀。④箱形截面的中性轴大致居中，对于抵抗正负弯矩具有几乎相等的能力，能较好地适应主拱圈各截面正负弯矩变化的情况。⑤预制箱肋的宽度较大，施工操作安全，易保证施工质量。⑥预制构件的精度要求较高，起吊设备较多，适用于大跨径拱桥的修建。因此，箱形截面是大跨径拱桥一种比较经济、合理的截面形式。国外修建的大跨径钢筋混凝土拱桥，绝大多数采用的是箱形截面。

1. 箱形拱的截面形式

箱形拱截面由底板、箱壁、顶板、横隔板等组成，如图 5-11 所示。箱形拱截面可以由一个闭合箱（单室箱）或由几个闭合箱（多室箱）组成。其组合形式有以下几种：

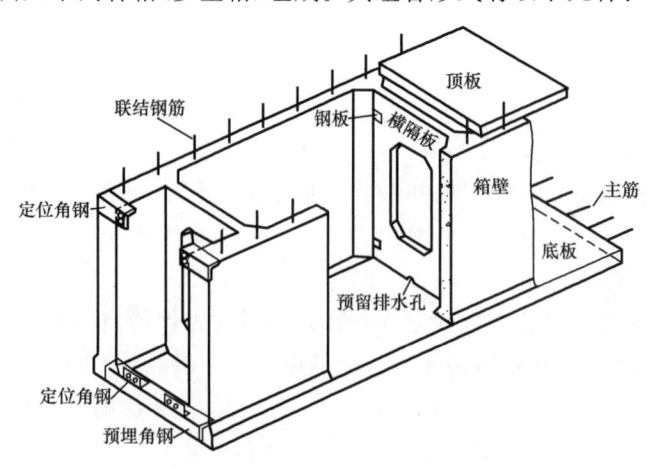

图 5-11 箱形拱截面的构造

(1)U形肋多室箱组合截面。如图5-12所示,将底板和箱壁预制成U形拱肋(内有横隔板),纵向分段吊装合龙后安装预制盖板,再现浇顶板及填缝混凝土,组成多室箱截面。

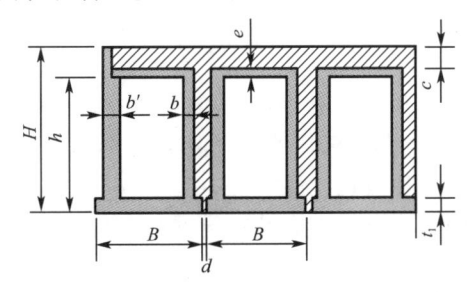

图5-12 U形肋多室箱组合截面

H—主拱圈总高度;B—预制拱箱宽度;b—预制中间箱壁厚度;b'—边上箱壁厚度;t_1—底板厚度;e—盖板厚度;c—拱箱上现浇混凝土厚度;d—相邻两箱下缘间横向净空;阴影部分—现浇混凝土

(2)工字形肋多室箱组合截面。这种截面是在工字形预制拱肋段(沿拱轴方向一定间距设置横隔板)吊装合龙后,相邻工字形肋翼缘板直接对接,并对连接钢板施焊后即形成主拱圈截面,如图5-13所示。

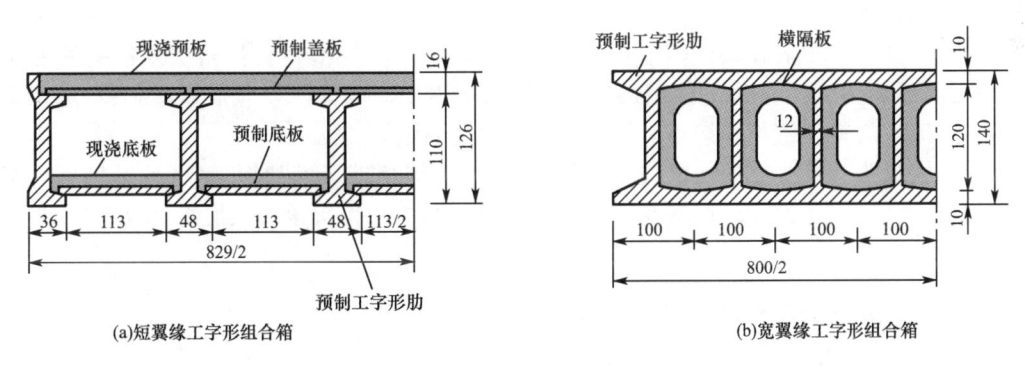

(a)短翼缘工字形组合箱

(b)宽翼缘工字形组合箱

图5-13 工字形肋多室箱组合截面(尺寸单位:cm)

(3)单箱多室截面。这种截面外形为一箱,箱内具有多个室,单箱多室截面主要用于不能采用预制吊装施工的特大型拱桥。

2.箱形拱的横向连接

如图5-14所示,为了加强箱壁的局部稳定性,提高拱箱抗扭能力,拱箱内每隔一定距离设置一道横隔板。除在箱肋接头处、吊装扣点以及拱上腹孔墩(或立柱)处必须设置外,其余部分每隔3~5 m设置一道,其厚度为60~80 mm。为减小重量且便于施工人员通行,通常将横隔板中间挖空。

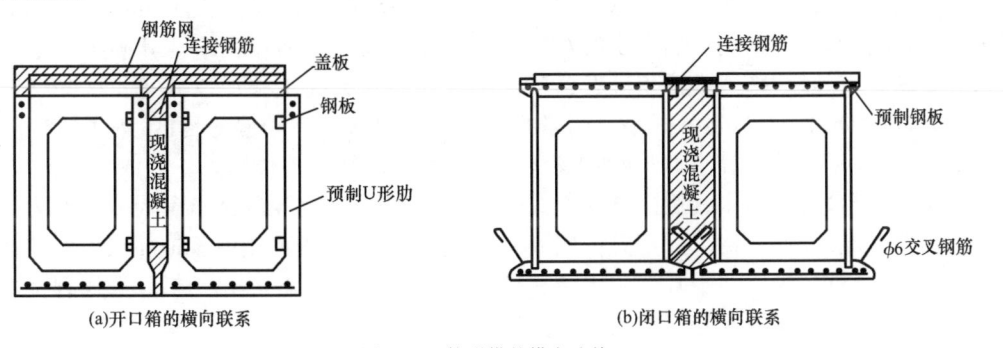

(a)开口箱的横向联系

(b)闭口箱的横向联系

图5-14 箱形拱的横向连接

对于多室箱组合截面,为了加强拱箱的整体性,箱与箱之间要做横向连接。横向连接的做法一般有以下几种:

(1)在横隔板两侧的箱壁上、下预留孔洞,用短钢筋穿过,与横隔板上的预埋钢板焊接,并用现浇混凝土将箱室连成整体。

(2)在横隔板位置的顶板上预埋钢板,用短钢筋搭焊连接,并在底板上预留横向分布钢筋,待拱箱合龙后,将分布钢筋弯起交叉勾住,再现浇混凝土。

(3)将拱箱之间的混凝土与顶板现浇混凝土一起浇筑,拱箱上的竖向筋外伸,埋入顶板的现浇混凝土中,并在顶板上的现浇混凝土中设置全拱宽通长钢筋网。

3.拱肋的分段及接头形式

无支架吊装拱肋(箱),其纵向分段视跨径大小及吊装能力来确定。分段多,不但施工工序多,接头工作量大,而且增加了拱肋(箱)稳定性控制和拱轴线调整的难度。在吊装能力许可时,分段宜少,一般为3~5段,对100 m以上的拱桥,可分为7~9段,但接头必须可靠,并采取加强侧向浪风等措施,以保证拱肋的施工稳定和拱轴线的控制。

拱肋的接头应满足以下要求:①易于操作,便于就位;②有足够的刚度,保证接头牢固;③受力均匀,避免局部受压或偏心。

接头的形式有下列两种:

(1)拱座接头。一般在墩台帽上预留凹槽,槽深30~40 cm,并将拱箱端部接头处的箱壁或顶底板局部加厚至20~30 cm,以适应局部应力的需要。凹槽内预埋钢板,待拱箱定位合龙后与箱壁、板内的预埋钢板焊接,然后用混凝土封填凹槽。

(2)中间接头。接头处的箱壁、板应同样加厚并预埋角钢,拼装时角钢平抵平接。角钢上钻有螺栓孔,可以用螺栓临时连接及定位,定位合龙后,再在接头角钢上加盖钢板焊接,最后用混凝土封填。

二、拱上建筑的构造

按照拱上建筑采用的不同构造方式,可将拱上建筑分为实腹式和空腹式两种。实腹式拱上建筑的构造简单,施工方便,而填料的数量较多,恒载较重,一般情况下,小跨径拱桥多采用实腹式拱上建筑。大、中跨径拱桥多采用空腹式拱上建筑,以利于减小恒载,并使桥梁显得轻巧美观。

(一)实腹式拱上建筑

实腹式拱上建筑由侧墙、拱腹填料、护拱、变形缝、防水层、泄水管和桥面等部分组成。

拱腹填料的做法可分为填充和砌筑两种方式。填充的方式是在主拱圈两侧砌筑侧墙,以承受拱腹填料及车辆荷载所产生的侧压力(推力)。侧墙一般用块石或片石砌筑。为了美观需要,可用粗料石或细料石镶面。侧墙厚度一般按构造要求确定,其顶面宽0.50~0.70 m,向下逐渐增厚,墙脚厚度可采用侧墙高度的0.4倍。特殊情况下侧墙厚度由计算确定。填充用的材料尽量做到就地取材,通常采用砾石、碎石、粗砂或卵石夹黏土并加以夯实。这些材料的透水性较好,成本较低,而且还能减小对侧墙的推力。在地质条件较差的地区,为了减轻拱上建筑的重量,可以采用其他轻质材料(如炉渣、石灰、黏土等混合料)作填料。

当填料不易取得时,可改用砌筑的方式,也就是采用干砌圬工或浇筑贫混凝土作为拱腹填料。当用贫混凝土时,往往可以不另设侧墙,而在外露混凝土表面用砂浆饰面或设置镶面。

在多孔拱桥中,为了便于敷设防水层和排出积水,又设置了护拱。护拱一般用现浇混凝土或块、片石修筑。护拱还起着加强主拱圈的作用。

(二)空腹式拱上建筑

大、中跨径的拱桥,特别是当矢高较大时,实腹式拱上建筑的填料用量多、重量大,因而以采用空腹式拱上建筑为宜。空腹式拱上建筑除具有实腹式拱上建筑相同的构造外,还有腹孔和支承腹孔的腹孔墩。

拱上腹孔的布置应结合主拱圈的类型、构造、几何尺寸,以及施工方法和桥位处的具体情况来进行。其中,应注意以下几点:

(1)腹孔可以布置成梁式或拱式。梁式重量轻,但用钢量大,拱式重量较重。一般钢筋混凝土拱桥多用梁式,圬工拱桥多用拱式。近年来已逐步向梁、板框架式拱上建筑发展。

(2)腹孔可以对称地布置在主拱圈(肋)上建筑高度所容许的范围内。一般每半跨的腹孔总长不宜超过主拱圈跨径的 $1/4 \sim 1/3$。一般情况下,主拱圈跨径小,腹孔数目宜少;反之,腹孔数目可多些。每半跨一般以 $3 \sim 6$ 孔为宜,有时孔数过少会影响桥梁立面的美观。

(3)腹孔的跨径不宜过大或过小。腹孔跨径过大,腹孔墩处的集中荷载增大,对主拱圈的受力不利;腹孔跨径过小,对减轻拱上建筑的重量不利。一般不大于主拱圈跨径的 $1/15 \sim 1/8$,腹孔的构造应统一,以便施工。

(4)无支架施工的悬链线主拱圈,宜采用轻型的拱上建筑布置,腹孔布置范围应当适当加大。

(5)在软地基上,为减少基础的承压应力,应尽量采用轻型的拱上建筑布置,可以加大腹孔的布置范围。必要时,可以采用拱顶无填料的拱上建筑。

靠墩台的腹孔有两种做法:一种是直接支承在墩台上,如图 5-15(a)、图 5-15(b)所示;另一种是跨过墩顶,使桥墩两侧的腹孔相连,如图 5-15(c)所示。

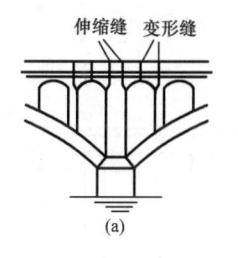

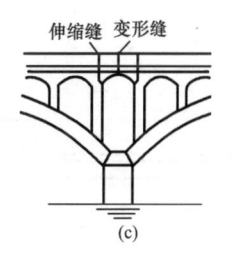

图 5-15 腹拱与墩(台)的连接

1.腹孔

空腹式拱桥如图 5-16 所示。

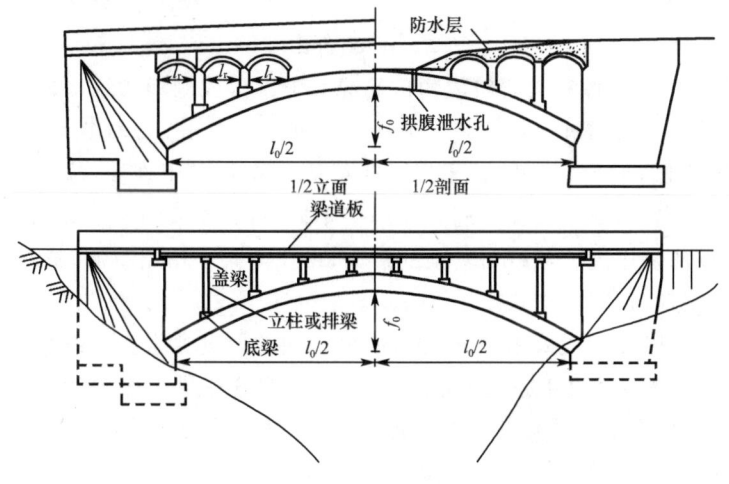

图 5-16 空腹式拱桥

(1)梁式腹孔。采用梁式腹孔的拱上建筑,可以使桥梁造型轻巧美观,减轻拱上重量和地基的承压力,以便获得更好的经济效果。大跨径的钢筋混凝土拱桥绝大多数采用梁式腹孔。梁式腹孔的行车道梁体系可以做成简支的、连续的、连续刚架等形式。在简单体系的大跨径钢筋混凝土拱桥中,由于拱内活载内力占总内力的比重较小,为了简化行车道梁及其支承立柱的设计计算,一般可不考虑拱上建筑与主拱圈的联合作用。行车道梁的设计可按一般的方法进行,也可采用标准设计。行车道梁的截面可以做成箱形、T形或空心板等形式。可以采用钢筋混凝土或预应力混凝土结构。

(2)拱式腹孔。拱式腹孔的拱上建筑在一般的圬工拱桥上采用较多,外观显得笨重,对地基的要求也高。腹拱的跨径一般选用2.5~5.5 m,也不宜大于主拱圈跨径的1/15~1/8,其比值随主拱圈跨径的增大而减小。腹拱宜做成等跨,对腹拱墩的受力有利。

腹拱圈可采用板拱、微弯板和扁壳等形式。板拱的矢跨比一般为1/6~1/2;微弯板的矢跨比一般为1/12~1/10;腹拱的拱轴线多用圆弧线。

对于腹拱圈的厚度,当跨径小于4 m时,可采用厚度不小于0.3 m的石板拱或厚度不小于0.15 m的混凝土板拱,也可采用厚度为0.14 m(其中预制厚0.06 m,现浇厚0.08 m)的微弯板;当腹拱跨径为4~6 m时,也可采用混凝土拱圈,厚度一般约为0.3 m。

2. 腹孔墩

腹孔墩常采用横墙式或立柱式。横墙式通常用石料、混凝土预制块砌筑,或现浇混凝土做成实体墙。为了节省圬工,减轻重量且便于检修人员在拱上建筑内通行,横墙也可在横向挖空,如图5-17(a)所示。用浆砌片、块石时,横墙的厚度不宜小于0.6 m;用混凝土灌注时,横墙的厚度一般应大于腹拱圈厚度的一倍。横墙施工简便,节省钢材,常用于基础较好及河流有漂浮物的情况。

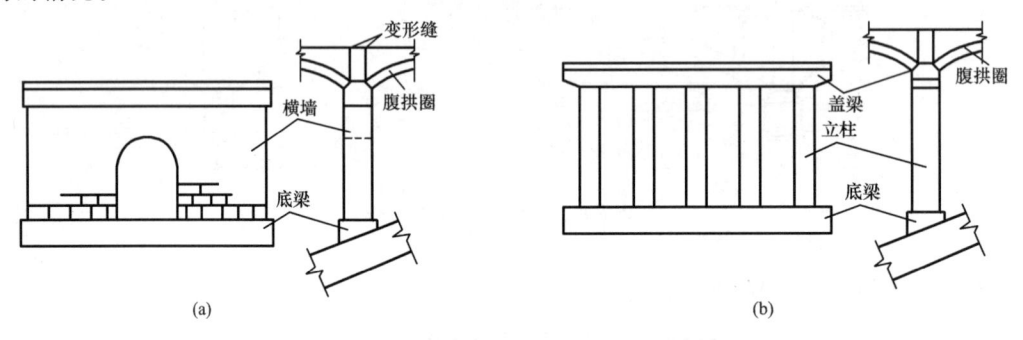

图 5-17 腹孔墩

立柱式腹孔墩是由立柱和盖梁组成的钢筋混凝土排架或刚架式结构,如图5-17(b)所示。立柱较高时,在立柱间应设置横系梁,其上下间距不宜大于6 m。立柱钢筋应向上伸入盖梁的中部,向下伸入主拱圈(肋)的内部,并予以可靠锚固。立柱采用现浇,施工慢,耗用支架材料多,应尽量采用预制安装,此时接头钢筋必须焊接牢固,并用混凝土包住。也可在接头处预埋钢板,焊接装配,以加快进度。立柱与盖梁的接头,可在盖梁中留出空洞,把立柱预留钢筋伸入洞内,用高标号砂浆封口。

立柱沿桥纵向的厚度一般采用25~40 cm,横桥向的厚度通常大于纵桥向的厚度,一般可用50~90 cm。对于高度超过10 m的立柱,其尺寸应按其在拱平面内的纵向挠曲计算而定。为了施工方便,最好所有立柱采用相同的厚度,或按立柱高度分级采用。在河流有漂流物或流冰时,立柱式腹孔墩还应采取必要的防护措施。

为使每个立柱或横墙传递下来的压力能较均匀地分布到主拱圈(肋)上,同时,为了提供一个水平面,便于横墙砌筑或立柱的安装,在立柱或横墙下面还应设置底梁(座)。底梁(座)宽度每边较立柱或横墙放宽 5 cm,以便于施工放样。立柱的底梁一般仅布置构造钢筋,下与主拱圈钢筋、上与立柱钢筋相连。横墙的底梁无须配筋。

盖梁一般整根预制,采用拱式腹孔时,截面用倒 T 形或削角矩形;采用梁式腹孔时用矩形。横墙上可设混凝土腹孔墩帽,不配筋,截面形式同盖梁。腹孔墩帽或盖梁的底宽略大于横墙或立柱的宽度。

通常腹孔墩的侧面都做成竖直的,以利施工。如需采用斜坡式,则以不超过 30:1 的坡度为宜。

三、拱桥的其他细部构造

(一)拱上填料、桥面及人行道

拱上建筑中的填料,一方面能起扩大车辆荷载分布面积的作用,同时还能够减小车辆荷载的冲击作用,但也增加了拱桥的恒载重量。一般情况下,无论是实腹式拱桥还是空腹式拱桥,主拱圈及腹拱圈的拱顶处,填料厚度(包括路面厚度)均不宜小于 0.30 m。根据《公路桥涵设计通用规范》(JTG D60—2015)的规定,填料厚度(包括路面厚度)等于或大于 0.50 m 的拱桥,设计时不计汽车荷载的冲击力。拱桥的细部构造如图 5-18 所示。

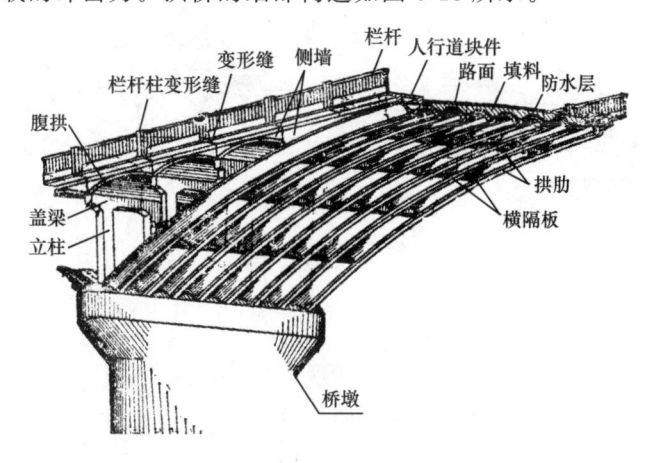

图 5-18 拱桥的细部构造

拱桥行车道部分的桥面铺装,根据桥梁所在的公路等级,以及使用要求、交通量大小等条件综合考虑。也可以根据交通量发展情况进行分期修建,逐步提高。目前采用较多的是碎(砾)石路面和沥青混凝土路面。为利于桥面排水,应根据桥面的不同类型设置 1.5%～3.0%的横坡。

行车道两侧,根据需要可设人行道及栏杆。其构造与梁桥的相似。

(二)排水及防水层

对于拱桥,不仅要求能够及时排除桥面的雨、雪水,而且要求能将透过桥面铺装渗入到拱腹内的雨水及时排除。因为如果这些渗水不及时排出,它们会增大拱腹填料的含水量,降低承载能力,影响路面的强度,使路面更易开裂破坏,并且渗水会沿着拱上结构的一些缝隙(如变形缝或裂缝等)渗透,在冬季冰冻时使结构产生冻胀损坏。

小桥的桥面雨水可利用顺桥向的纵坡,将水引到两端桥台后面排出,但应注意防止冲刷桥头路堤。大、中桥面应设横坡,并每隔适当距离设置泄水管,将桥面雨水排出。对于混凝土和沥青桥面的横坡,一般为1.5%～2.0%,对于碎石桥面不宜小于3%。人行道应设置与行车道反向的横坡,一般为1.0%～2.0%。渗入到拱腹内的水,应通过防水层汇集于预埋在拱腹内的泄水管排出,防水层和泄水管的敷设方式与拱上建筑的形式有关。

排水管可用铸铁管、混凝土管或陶瓷(瓦)管,其内径一般为6～10 cm,严寒地区须适当加大,但不宜大于15 cm。为便于排水管的检查和清理,排水管应用直管、短管,并尽可能减少管节数量。泄水管应伸出结构表面,以不少于10 cm为宜,以免雨水顺着结构物的表面流下。

排水管不宜设置在墩、台边缘附近,以免排水集中冲刷砌体。排水管在横桥向的位置,以离人行道(缘石)边缘20 cm左右为宜,也可在缘石侧面开孔斜向设置。排水管的数目以每平方米桥面不少于4 cm^2 的排水面积为宜。

排水管进口处周围的桥面应做成集水坡度,以利雨水向排水管汇集。桥面上的排水管口要有保护设施,在拱腹内的进水口,需围以大块碎石做成倒滤层,以免杂物堵塞。

对于实腹式拱桥,防水层应沿拱背护拱、侧墙铺设。如果是单孔,可不设拱腹泄水管,积水沿防水层流至两个桥台后面的盲沟,然后沿盲沟排出路堤。如果是多孔拱桥,可在1/4跨径处设泄水管,如图5-19(a)所示。对于空腹式拱桥,防水层应沿腹拱上方与主拱圈跨中实腹段的拱背设置,泄水管宜布置在1/4跨径处,如图5-19(b)所示。

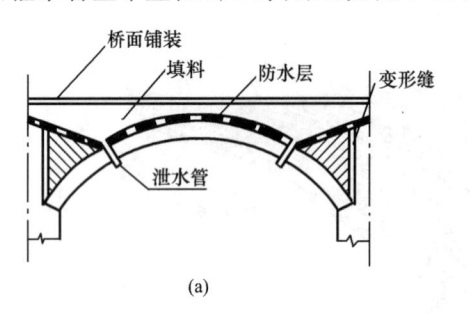

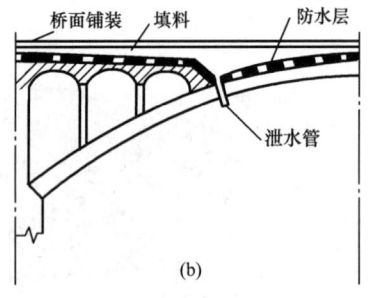

图 5-19 泄水管的设置

防水层在全桥范围内不宜断开,当通过伸缩缝或变形缝处应妥善处理,使其既能防水又可以适应变形,其构造可参见图5-20。

防水层有粘贴式与涂抹式两种。粘贴式是由2～3层油毛毡与沥青胶交替贴铺而成,效果较好,造价较高,施工麻烦。涂抹式是由沥青或柏油涂抹于砌体表面,施工简便,造价低,效果较差,适合于少雨地区。当要求较低时,可采用石灰三合土、石灰黏土砂浆、黏土胶泥等简易办法代替粘贴式防水层。

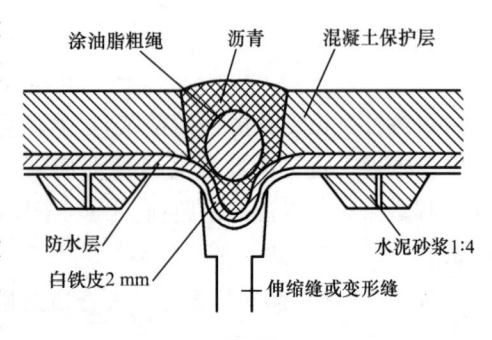

图 5-20 伸缩缝处的防水层

(三)伸缩缝与变形缝

拱上建筑与主拱圈构造和受力上都有密切的联系。由于拱上建筑与主拱圈的共同作用,一方面拱上建筑能够提高主拱圈的承载能力,另一方面它对主拱圈的变形又起约束作用,在主拱圈和拱上建筑内产生附加内力,而使构造的计算复杂。为了使结构的计算图式尽量与实际的受力情况相符合,避免拱上建筑不规则地开裂,以保证结构的安全使用和耐久性。除在设计计算上应作充分的考虑外,还需在构造上采取必要的措施。故用设置伸缩缝及变形缝来使拱上建筑与墩、台分离,并使拱上建筑和主拱圈一起自由变形。

对于实腹式拱桥,在主拱圈拱脚的上方设置伸缩缝,缝宽2~3 cm,竖向贯通侧墙全高,横桥向贯通全宽,从而使拱上建筑和主拱圈一起自由变形,如图5-21所示。目前多将伸缩缝做成直线形,以使构造简单,施工方便。

对于大跨径空腹式拱桥的拱式腹拱拱上建筑,一般将紧靠墩、台的第一个腹拱圈做成三铰拱,如图5-22所示,并在靠墩(台)的拱铰上方的侧墙设置伸缩缝,在其余两铰上方的侧墙设置变形缝(断开而无缝宽)。在特大跨径的拱桥中,在靠近主拱圈拱顶的腹拱,宜设置成两铰或三铰拱,腹拱铰上方的侧墙仍需设置变形缝。

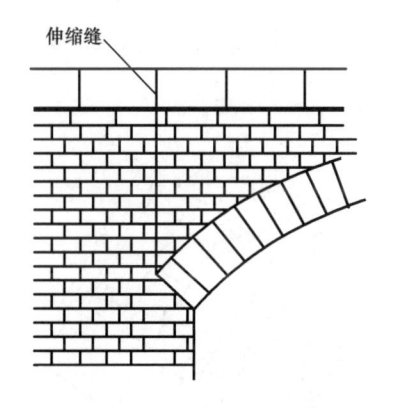

图5-21 实腹式拱桥的伸缩缝 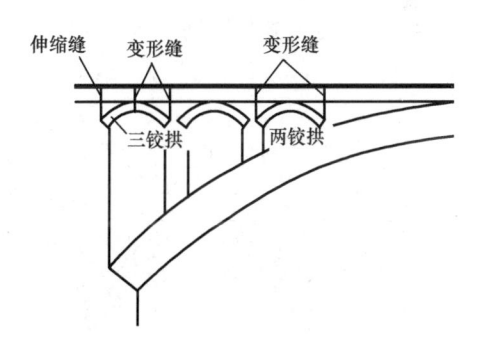　　图5-22 拱式腹孔的伸缩缝与变形缝

在人行道、栏杆、缘石和混凝土桥面,均应相应设置伸缩缝或变形缝。在2~3 cm的伸缩缝内填料,可用锯末沥青,按1:1的重量比制成预制板,施工时嵌入缝内。上缘做成能活动而不透水的覆盖层。缝内填料亦可采用沥青砂等其他材料。变形缝不留缝宽,其缝可干砌、用油毛毡隔开或用低标号砂浆砌筑,以适应主拱圈的变形。

(四)拱桥中铰的设置

通常,拱桥中有四种情况需设铰:一是主拱圈按两铰拱或三铰拱设计时;二是空腹式拱上建筑,其腹拱圈按构造要求需要采用两铰拱或三铰拱,或高度较小的腹孔墩上、下端与顶梁、底梁连接处需设铰时;三是在施工过程中,为消除或减小主拱圈的部分附加内力,以及对主拱圈内力作适当调整时,往往在拱脚或拱顶设临时铰;四是主拱圈转体施工时,需要设置拱铰。前两种为永久性铰,必须满足设计要求,并能保证长期正常使用。后两种为临时性铰。永久性铰的要求较高,构造较复杂,又需经常养护,所以费用较高。临时性铰是适应施工需要而暂时设置的,待施工结束时,将其封固,故构造较简单。

拱铰形式的选择可按照铰所处的位置、受力大小、使用材料等条件综合考虑。目前常用的形式有下列几种:

1. 弧形铰

弧形铰一般用钢筋混凝土、混凝土、石料等做成。它由两个具有不同半径弧形表面的块件合成,一个为凹面(半径为 R_2),一个为凸面(半径为 R_1),如图 5-23 所示。R_2 与 R_1 的比值常在 1.2～1.5 范围内取用。铰的宽度应等于构件的全宽。沿拱轴线的长度,取为拱厚的 1.15～1.20 倍。铰的接触面应精加工,以保证紧密结合。

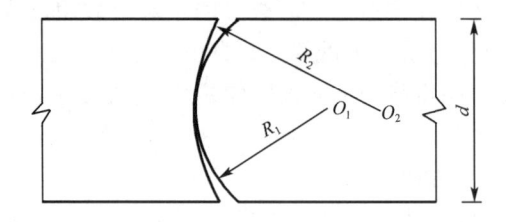

图 5-23 弧形铰的主要尺寸

石拱桥的拱铰以往都是用石料加工而成,但由于铰石尺寸大,开采石料、加工成型、运输、安装、就位均很困难,因此,目前多采用现浇混凝土铰代替石铰。当跨径较大、要求承压强度更高时,可采用钢筋混凝土拱铰,其钢筋布置按计算及构造要求确定。图 5-24 是净跨为 30 m 的两铰双曲拱桥的拱铰构造及钢筋布置图。

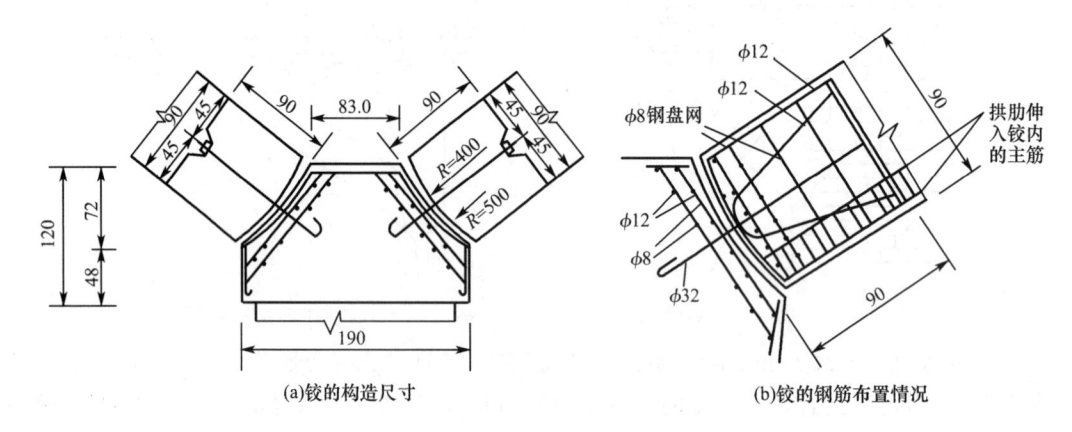

(a)铰的构造尺寸　　(b)铰的钢筋布置情况

图 5-24　净跨为 30 m 的两铰双曲拱桥的拱铰构造及钢筋布置图(尺寸单位:钢筋直径 mm,其他 cm)

弧形铰由于构造复杂,加工铰面既费工又难以保证质量,故主要用于主拱圈的拱铰。

2. 铅垫铰

对于中、小跨径的板拱或肋拱,可以采用铅垫铰,如图 5-25 所示。铅垫铰用厚度为 1.5～2.0 cm 的铅垫板,外部包以锌、铜薄片做成。铅垫板宽度为主拱圈厚度的 1/4～1/3,在主拱圈的全部宽度上分段设置。铅垫铰是利用铅的塑性变形达到支承面的自由转动从而实现铰的功能。同时,为了使压力正对中心,并且能承受剪力,故设置穿过铅垫板中心而不妨碍铰转动的锚杆。为承受局部压力,在墩、台帽内以及邻近铰的拱段,需要用螺旋钢筋或钢筋网加强。

直接贴近铅垫铰的主拱圈混凝土,其标号应不小于 C25。在计算铅垫板时,其压力沿铅垫板全宽均匀分布。铅垫铰也可用作临时铰。

3. 平铰

由于弧形铰的构造较复杂，铰面的加工既费工又难以保证质量，因此，对于空腹式拱上建筑的腹拱圈，由于跨径较小，可以采用构造简单的平铰。平铰是平面相接，直接抵承。平铰的接缝间可用低标号的砂浆砌筑，也可垫衬油毛毡或直接干砌接头，如图 5-26 所示。

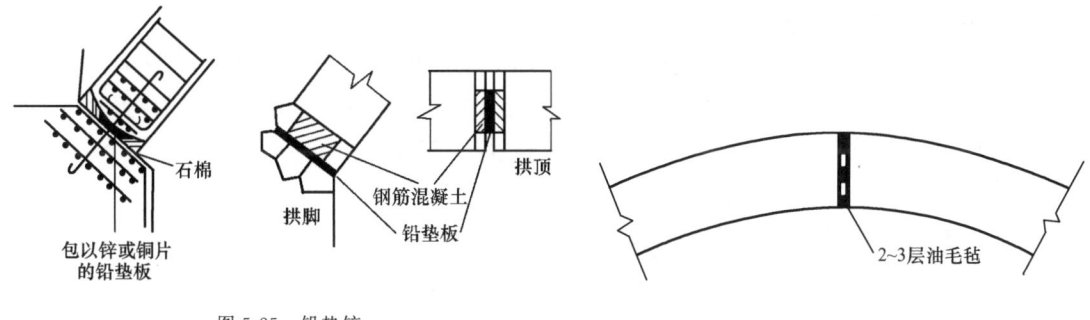

图 5-25 铅垫铰

图 5-26 平铰

4. 不完全铰

对于小跨或轻型的主拱圈以及空腹式拱桥的腹孔墩柱铰，目前常采用不完全铰。图 5-27(a)所示为小跨拱圈的不完全铰，由于拱的截面急剧减小，保证了该截面的转动，在施工时主拱圈不断开，使用时又能起铰的作用。由于减小截面内的应力很大，很可能开裂，故必须配以斜钢筋，斜钢筋应根据总的纵向力及剪力来计算。图 5-27(b)、图 5-27(c)所示为墩柱的不完全铰。由于该处截面的减小（一般为全截面的 1/3～2/5），因此可以保证支承截面的转动。支承截面应按局部承压进行设计和计算。

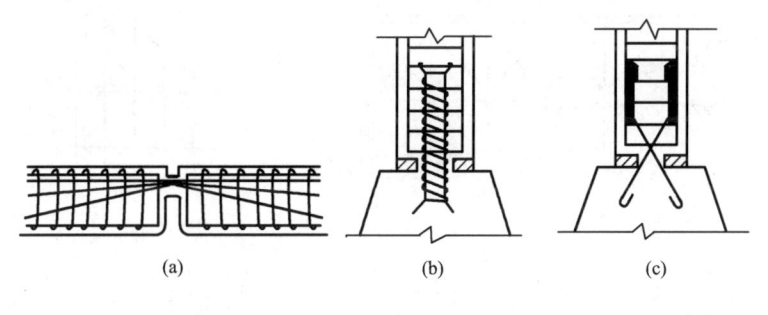

图 5-27 不完全铰

5. 钢铰

在大跨径拱桥中还可以采用钢铰。钢铰可做成有圆柱形销轴的形式或没有销轴的形式。但其用钢量多，构造复杂，一般较少采用。

第三节 拱桥的施工

拱桥是一种能充分发挥圬工及钢筋混凝土材料抗压性能，而且外形美观、维修费用少的合理桥型，但由于施工工艺问题，曾一度影响了它的发展。随着施工技术的提高，这种桥型又迅速地得到了广泛应用。拱桥的施工方法归纳起来有两大类：有支架施工和无支架施工（含少支架施工）。前者常用于石拱桥和混凝土预制块拱桥；后者多用于肋拱桥、双曲拱桥、箱形拱桥、桁架拱桥及钢管拱桥等。也有采用两者结合的施工方法。

一、有支架施工

有支架施工主要工序包括材料准备、拱圈放样、拱架制作与安装、拱圈与拱上建筑的砌筑，最后落架并完成其余部分的施工。

(一)拱架

拱架是有支架施工必不可少的辅助结构，在拱桥建造期间，用以支承全部或部分主拱及拱上建筑的重量，并保证主拱圈的形状符合设计要求。拱架既要有足够的强度、刚度和稳定性，又要构造简单、制作容易，节省材料，并能重复使用，以加快施工进度，减少施工费用。

1. 拱架的形式和构造

拱架的种类很多，按使用材料可分为木拱架、钢拱架、竹拱架、竹木混合拱架、钢木组合拱架以及土牛拱胎等；按结构形式可分为排架式、撑架式、扇形式、桁架式、组合式、叠桁式、斜拉式等。

(1)满布式拱架。满布式拱架的优点是施工可靠，技术简单，对木材和铁件规格要求较低。缺点是材料用量大，受洪水威胁大，在水深流急、漂流物较多及要求通航的河流上不能采用。

满布式拱架通常由拱盔(拱架上部)、卸架设备、支架(拱架下部)三部分组成。一般常用形式有立柱式(图 5-28)和撑架式(图 5-29)。

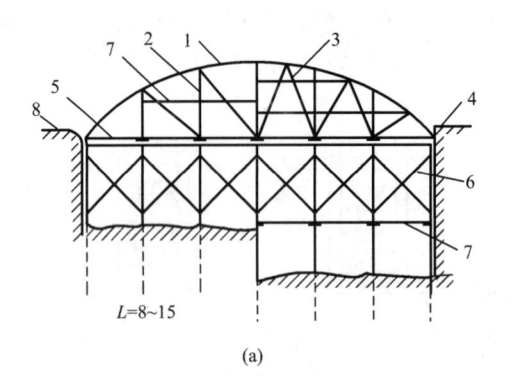

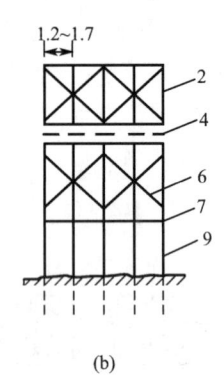

图 5-28 立柱式拱架(尺寸单位:m)

1—弓形木；2—立柱；3—斜撑；4—卸架设备；5—水平拉杆；6—斜夹木；7—水平夹木；8—桥墩(台)；9—桩木

立柱式拱架，拱架上部是由斜梁、立柱、斜撑和拉杆等组成的拱形桁架，拱架下部是由立柱及横向联系(斜夹木和水平夹木)组成的支架，拱架上、下部之间放置卸架设备(木楔或砂筒等)。在斜梁上钉以弧形垫木以适应拱腹的曲线形状，通常将斜梁和弧形垫木合称为弓形木。弓形木支承在立柱或斜撑上，长度一般为 1.5~2.0 m。在弓形木上设置横梁，其间距一般为

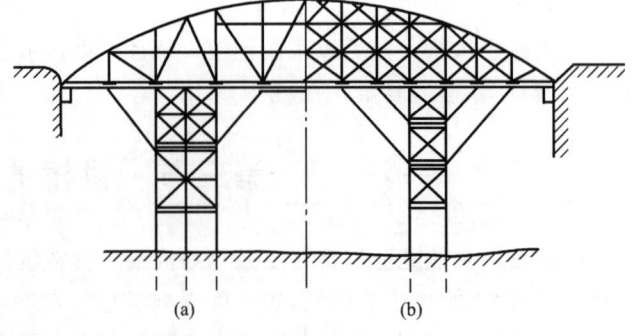

图 5-29 撑架式拱架

0.60~0.70 m，上面再纵向铺设 0.02~0.04 m 厚的模板，就可在上面砌筑拱石(或作现浇混凝土拱的底模板)。当拱架横向的间距较小时，也可不设横梁，而直接在弓形木上面铺设

3~5 cm 厚的模板。立柱间距按桥梁跨径及承受拱圈重量的不同而变化,一般为 1.5~5.0 m。拱架在横桥向间距一般为 1.2~1.7 m,为了增强横向稳定性,拱架各片之间应设置横向联系(水平夹木及斜夹木)。立柱式拱架的构造和制作都很简单,但立柱数目很多,只适用于跨度和高度都不大的拱桥。

撑架式拱架是用少数框架式支架加斜撑来代替数目众多的立柱。木材用量较立柱式拱架少,构造上也不复杂,而且能在桥孔下留出适当的空间,减小洪水及漂流物的威胁,并在一定程度上满足通航的要求。因此,它是实际中采用较多的一种形式。

无论是立柱式拱架还是撑架式拱架,都应使构造简单,受力明确,避免采用复杂的节点和接头形式。拱架应具有足够的强度、刚度和整体稳定性。连接处要紧密,以保证拱架在荷载作用下变形最小而且变形曲线圆顺。

(2)拱式拱架。与满布式拱架相比,拱式拱架不需下部支架,因此不受洪水、漂流物的影响,在施工期间能维持通航,适应于墩高、水深、流急和要求通航的河流。

2. 拱架的制作与安装

为保证拱圈的形状符合要求,拱架要有足够的强度和刚度,制作前要进行必要的计算。

为了使拱架具有准确的外形和各部尺寸,在制作拱架前一般在样台上按 1∶1 放出拱架大样,制作杆件样板,以便按样板进行杆件的加工。为保证拱架连接处紧密、牢固、变形小,钢拱架一般采用桁架式,是一种常备式拱架。拱顶及拱脚的构件及下弦配件、铰、落架设备则可按桥跨形式配制,使其能适应不同跨度和矢跨比的拱桥。放样时应计入拱架预拱度。

杆件加工完毕,一般须进行 1~2 片试拼,对构件作局部修改后即可在桥孔中安装。满布式拱架一般是在桥孔内逐杆安装,三铰桁架拱架都采用整片吊装的方法安装。安装时应及时测量,以保证设计尺寸的准确,同时采取加强横向整体性、设置风缆索等措施,确保施工安全。

3. 拱架的卸落

拱圈砌筑(或现浇混凝土)完毕,待达到规范规定或设计要求强度后即可拆除拱架。为保证拱架能按设计要求均匀下落,一般可采用简单木楔、组合木楔(图 5-30)、砂筒(图 5-31)等作卸架设备。木楔宜用硬木制成,剖面应刨光成 1∶10~1∶6 的斜面,卸架时简单木楔可用锤轻轻敲击木楔的小头。组合木楔只需扭动螺栓,则木楔徐徐下降。砂筒可用铸铁或木料制成,筒内的砂子应干燥、均匀、洁净,砂筒与活塞间用沥青填塞,以免砂子受潮而不易流出。卸架时只需打开泄砂孔,使砂徐徐流出,并可通过控制流出砂的多少,控制下降量及速度。

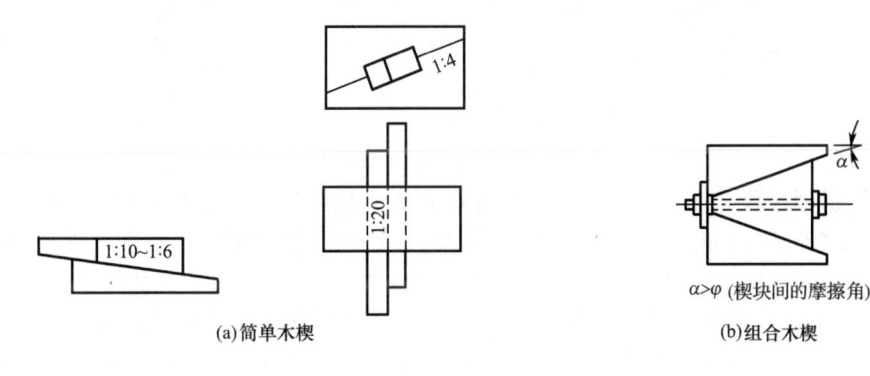

(a)简单木楔　　(b)组合木楔 $\alpha > \varphi$ (楔块间的摩擦角)

图 5-30　木楔

卸架一般按以下程序,分三个阶段进行,每次降 1/3 降落量。对于满布式拱架的中、小跨径拱桥,可从拱顶开始,逐次向拱脚对称卸落;对于大跨径的悬链线拱圈,为避免拱圈发生 M 形的变形,也有从两边 $L/4$ 处,逐次对称地向拱脚和拱顶均衡地卸落。多孔连续拱桥施工时,还应考虑相邻孔间的影响。

(二) 拱圈及拱上建筑的施工

1. 拱圈的施工

修建拱圈时,为保证在整个施工过程中拱架受力均匀,变形最小,使拱圈的质量达到设计要求,必须选择适当的方法和顺序。一般根据跨径为大小、构造形式等分别采用不同繁简程度的施工方法。有关混凝土拱桥的模板、钢筋、混凝土浇筑等工程项目的具体要求或构造等参见梁桥的有关内容。

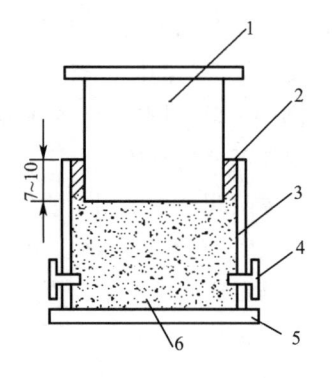

图 5-31 砂筒(尺寸单位:cm)
1—活塞;2—沥青填塞;3—钢板筒;
4—泄砂孔;5—垫板;6—砂

通常跨径在 10 m 以下的拱圈,可按拱的全宽和全厚,由两侧拱脚同时对称地向拱顶砌筑,但应争取尽量快的速度,使在拱顶合龙时,拱脚处的混凝土未初凝或石拱桥拱石砌缝中的砂浆尚未凝结。

跨径为 10~15 m 的拱圈,最好在拱脚预留空缝,由拱脚向拱顶按全宽、全厚进行砌筑(浇筑混凝土),为了防止拱架的拱顶部分上翘,可在拱顶区段预先压重(一般自拱脚向上砌到 1/3 矢高左右,就在拱顶 $l/3$ 范围内预压占总数 20% 的拱石)。待拱圈砌缝的砂浆达到设计强度 70% 后(或混凝土达到设计强度),再将拱脚预留空缝用砂浆(或混凝土)填塞。

大、中跨径的拱桥,一般采用分段施工或分环(分层)与分段相结合的施工方法。分段施工可使拱架变形比较均匀,并可避免拱圈的反复变形。分段的位置与拱架的受力和结构形式有关,一般应设置在拱架挠曲线有转折及拱圈弯矩比较大的地方,如拱顶、拱脚及拱架的节点处。对于石拱桥,分段间应预留 0.03~0.04 m 的空缝或设置木撑架,混凝土拱圈则应在分段间设混凝土挡板(端模板),待拱圈砌筑后再用砂浆(或埋入石块、浇筑混凝土)灌缝。分段时对称施工的一般顺序如图 5-32 所示。拱顶处封拱(如石拱桥拱顶石的砌筑)必须在所有空缝填塞并达到设计强度后才能进行。另外,还需注意封拱(合龙)时的大气温度是否符合设计要求,如设计无明确要求时,也宜在气温较低时(凌晨)进行。

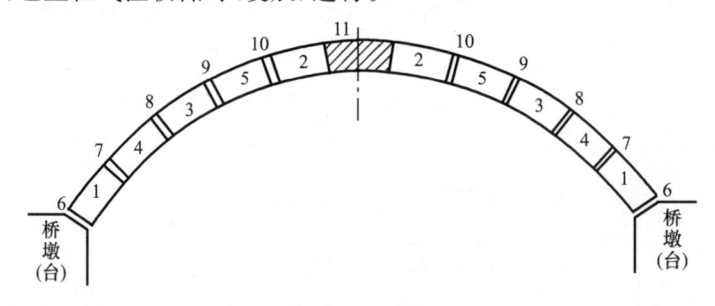

图 5-32 拱圈分段时对称施工的一般顺序

当跨径、拱圈厚度较大,由多层拱石或预制混凝土块等组成时,可将拱圈全厚分层(即分环)施工,按分段施工法修建好一环合龙成拱,待砂浆或混凝土强度达到设计要求后,再浇筑(或砌筑)上面的一环。这样,第一环拱圈就能起拱的作用,参与拱架共同承受第二环拱圈结构(如拱石)的重力。以后各环均照此进行。这样可以大大地减小拱架的设计荷载(一般可按拱圈总重的 60%~75% 计算石拱桥的拱架)。同时,分环施工合龙快,能保证施工安全,节省拱架材料。

2. 拱上建筑的施工

拱上建筑的施工应在拱圈合龙,混凝土或砂浆达到设计强度 30% 后进行。对于石拱桥,一般不少于合龙后三昼夜。

拱上建筑的施工,为避免主拱圈产生过大的不均匀变形,应由拱脚向拱顶对称、均衡地砌筑;实腹式拱上建筑一般在卸架前进行;砌筑实腹式拱上建筑时,应将其分成几部分进行,由拱脚向拱顶对称地、作台阶式砌筑;拱腹填料可随侧墙砌筑顺序及进度进行填筑;填料数量较大时,宜在侧墙砌完后再分部进行填筑;空腹式拱,一般在卸架前施工腹拱墩,卸架后施工其他部分拱上建筑。

在多孔连续拱桥中,当桥墩不是按施工单向受力墩设计时,仍应注意相邻孔间的对称均衡施工,避免桥墩承受过大的单向推力,尤其是在裸拱圈上修筑拱上结构的多孔连拱更应注意,以免影响拱圈的质量和安全。

二、转体施工

转体施工法一般适用于各类单孔拱桥的施工,其基本原理是:将拱圈或整个上部结构分为两个半跨,分别在河流两岸利用地形或简单支架现浇或预制装配半拱,然后利用动力装置将其两半跨拱体转动至桥轴线位置(或设计标高)合龙成拱。拱桥转体施工法根据其转动方位的不同分为平面转体、竖向转体和平竖结合转体三种。采用转体施工法的特点是:结构合理,受力明确,节省施工用料,减少安装架设工序,变复杂的、技术性强的水上高空作业为岸边陆上作业,施工速度快,不但施工安全,质量可靠,而且不影响通航,减少施工费用和机具设备,造价低。转体施工法是具有良好技术经济效益的拱桥施工方法之一。

(一)平面转体

平面转体施工就是按照拱桥设计标高在岸边预制半拱,当结构混凝土达到设计强度后,借助设置于桥台底部的转动设备和动力装置在水平面内将其转动至桥位中线处合龙成拱。由于是平面转动,因此,半拱的预制标高要准确。通常需要在岸边适当位置先做模架,模架可以是简单支架,也可做成土牛胎模。

平面转体可分为有平衡重转体和无平衡重转体。有平衡重转体一般以桥台背墙作为平衡重,并作为桥体拱上建筑转体用拉杆(或拉索)的锚碇反力墙,用以稳定转动体系和调整重心位置。因此,平衡重部分不仅在桥体转动时作为平衡重量,而且也要承受桥梁转体重量的锚固力。图 5-33 所示为有平衡重转体一般构造。有平衡重转体施工受到转动体系重量的限制,过大的平衡重增大了转动的难度且不经济,一般适用于跨径在 100 m 以内的拱桥。

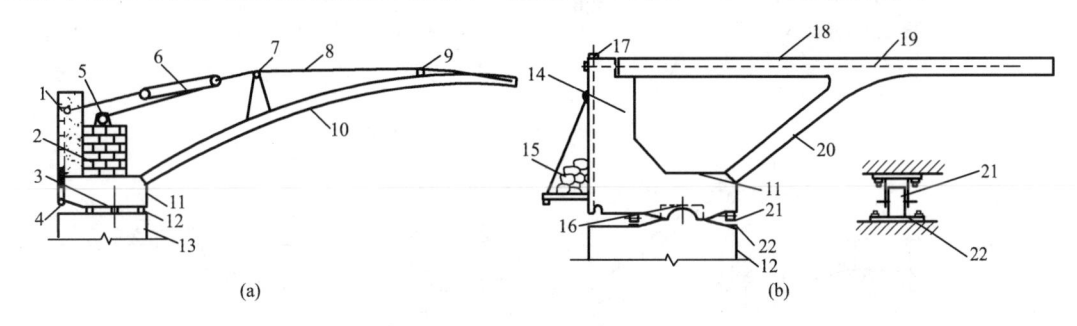

图 5-33 有平衡重转体一般构造

1—尾铰;2—平衡重;3—轴心;4—锚梁;5—绞车;6—滑轮组;7—支点 2;8—扣索;9—支点 1;
10—拱肋;11—上盘;12—上下环道;13—底盘;14—背墙;15—平衡重;16—球面铰轴心;
17—竖向预应力钢筋;18—拱槽梁;19—拉杆;20—斜腿;21—滚轮;22—轨道板

无平衡重转体施工是把有平衡重转体施工中的拱圈扣索拉力锚在两岸岩体中,由此来锚固半跨桥梁悬臂状态时产生的拉力,并在立柱的上端设转轴,下端设转盘,通过转动体系进行平面转体。由于节省了庞大的平衡重,减轻了转动体系的重量,故可用在大跨度桥梁中。无平衡重转体施工需要有一个强大牢固的锚碇,因此宜在山区地质条件好或跨越深谷急流处建造大跨桥梁时选用。如图 5-34 所示为无平衡重转体一般构造。

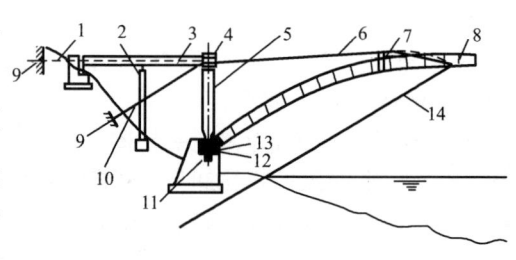

图 5-34 无平衡重转体一般构造
1—轴向尾索;2—轴平撑;3—锚梁;4—上转轴;
5—墩上立柱;6—扣索;7—拱肋;8—扣点;9—锚碇;
10—斜尾;11—轴心;12—环道;13—下转盘;14—缆风索

无平衡重转体施工体系包括三部分:

(1)锚固体系。由锚碇、尾索、平撑、锚梁(或锚块)及立柱组成。锚碇设在岩体中,锚梁(或锚块)支承于立柱上,两个方向的平撑及尾索形成三角形稳定体,使锚梁(或锚块)和上转轴为一确定的固定点,无论拱体处于哪个方位,其扣索力均与锚固体系平衡。

(2)转动体系。转动体系则由上、下转动构造,拱体和扣索组成。

(3)位控体系。为有效控制拱体在转动过程中的转动速度和位置,常由系在拱体顶端扣点的缆风索与无级调速自控卷扬机、光电测角装置、控制台组成位控系统。

(二)竖向转体

竖向转体施工是在桥台处先竖向预制半拱,然后在桥位平面内绕拱脚将其转动合龙成拱。根据河道情况、桥位地形和自然环境等方面的条件和要求,竖向转体施工有两种方式。一种方式是竖直向上预制半拱,然后向下转动成拱,如图 5-35 所示。其特点是施工占地少,预制可采用滑模施工,工期短,造价低。需注意的是,在预制过程中尽量保持位置垂直,以减少新浇混凝土重力对尚未结硬混凝土的弯矩,并在浇筑一定高度后加设水平拉杆,以避免拱形曲率影响,产生较大的弯矩和变形。另一种方式是在桥面以下俯卧预制半拱然后向上转动成拱,如图 5-36 所示。

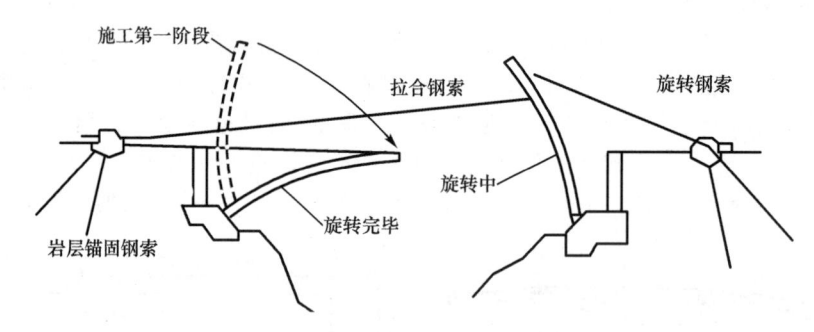

图 5-35 竖向转体示意图(向上预制,向下转动)

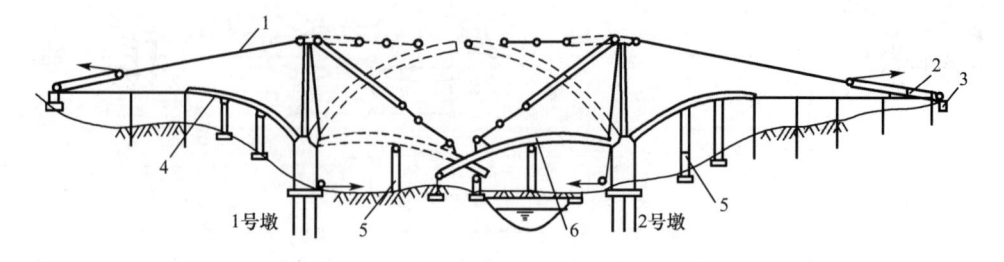

图 5-36 竖向转体示意图(桥下预制,向上转动)
1—扒杆背索;2—卷扬机;3—地锚;4—边拱肋;5—胎架;6—拱肋

(三)平竖结合转体

由于受到河岸地形条件的限制,拱桥采用转体施工时,可能遇到既不能按设计标高预制半拱,也不可能在桥位竖平面内预制半拱的情况。此时,拱体只能在适当位置预制后既需平转,又需竖转才能就位,这种平竖结合转体基本方法与前述相似,但其转轴构造较为复杂。

三、缆索吊装施工

缆索吊装施工是拱桥无支架施工方法之一。在峡谷或水深流急的河段上,或在通航河流上满足船只的通行,或在洪水季节施工并受漂流物影响等条件下修建拱桥,以及采用有支架施工将会遇到很大的困难或是很不经济时,便可以考虑采用无支架施工方法。

目前缆索吊装设备逐渐配套、完善,并利用现代电子遥控技术于缆索吊装的拱箱吊装施工中。但缆索吊装施工要求施工设备较多,对施工的技术水平要求较高,且要多用一部分钢材,在选择此种施工方案时,应和其他无支架施工进行全面比较。

缆索吊装施工内容大致包括:拱箱(肋)的预制、拱箱(肋)的移运和吊装、拱上建筑的灌砌、桥面结构的施工等主要工序。在此仅介绍最有代表性的缆索吊装设备及吊装方法和加载程序。

(一)拱箱(肋)的预制

构件的预制方法按构件预制时所处的状态分为立式预制和卧式预制两种。拱箱的预制一般多采用立式预制;而对于桁架拱桥的桁架预制段或肋拱桥的拱肋这种面积大、宽度小的构件,必须采用卧式预制。

(二)缆索吊装设备

缆索吊装设备,按其用途和作用可以分为主索、工作索、塔架和锚固装置等四个基本组成部分,具体主要包括主索、起重索、牵引索、结索、扣索、缆风索、塔架(包括索鞍)、地锚、滑车(轮)、电动卷扬机或手摇绞车等设备和机具。其布置方式可参见图 5-37。

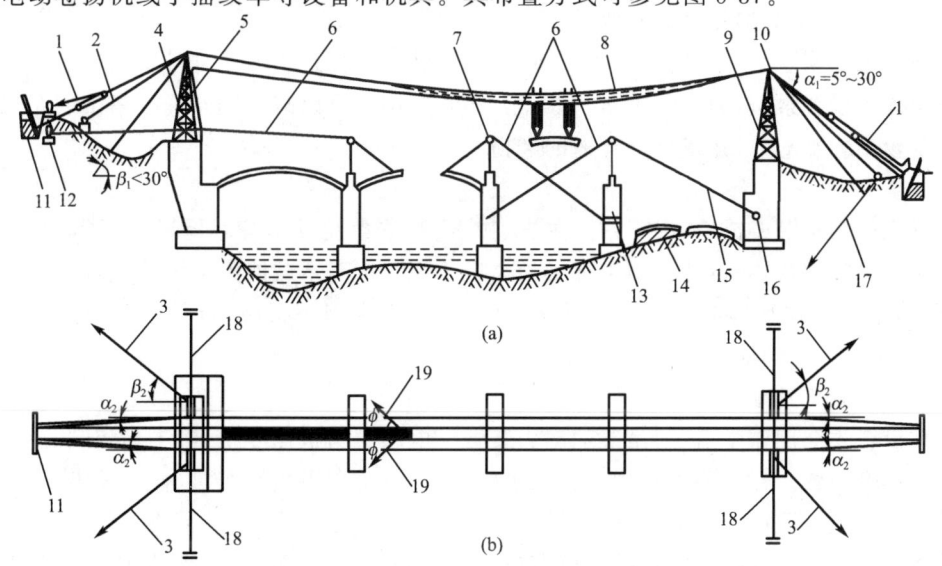

图 5-37 缆索吊装布置示例
1—主索张紧绳;2—2 号起重索;3—后浪风;4—塔架;5—1 号起重索;6—扣索;7—平滚;
8—主索;9—塔架;10—塔顶索鞍;11—地垄;12—手摇绞车;13—扣塔;14—待吊肋段;
15—牵引索;16—法兰螺丝;17—单排立柱浪风;18—侧向浪风;19—浪风

1. 主索

主索也称为承重索或运输天线。它横跨桥墩,支承在两侧塔架的索鞍上,两端锚固于地锚,吊运拱箱(肋)或其他构件的行车支承于主索上。主索的断面根据吊运的构件重量、垂度、计算跨度等因素进行计算。一般根据桥面宽度(两外侧拱箱的距离)及设备供应情况可设 3 组主索。每组主索可由若干根平行钢丝绳组成。

2. 起重索

起重索主要用于控制吊物的升降(即垂直运输),一端与电动卷扬机滚筒相连,另一端固定于对岸的地锚上。这样,当行车在主索上沿桥跨往复运行时,可保持行车与吊钩间的起重索长度不随行车的移动而改变。

3. 牵引索

牵引索用于拉动行车沿桥跨方向在主索上移动(即水平运输),故需一对牵引索。牵引索既可分别连接在两台卷扬机上,也可合拴在一台双滚筒卷扬机上,便于操作。

4. 结索

结索用于悬挂分索器,使主索、起重索、牵引索不致相互干扰。它仅承受分索器的重量及自重。

5. 扣索

当拱箱(肋)分段吊装时,需用扣索悬挂端箱(肋)及中段箱(肋),并可利用扣索调整端箱(肋)、中段箱(肋)接头处标高。扣索的一端系在拱箱(肋)接头附近的扣环上,另一端通过扣索排架或塔架固定于地锚上。为了便于调整扣索的长度,可设置手摇绞车及张紧索。

6. 缆风索

缆风索也称为浪风索,用来保证塔架的纵、横向稳定及拱肋安装就位后的横向稳定。

7. 塔架及索鞍

塔架是用来提高主索的临空高度及支承各种受力钢索的结构物。塔架的形式是多种多样的,按材料可分为木塔架和钢塔架两类。

目前多采用钢塔架。钢塔架可采用龙门架式、独脚扒杆式或万能杆件拼装成的各种形式。

塔架顶上设置索鞍,为放置主索、起重索、扣索等用。可以减小钢丝绳与塔架的摩阻力,使塔架承受较小的水平力,并减小钢丝绳的磨损。

8. 地锚

地锚也称为地垄或锚碇,用于锚固主索、扣索、起重索及绞车等。地锚的可靠性对缆索吊装的安全有决定性影响,设计与施工都必须高度重视。按照承载能力的大小及地形、地质条件的不同,地锚的形式和构造可以是多种多样的,还可以利用桥梁墩、台作锚碇,这就能节约材料,否则需设置专门的地锚。

9. 电动卷扬机及手摇绞车

这些设备主要用作牵引、起吊等的动力装置。电动卷扬机速度快,但不易控制。一般多用于起重索和牵引索。对于要求精细调整钢束的部位,多采用手摇绞车,以便于操纵。

10. 其他附属设备

其他附属设备有在主索上行驶的行车(俗称跑马滑车)、起重滑车组、各种倒链葫芦、法兰螺栓、钢丝卡子(钢丝轧头)、千斤绳、横移索等。

缆索吊装设备的形式及规格都非常多,必须按照因地制宜的原则,结合各工程的具体情况合理地选择,才能取得良好的效果。

(三)吊装方法和加载程序

1. 准备工作

无支架施工，在吊装前应对构件、墩台拱座进行全面质量检查并对起吊设备系统进行试吊。对缆索设备的检查主要包括地锚试拉、扣索对拉、主索系统试吊（分行车空载运行、静载试吊和吊重运行三个步骤）等工作。

2. 吊装方法

采用缆索吊装施工的拱桥，其吊装方法应根据桥的跨径大小、桥的总长及桥的宽度等具体情况而定。

拱桥的构件一般在河滩上或桥头岸边预制和预拼后，送至缆索下面，由起重车起吊牵引至指定位置安装。为了使端段基肋在合龙前保持在一定位置，在其上用扣索临时系住后才能松开，吊装应自一孔桥的两端向中间对称进行。在最后一节构件吊装就位，并将各接头位置调整到规定标高以后，才能放松吊索，并将各接头接整合龙，最后才将所有扣索撤去。

基肋（指拱箱、拱肋或桁架拱片）吊装合龙要拟定正确的施工程序和施工细则并坚决遵照执行。拱桥跨径较大时，最好采用双肋或多肋合龙。基肋和基肋之间必须紧随拱段的拼装及时焊接（或临时连接）。端段拱箱（肋）就位后，除上端用扣索拉住外，并应在左右两侧用一对称缆风索牵住，以免左右摇摆。中段拱箱（肋）就位时，宜缓慢地放松吊索，务必使各接头顶紧，尽量避免简支搁置和冲击作用。

3. 加载程序

(1) 加载程序设计的目的和意义。当拱箱（肋）吊装合龙成拱后，对后续各工序的施工，如拱箱之间的纵缝混凝土和拱上建筑等，如何合理安排这些工序，对保证工程质量和施工安全都有重大影响。如果采用的施工步骤不当（例如工序安排不合理、拱顶或拱脚的压重不恰当、左右半拱施工进度不平衡、加载不对称等），就会导致拱轴线变形不均匀，而使拱圈开裂，严重的甚至造成倒塌事故。因此，对施工程序必须做出合理的设计。

施工加载程序设计的目的，就是要在裸拱上加载时，使拱肋各个截面在整个施工过程中都能满足强度和稳定的要求。并在保证施工安全和工程质量的前提下，尽量减少施工工序，便于操作，以加快桥梁建设速度。

(2) 施工加载程序设计的一般原则。对于中、小跨径拱桥，当拱肋的截面尺寸满足一定的要求时，可不作施工加载程序设计，按有支架施工法对拱上建筑作对称、均衡的施工。

对于大、中跨径的箱形拱桥或双曲拱桥，一般多按分环、分段、均衡对称加载的总原则进行设计。即在拱的两个半跨上，按需要分成若干段，并在相应部位同时进行相等数量的施工加载。但对于坡拱桥，必须注意其特点，一般应使低拱脚半跨的加载量稍大于高拱脚半跨的加载量。

在多孔拱桥的两个邻孔之间，也须均衡加载。两孔的施工进度不能相差太远，以免桥墩承受过大的单向推力而产生过大的位移，造成施工进度快的一孔的拱顶下沉，邻孔的拱顶上冒，从而导致拱圈开裂。

4. 加强稳定性的措施

(1) 横向稳定缆风索。拱肋横向稳定缆风索在吊装过程的不同施工阶段具有不同的作用。在边段拱肋就位时，用以调整和控制拱肋中线；在拱肋合龙时，可以约束接头的横向偏移；在拱肋成拱以后，相当于一个弹性支承，从而减少拱肋自由长度，增大拱肋的横向稳定；在拱肋受外力作用时，约束拱肋的位移。

(2) 拱肋纵向稳定措施。当拱肋接头处可能发生上冒变形时,可在其位置下方设置下拉索来控制变形,下拉索一般对称布置,如图 5-38 所示。

(3) 拱肋横向联系。在吊装过程中,为了减少拱肋的自由长度和增强拱肋的横向整体性,拱肋之间的横向联系是一项必不可少的施工措施。一般采用的横向联系有横夹木(图 5-39)、木剪刀撑、钢筋拉杆、钢横梁和钢筋混凝土横系梁等形式。

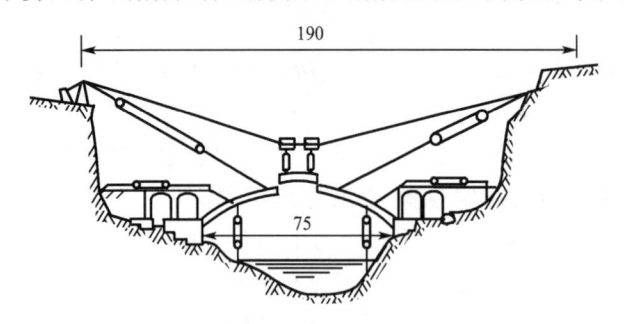

图 5-38 拱肋设置下拉索(尺寸单位:m)

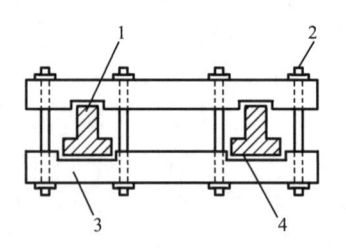

图 5-39 拱肋间的横夹木构造
1—拱肋;2—螺栓;3—横夹木;4—砍口凹槽

四、劲性骨架施工

劲性骨架施工的特点是以劲性钢材(如角钢、工字钢、槽钢等)作为拱圈的受力钢材。在施工过程中,先把这些钢骨架拼装成拱,作施工钢拱架使用,然后再浇筑混凝土,把这些钢骨架埋入拱圈(拱肋)混凝土中,形成钢筋混凝土拱。劲性骨架法又称埋置式拱架法。我国从 20 世纪 80 年代开始,由于大跨拱的大量出现以及高强、经济的骨架材料和施工控制技术的发展,在大跨径混凝土中广泛采用了劲性骨架法,其最大跨径已达到 420 m(重庆万州长江大桥)。

1. 劲性骨架法施工步骤

(1) 在现场按设计进行骨架 1∶1 放样、下料、加工以及分段拼装成型。

(2) 采用缆索吊装法进行骨架的安装、成拱。对于钢管混凝土骨架,在吊装形成钢管骨架后还需采用泵送法浇筑管内混凝土,以形成最终的骨架结构。

(3) 在骨架上悬挂模板浇筑混凝土拱圈(分环、分段、多工作面进行)。

2. 劲性骨架法施工控制

在整个施工过程中,除均需按设计与施工技术规范要求进行外,需特别注意施工控制,即将骨架在混凝土浇筑与混凝土拱圈形成过程中的变形、应力与稳定进行控制,要确保骨架在任何时刻的结构安全和混凝土拱圈形成后的线形。为此,应进行详细的施工加载程序设计,采取有效的控制手段。早期采用的是水箱调载法,该法是在骨架吊装成拱后,在拱顶部位设置多个水箱,在拱圈混凝土的浇筑过程中,根据预先计算的加载重向水箱内注水,把拱轴线变形和截面应力控制在设计允许范围内。与此同时,进行变形和应力监测,如发现异常,立即将实测数据输入现场微机,进行实时分析,并提出相应的处理措施,如调整水量和浇筑速度、张紧或放松八字缆风索等。由于水箱设备较复杂,操作也较麻烦,近几年又出现了千斤顶斜拉扣挂调载法,该法巧妙地利用缆索吊装骨架拱时,用于扣挂骨架节段的斜索的索力调整(用千斤顶在锚板后进行)来控制吊装标高和调整混凝土浇筑过程中拱轴变形和结构各部的应力(当采用钢管混凝土骨架时,则在吊装完成后,首先用于调整管内混凝土浇筑时拱肋轴线变形)。

千斤顶斜拉扣挂调载法施工特点:

(1) 采用强度高、承载力大、延伸量小、变形稳定的钢绞线作斜索,减少了架设过程中骨架的不稳定非弹性变形。

(2) 采用千斤顶张拉系统对斜索加卸拉力、收放索长,具有张拉能力大、行程控制精度高、索力调整和控制灵活、锚固可靠等优点。

(3) 斜拉扣挂体系自成系统,不受缆索吊装系统干扰。

(4) 可以准确地根据施工控制计算值对结构变形和内力进行调整,同时又可为控制分析提供准确的数据。

劲性骨架法是目前特大跨径混凝土拱桥施工的主要方法,通过实践发现,该法也存在空中浇筑拱圈混凝土工序多、时间长、混凝土质量控制较难等不足,在今后还有待对其作进一步改进。

五、悬臂施工

(一)悬臂浇筑法

悬臂施工法就是指拱圈、拱上立柱和预应力混凝土桥面板等齐头并进,边浇筑边构成桁架的悬臂浇筑法。施工时,用预应力钢筋临时作为桁架的斜拉杆和桥面板的临时明索,将桁架锚固在后面桥台上。其施工程序如图 5-40 所示。

图 5-40(a)所示为在边孔完成后,在桥面板上设置临时明索,然后在吊架上浇筑头一段拱圈。头一段拱圈浇筑完成并达到要求强度后,在其上设置临时预应力明索,并撤去吊架,直接系吊于斜拉杆上,然后在前端安装悬臂吊篮。

图 5-40(b)所示为用吊篮逐段悬臂浇筑拱圈。当吊篮通过拱上立柱 P_2 位置后,须立即浇筑立柱 P_2 及 P_1、P_2 间桥面板,然后用吊篮继续向前浇筑,至通过下一个立柱 P_3 位置后,再安装 P_1、P_2 间桥面板明索及斜拉杆 T_2 并浇筑立柱 P_3 及 P_2、P_3 间桥面板。每当吊篮前进一步,须将桥面板临时明索收紧一次。整个桥孔就这样一面用斜拉钢筋构成桁架,一面悬臂浇筑,直至合龙。

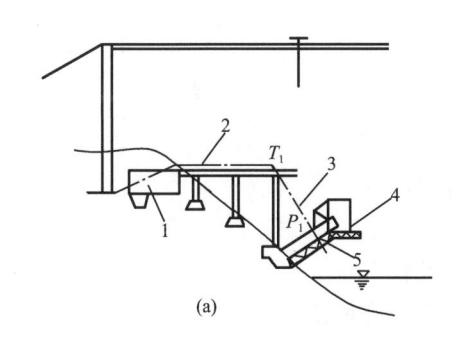

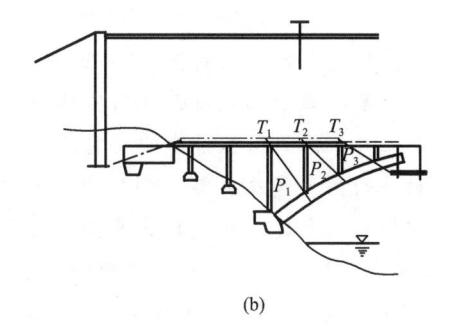

图 5-40 悬臂浇筑施工程序
1—桥台;2—桥面板明索;3—斜拉杆;4—悬臂吊篮;5—支架

拱圈断面为箱形时,每段施工按箱形断面拱圈的施工程序进行浇筑。每一循环(相当于拱上构造一个节间)需 9～12 d。为争取时间,拱上桥面板混凝土宜用活动支架逐孔浇筑。

采用本法施工时,施工误差会对整体工程质量产生很大的影响,故必须对施工测量、材料强度及混凝土的浇筑等进行严格的检查和控制。尤其对斜拉预应力钢筋,必须严格测定每根的强度,观测其受力情况,必要时予以纠正和加强。

为防止计算与实际差别过大,施工前须做施工模拟试验及预应力钢筋锚固可靠性试验。

(二)悬臂拼装法

这种方法是将拱圈的各个组成部分(侧板、上下底板等)事先预制,然后将整孔桥跨的拱肋(侧板)、立柱通过临时斜压杆(或斜拉杆)和上弦拉杆组成桁架拱片,沿桥跨分作几段(一般3～7段),再用横系梁和临时风构将两个桁架拱片组装成框构,每节框构整体运至桥孔,由两端向跨中逐段悬臂拼装合龙。悬伸出去的拱体通过上弦拉杆和锚固装置固定于墩、台上。也可将拱圈的各个组成部分分别在拱圈上悬臂组拼成拱圈,然后利用立柱与临时斜杆和上拉杆组成桁架体系,逐节拼装,直至合龙,如图 5-41 所示。

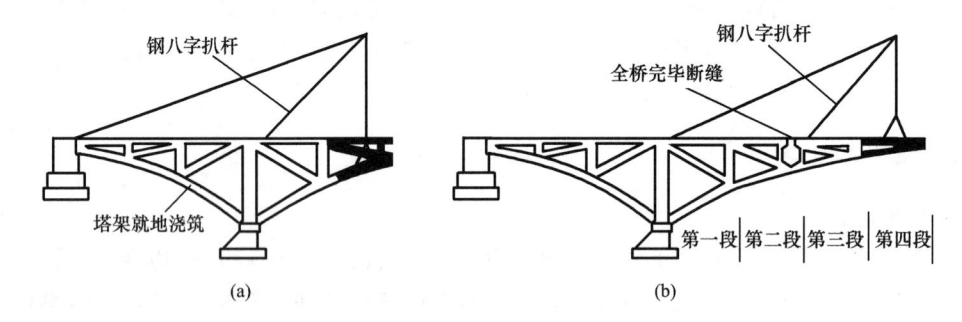

图 5-41 桁架拱桥悬臂施工

目前世界最大跨径的混凝土桁式桥——贵州省江界河 330 m 预应力混凝土桁式组合拱桥就是采用悬臂拼装法架设的。

复习思考题

1. 拱桥与梁桥的主要区别是什么?
2. 拱桥有哪些特点?
3. 拱桥一般由哪些材料建成?
4. 按照静力图式,拱桥分为哪几种类型?
5. 按照桥面所处空间位置,拱桥又可以分为哪几类?
6. 主拱圈的截面形式有哪几种? 各有何特点?
7. 劲性骨架混凝土拱桥有哪些特点?
8. 拱桥的拱上建筑主要有哪几种构造方式,各有何特点?
9. 空腹式拱上建筑梁式腹孔有哪几种形式?
10. 实腹式拱上建筑的拱背填料做法有哪两种形式?
11. 拱桥一般在哪些部位设置伸缩缝或变形缝? 两者有何区别?
12. 拱桥转体施工法有哪几种? 各适用于什么情况?

第六章 斜拉桥

● 重点提示

主要介绍斜拉桥的特点,斜拉桥的布置,斜拉桥的构造,斜拉桥的施工(主梁、索塔、斜索)等内容。

第一节 概 述

一、斜拉桥的发展

斜拉桥又称斜张桥,是一种用斜索(或斜拉杆)悬吊桥面的桥梁。

现代斜拉桥的历史虽短,但是利用斜向缆索、铁链或铁杆,从塔柱或桅杆悬吊梁体的工程构思以及实际应用可追溯到17世纪。但是,由于当时科学技术、工业发展水平、对结构的认识、力学分析及施工工艺的限制,所建结构物的刚度和强度都很差。因此,在某种因素破坏时,找不到真正的原因,而不得不停止了斜拉桥的发展。

直到1938年,德国工程师迪辛格尔(F. Dischinger)在研究一座750 m的双线铁路悬索桥时,发现在高应力状态下使用高强钢索作为斜缆,可以显著提高桥梁的刚度。1955年,他设计并建成的瑞典斯特姆斯(Stromsund)钢斜拉桥在现代斜拉桥历史上写下了第一页,从此开始了现代斜拉桥的发展。

第一座现代预应力混凝土斜拉桥是由意大利人摩兰第(Morandi)设计,于1962年建成的委内瑞拉马拉开波湖(Maracaibo)大桥。这种体系被称为"摩兰第体系"(现在一般称疏索体系),属第一代斜拉桥,此后的一段时期大多采用这种体系。其优点是结构形式简洁、受力明确、分析容易及斜索集中易养护,缺点是由于索距太大,主梁必须很高,导致主梁很重,配筋较多。

到了20世纪60年代,结构分析发生了重大变革,采用电子计算机分析高次超静定结构效率极高,从而导致密索体系的产生和发展。密索体系的优点是:减轻了主梁自重;简化了斜索的锚固装置,有利于悬臂施工;增强了抗风稳定性,从而进一步提高了斜拉桥的跨越能力。于是疏索体系转向了密索体系,使斜拉桥发展到第二代。

我国第一座公路斜拉桥是1975年在四川省云阳县建成的云阳桥,其跨径为76 m。我国第一座铁路斜拉桥是1980年建成的广西红水河铁路斜拉桥,其跨径为96 m。其后,又先后修建了上海泖港大桥、济南黄河大桥、重庆石门大桥、上海南浦大桥与杨浦大桥、重庆长江二桥及武汉长江二桥等,标志着全国范围内建造大跨度斜拉桥出现了新高潮。苏通大桥、南京长江二桥、武汉白沙洲长江大桥、福建青州闽江大桥跨度分别为1088 m、628 m、618 m和605 m,分别居世界同类桥梁跨度的第一、第三、第四和第五位。这些大桥的建成标志着我国斜拉桥已达到世界先进水平。

二、斜拉桥的特点

斜拉桥是由主梁、索塔和斜索三部分组成的一种组合体系结构。利用由索塔伸出的斜索作为钢筋混凝土主梁的弹性支承,以代替中间支墩,借以降低主梁的截面弯矩,减轻自重,显著地增大了跨越能力。同时,斜索拉力的水平分力对主梁起着轴向预应力作用,可以增强主梁的抗裂性能,节省了主梁高强钢材的用量。

从力学特性分析,与传统的梁式桥比较,梁式桥若要用于大跨径结构,主梁必须具有很大的刚性,则主梁势必非常高大。而斜拉桥除受斜索的水平分力所产生的轴向力影响外,大体上具有弹性支承连续梁的性能;和悬索桥相比具有明显的不同之处,作用在斜拉桥主梁上的荷载通常是由锚固点直接传给斜索的,而在悬索桥中则是通过吊杆沿主缆施加的。此外,悬索桥的主缆通常锚固在桥两端桥台和桥台后的锚碇上,主梁不受轴向力。因此,预应力混凝土斜拉桥更能充分发挥材料的性能。除此之外,悬索桥受竖向荷载时,主缆要发生大的位移才能达到平衡状态,而斜拉桥因斜索被张拉成直线形,不发生大的位移,故斜拉桥整体刚度要比悬索桥大得多。

斜拉桥充分利用斜索的刚性,巧妙地将索与梁结合起来。因此,斜拉桥这一桥式属于梁式桥与悬索桥之间的大跨度桥梁,它可有效地用于100～600 m范围内的跨度。

根据以上特点,预应力混凝土斜拉桥具有下列显著的优越性:

1. 跨越能力大

斜拉桥利用斜索作为主梁的弹性支承,可以大大降低主梁的弯矩,改善主梁的受力状态,提高梁的跨越能力。而且,主梁高度很小,也不随桥梁跨径的增大而增高。其高跨比可达1/180,具有很强的跨越能力。

斜索的水平分力对主梁产生强大的轴向压力,采用预应力混凝土主梁不仅能充分发挥材料的力学性能,而且还能增加主梁的强度和抗裂性,节省高强钢材的用量,所以预应力混凝土斜拉桥在技术、经济上显示出很大的优越性。

2. 具有良好的结构刚度和抗风稳定性

与悬索桥相比其刚度要大得多。悬索桥由于主梁通过吊杆与主缆柔性连接,因此它对风致震动非常敏感,而斜桥通过拉紧的斜索直接与主塔相连,使主梁具有较大的抗弯和抗扭刚度,可以有效地防止主梁发生竖向和扭转震动。另外斜索的长度不同,自振频率也各不相同,使结构的阻尼增大,有效地防止主梁产生大振幅共振。许多风洞试验和动力试验表明,在空气动力稳定性及其他动力特性上,斜拉桥远比悬索桥优越,而预应力混凝土斜拉桥又显著地比钢斜拉桥优越。

3. 依靠斜索的应力调整,能设计得很经济

斜拉桥是一组合体系结构,如何决定各部分承担的荷载是一个重要问题,也是决定是否经济的重要因素。利用斜索的应力调整可以消除恒载弯矩的大半,使计入活载后的弯矩在全跨

内趋于均匀,这种调整促进了其向大跨度的发展及应用。

4. 结构轻巧,适应性强

利用主梁、索塔、斜索三者的组合变化,可构成各具特色的斜拉桥,广泛适应于山谷、平原、河流、海峡等不同的地质、地形条件。由于主梁高度决定于索距而不决定于跨度,因此调整索距和应力可以使主梁很纤细,使整个结构轻盈、匀称,外形线条简洁又富于变换。

5. 利用斜索发挥无支架施工的优越性

斜拉桥可以利用永久斜索作为临时拉索,使悬臂施工更加容易,提高了建桥速度。

第二节 斜拉桥的总体布置

一、孔跨布置

(一)双塔三跨式

这是一种最常见的斜拉桥孔跨布置方式。由于主跨跨径较大,一般可适用于跨越较大的河流。

如图 6-1 所示,主跨跨径 l_2 与边跨跨径 l_1 之间的比例关系根据统计资料为:

钢斜拉桥:$l_1=(0.40\sim0.45)l_2$;其他斜拉桥:$l_1=(0.33\sim0.50)l_2$;一般接近于 $l_1=0.4l_2$。

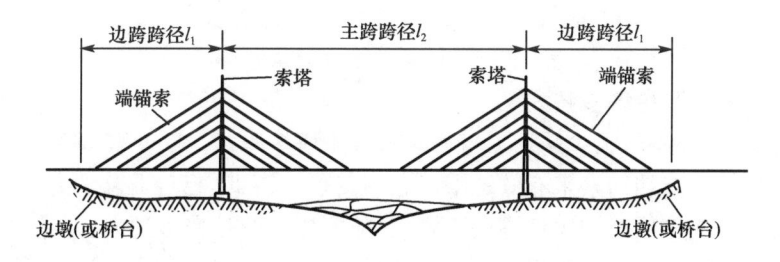

图 6-1 双塔三跨斜拉桥

在双塔三跨式斜拉桥中,当主跨有活载时边跨梁端点的端锚索产生正轴力(拉力),而当边跨有活载时端锚索又产生负轴力(拉力松减),由此引起较大应力幅而产生疲劳问题。解决的办法之一是使边跨伸出一悬臂端(端支点内移),由此对端支点产生预压,减小端支点上抬倾向,以减小端锚索的应力幅。图 6-2 所示的武汉长江二桥就是这样做的。

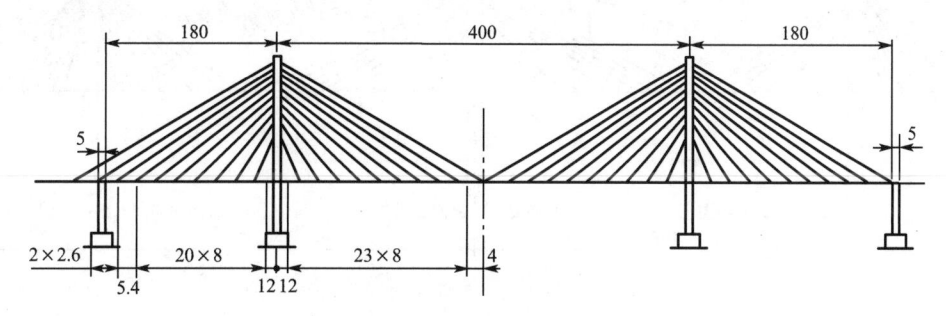

图 6-2 武汉长江二桥(尺寸单位:m)

(二)独塔双跨式

这也是一种常见的斜拉桥孔跨布置方式,如图 6-3 所示。由于它的主孔跨径一般比双塔三跨式的主孔跨径小,适用于跨越中小河流和城市通道。独塔双跨式斜拉桥的主跨跨径 l_2 与边跨跨径 l_1 之间的比例关系一般为 $l_1=(0.5\sim0.8)l_2$,但多数接近于 $l_1=0.66l_2$。

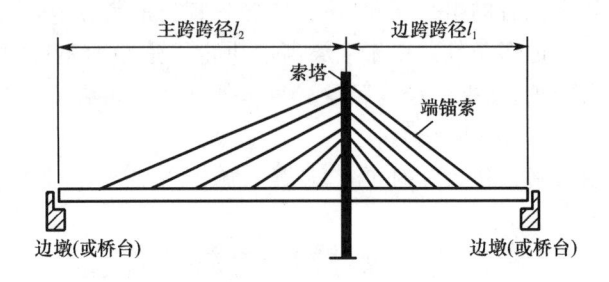

图 6-3 独塔双跨式

有的桥在边跨布置了辅助墩,以提高边跨刚度,如广东南海西樵桥(图 6-4)。

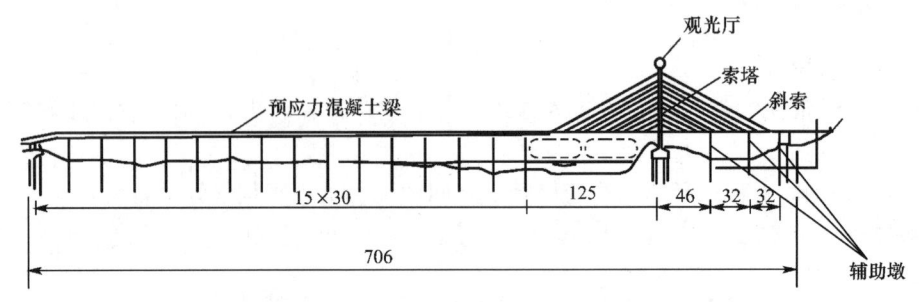

图 6-4 广东南海西樵桥(尺寸单位:m)

(三)三塔四跨式和多塔多跨式

斜拉桥与悬索桥一样,很少采用三塔四跨式或多塔多跨式。一个极简单的原因是,多塔多跨式中的中间塔顶没有端锚索来有效地限制它的变位。因此,已经是柔性结构的斜拉桥或悬索桥采用多塔多跨式将使结构柔性进一步增大,随之而来的是变形过大。

在必须采用多塔多跨式斜拉桥时,可将中间做成刚性索塔,或用斜索对中间塔顶加劲,如图 6-5 所示。

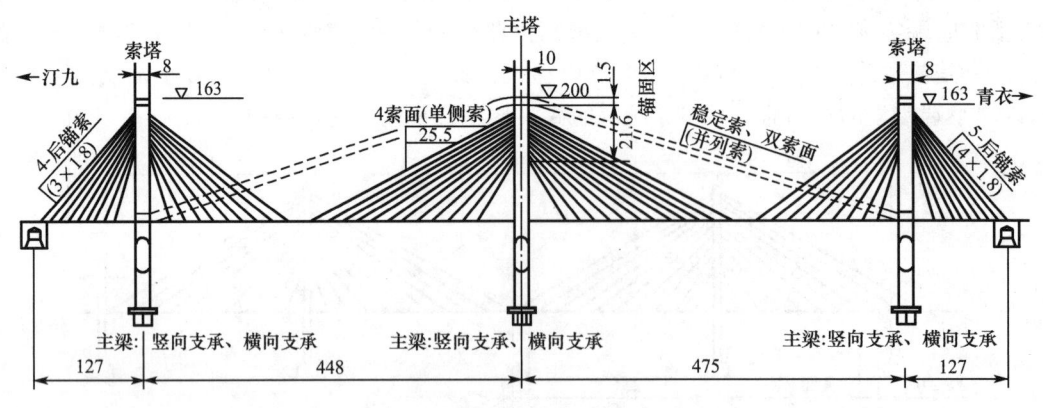

图 6-5 香港汀九大桥(尺寸单位:m)

二、斜索布置

(一)索面布置

索面布置一般有图 6-6 所示的三种类型,即单索面、竖向双索面和斜向双索面。

从力学角度来看,采用单索面时,斜索对抗扭不起作用。因此,主梁应采用抗扭刚度较大的截面。采用双索面时,作用于桥梁上的扭矩可由斜索的轴力来抵抗,主梁可采用较小抗扭刚度的截面。至于斜向双索面,它对桥面梁体抵抗风力扭振特别有利(斜向双索面限制了主梁的横向摆动)。

(a)单索面　　　　(b)竖向双索面　　　　(c)斜向双索面

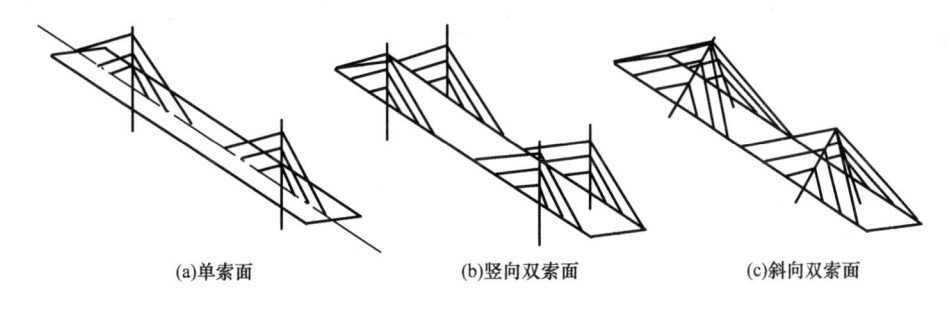

图 6-6　索面布置

(二)索面形状

索面形状主要有如图 6-7 所示的三种基本类型,即放射形、扇形和竖琴形。

(a)放射形(标准扇形)　　　　(b)扇形(半扇形)　　　　(c)竖琴形(平行形)

图 6-7　索面形状

根据力学观点,以放射形较优。原因是:①斜索与水平面的平均交角较大,斜索垂直分力对梁的支承效果较大,而对主梁产生的轴力较小;②因斜索的水平分力在塔顶基本平衡,塔的弯矩较小。但放射形的斜索集中汇交于塔顶,塔顶构造细节较为复杂。反之,竖琴形由于所有斜索的倾角相同,锚固点结构可以单一化,索塔上锚固点的间距大,对索塔的受力有利。扇形布置则介于两者之间,其斜索的垂直分力(主梁的支承力)小于放射形但大于竖琴形,而水平分力(主梁轴向压力)大于放射形小于竖琴形。索塔上锚固点的间距也同样介于放射形和竖琴形之间。

(三)索距的布置

索距的布置,可以分为稀索与密索。在早期的斜拉桥中都为稀索(超静定次数少),现代斜拉桥则多为密索(必须利用电子计算机计算)。密索的优点如下:

(1)索距小,主梁弯矩小;

(2)索力较小,锚固点构造简单;

(3)锚固点附近应力流变化小,补强范围小;

(4)便于伸臂架设;

(5)易于换索。

三、梁体布置

(一)连续体系

在斜拉桥的全长范围内,梁体布置成连续的形式,如图 6-8 所示。

在某些场合下,由于结构受力的需要,还可将梁体连续延伸至斜拉桥以外部分,即斜拉桥

△固定支座　　△活动支座

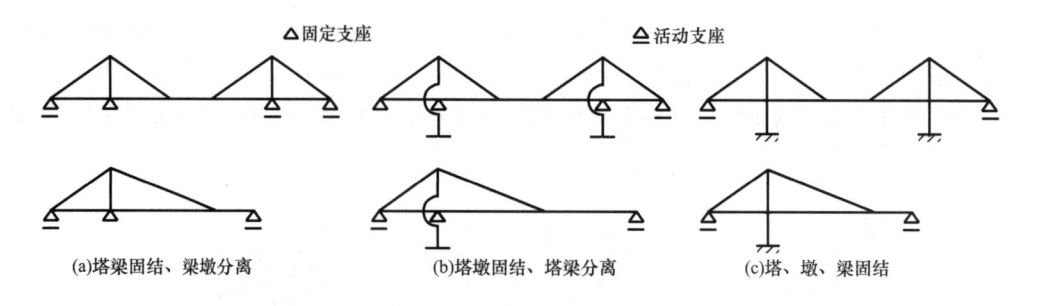

(a) 塔梁固结、梁墩分离　　(b) 塔墩固结、塔梁分离　　(c) 塔、墩、梁固结

图 6-8　连续的梁体

的梁体还与其边跨或主跨以外部分的引桥跨或其他跨的梁体相连,如图 6-9 所示。

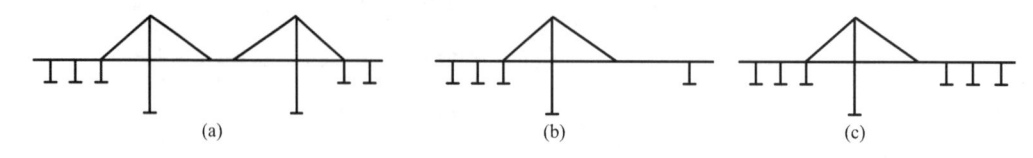

图 6-9　梁体连续的延伸

(二) 非连续体系

非连续体系可分为两种。一种是在斜拉桥主跨中央部分插入一小跨悬挂结构,如四川三台涪江桥(图 6-10)。另一种是以剪力铰代替悬挂结构(图 6-11),这种剪力铰的功能是只传轴力、剪力,不传弯矩;或只传弯矩、剪力,不传轴力,如图 6-12 所示。

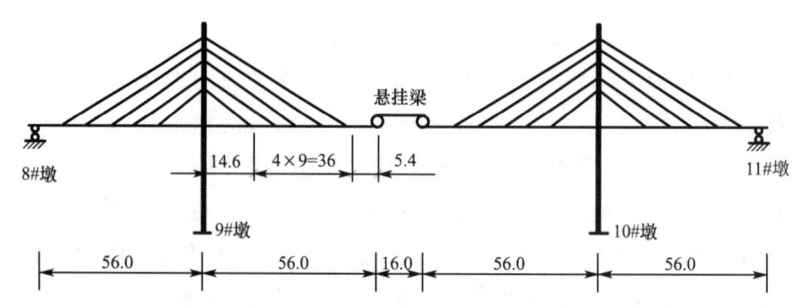

图 6-10　四川三台涪江桥(尺寸单位:m)

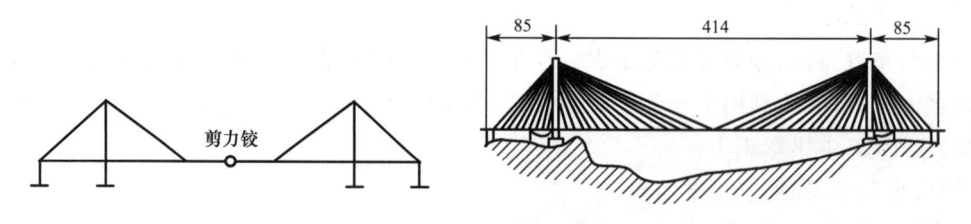

图 6-11　插入剪力铰

图 6-12　湖北郧阳汉江桥(尺寸单位:m)

(三) 主梁的跨高比

主梁的跨高比是指主跨跨径 l_2 与梁高 H 的比值。斜拉桥的主要景观特点是柔细感,而柔细感直接与主梁的跨高比相关。

现代密索式斜拉桥主梁的跨高比一般为 100～150,较多的是在 100 左右。至于铁路、公铁两用斜拉桥,特别是主梁为钢桁架梁的,其主梁的跨高比不足 30,如芜湖长江大桥,在柔细感上已无特色可言,也可以说是用斜索加强的梁式桥,属斜拉桥中的特例。

四、索塔布置

(一)塔架的形式

单索面斜拉桥和双索面斜拉桥索塔塔架的横向布置形式如图 6-13 所示。图中,单索面的(a)为单柱形,(b)为 A 形,(c)为倒 Y 形;双索面的(d)为双柱形,(e)为门形,(f)为 H 形,(g)为 A 形,(h)为倒 Y 形。

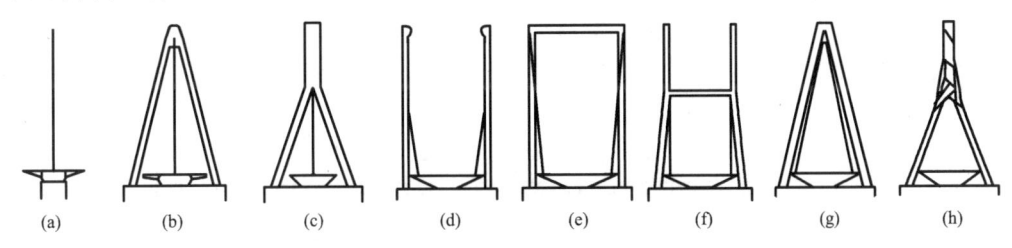

图 6-13　索塔塔架的横向布置形式

双柱形及门形塔架的面内刚度最小,但构造简单,施工方便,适用于中小跨径的斜拉桥,早期的索塔都仿此悬索桥塔架采用门形的。对较大跨径的斜拉桥,从改善扭振的角度出发,一般倾向采用 A 形或倒 Y 形索塔塔架。

(二)塔的高跨比

塔的高跨比范围,一般如图 6-14 所示。但索塔的适宜高度 H 要由经济比较来决定。因为,H 值越大,斜索的倾角越佳,斜索垂直分力对主梁的支承效果也越大,但塔与索的材料数量则要增加。

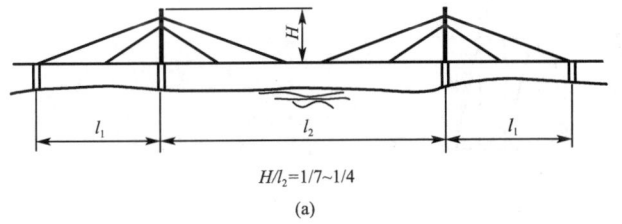

$H/l_2=1/7\sim1/4$
(a)

$H/l_2=1/4.7\sim1/2.7$
(b)

图 6-14　塔的高跨比

五、斜拉桥的锚拉体系

一般来说,悬索桥的主缆多数是地锚体系;而斜拉桥的斜索则相反,多数是自锚体系。只有在特殊情况下,少数斜拉桥采用地锚式的锚拉体系,如图 6-12 所示的湖北郧阳汉江桥。自锚式锚拉体系斜拉桥如图 6-15 所示。

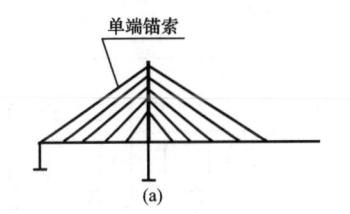

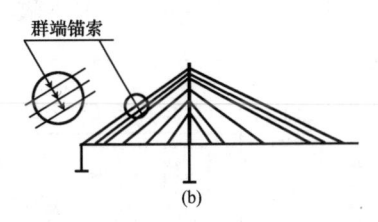

图 6-15　自锚式锚拉体系斜拉桥

无论是独塔双跨式或双塔三跨式,绝大多数的斜拉桥都是自锚式的。锚固在端支点处的一根或一组斜索称为端锚索或尾索,是斜拉桥自锚体系中最重要的斜索。它的索力最大,对控制塔顶变形起主要作用。在自锚体系中,斜索的水平分力由主梁的轴力来平衡。

第三节 主梁截面

一、钢梁

(一)工字形钢主梁

如图 6-16 所示,一般采用两根工字形钢主梁的双主梁布置。钢主梁之间有钢横梁。钢桥面板与钢主梁及钢横梁相连接。钢桥面板底面焊有纵向和横向的加劲肋,形成正交异性钢桥面系。

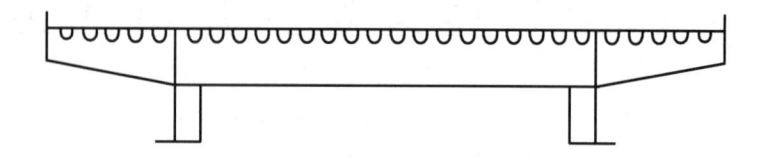

图 6-16 工字形钢主梁

斜索下端一般直接锚固在钢主梁上,其锚固细节如图 6-17 所示。

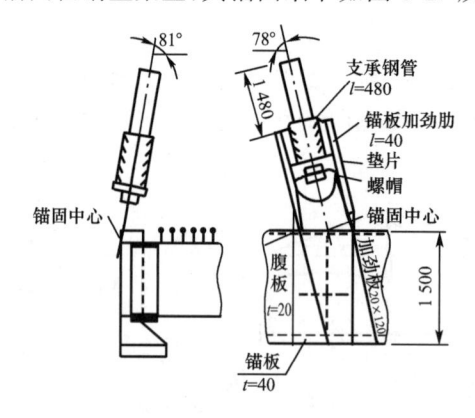

图 6-17 工字形钢主梁的锚固细节(尺寸单位:mm)

工字形钢主梁斜拉桥上的斜索,尽量避免在外伸的托架上锚固。这样以弯矩和剪力形式将索力传递给钢主梁,力流复杂,对于构件单薄的钢结构来说,细节构造也难于处理。

(二)钢箱梁截面主梁

钢箱梁截面可以采用相当于工字形双主梁的布置方式,只是将工字形钢梁换成钢箱梁,如图 6-18 所示的山东东营黄河大桥的梁体截面(主跨 288 m)。

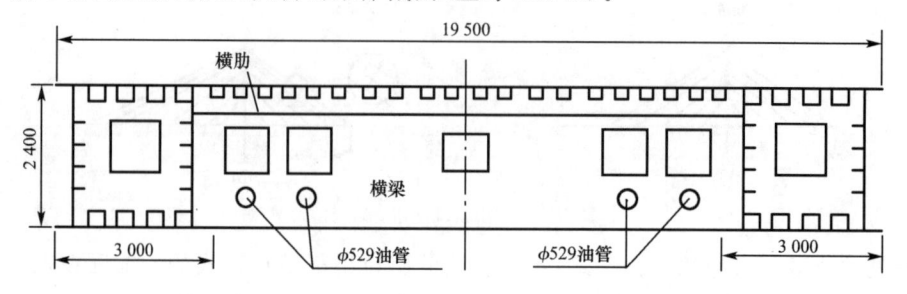

图 6-18 山东东营黄河大桥的梁体截面(尺寸单位:mm)

在现代斜拉桥中,钢主梁更多地采用整体构造的流线型扁平钢箱梁。图 6-19 所示为福建闽江大桥(主跨 605 m)两侧带有风嘴的扁平多室钢箱梁。

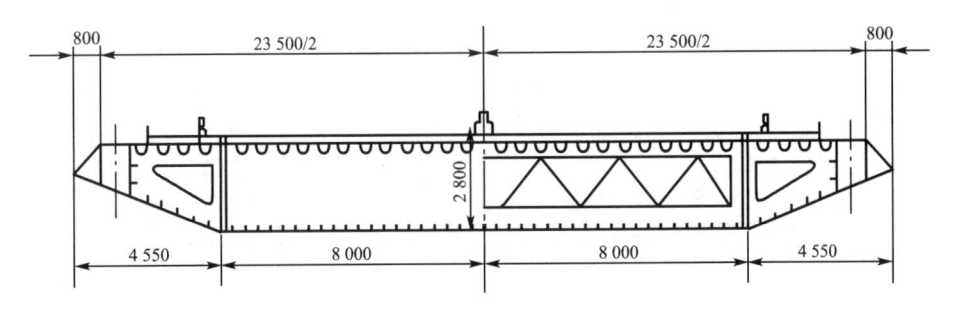

图 6-19 福建闽江大桥两侧带有风嘴的扁平多室钢箱梁(尺寸单位:mm)

(三)钢桁梁

斜拉桥采用钢桁梁,主要是为了满足布置双层桥面的需要。典型的钢桁梁截面如主跨 420 m 的日本本州四国联络桥儿岛至坂出线上的岩黑岛与柜石岛桥公铁(轻载铁道)两用双层桥面的主梁截面(图 6-20)。两桥的上层桥面通行汽车,下层桥面通行轻载铁道列车(每线 3.8 t/m,远低于我国的铁路桥活载每线 8 t/m)。桁架高 13.9 m,跨高比为 30。

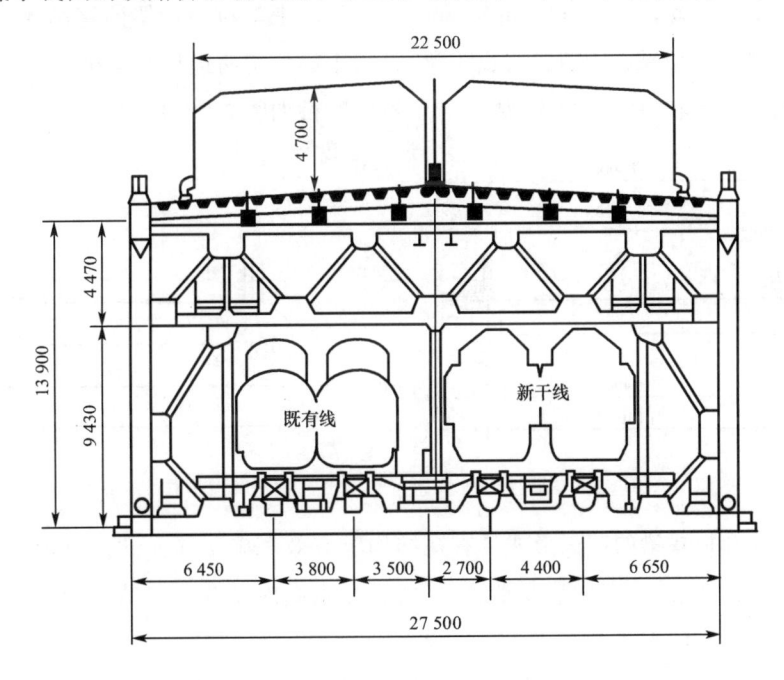

图 6-20 日本岩黑岛桥钢桁梁截面(尺寸单位:mm)

(四)单索面斜拉桥中的钢梁截面

由于单索面斜拉桥的斜索对桥梁抗扭不起作用,因此,一般都采用抗扭刚度较大的整体构造的箱梁(不是分离式的由横梁连接的两个边箱梁截面)。图 6-21 所示为泰国湄南河桥钢梁截面(主跨 450 m)。

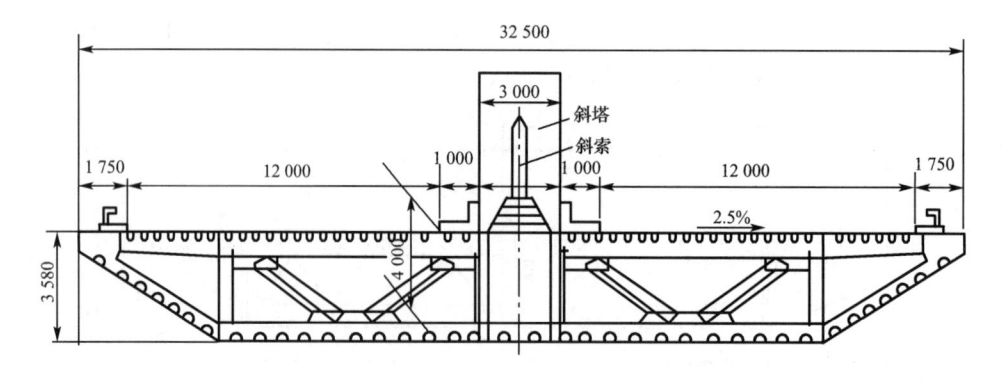

图 6-21　泰国湄南河桥钢梁截面(尺寸单位:mm)

二、混凝土梁

(一)实体边主梁和板式梁

实体边主梁是混凝土斜拉桥中比较简单的一种截面形式。图 6-22 所示为重庆长江二桥实体边主梁截面。两主梁间用混凝土横梁和桥面板连接,斜索面设在主梁的中线处。

实体板式梁的出现,是近年(20 世纪 80 年代以后)来斜拉桥主梁的跨高比一再增大以及主梁高度相对减小的结果。所谓板式边主梁,是指主梁位于两边且梁高相对于桥宽来说很小,但两主梁间仍有横梁和桥面板相连,挪威赫尔格兰特桥如图 6-23 所示。

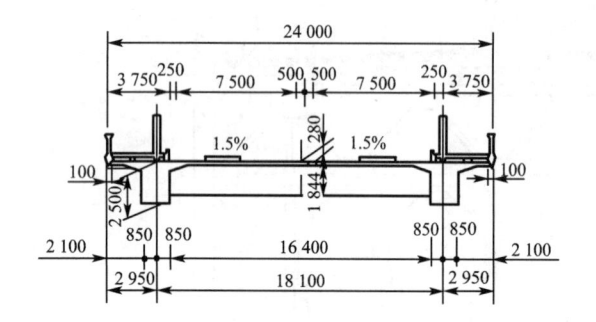

图 6-22　重庆长江二桥实体边主梁截面(尺寸单位:mm) 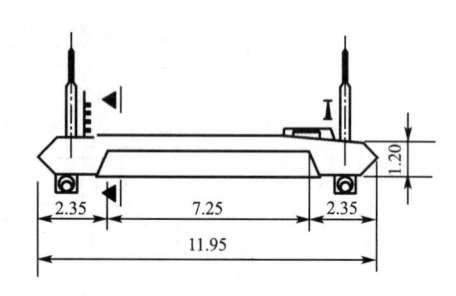　　图 6-23　挪威赫尔格兰特桥(尺寸单位:m)

实体边主梁和板式梁的截面形式具有在结构上有效和施工简便的优点,特别是当斜索在实体的边主梁中锚固时,锚固构造非常简单,而且在索面内具有一定的抗弯强度,在锚固点处可以避免产生大的横向力流。

截面空气阻力小,在空气动力性能方面是合理与有效的,特别当桥面宽度增大到整个截面近似于一块平板时。

(二)箱形截面

箱形截面是现代斜拉桥主梁经常采用的截面形式。这是因为它的抗弯和抗扭刚度大,能适应稀索、密索、单索面或双索面等不同斜索布置;其组合截面也可以方便地形成封闭式的单箱形式或分离式的双箱形式,以适应不同桥宽的需要;截面的组合构造也可以部分预制、部分现场浇筑(如法国勃鲁东桥),为桥梁施工方案提供更多选择。单索面布置的箱形截面首创于法国勃鲁东桥(主跨 320 m,索距 6 m,1977 年);而 10 年后建成的美国日照高架桥(主跨 365.2 m,索距 7.3 m,1987 年),均为同一工程设计公司的著名作品。图 6-24 所示的这两座姐妹桥已成为世界混凝土斜拉桥的标准截面形式之一。

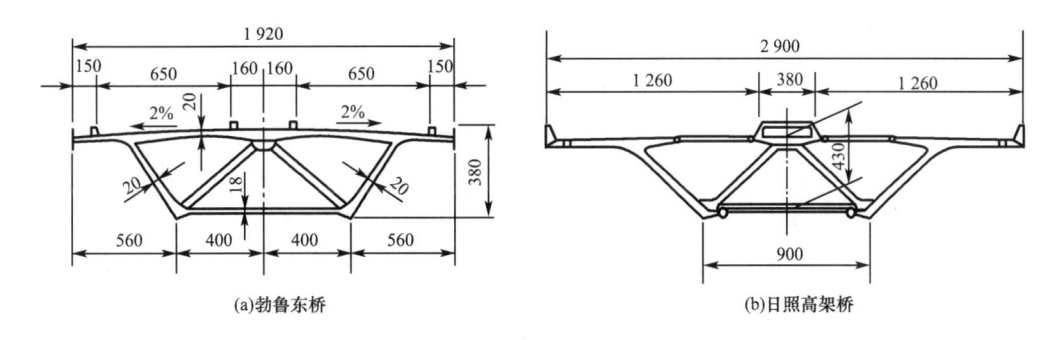

图 6-24　混凝土单室箱形截面(单索面桥)(尺寸单位:cm)

在双索面混凝土斜拉桥中,箱形截面的主梁常以分离式的两个箱体各自锚固于斜索,两箱之间则以横梁和桥面板连接。双箱梁的典型截面为倒梯形,如图 6-25 所示的济南黄河桥(主跨 220 m,索距 8 m,1982 年)。

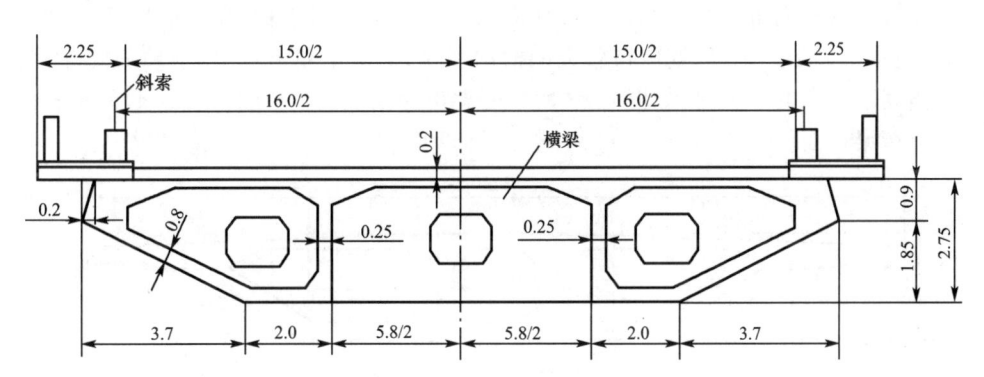

图 6-25　济南黄河桥混凝土双箱梁截面(尺寸单位:m)

对于桥面宽度较小的双索面混凝土斜拉桥,也有采用单箱梁截面的,如图 6-26 所示的日本呼子大桥(主跨 250 m,索距 7 m,1989 年)的双室单箱梁截面。

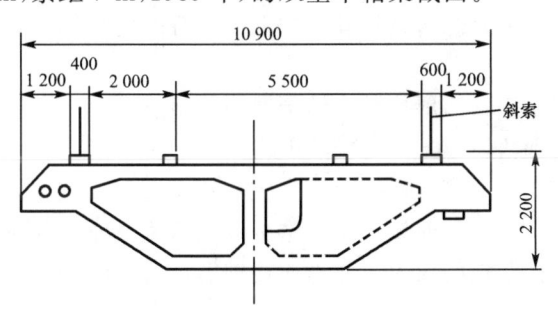

图 6-26　日本呼子大桥的双室单箱梁截面(尺寸单位:mm)

在双箱梁的两个分离式箱体之间用底板将其封闭,即成为三室单箱梁截面。双索面混凝土斜拉桥采用三室箱梁的实例很多,图 6-27 所示为辽宁长兴岛桥(主跨 176 m)的斜底板式三室单箱梁截面。

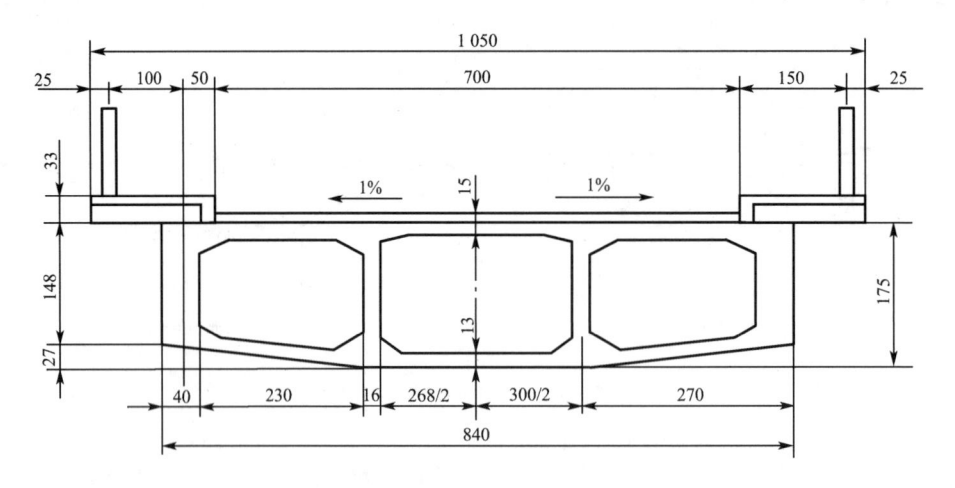

图 6-27　辽宁长兴岛桥混凝土三室单箱梁截面(尺寸单位:cm)

双索面桥与单索面桥的三室箱梁截面应有所不同。采用双索面时,应将两个中间竖腹板尽量拉大,使中室大于边室,以期取得较大的横向惯矩;而对于单索面,则应将其尽量靠拢,以便将斜索锚固于较窄的中室内,如图 6-28 所示的湖南湘江北大桥(主跨 210 m)的单索面的三室和多室单箱梁截面。

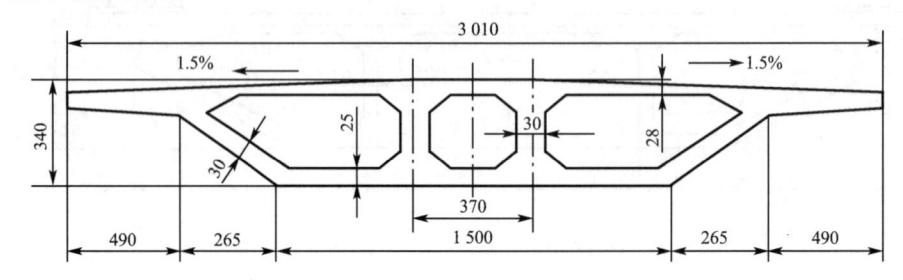

图 6-28　单索面的三室和多室单箱梁截面(尺寸单位:cm)

三、结合梁

结合梁是指钢主梁的上翼缘与设置其上的混凝土桥面板之间用剪力键结合共同受力的梁体结构。

结合梁一般只适用于双索面斜拉桥。结合梁斜拉桥在 20 世纪 80 年代后才得到发展,其代表作首推加拿大的安那西斯(Annacis)桥(主跨 465 m,1987 年)。

预制混凝土桥面板与钢主梁的连接主要靠抗剪连接件。当前采用的一般是带头的栓钉。抗剪栓钉事先焊接在钢结构的顶面翼板上。这种以钉身底端垂直于面板的焊接,需用专门的焊接工具和焊接工艺。预制板的四周或伸出连接钢筋,或在有抗剪栓钉的位置处开孔,两种传统形式如图 6-29 所示。

图 6-29 所示的这种抗剪连接的细节已被证明可以在现场连接缝混凝土的浇筑中取得较好的质量。它有较好的通路可以进行检查、浇筑、振捣和使混凝土流动,以确保填满所有空隙,这对长期可靠的抗剪连接是非常重要的。

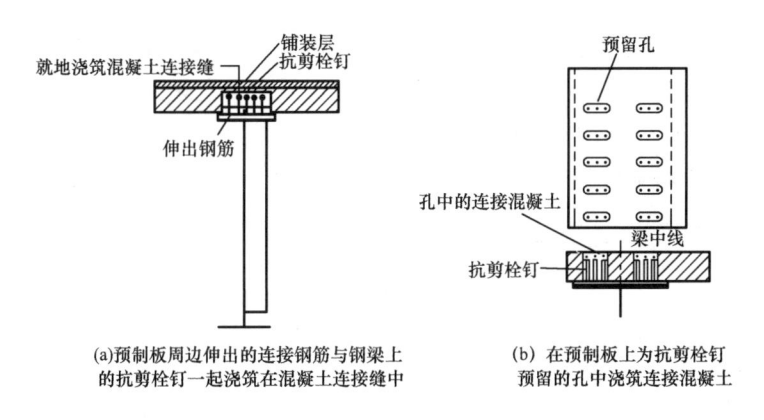

(a) 预制板周边伸出的连接钢筋与钢梁上的抗剪栓钉一起浇筑在混凝土连接缝中

(b) 在预制板上为抗剪栓钉预留的孔中浇筑连接混凝土

图 6-29　结合梁的抗剪栓钉

结合梁的抗剪连接要在桥梁的悬臂架设施工中承受很大的荷载。此时，由于剪滞影响限制了连接缝附近的混凝土桥面板的有效宽度，而这个工作截面必须承受下一个梁体节段架设时产生的很大的局部弯矩。由此可见，简单而可靠地剪切连接并能很快取得强度，是影响桥梁架设速度的关键。

将抗剪栓钉熔焊在钢梁上接合处会产生焊接疲劳问题，对此需通过疲劳试验，予以慎重处理。

另一个影响抗剪连接强度的因素是：连接处的轴向力会随时间变化而在钢梁与混凝土板之间进行内力重分配。特别是在架设过程中，当混凝土板尚未达到全部强度前就开始承受轴力，其结果是由于徐变的关系会使混凝土桥面板中的部分轴力转嫁给钢梁，对此应详加验算。这会影响钢与混凝土两种物体中的恒载轴力和桥梁的最终线型。

四、混合梁

混合梁斜拉桥是指其主跨为钢梁而边跨为混凝土梁的斜拉桥。钢梁与混凝土梁的连接点一般设在索塔附近，可以在边跨侧，也可以在主跨侧。斜拉桥边跨采用混凝土梁的构思是取其梁的自重大，有利于边跨发挥其锚固跨的作用。

混凝土梁与钢梁的连接点选择在索塔附近，原因是该处梁的弯矩最小，梁的轴力最大。对混凝土梁与钢梁连接的细节构造而言，传递轴力的构造要比传递弯矩的构造容易处理得多。混合梁斜拉桥的构思是 1963 年德国勒沃库森（Leverkusen）桥进行设计方案比较时首次提出的，此方案是 50 m+280 m+50 m 三跨斜拉桥。由于边跨与主跨的比值过小，故建议边跨采用混凝土梁，主跨采用钢梁。但当时此方案未被采纳，最终建成的仍是钢斜拉桥，边跨由 50 m 增加为 106.26 m。

到 1972 年，德国首次建成世界第一座混合梁斜拉桥，即库尔特-舒马赫（Kurt-Schumacher）桥。此桥主跨 287 m，为钢梁；边跨 146.4 m，为混凝土梁。

1980 年，瑞典新建的焦恩（Tjorn）桥是三跨混合梁斜拉桥。其主跨为 366 m，两端各加 10 m 为钢梁，两侧边跨 124.3 m 和 153.7 m 为混凝土梁，如图 6-30 所示。

我国第一座混合梁斜拉桥是 1996 年施工的汕头礐石大桥。该桥主跨 518 m，在边跨长度 194 m 中加设两座辅助墩，形成 2×47 m+100 m+518 m+100 m+2×47 m 七跨钢箱梁-混凝

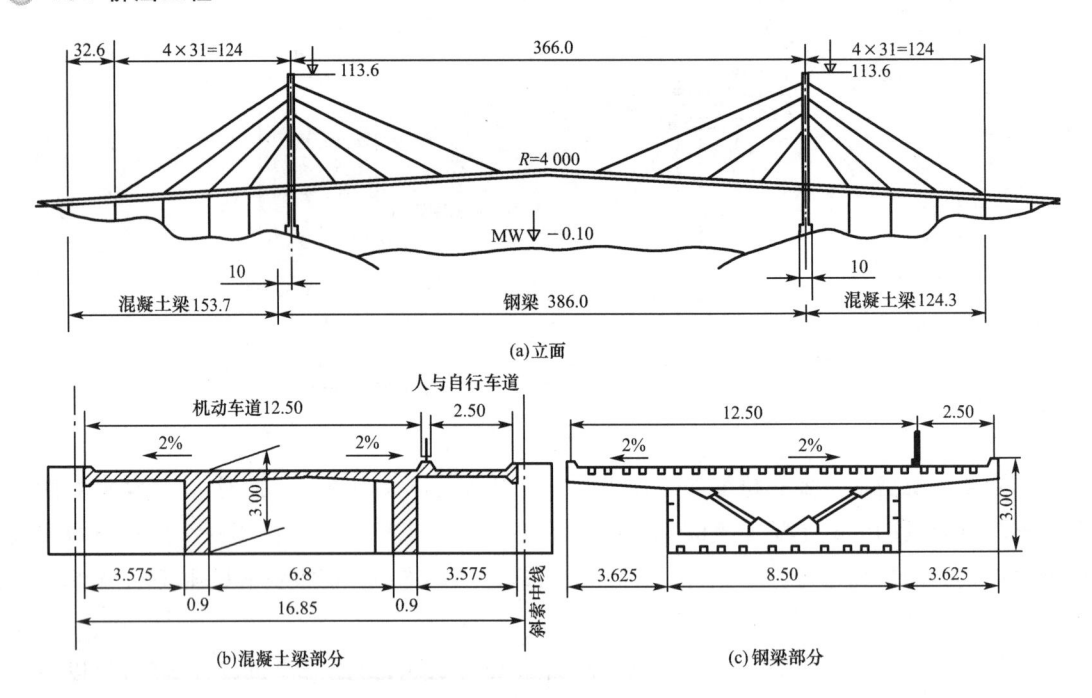

图 6-30 瑞典焦恩混合梁斜拉桥(尺寸单位:m)

土梁连续混合梁斜拉桥,如图 6-31 所示。边跨与主跨比为 0.375。钢箱梁与混凝土梁的连接点选在距索塔边跨侧 96 m 处,这样既避免采用大跨的混凝土梁,也便于混合梁连接点处的施工。

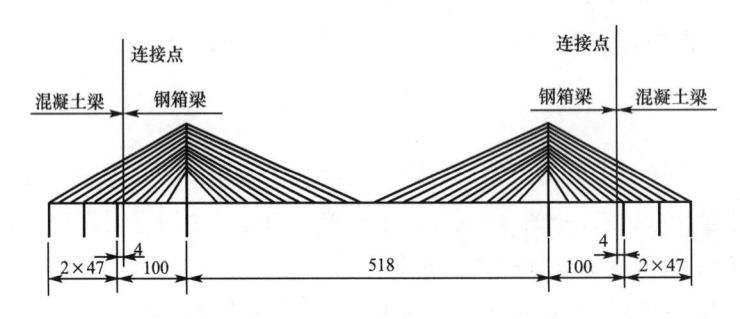

图 6-31 汕头礐石大桥(尺寸单位:m)

在早期的稀索斜拉桥中,主梁的抗弯刚度一般较大,而近期密索斜拉桥的主梁抗弯刚度逐渐变小。从将边跨结构作为中跨结构的锚固构件来看,边跨主梁抗弯刚度的减小并不利,特别是对于边跨与主跨比值较小的斜拉桥来说更是如此。因此,如果将边跨主梁的重量与刚度加大,可以减小主跨的内力与变形,并可减小或避免边跨端支点的负反力。这个基本情况就是混合梁斜拉桥的结构特点。

混合梁中的钢梁与混凝土梁的连接方式大致有如图 6-32 所示的三种方式:图 6-32(a)所示为钢板方式(如德国库尔特-舒马赫桥);图 6-32(b)所示为填充混凝土前承压板方式(如德国弗雷厄桥);图 6-32(c)所示为填充混凝土后承压板方式(如瑞典焦恩桥、日本生口桥)。

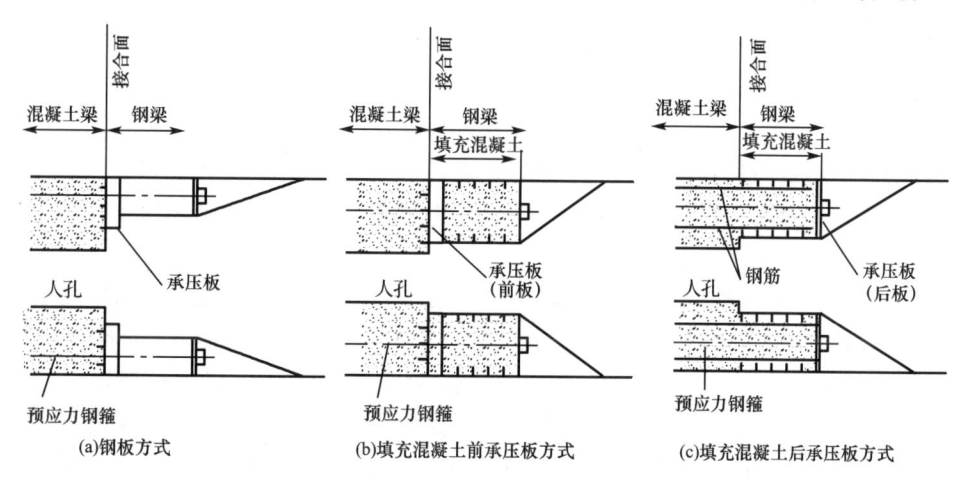

图 6-32　钢梁与混凝土梁的三种连接方式

(a)钢板方式　　(b)填充混凝土前承压板方式　　(c)填充混凝土后承压板方式

第四节　斜　索

一、斜索的构造

在近代大跨度斜拉桥中,斜索的构造基本上分为整体安装的斜索和分散安装的斜索两大类。前者的代表为平行钢丝索和冷铸锚,后者的代表为平行钢绞线索和夹片锚。

(一)平行钢丝索和冷铸锚

平行钢丝索的截面组成和冷铸锚如图 6-33 所示。

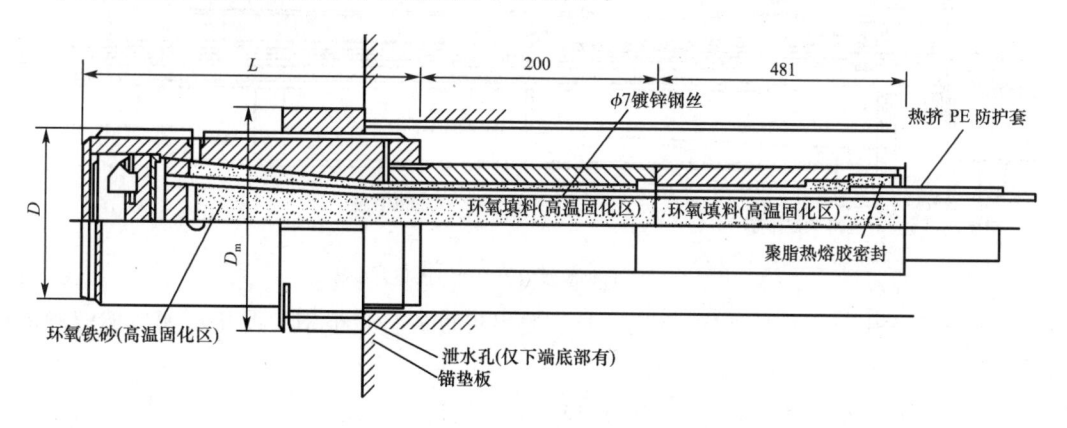

图 6-33　平行钢丝索的截面组成和冷铸锚(尺寸单位:mm)

平行钢丝索和冷铸锚的斜索在工厂整体制造。平行钢丝索由 $\phi 5$ mm 或 $\phi 7$ mm 高强度镀锌钢丝(抗拉强度 $\sigma_b \approx 1\,600$ MPa)组成,一般排列成六边形,表层由玻璃丝布包扎定型后用热挤高密度 PE(HDPE)塑造成正圆形截面。这种斜索具有厚镀锌层(锌层 300 g/m)和厚 PE 层(厚度 6 mm)的双重防腐保护。

然后将钢丝束穿入冷铸锚中,钢丝尾端镦头后锚固在冷铸锚的后锚板上。再在锚体内分段常温浇灌环氧树脂加铁丸和环氧树脂加岩粉(辉绿岩)等混合填料,使锚体与钢丝束之间的刚度均匀变化,避免在索和锚的交界处产生刚度突变。最后,将冷铸锚头放入加热炉中加热养生,加热温度约为150 ℃。由于是在常温下浇铸填料,不同于传统的锌基合金填料的浇铸温度,故相对而言称为冷铸锚。冷铸锚的锚固力由锚筒的圆锥体内腔和筒内填料的横向挤压力承受,在正常情况下镦头不受力,只是作为安全储备。

平行钢丝索和冷铸锚以其性能(承载能力、疲劳强度和防腐措施)可靠,从20世纪70年代在欧洲和日本使用起至今已被广泛使用。但由于其要求整体制造、整体运输和整体安装,在某些特定环境下受到限制。

由于运输需求,钢索必须盘绕在圆筒上,为避免索的钢丝产生过高的弯曲应力和外包PE套被撕裂,一般规定圆筒直径不小于索径的20~25倍。因此,在跨度大因而索也大的斜拉桥中,对于粗而长的斜索,其索径可达200 mm以上,索长可达200 m以上。如以索径200 mm计,则圆筒直径超过4 m,绕索后的圆筒将更粗,这将给陆路(火车或汽车)运输造成困难,而在桥位处无水运条件(例如山区或内陆水库)时则更难解决。因此,在现代大跨度斜拉桥中提出斜索分散制作、现场安装成索的要求。这就是平行钢丝索和夹片锚的斜索。

为方便平行钢丝索在圆筒上的盘绕,在工厂制造中常将索扭转一个2°~4°的小角(增加柔性),此扭角不影响索的特性(弹性模量和疲劳性能)。我国的武汉长江二桥(主跨400 m,最长索215 m,最大索径121 mm,1996年)即采用此种平行钢丝索和冷铸锚。

(二)平行钢绞线索和夹片锚

平行钢绞线索的截面组成和夹片锚如图6-34所示。将平行钢丝索中的钢丝换成等截面的钢绞线即成为平行钢绞线索。

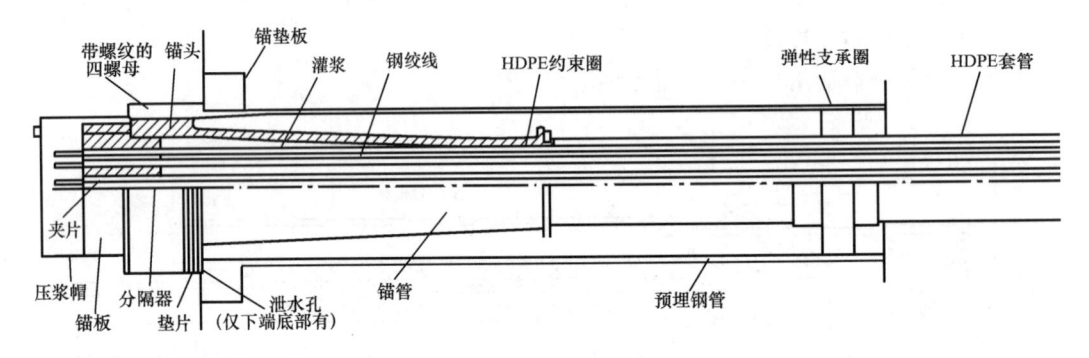

图6-34 平行钢绞线索的截面组成和夹片锚

钢索线在索中是平行排列的,有别于早期曾出现过的将多根钢绞线扭绞而成的螺旋形钢绞线索,故称为平行钢绞线索。

此种$\phi 15$ mm钢绞线为后张法体内预应力无黏结钢绞线(抗拉强度$\sigma_b = 1\,860$ MPa),系将镀锌钢绞线表面涂油(或蜡)后外套两层PE管而成。钢绞线成盘运至现场,在现场截取需要长度后除去两端部分长度的套管,逐根安装、张拉,两端裸线由夹片锚固定。

采用夹片锚的原因是:在现场施工中难以将$\phi 15$ mm的钢绞线镦头(镦头机体积太大),且为了保证其质量。

在钢绞线的逐根张拉过程中,须使最终斜索中的各根钢绞线拉力相等。此施拉工艺称为等值张拉法,最先由法国弗雷西奈公司提出。此法系在一群钢绞线中选定一参照线,对该参照线拉力在张拉过程中进行同步精密标定,每张拉一根钢绞线,即按照此参照线的标定值确定该线的张拉值。待全部钢绞线张拉完毕后,各根钢绞线的拉力与参照线的相同,然后再用大能量小行程的张拉千斤顶将整索钢绞线同步张拉至预定索力。

对平行钢绞线索和夹片锚体系,需要注意的问题是:

(1)夹片锚的疲劳强度。

(2)夹片和锚孔之间的圆锥度配合要精确,否则咬合力将集中在夹片小端形成切口效应,成为疲劳破坏之源。

(3)对夹片应设置防松脱装置,否则在较小索力(小于$0.25\sigma_b$)下受振动荷载时,夹片可因咬合力不足而松脱导致事故。

(4)钢绞线进入锚管内有两处转折:一处在钢绞线散开的约束圈处;另一处在钢绞线进入锚孔处。在第二个转折处,即斜索的锚固点,存在着固端挠矩。由于轴向应力和挠曲应力的叠加,该处产生最大的应力幅。为分散应力幅,需在锚管内加设一支承圈。据实验,该支承圈可分散80%以上的应力幅。

当前,在斜索中使用的平行钢绞线索和夹片锚共有四种体系,即弗雷西奈体系(法国)、迪维达克体系(德国)、VSL体系(瑞士)和强力(Stronghold)体系(英国)。我国汕头崀石大桥为境内首次采用迪维达克体系的平行钢绞线索和夹片锚(主跨518 m,最大索钢绞线数43根)。

二、斜索的锚固

(一)斜索在主梁上的锚固

斜索在主梁上的锚固可以分为吊拉和承托两种形式。

在工字形主梁上,大都采用吊拉形式,如图6-17香港汀九桥实例所示。在钢箱梁主梁上,都采用承托形式,如图6-35汕头崀石大桥实例所示。

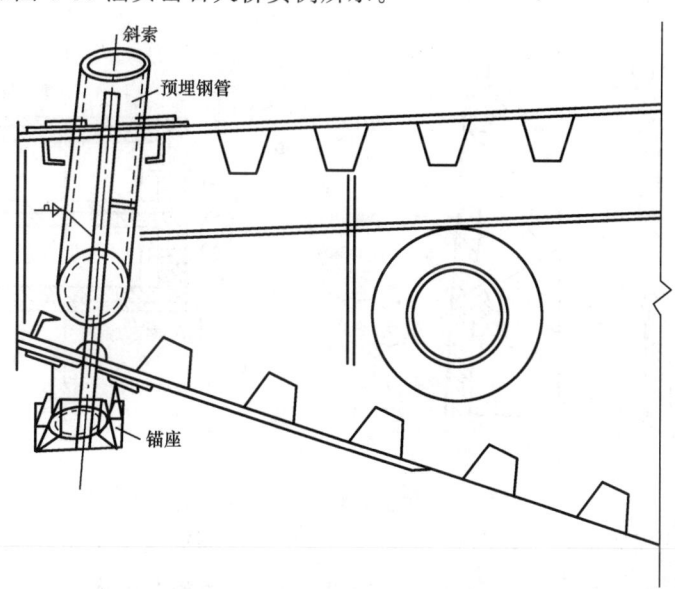

图6-35 汕头崀石大桥斜索在梁上的锚固

在混凝土主梁上,都采用承托形式,如图6-36实例所示。

(二)斜索在索塔上的锚固

(1)斜索在实体索塔上的交错锚固,如图6-37所示。

(2)斜索在空心索塔上的非交错锚固,如图6-38所示。

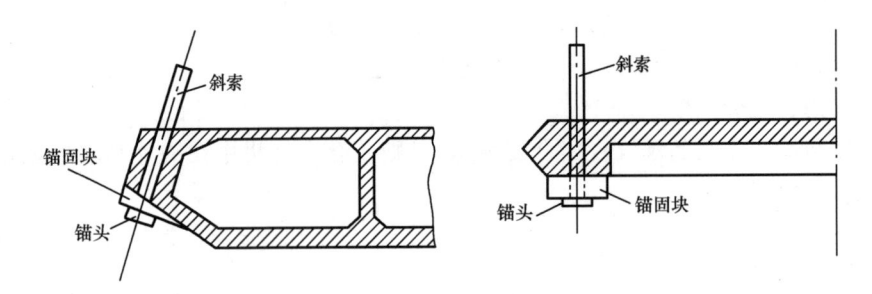

图 6-36　斜索在混凝土主梁上的锚固

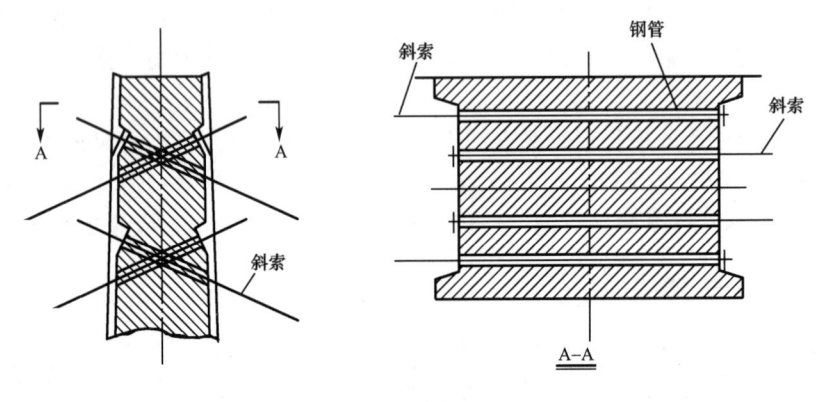

图 6-37　斜索在实体索塔上的交错锚固

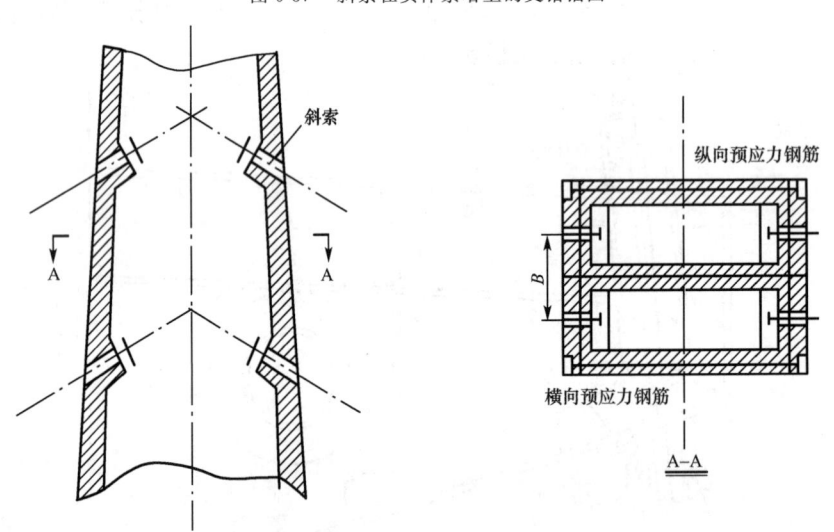

图 6-38　斜索在空心索塔上的非交错锚固

(3)采用钢锚固梁锚固。如图 6-39(a)所示,将钢锚固梁置于混凝土索塔横壁内侧的牛腿凸块上,斜索通过埋设在横壁中的钢管锚固在钢锚固梁两端的锚块上。

当索塔两侧的索力及斜索倾角相等时,水平分力由钢梁的轴向受拉及两端的偏心弯矩来平衡,与索塔无关。垂直分力则由钢锚固梁通过牛腿凸块传给索塔。

当索塔两侧的索力或斜索倾角不等时,如图 6-39(b)所示,水平分力的不平衡值 $\Delta H = H_1 - H_2$,由挡块传给柱壁;垂直反力 R_1 及 R_2 通过牛腿凸块传给索塔。

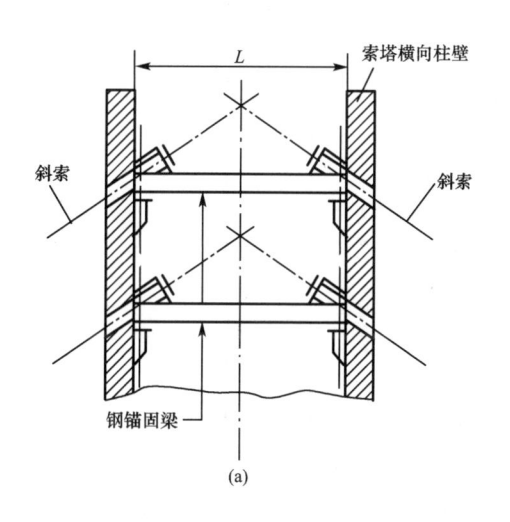

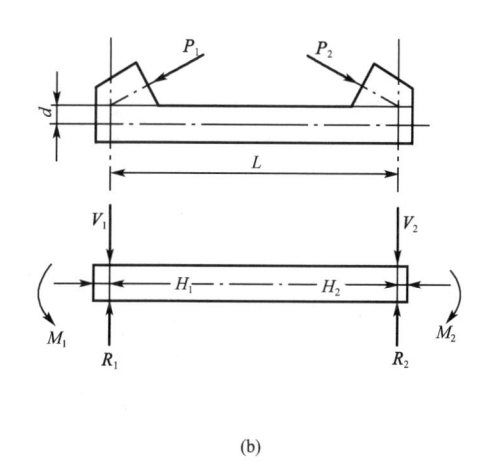

图 6-39　钢锚固梁

三、斜索防腐

斜索防腐是斜拉桥设计的重要课题。由于斜拉桥发展的历史还不长,斜索防腐措施尚未经历足够的时间考验,但在近代确实有因斜索腐蚀断丝或保护层破损而进行换索的实例。早期的斜拉桥设计,其最大的失误就是斜索防腐措施不足。

在现代斜拉桥所广泛采用的两种斜索——平行钢丝索和冷铸锚、平行钢绞线索和夹片锚中,斜索防腐的典型措施如下:

(1)平行钢丝索和冷铸锚:镀锌钢丝为挤高密度 PE 套所防护,裸索埋于冷铸锚的环氧树脂混合料中。钢丝受到镀锌层和高性能 PE 套的保护。

(2)平行钢绞线索和夹片锚:镀锌钢绞线涂以油(或蜡)层后,用双层 PE 套防护并将整索弯于 PE 套内,套内灌以水泥砂浆或其他有机防腐剂,裸索埋于钢套的防腐油脂中。钢绞线受到镀锌层、油层、PE 层和 PE 套管的四层保护。

对于斜索而言,实践经验表明,其下端难以防止雨水渗入预埋钢管内。应在下端预埋钢管底部开设泄水孔,由锚板边缘排出积水,如图 6-33 和图 6-34 所示。

第五节　索　塔

斜拉桥的柔细感与直线感虽基本上来自于梁体与斜索。但索塔的形状对全桥的景观也至关重要,它在美学上几乎起决定性的作用。因此,必须非常慎重地选择索塔的形状,精心确定出优美的尺寸比例。具体的做法可借助制作模型来进行比较,然后决定取舍并进行局部优化。

组成索塔的主要构件是塔柱,另外还有塔柱之间的横梁和其他连接构件(图 6-40)。

塔柱之间的横梁一般可分为承重横梁与非承重横梁。前者为设置主梁支座的受弯横梁,以及塔柱转折处的压杆横梁或拉杆横梁;后者为塔顶横梁和塔柱无转折的中间横梁。

近年来,除了日本因钢材生产较多与考虑地震之外,世界各国大部分的斜拉桥多采用混凝土塔。这是因为混凝土塔造价较低;混凝土塔可以更方便地塑出与全桥景观协调的外形;另外,混凝土塔几乎不需要维修。

斜拉桥的混凝土索塔可分为实体塔柱与空心塔柱两类,但不论何类,其截面基本上都采用

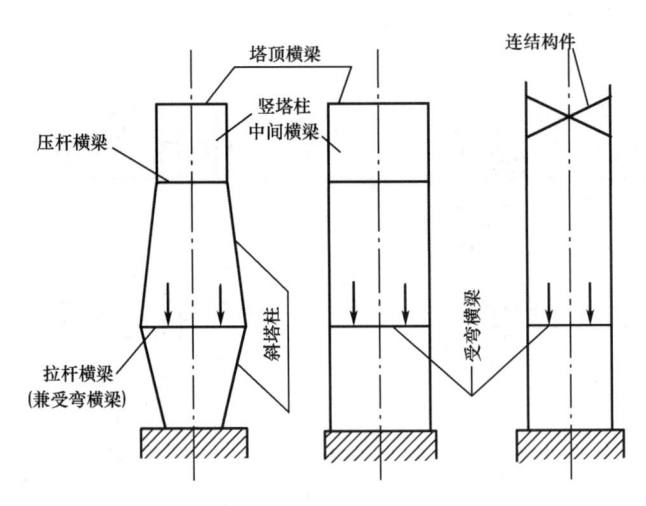

图 6-40 索塔的组成

矩形,并且一般是长边 L 为顺桥向,短边 B 为横桥向,如图 6-41 所示。

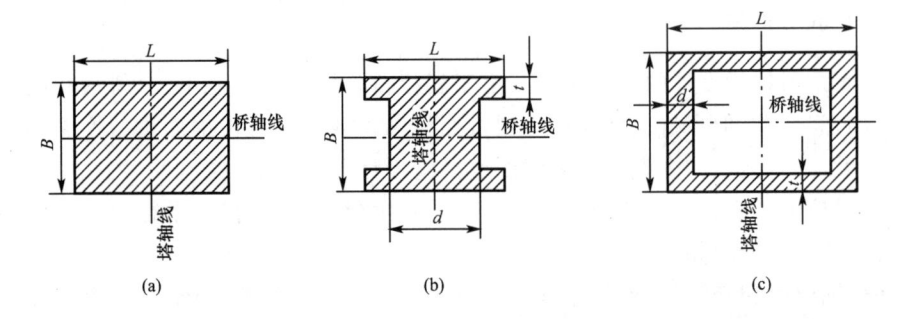

图 6-41 混凝土索塔的截面

采用实体塔柱时,斜索在塔柱中作交错锚固(参见图 6-37);采用空心塔柱时,斜索在塔柱的箱室中作非交错锚固(参见图 6-38),或采用钢锚固梁来锚固(参见图 6-39)。

第六节 斜拉桥施工简介

斜拉桥是由索塔、斜索、主梁三种基本构件组成的缆索承重结构体系,一般表现为柔性的受力特点。张紧的斜索形成主梁的弹性支承和对主梁产生轴向力,可以减小主梁高度,从而跨越更大的跨径。同时由于斜索是直线拉紧,与悬索桥相比,在荷载作用下产生较小的位移。斜拉桥的施工叙述如下。

一、索塔及基础施工

索塔有钢索塔和混凝土索塔两种。相对而言,钢索塔具有造价昂贵,施工精度要求高,抗震性好,维护要求高等特点;混凝土索塔则有价格低廉,整体刚度大,施工简便,成桥后一般无须养护和维修的特点。现代斜拉桥中,一般采用混凝土索塔。

(一)钢索塔施工

钢索塔一般采用预制拼装的施工方法,分为工厂分段预制加工和现场吊装安装两个大的施工阶段。钢索塔施工应对垂直运输、吊装高度、起吊吨位等施工要点进行充分的考虑。钢索塔应在工厂分段焊接加工,事先进行多段立体试拼装合格后方可出厂。主塔在现场安装,常常采用现场焊接头、高强度螺栓连接、焊接和螺栓混合连接的方式。经过工厂加工制造和立体试拼装的钢索塔，在正式安装时应予以施工测量控制，并及时用填板或对螺栓孔进行扩孔来调整轴线和方位，防止制造误差、受力误差、安装误差、温度误差、测量误差的积累。

钢索塔的防锈蚀措施可以采用耐候钢材，也可采用喷锌层。但国内外绝大部分钢索塔仍采用油漆涂料，一般可使用保持的年限为10年。油漆涂料常采用二层底漆、二层面漆，其中三层由工厂涂装，最后一道面漆由施工安装单位最终完成。

(二)混凝土索塔施工

混凝土索塔通常由基础、承台、下塔柱、下横梁、中塔柱、上横梁、上塔柱拉索锚固区段及塔顶建筑等几部分组成。

塔柱节段施工长度的划分，宜根据索塔结构形式、钢筋定尺长度和施工条件等因素确定。塔柱模板系统应具有足够的强度、刚度和稳定性，且宜进行抗风稳定性验算。对倾斜塔柱，在塔柱和横梁异步施工以及分高度设置主动横撑或拉杆时，需要对塔柱的悬臂施工高度进行适当控制，并需要在上述几种工况条件下对塔柱进行验算。验算的一般原则为：控制塔柱根部混凝土的拉应力不超过1MPa，同时还需要控制塔柱施工的悬臂端可能产生的不可恢复的位移。

横梁施工时，应设置可靠的支架系统。支架系统应进行专门设计，其强度、刚度和稳定性应满足使用要求，同时应考虑变形和日照温差等因素对支架系统的不利影响。对设置在承台顶部的支架，可不预压。体积过大的横梁可沿高度方向分次浇筑，但分次浇筑的时间间隔宜不超过15天，并应采取措施防止施工接缝处产生收缩裂缝；分次浇筑时支架系统的设计宜考虑横梁的全部自重。

混凝土应根据索塔的高度及混凝土供应能力选择适宜的输送方式，采用输送泵时宜一泵到顶；当采用接力方式泵送混凝土时，上、下泵的输送能力应相互匹配，且应对设置接力泵位置的结构进行承载能力的验算，必要时应采取加固措施。

(三)斜索锚固区塔柱施工

斜索在塔顶部的锚固形式主要有交叉锚固、钢梁锚固和箱形锚固等。箱形锚固的施工程序为：架立劲性骨架，绑扎钢筋；安装套筒，套筒定位；安装预应力管道及钢束；模板安装，混凝土浇筑养护；施加预应力，压浆。

(四)索塔施工测量控制

索塔在施工过程中受施工偏差、混凝土收缩、徐变、基础沉降、风荷载、温度变化等因素影响，其几何尺寸及平面位置可能发生变化，对结构受力产生不利影响。因此，在施工的全过程中，应采取严格的施工测量控制措施对索塔施工进行定位指导和监控。除了应保证各部位的几何尺寸正确之外，还应该进行主塔局部测量系统与全桥总体测量系统接轨。

索塔局部测量常采用全站仪三维坐标法或天顶法进行。测量控制的时间一般应选择22:00~7:00(次日)日照之前的时段内，以减少日照对主塔造成的变形影响。此外，随着主塔高度不断地升高，也应选择在风力较小的时机进行测量，并对日照和风力影响予以修正。

(五)索塔基础施工

斜拉桥索塔基础常采用的形式有扩大基础、沉井或沉箱基础、管柱基础和桩基础。

二、主梁的施工方法

斜拉桥主梁的施工方法与梁桥大致相同，一般有以下四种。

(一)顶推法

顶推法的特点是施工时需在跨间设置若干临时支墩,顶推过程中主梁要反复承受正、负弯矩。该法较适用于桥下净空较低,修建临时支墩造价不大,支墩不影响桥下交通,抗压与抗拉能力相同,能承受正、负弯矩的钢斜拉桥主梁的施工。对混凝土斜拉桥主梁而言,一般在斜索张拉前顶推主梁,临时支墩间距又超过主梁负担自重弯矩能力时,为满足施工需要,要设置临时预应力束,在经济上不合算。

(二)平转法

平转法指分别在两岸或一岸顺河流方向的矮支架上现浇主梁,并在岸上完成所有的安装工序(落架、张拉、调索等),然后以墩、塔为圆心,整体旋转到桥位合龙。平转法适用于桥址地形平坦、墩身较矮和结构体系适合整体转动的中小跨径斜拉桥。我国四川马尔康地区的金川桥是一座跨径为 68 m+37 m,采用塔、梁、墩固结体系的钢筋混凝土独塔斜拉桥。塔高 25 m,中跨为空心箱梁,边跨是实心箱梁。该桥是采用平转法施工的。

(三)支架法

支架法指在支架上现浇、在临时支墩间设托梁或劲性骨架现浇、在临时支墩上架设预制梁段等几种施工方法。其优点是施工最简单方便,能确保结构满足设计线形,但仅适用于桥下净空低、搭设支架不影响桥下交通的情况。我国的天津永和桥是在临时支墩上拼装主梁;昆明市园通大桥是一座跨径为 70.5 m+70.5 m,全宽为 24 m[2×7.5 m+3 m(拉索区)+2×3 m]的独塔单索面斜拉桥,采用支架法现浇。

(四)悬臂法

在支架上修建边跨,然后中跨采用悬臂施工的方法称为单悬臂法;对称平衡施工的方法称为双悬臂法。悬臂法一般分为悬臂拼装法和悬臂浇筑法两种。

1.悬臂拼装法

悬臂拼装法一般是先在塔柱区现浇一段放置起吊设备的起始梁段,然后用各种起吊设备从塔柱两侧依次对称安装节段,使悬臂不断伸长直至合龙,如图 6-42 所示。

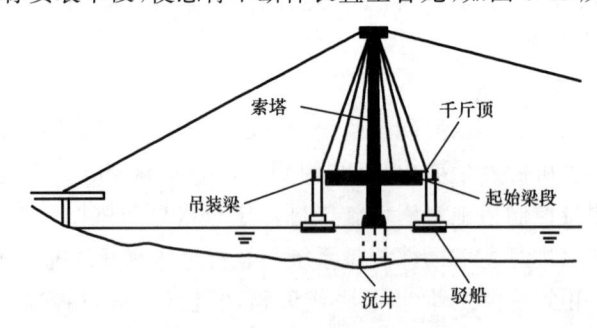

图 6-42 悬臂拼装法示意图

对于中小跨径斜拉桥,当构件重量不大时,也可采用缆索吊装,并利用已浇好的塔柱兼作安装索塔,利用缆索吊进行主梁拼装。浮吊和缆索吊的最大优点是施工荷载最轻,不会成为设计的控制因素。

2.悬臂浇筑法

悬臂浇筑法是从塔柱两侧用挂篮对称逐段就地浇筑混凝土。我国大部分混凝土斜拉桥主梁都是采用悬臂浇筑法施工的。

斜拉桥与其他梁桥相比,主梁高跨比很小,梁体十分纤细,抗弯能力差。当采用悬臂法施工时,如果仍采用应用于梁桥的传统的挂篮施工方法,由于挂篮重量大,主梁、索塔和斜索将由施工内力控制设计,很不经济,有时还很难过关。所以考虑施工方法,必须充分利用斜拉桥结构本身特点,在施工阶段就充分发挥斜索的效用,尽量减轻施工荷载,使结构在施工阶段和运营阶段的受力状态基本一致。

斜拉桥主梁在施工过程中要求采取临时固结措施,以抵抗两侧梁体的荷载不同产生的倾覆力矩,一般临时固结分为加临时支座并锚固主梁和设临时支承两种方式。

三、斜索施工

(一)斜索的制作和防护

为保证斜索的质量,斜索不宜在现场施工制作,要走工厂化和半工厂化的道路,并对斜索进行跟踪检验。斜索的防护分为临时防护和永久防护。临时防护为从出厂到开始永久防护的一段时间。永久防护为斜索钢材下料到桥梁建成的长期使用期间,分为内防护和外防护。内防护是直接防止斜索锈蚀,外防护是保护内防护材料不致流出、老化等。

(二)斜索的安装

根据斜索的不同卷盘方式,放索分为立式转盘放索和水平转盘放索。挂索是将斜索的两端分别穿入梁上和塔上预留的索孔,并初步固定在索孔端面的锚板上。对于不同的斜索、不同的锚具和不同的斜拉桥设计,要求采用不同的挂索和张拉方式。斜索塔部安装方法分为吊点法、吊机安装法和分步牵引法。斜索梁部安装分为吊点法和拉杆接长法。

配装拉锚式锚具的斜索,可以借助卷扬机,直接将锚具拉出索孔后用螺母固定。

当斜索长度超过 100 m,质量超过 5 t 时,直接用卷扬机将锚具拉出洞口就有困难。这时,可以将张拉用的连接杆先接装在斜索锚具上,用卷扬机拉至连接杆露出洞口,即可完成挂索。对于更长更重的拉索,由于卷扬机的牵引力有限,连接杆的长度就要相应加大。

对于大跨和特大跨的斜拉桥,斜索的制作宜和挂索协调进行。要时刻注意上一阶段挂索的情况,根据反馈的信息,对下一阶段斜索的长度做出是否需要调整的决定。

(三)斜拉索张拉与索力测定

拉索可在塔端或梁端单端进行张拉,张拉时应按索塔的顺桥向两侧及横桥向两侧对称同步进行。同步张拉时不同步索力之间的差值不得超出设计和施工控制的规定;两侧不对称或设计拉力不同的拉索,应按设计规定的索力分级同步张拉,各千斤顶同步之差不得大于油表读数的最小分格。拉索张拉的顺序、级次数和量值应符合设计和施工控制的规定;张拉宜以测定的索力或油压表量值为准,以延伸值作为校核;对大跨度斜拉桥,宜采用无应力索长和索力双控的方法,且宜以索长控制为主,以索力作为校核。

四、施工控制

施工控制应贯穿斜拉桥施工的全过程,除施工应按确定的控制程序进行外,对各类施工荷载应加强管理,并应对施工过程中的变形、应力和温度等参数进行监控测试,且采集的数据应准确、可靠。监控测试时应满足下列要求:

（1）宜选择无风或微风的天气进行测试，减小风对量测的不利影响。

（2）测试时应停止桥上的机械施工作业，消除机械设备的振动及不平衡荷载等对测试产生的不利影响。

（3）各种测试均应在尽可能短的时间内完成，应避免测试条件产生较大的变化。

测量宜在夜间气温相对稳定的时段进行。

复习思考题

1. 斜拉桥是一种组合体系桥梁，分析其各组成构件的受力特性。
2. 斜拉桥的适用范围是什么？
3. 斜拉桥斜索的纵向布置有哪几种形式？
4. 简述斜拉桥的施工过程。

第七章 其他桥型简介

重点提示

主要介绍悬索桥、刚架桥、地道桥的特点、基本构造和施工要点等内容。

第一节 悬索桥

一、悬索桥的分类及构造

(一)悬索桥的分类

悬索桥也称吊桥,是指利用主缆和吊索作为加劲梁的悬挂体系,将桥跨所承受的荷载传递到索塔、锚碇的桥梁。其主要结构由主缆、索塔、锚碇、吊索、加劲梁组成。

悬索桥的类型可根据悬吊跨数、主缆锚固方式及悬吊方式等方面加以划分。

1. 按悬吊跨数分类

可分为单跨悬索桥、三跨悬索桥、多跨悬索桥(四跨悬索桥和五跨悬索桥等),其中单跨悬索桥和三跨悬索桥最为常用。

(1)单跨悬索桥。单跨悬索桥常用于高山峡谷地区,两岸地势较高,采用桥墩支承边跨更为经济,或者道路的接线受到限制,平面曲线布置不得不进入大桥边跨的情况。单跨悬索桥由于边跨主缆的垂度较小,主缆长度相对较短,对中跨荷载变形控制更为有利。

(2)三跨悬索桥。三跨悬索桥是目前国际工程实例中应用最多的桥型,世界上大跨度悬索桥几乎全采用这种形式。其结构受力特征较为合理,其流畅对称的建筑造型也更符合人们的审美观点。

(3)多跨悬索桥。多跨悬索桥由于结构柔性大,固有振动频率较低,难以满足特大跨度悬索桥的受力及刚度需要,不具备实用优势,世界上几乎没有这类特大桥工程的实例。在建桥条件需要采用连续大跨布置时,可以用两个三跨悬索桥联袂布置,中间共用一座桥的锚碇锚固这两桥的主缆(图7-1),美国的旧金山-奥克兰海湾大桥和日本本州四国联络线中的南北备赞大桥即采用此形式。当建桥条件特别适于连续大跨布置而采用四跨悬索桥时,其中央主塔为满足全桥刚度要求通常需要作 A 形布置,相应的塔顶主缆须采取特殊锚固措施,以克服两侧较大的不平衡水平拉力。

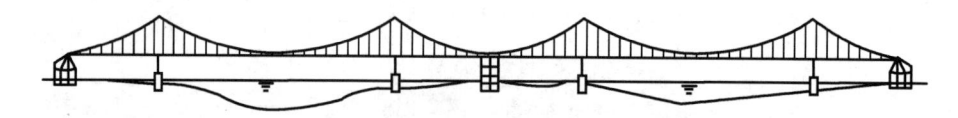

图 7-1 联袂布置的悬索桥

2. 按主缆的锚固方式分类

按主缆的锚固方式划分,可分为地锚式悬索桥和自锚式悬索桥。

(1)地锚式悬索桥。绝大多数悬索桥都采用地锚方式锚固主缆,即主缆通过重力式锚碇或隧道式锚碇将荷载产生的拉力传至大地来达到全桥的受力平衡,这是大跨度悬索桥最佳的受力模式。

(2)自锚式悬索桥。在较小跨度的悬索桥中,也有个别以自锚方式锚固主缆的,在边跨两端将主缆直接锚固于加劲梁上,主缆的水平拉力由加劲梁提供轴压力自相平衡,不需要另外设置锚碇,如图 7-2 所示。这种桥式的加劲梁要先于主缆安装施工。

图 7-2 自锚式悬索桥

3. 根据悬吊方式分类

(1)采用竖直吊索并以钢桁架作加劲梁,如图 7-3 所示。

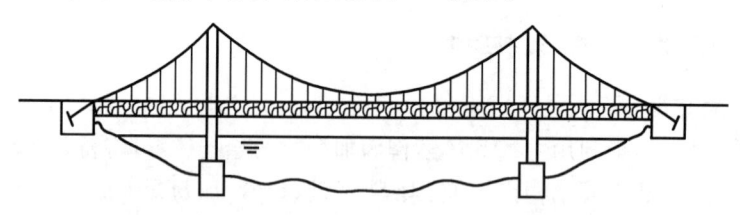

图 7-3 采用竖直吊索桁式加劲梁的悬索桥

(2)采用三角布置的斜吊索,并以扁平流线型钢箱梁作加劲梁,如图 7-4 所示。也有呈交叉形布置的斜吊索。

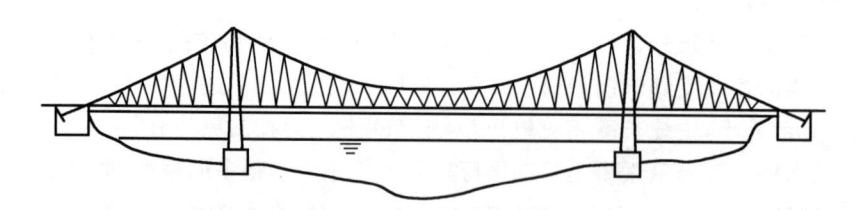

图 7-4 采用斜吊索钢箱加劲梁的悬索桥

(3)混合式即采用竖直吊索和斜吊索、流线型钢箱梁作加劲梁。除了有一般悬索桥的缆索体系外,还设有若干加强用的斜索,如图 7-5 所示。

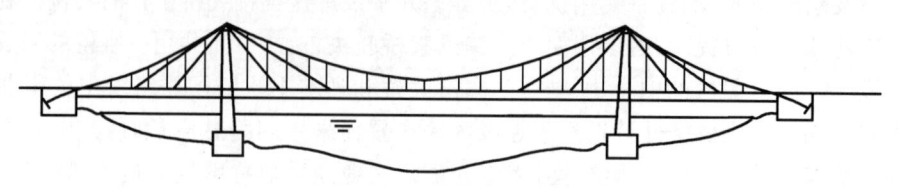

图 7-5 带斜索的悬索桥

4.按支承结构分类

按加劲梁的支承结构划分,可分为单跨两铰加劲梁悬索桥、三跨两铰加劲梁悬索桥及三跨连续加劲梁悬索桥等,如图 7-6 所示。

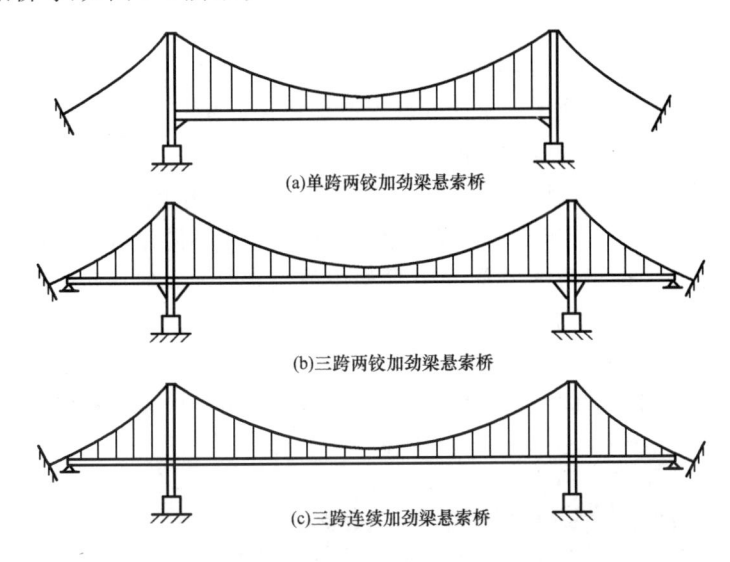

图 7-6　按支承结构划分悬索桥形式

(二)悬索桥的构造

现代悬索桥通常主要由主缆、索塔、锚碇与加劲梁等四大主体结构以及塔顶主索鞍、锚口散索鞍座(或散索箍)和悬吊系统等重要附属系统组成。下面分别介绍其上部主要结构及特点。

1.主缆

主缆是以索塔及支墩为支承,两端锚固于锚碇,并通过吊索悬挂加劲梁的缆索,是悬索桥的主要承重构件。主缆除承受自重恒载、索夹、吊索、加劲梁等恒载外,还承受索夹、吊索传来的活载,及一部分横向风以及温度变化的影响,并直接传到索塔顶部。

(1)主缆的材料。悬索桥的主缆材料必须具有强度高、弹性模量大、耐腐蚀等性能,故现代长大悬索桥都选用高强镀锌钢丝及镀锌钢丝绳。

(2)主缆的类型。目前,在悬索桥主缆的设计中,主缆类型主要有如下两类:

①钢丝绳主缆:多用于中、小跨悬索桥,它又分为钢绞线绳和螺旋钢丝绳(Spiral Rope,简称 SPR)、封闭式钢绞线索(Locked Coil Rope,简称 LCR)。

②平行丝股主缆:主要用于大跨悬索桥,根据制作方法可分为空中纺线法的平行丝股主缆(Airspinning Method,简称 AS)和预制丝股法平行丝股主缆(Shop-fabricated Parallel Wire Strand Method,简称 PPWS 或 PS)两种。

钢丝绳主缆仅用于 600 m 以下跨度的悬索桥,而平行丝股主缆用于跨度在 400 m 以上的悬索桥。

(3)主缆的制作。主缆的形成方法主要有空中纺线法(AS 法)和预制平行索股法(PPWS 法)两种。

①空中纺线法是利用牵引机械往复拽拉钢丝,在现场制作平行钢丝索股的施工方法。

②预制平行索股法是将在工厂预制平行高强钢丝组成的索股运到工地安装的方法。我国自 20 世纪 90 年代以来修建的长大悬索桥(如汕头海湾大桥、虎门大桥、西陵长江大桥、江阴长江大桥、宜昌长江大桥、厦门海沧大桥等)采用的都是预制平行索股法。

空中纺线法是将制索股的工作放到了以猫道为工作平台的空中去完成,在制索股的同时完成了架设,每股丝数量大,索股数量少,但编缆设备一次性投入高。预制平行索股法可节省架设时间、提高索股质量,目前国内修建的悬索桥均采用此法。主缆的形成方法应结合设备、工艺情况、成缆质量、防护要求及经济性等因素选择。

(4)主缆的形式。大多数悬索桥都采用双面主缆,但也有用单面主缆。主缆的根数一般为两根主缆,即一侧布置一根,但若主缆太粗、架设困难或者工期限制等原因,也有一侧用两根主缆的设计。在桥的每侧都用两根主缆,并让两根主缆在立面的几何形状不同,称为复式主缆。

(5)主缆的截面类型及组成。主缆常见的截面类型有:由高强钢丝组成的圆形截面,如图 7-7(a)所示;由钢丝绳组成的其他截面,如图 7-7(b)、图 7-7(c)所示。主缆的截面组成一般是由 $\phi5$ mm 左右的镀锌钢丝组成的钢丝束股,然后再由若干束钢丝索股构成一根主缆。

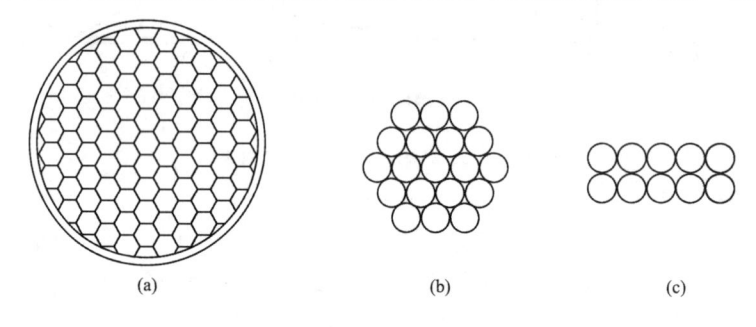

图 7-7 主缆截面类型

采用空中纺线法的束股较大,每缆所含总股数 n 较少,约 30～90 束,每股丝数 n_2 多达 300～500 根,因而其单股锚固吨位大,锚固空间相对集中。

采用预制平行索股法的索股通常按正六边形平行排列定型,考虑桥跨及其施工条件,每股丝数 n_2 通常取 61、91、127、169,组成形状稳定的正六边形,如图 7-8 所示。每缆总股数 n_2 多达 100～300 束,锚固空间相对较大。因采用工厂预制,故现场架索施工时间相对缩短,气候因素影响小,可提高成缆的工作效率。

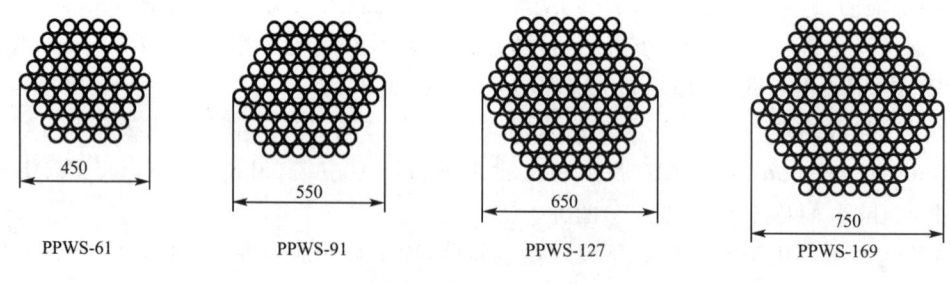

图 7-8 预制束股常用截面(尺寸单位:mm)

2. 吊索的结构

吊索是连接主缆和加劲梁的构件,它通过索夹把加劲梁悬挂于主缆上。

(1)吊索的布置形式。吊索顺桥面的布置形式一般有竖直布置和斜向布置两种,如图 7-3 和图 7-4 所示。

(2)吊索的材料。现代悬索桥吊索一般采用镀锌钢丝绳或镀锌高强平行钢丝制作,少数小跨度悬索桥也可用刚性吊杆。刚性吊杆是由圆钢或钢管制成,在它的两端加工螺纹,用螺帽与加劲梁上伸出的连接杆相连;或是两端焊上连接块,连接块上留有螺栓孔,用螺栓与索夹的吊耳及加劲梁上连接杆相连。

(3)吊索与主缆及加劲梁的连接方式

①现代长大悬索桥吊索与主缆的连接方式可分为:骑跨式,如图 7-9(a)所示;铰接式,如图 7-9(b)所示。

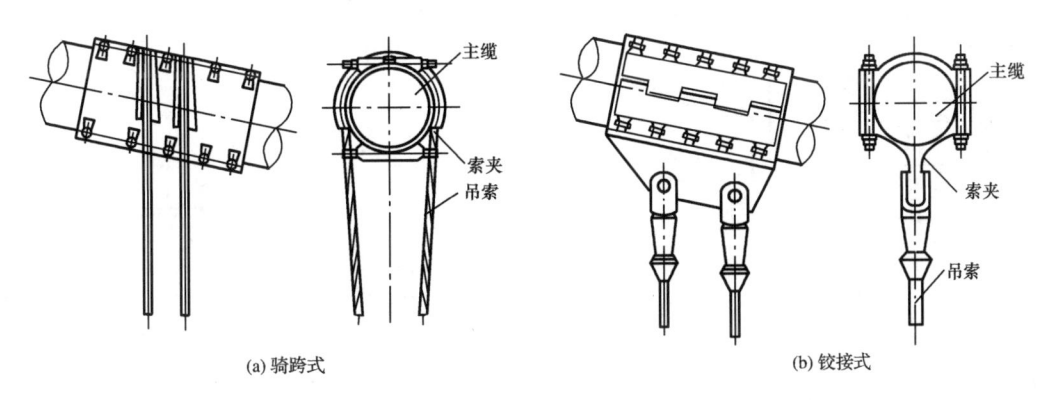

图 7-9 吊索与主缆连接

②吊索与加劲梁的连接方式以传力直接可靠、方便检修和不易积水为原则。常用的有:锚头承压方式,如图 7-10(a)所示;销接式,如图 7-10(b)所示。

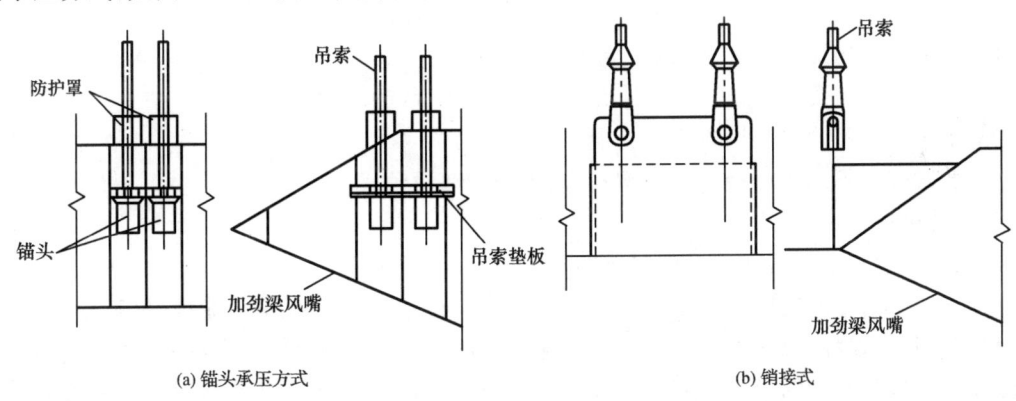

图 7-10 吊索与加劲梁连接

3. 索夹

索夹是紧箍主缆索股并连接主缆与吊索的构件。主缆和吊索的连接一般采用刚性索夹把主缆箍紧,使主缆在受拉时即使产生收缩变形也不致滑动。索夹的下端伸出铸件吊耳,通过销栓把吊索与吊耳相连。

索夹根据主缆丝索排列的形式,常分为六边形和圆形两种。对于中、小跨径的悬索桥,由于钢丝数不多,常排成六边形截面,如图 7-11(a)所示。对于大跨径悬索桥,主缆常采用圆形截面,索夹也采用圆形索夹,如图 7-11(b)所示。

4. 索鞍

索鞍是为主缆提供支承,并使主缆平顺地改变方向的构件。

(1)按所处的位置,鞍座可分为主索鞍、散索鞍、副索鞍;

(2)按材料及成型方法可分为全铸式、铸焊组合式、全焊式;

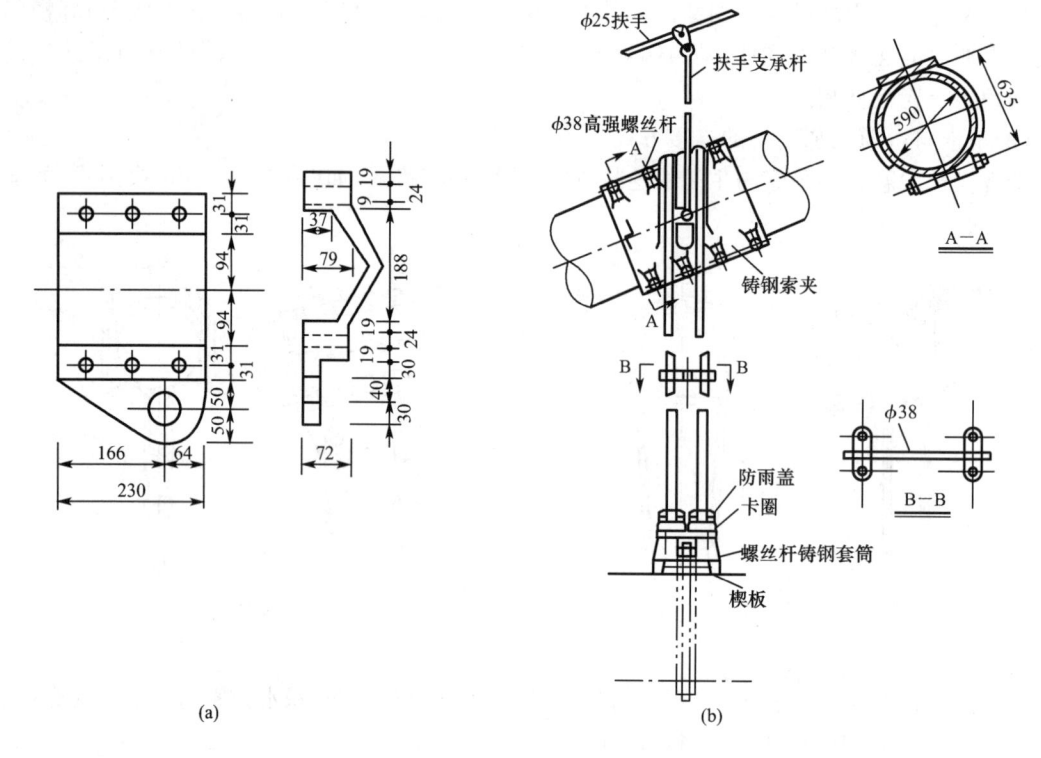

图 7-11　索夹(尺寸单位：mm)

(3)按传力结构形式可分为肋传力结构、外壳传力结构；

(4)根据吊装需要，主索鞍可设计为整体式、分体式两种结构形式；

(5)主索鞍按不同的摩擦方式分为滑动式、滚动式；

(6)散索鞍按不同的移动幅分为摆轴式、滚动式和滑动式。

5.加劲梁

加劲梁是直接承受桥面荷载的梁体结构。

(1)加劲梁的主要功能。加劲梁的主要功能是直接承受和传递车辆荷载、风荷载、温度荷载和地震荷载。在静荷载作用时，通过吊索与主缆的变形相互协调，互为约束；通过支座与索塔变形相互协调，互为约束，并导致二次附加力。在动荷载作用时，以其结构形式和尺寸及材料为主要影响因素的动力特性，决定着加劲梁的动荷载增幅效应和动力稳定性。加劲梁又控制着荷载分布和大小，对保证悬索桥的稳定有决定性意义。

(2)悬索桥加劲梁的主要结构形式。包括钢板梁、钢桁梁、钢箱梁、混凝土箱梁。

①钢板梁：钢板梁通常采用工字形截面，如图 7-12(a)所示，沿跨径设计成等高度梁，仅在翼缘板层数上变化，以适应弯矩变化的要求。为了保证腹板局部稳定，在腹板两侧设纵横加劲肋。

②钢桁梁：加劲梁设计成钢桁梁形式时，一般也是采用沿跨度等高的桁架，腹杆多采用加竖杆的简单三角形式，其杆件一般采用由四肢角钢和钢板组成的 H 形截面，如图 7-12(b)所示。

对于由长细比控制的杆件，常采用箱形截面，如图 7-12(c)所示，以增加杆件截面的惯矩，减小长细比。为增加其抗扭刚度，需设置若干道横向连接系。钢桁梁断面图(日本因岛大桥)如图 7-13 所示。

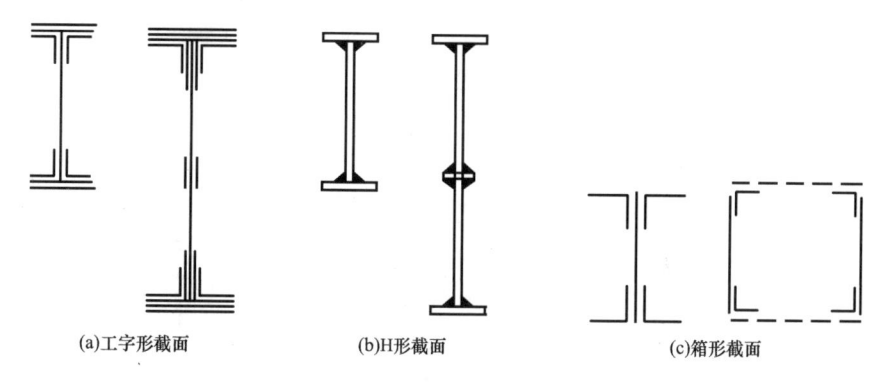

(a)工字形截面　　(b)H形截面　　(c)箱形截面

图 7-12　加劲梁杆件横断面图

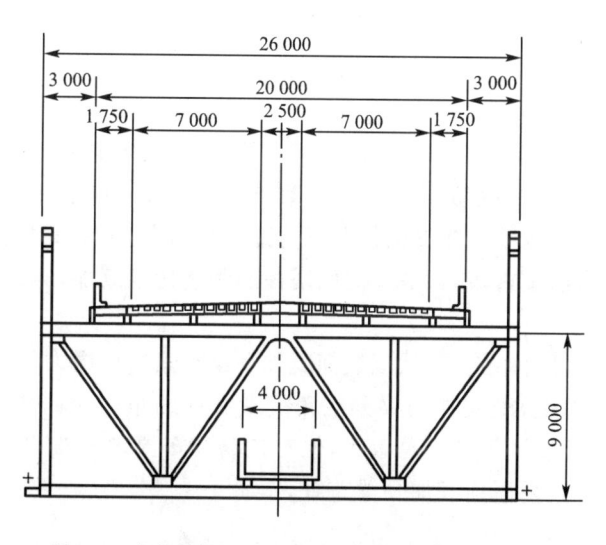

图 7-13　钢桁梁断面图(日本因岛大桥)(尺寸单位:mm)

桁架梁由于具有很高截面抗扭刚度和透风好的迎风截面,具有良好的抗风稳定性;另外,桁架梁可以充分地利用截面空间提供双层桥面(公铁两用或多车道布置等);而且安装时可以有多种架设方法供选择。

③钢箱梁:钢箱梁抗扭刚度大,比钢桁梁的构造简单,易于制造,比钢桁梁稍省钢料,易于养护。悬索桥加劲梁从传统形式的钢桁梁改革为抗风性能较好的流线型扁平钢箱梁,世界已公认是悬索桥发展史上一个重大进步。扁平钢箱梁断面图(宜昌长江大桥)如图 7-14 所示。

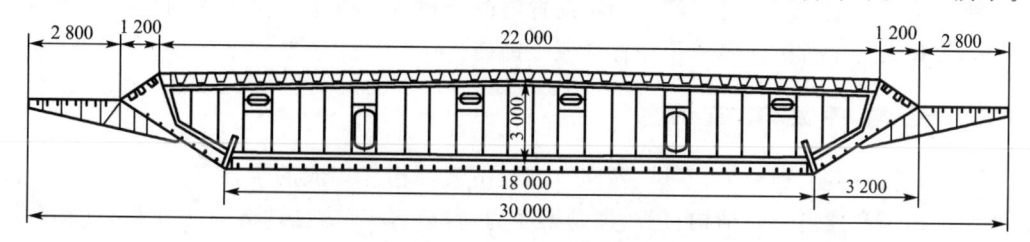

图 7-14　扁平钢箱梁断面图(宜昌长江大桥)(尺寸单位:mm)

④混凝土箱梁:混凝土箱梁断面图(赫德逊-荷普桥)如图 7-15 所示。其具有可塑性强、重力刚度大、风稳性能好、节省钢材、工程费用低等优点。但由于梁体自重大,悬吊系统增加了更多的钢材用量,同时还使施工制造、运输及起吊安装等工作增加了难度。至今国内外大跨悬索桥的工程实践中,以混凝土作加劲梁的悬索桥极少,已建成的混凝土加劲梁悬索桥跨度都在 500 m 以下。

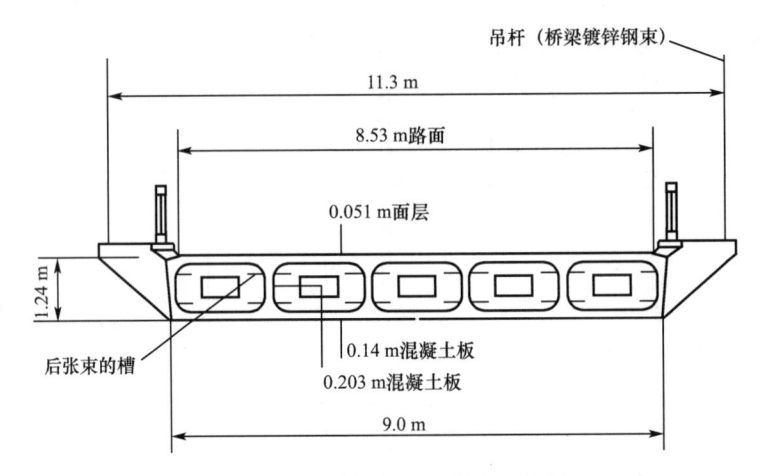

图 7-15 混凝土箱梁断面图(赫德逊-荷普桥)

6. 加劲梁的布置

(1)双铰加劲梁简支体系。在悬索桥加劲梁布置中,其力学体系主要采用两种形式:双铰加劲梁的简支体系和连续加劲梁的连续体系。目前建成的中、小跨径悬索桥和大跨径悬索桥多采用双铰加劲梁的简支体系。简支的加劲梁构造简单,制造和架设时的误差对加劲梁无影响。简支的加劲梁不需通过索塔,索塔横向两塔柱的距离比连续加劲梁要小,因此其基础尺寸也相应较小。

(2)连续加劲梁的连续体系。虽然双铰简支加劲梁在索塔处内力最小,而连续加劲梁在索塔处内力达到最大值,但是,简支加劲梁梁端角变量和伸缩量以及跨中竖向和横向挠度均较大,这对一般公路悬索桥来说问题不是太大,但对铁路行车要求则难以满足。所以,对铁路悬索桥或公铁两用悬索桥宜采用连续加劲梁布置。

7. 桥面

现代长大悬索桥的桥面根据加劲梁的不同形式分为以下两种。

(1)钢桥面。钢桥面铺装是个多结构的组合体,一般包括防锈和主体铺装两大体系。防锈体系由防锈层、防水层、黏结防护层、黏结层或致密层构成。主体铺装层由上层和下层(又称保护层和面层)组成。主体铺装层的混合料类型主要有三种,即沥青玛蹄脂碎石混合料(SMA混合料)、浇注式沥青混合料(GA混合料)和密级配沥青混合料(AC混合料)。

(2)混凝土加劲梁桥面。混凝土加劲梁的桥面铺装可以采用混凝土桥面(包括普通水泥混凝土、钢纤维混凝土、连续配筋混凝土)和沥青混凝土桥面。由于近年来国内桥梁工程路面病害较多,故长大悬索桥桥面多采用沥青混凝土铺装。

二、悬索桥施工简介

悬索桥是由主缆、加劲梁、索塔、鞍座、锚碇、吊索等构件构成的柔性悬吊组合体系。成桥时,主要由主缆和索塔承受结构自重,加劲梁受力情况由施工方法决定。成桥后,结构共同承受外荷载作用,受力按刚度分配。悬索桥施工顺序为:锚碇及基础、悬索索塔及基础、主缆和吊索的架设、加劲梁的工厂制作与工地安装架设、桥面及附属工程等。

(一)锚碇和索塔的施工

1. 锚碇的施工

锚碇是支承主缆的重要结构部分。大跨悬索桥的锚碇由散索鞍墩、锚块、锚块基础、锚室、主缆的锚碇架及锚盖等组成。锚碇一般分为重力式锚碇和隧道式锚碇两大类。

(1)重力式锚碇。一般为大体积混凝土浇筑施工,必须注意解决混凝土的水化热及分块浇筑的施工问题。水化热引起的内外温差和最高温升会导致锚体混凝土开裂。

(2)隧道式锚碇。在岩体开挖过程中应注意爆破的药量,尽量保护岩石的整体性,使隧道式锚碇坚固可靠。

锚碇架的制作和架设安装。锚碇钢构架是主缆的锚固结构,由锚杆、锚梁及锚支架三部分组成。锚支架在施工中起支承锚杆和锚梁的重力和定位作用,主缆索股直接与锚杆连接,锚杆分为单束和双束两种,可采用 A3 或 16Mn 钢板焊接而成。制造时对焊接质量、变形、制造精度都应严格要求和控制。锚碇的安装精度主要在于控制锚梁,然后对锚杆安装并调整其轴线顺直和锚固点的高程。

2.索塔的施工

悬索桥索塔分为钢索塔和混凝土索塔两种形式。

(1)钢索塔的施工。依据其规模、类型、施工地点的地形条件并考虑经济适用性,主要有以下几种方法:浮式吊机施工法、塔式吊机施工法、爬升式吊机施工法。

(2)混凝土索塔的施工。塔身和立柱常采用的施工方法为:翻模法、滑模法、爬模法和提升支架法等。例如,英国 Humber 悬索桥索塔为混凝土索塔,采用滑模法施工;厦门海沧大桥东索塔采用翻模法施工。

3.锚碇基础和索塔基础的施工

悬索桥的索塔基础和锚碇基础形式有沉井、沉箱、明挖扩大基础或桩基础。

(二)主缆架设

1.主缆架设的准备工作

主缆架设前,应先安装索鞍(包括主、副索鞍,展束锚固索鞍等),安装塔顶吊机或吊架以及各种牵引设施和配套设备,然后依次进行导索、拽拉索、猫道的架设,为主缆架设做好准备。

2.导索及牵引索(拽拉索)架设

(1)海底拽拉法。较早时期的导索架设用的办法是将导索从一岸塔底临时锚固,然后将装有导索索盘的船只驶往彼塔,并随时将导索放入水底。然后封闭航道,用两端塔顶的提升设备将导索提升至塔顶,置入导轮组中,并引至两端锚碇后,再将导索的一端引入卷扬机筒上,另一端与拽拉索(主牵引索、副牵引索或无端牵引绳)相连,接着开动卷扬机,通过导索将拽拉索牵引过河。

(2)浮子法。具体办法为:将导索每隔一定距离装一浮子,再将导索拽拉过河时,其不会沉入水底,其他步骤与海底拽拉法无大差别。

以上两种方法仅适用于潮流较缓,无突出岩礁等障碍时采用。

(3)空中渡海法。当水流较急时,一般采用空中渡海法,即在一端锚碇附近连续松放导索,经塔顶后固定于拽拉船上,随着拽拉船前行,导索相应放松,因此一般不会使导索落入水中。导索至另一岸索塔处时,往往从另一端锚碇附近将牵引索引出,并吊上索塔后沿另一侧放下,再与拽拉船上的导索头相连接,即可开动卷扬机,收紧导索,从而带动牵引索过河,如图 7-16 所示。

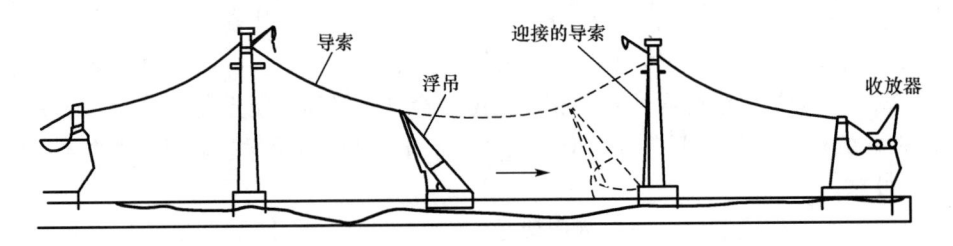

图 7-16 导索架设示意图

(4)直升机牵引法。明石海峡大桥采用直升机空中牵引架导索的方法获得成功。

3. 猫道架设

猫道相当于一临时轻型索桥,其作用是在主缆架设期间提供一个空中工作平台。它由猫道承重索、猫道面板系统、横向天桥和抗风索等组成,一般 3～5 m 宽,每主缆下设一个,为方便工人操作,猫道面层距主缆中心线的高度一般为 1.3～1.5 m,且一般沿主缆中心线对称布置。

在初期也有用与先期的导索架设相类似的方法架设猫道索,与前述同样的理由,现多用在一端塔顶(或锚碇)起吊猫道索一端,与拽拉器相连后牵引至另一端头,然后将其一端入锚,另一端用卷扬机或手动葫芦等设施牵拉入锚并调整其垂度,最后将其两端的锚头锁定。猫道索矢度调整就绪后即可铺设猫道面板。一般是先将横木和面材分段预制,成卷提升至塔顶,沿猫道索逐节释放,并随之把各段相连。然后将横木固定在承重索上,并在横木端部安装栏杆立柱以及扶手索等。横向天桥可在猫道架设完后铺设,也可随其一起铺设。

此外,若架设主缆的拽拉系统用门架支承和导向时,还必须在猫道上每隔一定距离架设猫道门架,如图 7-17 所示。

4. 主缆架设

主缆的架设方法一般有两种,即空中编缆法(AS 法)和预制丝股法(PS 法)。

(1)空中编缆法(AS 法)。所谓 AS 法,就是先在猫道上将单根钢丝编制成主缆丝股,多束丝股再组成主缆。其施工程序如下:

将待架的钢丝卷入专用卷筒运至悬索桥一端锚碇旁,并将其一头抽出,暂时固定在一梨形蹄铁上,此头称为"死头"。然后将钢丝继续外抽,套于送丝轮的槽路中,而送丝轮则连接于牵引索上。当卷扬机开动时,牵引索将带动送丝轮将钢丝引送至对岸,同样套于设在锚碇处的一个梨形蹄铁上,再让送丝轮带动其返回始端,如此循环多次则可按要求数量将一束丝股捆扎成束,如图 7-18 所示。这里,不断从卷筒中放钢丝的一头称为"活头",其中一束丝股牵引完成后,就将钢丝"活头"剪断,并与先前临时固定的"死头"用特制的钢丝连接器相互连接。在环形牵引索上,可同时固定两个送丝轮,每个送丝轮的槽路可以是一条,也可以是两条或更多,目前最多有四条槽路。对每一束丝股,按每次送丝根数为一组,不足一组的再单独牵引一次。需要指出的是,送丝轮上的槽路多,每次送丝数量就大,但牵引索及送丝轮等的受力相应增大,所需牵引动力也就增大。

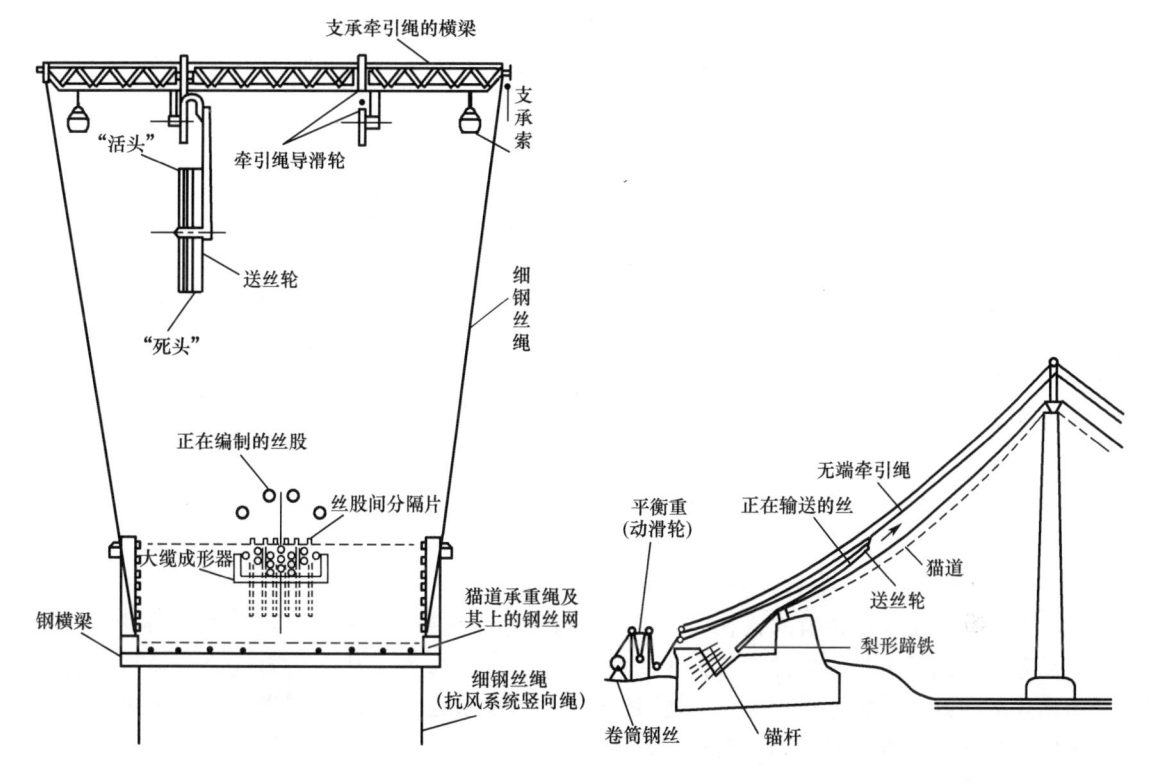

图 7-17 支承索横梁式牵引支承示意图　　　图 7-18 AS 法送丝工艺示意图

此外,编缆前,应先放一根基准丝来确定第一批丝股的标高,基准丝在自由悬挂状态,其仅承受自重荷载,所呈线型为悬链线,基准丝应在下半夜温度稳定情况下测量设定。此后牵引的每根钢线均需调整成与基准线相同的跨度和垂度,则其所受拉力、线型及总长应与基准丝一样。成股钢丝束应梳理调整后,用手动液压千斤顶将其挤成圆形,并每隔 2～5 m 用薄钢带捆扎。

钢丝束编股有鞍外编股和就鞍编股两种,由于鞍外编股之后还需将丝股移入主鞍座槽路之内,故现已多用就鞍编股法。

调股:为使每束丝股符合设计要求,在调丝后依靠在梨形蹄铁处所设的千斤顶调整整束丝股的垂度,并随即在梨形蹄铁处填塞销片,将丝股整束落于索鞍,使千斤顶回油。调股同样应在温度稳定的夜间进行。

(2) 预制丝股法(PS 法)。所谓 PS 法,就是在工厂或桥址旁的预制场事先将钢丝预制成平行丝股,然后利用拽拉设施将其通过猫道拽拉架设。其主要工序为:丝股牵引架设,测调垂度,锚跨拉力调整。其与 AS 法比较,由于每次牵拉上猫道的是丝股而不是单根钢丝,故重量要大数倍,所需牵引能力也要大得多。一般采用全液压无级调速卷扬机,牵引方式则有门架支承的拽拉器和轨道小车两种。

锚跨内钢丝束拉力调整。不管是 AS 法还是 PS 法,在主边跨丝股垂度调整后,都必须调整锚跨内丝股的拉力。具体方法为:用液压千斤顶拉紧丝股,并在锚梁与锚具支承面间插入支承垫板,即可通过丝股的伸长导入拉力。实际控制时是采用位移(伸长量)和拉力"双控"。

紧缆挤圆。在各丝股调整好垂度并置入索鞍后,即用紧缆机将大缆挤压成圆形。紧缆机一般是用一可开闭的环形刚性钢架内沿径向设置多台千斤顶和辅助设施构成。为使两侧主缆从两端能对称作业,每桥一般配置 4 台紧缆机同时对称紧缆。紧缆一般是从主跨跨中向两侧进行,边挤边用木槌敲打密实,再用钢带或钢丝捆扎,紧缆和捆扎的距离一般为 1 m 左右。

缠丝。紧缆挤圆之后,在索夹、吊索及加劲梁等大部分恒载都已加于主缆时,即可缠丝。缠丝之前先在主缆表面涂铅丹膏,然后用缠丝机缠丝,并随时刮去挤出表面的铅丹膏。缠丝之后在主缆表面涂漆防护。

(三)索夹的安装与加劲梁的架设

在加劲梁架设之前,应进行索夹和吊索的安装。

索夹的安装应符合下列规定:

1. 安装前,应测定主缆的空缆线形,并在对设计规定的索夹位置进行确认后,方可于温度稳定时在空缆上放样定出各索夹的具体位置并编号。安装前尚应清除索夹内表面及索夹位置处主缆表面的油污及灰尘,涂上防锈漆。

2. 索夹在场内运输和安装过程中应注意保护,防止损坏其表面。

3. 索夹在主缆上精确定位后,应立即紧固螺栓,且在紧固同一索夹的螺栓时,应保证各螺栓的受力均匀。索夹安装位置的纵向误差应不大于 10 mm。

4. 索夹螺栓的紧固应按安装时、加劲梁吊装后、全部二期恒载完成后三个荷载阶段分步进行,对每次紧固的数据应进行记录并存档。

5. 在工程交工验收前宜对索夹的位置是否滑移做专项检查,且宜对索夹的螺栓进行紧固。

悬索桥加劲梁的架设方法一般分为两种:一种架设方法为先从主塔附近的节段吊装架设开始而逐渐向跨中及桥台推进;另一种方法为先从跨中节段开始向两侧索塔方向推进。具体施工中应注意主缆变形对加劲梁变形的影响。

(四)施工控制

悬索桥上部构造施工时应进行施工监测和控制,保证各关键结构的应力、应变在施工的全过程中始终处于安全可控范围内,成桥后主缆和加劲梁的线形符合设计的要求。

施工前应根据悬索桥的结构特点、施工的方法和程序、环境条件等因素,编制施工监测和控制的方案。监控方案在实施过程中,宜根据监控的结果进行必要的动态调整。

悬索桥上部构造施工时,应对下列部位或项目进行监测和控制:

1. 索塔、锚碇的沉降和位移。

2. 在主索鞍的钢格栅定位前,应对索塔裸塔进行 36 小时 连续变形观测;在主缆架设安装前,应进行索塔和锚碇的联测。

3. 在主缆架设安装过程中,对基准索股的连续监测应不少于 3 天,对索塔和锚碇的沉降及位移监测应不少于 3 次。

4. 在索夹安装前,对主缆的线形以及两侧主缆的相对误差,应进行不少于 3 天的连续观测。

5. 每一节段加劲梁吊装后,均应对索塔和锚碇的沉降及变位、主缆的线形、加劲梁的线形等进行监测。

第二节 地道桥简介

一、地道桥概述

由桥梁上、下部结构构成闭合箱形框架,再由单孔或多孔箱形框架形成桥梁,这种结构形式的桥梁称为箱形桥(或框架桥)。当箱形框架的下部不闭合时形成门式刚架桥。箱形桥用在公路与铁路立交且公路下穿时,又称为框架式地道桥,简称地道桥。地道桥是一种被广泛应用于铁路与公路交叉、车站过人通道的桥梁结构形式。

当铁路与公路立交时,可以考虑公路上越或下穿方案。除了铁路路基标高比较低或处于路堑地段外,大多数立交桥均采用公路下穿方案——地道桥方案。图 7-19 即为一座三孔箱形框架式地道桥。该桥是一座铁路跨越城市道路的地道桥,由于公路等级较高并且有较多的非机动车辆,因此用三孔框架结构。中孔为机动车道,净宽 9.0 m,净高 5.3 m。两边孔为非机动车道及人行道,净宽 5.3 m,净高 3.5 m。两侧引道各长 140 m,其中机动车道坡度 4%,非机动车道坡度 2%。

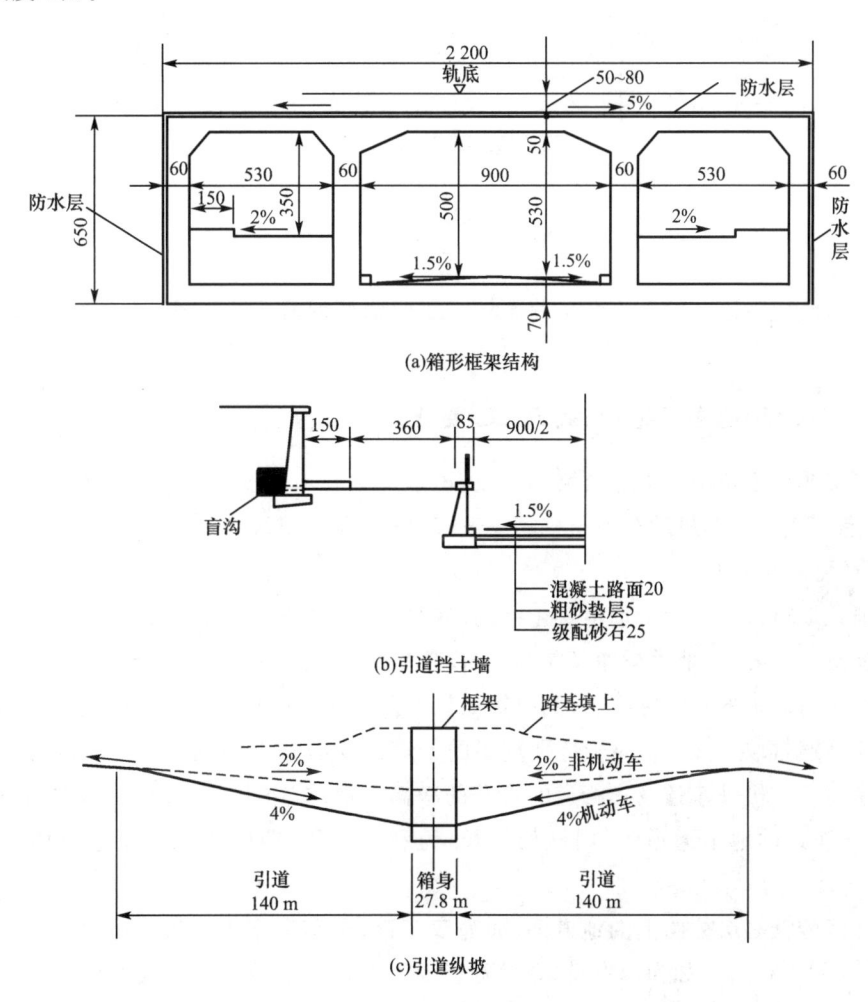

图 7-19 三孔箱形框架式地道桥
(图中尺寸单位除注明者外其余均为 cm)

地道桥方案的主要优点:在立交道口附近的公路一般都比铁路低,用地道桥方案可节省土方,少占用农田;公路净高(5 m)比铁路(6.5 m)低;采用公路下穿方案时的桥梁规模小,引道短;地道桥的梁高较小,用地道桥方案比简支梁方案经济;当快、慢车道分开时,地道桥慢车道部分的坡度可以取得比较小;对铁路行车视线无干扰;地道桥上、下部结构连接成整体,受力合理,整体性及抗震性能好;在既有铁路线下修建地道桥时,可采用顶进法施工,不必中断铁路行车;由于地道桥下部结构为一个连续的整体板,支承面积大,特别适合于地基承载力小的地区。

地道桥方案的主要缺点：公路行车视线受一定干扰；与简支梁相比，地道桥在设计与施工技术上比较复杂；地道桥内在地下水位比较高的地区或降水量较大时，易形成集水，从而影响交通，需采取排水设施；由于地道桥的顶板、侧墙、底板连接为一整体，一旦出现问题，不易维修及加固。

由于箱形框架桥采用整体地板，与一般梁桥相比，用料有所增加。因此，对于地基比较好、地下水位比较低的地方，可考虑采用如图 7-20 所示的分离式结构或门式刚架结构。

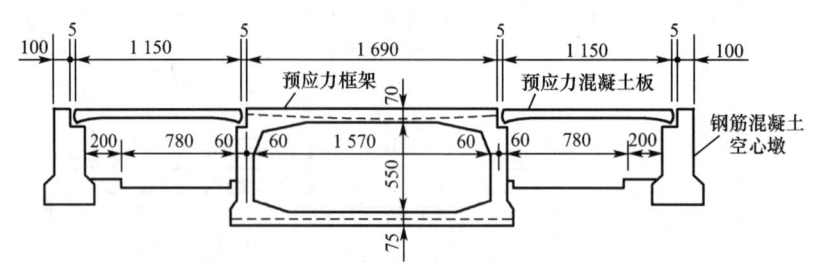

图 7-20 分离式结构(尺寸单位：cm)

地道桥的两侧引道一般采用浆砌片石挡土墙或钢筋混凝土板桩式挡土墙，路基地下水由盲沟倒滤层引入集水井。

二、地道桥的构造特点及主要尺寸

箱形框架式地道桥根据下穿公路的等级，可采用单孔或多孔框架。在铁路跨越城市繁忙道路时，考虑到人行及非机动车道与机动车道应分离，则采用最少三孔箱形框架，若机动车道数较多时，还可采用四孔。

箱形框架地道桥一般为钢筋混凝土结构，有时也采用预应力混凝土结构。

由于公路限界要求，地道桥净高应为 5 m，但考虑到一般在框架底板上要做一定厚度的路面以防止行车对底板的直接磨损、公路路拱的设置及顶进时的标高偏差等因素的影响，机动车道的框架净高通常取 5.3 m。对于特别重要的干道或要通过大型机具设备的道路，则应根据要求设置净高。非机动车道及人行道的边孔的净高一般取 3～3.5 m。当框架上的铁路轨道较多，或用于车站的地下通道时，因框架较长，为利于通风、照明及视线通达，净高还应适当加大。

位于郊区较低等级公路上的地道桥，如为双车道，则车道宽至少为 7 m，并在框架内两侧各设 0.75 m 的人行道。如为单车道，车道宽至少为 4.5 m，也在框架内两侧各设 0.75 m 的人行道。

两孔框架地道桥由于每一孔都是快、慢车混合通行，且非机动车道与机动车道的坡度一致，容易发生交通事故，所以用得比较少。一般主要用于只通行机动车的地道桥。

多孔框架地道桥的中孔是机动车道，中孔跨度可根据下穿公路等级所要求的净空、宽度及车道数确定。一般双车道取 7～9 m，四车道取 14～15 m 加中间分隔带宽度，车道离边墙壁至少应有 0.25 m 安全距离。当框架上的铁路轨道较多，或用于车站的地下通道时，因框架较长，为利于通风、照明及视线通达，跨度还应适当加大。多孔框架地道桥可以是多孔连续，也可由多个单孔组成，以便于顶进法施工。

箱形框架地道桥是超静定结构,顶、底板的高度比简支板薄,这样既能减小整个框架的建筑高度以缩短两侧引道长度,又可减轻自重而便于顶进施工。箱形框架地道桥的顶板主要承受来自板顶的自重、道砟、线路设备重及活载,顶板一般做成直线、等厚,厚度为 0.5~0.8 m。为改善支点处的受力性能,在支点附近加设梗肋,梗肋坡度一般取 1∶3。底板主要承受底板顶的铺装、活载及板下的地基反力。一般单孔框架的底板所承受的内力比顶板小,而多孔时,中墙处的底板所承受的弯矩及剪力均较大,有时会超过顶板,因此底板常取成与顶板同样厚或稍厚。在底板与立墙交叉处,通常设置高 10~30 cm、坡度为 1∶1 的梗肋以减缓应力集中。

箱形框架地道桥的立墙(包括中墙及侧墙)以承受轴力和弯矩为主,受力均匀,厚度一般取 30~60 cm。当墙高较大时,侧墙由于主动及被动土压力也承受较大的剪力。有时,在框架两侧砌筑浆砌片石砌体并与侧墙间预留 2~3 cm 的缝隙以改善侧墙的受力。

箱形框架地道桥用顶进法施工时,还在前进方向一侧的侧墙设置刃角。当铁路与公路斜交时,箱形框架地道桥可根据斜角角度的大小及箱体的轮廓尺寸,采用按下述不同方式布置的正交地道桥或斜交地道桥。

当斜交角度不大,并且箱体宽度较小,特别是用于顶进法施工时,为避免地道桥受力复杂及减小施工难度,一般采用正交框架斜向布置或正交框架正向布置方式,如图 7-21(a)和图 7-21(b)所示。这两种布置方式,无论在构造或施工上均与一般框架地道桥无差别,但正交框架正向布置要扩大框架的净孔尺寸,而正交框架斜向布置的两端不利于与路基很好的衔接,也不美观。

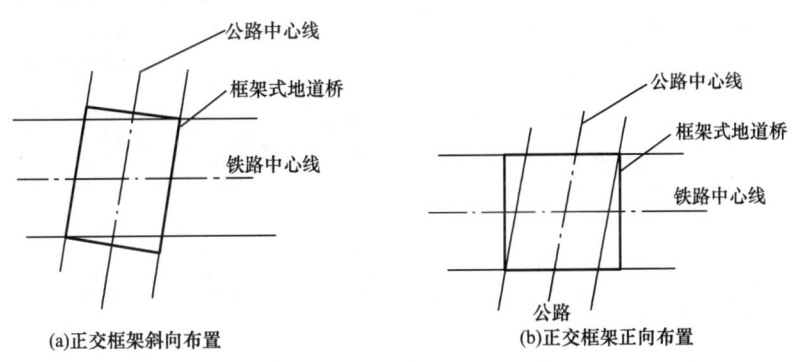

图 7-21 斜交道路正交框架布置

当斜交角度比较大或箱体宽度较大时,一般采用斜交框架斜向布置。

由于箱形框架地道桥为一钢筋混凝土整体结构,一旦建成后,改造及扩建非常困难。因此在规划布置、尺寸拟定时,必须考虑到城市、道路的远景规划,并做好排水设施。

三、地道桥顶进法施工

在既有铁路或公路下顶入框架,可根据场地、设备及框架的长度等具体情况采用不同的顶进方法。

(一)顶进方法

1. 单向顶入法

在顶力设备完善的情况下,不论框架与公路、铁路的交角和框架的跨径大小如何,一般都可以用此方法。

该方法是先在需顶进的地方挖工作坑,在坑内修筑一滑板,在滑板上预制钢筋混凝土小桥涵,把框架上端及侧墙做成向前突出的刃脚,其上安装钢刃,再在离小桥涵尾部不远的地方修筑一个后背,然后在后背与框架底板之间安设千斤顶。对公路、铁路或其他城市市区道路进行必要的加固,以保证顶进时框架上面线路的安全。最后,借后背的反力用千斤顶将框架顶入路基。顶进时,框架前端刃脚处不断地挖土,随顶随挖,直至框架按设计要求的位置全部顶入路基为止(图 7-22)。其工艺流程如图 7-23 所示。

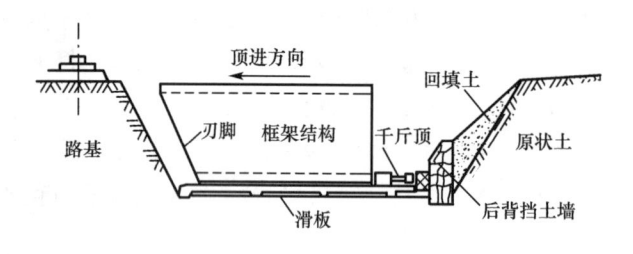

图 7-22 顶进法示意图

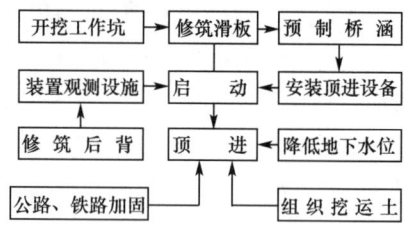

图 7-23 顶进法工艺流程

2. 中继间法

当框架顶进距离过长,顶力较大、框架埋置深、顶力设备满足不了后背反力的要求时,采用中继间法。

该方法是将框架分成数节,在节间设置中继间千斤顶。前节框架顶进时,以后节框架作后背,用安装在节与节之间的中继间千斤顶进行顶进,中继间千斤顶达到最大行程后,前节暂停顶进,而进行后节顶进,此时,中继间的千斤顶随着后节的顶进而压缩(回镐),再进行前节的顶进。这样使之交替顶进。顶进的过程中,后背的最大反力仅为最后一节框架的顶力,可使后背设备大为减少,如图 7-24 所示。

3. 对顶法

当框架桥采用中继间顶进法有困难时,通常采用对顶法施工。

对顶法是在铁路或公路路基两侧各挖一个工作坑,每边预制半节框架,并各修筑其后背,借后背反力将两个独立的框架顶入路基。操作时,可两侧同时对顶或分别顶进。最后将两个框架"对扣"连接为一整体。

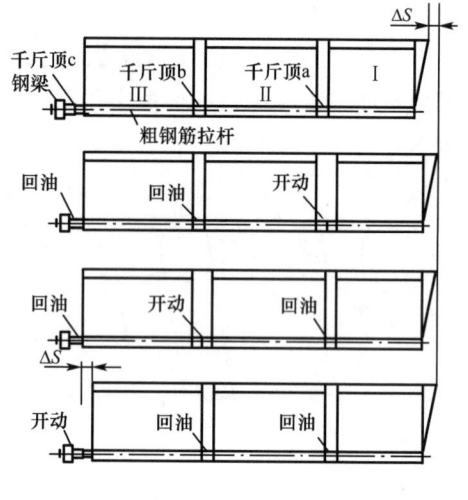

图 7-24 中继间顶进示意图

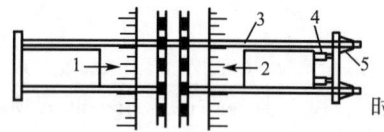

图 7-25 对拉法示意图
1—左框架;2—右框架;3—拉杆;
4—千斤顶;5—连接装置

4. 对拉法

如果框架穿越的路基高出地面很多,修筑后背工程量太大时,可采用对拉法施工。

对拉法同样是在路基两侧各挖一个工作坑,每边预制半节框架,然后从路基一侧顶入多个小空管,将钢绞线或高强钢丝或其他拉杆穿越路基,使两侧的框架连接,互为后背,对拉前进,直至框架对拉就位,如图 7-25 所示。

5. 气垫顶进法

当框架较长,其他方法又不太适用时,常采用气垫顶进法。

气垫顶进法与单向顶入法基本相同,其特点是在框架底板与地面接触面之间吹入压缩空气形成气垫层,而当气体压力超过箱身自重压力时,则框架将被气体微微抬起,大大减小了摩擦力,达到减小顶进力的目的,如图 7-26 所示。

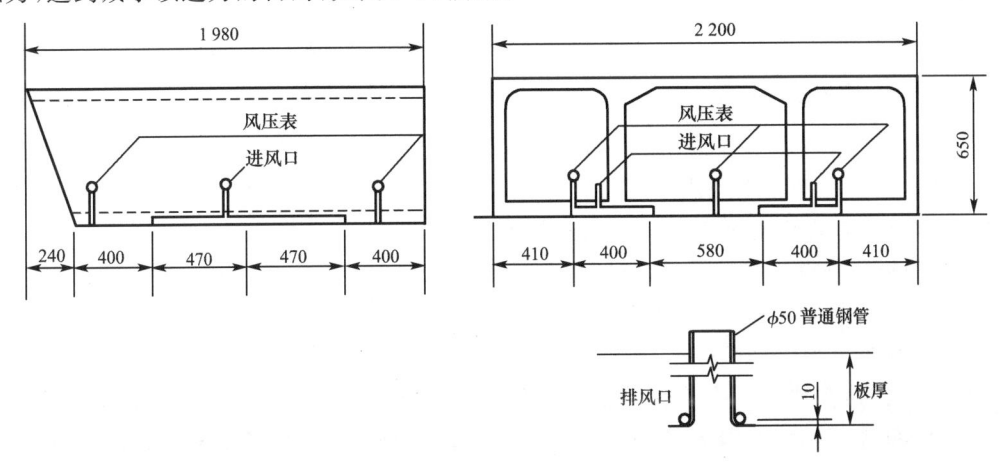

图 7-26 气垫顶进法示意图(尺寸单位:cm)

(二)顶进设备

用顶进法施工时,所需的施工临时措施有:滑板、后背结构、顶进设备以及线路的加固。

滑板(图 7-27)是施工的临时设施,是为了减小顶进开始时的摩擦力而设,同时为框架的预制提供了底模。所以,滑板除了要求具有一定的强度、刚度以及平整度外,还必须具有摩擦力小的特点。一般在平整夯实的地基土上填 10 cm 碎石层并夯实,其上浇筑厚度为 20 cm 的混凝土板来形成滑板。滑板表面要用水泥浆抹平,要求在 2 m 见方的分格内凹凸不超过 3 mm。为了进一步减少滑动阻力,滑板表面涂石蜡、机油和滑石粉作为润滑剂,上铺塑料布作为隔离层,在隔离层上浇筑钢筋混凝土框架。

为了避免在起顶框架时滑板与框架一起滑动,可以在滑板下设几道横肋,然而在软土地基上浇筑框架时,滑板内要设置钢筋。个别情况按设计要求,将滑板与后背结构连在一起,共同承受起顶力,在滑板内要设置一定数量的钢筋以承受拉应力,并将这些钢筋伸入后背焊接锚固。

滑板的宽度应比框架略大些,并设置若干方向墩以控制框架顶进的方向。

在软土地基上,当框架开始滑出底板,常会产生向下倾斜,称为"扎头"。为弥补这一现象,可以根据施工经验,将滑板做成一定的上坡(如 5‰)。至于在密实地基的情况下,一般不必设置,否则可能适得其反,会造成"抬头",出现向上倾斜现象。

后背是承受顶进时水平顶力的支承,也是施工的临时设施。后背的承载能力必须经设计核算确定。后背结构有重力式和板桩式两种。重力式后背是靠天然土体或回填土和片石的被动土压力来承受水平顶力的,在土体前要砌筑浆砌片石后背墙(图 7-28),以及分布顶进力的混凝土后背梁。

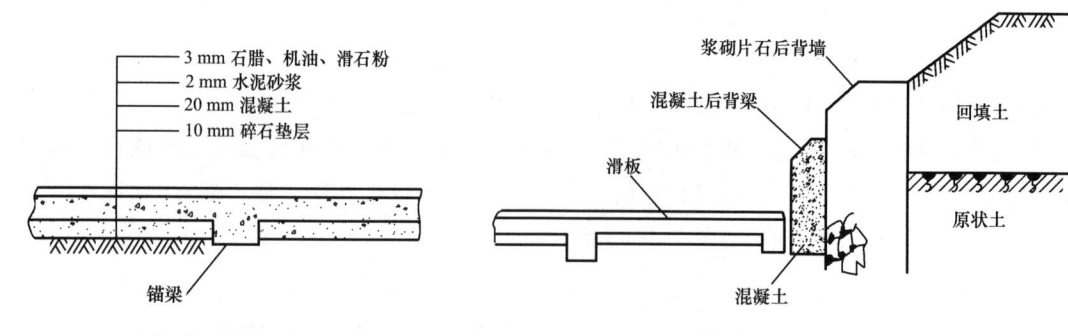

图 7-27 滑板示意图

图 7-28 后背示意图

根据已建成地道桥的施工经验,按箱顶荷载以及箱周围土质的不同,顶进最大阻力因数 f_{max}(最大顶进力与框架自重的比值)在 0.7~2.0 范围内。在施工规划时,必须参考已有的经验,布置足够的顶进设备,以保证顶进工作的顺利进行。

在设计规划顶进设备时,可以按下式估算最大顶力值:

$$P_{max} = K[N_1 f_1 + (N_1 + N_2) f_2 + 2E f_3 + RA]$$

式中　P_{max}——最大顶力(kN);

N_1——作用在被顶进地道桥框架顶上的荷载(包括线路加固材料重量)(kN);

f_1——框架顶的摩擦因数,视顶上润滑处理,经试验确定,无试验资料时,可以采用以下数值:涂石蜡为 0.17~0.34,涂滑石粉可以取 0.30,涂机油调制的滑石粉可以取 0.20;

N_2——地道桥自重(kN);

f_2——底板与地基土间的摩擦因数,按土的性质而定,无试验资料时可用 0.70~0.80;

E——作用在两侧墙上的土压力,由于两侧土受超挖松动,可以按主动土压力计算;

f_3——侧面摩擦因数,视土性质而定,无试验资料时可用 0.70~0.80;

R——钢刃脚正面阻力,按刃脚构造、挖土方法、土的性质经试验确定,无试验资料时可采用以下数值:砂黏土为 500~550 kPa,卵石土为 1 500~1 700 kPa;

A——钢刃脚正面积(m^2);

K——预留系数,可以用 1.2。

按已建成地道桥的造价分析,顶进设备、后背及工作坑等临时设施的费用可能占总造价的 40% 以上,因此如何减小顶进力以及简化施工临时设施,是降低施工造价、提高地道桥经济指标的重要措施。

斜框架当采用顶进法施工时,通常采用斜框架斜向顶进法(图 7-29)。为了便于千斤顶的布置,在框架底板顶进一侧做成与顶进方向正交的附加板段,该部分仅需按构造配筋,不参与整个框架的受力。由于框架左右侧土压力作用点不在一条直线上,而造成一个逆时针的力偶,使整个箱体有扭转的趋势,因此千斤顶要偏心布置,以保证向正确方向顶进。图 7-30 为公路与铁路斜交角度为 30°的四孔框架地道桥。框架横向总宽为 44.4 m,总重

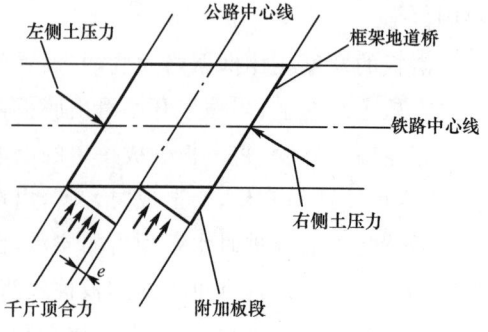

图 7-29　斜框架斜向顶进

为 7.8×10^7 N,采用斜框架斜向顶进方法施工,为了减小后背工程,利用后节重量顶进前节,再以前节的重量为平衡重半拉,以及后背半推,顶进后半节。

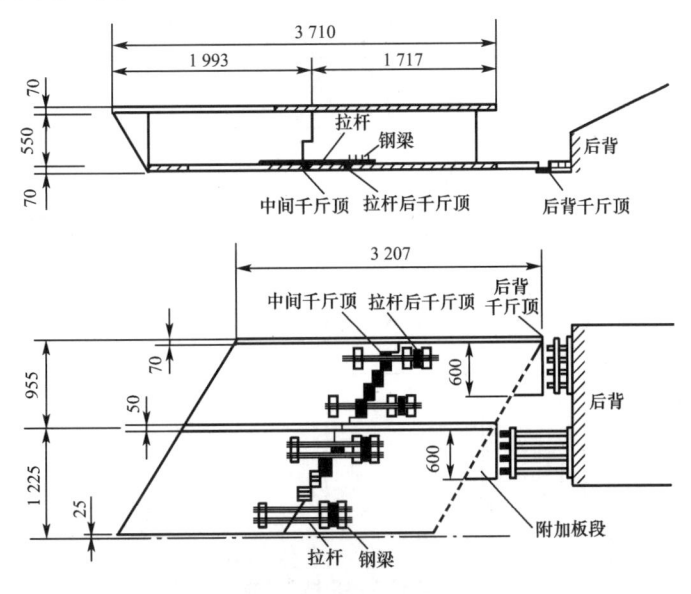

图 7-30 斜交框架顶进(尺寸单位:cm)

第三节 刚架桥简介

一、刚架桥概述

桥跨结构(主梁)和墩台(支柱)整体相连的桥梁称为刚架桥。由于两者之间是刚性连接,在竖向荷载作用下,将在主梁端部产生负弯矩,因而减小了跨中的正弯矩,跨中截面尺寸相应得以减小。刚架桥的主梁高度一般可以比梁桥小,因此,刚架桥通常适用于需要较大的桥下净空和建筑高度受到限制的情况,如跨线桥、高架桥和栈桥等。

刚架桥在竖向荷载作用下,一般都产生水平推力。因此,必须要有良好的地基条件,或用较深的基础和用特殊的构造措施来抵抗推力的作用。

刚架桥大多做成超静定的结构形式,故在混凝土收缩、温度变化、墩台不均匀沉降和预加应力等因素的影响和作用下,会产生附加内力(次内力)。在施工过程中,当结构体系发生转换时,徐变也会引起附加内力。有时,这些内力可占整个内力相当大的比例。

刚架桥的主要优点是:外形尺寸小,桥下净空大,桥下视野开阔,混凝土用量小。但钢筋的用量较大,基础的造价也较高。近年来,随着预应力混凝土技术的发展和悬臂施工法的广泛应用,刚架桥也得到了进一步的发展。

刚架桥可以是单跨或多跨的。单跨刚架桥的支柱可以做成:直柱式,称为门形刚架,如图 7-31(a)、图 7-31(b)、图 7-31(c)所示;斜柱式,称为斜腿刚架,如图 7-31(d)、图 7-31(e)所示。

单跨的刚架桥一般要产生较大的水平反力。为了抵抗水平反力,可用拉杆连接两根支柱的底端,如图 7-31(b)所示,或做成封闭刚架。但前一种办法比较复杂,因而很少采用,后一种办法只宜用于小跨度。门形刚架也可两端带有悬臂,如图 7-32(b)所示,这样可以减小水平反力,改善基础的受力状态,而且也较利于和路基连接,但增加了主梁的长度。对于铁路桥,只能

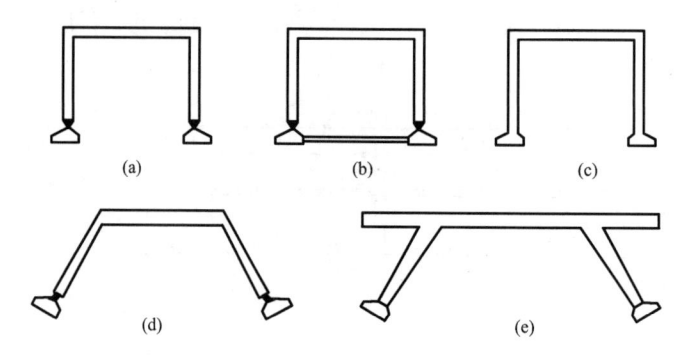

图 7-31 单跨刚架桥的类型

采用较短的悬臂,以免悬臂变形太大而增加活载对桥梁的冲击作用。

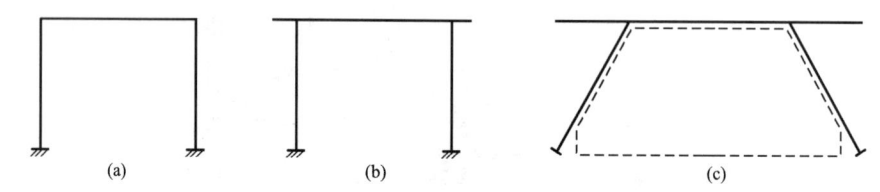

图 7-32 单跨刚架桥桥式

斜腿刚架桥的压力线和拱桥相近,故其所受弯矩比门形刚架要小,主梁跨度缩短,但支承水平推力增加,而且斜柱的长度也较大。当桥下净空要求为梯形形状时,采用斜腿刚架很有利,可用较小的主梁跨度跨越深谷或同其他线路立交,如图 7-32(c)所示。因此,国外有不少跨线桥采用过此形式,它不仅造型轻巧美观,施工也较拱桥来得简单。例如,1977 年建成的南非古里茨桥,两岸岩壁陡峭,跨越的山谷深达 70 m 左右。

多跨刚架桥的主梁可以做成连续式或非连续式。后者是在主梁跨中设铰或悬挂简支梁(图 7-33),形成所谓带铰的 T 形刚构或带挂梁的 T 形刚构。这样有利于采用悬臂施工法,而静定结构则能减小次内力,简化主梁配筋。

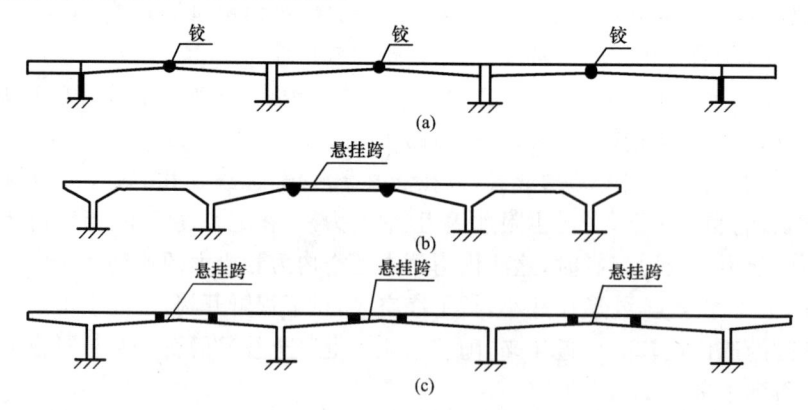

图 7-33 非连续式主梁的刚架桥

对于连续式主梁的多跨刚架桥,当全长太大时,宜设置伸缩缝,或者做成数座互相分离的连续式主梁的刚架桥,如图 7-34 所示。

中小跨度的连续式刚架通常做成等跨,以利于施工。跨度较大时,为了减小边跨的弯矩,使之与中间跨相近,利于设计和构造,也可以使边跨跨度小于中间跨。有时,当连续刚架边跨的跨度远小于中间跨时,可能导致主梁端支座承受很大的上拔力,需要进行特殊的处理。通常

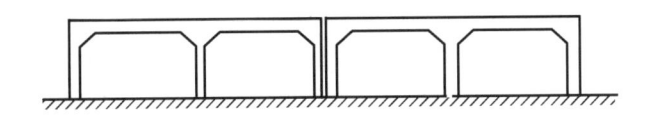

图 7-34　分离式多跨刚架桥

可将边跨主梁截面改成实体的,或加平衡重,以使端支座获得正的反力(压力)。

图 7-33(a)、图 7-33(c)所示的 T 形刚架桥,它是由若干个 T 形结构(简称 T 构),通过剪力铰或悬挂跨连接起来而形成的多跨刚架桥。这种 T 形刚架桥实为非推力体系。图 7-33(c)所示还是静定结构体系,因此也可用于地质条件较差的地方。T 构的两翼一般为对称的悬臂,承受负弯矩,因此预应力钢筋可布置在主梁截面的上部,构造施工均较简单。这种刚架桥特别适于采用双悬臂平衡施工。在施工过程中和在自重作用下,两边产生相等的弯矩,支柱仅受压力,柱底也只有竖直反力。支柱仅在活载作用下才产生弯矩,这样就可采用较小的支柱截面尺寸和较小的钢筋用量。不过,采用悬臂施工法时,主梁悬臂处的负弯矩是相当可观的。对于非连续的主梁,其接缝的处理是很麻烦的,尤其是产生徐变后,桥梁变形,路面转折而不平顺,增大了车辆在通过接缝时的冲击作用,使接缝的处理和养护更加困难。因此,现在有做成连续主梁的趋势,当然连续的跨数不能太多。

主梁设剪力铰的 T 形刚架桥,铰的左右两侧主梁变形不一致,难于调整,引起行车不平顺。当 T 构两边的温度变化不同(如受单侧日照)时,产生不均匀变形,引起较大的次内力。因此,带铰的刚架已较少采用。

刚架桥的支承分铰结和固结两种。固结刚架的基础要承受固端弯矩,其次内力也较铰结刚架大许多,好处是主梁弯矩可减小。铰结刚架的构造和施工都比较复杂,养护也比较费时。

刚架桥可以全部采用钢筋混凝土或预应力混凝土做成,也可以采用预应力混凝土的主梁和普通钢筋混凝土的支柱。不过,随着悬臂施工技术的发展,绝大多数的刚架桥都采用预应力混凝土。

二、刚架桥的构造特点

(一)一般构造特点

刚架桥的主梁截面形状与梁桥相同,可做成图 7-35 所示的各种形式。主梁在纵方向的变化可做成等截面、等高变截面和变高度三种。有时,还可把主梁做成几种不同的截面形式,以适应内力的变化且方便施工。例如,主梁跨中段做成肋式,支承段做成箱形。对小跨度宜采用等高度主梁,以利于施工。变高度主梁的底缘形状可以是曲线形、折线形、曲线加直线等。在下缘转折处,为保证底板的刚度,一般均宜设置横隔板。

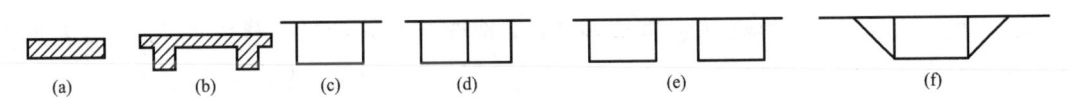

图 7-35　主梁截面形式

支柱有薄壁式和立柱式,如图 7-36 所示。立柱式中又可分为多柱和单柱。多柱式的柱顶通常都用横梁相连,形成横向框架,以承受侧向作用力。当立柱较高时,尚应在其中部用横撑将各柱连接起来。当桥梁很高时,为了增加其横向刚度,还可做成倾斜支柱,如图 7-37 所示。支柱的横截面可以做成实体矩形、工字形或箱形等。对于单柱式,其截面要与主梁截面相配合,腹板要尽可能与主梁腹板布置一致,以利于传力。

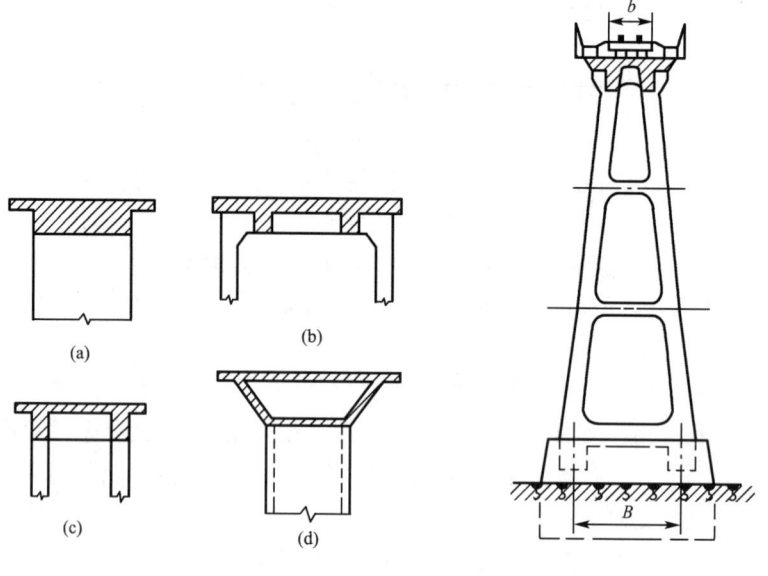

图 7-36　支柱形式

图 7-37　横向倾斜支柱

(二)刚架桥的节点构造

刚架桥的节点系指立柱与主梁相连的地方,又称角隅节点或隅节点。该隅节点必须具有较大的刚度,以保证主梁和立柱的刚性连接。隅节点和主梁或立柱相连接的截面有很大的负弯矩,因此,在隅节点内缘,混凝土受有很大的压应力。隅节点外缘的拉力由钢筋承担。如图 7-38 所示,压力和拉力形成一对强大的对角压力,对隅节点产生劈裂作用。因此,对隅节点的构造要格外注意。

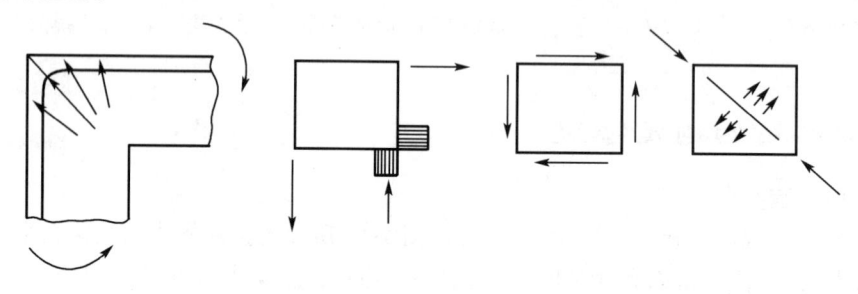

图 7-38　隅节点受力示意图

对于板式刚架,可在隅节点内缘加梗肋,以改善其受力情况,而且可以减少配筋,使钢筋布置稀些,以利于施工。隅节点的外缘钢筋必须连续绕过隅角之后锚固起来。

当主梁和立柱都是箱形截面时,隅节点可做成图 7-39 所示的三种形式:(a)式仅在箱形截面内设置斜隔板,其抵抗对角压力最为有效,传力直接,施工简单,但(a)式中主筋的布置不如(b)式和(c)式方便。(b)式设有竖隔板和平隔板,其传力间接,受力情况较差,但构造和施工简单。(c)式兼有竖隔板、平隔板和斜隔板,节点刚度大、强度高,布置主筋也较方便,但施工很麻烦。采用(a)式时,斜隔板应有足够的厚度。有时,为了使隅节点有强大的刚性,并简化施工,也可将它做成实体的。

斜腿刚架桥的斜支柱与主梁相交的节点,根据截面形式的不同,可做成图 7-40 所示的两种形式。图 7-41 所示为一种形式的预应力钢筋布置。

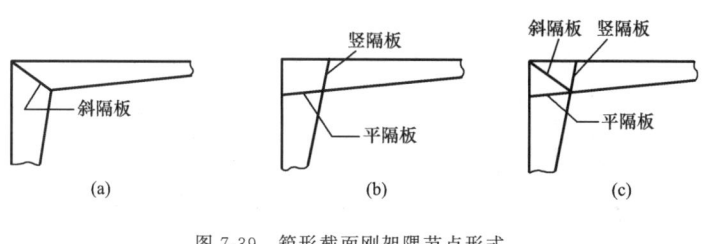

图 7-39　箱形截面刚架隅节点形式

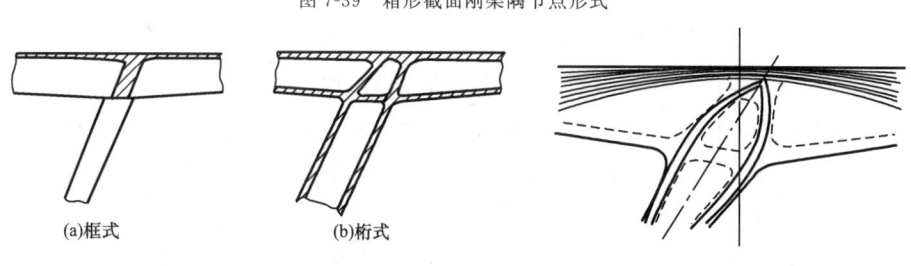

图 7-40　斜柱与主梁相交节点形式

图 7-41　节点预应力钢筋

多跨刚架桥的中柱与主梁相交的中间节点，当主梁和支柱为箱形截面时，可采用图 7-42 所示的两种形式。其中(a)为框式，(b)为桁式。

关于隅节点的配筋，当采用普通钢筋混凝土时，一定要有足够的连续钢筋绕过隅节点外缘 (图 7-43)，否则，外缘混凝土由于受拉会产生裂缝。对于受力较大的隅节点，在对角力的方向要设置受压钢筋，在和对角力相垂直的方向要设置防劈钢筋。如果是预应力混凝土刚架桥，与隅节点相邻截面的预应力钢筋宜贯穿隅节点，并在隅节点隅角内交叉后锚固在梁顶和端头上。预应力钢筋锚头下面的局部应力区段内尚应设置箍筋或钢筋网，用以承受局部拉应力。对于加设梗肋的隅节点，要设置与梗肋外缘相平行的钢筋。

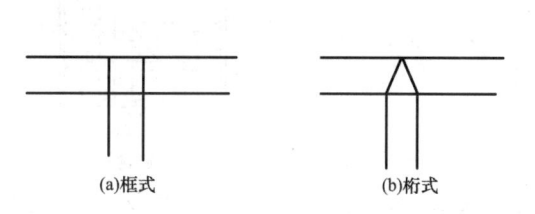

图 7-42　中柱与主梁相交节点形式

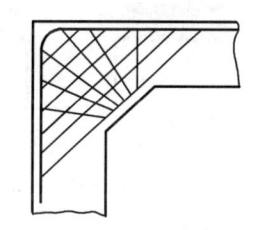

图 7-43　隅节点普通钢筋的设置

(三)铰的构造

刚架桥的铰支座，按所用材料分为铅板铰、混凝土铰和钢铰。铅板铰就是在支柱底面与基础顶面之间垫以铅板，中设销钉，销钉的上半截伸入柱内，下半截伸入基础内(图 7-44)，利用铅材容易变形的特点实现铰的转动作用。铅板的承压强度不高，一般仅容许承受 10~15 MPa 的压应力。其造价较混凝土铰要高，养护也较费事。钢铰支座一般为铸钢制成，其构造与梁板固定支座和拱桥支座相同。

从 20 世纪 80 年代开始，西欧一些国家曾在桥梁结构中使用混凝土铰(图 7-45)。混凝土铰就是在需要设铰的位置将混凝土截面骤然减小(称为颈缩)，使截面刚度大大减小，因而该处的抗弯能力很低，可产生结构所需要的转动，这样就形成了铰的作用。

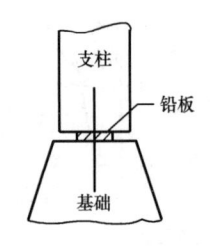

图 7-44 铅板铰简图　　　　图 7-45 混凝土铰简图

混凝土铰可分为线形铰和圆形铰。线形铰的铰颈截面为矩形,仅绕其长轴方向转动;圆形铰的铰颈截面为圆形,可在任意方向产生转动,故能适用于斜交桥。为了避免铰颈表面混凝土崩裂,线形铰不仅在转动方向颈缩,而且另一方向也稍加颈缩(图 7-46)。

铰颈截面可不设钢筋,或仅设置直径较细的纵向钢筋。钢筋穿过铰颈截面的转动轴,这样对转动的阻碍最小。直径较粗的纵向钢筋一方面会增加对转动的阻力,影响铰的功能;另一方面还会约束其周围混凝土的变形,对铰颈混凝土受力不利。当铰颈截面承受剪力时,为了分担剪力,可设置斜放的纵向钢筋(图 7-47)。

为使混凝土铰能充分发挥其抗压能力,在铰颈面两侧的支柱和基础内应设置防劈钢筋。防劈钢筋可做成钢箍状、螺旋状、炉箅状或网状。

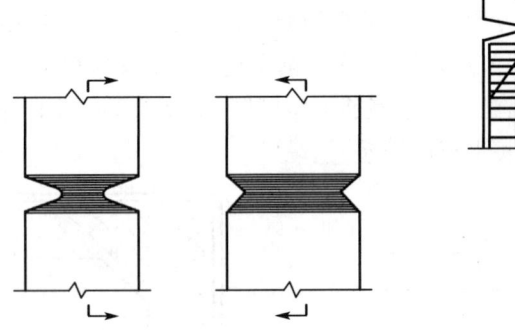

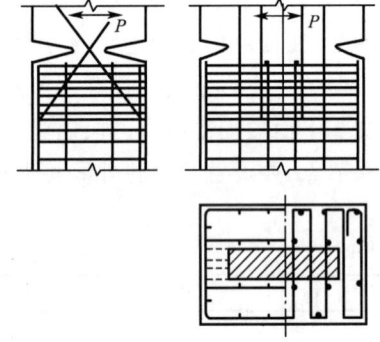

图 7-46 双向颈缩线形铰　　　　图 7-47 混凝土铰的钢筋构造

此外,为了阻止铰颈裂缝的延伸,还应设置一定的纵向钢筋。在地震区,还可在铰区设置两排纵向钢筋,并用钢箍或螺旋筋包住,用以抵抗地震力和过大的转动。

复习思考题

1. 悬索桥由哪几部分组成？其受力特点是什么？
2. 悬索桥的适用范围是什么？
3. 刚架桥的受力特点是什么？
4. 地道桥的适用范围是什么？
5. 简述悬索桥的施工过程。
6. 简述地道桥的施工过程。

第八章 墩台的构造

重点提示

主要讲述桥梁墩台的主要类型及其适用条件；桥梁墩台的构造及其尺寸拟订。通过本章的学习对桥梁墩台有一个较全面的了解。

桥梁墩台是桥梁的重要组成部分，称为桥梁的下部结构，它主要由墩(台)帽、墩(台)身和基础三部分组成，如图 8-1 所示。

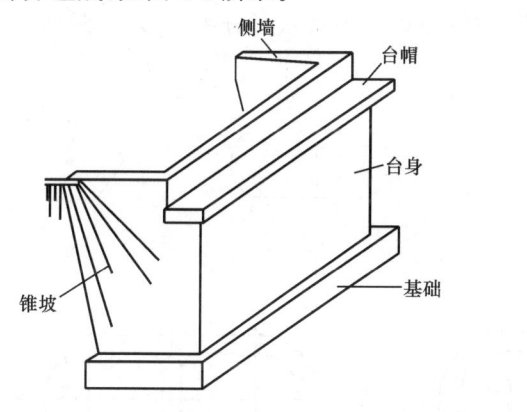

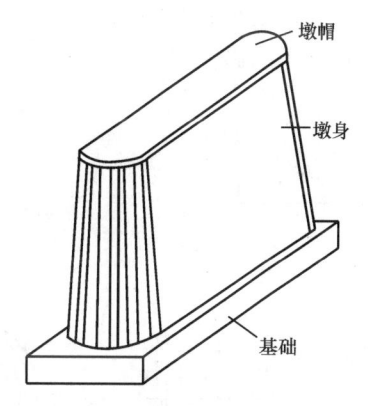

图 8-1 梁桥墩台的结构

桥梁墩台的主要作用是承受上部结构传来的作用(荷载)，并通过基础将作用及本身自重传递给地基。桥墩一般系指多跨桥梁的中间支承结构物，它除承受上部结构的作用外，还要承受流水压力，水面以上的风力以及可能出现的冰压力，船只、排筏或漂浮物的撞击力等。桥台设置在桥的两端，除了支承桥跨结构外，它又是衔接两岸接线路堤的构造物，它既要挡土护岸，又要承受台背填土及填土上车辆荷载所产生的附加土侧压力。因此，桥梁墩台不仅本身应具有足够的强度、刚度和稳定性，而且对地基的承载能力、沉降量、地基与基础之间的摩阻力等也都提出了一定的要求，以避免在这些荷载作用下有过大的水平位移、转动或者沉降发生，这一点对超静定结构桥梁尤为重要。

近些年来，国内外出现了不少新颖桥梁墩台，尤其是在桥墩形式上显得更为突出，它把结构上的轻巧合理和艺术造型上的美观统一起来，于是便创造出 X 形、V 形等各种优美的立面形式(图 8-2)。

图 8-2　X 形和 V 形桥墩

一、桥墩的类型和构造

(一)梁桥桥墩

桥墩按其受力特点可分为重力式桥墩和轻型桥墩两种；按其构造可分为实心墩、空心墩、柱式墩、柔性排架桩墩和框架墩五种类型；按墩身横截面形状可分为矩形墩、圆形墩、圆端形墩、尖端形墩等，如图 8-3 所示。

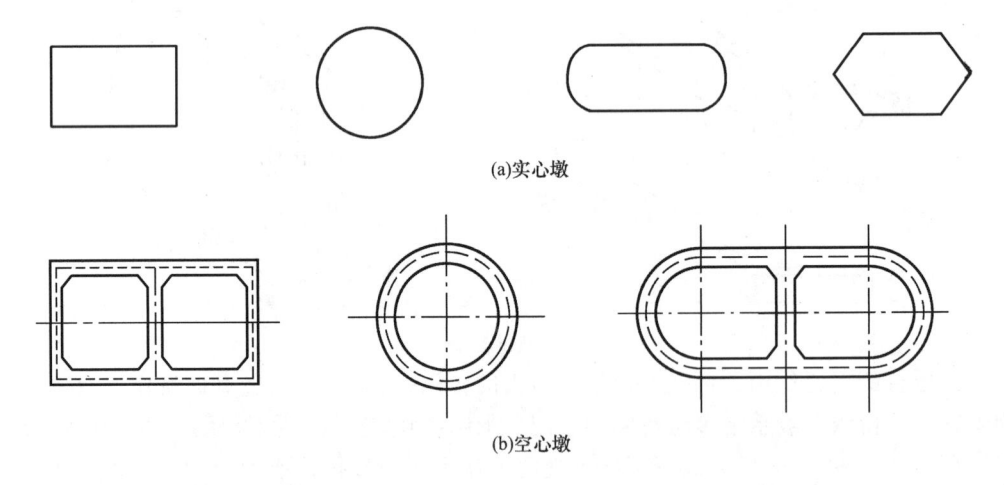

(a)实心墩

(b)空心墩

图 8-3　梁桥桥墩的分类

墩身侧面可做成垂直的，亦可做成斜坡式或台阶式(图 8-4)。

1. 重力式桥墩

重力式桥墩(图 8-5)的主要特点是靠自身重量来平衡外力，保持其稳定。因此，墩身比较厚实，可不用钢筋，而用天然石材或片石混凝土砌筑。它适用于荷载较大的大、中型桥梁或流冰、漂浮物较多的河流中。在砂石料取材方便的地区，小桥也往往采用重力式桥墩。其缺点是圬工数量大、自重大，因而对地基承载力要求较高。此外，其阻水面积也较大。

(a) 斜坡式墩身 (b) 垂直墩身

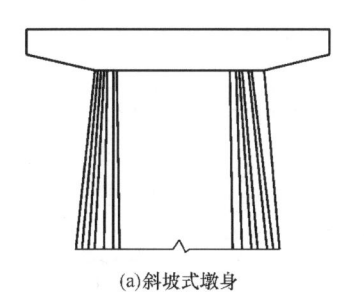

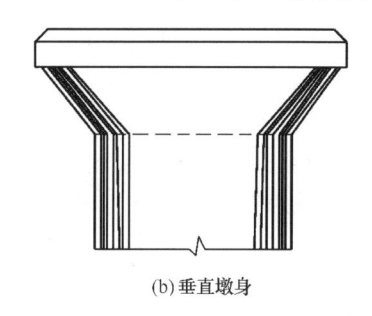

图 8-4 墩身侧面的变化

(1) 墩帽。墩帽是桥墩顶端的传力部分,它通过支座承托着上部结构,并将相邻两孔桥跨的永久作用和可变作用传到墩身上,应力较集中。因此,墩帽的强度要求较高,一般采用 C25 以上的混凝土或钢筋混凝土做成。

在一些桥面较宽、墩身较高的桥梁中,为了节省墩身及基础的圬工体积,常常利用挑出的悬臂或托盘来缩短墩身横向的长度(图 8-4),悬臂式或托盘式墩帽一般采用 C25 以上钢筋混凝土。

《公路圬工桥涵设计规范》(JTG D61—2005)规定:墩帽和台帽的厚度,对于特大、大跨径的桥梁不应小于 0.5 m;对于中、小跨径的桥梁不应小于 0.4 m。其顶面常做成 10% 的排水坡。墩帽的四周较墩身出檐宽度宜为 0.05~0.10 m,并在其上做成沟槽形滴水。

墩帽长度和宽度视上部结构的形式和尺寸、支座尺寸和布置以及上部构造中主梁的施工吊装要求等条件而定。

墩帽的平面尺寸拟定如下:

① 顺桥向的墩帽宽度 b,如图 8-6 所示。

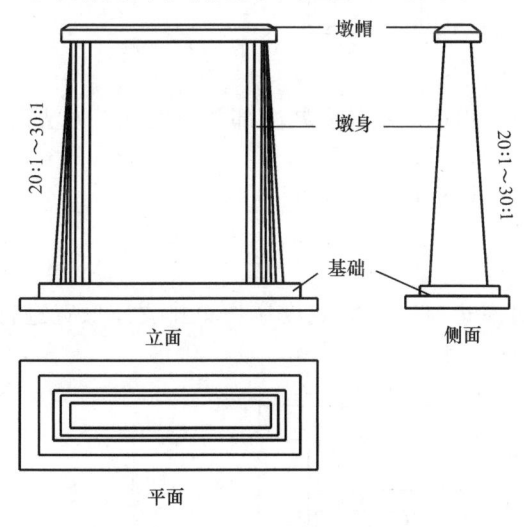

图 8-5 重力式桥墩

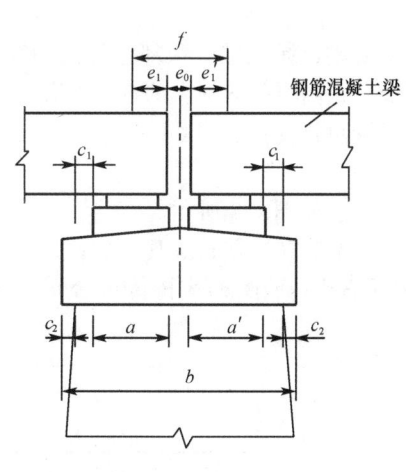

图 8-6 墩帽顺桥向尺寸

a. 双排支座。

$$b \geqslant f + \frac{a}{2} + \frac{a'}{2} + 2c_1 + 2c_2 \tag{8-1}$$

$$f = e_0 + e_1 + e_1' \geqslant \frac{a}{2} + \frac{a'}{2} \tag{8-2}$$

式中　a, a'——桥跨结构支座垫板顺桥向宽度;

　　　c_1——顺桥向支座垫板至墩身边缘最小距离,见表 8-1 及图 8-7;

c_2——檐口宽度,5~10 cm;

f——相邻两跨支座间的中心距;

e_0——伸缩缝宽度,中小桥为2~5 cm,大跨径桥梁可按温度变化及施工放样、安装构件可能出现的误差等决定;

e_1, e_1'——桥跨结构伸过支座中心线的长度。

表 8-1　　　　　　　　支座边缘至墩、台身边缘的最小距离　　　　　　　　　　　　　m

桥向 跨径 L	顺桥向	横桥向	
		圆弧形端头(自支座边角量起)	矩形端头
$L \geqslant 150$	0.30	0.30	0.50
$40 \leqslant L < 150$	0.25	0.25	0.40
$20 \leqslant L < 40$	0.20	0.20	0.30
$5 \leqslant L < 20$	0.15	0.15	0.20

注:当采用钢筋混凝土或预应力混凝土悬臂墩帽时,可不受本表限制,应以便于施工、养护和更换支座而定。

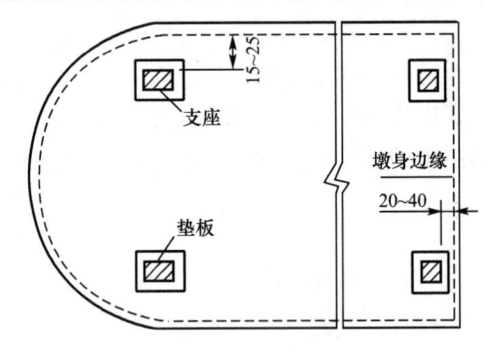

图 8-7　c 值的确定(尺寸单位:cm)

支座边缘至墩身顶部边缘的距离应视桥墩的构造形式及安装上部构造的施工方法而定,其最小距离可按表 8-1 的规定采用。

b.单排支座:当墩上仅有一排支座时(如连续梁桥),则 b 可由下式计算:

$$b = a + 2c_1 + 2c_2 \tag{8-3}$$

具体尺寸如图 8-8 所示。

c.不等高梁双排支座:如图 8-9 所示,这时左边(低梁端)宽度应按单排支座墩宽进行设计,而右边(高梁端)应按桥台台帽宽度进行设计。

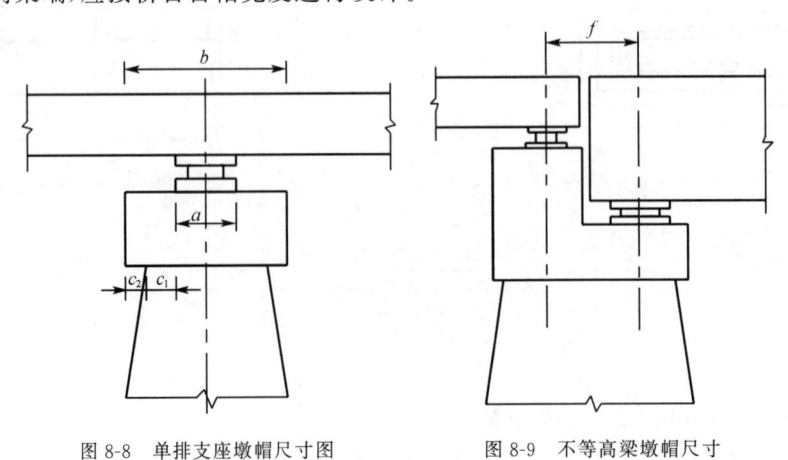

图 8-8　单排支座墩帽尺寸图　　　　图 8-9　不等高梁墩帽尺寸

对墩身最小顶宽的要求可根据《公路圬工桥涵设计规范》有关规定,一般情况下,对于小跨径桥梁,墩帽纵桥向宽度不宜小于 1.0 m;对于中等跨径桥梁,墩帽纵桥向宽度不宜小于 1.0～1.2 m。

②横桥向墩帽最小宽度 B。

a. 多片主梁(图 8-10)

$$B = B_1 + a_1 + 2c_1 + 2c_2 \tag{8-4}$$

式中 B_1——桥跨结构两外侧主梁中心距;

a_1——支座底板横向宽度;

其余符号意义同前。

b. 箱梁(图 8-11)

$$B = B_1 + a_1 + 2c_1 + 2c_2 \tag{8-5}$$

式中 B_1——两边支座中心距。

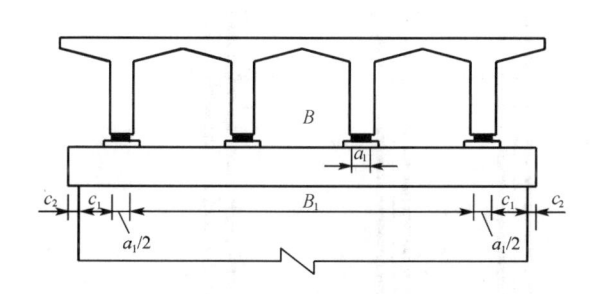

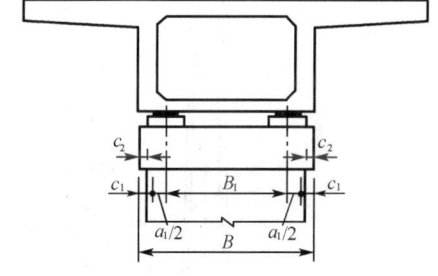

图 8-10 多片主梁墩帽横桥向尺寸　　　　图 8-11 箱梁墩帽横桥向尺寸

(2)墩身。墩身是桥墩的主体。重力式桥墩墩身的顶宽,对小跨径桥不宜小于 80 cm;对中等跨径桥不宜小于 100 cm;对大跨径桥的墩身顶宽,视下部构造类型而定。侧坡一般采用 20∶1～30∶1,小跨径桥的桥墩也可采用直坡。

墩身通常由块石、浆砌片石、混凝土或钢筋混凝土等材料建造。为了便于水流和漂浮物通过,墩身平面形状可以做成圆端形或尖端形,如图 8-12(a)、图 8-12(b)所示;无水的岸墩或高架桥墩可以做成矩形,如图 8-12(c)所示;在水流与桥梁斜交或流向不稳定时,宜做成圆形,如图 8-12(d)所示;在有强烈流水或大量漂浮物的河道(冰厚大于 0.5 m,流冰速度大于 1 m/s)上,桥墩的迎水端应做成破冰棱,如图 8-12(e)所示。破冰棱可由强度较高的石料砌成,也可以用高强度等级的混凝土辅之以钢筋加固。破冰棱的设置范围应从最低流冰水位以下 0.5 m 到最高流冰水位以上 1.0 m 处。破冰棱的倾斜度宜为 3∶1～10∶1。破冰棱与桥墩应构成一体,自基底或承台底至最高流冰水位以上 1.0 m 处,混凝土墩台应避免设水平施工缝,当不可避免时,其结合面应用型钢或钢筋加强。

此外,在一些高大的桥墩中,为了减少圬工体积,节约材料,或为了减轻自重,降低基底的承压应力,也可将墩身内部做成空腔体,即空心桥墩,如图 8-13 所示。空心桥墩墩身最小壁厚,对于钢筋混凝土不宜小于 30 cm,对于混凝土不宜小于 50 cm。墩身内应设横隔板或纵、横隔板,以加强墩壁的抗撞能力。墩顶实体段高度不小于 1.0～2.0 m,以传递墩帽的压力,墩顶实体段以下应设置带门的进入洞或相应的检查设备。墩身周围应设置适当的通风孔或泄水孔,孔的直径不小于 20 cm,用以调节壁内外温差和平衡水压力。

(3)基础。它是介于墩身与地基之间的传力结构。详情请参考《基础工程》或本书后面有关章节。

图 8-12 墩身平面及破冰棱

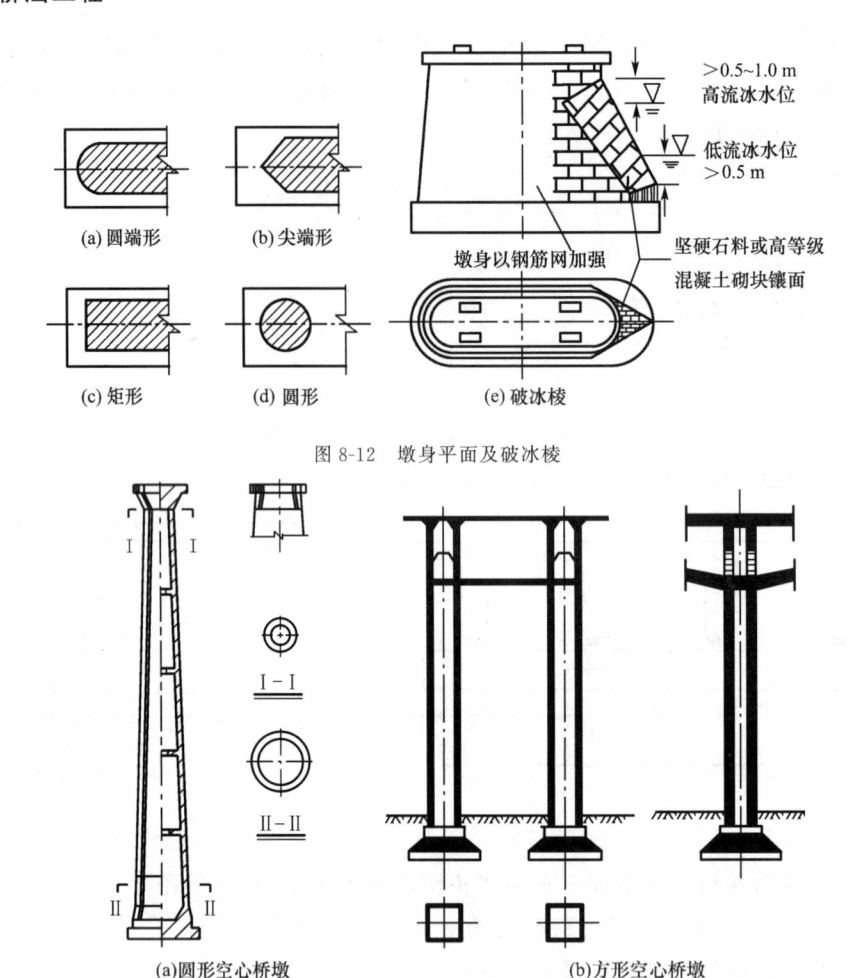

图 8-13 空心桥墩

2. 轻型桥墩

当地基土质条件较差时,为了减轻地基的负担或者为了减轻墩身重量,节约圬工材料,常采用各种轻型桥墩。在梁桥中,通常采用以下几种类型:

(1)钢筋混凝土薄壁桥墩。图 8-14 所示为钢筋混凝土薄壁桥墩,其高度一般不大于 7 m,墩身厚度约为高度的 1/15,即 0.3~0.5 m。一般配用托盘式墩帽,其两端为半圆头。墩身材料采用 C20 以上的混凝土。根据外力作用情况,沿墩身高度配置适量钢筋。

薄壁桥墩的特点是圬工体积小,结构轻巧,比重力式桥墩可节约圬工数量 70% 左右,且施工简便,外形美观,过水性良好,故适用于地基土软弱的地区。它的缺点是,当采用现浇混凝土时,需耗费用于立模的支架材料和一定数量的钢筋。

(2)柱式桥墩。柱式桥墩的结构特点是由分离的两根或多根立柱(或桩柱)所组成。柱式桥墩外形轻巧美观,圬工体积小,因此是目前公路桥梁中广泛采用的桥墩形式之一,特别是在较宽较大的城市高架桥和立交桥中。

柱式桥墩的墩身沿桥横向常由 1~4 根立柱组成,柱身为 0.6~1.5 m 的大直径圆柱或方形、六边形等,当墩身高度大于 7 m 时,可设横系梁增加柱身的横向刚度。这种桥墩的刚度较大,适用性较广,并可与柱基配合使用;缺点是模板工程较复杂,柱间空间小,易于阻滞漂浮物,故一般多在水深不大的浅基础或高桩承台上采用。

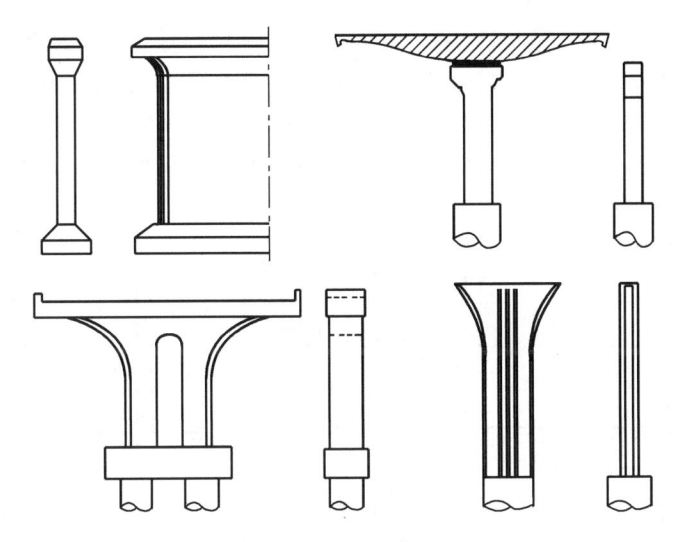

图 8-14 钢筋混凝土薄壁桥墩

柱式桥墩一般由基础之上的承台、柱式墩身和盖梁组成。双车道桥常用的形式有单柱式、双柱式、哑铃式和混合双柱式四种,如图 8-15 所示。

目前我国采用较多的还有钻孔灌注桩双柱式桥墩,如图 8-15(b)所示,它由钻孔灌注桩、柱与钢筋混凝土盖梁组成。柱与桩直接相连。当墩身桩的高度大于 1.5 倍的桩距时,通常就在桩柱之间布置横系梁,以增加墩身的侧向刚度。

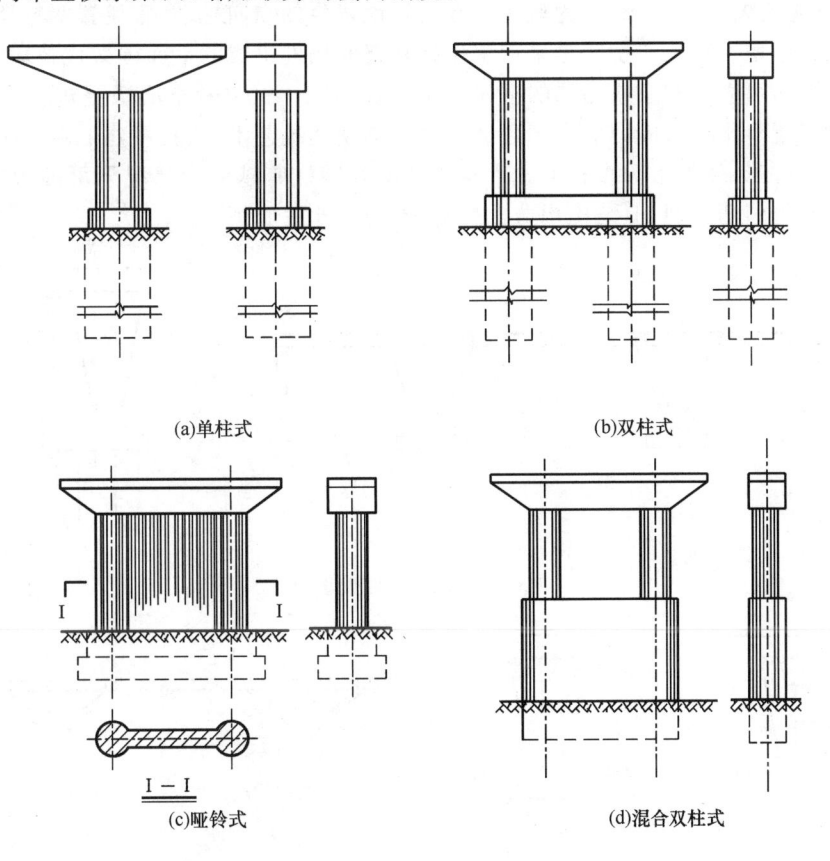

(a)单柱式

(b)双柱式

(c)哑铃式

(d)混合双柱式

图 8-15 柱式桥墩

(3) 柔性排架桩墩。柔性排架桩墩是由单排或双排的钢筋混凝土桩与钢筋混凝土盖梁连接而成,如图 8-16 所示。其主要特点是,可以通过一些构造措施,将上部结构传来的水平力(制动力、温度影响力等)传递到全桥的各个柔性墩台或相邻的刚性墩台上,以减少单个柔性墩台所受到的水平力,从而达到减小桩墩截面的目的。由于其材料用量省,修建简单,在我国各地特别是平原地区较为广泛采用。

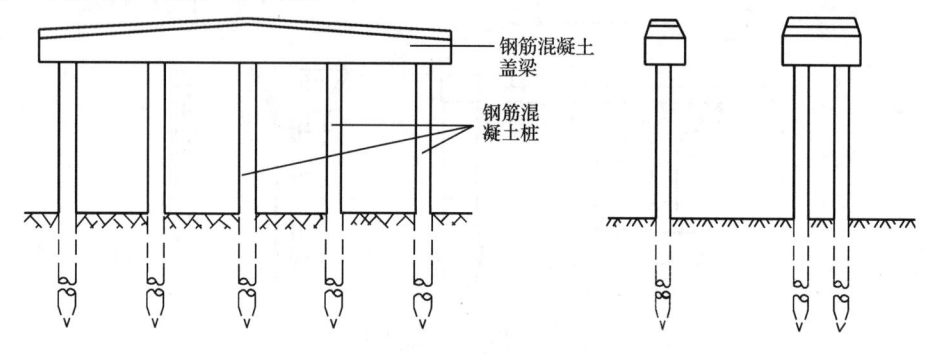

图 8-16 柔性排架桩墩

柔性排架桩墩多用于墩高为 5.0~7.0 m,跨径一般不宜超过 13 m 的中、小型桥梁上。因排架桩墩的尺寸较小,所以对于山区河流、流冰或漂流物严重的河流,墩柱易被损坏,故不宜采用。对于石质或砾石河床,沉入桩也不宜采用。

柔性排架桩墩分单排架墩和双排架墩。单排架墩一般适用于桩墩高度不超过 4.0~5.0 m 的梁桥。桩墩高度大于 5.0 m 时,为避免行车时可能发生的纵向晃动,宜设置双排架墩。

(4) 框架式桥墩。框架式桥墩是采用由压挠和挠曲构件组成的平面框架代替墩身,以支承上部结构,必要时可做成双层或多层的框架支承上部结构。这类较空心墩更进一步的轻型结构,一般用钢筋混凝土或预应力混凝土建造。为了体现建筑艺术,墩身可建成 V 形(图 8-17)、Y 形(图 8-18)、X 形、倒梯形等多种形式。这些桥墩在同样跨越能力情况下可缩短梁的跨径、降低梁高,使结构轻巧美观,但结构构造比较复杂,施工比较麻烦。

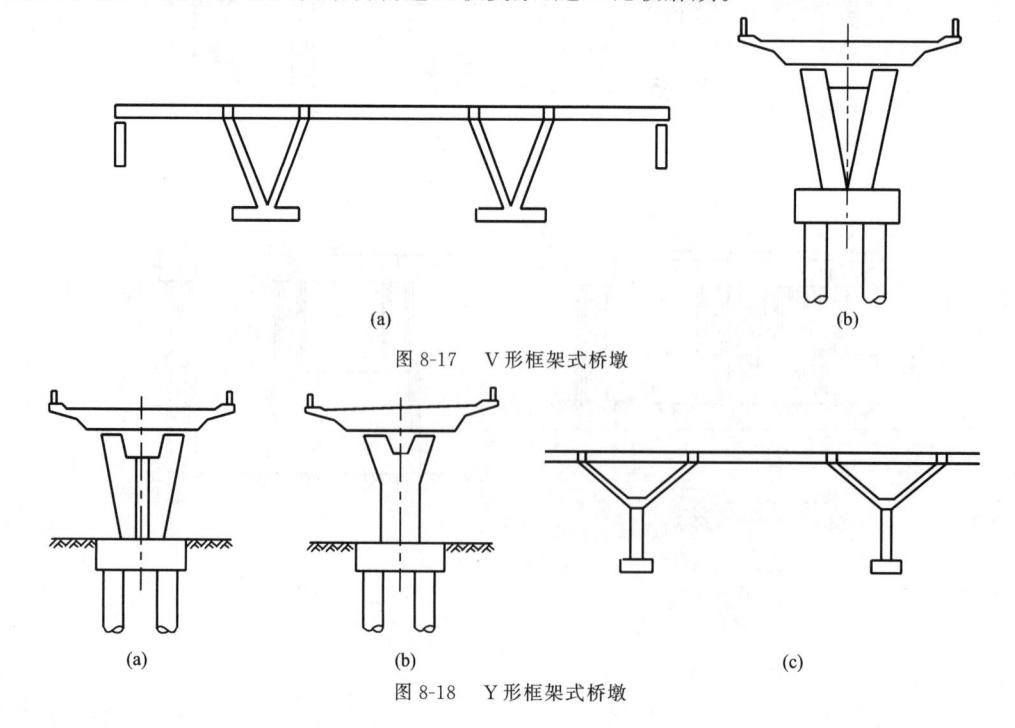

(a)

(b)

图 8-17 V 形框架式桥墩

(a) (b) (c)

图 8-18 Y 形框架式桥墩

(二)拱桥桥墩

1.重力式桥墩

拱桥是一种有推力结构,这是与梁桥的最大不同之处。从抵御恒载水平力的能力来看,拱桥桥墩又可以分为普通墩和单向推力墩两种。普通墩除了承受相邻两跨结构传来的垂直反力外,一般不承受恒载水平推力,或者当相邻孔不相同时,只承受经过相互抵消后尚余的不平衡推力。单向推力墩又称制动墩,它的主要作用是在它的一侧的桥孔因某种原因遭到毁坏时,能承受住单向的恒载水平推力,以保证其另一侧的拱桥不致遭到倾塌。普通墩的墩身可以做得薄一些,如图 8-19(a)、图 8-19(b)所示;单向推力墩则要做得厚实一些,如图 8-19(c)、图 8-19(d)所示。

(a)立柱加盖梁式墩顶　　(b)跨越式墩顶　　(c)立墙式墩顶　(d)框架式墩顶

图 8-19　拱桥普通墩和单向推力墩

拱桥重力式桥墩与梁桥重力式桥墩相比,在构造上还有以下特点。

(1)拱座。梁桥桥墩的顶面要设置传力的支座,且支座距顶面边缘保持一定的距离;而无支架吊装的拱桥桥墩则在其顶面的边缘设置呈倾斜面的拱座,直接承受由拱圈传来的压力。由于拱座承受着较大的拱圈压力,故一般采用 C20 以上的整体式混凝土、混凝土预制块或 MU40 以上的块石砌筑。肋拱桥的拱座由于压力比较集中,故应用高标号混凝土及数层钢筋网加固;装配式的肋拱及双曲拱桥的拱座也可预留供拱肋插入的孔槽(图 8-20),就位以后再浇灌混凝土封固。为了加强肋底与拱座的连接,底部可设 U 形槽浇筑混凝土,混凝土标号应不低于 C25。有时孔底或孔壁还应增设一些加固钢筋网。

(2)拱座的位置。当桥墩两侧孔径相等时,则拱座均设置在桥墩顶部的起拱线标高上,有时考虑桥面的纵坡,两侧的起拱线标高可以略有不同。当桥墩两侧的孔径不等,恒载水平推力不平衡时,将拱座设置在不同的起拱线标高上。此时,桥墩墩身可在推力小的一侧变坡或增大边坡。从外形美观上考虑,变坡点一般设在常水位以下,如图 8-21 所示。

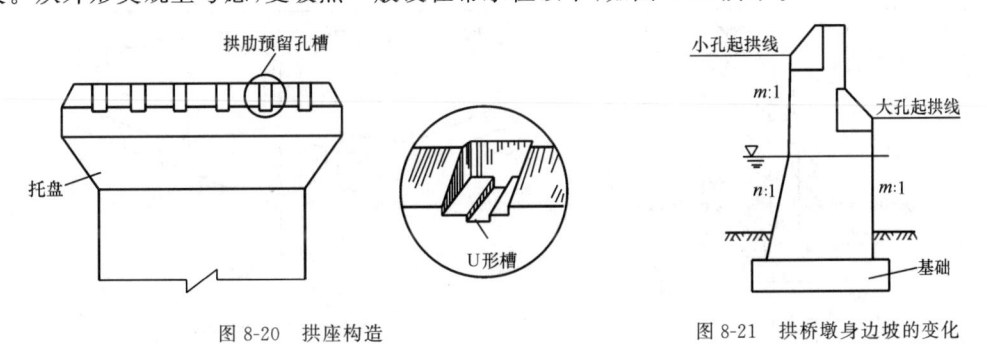

图 8-20　拱座构造　　　　图 8-21　拱桥墩身边坡的变化

(3)墩顶以上构造。由于上承式拱桥的桥面与墩顶顶面相距有一段高度,故墩顶以上结构常采用几种不同形式。对于实腹式拱桥,其墩顶以上部分通常做成与侧墙平齐的形式,对于空腹式拱桥或双曲拱桥的普通墩,常采用立墙式、立柱加盖梁式或跨越式,如图 8-19(a)、图 8-19(b) 所示。对于单向推力墩常采用立墙式和框架式,如图 8-19(c)、图 8-19(d) 所示。

2. 轻型桥墩

(1)柱式桥墩。从外形上看,拱桥柱式桥墩(图 8-22)与梁桥柱式桥墩非常相似。当拱桥跨径在 10 m 左右时,常采用两根直径为 1 m 的钻孔灌注桩;跨径在 20 m 左右时可采用两根直径为 1.2 m 或三根直径为 1 m 的钻孔灌注桩;跨径在 30 m 左右时可采用三根直径为 1.2~1.3 m 的钻孔灌注桩。桩墩较高时,应在桩间设置横系梁以增强桩柱刚性。柱式桥墩一般采用单排桩,跨径在 40~50 m 以上的高墩可采用双排桩。在桩顶设置承台,与墩柱连成整体。如果柱与桩直接连接,则应在结合处设置横系梁。若柱高大于 6~8 m 时,还应在柱的中部设置横系梁。

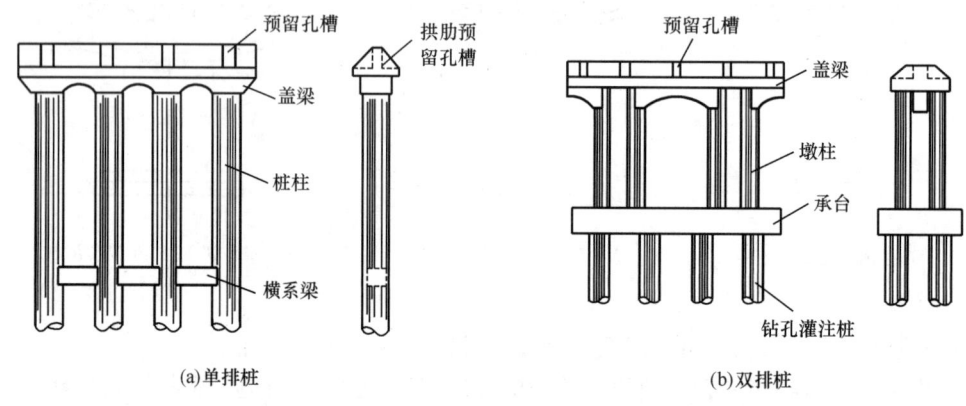

图 8-22 拱桥柱式桥墩

(2)单向推力墩。在采用轻型桥墩的多孔拱桥中,每隔 3~5 孔应设单向推力墩。当桥墩较矮或单向推力不大时,可采用轻型的单向推力墩,其特点是阻水面积小,并可节约圬工体积。轻型的单向推力墩形式如图 8-23 所示。

①斜撑式单向推力墩:这种桥墩的特点是在普通墩的墩柱上,从两侧对称地增设钢筋混凝土斜撑和水平拉杆,用来提高抵抗水平推力的能力,如图 8-23(a) 所示。这种桥墩只在桥不太高的旱地上采用。

②悬臂式单向推力墩:悬臂式单向推力墩的工作原理是:当该墩的一侧桥孔遭到破坏以后,可以通过另一侧拱座上的竖向分力与悬臂所构成的稳定力矩来平衡由拱的水平推力所导致的倾覆力矩,如图 8-23(b) 所示。这种形式适用于两铰双曲拱桥。

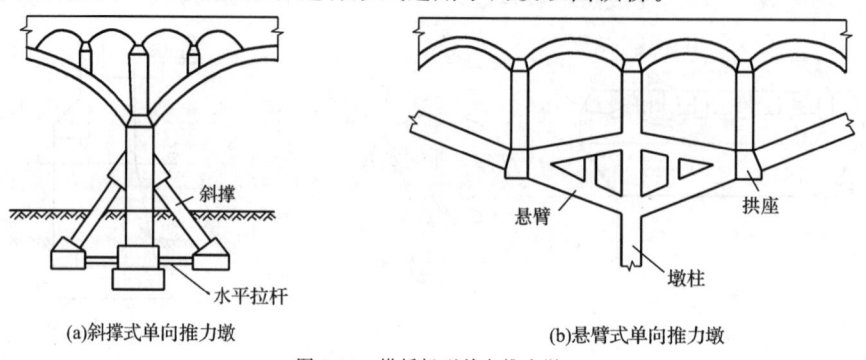

图 8-23 拱桥轻型单向推力墩

二、桥台的类型和构造

(一)梁桥桥台

梁桥桥台主要分为重力式桥台和轻型桥台两种,此外还有组合式桥台和承拉桥台。

1. 重力式桥台

重力式桥台的常用形式是 U 形桥台,它由台帽、台身和基础三部分组成。台后的土压力主要靠自重来平衡,故桥台本身多数由石砌、片石混凝土或混凝土等圬工材料建造,并用就地浇筑的方法施工。

U 形桥台(图 8-24)因其台身是由前墙和两个侧墙构成的 U 字形结构而得名。其优点是构造简单,可以用混凝土或片、块石砌筑,适用于填土高度在 8~10 m 以下或跨度稍大的桥梁;缺点是桥台体积和自重较大,也增加了对地基的要求。此外,桥台的两个侧墙之间填土容易积水,结冰后冻胀,使侧墙产生裂缝。所以宜用渗水性较好的土夯填,并做好台后排水措施。

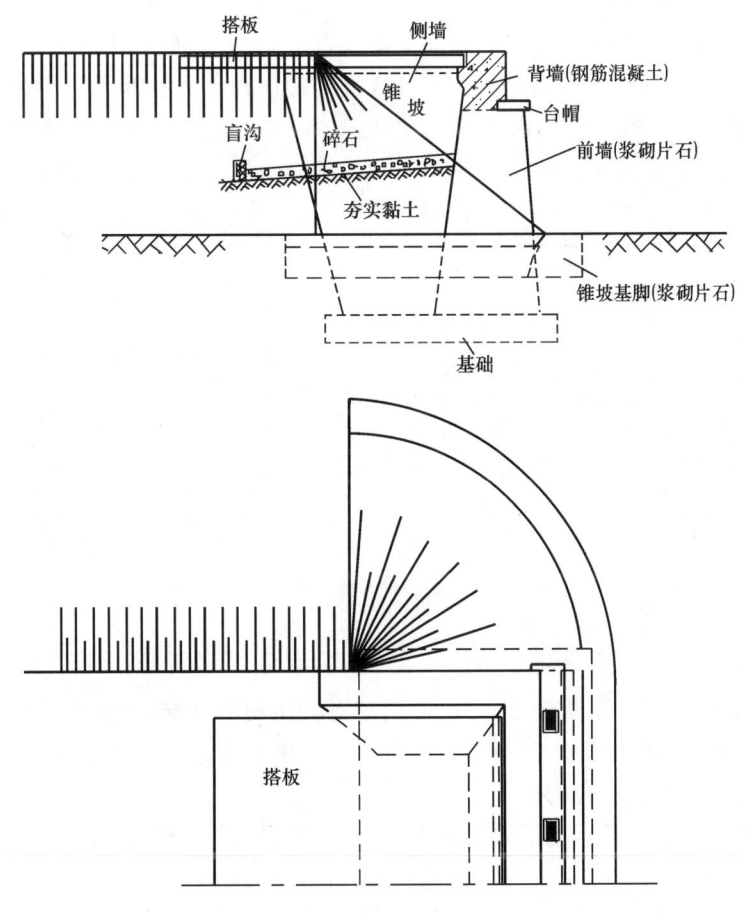

图 8-24 梁桥 U 形桥台

如图 8-25 所示,顺桥向台帽最小宽度为

$$b=\frac{a}{2}+e_1+\frac{e_0}{2}+c_1+c_2 \tag{9-6}$$

式中字母符号含义同前述墩帽字母符号含义。

横桥向台帽宽度一般应与路基同宽,台帽厚度一般不小于 40 cm,中小桥梁也不应小于 30 cm,并应有 $c_2 = 5 \sim 10$ cm 的檐口。台帽可用 C20、C25 钢筋混凝土或素混凝土做成,也可用 MU30 石料圬工砌筑,所用砂浆不可低于 M5。

U 形桥台前墙正面多采用 10∶1 或 20∶1 的斜坡,侧墙与前墙结合成一体,兼有挡土墙和支承墙的作用。侧墙正面一般是直立的,其长度视桥台高度和锥坡坡度而定。前墙的下缘一般与锥坡下缘相齐,因此,桥台越高,锥坡越坦,侧墙越长。侧

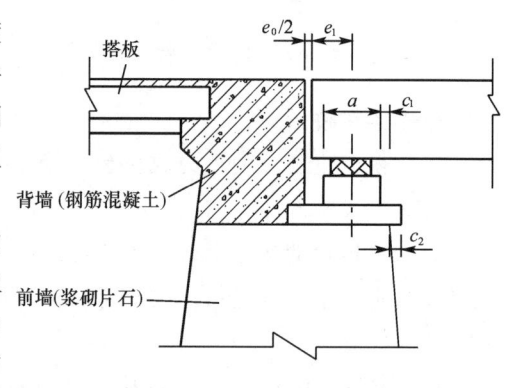

图 8-25 台帽顺桥向尺寸

墙尾端应有不小于 0.75 m 的长度伸入路堤内,以保证与路堤有良好的衔接。台身的宽度通常与路基的宽度相同。

桥台前墙的任一水平截面的宽度,不宜小于该截面至墙顶高度的 0.4 倍。侧墙的任一水平截面的宽度,对于片石砌体不小于该截面至墙顶高度的 0.4 倍;对于块石、料石砌体或混凝土则不小于 0.35 倍。如果桥台内填料为透水性良好的砂性土或砂砾,则上述两项可分别减为 0.35 倍和 0.3 倍。前墙及侧墙的顶宽,对于片石砌体不宜小于 50 cm;对于块石、料石砌体和混凝土不宜小于 40 cm(图 8-26)。

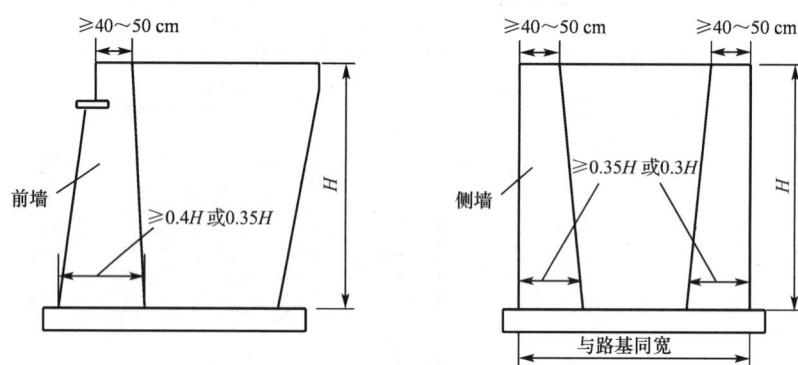

图 8-26 U 形桥台尺寸

2. 轻型桥台

轻型桥台的体积轻巧、自重较小,一般由钢筋混凝土材料建造,它借助结构物的整体刚度和材料强度承受外力,从而可节省材料,降低对地基强度的要求和扩大应用范围,为在软土地基上修建桥台开辟了经济可行的途径。

常用的轻型桥台分为设有支承梁的轻型桥台、钢筋混凝土扶壁式薄壁桥台、加筋土桥台和埋置式桥台等几种类型。

(1)设有支承梁的轻型桥台。这种桥台的特点是:台身为直立的薄壁墙,台身两侧有翼墙(用于挡土)。在两桥台下部设置钢筋混凝土支承梁,上部结构与桥台通过锚栓连接,构成四铰框架结构系统,并借助两端台后的土压力来保持稳定。

按照翼墙(侧墙)的形式和布置方式,这种桥台又可分为一字形轻型桥台、八字形轻型桥台、耳墙式轻型桥台,如图 8-27 所示。

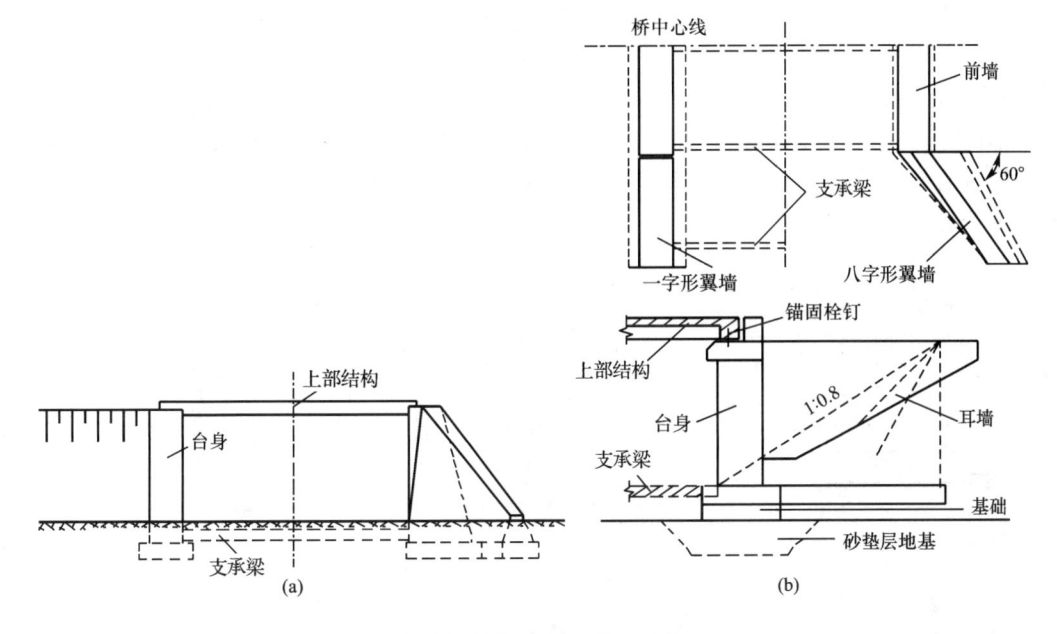

图 8-27 设置地下支承梁的轻型桥台

(2) 钢筋混凝土薄壁桥台。薄壁轻型桥台常用的形式有悬臂式、扶壁式、撑墙式及箱式等,如图 8-28(a)所示。钢筋混凝土扶壁式薄壁桥台是由扶壁式挡土墙和两侧的薄壁侧墙构成,如图 8-28(b)所示。挡土墙由前墙和间距为 2.5~3.5 m 的扶壁所组成。台顶由竖直小墙和支于扶壁上的水平板构成,用以支承桥跨结构。两侧薄壁可以与前墙垂直,有时也做成与前墙斜交。前者称 U 形薄壁桥台,后者称八字形薄壁桥台,如图 8-28(c)所示。钢筋混凝土薄壁桥台不仅可以减少圬工体积 40%~50%,同时因自重减轻而减小了对地基的压力。故适用于软弱地基的条件,但其构造和施工比较复杂,并且钢筋用量也较多。

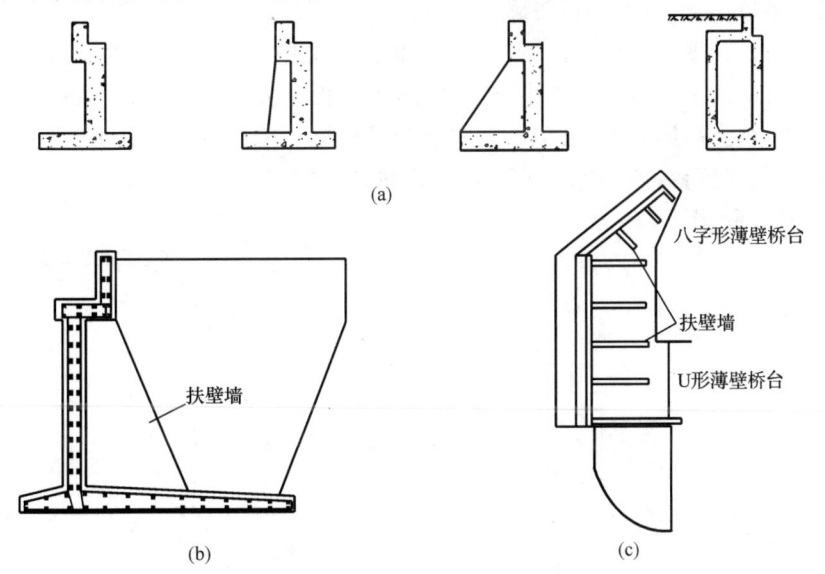

图 8-28 钢筋混凝土薄壁轻型桥台

(3)加筋土桥台。对于台后路基填土不被冲刷的中、小跨径桥梁,台高为 3~5 m 时,可采用加筋土桥台,如图 8-29(a)所示。这类桥台一般由台帽和竖向面板、拉杆、锚定板及其间填料共同组合的台身组成。拉杆两端分别与竖向面板和锚定板连接,组成加筋土桥台的挡土结构。它的工作原理是,竖向面板后填料的主动土压力作用到竖向面板上,再通过拉杆将该力传递给锚定板,而锚定板则依靠位于板前且具有一定抗剪能力的土体所产生的拉拔力来平衡拉杆拉力,使整个结构处于稳定状态。

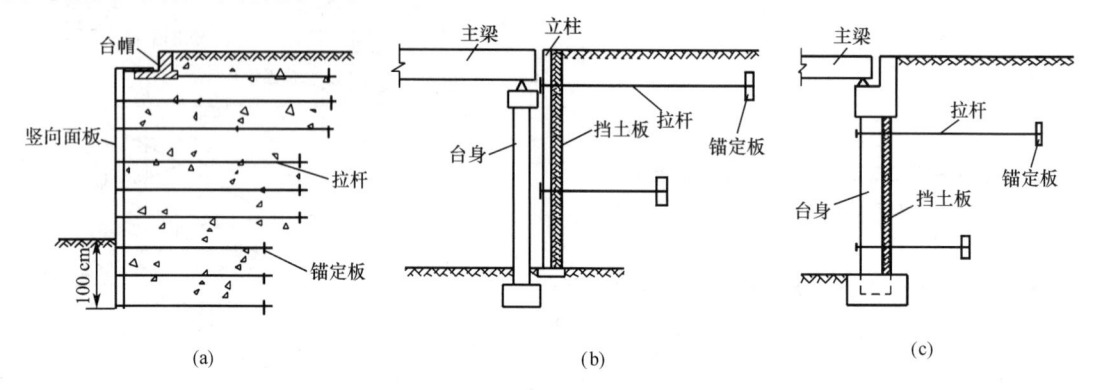

图 8-29 加筋土桥台和加筋土组合桥台

如果上部结构的垂直反力直接由单独的桩柱承受,则加筋土墙体与桩柱便构成加筋土组合桥台。按照埋置情况,加筋土组合桥台又可分为分离式和结合式两种形式。分离式是台身与锚定结构分开,台身主要承受上部结构传来的竖向力和水平力,锚定结构承受土压力。锚定结构由锚定板、立柱、拉杆和挡土板组成,如图 8-29(b)所示。桥台与锚定结构间留空隙,上端作伸缩缝,桥台与锚定结构的基础分离,互不影响,受力明确,但结构复杂,施工不方便。结合式的构造如图 8-29(c)所示,它的锚定结构与台身结合在一起,台身兼作立柱和挡土板,作用在台身的所有水平力假定均由锚定板的抗拔力来平衡,台身仅承受竖向荷载。结合式结构简单,施工方便,工程量较小,但受力不很明确。

(4)埋置式桥台。埋置式桥台是将台身埋在锥形护坡中,只露出台帽以安置支座及上部结构。这样,桥台所受的土压力大为减小,桥台的体积也相应减小。它适用于桥头为浅滩,台前护坡受冲刷较小,填土高度为 10 m 以下的中等跨径桥梁。按台身的结构形式,埋置式桥台可以分为后倾式埋置式桥台(图 8-30)、肋形埋置式桥台(图 8-31)、桩柱式埋置式桥台(图 8-32)和框架式埋置式桥台(图8-33)等。

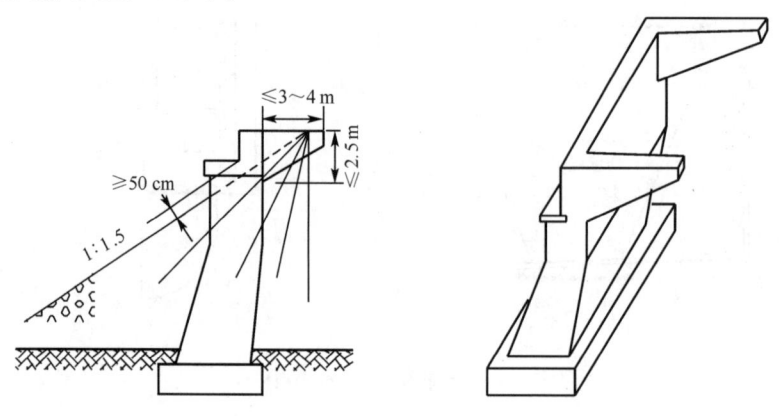

图 8-30 后倾式埋置式桥台

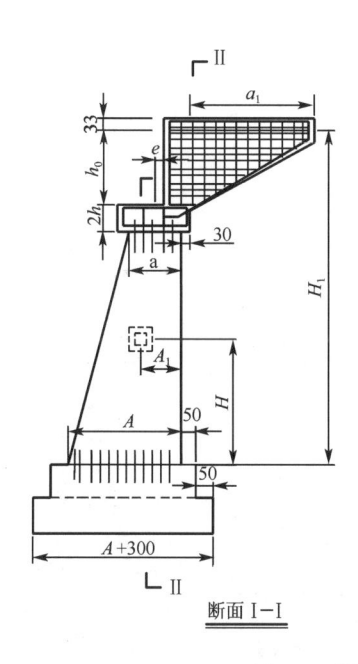

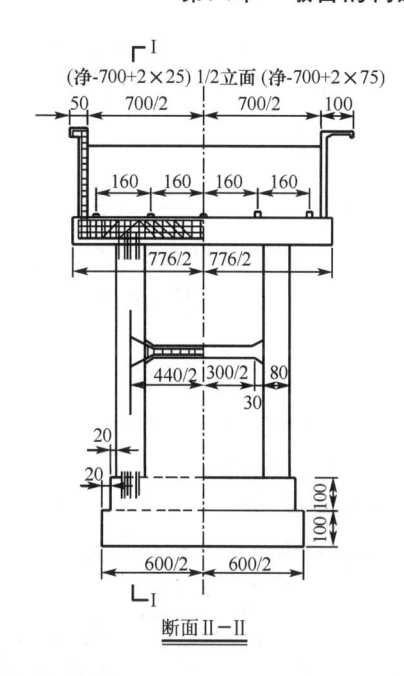

图 8-31 肋形埋置式桥台(尺寸单位:cm)

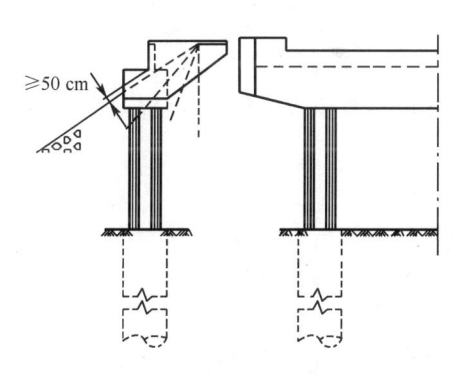

图 8-32 桩柱式埋置式桥台

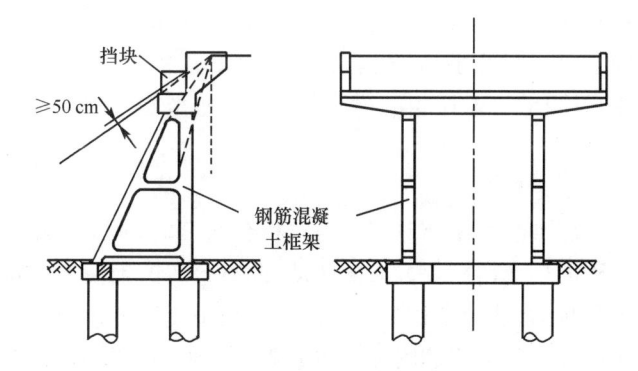

图 8-33 框架式埋置式桥台

后倾式埋置式桥台实质上属于一种实体重力式桥台,它的工作原理是靠台身后倾,使重心落在基底截面的形心之后,以平衡台后填土的倾覆力矩。

肋形埋置式桥台的台身是由两块后倾式的肋板与顶面帽梁连接而成。帽梁、系梁和耳墙均需配置钢筋,并采用C20以上混凝土。台身与帽梁、台身与基础之间只需布置少量接头钢筋,台身及基础可用C15混凝土。图 8-31 所示为配合后张法预应力混凝土简支梁使用的肋形埋置式桥台标准图示例。荷载等级为公路-Ⅱ级,适用于净-7+2×0.25(m)和净-7+2×0.75(m)两种桥面净空。

桩柱式埋置式桥台对各种土壤地基都适用。根据桥宽和地基承载能力可以采用双柱(图8-32)、三柱或多柱的形式。柱与钻孔桩相连的称桩柱式;柱子嵌固在普通扩大基础之上的称为立柱式;完全由一排钢筋混凝土桩和桩顶盖梁连接而成的称为柔性柱台。

框架式桥台既比桩柱式埋置式桥台有更好的刚度,又比肋形埋置式桥台挖空率更高,更节约圬工体积。框架式埋置式桥台(图 8-33)结构本身存在着斜杆,能够产生水平分力以平衡土压力,加之基底较宽,又通过系梁连成一个框架体,所以稳定性较好,可用于填土高度在 5 m

以下的桥台,并与跨径为 16 m 和 20 m 的梁式上部结构配合应用。其不足之处是必须用双排桩基础,钢筋、水泥用量均较桩柱式的要多。

埋置式桥台的共同缺点是:由于护坡伸入到桥孔,压缩了河道,或者为了不压缩河道,就要适当增加桥长。

(二)拱桥桥台

拱桥桥台既要承受拱圈的推力、竖向力及弯矩,又要承受台后土的侧压力,尺寸一般较梁桥要大。拱桥桥台主要有重力式桥台、轻型桥台、组合式桥台三种。

1. 重力式桥台

常用的重力式桥台为 U 形桥台(图 8-34),它由台帽、台身和基础三部分组成。U 形桥台的台身是由前墙和平行于行车方向的两侧翼墙构成,其水平截面呈 U 字形。U 形桥台常采用锥坡与路堤连接,锥坡的坡度根据锥坡高度、地形等确定。U 形桥台的优、缺点与梁桥中的 U 形桥台相同,在结构构造上除在台帽部分有所差别外(拱桥桥台墩帽顶部做成斜坡,设置成与拱轴线正交的拱座),其余部分也基本相同。拱桥桥台只在向河心的一侧设置拱座,其尺寸可参照相应拱桥桥墩的拱座拟定。其他部分的尺寸可参考相应梁桥 U 形桥台进行设计。

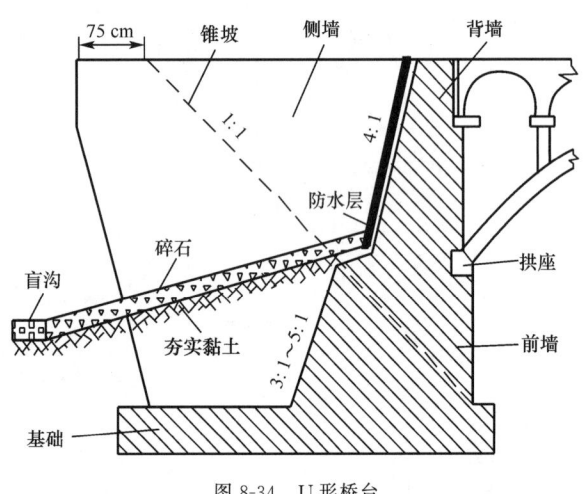

图 8-34 U 形桥台

2. 轻型桥台

轻型桥台是相对于重力式桥台而言的,其工作原理是当桥台受到拱的推力后,便发生绕基底形心轴而向路堤方向的转动,此时台后的土便产生抗力来平衡拱的推力,由于土参与提供了部分抗力,从而使桥台的尺寸大大地小于实体重力式桥台,但此时必须验算由于拱脚位移而在拱圈内产生的不利附加内力的影响。采用轻型桥台时,要注意保证台后的填土质量,台后填土应严格按照规定分层夯实,并做好台后填土的防护工作,防止受水流的侵蚀和冲刷。常用的轻型桥台有八字形桥台和 U 形桥台,以及由此派生出来的Ⅱ形和 E 形等背撑式桥台。

(1)八字形桥台。八字形桥台的构造简单,台身由前墙和两侧的八字形翼墙构成,如图 8-35(a)所示。两者之间通常设置沉降缝。前墙可以是等厚度的,也可以是变厚度的。变厚度台身的背坡为 2∶1~4∶1。翼墙的顶宽一般为 40 cm,前坡为 10∶1,后坡为 5∶1。

(2)U 形桥台。U 形桥台是由前墙和平行于车行方向的侧墙组成,构成 U 形的水平截面,如图 8-35(b)所示。它与 U 形重力式桥台的差别是,后者是靠扩大桥台底面积,以减小基底压力,并利用基底与地基的摩阻力和适当利用台背侧土压力,以平衡拱的水平推力,因此基础底面积较轻型桥台的要大。U 形轻型桥台前墙的构造和八字形桥台相同,但侧墙却是拱上侧墙的延伸,它们之间应设变形缝,以适应桥的可能变位。

(3)背撑式桥台。当桥台较宽时,为了保证结构的强度和稳定性,可以在八字形桥台或 U 形桥台的前墙背后加一道或几道背撑,构成水平截面呈Ⅱ形、E 形的前墙(图 8-36)。这种桥台比八字形桥台稳定性要好,但土方开挖量及圬工体积都增大。加背撑的 U 形桥台能适用于较大跨径的高桥和宽桥。

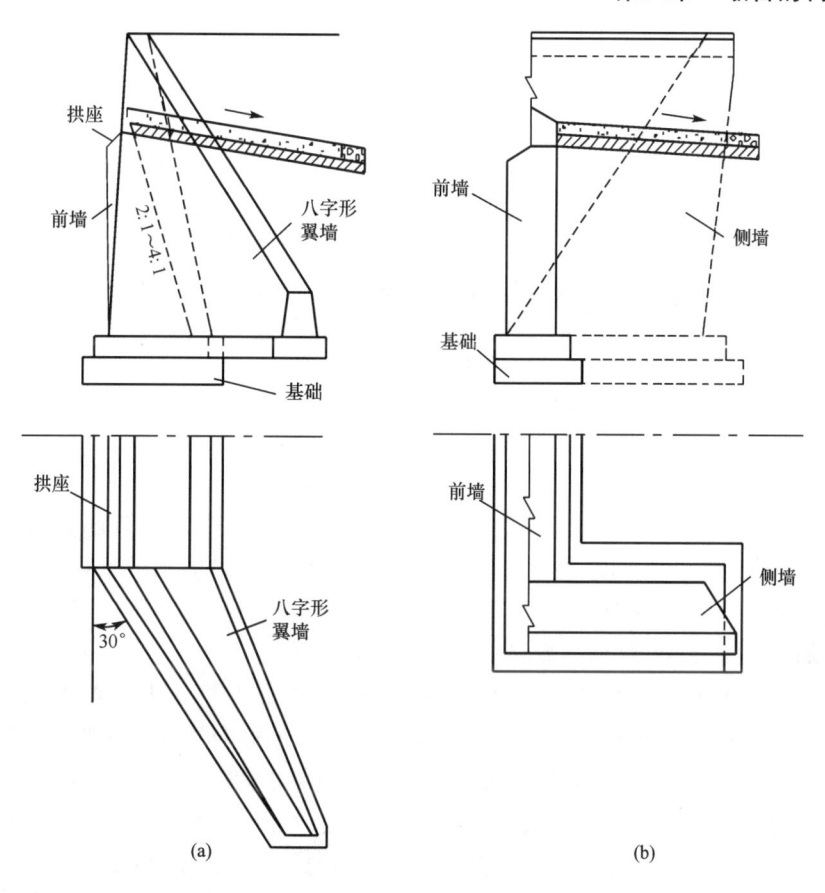

图 8-35 八字形桥台和 U 形桥台

3. 组合式桥台

组合式桥台由台身和后座两部分组成(图 8-37)。台身基础承受竖向力,一般采用桩基础或沉井基础;拱的水平推力则主要由后座基底的摩阻力及台后的土侧压力来平衡,因此后座基底标高应低于拱脚下缘的标高。台身与后座间应密切贴合,并设置沉降缝,以适应两者的不均匀沉降,在地基土质较差时,后座基础也应适当处理,以免后座向后倾斜,导致台身和拱圈的位移和变形。

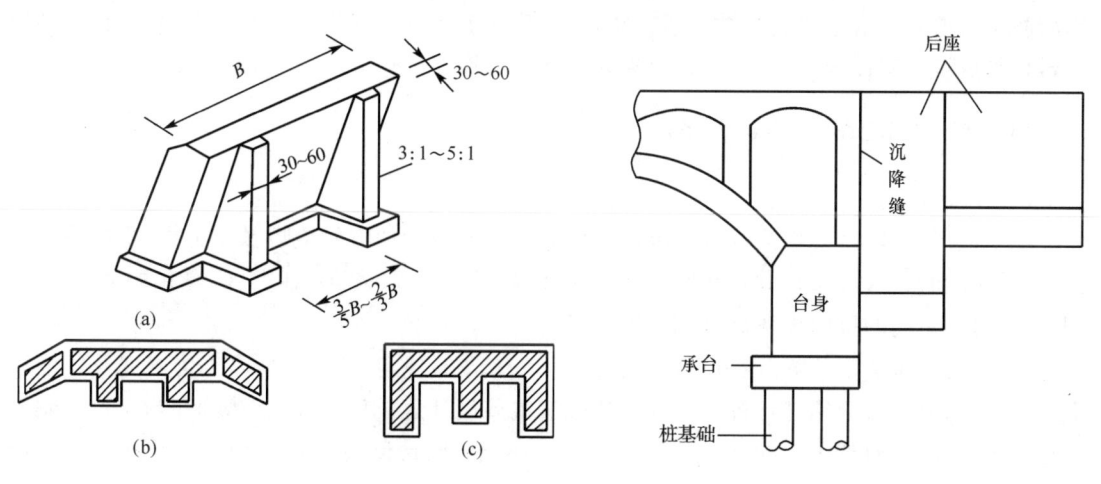

图 8-36 背撑式桥台(尺寸单位:cm)

图 8-37 组合式桥台

三、桥台搭板

桥台搭板位于桥面与路面交界处，设置搭板的目的是将桥面与路面间的沉降差分散至搭板的两端，从而减小桥面与路堤接触处的沉降差，以达到防止桥头跳车的目的(图8-38)。

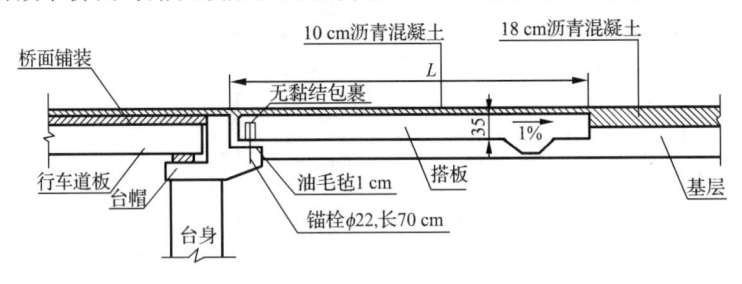

图 8-38　桥台搭板

路面与桥梁相接处，可根据公路等级、使用要求和经验，选用设置搭板或不设置搭板。桥头设置搭板时，搭板的埋置深度、坡度、厚度与长度，搭板与桥台的连接方式，搭板的配筋等均应根据工程具体情况进行设计。搭板下加强层的厚度一般不小于 2 m，长度一般超过搭板 1 m，加强层材料同底基层，对高填方路堤应适当提高。

搭板的形式分为等厚、变厚度和台阶三种。搭板埋置深度可分为高置式、中置式和低置式。高置式是将搭板顶面与桥台顶面平齐；低置式是搭板的远台端顶面在路面基层之下，有利于路面铺设；中置式是远台端搭板顶面在路面面层与基层之间。三种埋置深度主要应根据路面结构来选择，高置式钢筋混凝土搭板像水泥混凝土路面那样可直接承受车辆荷载，故适用于沿线为水泥混凝土的路面。当引道为沥青混凝土路面时也可以使用高置式搭板，但此时影响行车舒适性的因素主要是搭板与沥青混凝土路面衔接部位存在的局部凹陷和错台。因此，沥青混凝土路面宜采用中置式或低置式搭板。由于中置式搭板施工便利，故应用较为普遍。

搭板长度与桥涵台背填土高度大致相等。一般来说，搭板长度不小于 5 m，中、小桥为 6～8 m，大桥为 8～12 m。搭板厚度根据板的支承条件计算确定。小桥搭板厚度一般为 20～30 cm，大、中桥搭板厚度一般为 30～40 cm，且板厚应与板长相协调，即随板长的增加，板厚也相应加大。板内配筋一般按单向板计算，配置主筋和分布钢筋。

搭板的近台端置于桥台上，搭板与桥台通过锚筋连接，并在搭板与桥台接缝中填入沥青玛蹄脂防止水渗入。搭板的远台端搁置在路基上，路基沉降后搭板会产生纵向滑移。因此，必须在台顶与搭板之间设置锚栓，并对远台端处地基进行加强处理，以减小局部沉降。

四、地震区的桥梁墩台

(一)一般原则

在地震区，公路桥梁需按抗震要求进行设计。抗震设计的方针应以预防为主，根据公路桥梁的重要性和修复(抢修)的难易程度，将桥梁抗震设防分为 A 类、B 类、C 类和 D 类四个类别，分别对应不同的抗震设防标准和设防目标。

《公路桥梁抗震设计规范》(JTG/T 2231—01—2020)规定，抗震设防烈度为 6 度及 6 度以上地区的公路桥梁，必须进行抗震设计。桥梁按抗震设计建成后，要求在遭到相当于设计烈度的地震影响时，不致产生大的结构性破坏(如桥梁坠落、墩台倒毁或折断等严重破坏)，稍加修整即可正常使用。

(二)抗震措施

实践证明,在地震区的建筑物,结构对称、刚度均匀有利于抗震,不等跨桥墩容易发生震害。所以地震区的桥孔宜按等跨布置,并避免采用受斜向土压力的桥墩,桥台宜采用U形桥台。

在地震时,一般在松软地基上的桥梁,特别是特大桥、大中桥,往往河岸滑移,使桥台向河心移动,全桥长度缩短。所以特大桥、大中桥若遇可液化土及软土地基时,应适当增加桥长,将桥台放在稳定的河岸上。在主河槽与河滩分界的地形突变处,不宜设置桥墩。

当桥梁跨越断层带时,桥墩台基础不应设置在严重破碎带上。

位于饱和粉细砂及饱和黏砂土的桥梁,由于地基软弱,地震时部分地基液化失效会引起桥墩台整体倾斜、下沉等严重变形,导致建筑物破坏。所以在这些地区的桥梁,其抗震重点是加强基础,采用桩基础或沉井基础穿过可能液化的粉细砂层,并尽可能埋入较稳定密实的土层内。必要时,桩基础桥台宜设置斜桩或在桥台邻近的墩台基础间采用支承等加强措施。

无护面钢筋的混凝土墩台应尽量减少施工缝。施工缝上(特别是基顶与墩台身连接处)应设置接头钢筋,并采取措施保证接缝处混凝土的整体性。

一般土质地基上明挖基础的桥台,地震时可能向河心滑移,引起桥长缩短,将梁缝顶死。为了提高桥台的抗滑稳定性,当基底摩擦系数等于或小于0.25时,宜将基底换填厚度不小于0.5 m的砂卵石;台后沿线路方向的地面坡度陡于1:5时,基底应挖成宽度不小于1.5 m的台阶。

桥头路堤填筑及桥墩台明挖基坑回填应夯填密实,以尽量减小路堤对桥台的土压力。

地震区桥梁一旦发生落梁,则修复十分困难,拖长中断行车时间。因此桥梁支座的锚栓、销钉、防震板应有足够的抗震强度,并应采取防止落梁的措施。桥台背墙应适当加强,并在梁与梁之间和梁与桥台背墙之间加装橡胶垫或其他弹性衬垫,以缓和冲击作用和限制梁的位移。桥面不连续的简支梁(板)桥,宜采用挡块、螺栓连接和钢夹板连接等防止纵横向落梁的措施。连续梁和桥面连续简支梁(板)桥,应采取防止横向产生较大位移的措施。简支钢梁梁端采用钢板把梁铰接起来。对深水、高墩、大跨等修复困难的桥梁,为了避免梁跨坠落桥下,也为了方便抢修工作,缩短修复时间,墩台帽应适当加宽20~35 cm。

位于饱和砂土、饱和黏砂土或软土地基上的小桥,可在基础间设置支承梁,或河床用浆砌片石铺砌,以限制桥墩、桥台向河心移动。

拼装式墩台的接头应予加强。设计烈度为9度时,接头设计宜经过实验研究确定。

复习思考题

1. 桥梁墩台由哪几部分组成?
2. 桥墩与桥台有什么区别?
3. 公路桥墩的类型有哪些?
4. 如何设置破冰棱?
5. 公路梁桥轻型桥墩的主要类型有哪几种?各适用于什么条件?
6. 公路拱桥重力式桥墩与梁桥重力式桥墩有何异同点?
7. 何为制动墩?它有什么作用?如何设置?
8. 公路桥台的类型有哪些?
9. 埋置式桥台和轻型桥台在构造和受力上各有何特点?试比较它们的适用范围。
10. 设置搭板有何作用?

第九章 墩台施工

重点提示

主要介绍砌筑和拼装墩台的施工;混凝土墩台的施工;高墩台起重吊装方法;桥头锥体施工;施工质量和技术安全等内容。方法经济合理,确保质量和安全是重点。

墩台施工是整个桥梁施工的一个重要组成部分。其圬工数量大,工序较多,特别是高墩施工的垂直运输、高空作业安全等问题尤为突出。因此,应根据墩台类型和现场具体条件,选用合理的施工方法。施工中应尽量采用机械化施工,并使各工序紧密结合,以加快施工进度和提高工程质量。

桥梁实体墩台一般采用砌体(石料、混凝土块)砌筑或混凝土灌注。轻型墩台则采用现浇钢筋混凝土或预制构件拼装。

石砌墩台可以就地取材,节约水泥和模板材料,施工简单,需用机具少。但进度较慢,一般仅在台身、低墩和基础部分采用;混凝土块砌筑墩台适用于缺少建筑材料(砂、石)的地区。

混凝土墩台施工机械化程度高,施工速度快,整体性好,适应性强,是目前最常用的一种。模板工程、钢筋工程和混凝土工程是混凝土墩台施工的主要内容。

预制构件拼装墩台是轻型墩台快速施工的一种施工方法,是桥梁结构轻型化和快速拼装化的一种发展趋势。

第一节 砌筑墩台

一、石砌体材料要求

石砌墩台所用材料一般为浆砌片石、浆砌块石、浆砌粗料石等。
圬工砌体工程所用的石料应符合下列规定:
(1)石料应符合设计规定的类别和强度,石质应均匀、不易风化、无裂纹。1月份平均气温低于-10 ℃的地区,除干旱地区的不受冰冻部位外,所用石料应通过冻融试验,其抗冻性指标合格后方可使用。
(2)片石的厚度应不小于150 mm。用作镶面的片石,应选择表面较平整、尺寸较大者,并应稍加修整。
(3)块石的形状应大致方正,上下面应大致平整,厚度应为200~300 mm,宽度应为厚度的1.0~1.5倍,长度应为厚度的1.5~3.0倍。块石如有锋棱锐角,应敲除。块石用作镶面时,应从外露面四周向内稍作修凿;后部可不做修凿,但应略小于修凿部分。

(4)粗料石的外形应方正,成六面体,厚度应为200~300 mm,宽度应为厚度的1.0~1.5倍,长度应为厚度的2.5~4.0倍,表面凹陷深度应不大于20 mm。加工镶面粗料石时,丁石长度应比相邻顺石宽度大150 mm;修凿面每100 mm长应有錾路4~5条,侧面修凿面应与外露面垂直,正面凹陷深度应不超过15 mm;外露面带细凿边缘时,细凿边缘的宽度应为30~50 mm。

用于圬工砌体工程的混凝土预制块,其规格、形状和尺寸应统一,表面应平整,强度应符合设计要求。采用轻质混凝土等特殊材料制作预制块时,所用混凝土的配合比应经试验验证后确定。

圬工砌筑采用的砂浆应符合下列规定:
(1)砌筑用砂浆的类别和强度等级应符合设计规定。
(2)砂浆中所用水泥、砂、水等材料的质量应符合《公路桥涵施工技术规范》(JTG/T 3650—2020)第6章的相关规定。砂宜采用中砂或粗砂,当缺乏天然中砂或粗砂时,可采用满足质量要求的机制砂代替;在保证砂浆强度的基础上,也可采用细砂,但应适当增加水泥用量。砂的最大粒径,当用于砌筑片石时,宜不超过5 mm;当用于砌筑块石、粗料石时,宜不超过2.5 mm。
(3)砂浆的配合比应通过试验确定,当变更砂浆的组成材料时,其配合比应重新经试验确定。砂浆应具有良好的和易性,用于石砌体时其稠度宜为50~70 mm,气温较高时可适当增大。砂浆的配制宜采用质量比,并应随拌随用,保持适宜的稠度,且宜在3~4 h内使用完毕;气温超过30 ℃时,宜在2~3 h内使用完毕。在运输过程或在储存器中发生离析、泌水的砂浆,砌筑前应重新拌和;已凝结的砂浆,不得使用。
(4)各类砂浆均宜采用机械拌和,拌和时间宜为3~5 min。

小石子混凝土应符合下列规定:
(1)配合比设计、材料规格、强度试验及质量检验标准应符合相关的规定。
(2)粗集料可采用细卵石或碎石,最大粒径宜不大于20 mm。
(3)小石子混凝土的拌合物应具有良好的和易性。对片石砌体,其坍落度宜为50~70 mm;对块石砌体,其坍落度宜为70~100 mm。

二、砌体施工

石砌墩台在砌筑前,应按设计尺寸放出实样,挂线砌筑。砌筑过程中,应经常检查各部尺寸。石料在砌筑前应洒水湿润,如有泥污,应冲刷干净。砌筑时不得在新砌体上抛掷石块或凿打,并避免碰撞。砂浆初凝后,如发现已砌好的石块松动,应即拆除重砌。砌筑工作中断后,如继续砌筑,应将已砌好的砌体表面清扫干净,并洒水湿润,然后再行砌筑。对于高大的后倾砌筑物(如T形桥台等),为平衡其自重偏心,应随砌体同时夯填土方。使用有层理的沉积岩石料砌筑各种工程时,必须使层理与受力方向相垂直。不同的石料有不同的施工要求。

(一)浆砌片石

片石砌筑的实体墩台高度不宜大于20 m。当高度超过15 m时,应在墩台中部用整齐块石砌一垫层(或灌注一层混凝土),其厚度为0.6~1.0 m。当高度超过6 m时,应全部用块石镶面;高度在6m以下,则用浆砌片石镶面。

普通片石形状不受限制,但其中部厚度不应小于 15 cm。镶面用片石,宜选用表面较平整及尺寸较大者,并应稍加修整,且边缘厚度不得小于 15 cm。

浆砌片石应用挤浆法分段砌筑,每段砌筑高度不得大于 120 cm,段与段间的砌缝应大致砌成水平。段内各砌块的灰缝应互相错开,灰缝饱满,并捣插密实。砌筑每层片石时,应自外圈定位行列开始。定位行列的石块宜选用表面较平整及尺寸较大者,并稍加修整。定位行列的灰缝应全部用砂浆充满,不得镶嵌碎石或小石子混凝土。定位行列与腹石之间,应互相交错连成一体。定位行列砌完后,先向圈内底部铺一层适当厚度的砂浆,再砌腹石。砂浆厚度应使石块挤压安砌时能紧密连接,灰缝饱满。砌筑腹石应符合规定:石块间砌缝应互相交错,咬搭密实,不得使石块无砂浆直接接触。严禁先干填石料而后铺灌砂浆的做法。石块应大小搭配,石块较大者以大面为底。较宽的灰缝应用小石块挤塞,挤浆时可用小锤稍稍敲打石块,将灰缝挤紧。砌石中不得有任何孔隙。浆砌片石的砌缝也应符合规定:砌体定位行列表面灰缝宽不得超过 4 cm。在砌体表面的任何地点,与三块相邻石块相切的内切圆的直径不得大于 7 cm。两层间错缝不得小于 8 cm(图 9-1)。填腹部分的灰缝亦宜减小,在较宽的灰缝中可用小片石塞填。

图 9-1 镶面片石

(二)浆砌块石

块石形状应大致方正,无锋棱凸角,顶面及底面应大致平整,其厚度应不小于 20 cm,宽度为厚度的 1.0～1.5 倍,长度为厚度的 1.5～3.0 倍(如有锋楞锐角,应敲除)。镶面块石外露面应稍加修凿,凹入深度不应大于 2 cm,由外露面四周向内修凿的进深不应小于 7 cm,尾部可不加修凿,但应较修凿部分略微缩小。镶面石宜用一顺一丁或两顺一丁的砌法相间排列与填腹石联成整体。丁石的长度不应小于顺石宽度的1.5 倍。镶面石的灰缝宽度不应大于 2 cm,上、下层垂直错缝应大于 8 cm,如图 9-2 所示。用块石填腹时,水平灰缝宽度不得大于 3 cm,垂直灰缝不得大于 4 cm,填腹石的灰缝应彼此错开。

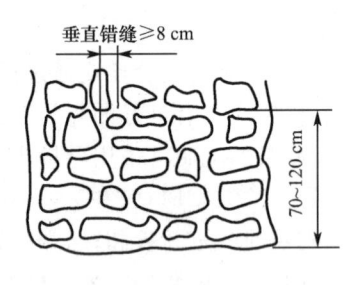

图 9-2 砌筑块石

(三)浆砌粗料石

浆砌粗料石用于圆形、圆端形桥墩或破冰棱体的曲面部分和石拱桥的拱圈拱座等,这些砌块的尺寸与规格均有较多的要求,必须定型加工修凿。粗料石砌筑镶面时应分层,每层厚度不变,或向上递减,但最薄不得小于 20 cm,宽度为厚度的 1.0～1.5 倍,长度应为厚度的 2.5～4.0 倍。每层均应按一丁一顺的交替方法砌筑,丁石长度应比相邻顺石宽度至少大 150 mm,层间垂直错缝不得小于 10 cm。在丁石的上层或下层,均不得有垂直灰缝。当错缝确有困难时,可在丁石的顶面或底面有一侧的错缝稍小,但也不得小于 4 cm。镶面石砌筑灰缝的宽度应为1.5～2 cm。每层镶面石应事先按规定的灰缝宽度及错缝位置放样配好。在砌筑镶面处,先铺一层比砌缝稍厚的砂浆,顺序安砌料石,随即填塞垂直灰缝并捣实。每层镶面石均应从砌体的转角部分开始安砌,并应首先安砌角石。每层镶面石砌成后再填砌腹石。腹石的分层厚度应与镶面相同,如用混凝土填腹,可先砌筑数层镶面石,然后再灌注混凝土。镶面石层数视填腹混凝土的侧压力而定,一般不超过 3 层为宜。

圆端、尖端及转角形砌体的砌石顺序,应自顶点开始,按丁顺排列接砌镶面石。砌筑图例如图 9-3 所示,圆端形桥墩的圆端顶点不得有垂直灰缝,砌石应从顶端开始先砌石块①,如

图9-4(a)所示,然后应丁顺相间排列,安砌四周镶面石;尖端桥墩的尖端及转角处不得有垂直灰缝,砌石应从两端开始,先砌石块①,如图9-4(b)所示,再砌侧面转角②,然后丁顺相间排列,安砌四周的镶面石。

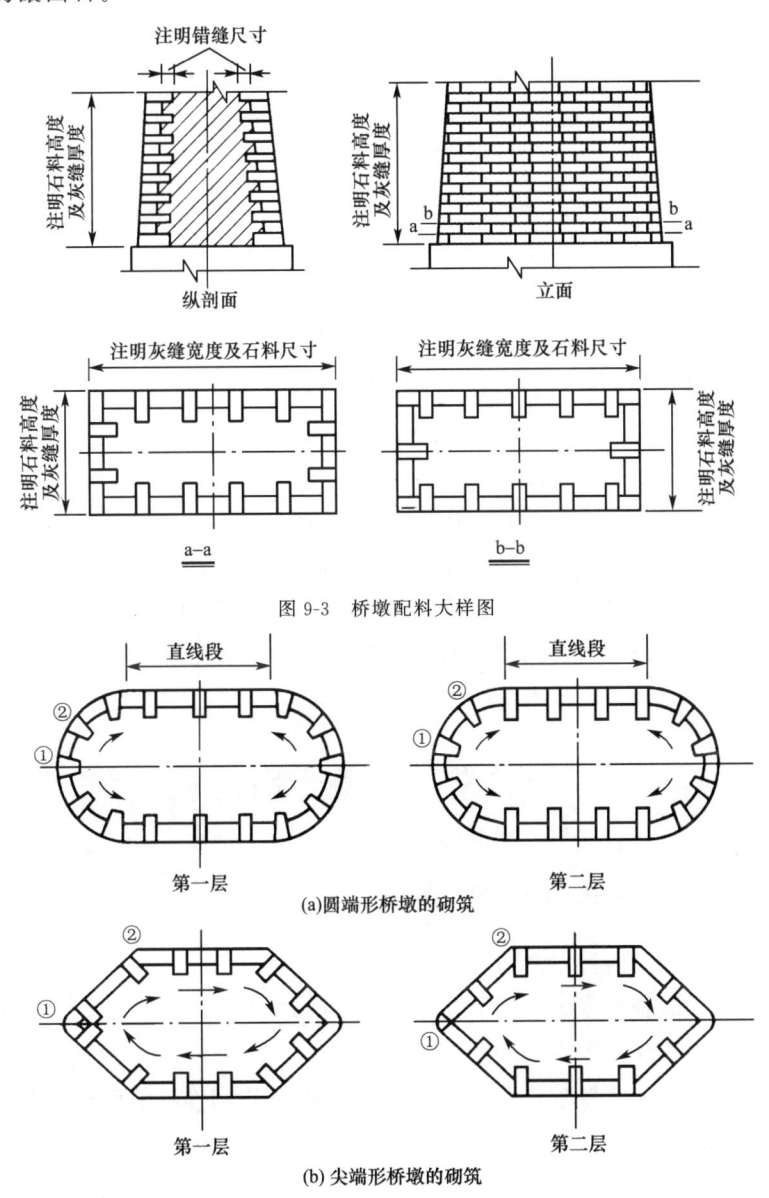

图9-3 桥墩配料大样图

图9-4 桥墩的砌筑

砌体质量应符合以下规定:
(1)砌体所有材料的类别、规格及质量符合要求。
(2)砌缝砂浆或小石子混凝土铺填饱满、强度符合要求。
(3)砌缝宽度、错缝距离符合规定,勾缝坚固、整齐,深度和形式符合要求。
(4)砌筑方法正确。
(5)砌体位置、尺寸不超过允许偏差。

另外,浆砌混凝土砌块的砌筑,除设计有特殊要求外,均应符合浆砌粗料石的规定。

(四)砌体勾缝

圬工砌体的勾缝,宜采用凸缝或平缝;浆砌较规则的块料时,可采用凹缝。勾缝应在砌体砌筑完并经检验合格后进行,并应对勾缝位置清理干净并充分湿润后,按从上至下的顺序进行。

勾缝砂浆的强度等级应不低于砌体砂浆的强度等级,主体工程砂浆强度等级应不低于M10,附属工程砂浆强度等级应不低于M7.5,对流冰和严重冲刷的部位应采用高强度等级砂浆。

石砌体的勾缝应嵌入砌缝内20 mm深,缝槽深度不足时,应凿够深度后再勾缝。干砌片石勾缝时,应嵌入缝内20 mm以上;干砌片石护坡、锥坡的勾缝,宜待坡体稳定后进行,除设计另有规定外,宜做成平缝。

(五)养护

墩台砌体应在砂浆初凝后,洒水覆盖养生7~14天。养护期间应避免碰撞、震动或承重。砌体在砂浆未达100%设计强度以前,不得承受全部设计荷载。

(六)墩台砌体的施工容许误差

桥涵基础襟边以上部分的允许偏差为:轴线偏位20 mm。墩台长宽,片石+40 mm,−10 mm;块石+30 mm,−10 mm;粗料石+20 mm,−10 mm。大面积平整度,片石30 mm,块石20 mm,粗料石10 mm。垂直度或坡度,片石0.5%,块石、粗料石0.3%。墩台砌体的顶面高差,不论片石、块石或粗料石砌体,均不得超过1.5 cm(公路桥不得超过1 cm)。其他尺寸允许偏差详见有关施工技术规范或施工质量验收标准。

第二节 混凝土墩台

一、墩台施工要点及技术要求

(一)混凝土墩台施工的基本方法

混凝土墩台施工的基本方法有以下几种:

1. 分节立模间歇灌注法

分节立模间歇灌注法即将墩台沿全高分成若干节,分别制作各节模板。自底节开始,立一节模板,灌筑一节墩台混凝土,待混凝土强度达1 200 kPa后,立第二节模板,灌筑第二节墩台混凝土,这样逐节升高,直至整个墩台灌注完毕。此法的优点是需要的设备比较简单,其缺点是施工速度较慢,适用于一般高度的墩台。施工时应特别注意施工缝的处理,要求安插接头钢筋或接缝石,以提高墩台圬工的整体性。

2. 分节立模连续灌注法

分节立模连续灌注法是在灌注第一节墩台混凝土时,即在地面将第二节模板拼组好,待第一节混凝土灌完后,将第二节模板一次吊上墩台,并在混凝土灌注允许间歇时间(一般约为2 h)内安装完毕,然后继续灌注第二节混凝土。此法的优点是施工速度快,施工质量好(无施工缝或施工缝少,整体性好)、高空作业少,适用于墩台较高、工期较短的桥梁,但工地应有与施工高度相适应、起重能力在3 t以上的起吊设备。

3.滑动模板法施工

滑动模板法施工的具体施工方法将在后面介绍。此法不仅施工速度快,而且质量好,高空作业安全,并可节省大量木材。

(二)保证施工质量的措施

墩台施工总的质量要求是:各部尺寸准确(包括圬工轮廓尺寸、钢筋形状和位置);圬工内实外光;强度符合要求。为保证工程质量,除应严格按照《公路桥涵施工技术规范》进行施工外,还应做好以下几点:

(1)熟悉设计图纸,弄清设计意图、技术标准,复核图中各部标高和尺寸,如有错误及时更正。

(2)做好施工测量。除在开工前认真进行墩台定位测量外,施工中应注意及时做好各部放线测量。顶帽灌注前需复测桥墩跨度。有纵向和横向预偏心的桥墩,应特别注意支承垫石和锚栓孔的测设。墩台施工误差不得超过《公路桥涵施工技术规范》的要求。

(3)注意模板质量。模板结构应有足够的强度、刚度和稳定性,保证模板在混凝土灌注过程中不致变形和走动。模板应平整、不漏浆。倒用模板时应注意模板的修整。

(4)加强检查工作。每次立模或钢筋绑扎后应经检查符合要求,才能灌注混凝土。同时还应做好混凝土灌注施工过程中的质量检查及灌注后的养护工作。

(三)施工安全要点

墩台施工的特点之一是高空作业和装吊作业较多,容易出现安全事故。因此,在制订施工计划时,应拟定必要的安全技术措施,如设置施工人员上、下桥墩的固定挂梯或活动吊笼;墩顶设置必需的安全作业平台、吊架、悬挂安全网等。各种起重辅助结构应进行必要的检算。在施工中,应定期对起重设备和索具进行检查,并严格按照施工安全技术规则进行吊装作业。

二、墩台模板

(一)模板的基本要求

模板的作用是控制混凝土构件的造型,承托和限制新灌混凝土的变形,它直接影响到混凝土工程的质量。按使用的材料有木模板、钢模板、塑料模板以及各种混合模板等。现代桥梁施工总的趋势是快速、轻型、拼装化,因此模板工程势必朝着标准定型、以钢代木、整体吊装和自动滑升等方面发展。

对模板的基本要求有以下几点:

(1)模板必须具有足够的强度、刚度和稳定性,能够承受各种施工荷载和新灌混凝土的竖直压力及侧压力,不发生较大的变形和位移。

(2)模板必须尺寸准确,接缝严密、不漏浆,板面光滑平整,以确保混凝土构件的质量。

(3)模板应力求结构简单,便于制作、安装、拆除和倒用,并应考虑多次倒用,省工省料,以达到节约之目的。

(4)模板应与混凝土建筑物的特征、施工条件和灌注方法相适应。

另外,模板与脚手架之间不宜互相联系。因为脚手架受力产生的震动会影响模型板走动变形,对混凝土的质量有害。如必须联系时,应适当支承加固。模板与混凝土相接触的表面上应涂刷脱模剂,金属模板用的脱模剂应同时具有防锈作用;其他金属部分(包括配件)应涂刷防锈涂料。模板经过使用后,应按规定妥善保存。

为了保证模板及支架结构的强度、刚度和稳定性,需对其进行必要的设计计算。一般先设计模板的结构与支架形式,然后计算出模板上的荷载数值(模板及支架自重、混凝土重量、施工荷载、新灌混凝土时的侧压力、混凝土入模所产生的冲击力等),最后用力学公式进行验算。主要应验算模板的应力和挠度。模板及支架的挠度应符合下列规定:

验算模板、支架的刚度时,其最大变形值不得超过下列允许值:

(1)结构表面外露的模板,挠度为模板构件跨度的1/400。

(2)结构表面隐蔽的模板,挠度为模板构件跨度的1/250。

(3)支架受载后挠曲的杆件(横梁、纵梁),其弹性挠度为相应结构计算跨度的1/400。

(4)钢模板的面板变形为1.5 mm,钢棱和柱箍变形为$L/500$和$B/500$(其中L为计算跨径,B为柱宽)。

(二)模板的类型

1. 零拼式固定模板

零拼式固定模板适用于小量或零星混凝土灌注,如桥涵基础、拱座、帽石、端翼墙等零星分散、模板不便成套倒用的情况。这种模板结构简单,不需要进行详细设计计算,可以因地制宜,直接拼装。缺点是木材使用率低、损耗率大。

2. 拼块式组合模板

拼块式组合模板是指预先在工厂把模板制成大块板扇。这些半成品构件设计成能通用的尺寸,可在类似的工程中倒用。这样就可以节省材料,加速施工,最适用于预制构件和桥墩台类型相同的桥梁工地。例如采用同类型桥墩的桥,可自墩顶向下分段。在墩同一高度的段,模板可成套倒用。不同高度的段,经稍加修整后也能多次利用。拼块式组合模板较零拼式模板省工、省料,因此应用范围较广。

3. 整体吊装模板

整体吊装模板的墩身较高,在墩上拼装组合模板较困难时,可利用桥头、墩间空地设拼装场,预先拼成整段模板,利用大型吊装设备,一次整体吊装就位。根据实践经验,一段整体吊装模板,连同中线水平调整工作,只需30 min即可安装完毕,这样就可以做到连续灌注,不间断施工。采用这种模板,可以降低成本,缩短工期。

4. 滑动钢模板

滑动钢模板采用模板工程机械化的施工方法,适用于断面不变的桥墩(不收坡的滑升模板)或断面变化均匀的桥墩(收坡的滑升模板)。施工时先在墩位组装好模板,灌注一定高度的混凝土后,用人力或机械传动(液压或电力)使模板沿导杆向上滑升。随后可连续滑升,连续灌注混凝土。此法不仅节省大量模板材料和装拆工作,并且混凝土无接头,可增强桥墩的整体性,又能缩短施工时间和节省劳动力。滑升钢模板特别适用于高桥墩,在深谷和水中的桥墩,更能显示其优越性。

5. 液压自爬升模板

液压自爬升模板靠自身液压系统爬升,速度快,无须塔吊和其他起重设备,模板张合自如,拆装工作量小,劳动强度低,施工速度快。爬模附墙爬升,安全可靠,特别适合于高墩,尤其水中高墩施工。

6. 翻升模板

翻升模板的模板与支架连成整体分成三节,逐节翻升倒用(图9-5)。同样适于高墩施工,但机械化程度较低,模板拆装工作量较大,施工速度较慢。

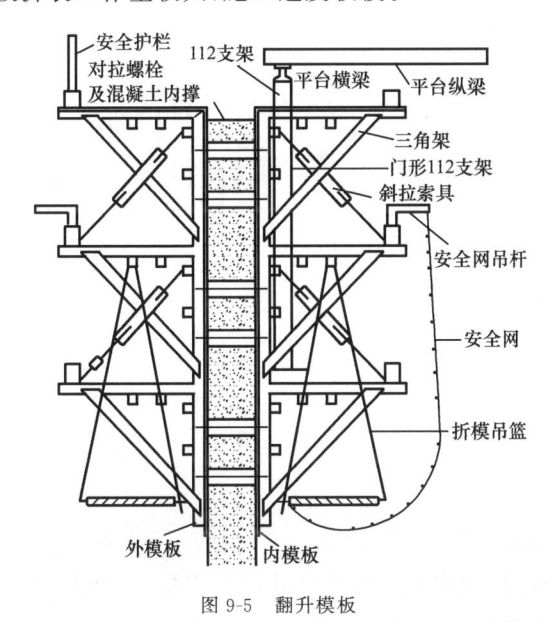

图 9-5 翻升模板

(三)模板的制作

1. 模板的分段与分块

将整个墩台模板分为若干节,每节模板又由若干块拼板组成。分节时,应尽量使各墩模板可以互相倒用(图9-6)。各节模板分块时,也应尽量将拼板的宽度取得一致,使拼板也能互相倒用。为便于模板运送、吊装和拆除,拼块尺寸不宜过大,板扇高度通常与墩台分节灌注高度相同,一般为 3～6 m,宽度可为 1～2 m。具体尺寸可视墩台尺寸、现场板料长度、起重机具的起重能力而定。

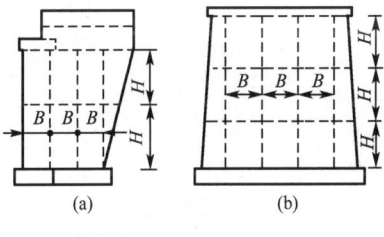

图 9-6 墩台模板划分示意

2. 面板的制作

模板的板面直接与混凝土接触,对混凝土的表面平整光滑有密切关系;并且板面光滑与否还关系到拆模的难易和模板的倒用次数。因此模板的板面必须刨光,务必做到表面平整光滑。

木板拼联接合的部位,必须紧凑严密,保证在灌注混凝土时不开裂漏浆。模板缝口,有平口、企口、偏搭、夹梢等做法如图9-7所示。一般说来,企口和夹梢缝较为严密,但有费工费料的缺点。现场经常采用平口,模板内表面衬以白铁皮或塑料板以使模板表面光滑平整,便于脱模,并增加周转次数,同时又确保了接缝的严密性。

3. 拼钉扇块模板

除灌注小量零星混凝土采用零拼式固定模板就地拼装外,一般桥墩台混凝土灌注多采用拼块组合模板。施工时先按混凝土建筑物的部位形状制作肋木,然后利用肋木在木工厂拼钉扇板。拼成扇块后,应再一次将面板找平刨光。

平面模板如图9-8(a)所示,须控制肋木间距和板面的长宽尺寸。曲面模板如图9-8(b)所示,除前项要求外,尚应注意曲面弧度,因此弧形肋木的规格、位置必须准确。制作面板的零块木板厚一般为 2.5~5.0 cm，宽度一般以 10~20 cm 为宜。平面扇板的肋木常用小方木（约 10 cm×12 cm）或鼓形木制成；曲面扇板的肋木常用 2~3 层 5 cm 厚的木板组成。肋木的间距应根据木板的厚度决定。

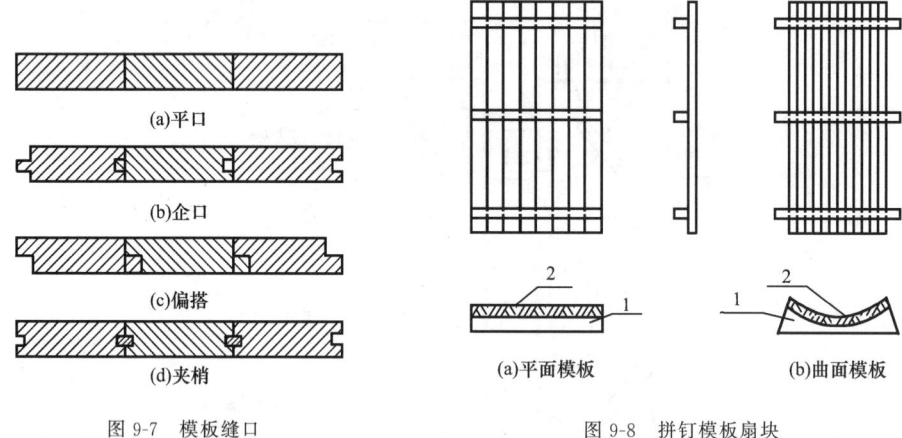

图 9-7　模板缝口
(a)平口　(b)企口　(c)偏搭　(d)夹梢

图 9-8　拼钉模板扇块
(a)平面模板　(b)曲面模板
1—肋木；2—面板

（四）模板和支架的安装

在施工现场安装模板时，首先按照设计尺寸精确放线，作为拼装模板的依据。模板拼装完毕应及时加设带木和支承等加以固定。模板、支承的所有支承部分都必须安装在坚实的地基上，必要时加设支垫扩大支承面积，或打木桩支承，以防模板走动。有水时，应采取措施防止水流冲刷造成支架走动，影响到模板变形或发生位移。模型板的构造如图 9-9 和图 9-10 所示。

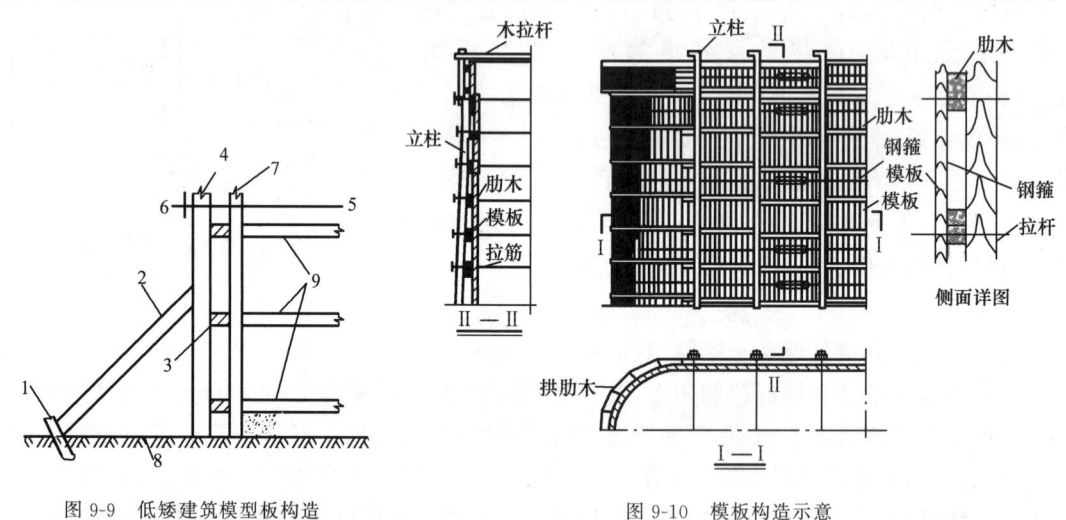

图 9-9　低矮建筑模型板构造
1—木桩；2—支承木；3—横带木；
4—竖带木；5—拉杆；6—螺栓带帽；
7—模板；8—坚实地基；9—内支承

图 9-10　模板构造示意

图 9-9 所示支承只适用于低矮建筑物的模型板。对于较高的桥墩台，不能用支承支承于地面，应另外采取办法来固定模型板。圆形桥墩或圆端形桥墩的圆形部分，可用铁箍固定模型板，铁箍采用扁钢或直径为 12~16 mm 的钢筋制成，在两端用正、反螺丝扣连接。有时也可采用钢丝绳作为箍，利用紧绳器或链滑车把钢丝绳收紧，然后用钢丝绳卡子卡紧。铁箍收紧时，模板内应设临时内支承，以防模型板变形。

较高的桥墩，除曲面模板可采用铁箍固定外，对平面模板（如矩形桥墩、桥台等）铁箍起不到作用，可采用拉杆来固定。拉杆用直径 16～22 mm 圆钢制成，两端均有螺丝扣。拉杆把两对面的模板相互拉紧，以起到固定模型板的作用，其位置多选在横竖带木交叉处。在拆除模板后，露出混凝土之外的拉杆头必须锯掉（或用氧割或电弧烧割）。为了节省钢筋并省去切割工作，可采用可拆式螺栓拉杆（图 9-11）。该

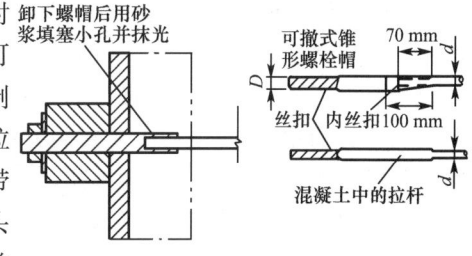

图 9-11 可拆式螺栓

螺栓可使模板拆除方便，卸下外面螺帽后，用与墩身同一配合比的砂浆填塞小孔并抹光，使墩台表面光滑美观。采用拉杆的缺点是增加钢材消耗。随着施工技术的发展，近年来出现了槽钢支承、框架式支承等固定模型板的方法，这些设备都能多次倒用，不仅节约了钢材，更可省工省事。但对某些较复杂的结构，如桥台道砟槽等，仍然要用部分拉杆。

当采用铁箍或拉杆等措施固定模板时，必须在模板内相应地加设内支承，以保证模型板内净空尺寸和形状。一般情况下多采用木支承，但均应在灌注混凝土时，随混凝土层面逐渐升高而陆续拆除，不得留在混凝土内。

圆形墩柱可做成两个半圆形钢模板，用螺栓或卡子连接，墩柱较高时可根据吊装能力和施工方便分节，节间采用法兰连接。

墩台顶帽是用来支承桥跨结构的，因此要求顶帽的位置、尺寸和标高必须达到较高的精确度，特别是对支承垫石顶面标高和锚栓位置要求更严，因此必须认真对待。

(五) 整体吊装模板

整体吊装的钢模板或木模板，是将墩台模板水平分成若干节，每节模板组成一个整体，在地面拼装后吊装就位。分段高度可视起吊能力考虑，一般可为 2～4 m。灌注完底节混凝土后，即可将已拼好的上节模板整体吊起安装，继续施工。图 9-12 所示为一种由木模板与钢框架组成的整体吊装模板形式。钢框多为型钢或万能杆件组成，框架间距可为 0.8～1.0 m，上、下节模板可利用型钢上的孔眼，用螺栓连接。如为圆形模板，在整体吊装时，内部需临时加固，防止变形（图 9-13）。铁箍亦可直接箍住圆形模板，并取消圆形肋木外的木立柱。

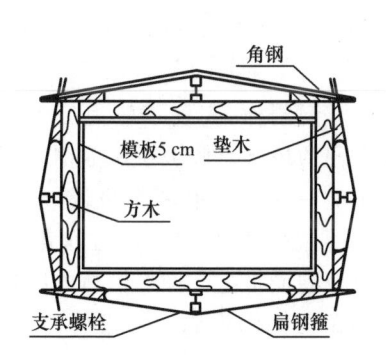

图 9-12 整体吊装模板的结构

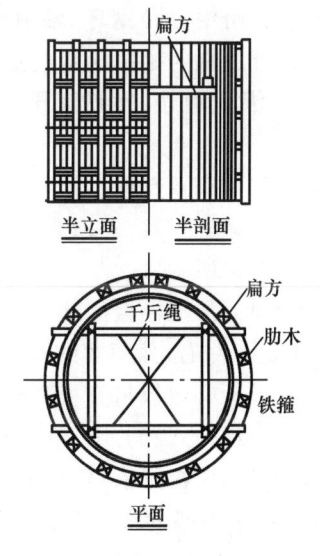

图 9-13 圆形桥墩整体吊装模板

整体吊装模板的优点是:模板安装时间短,墩台混凝土无须设立施工接缝,加快了施工进度,提高了施工质量;将拼装模板的高空作业改为平地操作,有利于施工安全;整体吊装模板本身刚性较强,可不设拉筋或少设拉筋,节约钢材;可利用模板外框作为简易脚手,无须另搭施工脚手架;结构简单,施工方便。其拼装方法为:先将已拼成的四块木模板按中线位置在拼装场地拼成盒状,再在四侧组拼单面框架,将每片框架与模板方木用平头螺栓连成整体,最后将四侧框架互相用螺栓连接起来,组成整体框架模板。

(六)滑动模板

初期的滑动模板一般用于等截面空心桥墩。自20世纪60年代中期以来,滑动模板又有了新的发展,从等截面滑动模板发展到收坡滑动模板;由圆形空心桥墩发展到圆端形、矩形和实心桥墩;由人力提升发展到液压、电动提升,扩大了滑动模板的适用范围。

1.滑动模板的优点

(1)施工进度快。由于简化了立模、拆模等工序,混凝土连续灌注,在一般气温下,每昼夜平均进度可达5~7 m。

(2)混凝土灌注质量好。由于混凝土连续灌注,无施工接缝,增加了混凝土的整体性。

(3)节省木材与劳动力。以钢代木,并减少了支、立、拆模的工作量,可节省大量木材及相应的劳动力。

(4)施工安全。滑动模板本身附带内(外)吊篮、平台、栏杆等,随模移动,安全可靠。与分节立模灌注法相比,减少了高空立模、拆模作业。

2.滑动模板的构造

滑动钢模板的构造因桥墩类型、提升工具的不同也稍有不同,但其主要部件与作用则大致相同。下面介绍电动液压千斤顶提升的收坡圆形空心墩的总体构造。

图9-14为某桥圆形收坡空心墩液压滑动模板示意图,其构造如图9-14(a)所示,包括主平台、混凝土卸料平台、顶架(包括内(外)腿和调径丝杆)、内(外)模、内(外)吊架、顶杆及行程套管、提升设备等。

(1)混凝土卸料平台。由钢环、横梁、立柱、栏杆、步板和串筒等组成,是堆放、灌注混凝土和起重指挥的作业台。

(2)主平台。由内(外)钢环、辐射梁、栏杆和步板等组成,为滑动模板总承和液压控制中心,由内(外)钢环及辐射梁把模板构成一个整体,如图9-14(b)所示。它又是一个工作平台,为捣固混凝土、绑扎钢筋、操纵液压系统、测量纠偏、存放部分钢筋和顶杆等施工材料提供场地。

(3)顶架。顶架布置在辐射梁上,主顶架(即内顶架)门形,其内腿下延挂内模板(可以拆去下段,以适应实心墩施工)。外顶架单腿挂外模板,为设置双顶之用,并可以调整外模收坡。顶架构造如图9-14(c)所示。

(4)内(外)模。滑动模板用2~3 mm钢板、角钢和槽钢制作,高度一般为1.1~1.5 m。每块内模宽0.5 m左右,外模宽约0.6 m,以适应不同半径的桥墩。收坡桥墩分固定模板与活动模板,活动模板又有边板与心板之分,一块活动模板上有一个心板和两个边板,当固定模板边缘搭上活动模板的心板约40 mm时,就可将边板抽去。固定模板应安装在顶架立柱或内(外)支架上,而活动模板则依靠上、下横带悬挂在固定模板的横带上。圆形模板的结构及附件如图9-15所示。矩形墩的滑动模板与圆形墩相同,除四角为圆弧形固定模板外,其他的固定或活动模板均为直平板。

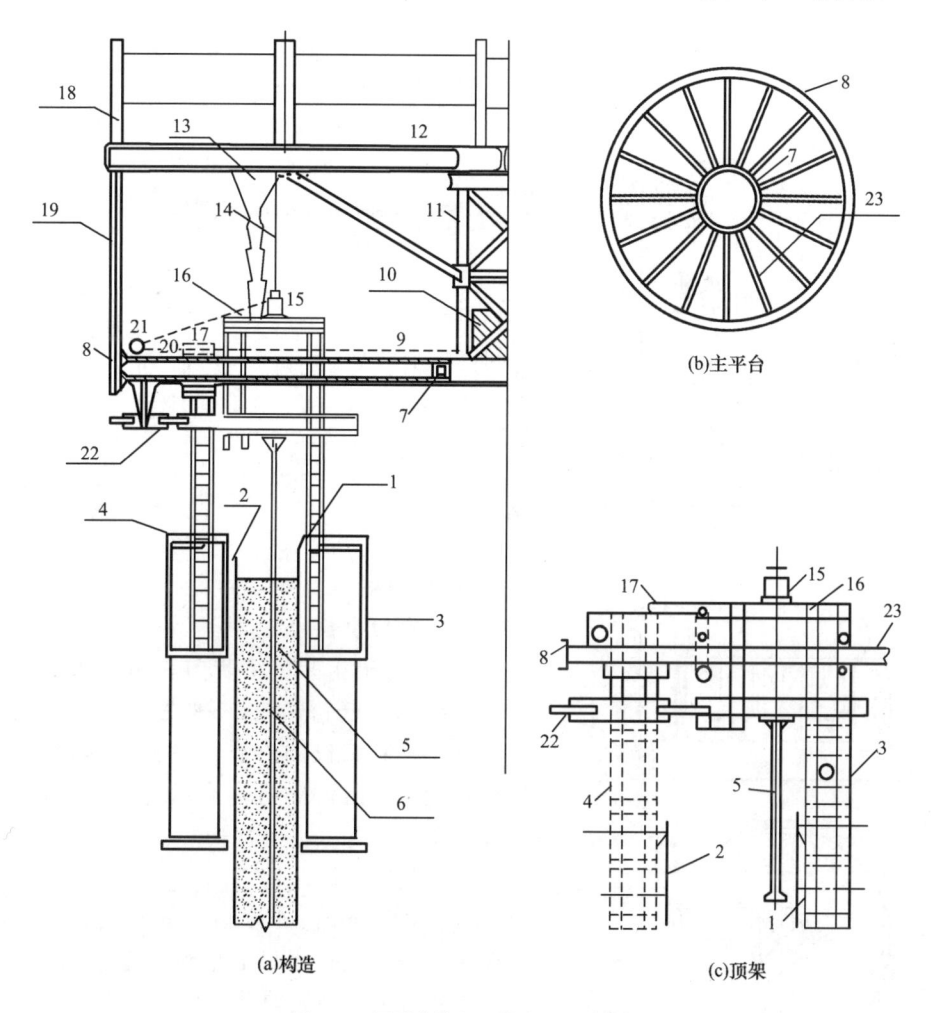

图 9-14 圆形收坡空心墩液压滑动模板

1—内模；2—外模；3—内吊架；4—外吊架；5—行程套管；6、14—顶杆；7—内钢环；8—外钢环；9—主平台；
10—液压控制柜；11—平台支架；12—混凝土卸料平台；13—混凝土漏斗；15—液压千斤顶；16—主顶架；
17—活动顶架；18—栏杆；19—外立柱；20—液压支管；21—液压主管；22—外调径丝杠；23—辐射梁

(5) 顶杆和行程套管。顶杆是液压千斤顶的爬行杆，又是整个模板的支承杆，下端插入混凝土内，千斤顶套在顶杆上，可沿顶杆向上爬升。顶杆用 $\phi25$ mm 圆钢制成，每节顶杆长 2~3 m，两端分别车有公丝和母丝用来接长。为避免顶杆接头在同一水平面上，底节顶杆应采用几种不同的长度，每组长度应相差约 50 cm。行程套管用内径 30 mm 的钢管制成，长 168 m，套在顶杆外并连接在顶架上，可随模板上升。其作用是防止混凝土与顶杆黏结，以便桥墩竣工后，能将顶杆拔出，再次使用。此外，套管还可增加顶杆的受压弯曲稳定。

(6) 内(外)吊架。内(外)吊架由竖杆、横杆、步板和安全网等组成，为抹面、养生和收坡作业的脚手架。

(7) 液压提升系统。液压提升系统由电动液压千斤顶、液压操纵台和输油管路等组成。目前使用的 HQ 型千斤顶的特点是支承顶杆从千斤顶中心穿过，千斤顶只能上升不能下降，故又称为穿心式单作用液压千斤顶。施工时将千斤顶连接在顶架上，顶杆插入千斤顶中心孔内并抵至硬底，接通液压管路，千斤顶即可开始工作。

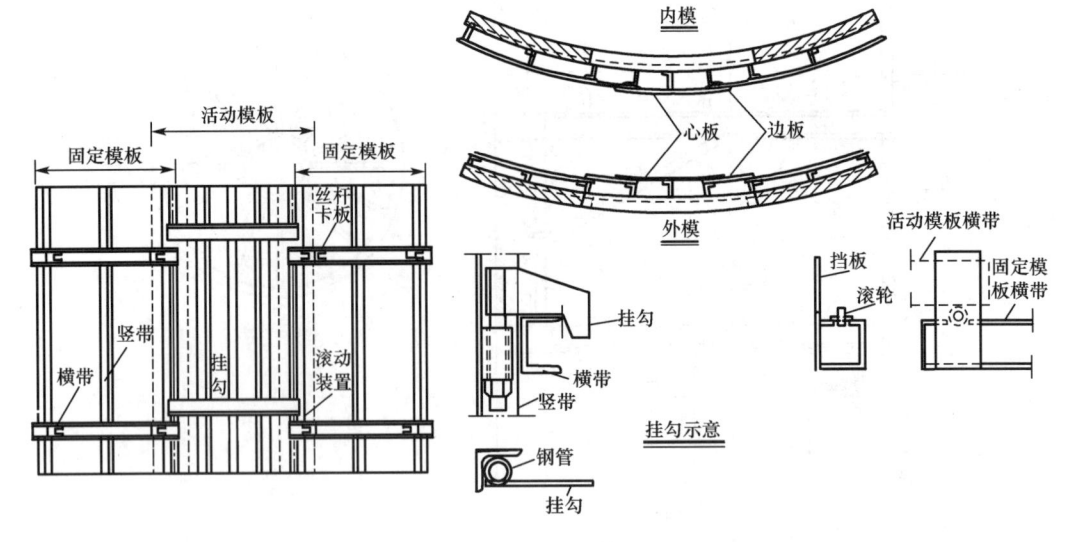

图 9-15　圆形滑动模板

3. 滑动模板的施工

(1) 滑模组装。组装前在基础顶面放出桥墩十字线和墩壁轮廓线，不平之处要凿除找平。为了便于控制墩位的中线水平和组装，最好先在墩位处用木模灌注 30 cm 高墩身，并搭设组装排架及枕木垛。

滑模组装顺序：

① 在墩壁内、外设临时支架或以枕木垛为安装平台，排架、枕木垛的搭设情况如图 9-16 所示。支架高度应与滑模组装高度相适应。

② 在中心支架上安装内钢环，其中心应与墩中心重合。

③ 拼辐射梁。安装时螺栓暂勿拧紧，以便调整。

④ 在外支架上拼装外钢环，与辐射梁对位后拧紧全部连接螺栓。

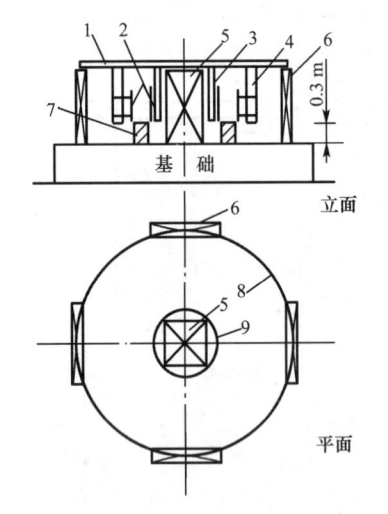

图 9-16　组装排架及枕木垛
1—主平台；2—内(外)模；3—内吊架；
4—外吊架；5—枕木垛；6—木排架；
7—预筑的 0.3 m 墩身混凝土；8—外钢环；9—内钢环

⑤ 拼装卸料平台。

⑥ 绑扎桥墩竖向钢筋及模板高度范围内的水平钢筋。

⑦ 安装内(外)顶架、内(外)模。先安固定模板，后安活动模板，并调好锥度(外模锥度与墩壁坡度相同；当内壁为直坡时，内模须设 5‰～10‰ 的锥度)。模板安装后，如模板底部与基础混凝土之间有缝隙，应在模板外用水泥砂浆堵住，以免灌注时漏浆。

⑧ 安装平台步板、栏杆和混凝土串筒。

⑨ 安装顶杆套管、液压操纵台、千斤顶和输油管路，经充油排气并检验液压系统符合要求后，安插顶杆。套管安装后如底端与基础混凝土间有缝隙，应用水泥袋纸堵住，以免灌注时砂浆进入套管将顶杆黏结。

⑩ 待模板提升 2 m 后再安装内外吊架和安全网。

模板组装的允许误差见表 9-1。

表 9-1　　　　　　　　　　模板组装的允许误差

序　号	项　目	允许误差	备　注
1	模板中心距桥墩中心	±5 mm	
2	内(外)模距墩壁大样	±5 mm	
3	千斤顶和套管轴线的垂直度	0	
4	工作平台水平度	±10 mm	
5	内模板锥度	5‰～10‰	向墩壁倾斜
6	外模板锥度	比墩壁坡度大 5‰	向墩壁倾斜

(2)混凝土配合比要求。滑动模板随混凝土的连续灌注,不断滑升,施工中所用混凝土配合比,既要能满足设计规定的强度,又能适应滑模施工的工艺要求,并具有早强和良好和易性的特点,混凝土的坍落度宜为 1～3 cm。滑模提升脱模时间一般为 4～5 h,混凝土的强度应在 0.2～0.4 MPa 范围内较合适。

(3)混凝土灌注与滑模提升。灌注混凝土前,先向模内铺灌一层 2～3 cm 厚的砂浆。混凝土入模时,要四周均匀对称分布,每层表面应基本水平。宜用小型内插式振动器捣实,振动时避免接触钢筋、套管及模板。插入已捣实好的前一次混凝土中的深度不超过 5 cm。整个桥墩灌注过程可分为初灌滑升、正常滑升和末次滑升三个阶段。从开始灌注混凝土到模板首次试升为初灌阶段。模板初升时,每次提升高度应稍小于每层灌注的厚度。初灌混凝土厚度宜为 70～90 cm,分三次灌注。在底层混凝土强度达到 0.2～0.3 MPa 时,缓慢试升模板 2～5 cm,观察混凝土的凝固情况,现场可用手指按刚脱模的混凝土表面,能留有指痕,砂浆不粘手,则认为达到要求强度,可继续提升。正常滑升阶段是每灌一层混凝土,模板滑升一次,每次灌注厚度与提升高度基本一致。灌注混凝土面距模板顶应保持不少于 10 cm 的距离。正常气温条件下,提升时间不要超过 1 h。在末滑升阶段,混凝土已经灌注到需要高度,不再继续灌注,但模板尚需继续滑升的阶段。当灌完最后一层混凝土后,每隔 1 h 左右将模板提升 5～10 cm,提升 3～4 次,防止混凝土与模板黏结。灌注混凝土应连续施工,不能中途停止。因故停工后,可按末滑升阶段方法继续提升,但提升后模板与混凝土必须保持不少于 30 cm 的搭接高度,接灌时应按施工缝处理方法处理,使上、下层混凝土结合良好。在桥墩灌注、滑升的间隙中,要做好钢筋的绑扎、接长、预埋件安设、调整坡度等工作。混凝土达到拆模强度后,拆除模板、拔出支承顶杆,以砂浆封口。

(4)模板收坡。对直坡桥墩,从灌注开始到结束,无须调整坡度。对收坡桥墩,要随滑升高度调整模板半径。调模依靠内(外)模的调模丝杆或是辐射梁上调径丝杆来完成,每滑升一次就应调整一次。每当墩身升高一定距离,就应用仪器检查校正。

(5)修补与养生。墩身混凝土脱模部分,表面可能出现麻面或凹凸不平的缺陷,应立即修整。表面有麻面时,用刷子蘸与混凝土配合比相同的砂浆涂刷,用抹子抹平。如有拉裂情况,可将裂缝掏开,以砂浆修补后抹平。脱模混凝土应根据当时的气候条件及时进行养生。养生水管可制成圆环,吊挂在内(外)吊篮下一定高度,管内侧钻 2～3 排细孔,随着模板移开,定时放水养护。

(6)施工测量与纠偏。滑模在提升中经常发生水平位移、竖直倾斜与平面扭转,施工中应及时纠正。顶架横梁或液压千斤顶座间的水平高差不得大于 20 mm,位移与扭转不得大于

表 9-1 中的有关规定。滑模中心线的水平位移与平面扭转尺寸,可在滑模上吊重锤球,在地面十字线上量测。在墩身外壁标出水平基线,丈量模板下缘与水平基线的高差,用来量测滑模的倾斜程度。水平基线应随墩台升高,以便于丈量。滑动模板纠偏,不得一次调整太多,每滑升 1 m,纠正位移值不得大于 10 mm。一般情况下先调整平台水平,再纠正位移和扭转。

(7)其他施工要求。滑动模板施工还应遵循下列规定:

滑动模板在结构上应有足够的强度、刚度和稳定性。模板应有 0.5%~1.0% 的锥度。支承杆和提升设备应按墩身截面形状及滑动模板和施工临时荷载的全部重量布置。

墩身底节垂直钢筋的焊接及支承顶杆的安装,应分成几组长短不同的尺寸,按规定将接头互相错开,以后可用同一长度的钢筋和顶杆接高。

滑动模板操作平台的荷载,应力求均衡,不得任意堆放材料,以免造成倾斜。严禁混凝土吊斗碰撞平台。

滑动模板不宜冬季施工。

(七)液压自爬模板的构造与施工

液压爬升模板是近几年发展起来的新型建筑模板形式,虽然目前应用还不够广泛,但因其机械化程度高,施工速度快,施工质量好,施工过程安全可靠,在高墩及其他高大建筑施工中的应用发展很快,是一种很有发展前途的新型施工方法。现以谷拉河大桥为例对液压爬升模板施工技术简要介绍如下:

1. 液压自爬升模板的组成

谷拉河大桥采用了 ZPM10 型液压自爬升模架体系。该液压自爬升模板主要包括模板、埋件、爬模主构架、液压系统四部分,如图 9-17 所示。

(1)模板。模板是爬模系统的关键部分。它的主要作用是控制混凝土的造型,限制新灌混凝土的变形。它必须具有足够的强度、刚度和稳定性,表面光滑平整不漏浆。另外,本系统模板与支架结合成整体并要求能沿与板面垂直方向移动以利脱模及就位。根据本工程的实际情况,模板周转次数多,还要尽可能减轻模板的重量,故采用轻型钢模板。

(2)埋件。埋件主要用于固定爬行轨道并支承整个爬行系统及其上的施工荷载。因此,各埋件必须具有足够的强度和抗拔力。为确保施工安全,必须在混凝土强度达 10 MPa 以上(具有足够的锚固力)后方可安装轨道提升模架。埋件由埋件板、高强螺杆、爬锥及受力螺栓组成,其中埋件板和高强螺杆为一次性消耗件,爬锥及受力螺栓可周转使用。

(3)爬模主构架。爬模主构架是爬模系统的核心,是模板的依托和施工的操作平台及爬升的液压操作台。它必须具有足够的强度、刚度和整体性并移动灵

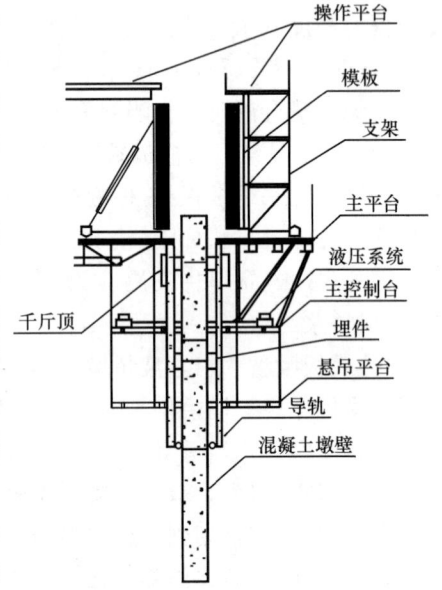

图 9-17 液压自爬升模板的构造

活,且结构需尽量轻巧以便于拆装和爬升。主构架必须确保模板的强度、刚度、稳定性,并保证拆模和就位方便。该部分主要由附墙座、附墙挂座、导轨、悬臂支架、后移装置、模板主背楞、悬吊平台组成。

(4)液压系统。液压系统是整个爬模的提升动力系统,主要由主控制台、顶升油缸、胶管和油阀组成。液压系统必须具有足够的提升能力和可靠的安全性。

2.爬模主要性能指标

(1)架体主要尺寸。架体最大支承跨度:6 m(相邻埋件点之间距离);架体高度:13.5 m;架体宽度:主平台2.40 m,上、中、下平台1.0 m。

(2)作业层数及施工荷载。主平台≤3 kN/m²,上平台≤0.75 kN/m²,下平台≤0.75 kN/m²。

(3)液压系统。额定压力16 MPa;油缸行程700 mm;伸出速度500 mm/min;额定推力100 kN;双缸同步误差≤14 mm。

(4)爬升机构。爬升机构有自动导向、液压升降、自动复位的锁定机构,能实现架体与导轨互爬的功能。

3.爬模爬升循环工艺流程

液压自爬模板爬升流程图如图9-18所示,具体流程是:墙体混凝土浇筑完成→后移模板→安装导轨支座→提升导轨→提升支架平台→预埋件固定在模板上→绑扎墙体钢筋→合模板→浇筑墙体混凝土。

4.爬模施工对混凝土的要求

爬升模板在提升及施工过程中是靠预埋在已浇筑的混凝土中的预埋件支承的,因此爬模系统必须在混凝土强度能够承受施工荷载后(本桥要求达到10 MPa)方可提升。为了缩短待强时间以加快施工速度,通常可以掺加早强减水剂或使用早期强度较高的水泥并加强养护,以提高混凝土的早期强度,从而达到快速施工的目的。

混凝土施工要严格做好混凝土施工缝的处理,并分层浇筑,振捣密实,以确保混凝土质量。

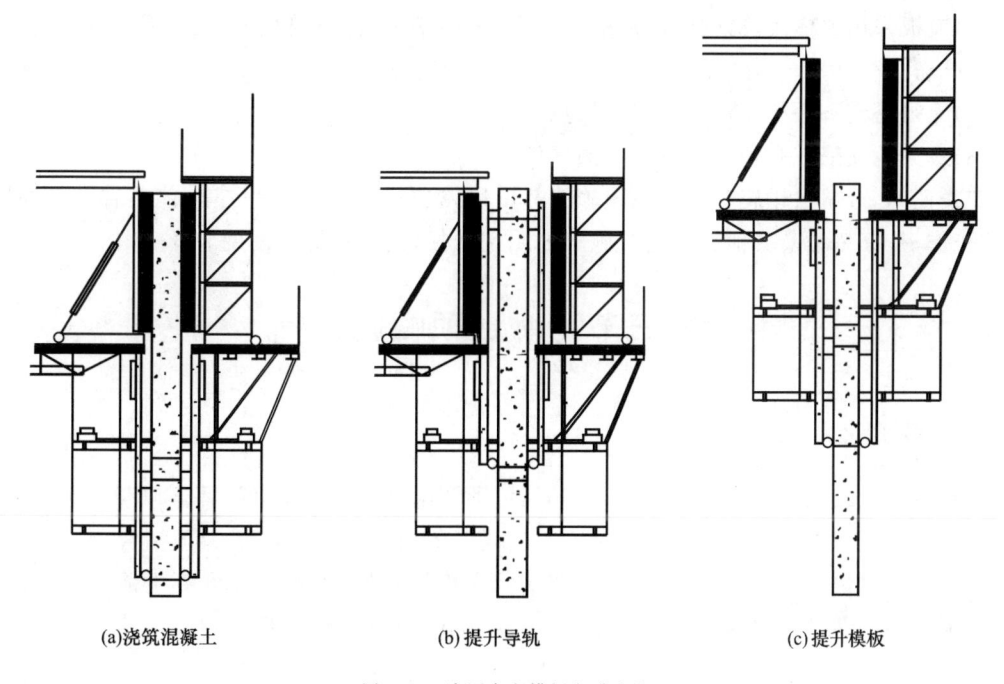

(a)浇筑混凝土　　(b)提升导轨　　(c)提升模板

图9-18 液压自爬模板爬升流程

5.质量保证措施

(1)质量目标:用模板浇筑出来的混凝土表面平整光滑,线条顺直,几何尺寸准确,色泽一致,无蜂窝、麻面、露筋、夹渣和明显的气泡,模板拼缝痕迹有规律性,结构阳角方正且无损伤。

(2)模板在灌筑混凝土前务必保护处理好板面。模板表面除锈,涂刷60%的机油与40%的柴油掺和物,防止模板与混凝土不脱离现象出现。涂油时,油要涂抹均匀,达到模板表面油光但无油痕为准,不得漏涂。模板开始使用后每次混凝土浇筑完毕必须对模板面进行清理。先用磨光机将模板表面的灰浆清理下来,再用纱布将模板擦干净,并采用洗衣粉对水清洗一遍。在模板就位前认真涂油(决不允许在模板就位后刷油,防止污染钢筋)。

(3)为防止阳角模板漏浆,阳角交接处应贴双面胶条,然后将阳角合紧。

(4)浇筑混凝土前必须检查支承是否可靠、扣件是否松动。浇筑混凝土时必须由模板支设班组设专人看护,随时检查支承是否变形、松动。

(5)混凝土吊斗严禁冲击顶模,造成模板几何尺寸不准,变形。

(6)混凝土强度达到 10 MPa 时,爬模才可爬升(避免爬锥拔出)。

6.液压自爬升模板系统的特点

(1)液压自爬升模板爬升动力为自身的液压系统,无须塔吊或其他起重设备,爬升 3 m 大概需要 30 min,速度快。

(2)液压自爬升模板的模板与爬架连成一个整体,拼装和拆除模板均为水平前后移动,移动距离在 600 mm 以上,操作方便,也有利于模板的清理及混凝土表面的养护。

(3)爬模的上平台支架为 6 m 高,为钢筋绑扎提供操作平台,同时也在一定程度上限制了钢筋倾倒的可能。

(4)爬模上设置悬吊平台,便于周转件的拆卸及混凝土表面的处理(如埋件及穿墙孔的填塞)。

(5)爬模附墙爬升,安全可靠。

(6)模板采用整体大块钢模板,模板接缝少,表面平整,使浇筑出来的混凝土表面光洁,结构尺寸准确。

(7)无须搭设脚手架,节约人力与财力。

(8)最大的缺陷就是需要大量采用预埋件。

实践证明,液压自动爬升模板系统施工速度快,施工质量好,作业安全,能节省大量的模板拆、装工作,是高桥墩及其他高大建筑施工的明智选择,具有良好的发展前景。

第三节 墩台顶帽施工

一、顶帽放线

墩台混凝土或砌石至顶帽底 30~50 cm 时,即测出纵、横中心轴线,并据以竖立顶帽模板,安装钢筋和锚栓孔模板。桥台顶帽放线时,应注意不要以基础中心线为顶帽背墙线,以免放错。墩台模板可锚固于墩身上,也可用支架支承。模板立好后,在灌注混凝土前应再次复核,以确保顶帽中心、轴线、锚栓位置以及支承垫石水平标高等不出差错。

二、墩台顶帽模板

(一)混凝土墩台顶帽模板

墩台顶帽系支承上部结构的重要部分,其尺寸位置和水平标高的准确度要求较严,墩台身灌注至顶帽下约 30 cm 处，就应预埋接榫停止灌注，以上部分混凝土待顶帽模板立好后一次灌注，以保证顶帽底有足够厚度的紧密混凝土，顶帽下面的一根拉杆，可利用顶帽下面的分布钢筋担任，以节省铁件。支承垫石的模板挂装在上部的木拉杆上。台帽背墙模板应注意加足纵向支承和拉条，防止灌注混凝土时发生鼓肚，侵占梁端空隙。

(二) 石砌墩台顶帽模板

砌筑到顶帽以下 20～30 cm 处，即停止填腹石的砌筑，开始安装顶帽模型板。先用 2 根大约 15 cm×15 cm 的方木，用长螺栓拉夹于顶帽以下 30 cm 处 (图 9-19 中之 1)。方木 1 的上面搁方木 2，然后在方木 1 与 2 上安装顶帽模板 (图 9-20)。台帽模型板可用木料支承在锥体上。

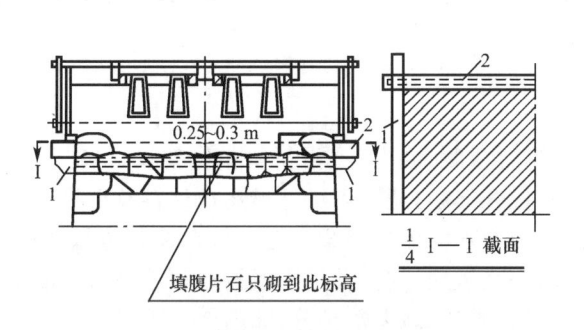

图 9-19　石砌桥墩顶帽模板

图 9-20　圆形桥墩顶帽模板

三、钢筋及锚栓孔

安装顶帽钢筋时，应注意将锚栓孔位置留出，当因钢筋过密而无法躲开锚栓孔时，可将钢筋断开，并用短筋按规定捆扎。锚栓孔应该下大上小，其模板可采用拼装式 (图 9-21)。锚栓孔模板安装时，顶面可比支承垫石顶面低约 5 mm，以便垫石顶面抹平。带弯钩锚栓的模型板安装时，应考虑弯钩的方向。为便于安装锚栓后灌实锚栓孔，可在每一锚栓孔模板的外侧上部，用三角木块预留进浆槽。锚栓孔可在支承垫石模板上放线定位。支承垫石混凝土强度达 2～5 MPa 后，即可拆除锚栓孔模板。预留锚拴孔，还可以用预制的泡沫砂浆混凝土预埋件、实心圆木模（只能做成上下一样粗，在初凝前随时转动，初凝后即可拔出），以及用植物秸外包水泥纸做成的预埋物等。最后均需进行清孔凿毛工作。有条件直接丈量的墩台，也可以将锚栓安装在木架上，与墩台顶帽混凝土直接结合，但必须保证其精确度。

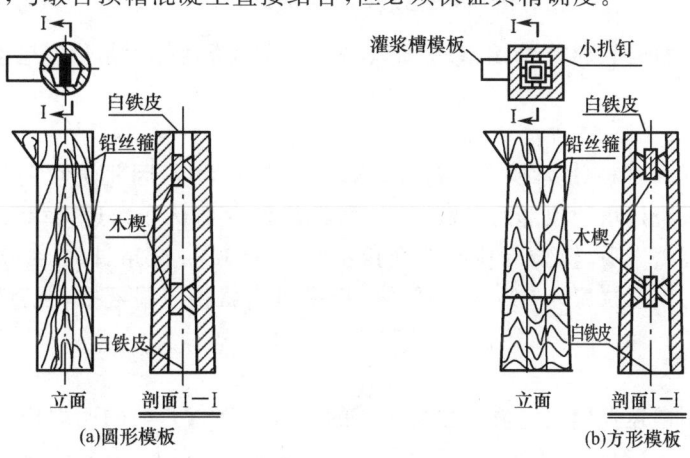

图 9-21　锚栓孔模板

应该指出,墩台顶帽施工前后,均应复测其跨度及支承垫石标高。施工中应确保支承垫石钢筋网及锚栓孔位置的正确。垫石顶面要求平整,高程符合设计要求。墩台施工完毕后,应对全桥进行中线、水平及跨度的贯通测量,并用墨线画出各墩台的中心线、支座十字线、梁端线以及锚栓孔的位置。暂时不架梁的锚栓孔或其他预留孔,应排除积水将孔口封闭。

第四节 起重吊装

大中桥的高墩台施工中,起重吊运工作十分重要。由于高桥墩台工程量大,设备占用时间长,因此,除使用履带式吊机、塔式吊机、汽车吊机、龙门吊机等成套的起重机械外,常因地制宜地自制小型机具提升设备,能收到良好的效果。常用的有各种扒杆、缆索吊车、井架吊斗等,拆装倒用均较方便,适用于一般桥梁工地。

一、缆索吊车

缆索吊车是利用架设在空间的悬索来吊运重物的。索道沿桥梁中线架设,吊车可以在其跨度范围内到达任何地点,不仅能解决垂直提升问题,还可以沿索道运送材料及重物。在大中桥建设工地采用较多,特别适用于跨越深谷与有水河流的桥梁工地。但在长大的曲线桥梁上,使用缆索吊车要受到一定的限制,必须采取一些措施(如活动塔头或折线索道等),才能更好地发挥作用。缆索吊车大体可分为绳缆、搬运器、塔架、地龙等部分,如图9-22所示。

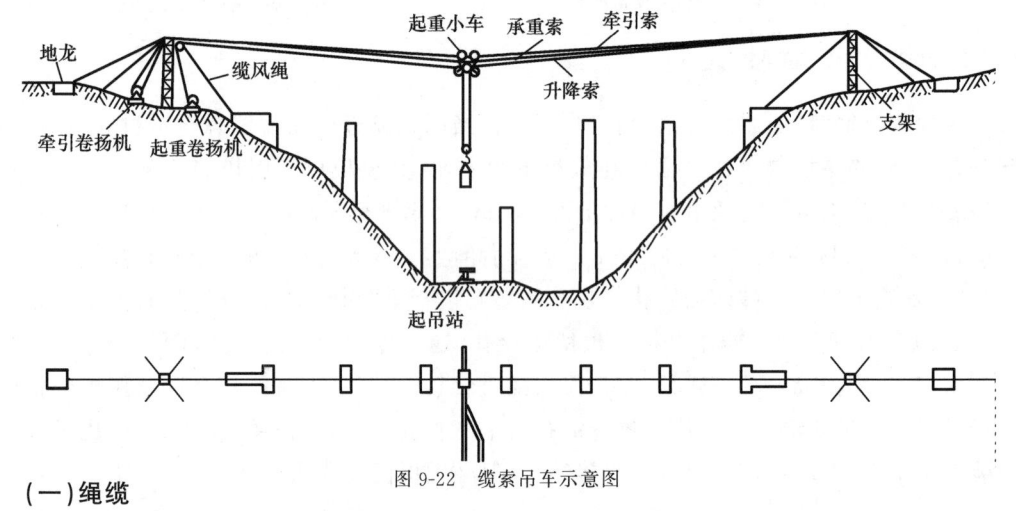

图9-22 缆索吊车示意图

(一) 绳缆

绳缆分轨索、循环绳、起重绳、结绳及缆风绳等。缆风绳的作用是稳定塔架,其余四种都与起吊运输有关。

1. 轨索

轨索又称主索,其作用是承受全部荷载。荷载沿轨索运行,因此轨索宜选用耐疲劳、耐磨损的钢丝绳。轨索绕过塔架顶部的索鞍(又名轨索支承,俗称天车),连接背索滑车组拉紧并锚固在地龙上。跨过塔架后,轨索与地面的交角不宜大于30°。交角过大,会使塔架受力过大,影响塔架稳定性。轨索挠度以3%~5%为宜,挠度过大就得增高塔架,但挠度过小又有降低荷载能力的缺点。

2. 循环绳

循环绳是牵引搬运器使之沿轨索往返运行的无极式绳索。绳的两端拴在搬运器的两侧,此绳绕过各转向滑车(包括平衡重的滑车)及卷扬机卷筒,并有上、下循环绳之分(参阅图9-23

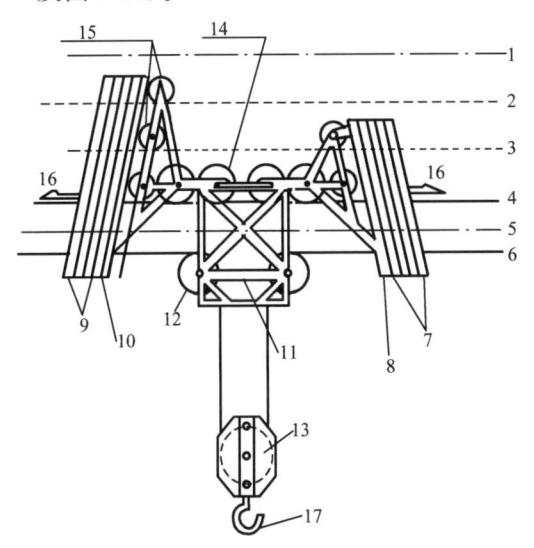

及图 9-24)。

图 9-23 搬运器
1—上循环绳;2—上结绳;3—下结绳;4—轨索;5—下循环绳;6—起重绳;7—短分索器;8—短携带器;9—长分索器;10—长携带器;11—搬运器中心架;12—滑车组定滑轮;13—滑车组动滑轮;14—轨索行走轮;15—结绳行走轮;16—箭标;17—吊钩

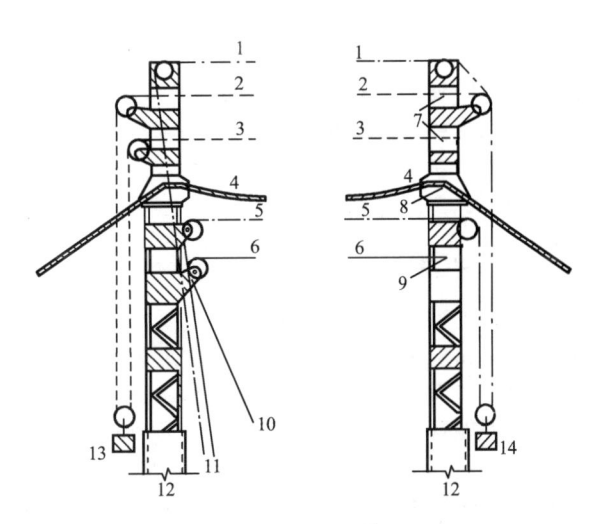

图 9-24 塔顶装置
1—上循环绳;2—上结绳;3—下结绳;4—轨索;5—下循环绳;6—起重绳;7—结绳固定接头;8—索鞍;9—起重绳固定接头;10—起重绳经转向滑车至起重绞车;11—上、下循环绳经转向车至牵引绞车;12—塔架;13—结绳平衡重;14—循环绳平衡重

当卷扬机转动时,循环绳拉动搬运器,卷扬机的滚筒可以双向转动,因此搬运器可以前进或后退。跨度较大的缆索,一般设置循环绳平衡重,其作用是调节循环绳的张力,使轨索与循环绳之间经常保持应有的距离。因此缆索吊车安装后应试运转,适当调整平衡重。

3. 起重绳

起重绳的作用是起吊重物升降。起重绳一端固定在塔架顶上,另一端绕过搬运器的起重滑车组,再经另一个塔架顶的转向滑车引至卷扬机。卷扬机卷筒正、反转动时,可使起重绳收紧或放松。起重绳的收放可使起吊滑车带着重物升降。当搬运器前进或后退时,不会使起吊重物升降,而是负荷运行。

4. 结绳

结绳又称防挠绳,其作用是悬挂分索器。分索器用扁钢制成,上有眼孔,各条绳缆从分索器的眼孔穿过,以保持各条绳缆之间不发生干扰。为了适应搬运器前后移动,分索器设有长、短两种,结绳也有上、下之分。实际上结绳是一根有极式的绳索,结绳的两活头都固定在一端塔架顶上并通过另一个塔架上的转向滑车、悬吊平衡重以调节结绳的挠度,使之略小于轨索坡度。简易缆索吊车可不设结绳,改用一定长度的细钢丝绳把分索器连接起来,使分索器停留在要求的位置上。

(二)搬运器

搬运器包括中心构架、分索携带器、行走天轮、起重滑车组及吊钩等部分,中心构架一般采用型钢或板钢焊铆而成,如图 9-23 所示。在搬运器的两端,各有一个带箭标的三角形铁架,称为分索携带器。当搬运器沿轨索运行时,前方携带器的箭标起收集分索器的作用,后端携带器内的另一组分索器,由于受了结绳上结块的阻挡,又逐一滑出后箭标,留在应有的位置上。这样就使分索器在缆索上间距均匀,起到了分索的效果。一般情况下,分索器的间距约为 50~100 m。

分索器有长式、短式两种,分设在搬运器的两侧,一侧设长式分索器走上结绳,另一侧设短式分索器走下结绳。结绳上的结块能挡住同编号的分索器留在应有的位置。安装分索器与结块时,要特别注意编号,绝对不可错装。

(三)塔架

塔架设在索道两端,其作用是承托缆绳,一般采用万能杆件拼装,也可用型钢铆焊而成。如两岸有陡坎高坡,也可不设支承塔架或仅设立简易构架(如木扒杆、龙门架等)。塔架装置包括轨索支承(索鞍)、绳缆的转向滑车与支架等。索鞍多用钢铁铸件,简易办法可采用大圆木纵横排列承托轨索或用大滑车悬挂轨索。塔架有起重绳固定接头一处,结绳固定接头两处,还有循环绳、起重绳、结绳等的转向滑车。这些接头及滑车的布置如图 9-24 所示。

二、井架

在施工现场就地灌注桥墩台混凝土,尤其是高桥墩,利用井型钢塔架作为升降设备十分方便。井架一般采用型钢或万能杆件组装,也可用扣件式小钢管搭设井架。厂制专用混凝土输送塔架由塔架、扒杆、吊斗、导杆、漏斗、溜槽、卷扬机和缆风绳等组成,此种井架配件齐全使用方便。万能杆件拼装的井架水平截面为 2 m×2 m,吊斗容量可根据具体情况设计,一般为 $0.2 \sim 0.4 \ m^3$。由于万能杆件规格较大,使用灵活方便,在桥梁施工中应用广泛,因此,万能杆件拼装井架常常成为桥梁墩台施工中的主要提升设备。

井架的使用方式有两种:一是利用井架内可自动翻转的吊斗来提升混凝土。吊斗沿架内导轨滑行至预定位置自行翻斗倾卸,沿溜槽滑入模内,如图 9-25、图 9-26 所示;用安装在井架内角的活动转轴扒杆,通过滑车组来提升模板及其他材料。这种方式多用于分节立模灌注法施工的墩台。二是用扒杆提升混凝土吊斗及模板和其他材料,井架内设吊笼用于施工人员上下桥墩,如图 9-27 所示。此种方式较适合于滑模施工。图 9-28 所示为适用于空心墩的中间井架实例。塔架全高 92 m,用万能杆件拼组,其上安装两根扒杆,用以提升混凝土吊斗及其他材料,井架每隔 8 m 拼装一层水平支承,用特制杆件与墩身预留钢板焊接,以减少井架的自由长度,水平支承又作灌注隔墙(板)的脚手架。

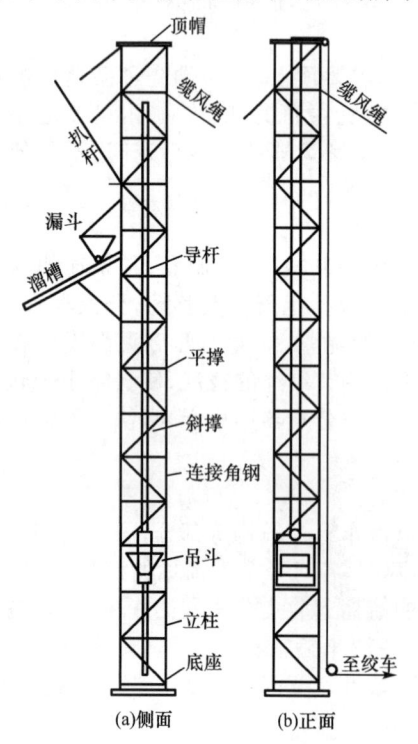

图 9-25 混凝土输送塔架

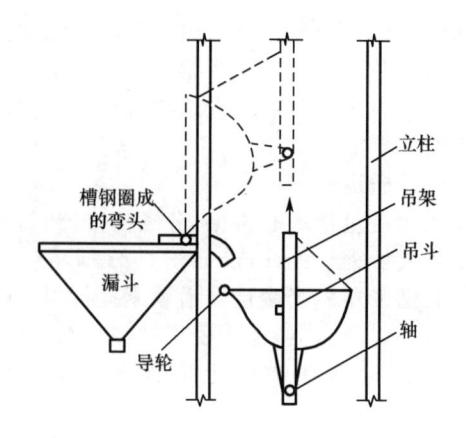

图 9-26 吊斗自动卸料

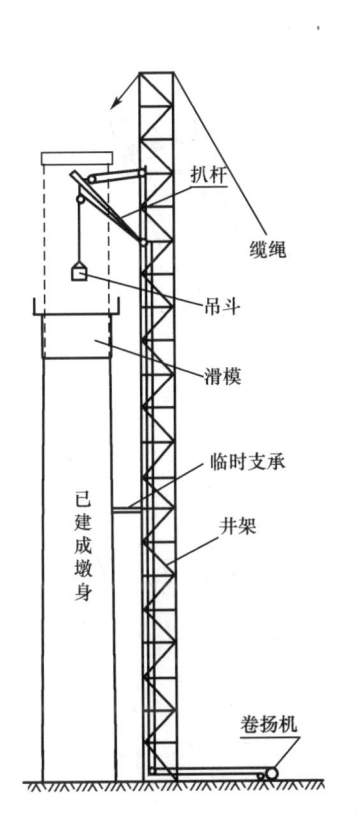

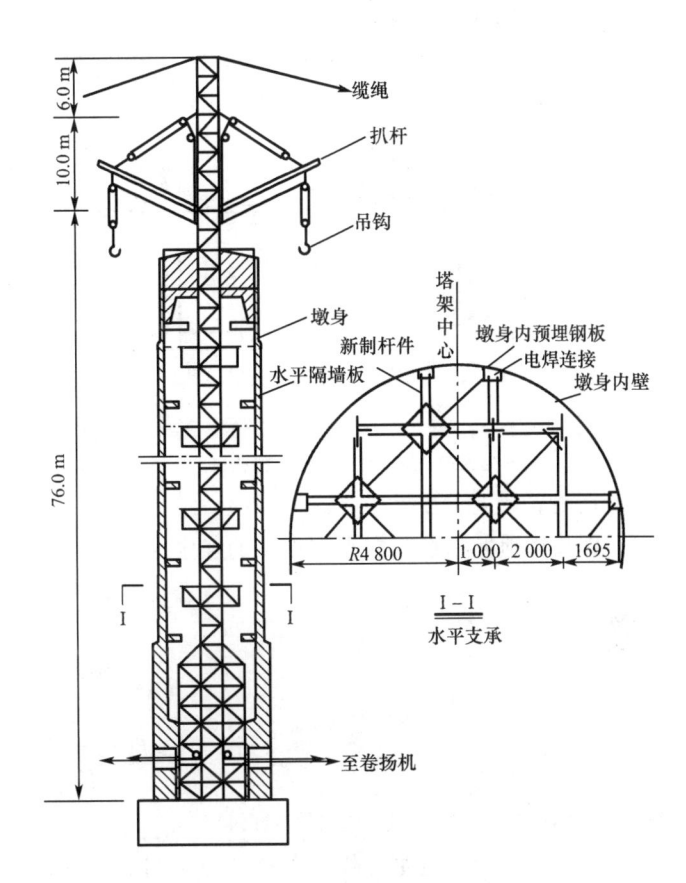

图 9-27　墩外井架布置　　　　　图 9-28　墩内井架布置实例

塔架拼装工作从四角立柱开始,立好一节立柱,随即拼装横撑和斜撑,分节向上拼组。为保证塔架的稳定,塔架除须设置缆风绳外,还须设置适当的塔架基础。当塔架高度不超过 30 m,且地基土比较密实,可采用卧木基础。卧木基础是将基底整平夯实后,铺 10～20 cm 碎石找平,再纵横密铺两层枕木,枕木间用扒钉扣连,塔架底座用道钉或螺栓与枕木固定。基础四周挖排水沟排除积水。当塔高超过 30 m 或虽未超过 30 m,但地基土质较松软时,则须采用混凝土基础,基础厚 0.7～1.0 m,长宽尺寸视塔架底座尺寸而定,基础应预埋锚固螺栓,固定塔架底座。塔架的基础应严格控制顶面的水平,因基顶少许的不平将使塔架产生较大的倾斜。

为保持塔架的稳定,在塔架的拼装及使用过程中均必须按规定拉设缆风绳,要求除在塔顶设置一组(四根)缆风绳外,塔身中部应每隔 20 m 设置一组,缆风绳应拉在塔架的节点处,方向应在塔架顶面的对角线上,缆风绳与地面的夹角不应大于 45°。缆风绳应有一定的垂度,不宜拉得过紧,以防塔架受力过大。紧缆风绳时,对角线的两根同时进行,并用仪器控制塔顶偏移情况。

当塔架较高或起吊重量较大时,为增强塔架的稳定性,除采取增设缆风绳外,还可采取在墩身每隔一定高度预埋角钢或钢板,设置联结系与塔架相连,形成锚固式塔架。

塔架拼组完毕后,须经试吊后才能正式使用。

三、地龙(锚碇)

扒杆、缆索吊车、井架的绞车、缆风绳背索等设备,都需要用地龙加以固定。

(一)立式地龙的检算

在土质地带,可采用挖坑埋桩的方法,将桩木斜插坑中并用上下挡木将桩卡住,然后用土回填夯实,如图 9-29 所示。立式地龙应检算下述三个方面:

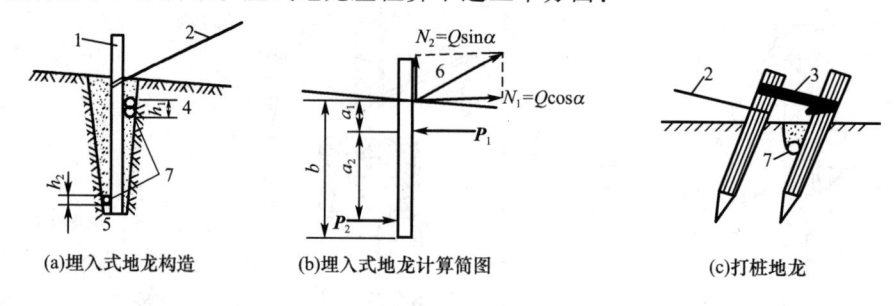

图 9-29 立式地龙

(a)埋入式地龙构造 (b)埋入式地龙计算简图 (c)打桩地龙

1—地龙;2—钢丝绳;3—铅丝捆扎;4—上挡木长 L_1;5—下挡木长 L_2;6—地龙荷载 Q;7—挡木

1. 检算地龙上拔力

即检算地龙木在竖向力作用下的稳定性。

$$P_1 = \frac{N_1(a_1 + a_2)}{a_2} \tag{9-1}$$

$$P_2 = \frac{N_1 a_1}{a_2} \tag{9-2}$$

$$N_2 \leqslant \frac{f(P_1 + P_2)}{K} \tag{9-3}$$

式中　P_1, P_2——上下挡木的反力(N);
　　　N_1, N_2——地龙荷载 Q 的横向分力与竖向分力(N);
　　　f——木料间的摩擦因数(一般按 0.4 计算);
　　　K——安全系数(取 $\geqslant 2$)。

2. 检算土壤压应力(上、下挡木处土壤承压应力)

$$\sigma_1 = \frac{P_1}{\eta h_1 L_1} \leqslant [\sigma_a] \tag{9-4}$$

$$\sigma_2 = \frac{P_2}{\eta h_2 L_2} \leqslant [\sigma_a] \tag{9-5}$$

式中　$[\sigma_a]$——土壤允许压应力(Pa);
　　　η——因压力不均而采用的折减系数,土质坑壁用 0.25~0.33。

3. 检算地龙桩柱强度

$$\sigma = \frac{N_2}{A} \pm \frac{N_1 a_1}{W} \leqslant [\sigma] \tag{9-6}$$

式中　A——地龙桩柱的截面面积(cm^2);
　　　W——地龙桩柱的截面模量(cm^3);
　　　$[\sigma]$——木料容许应力(Pa)。

荷载较大的立式地龙,可设 2~3 个地龙共同受力。除埋桩外,还可用木桩斜向打入土中,并根据需要设置横挡木,称为打桩地龙。如图 9-29(c)所示。

在山区施工中,如岩石露头,难以挖坑、打桩,可直接在基岩上打(钻)眼,插入钢筋或型钢,在孔眼内灌入 1:2.5 的水泥砂浆,利用岩石锚桩作地锚,可用于一般拉力较小的地方。

(二)卧式地龙的检算

把一根大圆木或几根圆木捆绑在一起,横着埋入土中,称为卧式地龙,如图 9-30 所示。其计算简图如图 9-31 所示。

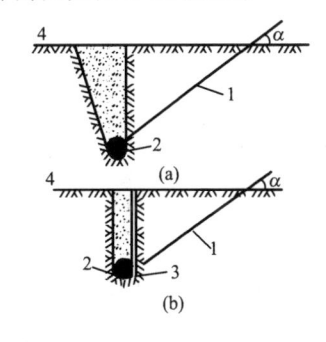

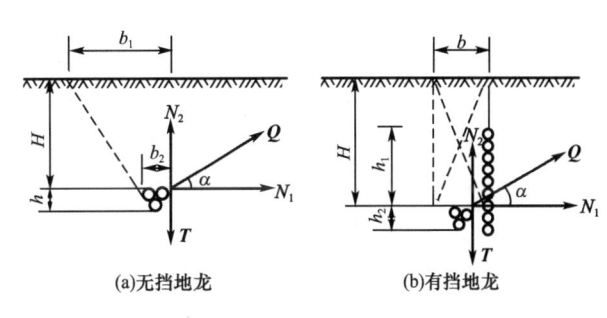

图 9-30 卧式地龙
1—钢丝绳;2—横梁;3—板栅;4—地面

图 9-31 卧式地龙计算简图
(a)无挡地龙 (b)有挡地龙

卧式地龙的检算,仍是稳定性、土壤承压应力和地龙木强度等三个方面:

1. 检算上拔力

即检算地龙木在竖向力作用下的稳定性。

$$G+T \geqslant KN_2 \text{ 或 } \frac{G+T}{N_2} \geqslant K \tag{9-7}$$

式中 G——有效土重(N),可按下式计算

$$G = \frac{b_1+b_2}{2}Hl\gamma \tag{9-8}$$

$$G = bHl\gamma \tag{9-9}$$

式中 T——摩擦力(N),$T=fN_1$;

N_1,N_2——地龙荷载的横向分力与竖向分力(N);

f——摩擦因数(无挡板用 0.5,木料与土间,有挡板用 0.4,木料与木料间);

K——安全系数(无挡板用$\geqslant 3$,有挡板用$\geqslant 2$);

l——地龙木长度(m);

γ——土壤容重(N/m³);

b_1,b——计算有效土重时,坑的上口宽度(m)

$$b_1 \leqslant b_2+H\tan\phi < b_2+H\tan 30°$$

ϕ——土壤内摩擦角;

b_2——坑的下口宽度(m)。

2. 检算在横向力作用下土壤承压应力

$$\eta[\sigma_H] \geqslant \frac{N_1}{Hl} \quad (\text{无挡板}) \tag{9-10}$$

$$\eta[\sigma_H] \geqslant \frac{N_1}{(h_1+h_2)l} \quad (\text{有挡板}) \tag{9-11}$$

式中 η——土压不均匀系数(0.25~0.33);

$[\sigma_H]$——深度 H 处土壤容许应力,可按下式计算

$$[\sigma_H] = \left[\tan^2\left(45+\frac{\phi}{2}\right)\tan^2\left(45°-\frac{\phi}{2}\right)\right]H\gamma \tag{9-12}$$

式中 ϕ——土壤内摩擦角,在黏土中 $\phi=15°\sim30°$,在砂黏土中 $\phi=10°\sim30°$,在粗砂、砂砾、卵石中 $\phi=40°\sim45°$。

3. 检算地龙木强度(图 9-32)

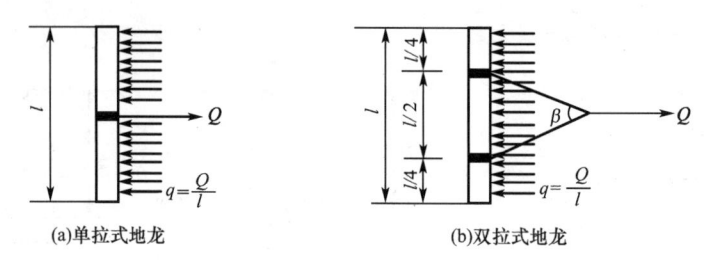

图 9-32 地龙木检算

卧木应力
$$\sigma = \frac{N}{A} + \frac{M}{W} \leqslant [\sigma] \qquad (9-13)$$

式中 M——卧木的最大弯矩(N·m),其中

单拉卧木
$$M = \frac{ql^2}{8} = \frac{Ql}{8} \qquad (9-14)$$

双拉卧木
$$M = \frac{q(\frac{l}{2})^2}{8} = \frac{Ql}{32} \qquad (9-15)$$

N——卧木的轴向压力(N),其中

双拉式
$$N = \frac{Q}{2}\tan\frac{\beta}{2} \qquad (9-16)$$

单拉式
$$N = 0 \qquad (9-17)$$

q——地龙荷载(N);
β——双拉千斤绳的角度(°);
W——地龙木截面模量(cm³);
A——地龙木截面面积(cm²);
$[\sigma]$——木材容许弯曲应力(Pa)。

(三)混凝土地龙的计算

混凝土地龙受力见图 9-33,它依靠其自重来平衡作用力,一般不考虑土压,可按下式计算

$$\frac{Gb}{Sl} \geqslant K \qquad (9-18)$$

式中 G——混凝土块自重(N);
K——稳定系数,$K \geqslant 1.4$。

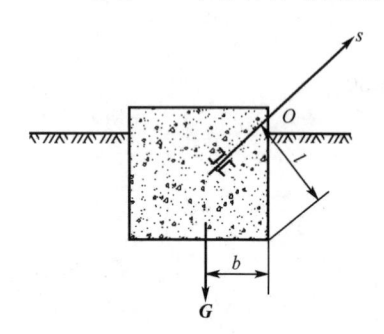

图 9-33 混凝土地龙计算图示

埋入混凝土中的拉杆应系于型钢制的横梁上。混凝土的强度等级不应小于C30。特别重大的地龙其混凝土块强度应加以计算,必要时应酌情加入适量的钢筋。

(四)地龙的安装

地龙木应选用坚实木料,与千斤绳接触处应衬垫钢板以加大承压面积。千斤绳处在拉、

压、弯、剪、疲劳等复杂受力情况下,极易变形与损坏,因此,必须牢固可靠并做到力矩平衡,拉绳与受力方向一致,使受力状态良好。

地龙应设在无地下水、地表水侵蚀的地方。荷重大或较重要的主地龙压重材料,宜采用混凝土或部分混凝土。拉绳与地面的倾角必须符合设计数值。有关连接处的索键、扣环、卡头等,应使其稳固不滑而又能有调整的余地。

地龙埋好之后,应经过荷重试验,方能正式使用。使用中应随时检查(特别是雨后或起吊重大件前后),如发现变形应及时修固与加强。

【例 9-1】 在砂黏土中埋设一个卧式地龙(无挡板,单拉式),已知缆索(千斤绳)拉力 $Q=60$ kN,$\alpha=30°$,砂黏土的 $\gamma=17$ kN/m³,$\varphi=30°$。采用三根冷杉的圆木做地龙木,其直径 $d=25$ cm,长度 $l=3.2$ m,埋置深度 $h=2.0$ m,上口坑宽 1.1 m,如图 9-30(a)所示,试检算之。

解:(1)检算上拔力

由公式(9-7)得

$$G=\frac{1.1+0.5}{2}\times 2\times 3.2\times 17=87\ (\text{kN})$$

$$T=0.5N_1=0.5Q\cos 30°=0.5\times 60\times 0.866=26\ (\text{kN})$$

$$N_2=Q\sin\alpha=60\times\sin 30°=30\ (\text{kN})$$

$$\frac{G+T}{N_2}=\frac{87+26}{30}=3.77>3(可)$$

(2)检算土壤承压应力

由公式(9-12),采用 $\eta=0.3$,得

$$[\sigma_H]=\left[\tan^2\left(45°+\frac{30°}{2}\right)+\tan^2\left(45°-\frac{30°}{2}\right)\right]2\times 17=113.1\ (\text{kPa})$$

$$\eta[\sigma_H]=0.3\times 113.1=34\ (\text{kPa})$$

$$\frac{N_1}{hl}=\frac{60\times 0.866}{0.5\times 3.2}=32.5\ \text{kPa}<34\ \text{kPa}(可)$$

(3)检算地龙木强度

由公式(9-14)得

$$M=\frac{Ql}{8}=\frac{60\times 3.2}{8}=24\ (\text{kN}\cdot\text{m})$$

$$W=3\times 0.1\times 25^3=4\ 687.5\ (\text{cm}^3)$$

由式(9-17)得,单拉式地龙

$$N=0$$

由式(9-13)得

$$\sigma=\frac{2\ 400}{4\ 687.5}=0.512\ (\text{kN/cm}^2)=5.12\ (\text{MPa})$$

查有关材料手册得冷杉的弯曲受拉允许应力

$$[\sigma]=80\ \text{kgf/cm}^2=8.0\ \text{MPa}>\sigma=5.12\ \text{MPa}(可)$$

第五节　桥头锥体及台后搭板施工

一、桥头锥体一般规定

桥台与路堤连接处，必须设置锥体填土，其作用是保护桥头路堤填土保证桥台稳定和免受洪水冲刷。

锥体填土坡面一般要设防护，防护的标准根据地形和水文情况而定。

锥体的尺寸和坡度，应根据规范确定。

《公路桥涵设计通用规范》第3.4.3条规定：锥坡与桥台两侧正交线的坡度，当有铺砌时，路肩边缘下的第一个8 m高度内不宜陡于1∶1；在8～12 m高度内不宜陡于1∶1.25；高出12 m的路基，其12 m以下的边坡坡度应由计算确定，但不应陡于1∶1.5，变坡处台前宜设宽0.5～2.0 m的锥坡平台；不受洪水冲刷的锥坡可采用不陡于1∶1.25的坡度；经常受水淹没部分的边坡坡度不应陡于1∶2。

埋置式桥台和钢筋混凝土灌注桩式或排架桩式桥台，其锥坡坡度不应陡于1∶1.5，对不受洪水冲刷的锥坡，加强防护时可采用不陡于1∶1.25的坡度。

3.4.4条规定：桥台侧墙后端和悬臂梁桥的悬臂端深入桥头锥坡顶点以内的长度，均不应小于0.75 m（按路基和锥坡沉实后计）。

桥头锥体为1/4椭圆锥体，其横向坡度与路基相同。

《公路路基设计规范》规定，一般路堤边坡，当地质条件良好，边坡高度不大于20 m时，其边坡坡率不宜大于表9-2的规定。

表9-2　　　　　　　　一般路基边坡坡率

填料种类	边坡坡率	
	上部高度（$H \leqslant 8$ m）	下部高度（$H \leqslant 12$ m）
细粒土	1∶1.5	1∶1.75
粗粒土	1∶1.5	1∶1.75
巨粒土	1∶1.3	1∶1.5

注：采用台阶式边坡时，下部边坡可采用与上部边坡一致的坡度。

二、图解法和直角坐标法放样

（一）图解法

根据锥体底面椭圆长短半径，在内业用图解法画椭圆，定关系点，再把关系点拿到实地放样。用图解法画椭圆的方法很多，例如双点双距法，如图9-34所示。

具体做法是先作两条正交直线，用1∶50或1∶100的比例尺，取$OA = OA' = a$（长半径），取$OB = b$（短半径）。

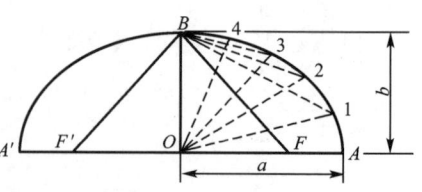

图9-34　双点双距法

以B为圆心，OA长度为半径画弧，交AA'线于F、F'两点（即椭圆焦点）。把一根长度为$2a$的细线之两端用针固定在F、F'两点，用铅笔尖靠紧细线滑动，由A'点经B点至A点，就可画出半个椭圆形$A'BA$。

再把 AB 弧等分为若干段,得 1、2、3、4 等点。按比例尺量取这些点至 O、B 两点的距离,即 ($\overline{O1}$、$\overline{B1}$),($\overline{O2}$、$\overline{B2}$),($\overline{O3}$、$\overline{B3}$),($\overline{O4}$、$\overline{B4}$) 等双距。用这些双距就可以在工地放出椭圆上的 1、2、3、4 等点,也就是锥体护坡一些坡脚桩的位置。

其他尚有纵横等分、双圆垂直投影等几何作图方法,目的都是根据椭圆长短半径,找出椭圆轨迹,虽作图方法不同,但道理是一样的。

(二)直角坐标法

在内业用椭圆方程式计算出椭圆上若干点的纵横坐标值,就可以在工地进行放样。椭圆方程式为

$$\frac{x^2}{a^2}+\frac{y^2}{b^2}=1$$

$$x=\frac{a}{b}\sqrt{b^2-y^2} \tag{9-19}$$

式中 a、b——椭圆长、短半径;

x、y——横纵坐标。

计算时将 y 值取成整数,用式(9-19)算出 x 值并列表,以便使用。

(三)放样时坐标轴的测定

在工地放样时,不论采用何种方法,都须测定坐标轴和坐标原点。如图 9-35 所示,x 轴必然垂直于线路中线,并位于台尾前 0.75 m 处。然后在 x 轴上由线路中心量出路肩位置,就是坐标原点,过该点作一条线平行于线路中线,这条线就是 y 轴。

(四)适用范围

采用图解法或直角坐标法放样,方法简便,但只能适用于填土低并且地面平坦的情况。

1. 填土较高的情况

当填土高超过 8 m 时,锥体护坡就要发生变坡的问题。

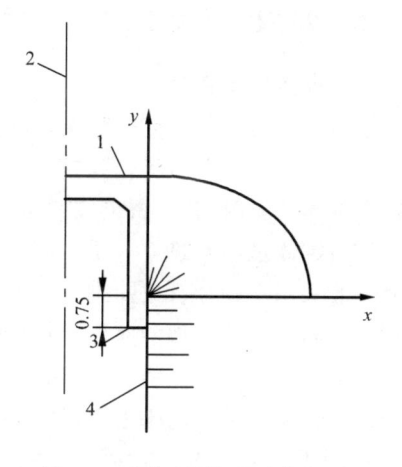

图 9-35 确定坐标轴(尺寸单位:m)
1—桥台;2—线路中线;3—桥台侧墙;4—路肩

上下坡度不同,所以进行锥体施工放样时,必须掌握坡度变化规律。然而锥体护坡的坡度很复杂,用图解法或直角坐标法很难求出坡度变化的资料。因此,当填土高超过 8 m 有变坡,必须挂线才能控制坡度时,采用图解法或直角坐标法放样就有困难。

2. 地面起伏不平的情况

当桥台位于河岸或坡地上,地面起伏不平,锥体护坡放样就要发生收坡的问题。在锥体护坡与路堤相接之处,锥体护坡的坡度与路堤边坡一致,因此,收坡并不困难,可以按照路堤放边桩的办法进行。但在路堤与桥台之间(即在 x 轴与 y 轴之间)必须掌握锥体护坡各条放射线坡度的资料,才能进行收坡,因此,遇地势起伏不平处,采用图解法或直角坐标法放样就有困难。

三、极坐标法放样

(一)概述

置经纬仪于椭圆中心(即锥体顶点在地面上的投影),测角度控制辐射线方向,并用皮尺量出对应的辐射线距离,即得锥体护坡的坡脚桩。在填土较高和地面起伏不平之处,应采用极坐标法进行锥体护坡放样,较为方便。此法计算较繁,然而每种填料的锥体护坡都是定型的,因此,可按各种不同填料,预先编制好锥体护坡放样测设用表,则放样时不需烦琐的计算,十分方便。

采用极坐标时,椭圆方程式为

$$\rho^2 = \frac{a^2 b^2}{a^2 \sin^2\theta + b^2 \cos^2\theta}$$

于是可得

$$\rho = \frac{ab}{\sqrt{a^2 \sin^2\theta + b^2 \cos^2\theta}} \tag{9-20}$$

在一定的椭圆曲线上(长短半径 a、b 为已知)对于某一个 θ 角,可由式(9-20)求出相应的 ρ 值。

四、锥体护坡施工

(一)锥体填土部分

锥体填土必须分层夯打密实,应达到最佳密实度的90%以上。砂砾石土类,应洒水夯填。采用不易风化的块石填料,应注意层次均匀,铺填密实,不可自由堆砌或倾填。有坡面防护的护坡在锥体填土时,就应留出坡面防护砌筑位置。

(二)锥体坡面砌筑

一般采用干砌片石或铺砌大卵石。也有采用预制块砌筑,以及铺草皮等防护办法。使用片石或大卵石砌筑护坡的底层,应以卵砾石或碎石等作为垫层,在砌筑坡面时,随砌随垫保证垫层厚度。坡面以栽砌为主,预制块和大面片石可以码砌,但不如栽砌美观牢固。栽砌是把石料轴线垂直于斜坡面的砌法,如图9-36所示。石块砌筑应相互咬合错缝,其空隙应以小石楔紧塞实,大卵石要分出层次砌筑要求上下错缝左右挤紧,层层压牢。基础要用浆砌石。

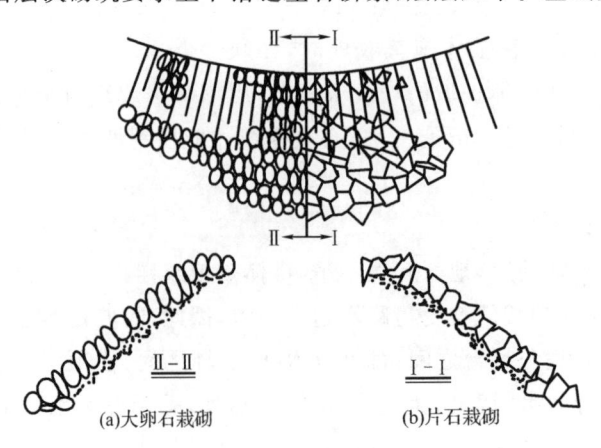

图 9-36 锥体坡面砌法
(a)大卵石栽砌 (b)片石栽砌

当桥轴线与河流斜交时,锥坡可布置成斜交正做或斜交斜做,如图9-37所示。

(a)斜交正做　　　　　　　　　(b)斜交斜做

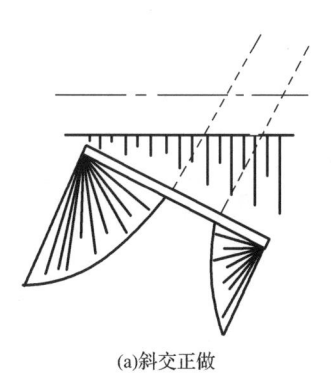

图 9-37　斜交锥坡

五、桥头搭板施工

桥头搭板下台后填土的填料宜以透水性材料为主,并应分层填筑、压实。台后地基如为软土,应按设计要求对地基进行处理并对台后填土进行预压,预压应在搭板施工前完成。

钢筋混凝土搭板及枕梁宜采用就地浇筑的方式施工。搭板钢筋与其下的垫层间宜设置垫块并应交错布置。在上、下两层钢筋之间应设置支承保证其位置的正确。浇筑搭板混凝土时应按照搭板的坡度由低处向高处进行,振捣时应避免碰撞钢筋、模板。

复习思考题

1. 按砌体材料分石砌墩台有哪几种类型？对石砌墩台有哪些质量要求？
2. 简述对混凝土墩台模板的基本要求。
3. 简述混凝土桥墩施工常用模板的类型及各自特点和适用条件。
4. 简述滑动模板施工的基本步骤及各步骤的注意事项。
5. 桥头锥体放样的方法有哪些？
6. 在砂黏土中埋设一个红松木卧式地龙,无挡板双拉式,拉绳夹角 $\beta=30°$,已知缆索拉力 $Q=80$ kN,缆索与地面夹角 $\alpha=35°$,砂黏土的 $\gamma=17$ kN/m³,土壤内摩擦角 $\varphi=30°$,地龙木由三根直径 25 cm 的红松木组成,长 3.5 m,其他尺寸见图 9-38。试检算之。(土压不均匀系数 $\eta=0.3$,木材与土间摩擦因数 $f=0.5$,红松的受弯允许应力 $[\sigma]=10$ MPa)

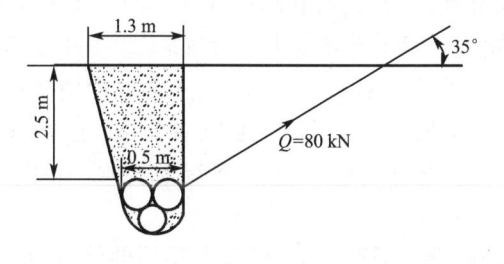

图 9-38　复习思考题 6 图

第十章 明挖基础

重点提示

本章主要讲述明挖基础的类型和构造;明挖基础的设计计算和明挖扩大基础施工。明挖扩大基础施工是本章学习的重点。

桥梁上部承受的各种荷载,通过墩台传至基础,再由基础传递给地基。基础是桥梁下部结构的重要组成部分,按其结构形式与施工方法可分为明挖基础、沉井基础、桩基础、管柱基础等。明挖基础由于埋入地层较浅,称为浅基础,设计计算时可忽略基础侧面土体对基础的弹性抗力,施工方法也比较简单;沉井基础、桩基础及管柱基础埋入地层较深,称为深基础,在设计时须考虑基础侧面土体对基础的弹性抗力,施工方法也较为复杂。

明挖基础由于埋置深度浅,结构形式简单,施工方法简便,造价也较低,因此是建筑物最常用的基础类型。

第一节 明挖基础的类型及适用条件

一、刚性基础

如图 10-1(a)所示,基础在外力(包括基础自重)作用下,基底的地基反力为 σ,此时基础的悬出部分 a—a 断面左端相当于承受着强度为 σ 的均布作用的悬臂梁。在承受作用后,a—a 断面将产生弯曲拉应力和剪应力。当基础圬工具有足够的截面使材料的容许应力大于由地基反力产生的弯曲拉应力和剪应力时,a—a 断面不会出现裂缝,这时,基础内不需配置受力钢筋,这种基础称为刚性基础。它是桥梁、涵洞和房屋等建筑物常用的基础类型,其形式有:刚性扩大基础、单独柱下基础、条形基础等。

刚性基础具有稳定性好、施工简便、能承受较大作用的优点,缺点是自重大。当持力层为软弱土层时,由于扩大基础面积有一定限制,需要对地基进行处理或加固后才能使用。因此,对于作用大或上部结构对沉降差较敏感的建筑物,当持力层的土质较差又较厚时,刚性基础作为浅基础是不适宜的。

刚性基础常用的修筑材料有水泥混凝土、料石、块石和片石等。用混凝土修筑时可浇筑成任意形状,基础强度高、耐久性好,混凝土强度等级一般不宜小于 C20。对于大体积混凝土基

(a) 刚性基础　　　　　　　　(b) 柔性基础

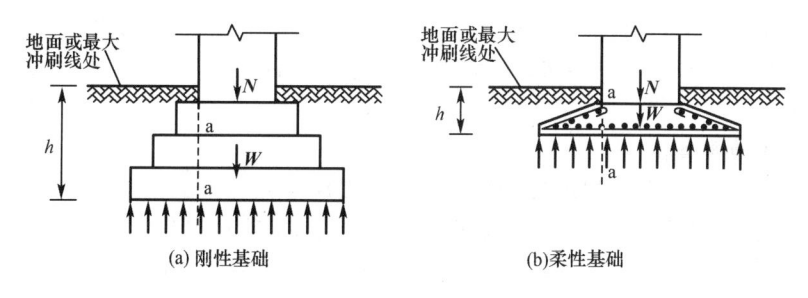

图 10-1　基础类型

础,为了节约水泥用量,可掺入不多于砌体体积 20%的片石(称片石混凝土)。

桥涵及其他建筑物常用刚性扩大基础,又称明挖扩大基础,如图 10-2 所示。它是将基础平面尺寸扩大以满足地基承载力要求,其平面形状常为矩形,其每边扩大的尺寸最小为 0.2~0.5 m,作为刚性基础,每边扩大的最大尺寸应受到材料刚性角的限制。当基础较厚时,可在纵横两个剖面上都做成台阶形,以减少基础自重,节省材料。

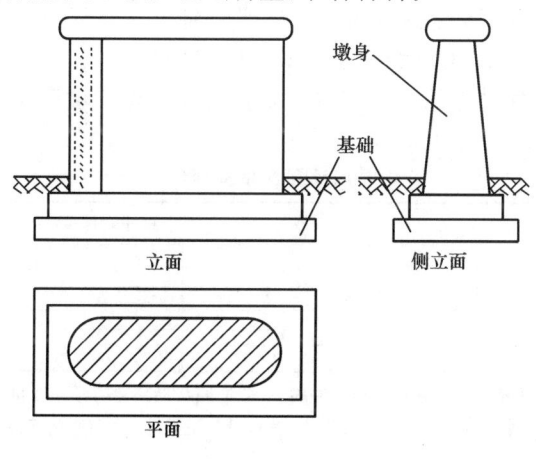

图 10-2　明挖扩大基础

二、柔性基础

如图 10-1(b)所示,基础在基底反力作用下,在 a—a 断面产生的弯曲拉应力和剪应力可能会超过基础圬工材料的强度极限。为了防止基础在 a—a 断面开裂甚至断裂,可将刚性基础尺寸重新设计,并在基础中配置足够数量的钢筋,这种基础称为柔性基础。柔性基础主要是用钢筋混凝土浇筑,常见的形式有柱下扩展基础、条形和十字形基础、筏板及箱形基础,其整体性能较好,抗弯刚度较大。

第二节　明挖扩大基础的设计与计算

明挖扩大基础的设计与计算主要内容有:基础埋置深度的确定;基础尺寸的拟定;地基承载力验算;基底合力偏心距验算;基础稳定性验算;基础沉降验算。下面按照《公路桥涵地基与基础设计规范》(JTG 3363—2019)(简称《公桥基规》)的规定对以上内容进行介绍。

一、基础埋置深度的确定

确定基础埋置深度时,必须考虑把基础设置在变形较小而强度又比较大的持力层上,以保证地基承载力满足要求,而不致产生过大的沉降或沉降差。此外还要使基础有足够的埋置深度,以保证基础的稳定性,确保基础的安全。确定基础的埋置深度时,必须综合考虑以下各种因素的作用。

(一)地基的地质条件

覆盖土层较薄(包括风化岩层)的岩石地基,一般应清除覆盖土和风化层后,将基础直接修建在新鲜岩面上。如岩石的风化层很厚,难以全部清除时,基础放在风化层中的埋置深度应根据其风化程度、冲刷深度及相应的容许承载力来确定。如岩层表面倾斜时,不得将基础的一部分置于岩层上,而另一部分置于土层上,以防基础因不均匀沉降而发生倾斜甚至断裂。在陡峭山坡上修建桥台时,还应注意岩体的稳定性。

当基础埋置在非岩石地基上,如受压层范围内为均质土,基础埋置深度除满足冲刷、冻胀等要求外,可根据作用力大小,由地基土的承载能力和沉降特性来确定(同时考虑基础需要的最小埋置深度)。

(二)河流的冲刷深度

在有冲刷的河流中,为了防止桥梁墩、台基础四周和基底下土层被水流掏空冲走以致倒塌,基础必须埋置在设计洪水的最大冲刷线以下不小于1.5 m。特别是在山区和丘陵地区的河流,更应注意考虑季节性洪水的冲刷作用。非岩石河床桥梁墩台基底埋置深度安全值可按表10-1确定。

表 10-1　　　　　　　　　　基底埋置深度安全值　　　　　　　　　　　　m

桥梁类别	总冲刷深度				
	0	5	10	15	20
大桥、中桥、小桥(不铺砌)	1.5	2.0	2.5	3.0	3.5
特大桥	2.0	2.5	3.0	3.5	4.0

注:①总冲刷深度为自河床面算起的河床自然演变冲刷、一般冲刷与局部冲刷深度之和。
②表列数值为墩台基底埋入总冲刷深度以下的最小值;若对设计流量、水位和原始断面资料无把握或不能获得河床演变准确资料时,其值宜适当加大。
③若桥位上下游有已建桥梁,应调查已建桥梁的特大洪水冲刷情况,新建桥梁墩台基础埋置深度不宜小于已建桥梁的冲刷深度且应加必要的安全值。
④如河床上有铺砌层时,基础底面宜设置在铺砌层顶面以下不小于1 m。

岩石河床墩台基底最小埋置深度可参考《公路工程水文勘测设计规范》(JTG C30—2015)附录C确定。

位于河槽的桥台,当其最大冲刷深度小于桥墩总冲刷深度时,桥台基底的埋置深度应与桥墩基底相同;当桥台位于河滩时,对于河槽摆动的不稳定河流,桥台基底高程应与桥墩基底高程相同;在稳定河流上,桥台基底高程可按照桥台冲刷结果确定。

(三)当地的冻结深度

寒冷地区应考虑由于季节性的冰冻和融化对地基土引起的冻胀影响。对于冻胀性土,如土温在较长时间内保持在冻结温度以下,水分能从未冻结土层不断地向冻结区迁移,引起地基的冻胀和隆起,这些都可能使基础遭受损坏。当墩台基底设置在不冻胀土层中时,基底埋置深度可不受冻胀深度的限制。上部为外超静定结构的桥涵基础,其地基为冻胀土层时,应将基底埋入冻结线以下不小于0.25 m。

当墩台基础设置在季节性冻胀土层中时,基底的最小埋置深度计算参见《公桥基规》第5.1.2节。

涵洞基础设置在季节性冻土地基上时,出入口和自两端洞口向内各2~6 m范围内(或可采用不小于 2 m 的一段涵节长度)涵身基底的埋置深度可按与桥梁基础相同方法计算确定。涵洞置中间部分的基础埋置深度可根据地区经验确定。严寒地区,当涵洞中间部分基础的埋置深度与洞口埋置深度相差较大时,其连接处应设置过渡段。冻结较深地区,也可采用将基底至冻结线处的地基土换填为粗颗粒土(包括碎石土、砾砂、粗砂、中砂,但其中粉黏粒含量不应大于 15%,或粒径小于 0.1 mm 的颗粒不应大于 25%)的措施。

墩台基础顶面高程宜根据桥位情况、施工难易程度、美观与整体协调综合确定。

(四)上部结构形式

上部结构的形式不同,对基础产生的位移要求也不同。对中、小跨度简支梁桥来说,这项因素对确定基础的埋置深度影响不大。但对连续梁桥、拱桥、刚架桥等超静定结构,即使基础发生较小的不均匀位移也会使结构产生附加内力,因此,还是将基底放在更深、承载力更大的土层为佳,这时可选用深基础形式。

(五)当地的地形条件

当墩台、挡土墙等结构位于较陡的土坡上,在确定基础埋置深度时,还应考虑土坡连同结构物基础一起滑动的稳定性。由于在确定地基容许承载力时,一般是按地面为水平的情况下确定的,因而当地基为倾斜土坡时,应结合实际情况,予以适当折减并采取一定措施。

若基础位于较陡的岩体上,可将基础做成台阶形,但要注意岩体的稳定性。

(六)保证持力层稳定所需的最小埋置深度

地表土在温度和湿度的影响下,会产生一定的风化作用,其性质是不稳定的。加上人类和动物的活动以及植物的生长作用,也会破坏地表土层的结构,影响其强度和稳定,所以一般地表土不宜作为持力层。为了保证地基和基础的稳定性,基础的埋置深度(除岩石地基外)应在天然地面或无冲刷河底以下不小于 1 m。

此外,在确定基础埋置深度时,还应考虑相邻建筑物的影响,如新建建筑物基础比原有建筑物基础深,则施工挖土有可能影响原有基础的稳定。施工技术条件(施工设备、排水条件、支承要求等)及经济分析等对基础埋置深度也有一定影响,这些因素也应考虑。

上述影响基础埋置深度的因素不仅适用于天然地基上的浅基础,有些因素也适用于其他类型的基础(如沉井基础)。

二、基础尺寸的拟定

主要根据基础埋置深度确定基础平面尺寸和基础分层厚度。所拟定的基础尺寸,应是在可能的最不利作用组合的条件下,能保证基础本身有足够的结构强度,并能使地基与基础的承载力和稳定性均能满足规定要求,并且是经济合理的。

(一)基础厚度

根据墩、台身结构形式、作用大小、选用的基础材料、基础埋置深度、地质条件等因素来确定。水中基础顶面一般不高于最低水位,季节性流水的河流或旱地上的桥梁墩、台基础则不宜高出地面,以防碰损。一般情况下,大、中桥墩、台混凝土基础厚度不宜小于 1.0 m。

(二)基础平面尺寸

基础平面形状一般根据墩、台身底面形状来确定,常用矩形。基础底面长宽尺寸与高度有如下的关系式:

长度(横桥向) $\qquad a = l + 2H\tan\alpha$

宽度(顺桥向) $\qquad b = d + 2H\tan\alpha$

式中 l——墩、台身底截面长度(m);

d——墩、台身底截面宽度(m);

H——基础高度(m);

α——墩、台身底截面边缘至基础边缘线与垂线间的夹角,其值根据基础材料确定,一般为圬工材料的刚性角。

(三)襟边和刚性角

1. 襟边

从墩、台身底边缘至基顶边缘的距离 c 称为襟边,其作用是扩大基底面积,从而降低基底压应力,同时也便于调整基础施工时在平面尺寸上可能发生的误差,还可满足支立墩、台身模板的需要。其值应视基底面积的要求、基础厚度及施工方法而定,桥梁墩台基础襟边最小值为 20~30 cm。基础较厚(超过 1 m 以上)时,可将基础浇砌成台阶形,如图 10-3 所示。每层台阶厚度 t_i 通常为 0.50~1.00 m,一般情况下各层台阶宜采用相同厚度。

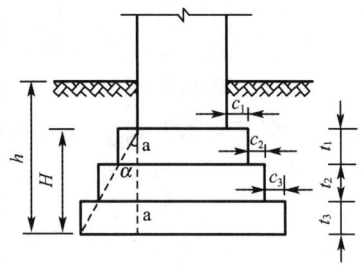

图 10-3 台阶形明挖基础

2. 刚性角

基础悬出部分在基底反力作用下,在 a—a 截面(图 10-3)所产生的弯曲拉应力和剪应力不超过基础圬工的强度限值,满足这一要求时,所得到的自墩台身边缘处的垂线与基底边缘的连线间的最大夹角 α_{max} 称为刚性角。在设计时,应使每个台阶宽度 c_i 与厚度 t_i 保持在一定比例内,使其夹角 $\alpha_i \leqslant \alpha_{max}$,这时可认为是刚性基础,不必对基础进行弯曲拉应力和剪应力的强度验算,在基础中也可不设置受力钢筋。刚性角 α_{max} 的数值与基础所用圬工材料强度有关,《公路圬工桥涵设计规范》(JTG D61—2005)规定:实体墩台基础的刚性角,对于片石、块石和料石砌体,当用强度等级为 M5 的砂浆砌筑时,不应大于 30°;当用 M5 以上的砂浆砌筑时,不应大于 35°,对于混凝土,不应大于 40°。

三、地基承载力验算

(一)地基承载力的确定

地基或基础的竖向承载力验算应符合下列规定:

(1)采用作用的频遇组合和偶然组合,作用组合表达式中的频遇值系数和准永久值系数均应取 1.0,汽车荷载应计入冲击系数。

(2)承载力特征值乘以相应的抗力系数 γ_R 应大于相应的组合效应。

地基承载力系数可按表 10-2 取值。

表 10-2　　　　　　　　地基承载力抗力系数 γ_R

受荷阶段	作用组合或地基条件		f_a/kPa	γ_R
使用阶段	频遇组合	永久作用与可变作用组合	≥150	1.25
		仅计结构重力、预加力、土的重力、土侧压力和汽车荷载、人群荷载	<150	1.00
			—	1.00
	偶然组合		≥150	1.25
			<150	1.0
	多年压实未遭破坏的非岩石旧桥基		≥150	1.5
			<150	1.25
	岩石旧桥基		—	1.00
施工阶段	不承受单向推力		—	1.25
	承受单向推力		—	1.5

地基承载力特征值 f_a 是在地基原位测试或规范给出的各类岩土承载力特征值 f_{a0} 的基础上,经修正后而得的。

地基承载力特征值 f_{a0} 宜由载荷试验或其他原位测试取得,其值不应大于地基极限承载力的 1/2。对中小桥、涵洞,当受现场条件限制或载荷试验和原位测试确有困难时,可根据岩土类别、状态及其物理力学特性指标按《公桥基规》第 4.3.3 条选用。

修正后的地基承载力特征值 f_a 按式(10-1)确定。当基础位于水中不透水地层上时,f_a 按平均常水位至一般冲刷线的水深每米再增大 10 kPa。

$$f_a = f_{a0} + k_1 \gamma_1 (b-2) + k_2 \gamma_2 (h-3) \tag{10-1}$$

式中 f_a——修正后的地基承载力容许值(kPa);

b——基础底面的最小边宽(m),当 $b<2$ m 时,取 $b=2$ m,当 $b>10$ m 时,取 $b=10$ m;

h——基底埋置深度(m),自天然地面起算,有水流冲刷时自一般冲刷线起算,当 $h<3$ m 时,取 $h=3$ m,当 $h/b>4$ 时,取 $h=4b$;

k_1, k_2——基底土承载力宽度、深度修正系数,根据基底持力层土的类别按表 10-3 确定;

γ_1——基底持力层土的天然重度(kN/m³),若持力层在水面以下且为透水者,应取浮重度;

γ_2——基底以上土层的加权平均重度(kN/m³),换算时若持力层在水面以下且不透水时,不论基底以上土的透水性质如何,一律取饱和重度,当透水时,水中部分土层则应取浮重度。

表 10-3   基底土承载力宽度、深度修正系数 k_1、k_2

系数	黏性土			粉土	砂土								碎石土			
	老黏性土	一般黏性土		新近沉积黏性土	—	粉砂		细砂		中砂		砾砂、粗砂		碎石、圆砾角砾		卵石	
		$I_L \geq 0.5$	$I_L < 0.5$			中密	密实	中密	密实	中密	密实	中密	密实	中密	密实	中密	密实
k_1	0.0	0.0	0.0	0.0	0.0	1.0	1.2	1.5	2.0	2.0	3.0	3.0	4.0	3.0	4.0	3.0	4.0
k_2	2.5	1.5	2.5	1.0	1.5	2.0	2.5	3.0	4.0	4.0	5.5	5.0	6.0	5.0	6.0	6.0	10.0

注:①对于稍密和松散状态的砂、碎石土,k_1、k_2 值可采用表列中密值的 50%。
②强风化和全风化的岩石,可参照所风化成的相应土类取值;其他状态下的岩石不修正。

(二)地基承载力的验算

基础底面岩土的承载力,当不考虑嵌固作用时,可按下式验算。

(1)当基底只承受轴心荷载时有

$$p = \frac{N}{A} \leq f_a \tag{10-2}$$

式中 p——基底平均压应力;

N——由作用短期效应组合在基底产生的竖向力;

A——基础底面面积。

(2)当基底单向偏心受压,承受竖向力 N 和弯矩 M 共同作用时,除满足式(10-2)外,尚应符合下列条件:

$$p_{max} = \frac{N}{A} + \frac{M}{W} \leq \gamma_R f_a \tag{10-3}$$

式中 p_{max}——基底最大压应力;

M——由作用短期效应组合产生于墩台的水平力和竖向力对基底重心轴的弯矩;

W——基础底面偏心方向面积抵抗矩。

(3)当基底双向偏心受压,承受竖向力 N 和绕 x 轴弯矩 M_x 与绕 y 轴弯矩 M_y 共同作用时,除满足式(10-2)外,尚应符合下列条件:

$$p_{max} = \frac{N}{A} + \frac{M_x}{W_x} + \frac{M_y}{W_y} \leqslant \gamma_R f_a \tag{10-4}$$

式中 M_x、M_y——作用于基底的水平力和竖向力绕 x 轴、y 轴的对基底的弯矩;

W_x、W_y——基础底面偏心方向边缘绕 x 轴、y 轴的面积抵抗矩。

当设置在基岩上的基底承受单向偏心荷载,其偏心距 e_0 超过核心半径时,可仅按受压区计算基底最大压应力(不考虑基底承受拉应力)。基底为矩形截面的最大压应力 p_{max} 按下式计算:

$$p_{max} = \frac{2N}{3da} = \frac{2N}{3\left(\frac{b}{2} - e_0\right)a} \tag{10-5}$$

式中 b——偏心方向基础底面的边长;

a——垂直于 b 边基础底面的边长;

d——N 力作用点至基底受压边缘的距离;

e_0——N 力作用点距截面重心的距离。

当设置在基岩上的墩台基底承受双向偏心压应力且计算的 $e_0/\rho > 1.0$(ρ 为核心半径)时,可仅按受压区计算基底压应力(不考虑基底承受拉应力),墩台基底最大压应力可按规范附录确定。

四、基底合力偏心距验算

(1)桥涵墩台基底的合力偏心距容许值$[e_0]$应符合表 10-4 的规定。

表 10-4　　　　　桥涵墩台基底的合力偏心距容许值$[e_0]$

作用情况	地基条件	合力偏心距	备 注
墩台仅承受永久作用标准值效应组合	非岩石地基	桥墩$[e_0] \leqslant 0.1\rho$	拱桥、刚构桥墩台,其合力作用点应尽量保持在基底重心附近
		桥台$[e_0] \leqslant 0.75\rho$	
墩台承受作用标准值效应组合或偶然作用(地震作用除外)标准值效应组合	非岩石地基	$[e_0] \leqslant \rho$	拱桥单向推力墩不受限制,但应符合规范规定的抗倾覆稳定系数
	较破碎~极破碎岩石地基	$[e_0] \leqslant 1.2\rho$	
	完整、较完整岩石地基	$[e_0] \leqslant 1.5\rho$	

(2)基底以上外力作用点对基底重心轴的偏心距 e_0 按下式计算:

$$e_0 = \frac{M}{N} \leqslant [e_0] \tag{10-6}$$

式中 N、M——作用于基底的竖向力和所有外力(竖向力、水平力)对基底截面重心的弯矩。

(3)基底承受单向或双向偏心受压的 ρ 值可按下式计算:

$$\rho = \frac{e_0}{1 - \dfrac{p_{min} A}{N}} \tag{10-7}$$

$$p_{min} = \frac{N}{A} - \frac{M_x}{W_x} - \frac{M_y}{W_y} \tag{10-8}$$

式中 $p_{\min}$——基底最小压应力,当为负值时表示拉应力;
e_0——N 力作用点距截面重心的距离。

五、基础沉降计算

当墩台建筑在地质情况复杂、土质不均匀及承载力较小的地基上,以及相邻跨径差别很大而需计算沉降差或跨线桥净高需预先考虑沉降量时,均应计算其沉降。

墩台的沉降应符合下列规定:

(1)相邻墩台间不均匀沉降差值(不包括施工中的沉降),不应使桥面形成大于 2‰的附加纵坡(折角)。

(2)外超静定结构桥梁墩台间不均匀沉降差值,还应满足结构的受力要求。

墩台基础的最终沉降量,可按下式计算:

$$s = \psi_s s_0 = \psi_s \sum_{i=1}^{n} \frac{p_0}{E_{si}} (z_i \bar{\alpha}_i - z_{i-1} \bar{\alpha}_{i-1}) \quad (10\text{-}9)$$

$$p_0 = p - \gamma h \quad (10\text{-}10)$$

式中 s——地基最终沉降量(mm);

s_0——按分层总和法计算的地基沉降量(mm);

ψ_s——沉降计算经验系数,根据地区沉降观测资料及经验确定,缺少沉降观测资料及经验数据时,可按规范确定;

n——地基沉降计算深度范围内所划分的土层数,参见图 10-4;

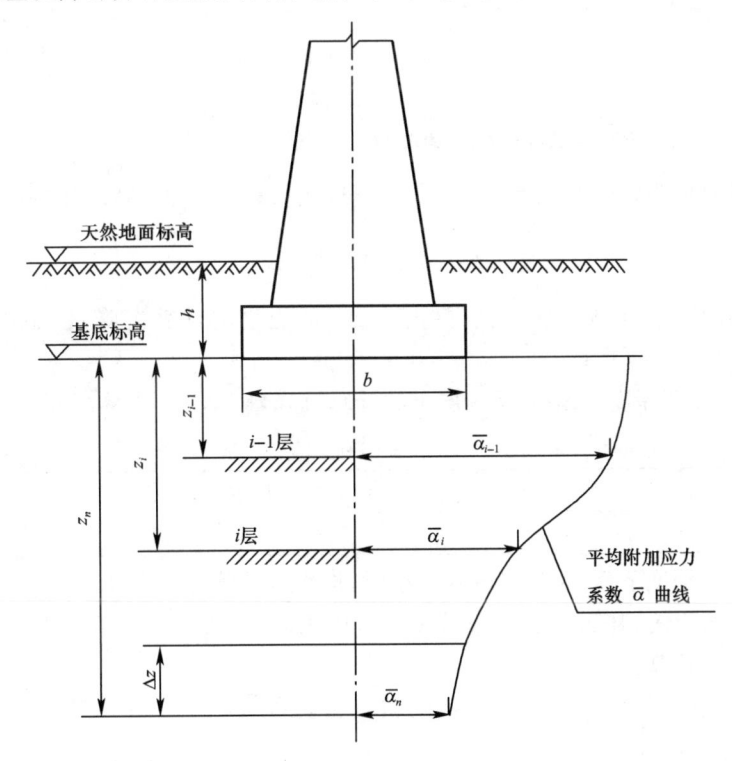

图 10-4 地基沉降计算分层示意图

p_0——对应于荷载长期效应组合时的基础底面处附加压应力(kPa);

E_{si}——基础底面下第 i 层土的压缩模量(MPa),应取"土的自重压应力"至"土的自重压应力与附加压应力之和"的压应力段计算；

z_i、z_{i-1}——基础底面至第 i 层土、第 $(i-1)$ 层土底面的距离(m)；

$\overline{\alpha_i}$、$\overline{\alpha_{i-1}}$——基础底面计算点至第 i 层土、第 $(i-1)$ 层土底面范围内平均附加压应力系数，可按规范附录取用；

p——基底压应力(kPa)，当 $z/b>1$ 时，p 采用基底平均压应力，$z/b \leqslant 1$ 时，p 按压应力图形采用距最大压应力点 $b/3 \sim b/4$ 处的压应力(对梯形图形前后端压应力差值较大时，可采用上述 $b/4$ 处的压应力值；反之，则采用上述 $b/3$ 处压应力值)，以上 b 为矩形基底宽度；

h——基底埋置深度(m)，当基础受水流冲刷时，从一般冲刷线算起，当不受水流冲刷时，从天然地面算起，如位于挖方内，则由开挖后地面算起；

γ——基底埋置深度内土的重度(kN/m³)，基底为透水地基时水位以下取浮重度。

沉降计算经验系数 ψ_s 可按表 10-5 确定。

表 10-5　　　　　　　　　沉降计算经验系数 ψ_s

基底附加压应力	$\overline{E_s}$/MPa				
	2.5	4.0	7.0	15.0	20.0
$p_0 \geqslant f_{a0}$	1.4	1.3	1.0	0.4	0.2
$p_0 \leqslant 0.75 f_{a0}$	1.1	1.0	0.7	0.4	0.2

注：①表中 f_{a0} 为地基承载力基本容许值。

②表中 $\overline{E_s}$ 为沉降计算范围内压缩模量的当量值，应按下式计算：

$$\overline{E_s} = \frac{\sum A_i}{\sum \dfrac{A_i}{E_{si}}}$$

式中　A_i——第 i 层土的附加压应力系数沿土层厚度的积分值。

地基沉降计算时设定计算深度 z_n，在 z_n 以上取 Δz 厚度(表 10-5)，其沉降量应符合下式：

$$\Delta s_n \leqslant 0.025 \sum_{i=1}^{n} \Delta s_i \tag{10-11}$$

式中　Δs_n——在计算深度底面向上取厚度为 Δz 的土层的计算沉降量，Δz 见图 10-4 并按表 10-6 采用；

Δs_i——在计算深度范围内，第 i 层土的计算沉降量。

表 10-6　　　　　　　　　　Δz 值　　　　　　　　　　　　　m

基底宽度 b	$b \leqslant 2$	$2 < b \leqslant 4$	$4 < b \leqslant 8$	$b > 8$
Δz	0.3	0.6	0.8	1.0

已确定的计算深度下面，如仍有较软土层时，应继续计算。

当无相邻荷载影响，基底宽度在 $1 \sim 30$ m 范围内时，基底中心的地基沉降计算深度 z_n 也可按下列简化公式计算：

$$z_n = b(2.5 - 0.4 \ln b) \tag{10-12}$$

式中　b——基底宽度(m)。

在计算深度范围内存在基岩时，z_n 可取至基岩表面；当存在较厚的坚硬黏土层，其孔隙比小于 0.5、压缩模量大于 50 MPa，或存在较厚的密实砂卵石层，其压缩模量大于 80 MPa 时，z_n 可取至该土层表面。

六、基础稳定性计算

桥涵墩台基础的抗倾覆稳定按下式计算(图 10-5):

$$k_0 = \frac{s}{e_0} \tag{10-13}$$

$$e_0 = \frac{\sum P_i e_i + \sum H_i h_i}{\sum P_i} \tag{10-14}$$

式中 k_0——墩台基础抗倾覆稳定性系数;

s——在截面重心至合力作用点的延长线上,自截面重心至验算倾覆轴的距离(m);

e_0——所有外力的合力 R 在验算截面的作用点对基底重心轴的偏心距;

P_i——不考虑其分项系数和组合系数的作用标准值组合或偶然作用(地震除外)标准值组合引起的竖向力(kN);

e_i——竖向力 P_i 对验算截面重心的力臂(m);

H_i——不考虑其分项系数和组合系数的作用标准值组合或偶然作用(地震除外)标准值组合引起的水平力(kN);

h_i——水平力对验算截面的力臂(m)。

注:(1)弯矩应视其绕验算截面重心轴的不同方向取正负号。
(2)对于矩形凹缺的多边形基础,其倾覆轴应取基底截面的外包线。

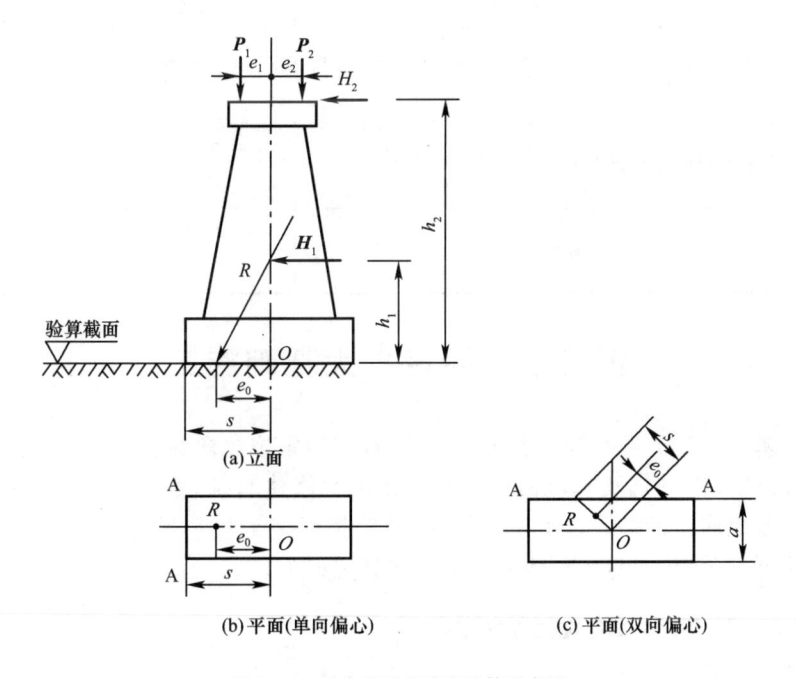

图 10-5 墩台基础的稳定验算示意图
O—截面重心;R—合力作用点;A—A—验算倾覆轴

桥涵墩台基础的抗滑动稳定性系数 k_c 按下式计算:

$$k_c = \frac{\mu \sum P_i + \sum H_{iP}}{\sum H_{ia}} \tag{10-15}$$

式中 k_c——桥涵墩台基础的抗滑动稳定性系数;

$\sum P_i$ —— 竖向力总和；

$\sum H_{iP}$ —— 抗滑稳定水平力总和；

$\sum H_{ia}$ —— 滑动水平力总和；

μ —— 基础底面与地基土之间的摩擦系数，通过试验确定，当缺少实际资料时，可参照表 10-7 采用。

注：$\sum H_{iP}$ 和 $\sum H_{ia}$ 分别为两个相对方向的各自水平力总和，绝对值较大者为滑动水平力总和 $\sum H_{ia}$，另一个为抗滑稳定力总和 $\sum H_{iP}$；$\mu \sum P_i$ 为抗滑动稳定力。

表 10-7　　　　基底摩擦系数

地基土分类	μ
黏土(流塑～坚硬)、粉土	0.25
砂土(粉砂～砾砂)	0.30～0.40
碎石土(松散～密实)	0.40～0.50
软岩(极软岩～较软岩)	0.40～0.60
硬岩(较硬岩～坚硬岩)	0.60、0.70

验算墩台抗倾覆和抗滑动的稳定性时，稳定性系数不应小于表 10-8 的规定。

表 10-8　　　　抗倾覆和抗滑动的稳定性系数

作用组合		验算项目	稳定性系数限值
使用阶段	仅计永久作用(不计混凝土收缩及徐变、浮力)和汽车、人群的标准值组合	抗倾覆	1.5
		抗滑动	1.3
	各种作用的标准值组合	抗倾覆	1.3
		抗滑动	1.2
施工阶段作用的标准值组合		抗倾覆	1.2
		抗滑动	

第三节　明挖扩大基础施工

明挖扩大基础施工的顺序和主要工作包括：基础的定位放样、基坑开挖与支护、基坑排水、地基检验与处理、基础砌筑及基坑回填。如果在水中修建基础，基坑开挖前，还要修筑围堰。公路桥涵明挖基础施工的每一道工序应符合《公路桥涵施工技术规范》（JTG/T 3650—2020）（简称《公桥施规》）的有关规定，具体的施工方法叙述如下。

一、旱地上明挖基础的施工

(一)基础的定位放样

基础定位放样，就是将设计图纸上的墩、台位置和尺寸标定到实际工地上去。这主要是测量问题。定位工作可分为垂直定位和水平定位两个方面。垂直定位是定出墩台基础各部分的标高，可借助施工现场的水准基点进行；水平定位是定出基础在平面上的位置。如图 10-6 所示，一般可首先定出桥梁的主轴线Ⅰ—Ⅰ，然后定出墩台轴线 1—1、2—2、3—3、4—4，最后详细定位，确定基础各部分尺寸。由于定位桩随着基坑的开挖，必将被挖去，所以还必须在基坑位置以外不受施工影响的地方,钉立定位桩的护桩,以备在施工中能随时检查基坑和基础位置是否正确。

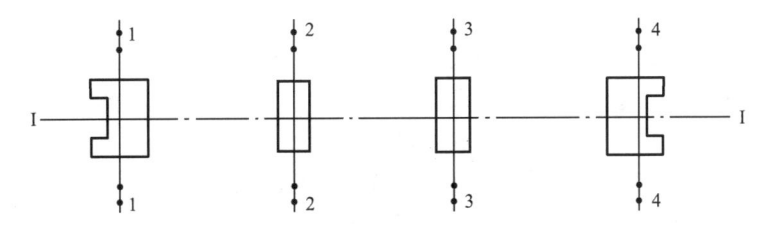

图 10-6 桥梁墩台基础定位

基坑开挖边线可按以下方法来确定(图 10-7):
(1)根据墩台中心桩及基坑底平面尺寸,将基坑底平面轮廓线测设到地面上。
(2)沿地面上的基坑平面轮廓线的四条边方向进行断面测量。
(3)确定开挖边桩:
①根据断面测量成果及基底标高,在米格纸上绘出纵、横方向地面线及基底线。
②根据基坑底平面尺寸,在基底线上标出基坑底的边缘点。
③根据基坑底的边缘点和坑壁坡度 $1:n$ 绘出坑壁线,坑壁线与地面线的交点为开挖边桩。
(4)将开挖边桩测设到地面上,并撒上白灰线连接各边桩,此封闭线即为开挖边线。

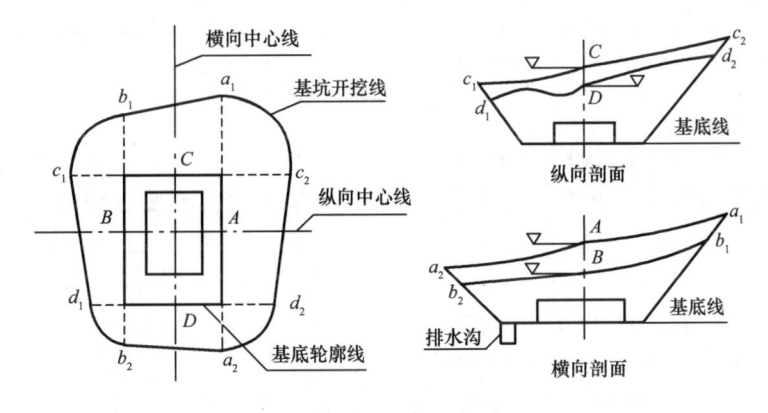

图 10-7 基坑放样图

(二)基坑开挖与支护

为保证基坑顺利开挖,开挖前应做好如下工作:复核基坑中心线、方向、高程;按地质、水文资料,结合现场情况,确定基坑边坡坡度和支护方案,定出开挖范围;按基坑四周地形,做好防排水工作。

基坑开挖的形状和开挖面的大小可视墩台基础及下部结构的形式、施工条件的要求,挖成方形、矩形或长条形的坑槽。基坑的开挖深度视基础埋置深度而定,基坑开挖的断面是否设置坑壁支护结构,可视土的类别性质、基坑暴露时间长短、地下水位的高低以及施工场地大小等因素而定。基坑开挖应尽量在枯水或少雨季节进行,基坑一经开挖,必须组织连续作业,一气挖成,不宜间断。开挖基坑时常采用机械与人工相结合的施工方法,它不需要复杂的机具,技术条件较简单,易操作,常用机具多为位于坑顶由起吊机操纵的挖土斗和抓土斗,大方量的特大基坑,也可用铲式挖土机、铲运机和自卸车等。基坑采用机械挖土,一般挖至距设计标高约 0.3 m 时,应采用人工补挖修整,以保证地基土结构不被扰动破坏,并迅速检验,随即进行基础施工。

1. 不设支护的基坑

当坑壁不设支护时,可将坑壁挖成竖直或斜坡形。竖直坑壁只有在岩石地基或基坑不深又无地下水的黏性土地基中采用。在一般土质条件下开挖基坑时,应采用放坡开挖的方法。

基坑底面尺寸应满足基础施工的要求。当基坑为渗水的土质基底,坑底尺寸应根据排水要求(包括排水沟、集水井、排水管网等)和基础模板设计所需基坑大小而定。一般基底应比基础的平面尺寸增宽 0.5~1.0 m。当不设模板时,可按基础底的尺寸开挖基坑。

基坑坑壁坡度应按地质条件、基坑深度、施工方法等情况确定,以确保边坡稳定和施工安全。《公桥施规》规定,当为无水基坑且土层构造均匀时,基坑坑壁坡度可按表 10-9 确定。

表 10-9　　　　　　　　　　　基坑坑壁坡度

坑壁土类别	坑壁坡度		
	坡顶缘无荷载	坡顶缘有静荷载	坡顶缘有动荷载
砂类土	1∶1	1∶1.25	1∶1.5
卵石、砾类土	1∶0.75	1∶1	1∶1.25
粉质土、黏质土	1∶0.33	1∶0.5	1∶0.75
极软岩	1∶0.25	1∶0.33	1∶0.67
软质岩	1∶0	1∶0.1	1∶0.25
硬质岩	1∶0	1∶0	1∶0

注:①坑壁有不同土层时,基坑坑壁坡度可分层选用,并酌设平台。
②坑壁土的类别按照现行《公路土工试验规程》(JTG 3430—2020)划分;岩面单轴抗压强度小于 5 MPa,为 5~30 MPa,大于 30 MPa 时,分别定为极软、软质、硬质岩。
③当基坑深度大于 5 m 时,基坑坑壁坡度可适当放缓或加设平台。

当土的湿度有可能使坑壁不稳定而引起坍塌时,基坑坑壁坡度应缓于该湿度下的天然坡度。

当基坑有地下水时,地下水位以上部分可以放坡开挖;地下水位以下部分,若土质易坍塌或水位在基坑底以上较高时,应采用加固土体或降低地下水位等方法开挖。

为了保证坑壁边坡稳定,当基坑深度较大时,应在边坡中段加设宽为 0.5~1.0 m 的平台,如图 10-8 所示。基坑顶面周围必要时应挖排水沟,以免地面水流入坑内。基坑开挖时,应对基坑边缘顶面的各种荷载进行严格限制,并应在基坑边缘与荷载之间设置护道,基坑深度小于或等于 4 m 时,护道的宽度应不小于 1 m;基坑深度大于 4 m 时,护道的宽度应按边坡稳定计算的结果适当加宽,水文和地质条件较差时,应采取加固措施。

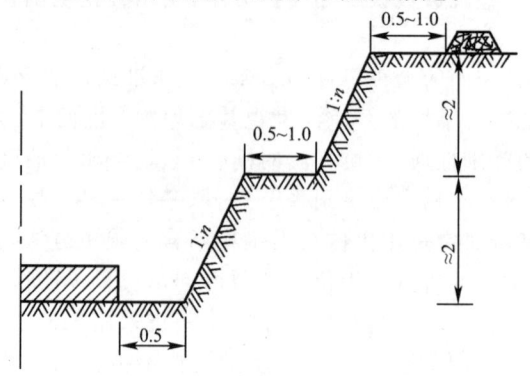

图 10-8　基坑放坡开挖(尺寸单位:m)

2. 设支护的基坑

当坑壁土质松软,边坡不易稳定,放坡开挖受到现场的限制,或放坡开挖造成土方量过大时,宜按具体情况采用挡板支承、钢木结合支承、板桩支承、混凝土护壁(喷射混凝土护壁、现浇混凝土护壁)、锚杆支护等加固坑壁的临时性措施,这样既保证了施工的安全,同时又可大量减少土方量。

(1)挡板支承。挡板支承适用于开挖面积不大,地下水位较低,开挖深度较小的基坑。根据具体情况,挡板可垂直设置,如图 10-9(a)所示;或者水平横放,如图 10-9(b)所示。挡板支承由立木、横板、顶撑及衬板组成。衬板厚度为 4~6 cm,为便于挖基运土,顶撑应设在同一垂直面内。

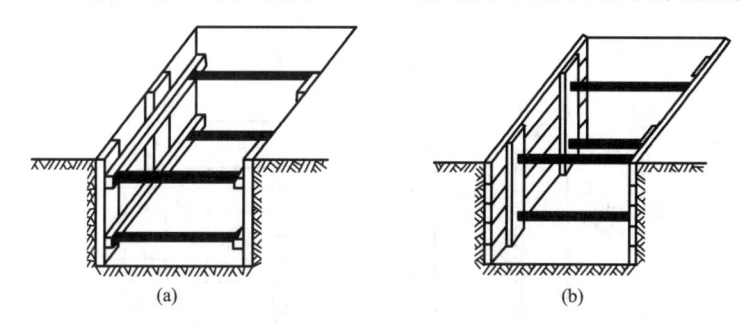

图 10-9 挡板支承

基坑开挖时,若坑壁土质密实,不会随挖随坍,可将基坑一次挖到设计标高,然后沿着坑壁竖向撑以衬板(密排或间隔排),再在衬板上压以横木,中间用顶撑撑住,如图 10-9(a)所示。

若坑壁土质较差,或所挖基坑较深,坑壁土有随挖随坍可能时,则可用水平衬板支承,分层开挖,随挖随撑,如图 10-9(b)所示。

(2)钢木结合支承。当基坑深度在 3 m 以上,或基坑过宽由于支承过多而影响基坑出土时,可沿基坑周围每隔 1.5 m 左右打入一根工字钢或钢轨至坑底面以下 1 m 左右,并以钢拉杆把型钢上端锚固于锚桩上,随着基坑下挖设置水平衬板,并在型钢与衬板之间用木楔塞紧,如图 10-10 所示。

对于大面积基坑可根据具体情况采用图 10-11 所示的支承形式。

(3)板桩支承。当基坑的平面尺寸较大、基坑又较深,或因土质、水文资料、场地的限制,开挖对邻近建筑物有影响时,可采用板桩支承。板桩设置方法与挡板支承不同,其特点是先将板桩打入土中,桩尖深入到基坑底以下一定深度,然后再开挖基坑。当基坑较深时,可待基坑挖至一定深度后,再在板桩上部加设横向支承或设置锚桩,以增强板桩的稳定性。

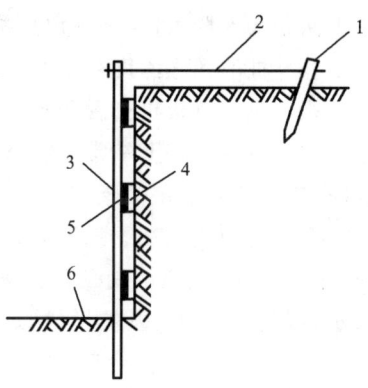

图 10-10 钢木结合支承
1—锚桩;2—拉杆;3—型钢;4—衬板;
5—木楔;6—基坑底

板桩常用的材料有木、钢、钢筋混凝土三种。木板桩成本较低,容易加工制作,但强度较低,故不适用于含卵石和坚硬的土层。同时受木材长度的限制,基坑深度为 3~5 m 时才采用。为减少渗水,木板桩的接缝应密合。在断面形式上,板厚大于 80 mm 时,应采用凸凹形榫口的企口缝;板厚小于 80 mm 时,可采用人字形榫口,如图 10-12 所示。

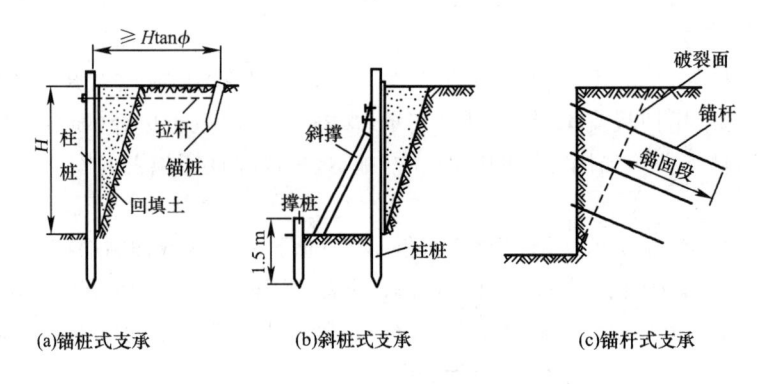

(a) 锚桩式支承　　(b) 斜桩式支承　　(c) 锚杆式支承

图 10-11　大面积基坑支承形式

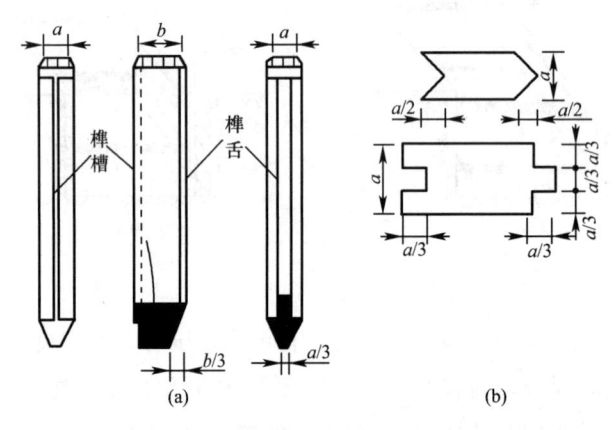

图 10-12　木板桩

木板桩的施工如图 10-13 所示,其程序是先沿基坑边外侧打入导桩,然后在导桩上用螺栓装上两条水平导木,用来固定板桩位置,板桩插在导木之间,按一定顺序方向,逐根将板桩打入土中。导桩的入土深度视基坑深度而定,桩尖至少沉入基坑底面以下 2 m。插打板桩常从角上开始。应注意板桩榫舌和桩尖斜面朝前进方向,使相邻板桩在打桩过程中能互相挤紧,以防渗水。一般木板桩上端常用铁箍保护,以免在打桩时打坏桩头。当地基土中含有小石块等硬物时,桩尖应装上铁桩靴。

钢板桩的优点在于强度大,能穿过坚硬的松土层、碎卵石类土层和风化岩层,锁口连接紧密,不易漏水,且能承受锁口拉力,并可焊接接长,能重复使用。其断面形式较多,如图 10-14 所示,可适应不同的基坑形状要求。

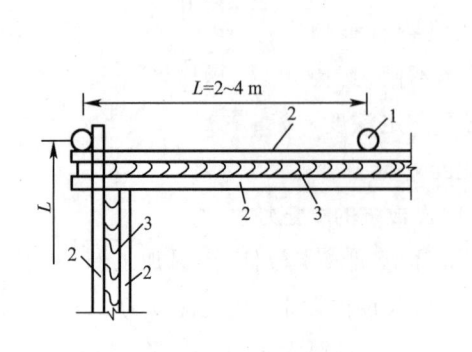

图 10-13　木板桩的施工
1—导桩；2—水平导木；3—板桩

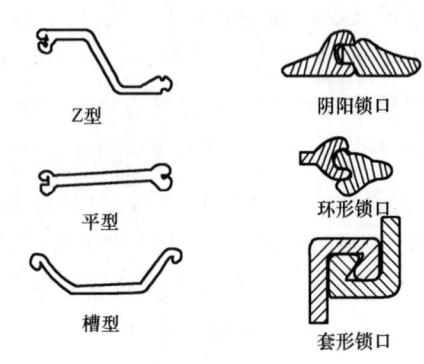

图 10-14　钢板桩断面及锁口

钢筋混凝土板桩优点是耐久性好,缺点是制作复杂,重量大,运输和施工不便。因此,除大桥的深基础外,一般中小桥梁工程不采用。

(4)混凝土护壁。适用于深度较大的各种土质的基坑。在基坑开挖前,应先界定基坑开挖面,除较浅的基坑外,考虑到受力条件,应尽量采用圆形基坑。在基坑口先设置预制或就地浇筑混凝土护筒,护筒长 1~2 m,护筒厚度视基坑直径大小和土质情况而定,一般为 10~40 mm。护筒以下的坑壁,采用喷射或现浇混凝土,一般是随挖随喷(浇),直至坑底。

①喷射混凝土护壁:方法是采用掺有速凝剂的混凝土浆,用喷射器向坑壁喷射,使喷射的混凝土能迅速与坑壁形成具有一定强度的支护层。喷射混凝土的厚度主要取决于地质条件、渗水量、基坑面大小及开挖深度等因素。开挖基坑与喷射混凝土应分层进行,每层高 0.5~1.5 m。喷射混凝土所需的机具设备主要有:空压机、高压水泵、拌和机、喷射机、混凝土输送管道。

喷射混凝土护壁适用于稳定性较好、渗水量少的基坑。喷护的基坑深度应按地质条件决定,但不宜超过 10 m。喷射混凝土厚度可采用表 10-10 中的数值。

表 10-10　　　　　　　　喷射混凝土厚度　　　　　　　　cm

地质类别	基坑渗水情况	
	无渗水	少量渗水
砂类土	10~15	15
黏性土、粉土	5~8	8~10
碎石类土	3~5	5~8

注:①本表喷射混凝土厚度适用于不大于 10 m 直径的圆形基坑,未考虑基坑顶缘荷载。
②每次喷射混凝土厚度,取决于土层和混凝土的黏结力与渗水量的大小。
③坑内砂层有少量渗水,可在坑壁打入木桩后再喷混凝土,木桩直径约为 5 cm,长 100 cm,向下与坑壁呈 30°角打入,一般间距约为 50~100 cm。

喷射混凝土护壁的坡度根据土质情况与渗水量的大小可采用 1:0.1~1:0.07。所选用的喷射机必须具有良好的密封性且输料均匀。喷射混凝土应掺入外加剂,其掺量应通过试验确定。当使用速凝剂时,应满足初凝时间不大于 5 min,终凝时间不大于 10 min。干混合料宜随拌随喷。不掺速凝剂时,存放时间不应大于 2 h;掺有速凝剂时,存放时间不应大于 20 min。

基坑开挖前,应在坑口顶缘采取加固措施,防止土层坍塌。根据土质与渗水情况,每次下挖 0.5~1.0 m 应即刻喷护,对无水或少水坑壁,喷射顺序应由下而上,但对渗水的坑壁应由上而下。当一次喷护达不到要求厚度时,可在第一层混凝土终凝后再喷第二次或第三次,直到要求厚度。续喷前应将混凝土表面污渍、泥块清洗干净。喷射混凝土终凝 2 h 后,应进行湿润养护。

开挖基坑遇有较大渗水时,每层开挖深度不能大于 0.5 m,汇水坑应设于基坑中心。开挖进入含水层时,宜扩挖 40 cm,以石料码砌扩挖部位,并在表面喷射一层 5~8 cm 厚的混凝土。对流砂、淤泥等夹层,可以打入小木桩,并在桩间缠以竹筋、荆笆、竹篱等,然后再喷射混凝土。

②混凝土围圈护壁:除流砂及呈流塑状态的黏性土外,适用于各类土的开挖、防护。围圈有就地现浇的,也可预制混凝土块件在现场实地拼装或用喷射混凝土制成。基坑采用圆形、垂直开挖。

围圈混凝土应由上而下逐层浇筑。顶层应一次整体浇筑,其作用同喷射混凝土护壁中的基坑口护筒。顶层以下各层可分段开挖浇筑,基坑开挖时要从中心向四周开挖,周边应力求平顺,围圈的开挖面应均匀分布,对称施工,及时浇筑。无支承的基坑围圈开挖,总长度不能超过二分之一周长。一般采取分段跳槽施工法,如图10-15所示。先开挖1区的土(2区的土暂不开挖),当1区的土开挖成设计尺寸后,立一段内模,浇筑1区的围圈混凝土。待1区混凝土全部浇筑完成并有一定强度后,再开挖2区的土,同法浇筑2区的围圈混凝土。为加快施工速度,围圈混凝土应掺早强剂。

待第一圈施工完后,按上述方法继续施工以下各圈,直到设计标高为止。上、下层混凝土纵向接缝应相互错开。分层高度以垂直开挖面不坍塌为原则,一般顶层高 2 m 左右,以下每层高 1.0~1.5 m,分块长度应根据施工时的基坑尺寸和地质情况而定。

图 10-15 分段跳槽施工法

(三)基坑排水

基坑排水的方法一般有表面排水法和井点法两种。

1.表面排水法

表面排水法是施工中应用最普遍的排水方法。在基坑开挖时,坑底四周挖好边沟,并挖1~2个集水井,使坑内积水由边沟流至集水井,然后由集水井用抽水机向外排水。当基坑内基本无水时,就可向下开挖基坑,随着基坑的深挖,汇水井和排水沟也逐次加深,并始终保持低于基坑底面 30~40 cm,抽水时需有专人负责汇水井的清理工作。

排水设备的能力宜大于总渗水量的 1.5~2.0 倍,当基坑渗水量变化较大时,宜配用抽水能力不等的抽水机,在抽水能力有余时,便于停开或抽调部分抽水机。

抽水时若地面为渗水性的土质,抽水排水管应适当远引,以防渗回基坑,致使边坡坍塌。在细砂、粉砂层中开挖基坑,抽水会造成基底翻砂现象,有条件时,可采用井点降水法施工,或不抽水开挖,最后灌注水下混凝土封底。

2.井点法

井点法是在基坑周围打入带有过滤管的井点管,在地面与集水总管连接起来,通到抽水系统,用真空泵造成真空度,将地下水吸入水箱,用水泵抽出,使井点管两侧一定范围内的地下水位逐渐下降,形成了向井点管附近弯曲的下降曲线,即"下降漏斗",使施工能在干燥无水的情况下进行,如图10-16所示。

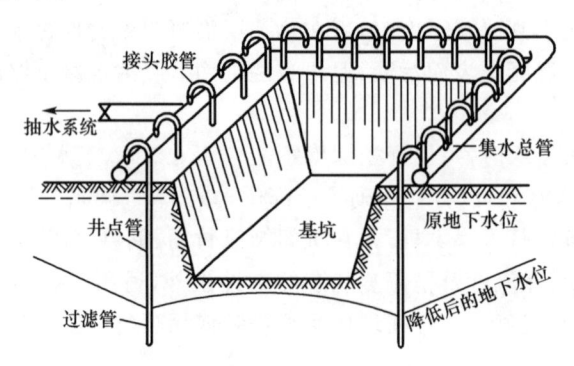

图 10-16 井点法降水布置图

井点法适用于粉、细砂,地下水位较高,有承压水,开挖基坑较深,坑壁不易稳定的土质基坑,在无砂的黏质土中不宜使用。用这种方法降低地下水位,使井点管范围内的地下水不从基坑的四侧边坡和底面流出,而是以相反的方向流向井点管,因此可避免发生流砂和边坡坍塌现象。井点类别的选择宜按照土壤的渗透系数、要求降低水位深度以及工程特点而定。

各种井点法的适用范围见表10-11。

表10-11 各种井点法的适用范围

井点类别	土壤渗透系数/$(m \cdot d^{-1})$	降低水位深度/m	井点类别	土壤渗透系数/$(m \cdot d^{-1})$	降低水位深度/m
一级轻型井点法	0.1~80	3~6	电渗井点法	<0.1	5~6
二级轻型井点法	0.1~80	6~9	管井井点法	20~200	3~5
喷射井点法	0.1~50	8~20	深井泵法	10~80	>15
射流泵井点法	0.1<50	<10			

注:①降低土层中地下水位时,应将滤水管埋设于透水性较大的土层中。
②井点管的下端滤水长度应考虑渗水土层的厚度,但不得小于1 m。

井点管的成孔可根据土质分别用射水成孔或冲击钻机、旋转钻机及水压钻探机成孔。井点降水曲线至少应深于基底设计标高0.5 m。井点的布置应随基坑形状与大小、土质、地下水位高低与流向、降水深度等要求而定。基坑渗水量的计算可参阅水力学有关内容。

井点法降水设备主要由井点管、集水管、连接管等管路部分和真空泵、离心水泵、集水箱等抽水装备组成。降水系统接通后,要进行试抽水。若无漏水、漏气和淤塞等现象,即可使用。系统中装有真空表,抽水时应控制好真空度,一般真空度不低于55.3~66.7 kPa,当管路井点有漏气现象时,会造成真空度达不到要求。为了保证能连续抽水,应配置双套电源。抽水过程中应做好沉降及边坡位移观测,确保水位降低区域内建筑物的安全,必要时应采取防护措施。冬季施工时,应注意对集水管作保温处理。基础浇筑回填后,井点才能拆除。

(四)地基检验与处理

1. 地基检验

基坑挖好后,在基础浇筑或砌筑前应进行地基检验,检查是否符合设计要求,地基检验的主要内容有:

(1)基底平面位置、尺寸大小、基底标高是否与设计文件相符合。
(2)基底地质情况和承载力是否与设计资料相符。
(3)基底处理和排水情况是否符合规范要求等。

按桥涵大小、地基土质复杂(如溶洞、断层、软弱夹层、易溶岩等)情况及结构对地基有无特殊要求,地基检验可采用以下检查方法:

(1)小桥涵的地基检验可采用直观或触探方法,必要时可进行土质试验。
(2)大、中桥和地基土质复杂、结构对地基有特殊要求的地基检验,一般采用触探和钻探(钻深至少4 m)取样做土工试验,或按设计的特殊要求进行荷载试验。
(3)特大桥按设计要求处理。

基底平面位置和标高允许偏差规定如下:

(1)平面周线位置不小于设计要求。
(2)基底标高:土质±50 mm;石质+50 mm,−200 mm。

2. 地基处理

地基处理应根据地基土的种类、强度和密度，按照设计要求，结合现场情况，采取相应的处理方法。地基处理的范围至少应宽出基础之外 0.5 m。符合设计要求的细粒土、特殊土基底，修整妥善后，应尽快修建基础，不得使基底浸水和长期暴露。

（1）岩层地基。对于风化的岩层，应挖至满足地基承载力要求或其他方面的要求为止。在未风化的岩层上修建基础前，应先将淤泥、苔藓、松动的石块清除干净，并洗净岩石。对于坚硬的倾斜岩层，应将岩层面凿平。倾斜度较大，无法凿平时，则应凿成多级台阶，台阶的宽度宜不小于 0.3 m。

（2）碎石类土及砂类土地基。承重面应修理平整夯实，在基础施工前铺一层 2 cm 厚的浓稠水泥砂浆。

（3）黏性土地基。修整承重面时，应按其天然状态铲平，不得用回填土夯实的办法处理。必要时可在基底夯入 10 cm 以上的碎石层，碎石层顶面应低于基底设计标高。修整妥善后应在短时间内浇筑或砌筑基础，不得暴露过久。

（4）多年冻土地基。基础不应置于季节冻融土层上，并不得直接与冻土接触。当基础的基底修筑于多年冻土层（即永冻土）上时，基底之上应设置隔温层或保温层材料，且铺筑宽度应在基础外缘加宽 1 m。施工时，明水应在距坑顶 10 m 之外修排水沟。排水沟内的水应引于远离坑顶宣泄并及时排除融化水。按保持冻结的原则设计的明挖基础，其多年平均地温等于或高于 -3 ℃时，应于冬季施工；多年平均地温低于 -3 ℃时，可在其他季节施工，但应避开高温季节，并应按下列规定处理：

①严禁地表水流入基坑。

②及时排除季节冻层内的地下水和冻土本身的融化水。

③必须搭设遮阳棚和防雨棚。

④施工前做好充分准备，组织快速施工。做好的基础应立即回填封闭，不宜间歇。必须间歇时，应以草袋、棉絮等加以覆盖，防止热量侵入。

（5）溶洞地基。对于影响基底稳定的溶洞，不得堵塞溶洞水路。干溶洞可用砂砾石、碎石、干砌或浆砌片石及灰土等回填密实。基底干溶洞较大，回填处理有困难时，可采用桩基处理。桩基的设置履行设计变更手续，并应由设计单位进行设计。

（6）泉眼地基。可将有螺口的钢管紧紧打入泉眼，盖上螺帽并拧紧，阻止泉水流出；或向泉眼内压注速凝的水泥砂浆，再打入木塞堵眼。堵眼有困难时，可采用管子塞入泉眼，将水引流至集水坑排出或在基底下设盲沟引流至集水坑排出，待基础圬工完成后，向盲沟压注水泥浆堵塞。采用引流排水时，应注意防止砂土流失，引起基底沉陷。对于基底泉眼，不论采用何种方法处理，都不应使基底泡水。

（7）细粒土及特殊土地基。属细粒土或特殊土类的饱和软弱黏土层、粉砂土层及湿陷性黄土、膨胀土和季节性冻土，强度低、稳定性差，处理时应视该类土的处治深度、含水量等情况，按基底的要求采取固结处理，以满足设计要求。

(五) 基础砌筑及基坑回填

基础的浇筑一般都在干燥无水的情况下进行，只有当渗水量很大，排水很困难时，才采用水下灌注混凝土的方法。水下灌注分为水下封底与水下直接灌注基础两种，前者封底后，仍要排水砌筑基础，封底只起封闭渗水的作用，其混凝土只作为地基而不作为基础本身，它适用于板桩围堰开挖的基坑。

排水浇筑时，应防止渗水浸泡圬工，以免降低混凝土强度。此外还应注意的是，石砌基础在砌筑中应使石块大面朝下,外圈块石要求丁顺相间,以加强石块之间的连接。混凝土基础的浇筑应在终凝后才允许浸水,不浸水部分仍需养生。

基础浇筑完成后,应检验质量和各部位尺寸是否符合设计要求,如无问题,即可选用好土回填基坑,并应分层夯实,回填时每层厚不大于 30 cm。

二、水中明挖基础的施工

桥梁墩台基础往往位于地表水位以下,有的河流水的流速还较大,而施工时常常希望在无水或静水条件下进行。为了解决这一矛盾,可变水中施工为旱地施工。其办法是,首先在基坑外围设置一道封闭的临时性挡水结构物,即围堰。围堰修筑好后,即可排水开挖基坑,或在静水条件下进行水下开挖基坑,其施工内容与旱地上的明挖基础施工基本相同。

围堰所用的材料和形式根据当地水文、地质条件,材料来源及基础形式而定。但不论哪种材料和形式的围堰,均需注意下列要求:

(1)围堰高度应高出施工期间可能出现的最高水位(包括浪高)0.5~0.7 m。

(2)围堰外形应考虑河流断面被压缩后,流速增大引起水流对围堰、河床的集中冲刷及影响通航、导流等因素,并应满足堰身强度和稳定的要求。

(3)堰内平面尺寸应满足基础施工的需要。

(4)围堰要求防水严密,减少渗漏。

下面介绍几种常用的围堰构造及其适用条件和施工要求。

(一)土围堰

当水深在 1.5 m 以内,水流流速小于 0.5 m/s,河床土质渗水较小时,可采用土围堰,如图 10-17 所示。

土围堰堰顶宽度一般为 1~2 m。当采用机械开挖基坑时,应视机械的种类确定,但不宜小于 3 m。堰外边坡迎水流冲刷的一侧,边坡坡度宜为 1∶3~1∶2,背水冲刷的一侧的边坡坡度可在 1∶2 之内,堰内边坡宜为 1∶1.5~1∶1,内坡脚与基坑的距离根据河床土质及基坑开挖深度而定,但不得小于 1 m。

筑堰材料宜用黏性土或砂夹黏土,填出水面之后应进行夯实,填土应自上游开始至下游合龙。在筑堰之前,必须将堰底下河床底上的树根、石块及杂物清除干净。因筑堰引起流速增大使堰外坡面有受冲刷的危险时,可在外坡面用草皮、柴排、片石、草袋或土工织物等加以防护。

(二)土袋围堰

水深在 3 m 以内,流速小于 1.5 m/s,河床土质渗水性较小时,可采用土袋围堰,如图 10-18 所示。

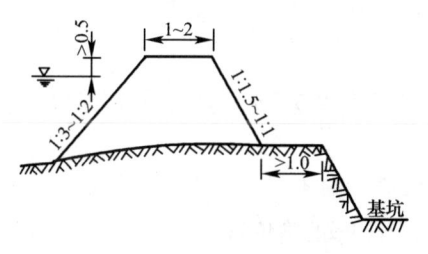

图 10-17 土围堰(尺寸单位:m) 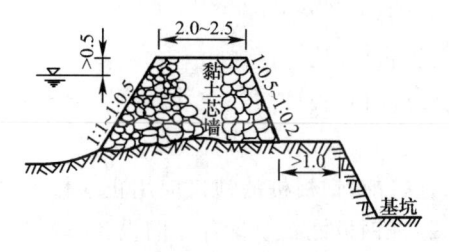　　图 10-18 土袋围堰(尺寸单位:m)

土袋围堰堰顶宽度一般为 1~2 m,围堰中心部分可填筑黏土芯墙,有黏土芯墙时堰顶宽度为 2~2.5 m。堰外边坡为 1∶1~1∶0.5,堰内边坡为 1∶0.5~1∶0.2,内坡脚与基坑的距离根据河床土质及基坑开挖深度而定,但不得小于 1 m。

袋装松散黏土,装土量为袋容量的 1/2～2/3,袋口用细麻线或铁丝缝合。如用砂土装袋,堰身中间必须夯填黏土芯墙,以防围堰渗漏。施工时要求土袋平放,堆码的土袋上下层和内外层应相互错缝,尽量堆码密实平整。堰底河床处理同土围堰。

以上两种围堰均利用自重维持其稳定,故又称为重力式围堰,它主要用来挡地面水。如河床土质为粉砂或细砂,则在排水开挖基坑时,可能会引起流砂现象,所以就不宜用这类围堰,而应考虑选用板桩围堰。

(三) 钢板桩围堰

钢板桩围堰是由许多块钢板桩连接组成的,相邻钢板桩接缝处有锁口,可以防漏,钢板桩的下端打到基坑底面以下,并在围堰内随抽水、开挖设置支承。钢板桩围堰具有材料强度高,防水性能好,穿透土层能力强,阻水面积最小,并可重复使用等优点,不仅能防地面水和地下水,还能防止坑壁坍塌,因此适用于各类土(包括强风化岩)的深水基坑。

钢板桩的机械性能和尺寸应符合规定要求。经过整修或焊接后的钢板桩,应用同类型的钢板桩进行锁口试验、检查。钢板桩堆存、搬运、起吊时,应防止因自重而引起的变形及锁口损坏。当起吊能力许可时,宜在打桩之前,将 2～3 块钢板桩拼为一组并夹牢。

当钢板桩围堰较高且水深较大时,常用围囹(即以钢或钢木构成的框架)作为板桩定位和支承。先在岸上或驳船上拼装好围囹,拖运至基础位置定位后,在围囹中插打定位桩,如图 10-19 所示,使围囹挂在定位桩上,即可在围囹四周的导桩间插打钢板桩。

在深水处修筑围堰时,为确保围堰不渗水,或基坑范围大,不便设置支承,可采用双层钢板桩围堰,如图 10-20 所示。

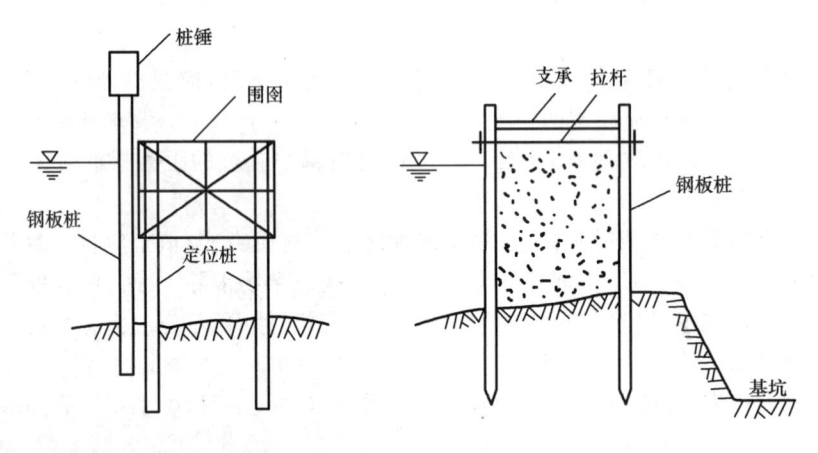

图 10-19　围囹法打钢板桩　　　　图 10-20　双层钢板桩围堰

施打钢板桩时,应注意如下事项:

(1)在施打钢板桩前,应在围堰上下游一定距离及两岸陆地设置观测点,用以控制围堰长、短边方向的钢板桩的施打定位。

(2)施打前,钢板桩的锁口应用止水材料捻缝,以防漏水。

(3)施打钢板桩必须备有导向设备,以保证钢板桩的正确位置。

(4)施打顺序按施工组织设计进行,一般由上游分两头向下游合龙。施打时宜先将钢板桩逐根或逐组施打到稳定深度,然后依次施打至设计深度。在垂直度有保证的条件下,也可一次打到设计深度。

(5)钢板桩可用锤击、震动、射水等方法下沉,但在黏土中不宜使用射水下沉方法。

(6)对于接长的钢板桩,其相邻两钢板桩的接头位置应上下错开。

(7)同一围堰内使用不同类型的钢板桩时,宜将两种不同类型的钢板桩的各半块拼焊成一块异形钢板桩以便连接。

(8)施打时,应随时检查其位置是否正确,桩身是否垂直,不符合要求时应立即纠正或拔起重新施打。

钢板桩拔除前,应先将围堰内的支承从下到上陆续拆除,并陆续灌水,使内外水压平衡,让钢板桩挤压力消失,并与部分混凝土脱离(指有水下混凝土封底部分)。拔桩应从下游侧开始拔,拔桩时宜用射水、锤击等松动措施,并应尽可能采用震动拔桩法。拔桩设备可用吊船、吊机、拔桩机、千斤顶等。对于桩尖打卷及锁口变形的桩,可加大拔桩能力,将相邻桩同时拔出。如确有困难,可以在水下切割。拔出来的钢板桩应进行检修涂油,堆码保存。

(四)套箱围堰

套箱围堰适用于无覆盖层或覆盖层较薄的水中基础,如图 10-21 所示。

套箱为无底的围套,用木板、钢板或钢丝网水泥制作,内部设木支承或钢支承,组成支架。根据现场起吊、移运能力,套箱可制成整体式或装配式。制作中应采取措施,防止套箱接缝渗漏。木板套箱在支架外面钉装两层企口木板,用油灰捻缝以防漏水;钢套箱则设焊接或铆合而成的钢板外壁。

木套箱采用浮运就位,然后加重下沉;钢套箱利用船运起吊就位下沉。在下沉套箱之前,应清除河床覆盖层并整平岩层。套箱沉至河底后,宜在箱脚外侧填以黏土或用土袋护脚。

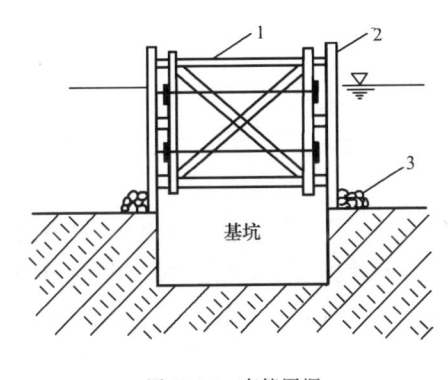

图 10-21 套箱围堰
1—套箱支架;2—套箱外壁;3—土袋护脚

复习思考题

1. 浅基础与深基础有哪些区别?
2. 什么是刚性基础?它具有什么特点?
3. 明挖扩大基础的设计计算的主要内容有哪些?
4. 确定基础埋置深度时应考虑哪些因素?
5. 什么是襟边?它具有什么作用?
6. 什么是刚性角?它与哪些因素有关?
7. 什么情况下应验算桥梁基础的沉降?
8. 明挖扩大基础的施工工序包括哪些内容?
9. 地基检验主要有哪些内容?
10. 水中开挖基坑对围堰有哪些要求?工程上常用的围堰有哪几种?
11. 有一桥墩底为矩形 $2 m \times 8 m$,刚性扩大基础(C20混凝土)顶面设在河床下 1 m,作用于基础顶面作用为:轴心重力 $N = 5\,200$ kN,弯矩 $M = 840$ kN·m,水平力 $H = 96$ kN。地基土为一般黏性土,第一层厚 5 m(自河床算起),$\gamma = 19.0$ kN/m³,$e = 0.9$,$I_1 = 0.8$;第二层厚 5 m,$\gamma = 19.5$ kN/m³,$e = 0.45$,$I_1 = 0.35$,低水位在河床以上 1 m(第二层下为泥质页岩)。请确定基础埋置深度及尺寸,并经过验算说明其合理性。

第十一章 沉井基础

重点提示

主要介绍沉井基础的适用条件,沉井的分类及构造;沉井基础施工等内容。

沉井是建造在墩位所在地面上或筑岛面上的井筒状结构物。它从井孔内取土,借自重克服土对井壁的摩擦力而沉入土中,这样逐节接筑、下沉,直至设计位置后,经过封底,井内填充及修筑顶盖,即成为墩台的沉井基础。沉井基础刚性大,整体性强,能承受较大的竖直和水平荷载。施工时井壁既挡土又起防水作用。施工所需机具设备不多,技术也不复杂。故作为一种深基础,在桥梁工程中得到了广泛应用。

第一节 沉井基础的类型与构造

一、沉井基础的组成及适用条件

当地基土层的基本承载力较低或河床冲刷深度较大,基础需埋置较深时,若采用明挖基础,则坑深,开挖土方量很大,有时坑壁需要支承和做板桩围堰,因此施工技术复杂,费用昂贵。在这种情况下,常采用桩基础或沉井基础。

沉井基础一般由沉井(井壁)、封底混凝土及钢筋混凝土顶盖三部分组成,如图 11-1 所示。

沉井基础的优点:整体性好、自身刚度大,与桩基础相比有较大的横向抗力,抗震性能也较可靠。只要挖土方便,它可以达到很大的深度,特别是当一座桥梁中有多个沉井基础时,可全面开工以缩短工期。在南京长江大桥,成功地下沉了一个底面尺寸为 20.2 m×24.9 m 的巨型沉井,穿过的覆盖层厚度近 55 m。近年来,由于泥浆润滑套及空气幕新施工技术的采用,沉井下沉深度更大。目前,在深基础的设计施工中,沉井基础的应用已十分普遍。

沉井基础既适合于在岸滩及浅水条件下修建,也可在深水中用浮运下沉的方法修建。它最适合在不透水或透水性小的土层中下沉,因为在此条件下井孔中的水可以排干,井孔内的挖土可以人工进行,沉井下沉方向便于控制,下沉进度快,如果遇到障碍物也便于处理。

当沉井下沉至基岩上时,沉井下端刃脚应与岩面密贴。如果岩面起伏不平或倾斜,则刃脚需按岩面起伏或倾斜情况做成高低刃脚形式,如图 11-2 所示,刃脚踏面尽量与岩面密贴,否则沉井易倾斜,清基无法进行。高低刃脚的构造形式是我国桥梁技术人员和工人的一个创新,它使沉井基础的适用范围更大。

二、沉井的类型

(一)按沉井的材料分类

1. 混凝土沉井

混凝土沉井一般多做成圆形,适用于下沉深度不大(4~7 m)的松软土层中。当井壁有足够厚度时,也可做成矩形(此时有拉应力产生)。

2. 钢筋混凝土沉井

钢筋混凝土沉井是一种最常采用的深基础沉井,它能充分地发挥建筑材料的强度,可以做成任何形式,适用于多种不同的地质情况和施工方法。

3. 竹筋混凝土沉井

沉井在下沉过程中,井壁内力较复杂,一旦施工完毕,沉井中钢筋的作用就不再重要了。竹材是一种抗拉强度较高、耐久性较差、价格低廉的材料。南方盛产竹材,因此可就地取材,用竹筋代替钢筋,以大量节省钢材。

4. 钢沉井

钢沉井适用于空心浮运中所用的沉井,但用钢量较大,一般情况不宜采用。

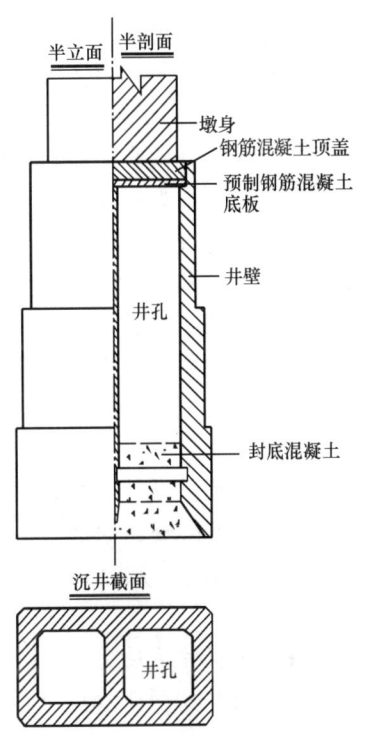

图 11-1 沉井基础示意图

(二)按沉井的平面形式分类(图 11-3)

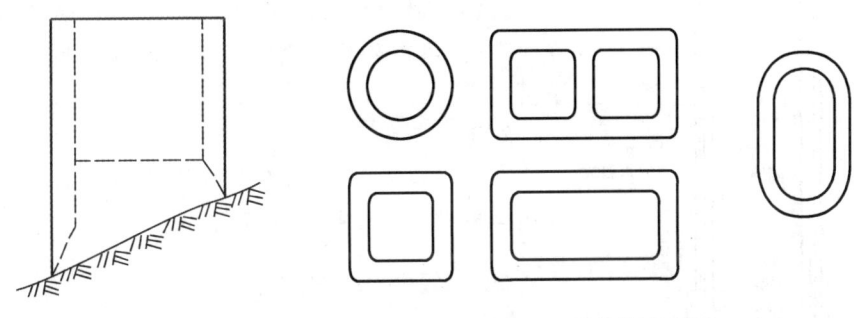

图 11-2 高低刃脚沉井

图 11-3 沉井的平面形式

1. 圆形沉井

此种沉井结构本身受力均匀,在周围土压力、水压力作用下,井壁主要承受轴向压力;圆形引起的河床局部冲刷较小;下沉过程中用机械挖土较方便,且有利于刃脚均匀地支承在土层上,沉井不易倾斜。缺点是与同面积的矩形沉井相比,圆形沉井基底压应力较大。圆形沉井一般适用于墩台身截面为圆形或接近方形的基础,最适合于斜交桥和流向不稳定的河流。

2. 矩形沉井

此种沉井外形构造简单,制作较容易;它与截面为圆端形或矩形的墩台配合较好;在外力和基底应力相同的条件下,矩形的基底面积为最小(因其惯性矩大),节省圬工。缺点是在土压力、水压力作用下,井壁受较大挠曲应力,需布置较多的受力钢筋;矩形阻水系数较大,河床局部冲刷较严重,沉井四个角机械挖土不易控制,下沉方向不易控制,其四角应做成圆角或钝角,以利于受力和清孔。故矩形沉井宜在无流水或流速较小河流中采用。

3. 圆端形沉井

圆端形沉井引起河床局部冲刷最小,但沉井的制作较麻烦,它的优缺点介于圆形和矩形两种沉井之间,常用于圆端形桥墩的基础。

(三)按沉井的立面形式分类

沉井的立面形式如图 11-4 所示。

1. 柱形沉井

柱形沉井如图 11-4(a)所示。下沉时,井壁周围土体对沉井约束较紧,井壁摩阻力大,下沉困难。适用于摩阻力较小的松软土层。下沉时易于控制方向,不易偏斜。

2. 阶梯形沉井

阶梯形沉井是一种常用的多节沉井形式,如图 11-4(b)所示,下沉时底节以上各节井壁所接触的土层已松动过,减少了井壁摩阻力,有利于沉井下沉,但容易偏斜。适用于摩阻力较大的土层。

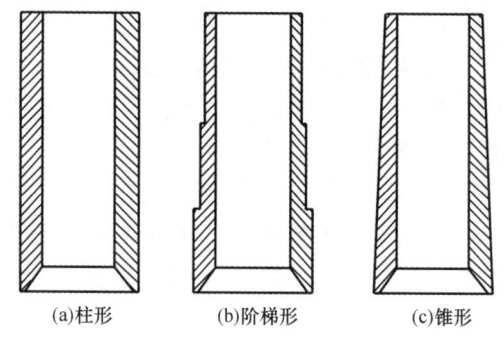

图 11-4 沉井的立面形式

3. 锥形沉井

锥形沉井如图 11-4(c)所示,其井壁摩阻力较小,下沉时发生偏斜的可能性较大,一般不常用。

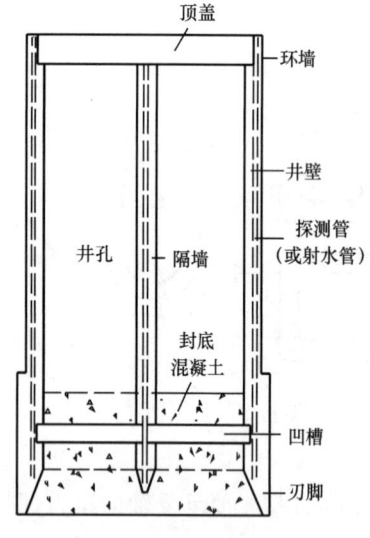

(四)按沉井的施工方法分类

1. 就地制作沉井

直接在墩台位置的地面上制造沉井,并就地下沉;若在浅水区,可以先用人工筑岛,在岛面上制造沉井,然后下沉。

2. 浮式沉井

在深水地区,无法用人工筑岛时,采用岸边制作井筒,浮运至桥墩设计位置处,然后下沉。

三、沉井的构造

沉井通常由井壁、隔墙、刃脚、井孔(取土井)、凹槽、封底混凝土、顶盖、射水管组、探测管、环墙等组成,还有井顶围堰和井内填充物等,如图 11-5 所示。

图 11-5 沉井的构造

(一)井壁(沉井的外壁)

井壁是沉井的主体部分,在下沉过程中起着挡土、防水、压重等作用。当沉井施工完毕后,井壁就成为沉井基础的主要承重部分。

井壁的外侧通常做成台阶式,台阶设在沉井分节处,其宽度一般为 100 mm 左右。井壁内侧应做成垂直面,其厚度按强度、下沉需要的压重、便于取土及清基等因素而定,一般为 0.7～1.5 m,厚者可达 2 m,最薄也不宜小于 0.4 m。井壁混凝土的强度不应低于 C25。

(二)隔墙

隔墙(又称内壁)的作用主要是缩短外壁的跨度,减小外壁的挠曲应力,加强沉井的刚度,并可将沉井分成若干个取土井,以便于均衡取土及纠正沉井在下沉中的倾斜和偏移。

隔墙的间距一般不宜大于 $5\sim 6$ m,厚度通常为 $0.8\sim 1.2$ m。隔墙底部做成两面倾斜的刃脚,其底面应高于刃脚底面不小于 0.5 m,以免隔墙下端被土搁住妨碍沉井下沉。

对于采用排水下沉的沉井,宜在隔墙下部设置 1.0 m×1.2 m 的过人孔,以便井下工作人员来往于各井孔。隔墙底部与井壁下刃脚连接处设置梗胁,以起到支承刃脚悬臂的作用。各节沉井隔墙的顶面下 $2\sim 3$ m 处,常预设 200 mm×200 mm 的透水孔若干个,以利于在抽水或补水时保持各井孔内水位一致。

(三)刃脚

刃脚位于井壁的最下端,是受力最集中的部位。在下沉过程中,刃脚有两个作用:一个是切土下沉,另一个是支承,故应具有一定的强度。常用的刃脚形式有两种,如图 11-6 所示;图 11-6(a)为带有踏面的钢筋混凝土刃脚;图 11-6(b)为钢筋混凝土钢刃尖的刃脚,用于较坚硬土层或到达岩层的沉井。刃脚尖端或踏面应用钢钣或角钢包住,以免混凝土破损。

刃脚斜面与水平面的夹角不宜小于 $45°$,斜面的高度视井壁厚度并考虑施工人员便于抽垫及挖土而定,

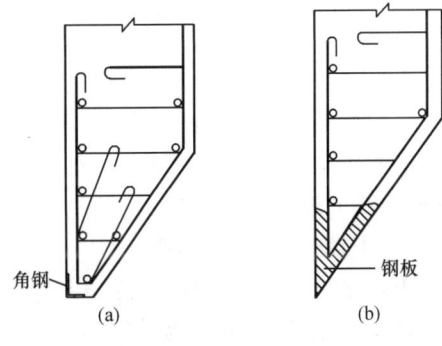

图 11-6 常用的刃脚形式

一般不宜小于 1.5 m;踏面宽度可为 $0.1\sim 0.2$ m,对软土地基可适当放宽,并用角钢保护。刃脚一般采用不低于 C30 混凝土。

(四)井孔(取土井)

井孔是挖土、排土的工作场所。井孔的平面尺寸应满足挖土机具所需的净空要求,最小边长一般不宜小于 3 m。井孔内壁上可安设扶梯,供施工人员上、下使用。

(五)凹槽

凹槽设在井壁和隔墙的下部靠近刃脚处,一般高约 1 m,深为 $0.15\sim 0.25$ m。它的作用是使封底混凝土能嵌入井壁连接成整体。另外,当下沉过程中遇到障碍又极难排除,需将沉井改为气压沉箱时,可在凹槽部位浇筑钢筋混凝土顶盖。当地质资料可靠,井孔准备用混凝土填充时,也可不设凹槽。

(六)探测管与射水管

1. 探测管

在不排水下沉的沉井中,可在井壁内设置 $\phi 200\sim \phi 500$ 的钢管或预制管道作为探测管。其主要作用是:①探测井壁刃脚下和隔墙底面下的泥面标高,以便控制除土部位,并可探测基底标高,作为基底标高检验的依据;②可在探测管中安设射水管,破坏沉井刃脚下的土体以利于下沉,沉井下沉至设计位置后,也可用来射水清基;③沉井水下封底后,可作为封底混凝土的质量检查孔。

2. 射水管

当预计沉井自重不足以克服下沉阻力时,可在井壁四周预埋高压射水管。射水管的作用是利用高压射水冲动沉井周围及刃脚下的土,以减小土对沉井的摩阻力。射水管装设在井壁内,管口开在刃脚下端和井壁外侧,沿井壁均匀布置,并联成四个单独分离的管组,以便于控制

射水部位,校正沉井的倾斜。

(七)封底混凝土

对于不排水挖土下沉的沉井,当沉至设计位置后,需要先用水下混凝土封底,隔断井外水源,然后抽水填充。封底混凝土强度等级,非岩石地基不应低于C25,岩石地基不应低于C20,其厚度除按受力条件计算外,不宜小于井孔最小边长的1.5倍。封底混凝土的顶面应高出凹槽或刃脚根部不小于0.5 m。

(八)顶盖(封顶或井盖)

当井孔用混凝土或其他圬工材料填充时,顶盖可用不低于C15混凝土灌注。沉井若为空心基础,井内不填充任何材料或仅用砂、石料填充的,则顶部必须设置钢筋混凝土顶盖,以承受墩台身及其以上结构的荷载。顶盖厚一般为1.5~2.0 m,钢筋的配置由计算确定。

(九)井孔填充物

根据受力或稳定的要求,井孔内可保持中空或用砂、石料、混凝土(不低于C10)、浆砌片石等填充。在严寒地区,低于冰冻线0.25 m以上部分,应用混凝土或圬工填实。

(十)环墙和井顶围堰

环墙位于沉井顶部,高度与井盖厚度相同,做成台阶,用以支承顶盖,一般高为1.5~2.0 m,宽度至少为0.3 m。

当沉井顶面位于地面或岛面以下时,在环墙上需接筑井顶围堰,用以挡土或水。通常在环墙内预埋锚栓或预留板桩槽,以连接井顶围堰,如图11-7所示。井顶围堰的支承应结合井孔的布置,使其不影响从井孔中取土的通道。当井顶围堰高度不大时(如1.0~2.0 m),为了节约木材和增加沉井压重,也可用浆砌片石砌筑井顶围堰。

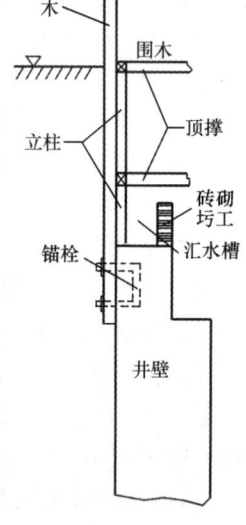

图11-7 木板井顶围堰

第二节 沉井基础施工

沉井基础的施工方法与地质和水文情况紧密相关。在水中修筑沉井时,应对河流汛期、通航、河床冲刷等进行调查研究,然后制订施工计划,并尽量利用枯水季节进行施工。如施工期须经过汛期时,应采取相应的措施。

沉井基础的施工可概括为旱地施工、水上筑岛施工及浮运沉井施工三种方法。前两种在无水或浅水处就地制造和下沉,是最常见的施工方法,也是本节介绍的重点;后一种是在深水中采用的岸边制造、浮运、就位下沉的特定施工方法。

一、沉井施工特点及步骤

(一)沉井施工特点

(1)沉井施工可在井筒的保护下垂直下挖,施工中井筒既能防土又能防水,下沉完毕后又成为基础的一部分。沉井施工能够有效地克服明挖法土石方量大、干扰大的弊病。

(2)逐节接筑、不断挖土,借助混凝土井筒的自重,边挖土边下沉,因而比较简便、安全。

(3)必须经过先浇筑、后养生、再下沉的三个阶段,工序较多,循环时间长。

(二)沉井施工步骤

沉井的施工步骤如图 11-8 所示,简述如下。

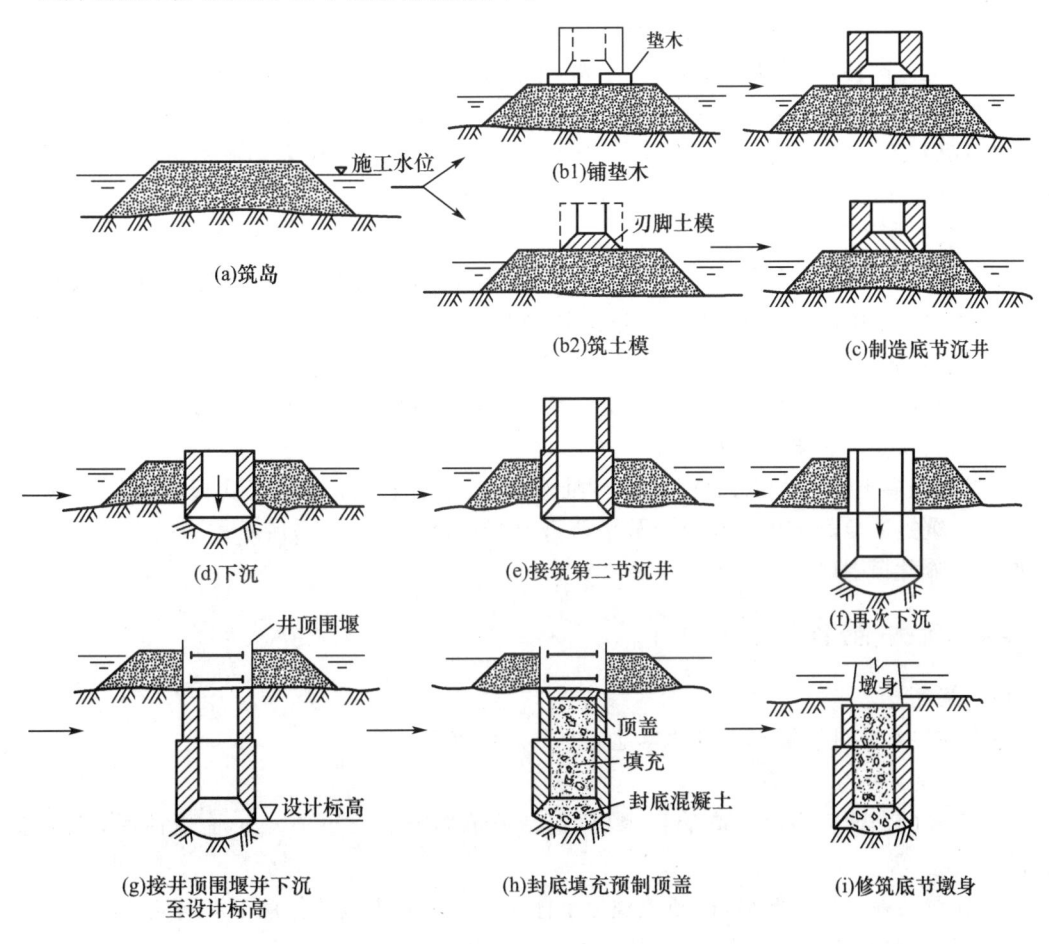

图 11-8 沉井施工步骤示意图

1. 场地准备

若墩台位无水,则只需平整场地;若地下水位较低,可挖坑建造沉井;若有地面水,则需筑岛建造沉井,如图 11-8(a)所示。

由于底节沉井刃脚踏面窄,底面积小,若直接在土面上制造数百吨甚至上千吨自重的沉井,将会发生不均匀沉陷,导致沉井破坏。一般可用在刃脚下铺设垫木的方法来扩大刃脚支承面积,这就是通常采用的垫木法,如图 11-8(b1)所示。若在地基较好的情况下,也可采用土模法,即在土面上按刃脚内侧斜面形状和尺寸挖成或填筑成锥台形,既扩大了刃脚的支承面,又代替了刃脚内模板,如图 11-8(b2)所示。

2. 底节沉井制作

垫木铺好后就可立模制作沉井,如图 11-8(c)所示。其工序有:立内模,焊接刃脚角钢,绑扎钢筋,立外模,灌筑混凝土。

沉井制造工序多,时间长,加上养生时间,在整个沉井施工中,用于制造沉井的时间占很大比例。所以要组织平行作业,搞好各工序的衔接,采取必要措施尽量缩短制作时间。

3. 底节沉井下沉

先拆除沉井内、外模板,待混凝土达到规定强度后,就可拆垫木或挖土模。沉井下沉主要靠在井内除土,目的是减少或消除刃脚的正面阻力。当支承面的反力减少至自重与摩阻力之差以下时,土被破坏,沉井则下沉,直至平衡,再行挖土下沉,如图11-8(d)所示。

4. 沉井接高

多节沉井施工时,制造与下沉两项工作交替进行,施工内容与2、3项相同,但应保证接筑沉井与原沉井在同一轴线上,如图11-8(e)、图11-8(f)所示。

5. 井顶围堰

沉井顶面一般位于最低水位或地面以下,因此沉井沉至设计标高之前,一般应做井顶围堰,才能在继续下沉时防止水、土进入井孔中,如图11-8(g)所示。

6. 清基封底

当沉井沉至设计标高后,要对基底进行清理、检查和处理,合格后方可进行混凝土封底。

7. 填充、顶盖和建第一节墩台身

当封底混凝土到达一定强度后,即可抽水填充或浇筑钢筋混凝土底板,如图11-8(h)所示,最后浇筑钢筋混凝土顶盖和第一节墩台身混凝土,如图11-8(i)所示。当墩台身筑出水面后,就可拆除井顶围堰。

二、沉井制作

(一) 筑岛

一般在浅水或可能被水淹没的旱地需筑岛制作沉井。

1. 筑岛的基本要求

(1) 筑岛的岛面应高出最高施工水位(包括波浪影响)0.5～0.7 m,有流冰时,还应适当加高。

(2) 应避免在斜坡上筑岛,因新筑楔形土体容易在沉井重量的作用下沿斜坡下滑。楔形土体沉陷不均也容易使沉井发生倾斜,甚至引起沉井开裂。若不得已需在斜坡上筑岛时,应将斜坡表面挖成台阶形或将筑岛底面取平,再行筑岛。

(3) 筑岛应用透水性好、易于压实的土料(砂类土、砾石、较小的卵石)填筑,且不应含有影响岛体受力及抽垫下沉的块体(包括冻块)。土的颗粒不能过细,以免被水冲走。

(4) 筑岛处河床如有淤泥、软土或杂物时应彻底清除干净,填土一般应由中央开始向四周均匀扩大。无围堰筑岛的临水坡面坡度宜为1∶1.75～1∶3。水面以上应分层夯实,岛面的容许承载力要在100 kPa以上。为防止土岛受水流冲刷,可在其上游修建分水尖,并以土袋、片石等防护。

2. 筑岛的分类及适用条件

常用的筑岛类型有:土筑岛、草(麻)袋围堰筑岛、板桩围堰筑岛、石笼围堰筑岛等。各类筑岛就其实质来说,可概括为无围护筑岛和有围护筑岛两类。采用各种围护的目的是为了缩小阻水断面,减少冲刷影响并提高岛体抗冲刷的能力,以保证筑岛在施工期间的安全。

(1) 土筑岛,如图11-9(a)所示。不用围堰填筑的土筑岛只适用于流速不大的浅水中,通常水深不超过1.5 m,筑岛后流速不超过筑岛土壤的容许流速(即不冲刷流速),参见表11-1。筑岛的尺寸应满足沉井制作及抽垫等施工的要求,对无围堰的筑岛应在沉井周围设置不小于1.5 m宽的护道。

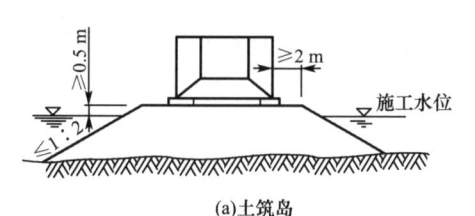

图 11-9　筑岛的类型

表 11-1　　　　　　　　　　各类筑岛土的容许流速

筑岛土的种类	容许流速/(m·s⁻¹)	
	土表面处	平均流速
细砂(粒径 0.05~0.25 mm)	0.25	0.3
粗砂(粒径 1.0~2.5 mm)	0.65	0.8
中等砾石(粒径 25~40 mm)	1.0	1.2
粗砾石(粒径 40~75 mm)	1.2	1.5

(2)草(麻)袋围堰筑岛。用草袋或编织袋装土或砂先堆筑围堰，然后再在围堰内填砂筑岛。一般适用于水深 3.0 m(3.5 m)以下、流速为 1~2 m/s 的情况。草袋装土不宜过满，一般为其容量的 1/2~2/3 即可，袋口需用麻线或细铁丝封口。施工时，要求草袋上下左右互相错缝，草袋分层之间，应用土填实，并堆放整齐。

草(麻)袋围堰因边坡较陡可以减少阻水面积。由于材料易得，施工又不复杂，故在一般水深和流速中应用较广泛，是最常用的一种筑岛形式。

(3)板桩围堰筑岛，如图 11-9(b)、图 11-9(c)所示。在水深流急的河道中，直接填筑岛土或堆码草袋围堰很困难时，可采用板桩围堰筑岛，但河床土质应能够打入板桩。

板桩有木板桩、混凝土板桩、钢板桩等。木板桩因受木料长度限制，一般只宜用在水深不超过 5 m 处。混凝土板桩目前无定型产品，尚不常见。钢板桩的特点是强度高、锁口紧密不易漏水，一般不受水深限制，用来筑岛非常理想。

在围堰内筑岛时，如假定围堰只需承受土压力而不考虑沉井重量的影响，则护道宽度 b 应满足下式要求：

$$b \geq H \cdot \tan\left(45° - \frac{\varphi}{2}\right) \tag{11-1}$$

式中　H——筑岛高度(m)；

　　　φ——筑岛的土被水饱和时的内摩擦角。

(4)石笼围堰筑岛。这种筑岛主要适用于水深流急,且不宜打板桩的岩石、砂类、卵石等河底上。

石笼有木、竹、钢筋笼等数种。木笼体积较大,拆除不便;钢筋笼则耗用金属材料较多,但可根据水上起吊能力加工,拆除方便。我国南方盛产竹材,故也可用竹笼。竹笼以直径50~60 cm、长2~3 m为宜。

钢筋笼的体积宜控制在1~2 m³,不宜太大,以免钢筋变形。钢筋笼四边边框用$\phi10$~$\phi12$钢筋,中间用$\phi6$钢筋,焊成20 cm×20 cm方格,然后向笼内抛填片石。在深水处沉放石笼,可采用工作船或水上起重船。填砂筑岛工作一般应待石笼围堰合龙后再进行。

(二)铺设垫木或做土模

筑岛或平整场地后,开始铺设垫木。垫木的作用:支承沉井底节,扩大刃脚踏面的支承面积,以减小土面所受到的压力。垫木一般采用20 cm见方的短木或枕木,铺垫木的数量应使其下面土所受压力不大于100 kPa且对称布置,满足设计和抽垫的要求。垫木的数量可按其底面全面积受压计算,即

$$n \geq \frac{W}{l \cdot b [\sigma]} \tag{11-2}$$

式中　n——垫木根数(根);
　　　l——垫木的平均长度(m);
　　　b——垫木的平均宽度(m);
　　　$[\sigma]$——岛面土的容许承压力,一般按100 kN/m²计;
　　　W——底节沉井重量(kN)。

各垫木的顶面应与钢刃脚的底面相吻合,使沉井重量均匀地支承于各垫木上。在钢刃尖下,应加垫10 mm厚钢板,如图11-10所示。相邻两垫木顶面高差不得大于5 mm;全沉井各垫木顶面高差应不大于30 mm。

为了沉井下沉时抽垫方便,垫木下应用砂填实,厚度一般不小于30 cm,相邻两根垫木间用砂填平。调整垫木顶面标高时,不得在其下垫塞木块、木片、石块等。

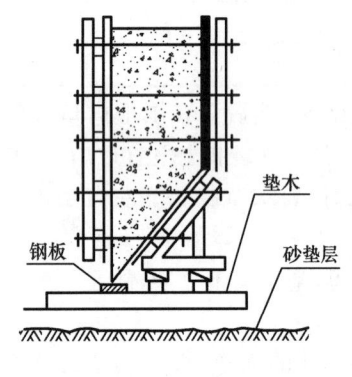

图11-10　铺设垫木

如图11-11所示,铺设垫木时,用普通枕木与短方木相间对称铺设,沿沉井刃脚满铺一层。垫木中心应对正井壁重心,在刃脚的直线部分垂直刃脚铺设,圆弧部分则向心铺设。沉井的隔墙下面也需铺设垫木。隔墙与刃脚连接处的垫木应搭接成整体,以免灌注混凝土时发生不均匀沉陷,导致开裂。由于隔墙底面较高,其底模与垫木间的空隙可设置桁架或垫方木抄紧。

定位垫木的位置,一般根据沉井在自重作用下受挠的正负弯矩大体相等而定。圆形沉井应布置在相隔90°的四个点上。矩形沉井则应对称布置于长边,每个长边各设两点,其间距为

当$1.5 \leq L/B < 2$时　　　　　　$l = 0.7L$ 　　　　　　(11-3)

当$L/B \geq 2$时　　　　　　　　$l = 0.6L$ 　　　　　　(11-4)

式中　L——沉井长边的长度(m);
　　　B——沉井短边的长度(m);
　　　l——定位垫木的间距(m)。

(a)圆形沉井垫木　　(b)矩形沉井垫木

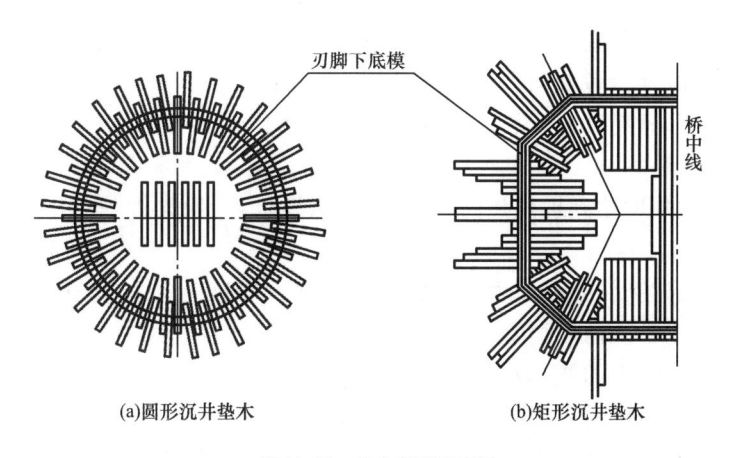

图 11-11　垫木布置示意图

制造沉井底节也可采用土内模支承制作。所谓土模,就是按沉井刃脚高度范围内的空腹形状和大小,用土做成胎模。用土模制造底节沉井不需要铺设垫木,也不需设置刃脚内模及支承,因而就地取材,节省木料,并且底节支承受力较好。此方法已在沉井施工中应用。

图 11-12(a)、图 11-12(b)所示为填土式和挖土式两种土模形式。图 11-12(a)仅在刃脚下填土形成土模;图 11-12(b)按刃脚形状自地面往下挖土的办法形成土模,挖土内模只能在土质好且地下水位低的条件下采用。

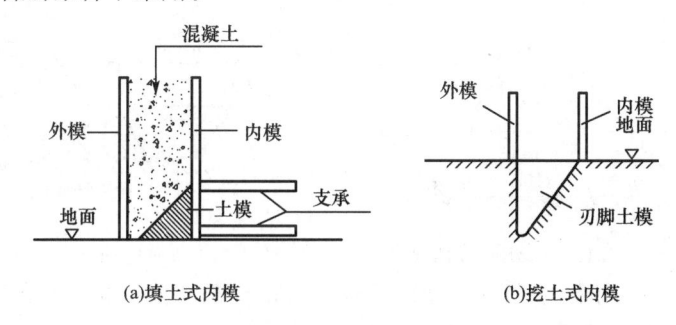

(a)填土式内模　　(b)挖土式内模

图 11-12　土模

桥涵工程中,用土模支承制造底节沉井应符合以下要求:

(1)根据土模下的地质情况、沉井大小等慎重选用。刃脚部分的外模应能承受井壁混凝土的重量在刃脚斜面上的水平分力,以免刃脚发生滑移损坏。

(2)填筑土模宜用黏性土。当地下水位低、土质较好时,也可采取开挖基坑而成型的土模。

(3)土模顶面的高度及承载力应根据土质及荷载大小计算确定。对于有隔墙的沉井,可填筑至隔墙底部。

(4)土模表面应用水泥砂浆或油毛毡作保护层。土模应有良好的防水、排水措施。

(5)拆除土模时,不得先挖沉井外围的土,以免刃脚外张开裂,土模的残留物应予清除。

(三)制造底节沉井

制造底节沉井的主要工序:立井壁内模板 → 绑扎钢筋 → 立井壁外模板 → 灌注混凝土。

对模板的要求是:外模板的内侧表面要刨光,使井壁外侧光滑以利下沉,模板及支承应有较好的刚度,以防止灌注混凝土后起鼓,妨碍沉井下沉。

为保证模板位置正确,立模前应正确测量刃脚位置,画出刃脚边线。井壁外侧模板必须按板缝竖直方向装设,与刃脚边相接处的凹凸不平应仔细填塞以免漏浆。模板立好后,应复测其位置、刃脚标高及井壁的垂直程度。

灌注混凝土时,应保持各处均匀、对称地进行,防止因混凝土面高低相差悬殊、压力不均匀而产生基底不均匀沉陷,使沉井开裂。一节沉井的混凝土,要连续分层灌注,一次灌完。

(四)拆除模板及垫木

当沉井混凝土的强度达到拆模强度后,才能拆除模板,一般先拆除侧面模板,最后拆除刃脚斜面的模板。

底节沉井混凝土达到设计强度后方可抽垫木下沉。抽垫应分区、依次、对称、同步地按下列顺序进行,并随即用砂土回填捣实。

(1)首先拆除内隔墙下的垫木;

(2)其次,对于矩形沉井,先拆除短边下的垫木;

(3)从远离定位支垫处开始逐步拆除,最后同时拆除定位垫木。

抽除垫木,一般需要沉井内外两边配合进行。先掏挖垫木下砂垫层,然后在沉井内锤打、棍撬垫木,并从沉井外向外拉,逐根迅速抽出。抽出几根后,随即按图11-13所示方法,以粗砂或碎石填塞刃脚并砸紧,再分层填砂并洒水夯实。必要时,可将沉井内填砂面提高,以扩大沉井刃脚的支承面积,防止刃脚踏面下的地基土向外挤出,使最后分配在定位垫木上的压力不超过垫木下土的支承力,亦不致压断定位垫木。

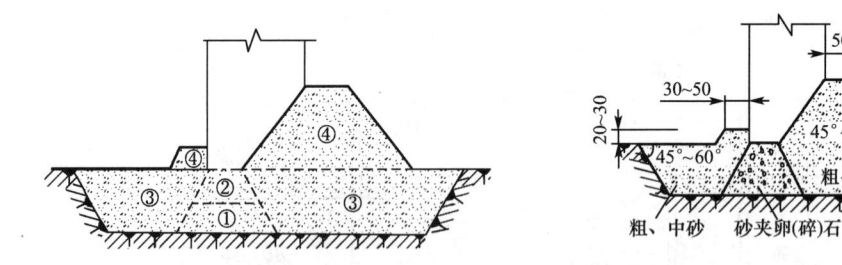

图 11-13 刃脚下回填砂的次序及砂堤的尺寸(尺寸单位:cm)

沉井刃脚斜面上的底模,一般在抽垫时拆除。为使拆模与抽垫互相配合,底模应按抽垫顺序分成若干段拼接,且使其段与段之间的连接便于拆除。

抽垫后回填的砂土,虽经夯实砸紧,承受沉井重量后仍有沉降。因此,沉井在抽垫过程中必然下沉,下沉的程度则与回填质量有关。一般在抽除 2/3 垫木以前,下沉量不大,下沉也比较均匀。继续抽垫时,下沉量逐步加大,抽垫和回填工作也越来越困难,甚至出现下沉很快来不及回填及压断垫木的现象。应在沉井下沉量不大,有条件做好回填工作时切实做好回填土的夯实工作,以减小沉井后期抽垫木时的沉降。抽垫木至最后阶段,则应全力以赴,尽快地将剩余垫木同时全部抽出,使沉井平稳地落入土层。

在抽垫过程中如发生下列情况,应及时研究处理,防止事态扩大。必要时可变更抽垫顺序或加高回填土进行处理。

(1)沉井倾斜超过 1%,且有继续倾斜的可能时;

(2)某次抽垫后的下沉量超过上一次抽垫下沉量 1 倍时;

(3)回填砂土被挤出隆起或开裂时;

(4)垫木被压断时。

(五)沉井下沉

沉井下沉主要是通过从沉井内用机械或人工的办法均匀除土,消除或减小沉井刃脚下的正面阻力而达到的,有时也同时采取减小井壁外侧土的摩阻力的办法,使沉井依靠自身的重量逐渐从地面沉入地下。

1. 沉井下沉的方法

沉井下沉施工可分为排水下沉和不排水下沉两种,一般依据沉井所处的水文、地质情况而定。两种下沉方法如图 11-14 所示。

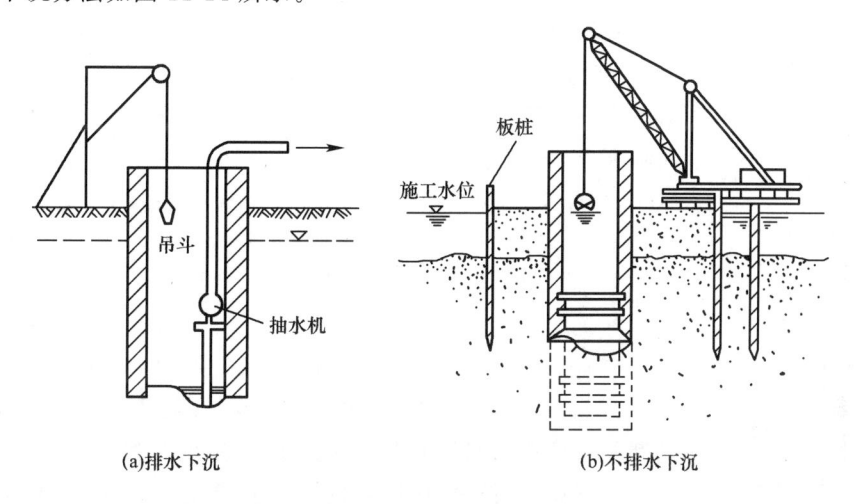

图 11-14 沉井下沉方法

在渗水量不大(1 m² 沉井面积渗水量小于 1 m³/h)的稳定黏性土中下沉沉井,一般采用排水下沉法开挖排除井内土。当渗水量较大时,一般采用不排水下沉法,用水下抓泥、射水吸泥方法除土。若地层上部为黏性土,下部为砂土或卵石土,地下水位高于其交界面时,黏性土挖除后可能漏水翻砂,这时就不宜采用排水下沉法施工。

(1) 排水下沉

排水下沉采用抽水方法降低井内水位,工人可直接下到井底进行挖掘作业,施工条件较好。其优点是:容易控制下沉方向;有利于防止下沉过程中出现较大的偏斜;易于处理下沉中遇到的特殊障碍,下沉速度一般较快,便于基础底层的检验和处理。

抽水宜用电动离心式水泵。当井深大于水泵有效吸程时,可将水泵安放在井孔内用钢丝绳悬挂的活动平台上,使其能在井孔内随抽水深度变化而升降。

开挖前首先挖一个较深的汇水坑,在有横隔墙的沉井中,汇水坑宜设置在横隔墙下,以免影响挖土。

开挖方法是一般先从中央下挖 40～50 cm,逐层开挖,每层 20～30 cm,一圈一圈地向刃脚方向逐步扩大,每一圈均从远离定位垫木位置处开始,使定位垫木位置处的土最后同时挖除。土质松软时,在分层开挖的过程中沉井会逐渐下沉。在坚硬的土层中,可能挖平刃脚仍不下沉。如出现此种情况,就须掏空刃脚下土壤。这时,应比照抽垫方法,分段顺序掏土至刃脚外,随即回填砂砾,最后将定位垫木位置的土换成砂砾,再分层分圈逐步挖除砂砾使沉井下沉。

(2) 不排水下沉

不排水下沉是在井内外水头相同的静水条件下利用抓土斗、吸泥器等机具除土的井上作业方法,它可以有效地防止"流砂"发生,确保安全,因而特别适用于地下水位较高的粉、细砂地层。

水中除土,可将沉井中部挖成锅底形状。在砂及砾石类土中,一般当锅底比刃脚低 1～1.5

m 时,沉井即可下沉,并将刃脚下的土挤向中央锅底,只要继续在中间挖土,沉井即可继续下沉。在黏性土或胶结层中,四周的土不易向中间坍落,需要靠近井壁偏挖,往往还须辅以高压射水松土。为避免沉井发生较大倾斜,一般应使锅底深度不超过 2 m;相邻土面高差不宜大于 0.5 m。靠近刃脚处,除处理胶结层和清理风化岩外,除土和射水都不得低于刃脚,还应注意提前挖去隔墙下的土,勿使之搁住沉井。

吸泥机是不排水下沉的常用机具,有空气吸泥机和水力吸泥机两种,现仅对空气吸泥机作简单介绍。空气吸泥机主要由自制吸泥器和高压风管组成,如图 11-15 所示。其工作原理是:把压缩空气通入吸泥器,经向上斜的小孔进入排泥管中,与泥砂、水相混合后,容重减小,由于空气的上溢和管外水面形成的水柱压力,迫使管内水土混合物上升,从管中涌出。当吸泥深度较大,若因压缩空气量不足而吸泥效果不好时,可用接力式吸泥机。

2. 沉井下沉时应符合的要求

(1)沉井应连续下沉,尽量减少中途停顿的时间,使其易于克服摩擦力。在下沉过程中,应掌握土层情况,做好下沉纪录,随时分析、判断土层摩擦力与沉井重量的关系,选用最有利的下沉方法。

(2)沉井下沉时,应避免内隔墙受到支承,井内挖土应从中间开始,均匀、对称地逐步向刃脚处逼近,使沉井平稳下沉。对排水下沉的底节沉井,支承位置处的土应在分层除土的最后同时挖除。

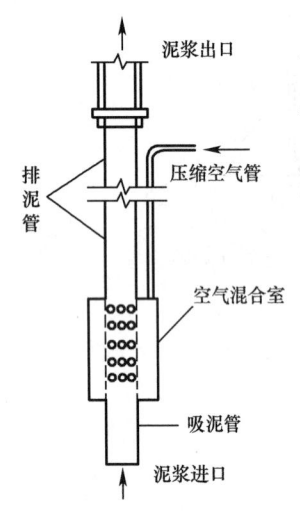

图 11-15 空气吸泥机

(3)下沉中应随时调整倾斜和位移,尤其是下沉初期。为防止沉井在下沉中产生较大的倾斜和位移,应根据土质、沉井大小和入土深度等,控制井孔内除土深度和井孔内的土面高差。

(4)弃土应及时远运。在水中下沉时,应注意河床因冲、淤造成的土面高差。必要时,应对河床面采取防护措施,或利用出土调整。

(5)在不稳定的土层或砂土中下沉时,确保井内水头高于井外,防止翻砂。

3. 下沉困难时的辅助措施

沉井下沉发生困难,主要是由于沉井自身重量克服不了井壁摩阻力,或刃脚下遇到大的障碍所致。解决上述问题可从增加沉井自重和减小井壁摩阻力两个方面着手。

(1)增加沉井自重。

①提前接筑上一节沉井,以增加沉井自重。

②在井顶上压重物(钢轨、铁块或片石等)。但由于沉井自重很大,能够增加的压重有限,往往无济于事。除为了纠正沉井偏斜采取偏心压重外,很少使用。

③在不排水下沉的井内抽水减小浮力,可增加沉井重力,促使沉井下沉。但在砂类土等容易翻砂涌水的地层中使用时,井内水头降低容易引起翻砂,而且沉井往往突然大量下沉导致沉井倾斜。因此沉井入土不深、稳定性较差时,不宜使用;一般抽水不宜过快,以防井孔内突然大量涌水危及安全。

(2)减小沉井外壁的摩阻力。除在设计时对井外壁形状、错台宽度以及施工制作中确保外模光滑之外,通常采用以下方法:

①井外射水。在井壁内预埋射水管组,利用高压水冲松井壁附近的土,使井外壁的摩阻力减小。

②井外挖土。在沉井周围挖除部分覆盖土,可减小部分摩阻力。

③炮振下沉。当刃脚下的土已掏空,采用其他措施仍然无法下沉时,可采用炮振下沉法,在沉井中央泥面放置炸药,每次起爆一处,炸药量一次不宜超过100 g,以保证安全。

④采用泥浆润滑套或空气幕下沉。

4. 沉井下沉中的防偏与纠偏

沉井下沉的全部过程,都是防偏与纠偏的过程。下沉时应随时进行纠偏,保持竖直下沉,每下沉1 m至少应检查一次,当沉井出现倾斜时应及时校正。下沉至设计高程以上2 m左右时,应适当放慢下沉速度并控制井内的除土量和除土位置,使沉井能平稳下沉,准确就位。偏移对沉井基础不利。有偏移就有偏心距和附加应力,对地基承载不利。若偏移过大,墩台身还可能偏位悬空,致使沉井报废。因此,施工的关键在于均匀除土,防止沉井偏斜,并及时调整沉井的倾斜和位移,这在下沉初期尤为重要。一定要做到勤测量、勤调整,千万不可麻痹大意,否则将酿成严重后果,难以处理。

(1)沉井位置偏差的原因和防止措施:

①原因:沉井位于滑坡上,沉井下沉时土体下滑。

防止措施:设计时应避免将桥墩建于滑坡上,施工时发现此种情况,应与设计部门共同研究,采取防止滑坡的措施或将桥墩移位。

②原因:沉井之下的硬土层或岩面有较大倾斜,沉井沿倾斜层下滑。

防止措施:在倾斜的低侧于沉井外填土,增加被动土压力,阻止沉井滑动,并尽快使刃脚嵌入此层土内。

③原因:沉井部分刃脚下有孤石、树干、铁件、胶结层等障碍物,致使沉井的沉降不均匀。

防止措施:施工前经钻探查明有胶结硬层时,可采取钻孔投放炸药爆破的方法,预先破碎硬土层,铁件一般采取水下切割排除;孤石可由潜水员水下排除或爆破炸碎;如爆破,炮眼应与刃脚斜面平行,并应堵好,上加覆盖物,炸药用量一次不得超过150 g。

④原因:井外弃土高差过大或沉井一侧的土因水流冲刷,偏土压致使沉井偏斜或位移。

防止措施:弃土不应靠近沉井;水中下沉时,可利用弃土调整井外土面高差,必要时对河床进行防护。

⑤原因:沉井刃脚下土层软硬不均致使沉井沉降不均。

防止措施:通过挖土调整刃脚下支承面积,或适当回填,或支垫土层较软的一边。

⑥原因:抽垫不对称,或抽垫后回填不及时,或回填砂土夯实不够。

防止措施:严格按抽垫工艺施工。

⑦原因:除土不均匀,井内泥面相差过大,承载量不均。

防止措施:严格控制泥面高差。

⑧原因:刃脚下掏空过多,沉井突然下降。

防止措施:严格控制刃脚下除土量。

⑨原因:井内水头过低,沉井翻砂,翻砂通道处刃脚下支承力骤然降低。

防止措施:一般情况下保持井内水头不低于井外,砂土层中开挖不靠近刃脚;沉井入土不深时采用不排水下沉的方法。

⑩原因:在软塑至流动状态的淤泥质中下沉沉井,由于土的自然坡度很小,用井内偏除土法调整沉井倾斜造成的土面高差不大,倾斜难以纠正,而沉井重量的偏心却使沉井越来越倾斜,而且沉井下沉速度较快,往往使人措手不及。

防止措施:可在沉井顶面的两边施加水平力,及时根据沉井的倾斜情况调整水平力的大小,勿使倾斜加剧。

(2)沉井纠偏方法。对已出现偏斜的沉井采用什么方法纠正,必须依据偏移情况、下沉深度等有关条件具体分析。在以往的工程实践中曾积累了许多宝贵的经验,纠正方法尽管多种多样,但其共同的规律是在下沉中纠偏,边沉边纠;不下沉,单纯纠偏是难以办到的。下面介绍几种常用的纠偏方法。

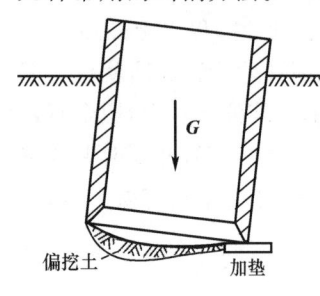

①井内偏挖、加垫法:这是偏挖土法与一侧加支垫法相结合的纠偏方法,是基本和有效的方法之一,即在刃脚较高的一侧井内挖土而在刃脚较低的一侧加支垫,随着沉井下沉高侧刃脚可逐渐降低下来,如图11-16所示。

②井外偏挖、井顶偏压或套拉法:这是偏挖土与偏压重或偏挖土与一侧施加水平力相结合的纠偏方法,其目的是提高单纯偏挖土的纠偏效果,此法多用在入土较深时的纠偏,如图11-17(a)、图11-17(b)所示。由于钢丝绳套拉时施加的水平力很大(可以大至百万牛以上),滑车组的锚固需有强大的地龙(一般只能利用附近的桥墩作为地龙)。采用这一方法时,应如图使用平衡重,而不用卷扬机牵引,使作用力持续不变,避免沉井纠偏时钢丝绳松弛,也可防止沉井结构或钢丝绳因受力过大而受损。

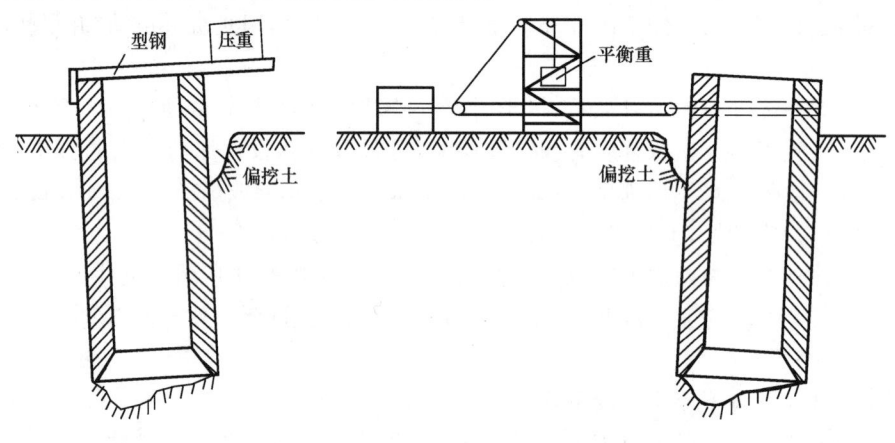

图 11-16 井内偏挖、加垫法

(a)井外偏挖、井顶偏压

(b)套拉法

图 11-17 井外偏挖、井顶偏压或套拉法

③井外支垫法:如图11-18所示,用枕木垛托住拴于沉井顶面的挑梁,借枕木垛下的大面积支承力阻止该侧沉井下沉,可以比较有效地纠正沉井倾斜。

④井外射水法:在沉井刃脚较高的一侧井外射水,破坏其外壁摩阻力,促使该侧沉井下沉,是水中沉井纠偏的一种方法,旱地影响施工场地,很少使用。使用时,射水管的间距不宜超过 2 m。

⑤摇摆下沉法:当沉井入土深度不大,但偏移量较大,且沉井结构中心线与设计中心线平行时,可采用摇摆下沉法逐渐克服土侧压力以正位。其做法是:先将偏移方向一侧落低 15~20 cm,然后再将另一侧落低成水平状态,如此反复下沉使沉井回到正确位置,如图11-19所示。每次摇摆可纠正的偏移量为

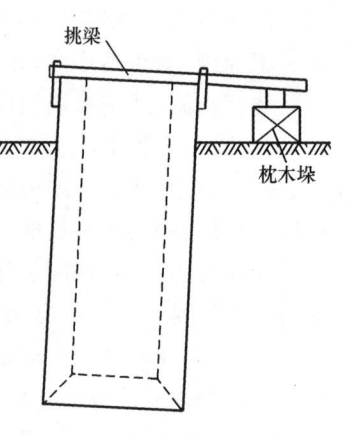

图 11-18 井外支垫法

$$e=b-\sqrt{b^2-\Delta h^2} \qquad (11-5)$$

式中 b——沉井宽度。

⑥倾斜下沉法：当沉井入土深度不大，且偏移量较大，沉井结构中心线与设计中心线相交于刃脚下一定深度时，可沿沉井倾斜方向下沉，使沉井刃脚向设计位置接近，然后把沉井正平，如图 11-20 所示。

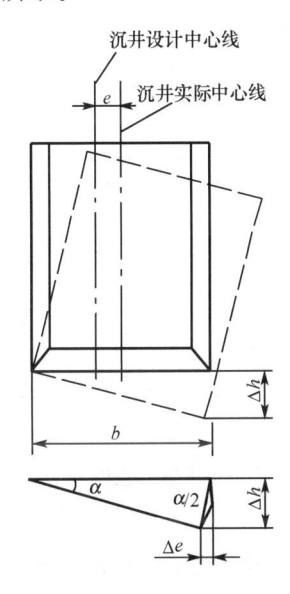

图 11-19 摇摆下沉法

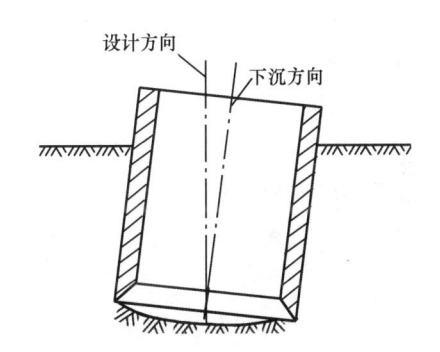

图 11-20 倾斜下沉法

（3）沉井偏移量计算。沉井在沉至设计标高时，为了检验是否超过允许偏移量，需要知道沉井实际的偏移值；而在开挖下沉过程中，为了及时纠偏的需要，也应经常了解实际偏移的大小，以有效地掌握标准，严防超限的目的。

偏移量的计算是依据井顶轴线的方向差及相互间的高程差，直接计算或推算出井顶中心、井底中心的偏移值、井轴倾角以及平面扭角值，据此分别与容许值比较。

沉井偏移量的计算方法和计算公式可参考有关的专业书籍，此处从略。

(六) 沉井接高

当沉井顶面沉至井顶露出地面 0.5 m 或井顶露出水面 1.5 m 时，应停止除土下沉，接筑上一节沉井。接筑上节沉井模板时，支承不得直接支承于地面上，以免沉井因接高加重而下沉时，模板及支架与混凝土发生相对位移，致使混凝土受损。沉井接高应注意下列几点：

(1) 应防止沉井在接高加重时突然下沉或倾斜，必要时应在刃脚下回填或支垫，接高时应均匀加重。

(2) 接高后各节沉井中轴线应为一直线。沉井接高前应尽可能调平，若在倾斜的沉井上接高时，应顺沉井的倾斜轴线上延，不可垂直接高，以保证沉井倾斜纠正后沉井保持竖直而不弯折。

(3) 混凝土施工接缝，应按设计要求布置接缝钢筋，消除浮浆并凿平，以保证上、下两节沉井连接牢固。

(七) 接筑井顶围堰

沉井顶面通常置于常水位或土面以下，当最后一节沉井顶面下沉至施工水位或地面以上

0.5 m 时,应暂停下沉,在井顶设置防水、挡土的围堰,以便使沉井继续下沉至设计标高时,其各工序能在围堰围护下顺利进行。

井顶围堰的平面尺寸应考虑井顶襟边尺寸,留出立墩台模板的位置。若围堰内有支承时,还应留出除土空间。井顶围堰底部与井顶连接应牢固,防止沉井下沉时因围堰与土层摩擦力或因冬季受冻而导致围堰与井顶脱离。

围堰的类型可根据具体情况选定,岸滩或浅水中可用圬工(石砌、砖砌、混凝土)围堰,在水深或水流较急,所需围堰高度较大时,可以采用木板桩或钢板桩围堰。此时,注意围堰的支承布置不要妨碍井孔除土和其他工作。

井顶围堰是一种临时结构物,当墩(台)身修建露出水面后,便可以拆除。

(八)基底清理及检验

沉井下沉至设计标高后,需检验沉井偏移量、井底及下卧层土质是否符合设计要求。当井底能抽干水时,井底处理方法与明挖基础相同。

当在不排水情况下清理基底时,应符合以下规定:

(1)沉井下沉至设计标高后,基底面地质应符合设计要求,若有不符需作处理时,应征得设计单位同意,必要时取样鉴定。

(2)清理后的基底面距离隔墙底面的高度及刃脚斜面露出的高度,必须满足设计要求的最小高度。

(3)基底浮泥或岩面残存物(风化岩碎块、卵石、砂等)均应清除,使封底混凝土与基底间不至于产生有害夹层。清理后的有效面积(即沉井底面积扣除在刃脚斜面下一定宽度内不可能完全消除干净的面积)不得小于设计要求。

(4)隔墙底部及封底混凝土高度范围内井壁上的泥污应予清除。

上述各项均应检查,并做记录。

(九)沉井封底

沉井下沉至设计标高且清基处理完毕沉井基底检验合格及沉降稳定后,应及时封底。沉井封底的方法有干封底和水下封底两种。

1. 排水施工时的干封底

当沉井穿越的土层透水性低、井底涌水量小且无流砂现象时,应力争干封底。沉井干封底能节约大量混凝土等材料,确保封底混凝土的强度和密实性,并能加快工程进度,省去水下混凝土的养护和抽水时间。故在地质条件许可的情况下,干封底比水下封底经济高效。

具体的施工过程是修整井底,使之成为锅形,每个井孔底部最低处均应放置不少于一个的集水井,其深度应满足水泵的吸水龙头需要。集水井埋设后应在每个井孔内由刃脚向中心挖 3~4 条放射形的排水沟,排水布置如图 11-21 所示。排水沟内及集水井周围应抛填碎石或砾石,使从刃脚下渗入井内的水流经排水沟流入集水井内,然后再用泵排出井外。集水井靠近刃脚但不宜太近,以免带走刃脚下的泥砂,使沉井倾斜值增大。集水井一般多用钢板焊成方形或圆形井管,如图 11-22 所示。但在井管的顶部应带有法兰盘,以便封闭集水井时使用。

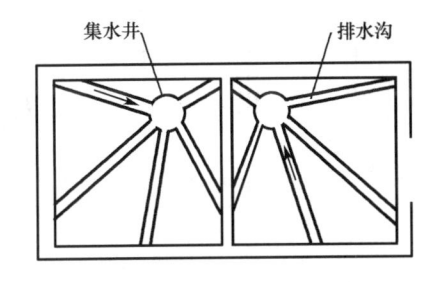

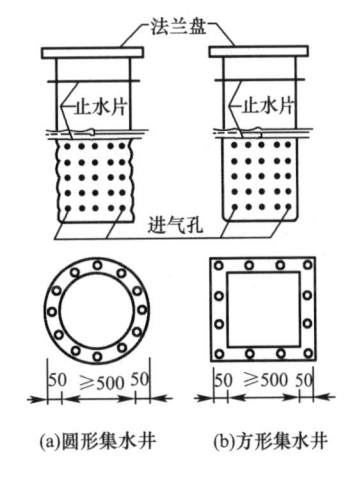

图 11-21　集水井的布置　　　　图 11-22　集水井的构造(尺寸单位:mm)

封底一般先浇筑一层 0.5～1.5 m 厚的素混凝土垫层,达到设计强度 50% 后,绑扎钢筋,两端伸入刃脚或凹槽内,浇筑上层底板混凝土。浇筑应在整个沉井面积上分层,同时不间断地进行,由四周向中央推进,每层厚 300～500 mm,并用振捣器振捣密实。当井内有隔墙时,应前后左右对称地逐孔浇筑。混凝土采用自然养护,养护期间应继续抽水,待底板混凝土强度达到 70% 后,对集水井逐个停止抽水,逐个封堵。封堵的方法是,将集水井中的水抽干,在套筒内迅速用干硬性的高强度等级混凝土进行堵塞并捣实,然后上法兰盘盖,用螺栓拧紧或焊牢,上部用混凝土填实捣实。

干封底时,有时沉井内的水不易抽干,需在继续排水的条件下进行干封底,这时应注意下列几点:

(1)在沉井下沉的同时就应抓紧做好封底的准备工作。因在软土中沉井下沉速度较快,当沉井下沉到设计标高后,若拖延时间,有可能发生条件转化,如沉井偏差增大,大量土体涌入井内等,给干封底工作带来很大困难。

(2)基底土面应挖至设计标高,排除井内积水,对超挖部分应回填砂石,并清除刃脚上的污泥。

(3)排水问题是关系到整个沉井干封底的成败关键,因为新灌注的混凝土底板在未达到设计强度之前,是不能承受地下水压力的。因此,自始至终必须十分重视排水。

(4)当地质情况较差时,为了不破坏地基原状土的承载力,在沉井接近设计标高时,应停止使用水力机械冲挖等容易破坏地基的施工方法,而改用抓土机械或人力开挖。若在软土中下沉,自重又较大时,可能使沉井刃脚较深地埋入软土中,故此时应先开挖锅底,保留刃脚内侧的土堤,尽量使沉井挤土下沉,这样当沉井封底时,土堤可减少涌砂和渗水现象。

2. 不排水施工时的水下封底

当沉井采用不排水下沉,或虽采用排水下沉,但干封底有困难时,可采用垂直导管法灌注水下混凝土封底。此方法是在内外水位无高差的静水条件下施工的,即在沉井的各井孔内垂直设置 $\phi 200 \sim \phi 350$ 的钢导管,管底距井底土面 30～40 cm,在导管顶部连接一个有一定容量的漏斗,在漏斗的颈部安放球塞,并用绳系牢。漏斗内盛满坍落度较大的混凝土后,可将球塞慢慢下放一段距离(但不能超出导管下口)。灌注时割断球塞的系绳,同时迅速不断地向漏斗内灌入混凝土,此时导管内的球塞、空气和水均受混凝土重力挤压由导管底排出。瞬间,混凝土在管底周围堆成一个圆锥体,将导管下端埋入混凝土内,使水不能回流到管内,尔后再灌注的混凝土是在无水的导管内进行。由于管内重力作用形成的超压力作用,使其源源不断地向周围流动、扩散与升高。由于最初与水接触的混凝土面层始终被后续混凝土顶推上升而保持在最上层的位置不变,从而保证了混凝土的质量。只要适当留有厚度富余量(15 cm以上),抽水后将表层浮浆层凿除即可。图 11-23 所示为灌注水下混凝土示意图。

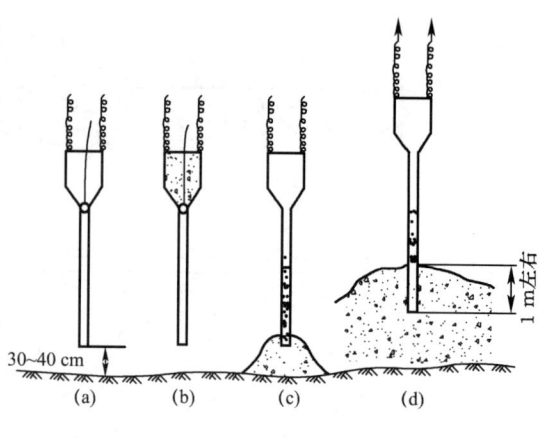

图 11-23 灌注水下混凝土示意图

导管法灌注沉井水下混凝土施工设计要点如下:

(1) 导管高度。为使混凝土通过导管能够流到需要的位置,除了混凝土配制时应具有足够的流动性外,还必须使导管底部管内混凝土柱的压力超过管外水柱的压力,超过的压力值称为超压力。其值取决于导管的作用半径,可参考表 11-2。

表 11-2　　不同作用半径所需的超压力值及导管水面以上的高度

导管作用半径 R/m	导管底混凝土的最小超压力值 P/(kN·m^{-2})	管顶露出水面的最小高度 h_1/m	管底埋入混凝土中的深度 h_3/m
3.0	100	$(4\sim0.6)h_2$	0.9~2
3.5	150	$(6\sim0.6)h_2$	1.2~1.5
4.0	250	$(10\sim0.6)h_2$	1.5~1.8

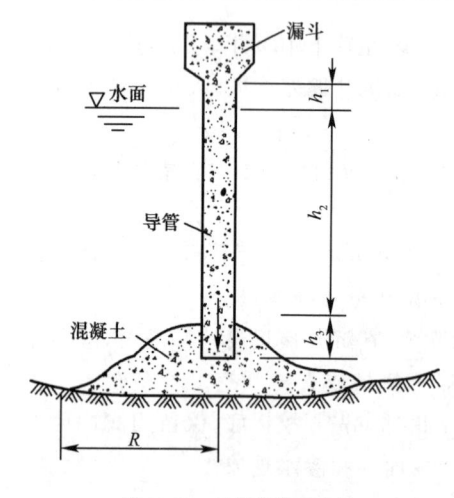

图 11-24 导管高度示意图

导管高度 h 如图 11-24 所示,其值为

$$h = h_1 + h_2 + h_3 \tag{11-6}$$

式中　h_1——管顶高出水面的高度,随最小超压力值 P 而定(m);

　　　h_2——水面至挤出混凝土顶部的高度(m);

　　　h_3——导管插入混凝土的深度(m)。

注:h_1 的采用值最少应有 1~2 m,若计算得出负值时,也应按最小值 1~2 m 布置,以便保持必要的工作条件,不得按负值设置。

(2) 导管的根数。导管的根数一般由灌注面积和混凝土的扩散半径布置确定,导管的平面位置应在灌注范围的中心。当灌注面积较大时,可采用 2 根或 2 根以上的导管同时灌注,但要使各导管的有效扩散半径(作用半径)互相搭接,并能盖满井底全部范围。一根导管的有效扩散半径一般为 3~4 m,流动坡度不宜陡于 1∶5。井底土面高低不平时,则应从低洼处开始灌注水下混凝土。

(3) 对混凝土的要求如下:

① 混凝土的生产量:混凝土在单位时间内的生产量应不少于按下式计算所得的控制量:

$$Q = nq \tag{11-7}$$

式中 Q——混凝土单位时间的生产量(m^3/h);

n——同时灌注的导管数目(根);

q——一根导管混凝土的需要量(m^3/h)。

每根导管在 1 h 内使水下混凝土面平均升高量,称为灌注速度。根据施工实践,沉井水下封底混凝土的最小灌注速度不宜小于 0.25 m/h。按此速度和导管的灌注面积,即可算出一根导管混凝土的需要量。

②混凝土用料和配合比:水泥强度为混凝土强度的 2 倍左右,初凝时间不宜少于 3 h,出厂 3 个月以上或受潮后的水泥不应使用;砂子宜选用中、粗砂;粗集料可用碎石或砾石,砾石较碎石为好,石子粒径一般采用 0.5~4 cm 为宜,粒径过大容易发生堵塞管路事故,所以最大粒径不得大于 6 cm,且不宜大于导管内径的 1/6~1/4,不宜大于钢筋净距的 1/4。

水下混凝土的配合比可视施工条件根据实验选定。一般选用配合比最佳时其强度比设计强度提高 10%~20%。水下混凝土应有足够的和易性和流动性,以便顺利地通过导管,并能在水下自动摊开。一般采用 18~22 cm 的坍落度,但在开始灌注时,为了保证导管底部立即被混凝土堆包围埋住,故坍落度减少至 16~18 cm 为宜。水下混凝土含砂率较高,一般为 45%~50%;水泥用量也较大,一般为 380~450 kg/m^3,如果掺用加气剂或减水剂等外掺剂时,水泥用量可适当减少,但也不宜小于 350 kg/m^3。

(4)施工要点。在施工设备上,除导管、漏斗、球塞及混凝土拌和设备外,尚需在井顶搭设灌注支架,以悬挂串筒、漏斗及导管。串筒长度应大于灌注中逐节拆除的导管中最长一节的长度,并据此确定支架的高度。在支架顶部设置灌注平台,平台上搭设有储存混凝土的料槽。水下混凝土封底施工布置如图 11-25 所示。

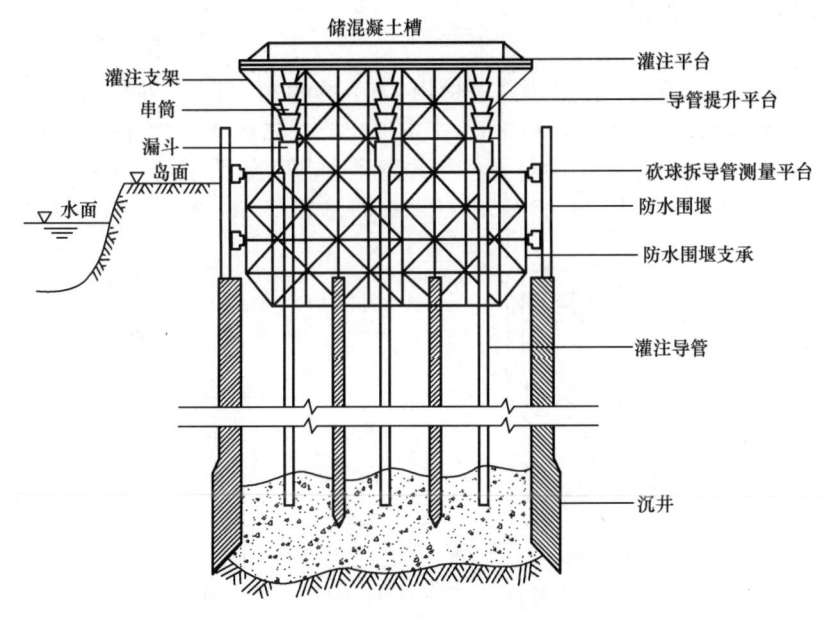

图 11-25 水下混凝土封底施工布置示意图

对灌注设备的要求,漏斗容量不宜太小,一般为 1~1.5 m^3,导管每节长 1~2 m,底节长度可采用 4~6 m,各节用法兰盘连接。要求导管顺直、严密、内壁无杂物、抗拉性能好,球塞应做通过试验。导管埋入混凝土的深度,应满足《公桥施规》第 11.5.4 条的规定。提升导管要做到慢升、快落,拆卸导管要快,一般不应超过20~30 min。

封底灌注工作应一次完成,不得中途停止。正常灌注间歇不宜大于30 min。

灌注完毕后,应将导管底提离混凝土面1.5~2.0 m,并用水将管壁上残留砂浆冲洗干净,以免混凝土终凝后导管无法拔出。

在灌注过程中,应经常不断地使用测绳测量水下混凝土面的上升情况,及时掌握导管埋置深度的变化及拆卸导管的时机。

(十)填充井孔及制作顶盖

当封底混凝土强度满足抽水后的受力要求时,先行抽水,井孔内水抽干后,即可填充井内圬工。如果井孔中不用圬工填充,应预制钢筋混凝土井盖,掩盖井孔,然后再灌注顶盖,接着在其上修筑墩、台身。

三、其他类型沉井施工

当沉井下沉较深,井壁又较薄,单靠常规的开挖方法难以下沉,或墩位处水深不易筑岛,或基底为倾斜度较大基岩时,一般均需采用特殊沉井类型。常用的方法有:泥浆套沉井、空气幕沉井、高低刃脚沉井及浮运沉井。以下仅介绍前两种方法。

(一)泥浆套沉井

在沉井外壁与土层间设置泥浆隔离层,可以大大降低井壁摩阻力,使井壁可以做得较薄,下沉深度可以加大。不用泥浆套时,沉井外壁摩阻力一般大于15 kPa;用泥浆套时,则可减少到3~5 kPa,其效果是显著的。但在沉井施工完毕后泥浆套难于破坏,外壁的摩阻力在很长时间内不能恢复到原土层的应有值,这无疑会降低沉井的承载能力。泥浆套设于沉井外壁底节台阶以上,厚10~20 cm,在沉井下沉的过程中,由压浆管将泥浆压注成形,如图11-26所示。

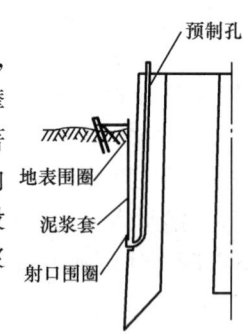

1.压浆设备

(1)压浆管。压浆管一般预埋在井壁内,为节约钢材,亦可在井壁内预制孔道(即在灌注混凝土时预埋钢管,在混凝土终凝之前,将钢管转动拔出形成孔道)。管径为$\phi 38 \sim \phi 50$,间距为3~4 m,射口方向与井壁呈45°角,如图11-27所示。在每节沉井顶预埋连接压浆管用的配件,如图11-28所示,压浆时将输浆管与连接配件相连即可。

图11-26 泥浆套沉井

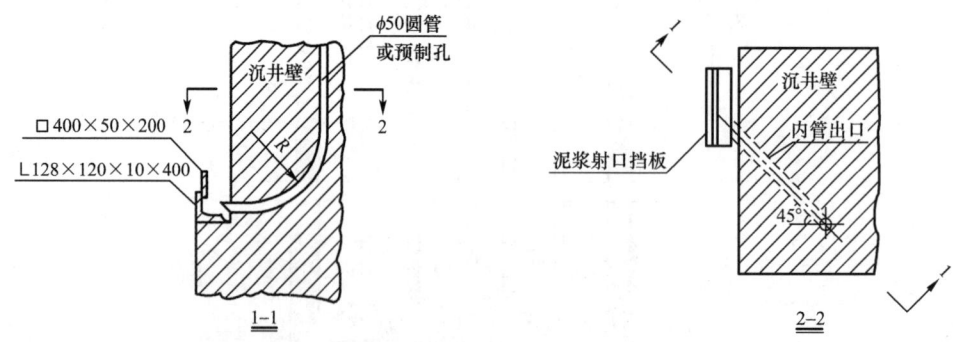

图11-27 泥浆射口挡板(尺寸单位:mm)

薄壁沉井中宜采用外管法,即压浆管布置在井壁内侧或外侧。如预留在井壁内的压浆管遭堵塞时,亦可用外管法补救。

(2)泥浆射口挡板。设置在底节沉井第一台阶的每根压浆管的出口,为防止泥浆直接喷射在土壁上,起到缓冲作用,或土壁局部坍落堵塞出浆口,可用角钢或钢板弯制,如图11-27所示。

(3)泥浆地表围圈。泥浆地表围圈是埋设在沉井外围保护泥浆的围壁,可用木板或钢板制作,图 11-29 所示为钢制泥浆地表围圈。泥浆地表围圈的作用是确保沉井下沉时泥浆套的正确宽度,防止表层土坍落在泥浆内。泥浆地表围圈的宽度即沉井台阶的宽度,其高一般在 1.5~2.0 m,顶面高出地面或岛面约 0.5 m,泥浆地表围圈外侧用不透水土分层回填夯实,上加顶盖,以防土石落入或流水冲蚀。

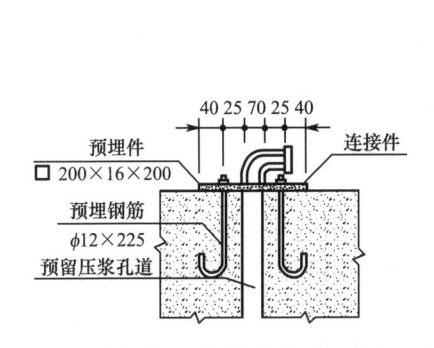

图 11-28 连接压浆管用的预埋件(尺寸单位:mm)   图 11-29 泥浆地表围圈(尺寸单位:cm)

2. 泥浆指标的选定

泥浆指标一般应根据不同的地层和施工的具体情况选定。

(1)黏土地层,结构紧密,地下水渗透缓慢,土体的侧压力大,宜选用比重(相对密度)大、失水量较小的泥浆。

(2)砂类卵石地层,颗粒间孔隙大,结构松散,地下水畅通,泥浆容易漏失,宜选用高黏度、高静切力、小比重的泥浆。

(3)砂类土的泥浆可介于上述两者之间。但在饱和的粉、细砂地层,为防止翻砂漏浆,宜用黏度和静切力均较高的泥浆。

3. 泥浆的配制、压送

泥浆指标选定后,可按以下配合比(重量比)进行试配:黏土 35%~45%,水 55%~65%,化学处理剂(碳酸钠等)0.4%~0.6%。加入化学处理剂的目的主要是改善胶体率,加入一定数量的优质黏土(膨润土)也可改善胶体率。

泥浆由拌浆机拌制,每盘拌和时间约 30 min,拌好后通过筛网过滤存于储浆池备用。储浆池容量一般取每节沉井需用泥浆的理论计算量。实际耗用量约为理论计算量的 1.5~2 倍,其差值在沉井下沉过程中拌制。当泥浆存放过久,表面出现泥皮时,可轻微洒水保养,冬季施工须采取保暖措施防止泥浆冻结。

泥浆用压浆泵逐孔压入泥浆套内,并随沉井的下沉而不断补浆,使泥浆面保持在地面以上。压浆泵启动压力约 0.7 MPa,正常压注时压力为 0.1~0.3 MPa,但在处理故障时,启动压力高达 1.5~2 MPa,为避免压浆泵检修时压浆中断影响下沉,一般安装 2 台压浆泵轮换使用。泥浆一般用 $\phi 75$ 钢管输送到墩位,然后用胶管连至压浆管,连接处设闸阀,能保证调换压浆孔时不停泵使用。

4. 施工注意事项

(1)用泥浆套下沉沉井,沉井容易偏斜,偏斜过大会挤坏泥浆套,施工中应特别注意对称均匀除土,防止偏斜。井顶或井底的最大水平位移值应控制在泥浆厚度以内,以免破坏泥浆套或泥浆地表围圈。井内除土,还应避免掏空刃脚下土层,以免造成通路,漏失泥浆,或沉井突然下沉,土壁坍落,破坏泥浆套。

(2)沉井吸泥下沉时,应特别注意向井内补水,使井内水位不低于井外,以免翻砂涌水,破坏泥浆套。吸泥机的出泥管应引至远离泥浆地表围圈,以免水进入泥浆套内。

(3)井内挖出的弃土应及时远运,以防止不均匀土压挤垮泥浆地表围圈或造成土壁坍塌。

(4)沉井下沉过程中,如发现泥浆面下降迅速,说明泥浆漏失,应压入流动度小、黏度和静切力大的泥浆,以稳定其漏失现象。若泥浆仍继续漏失,则不宜大量压浆,应让沉井下沉切断其通路,然后压入稠浆,以防再漏。

(5)对于井底置于土层的泥浆套沉井,可能沉井下至设计标高后,清基时因支承面积的减小而继续下沉。为防止这一现象的发生,应根据泥浆套的实际效果及地层情况,提前停止压入泥浆。

(6)对于孔隙大、易漏失泥浆的地层(如卵石、砾石等)以及容易翻砂坍塌破坏泥浆套的地层(如流砂层等),则不宜采用泥浆套下沉沉井。

(二)空气幕沉井

1. 空气幕沉井的特点及适用范围

空气幕沉井也称为壁后压气沉井,即在沉井外壁设置许多气龛,压缩空气通过井壁预埋管路从气龛的喷射小孔喷出,沿井壁上升至地表溢出,形成以空气和液化砂土组成的帷幕,使井壁和土壤间瞬时隔离,从而减小土对沉井外壁的摩阻力,使沉井顺利下沉。

空气幕沉井的特点:

(1)可以减薄井壁厚度,加大下沉深度并加快下沉进度;

(2)井壁摩阻力较泥浆套沉井容易恢复;

(3)下沉中沉降、停止容易控制;

(4)由于不需要泥浆地表围圈,可用于水中下沉沉井。

空气幕沉井宜用于地下水位较高的砂类土及黏性土层中。而卵石、砾石等颗粒间空隙过大的地层和硬黏土、风化岩等结构致密的地层,则因不易形成空气幕,不宜采用此法。

2. 压气系统

空气幕沉井在构造上增加了一套压气系统。压气系统决定着空气幕的效果,它由气龛、通气管路、空气压缩机、储气筒、输气管路等组成,如图11-30所示。分述如下:

(1)气龛。气龛是设置于沉井外壁上凹槽及槽中的喷气孔。凹槽的作用是保护喷气孔,避免与土壤直接摩擦以至损坏,并使喷出的高压空气有扩散空间,然后均匀地沿井壁上升,形成空气幕。气龛为空气幕沉井的关键设施,其形式很多,可设计成尺寸大小不同的桃形、半圆形、长方形等。

气龛的排列,应在沉井的下部密、上部稀。底部3~5 m范围内不设气龛,以免空气顺井壁下压过刃脚,引起沉井翻砂;顶部5~8 m因压气向上扩散起作用,也可不设气龛。据资料介绍,沉井下部宜每1.3 m²设一个,上部宜每2.6 m²设一个,上、下层交错排列,如图11-31所示。使用空气幕无经验时,为避免气孔堵塞,可适当加多至每1~1.6 m²设一个。

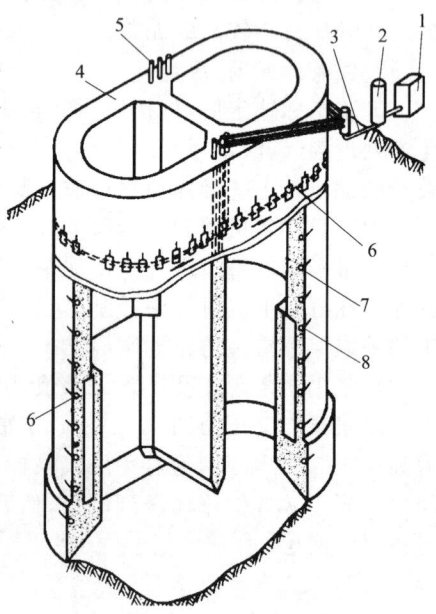

图11-30 空气幕沉井压气系统
1—空气压缩机;2—储气筒;3—输气管路;
4—沉井;5—竖直气管;6—环形气管;
7—气龛;8—气龛中的喷气孔

(2)通气管路。井壁内的预埋通气管路可紧贴气龛埋设。沉井拆模后,从井外钻通气孔。

预埋管可并排设置竖管,管下端设贮砂筒。这样,管路顺直,气压损失小,气孔进的砂粒和管内污染物可垂直坠落贮砂筒内,气龛不易堵塞,但管路较多,费用较大,逐节沉井拼接也较费事。为节省管路,也可设多层水平环形管,连接各层气龛,以竖管向水平环形管供气。为便于在沉井的一侧供气以纠正沉井偏斜,水平环形管应根据纠偏需要分为 2 或 4 段。每段两端应设贮砂筒,使进入管内的砂碴能吹到贮砂筒内。每根竖管可向邻近的几根水平环形管供气,但不宜多于 3~4 根。环形管间距一般取 1~2 m,环形管上的气孔位置宜上、下层相互错开。

预埋管可用钢管或塑料管,由于钢管的锈皮容易堵塞气龛且价格昂贵,宜用内径为 25 mm 的硬质聚氯乙烯管。塑料管老化后容易脆裂,应选用质量较好者。塑料管的焊接应妥善进行,防止在焊缝处断裂。

预埋管应在沉井外模完全立妥后装钉,以免模板走动致使管道断落变形。灌注混凝土时应用串筒引导混凝土入模,以免预埋管被混凝土打断。

3. 压缩空气的贮供

空气幕沉井以空气压缩机供风。一般下沉深度 40~50 m 以内的沉井,可用风压为 0.7~0.8 MPa 的压风机供风。风量和土层结构的紧密程度有关,结构紧密者耗气量小,反之则大。压风机必须配备总容量不小于压气时每分钟耗气量的贮风筒,以免压气时压力骤然降低影响压气效果甚至堵塞气孔。连通压风机、贮风筒和井顶竖管的压气管路应力求顺直、短捷、不漏气,尽可能减少压力损失。用空气幕下沉沉井,沉井外壁摩阻力在压气时减小,停气时基本恢复,无须在施工时全过程不停地供气,而是除土与压气下沉轮番进行。由于除土和压气不同时,除土用的空气吸泥机可和压气共用一套供风设备。

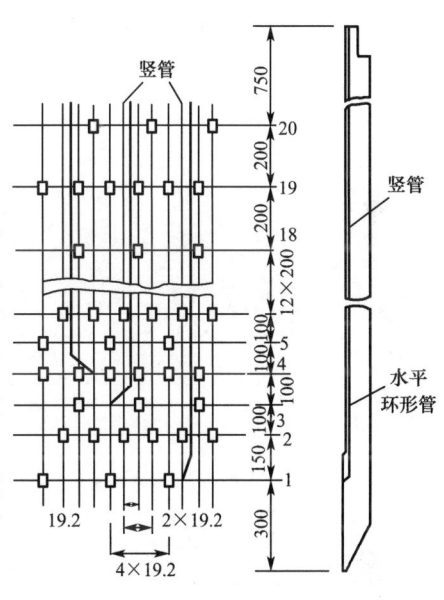

图 11-31 气龛排列图(尺寸单位:cm)

4. 施工注意事项

(1)除土到刃脚下正面阻力基本消除时压气,沉井可顺利下沉。如除土不够,正面阻力过大,沉井难以下沉;除土过深,压气时空气被压入井内,将引起翻砂,酿成事故。除土不够,沉井不下沉时,可加深除土后再压气。施工中应严格控制除土深度,掌握少除土、勤压气的原则,并注意均匀除土,防止沉井倾斜。一般情况下,砂土地层,沉井中部土面低于刃脚 0.5~1.0 m 时即应压气下沉。

(2)压气时应尽可能使用压风机的最大风压以保证压气效果。开气顺序应从上至下,并向沉井四周同时送气,以免空气压入井内引起翻砂或导致沉井倾斜。每次压气时间不宜过长,一般在 10 min 左右,压气时间过长不仅对下沉无效,且对土的扰动太大,停气后气龛容易堵死。

(3)保证气龛不被堵塞是空气幕下沉的关键。因此,除在预埋管的端部设置贮砂筒外,全部压气管路应在安装前吹净管内泥砂杂物,安装后须经试气检验;气龛钻孔时,孔边毛刺应妥善清除干净,压气下沉后停气时,必须尽量缓慢减压,防止泥砂倒流堵塞气龛。

(4)控制及调整沉井的倾斜和位移,可利用分段设置的压气管路,根据需要分段进行压气。

复习思考题

1. 沉井基础由哪几部分组成？各部分的作用是什么？
2. 沉井基础与明挖基础相比，有何特点？试述沉井基础的适用范围。
3. 试述沉井基础的类型及其构造要求。
4. 辅助沉井下沉的方法有哪几种？试述各种方法的基本原理。
5. 底节沉井制造时，铺设支垫的基本要求是什么？
6. 沉井下沉过程中会遇到哪些问题？如何处理？
7. 沉井接高过程中应注意哪些问题？
8. 试述灌注水下封底混凝土应注意的事项。
9. 泥浆套沉井与空气幕沉井的特点与适用条件是什么？

第十二章 桩基础

重点提示

主要介绍桥涵桩基础的类型和构造；桩基础设计的基本方法；桩基础的施工方法；桩基础的检测和施工质量控制。桩基础是目前桥梁工程使用最广泛的基础形式，是学习的重点。

桩基础是由许多根各种材料（木、钢筋混凝土或钢材等）做成的细长柱体（即桩），打入土中，或先在桩位上造孔，再灌注混凝土或钢筋混凝土桩，然后在桩顶上修筑承台，使各根桩相互起共同支承作用的基础形式，如图 12-1 所示。桩的沉入对地基土是起密实作用的，但桩的主要作用是将上部荷载传递到深层的土中去，因此应该将桩看成是基础的一种类型，称为桩基础。近年来，随着钻、挖孔灌注桩的出现和施工机械、工艺的不断改进，桩基础在桥梁、水利、港口工程等方面的使用更为普遍。

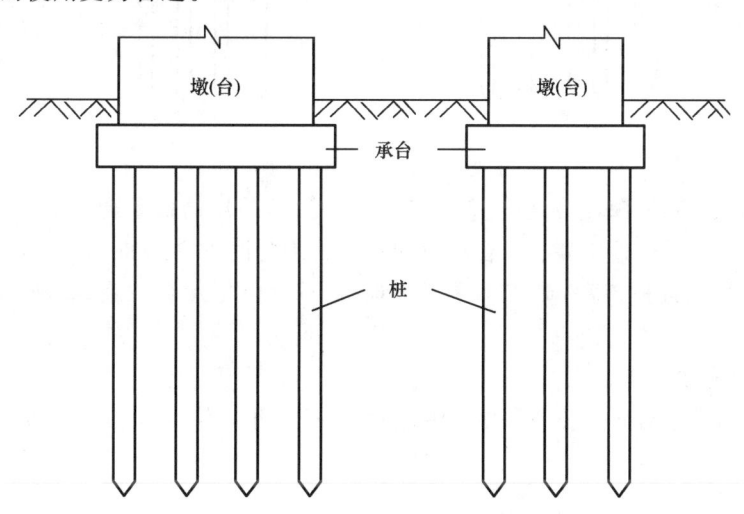

图 12-1 桩基础示意图

桩可以承受压力、水平力，也可承受拉力，桩的制作方法可以是工厂预制、工地预制，也可以就地灌注，桩的长度可长可短，容易适应持力层面高低不平的地形变化，所以桩基础适用于不同的施工条件和荷载情况。

桩基础一般在下列情况下采用：

（1）地基上部的土层松软，而上部荷载较大，适宜的持力层埋藏较深时。

(2)河床的冲刷深度较深,以及岩层面很不平整时。

(3)需要减少建筑物的沉降,而将荷载通过桩传至下卧坚硬土层时。

上述情况,有时也可采用其他深基础(例如沉井),但是桩基础材料用量少,施工快,地面作业安全,同时桩在工厂预制和定型化生产质量较高,施工也可全盘机械化。

第一节 桩基础的类型与构造

一、桩基础的类型

(一)按承台的位置分类

桩基础按承台的位置可分为高承台桩基础(或称为高桩承台)和低承台桩基础(或称为低桩承台)两种,如图12-2所示。通常将承台底面置于地面或局部冲刷线以下的桩基称为低桩承台,如图12-2(a)所示;承台底面高出地面或局部冲刷线的桩基称为高桩承台,如图12-2(b)所示。高桩承台的位置较高,可减少墩台的圬工数量,施工较方便。然而在水平力的作用下,由于承台及部分桩身露出地面或局部冲刷线,减少了承台及自由段桩身侧面的土抗力,桩身的内力和位移都将大于低桩承台,在稳定性方面也不如低桩承台。

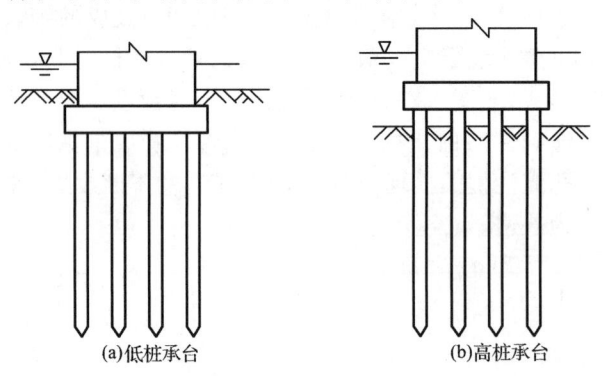

图12-2 低桩承台和高桩承台

当常年有水、冲刷较深,或水位较高、施工困难时,常采用高桩承台方案。另外,对于受水平力较小的小跨度桥梁,选用高桩承台很可能是较为理想的方案。处于旱地上、浅水岸滩或季节性河流的墩台,当冲刷不深,施工不是很困难时,选用低桩承台方案,有利于提高基础的稳定性。

(二)按成桩方法分类

按成桩方法,桩基础可分为预制沉桩和就地灌注桩两大类,或非挤土型桩、部分挤土型桩和挤土型桩。

1. 预制沉桩

预制沉桩是将预制的木桩、钢筋混凝土桩、预应力混凝土桩、钢桩,用锤击、振动、射水等方法沉入土中,使该处的地基变得更密实,以增大其承载能力。

(1)打入桩是用打桩机具将各种预制沉桩打入地基内所需达到的深度,这种桩适用于桩径较小,地基土为中密或稍松的砂类土和可塑性的黏性土的情况。

在软塑黏性土中也可用重力将桩压入土中,称为静力压桩。此种施工方法可免除锤击的影响,在软土地区较为有利。

(2)振动下沉桩是将大功率振动打桩机安装在桩顶(钢筋混凝土桩或钢管桩),利用振动力克服土对桩的阻力使桩沉入土中。它适用于较大桩径,地基土为砂类土、黏性土和碎石类土的情况。

2. 就地灌注桩

就地灌注桩是先在桩位处造孔,然后就地灌注钢筋混凝土形成桩。

(1)钻孔灌注桩是用钻孔机具造孔,在孔内放入钢筋骨架,灌注桩身混凝土成桩。它的特点是施工设备简单、操作方便,适用于各种砂类土、黏性土,也适用于碎石层、卵石层和岩层。我国建成的钻孔灌注桩已深达百米。

(2)挖孔灌注桩是用小型机具或人工在地基中挖出桩孔,然后在孔内放入钢筋骨架,灌注混凝土成桩。其特点是不受设备限制,施工简单,桩的横截面可以做成较大尺寸。适用于无水或渗水量较小的土层,在地形狭窄、山坡陡峭处采用挖孔桩较钻孔桩或明挖基础更为有利。但挖孔桩入土深度常受到限制,很少采用20 m以上的深度。

此外,还有打入式灌注桩(即先打入带有桩尖的套管成孔,然后边拔套管边灌注混凝土成桩)、桩尖爆扩桩(即成孔后用爆破的方法扩大桩底支承面积,增大桩的容许承载力)的施工方法。这些方法在桥梁桩基础中较少采用。

(三)按桩基础的承载性状分类

1. 端承型桩

如图12-3(a)所示,桩顶荷载主要由桩端阻力承受,并考虑桩侧阻力的桩称为端承型桩。

2. 摩擦型桩

如图12-3(b)所示,桩顶荷载主要由桩侧阻力承受,并考虑桩端阻力的称为摩擦型桩。

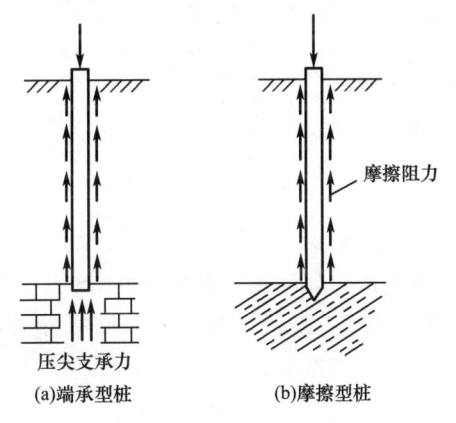

图12-3 柱桩与摩擦桩

端承型桩和摩擦型桩由于在土中的工作条件不同,故在设计时所采用的方法和有关参数也不一样。

(四)按桩轴的方向分类

1. 竖直桩桩基础

当墩台所受的水平力不大,无须设置斜桩时,则采用全部为竖直桩的桩基础,如图12-4(a)所示。

2. 带斜桩的桩基础

当墩台所受的水平力较大,则需加斜桩。这种既有竖直桩又有斜桩的桩基础,称为带斜桩的桩基础。根据水平力的大小和方向,可设置单向斜桩(图12-4(b))、双向斜桩(图12-4(c))和多向斜桩。

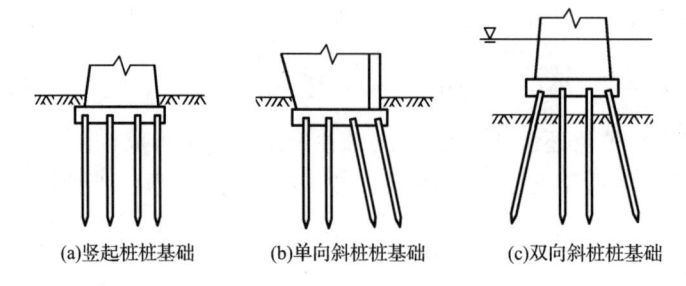

(a)竖起桩桩基础　(b)单向斜桩桩基础　(c)双向斜桩桩基础

图 12-4　桩轴方向不同的桩基础

(五)按桩的布置形式分类

1. 单桩或单排桩桩基础

当桩基础只有单根或仅在与水平力作用平面相垂直的同一平面内有若干根桩时,称为单桩或单排桩桩基础,如图 12-5(a)、图 12-5(b)所示。

2. 多排桩桩基础

基桩排列的行数和列数均不小于 2 的桩基础,称为多排桩桩基础,如图 12-5(c)所示。

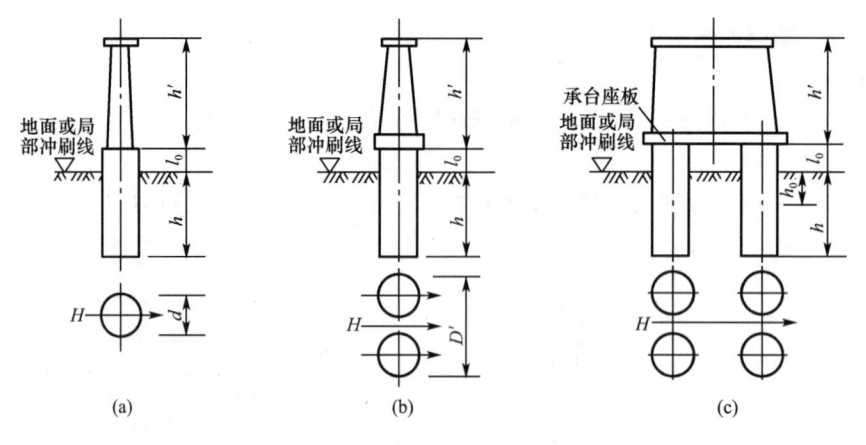

图 12-5　桩基础的布置形式

此外,桩基础还有很多分类方法。如果按桩身的材料分类,有木桩、混凝土桩、钢筋混凝土桩、预应力混凝土桩、钢桩和混合桩等。如按桩身的截面形状分类,有圆柱形、方柱形、多边柱形、宽边 H 形等。

二、桩基础的构造

(一)桩的构造

1. 就地灌注钢筋混凝土桩的构造

钻(挖)孔桩是就地灌注的钢筋混凝土桩,桩身常为实心截面,桩身混凝土强度等级不应低于 C25,当采用强度标准值 400 MPa 及以上钢筋时不应低于 C30。钻孔桩直径宜采用 0.8 m、1.0 m、1.25 m 和 1.5 m。挖孔桩的直径或边宽不宜小于 1.2 m。桩内钢筋应按照内力和抗裂性的要求布设,并可根据桩身弯矩分布分段配筋。为保证钢筋骨架有一定的刚度,便于吊装及保证主筋受力的轴向稳定,主筋不宜过少,钢筋直径不宜小于 16 mm,每桩的主筋数量不应少于 8 根,主筋净距不应小于 80 mm 且不应大于 350 mm。配筋较多时可采用束筋,束筋的单根钢筋直径不应大于 36 mm,束筋的单根钢筋根数当其直径不大于 28 mm 时不应多于 3 根,当其直径大于 28 mm 时应为 2 根。闭合式箍筋或螺旋筋直径不应小于主筋直径的 1/4 且不应小于 8 mm，其中距不应大于主筋直径的 15 倍，且不应大于 300 mm。顺钢筋笼长度每隔 2.0～2.5 m 加一道直径为 16～32 mm 的加劲箍。主筋的净保护层不应小于 60 mm。

2. 预制钢筋混凝土桩、预应力混凝土桩

预制钢筋混凝土桩或预应力混凝土桩多为工厂用离心旋转法制造的空心管桩，桩径有 400 mm 和 550 mm 两种，混凝土强度为 C30 以上，桩内钢筋由纵向主筋和箍筋组成。管桩在工厂中分节预制，每节长 4～12 m，用钢制法兰盘和螺栓接头，桩尖节单独预制。

工地预制钢筋混凝土桩多为实心方形截面，通常当桩长在 10 m 以内时横截面尺寸为 0.3 m×0.3 m，桩身混凝土强度不低于 C25，桩身配筋应按制造、运输、施工和使用各阶段的内力要求配筋，桩顶处因直接承受锤击应设钢筋网加固。

(二) 桩的平面布置

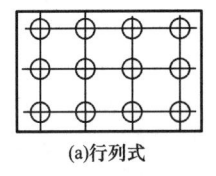

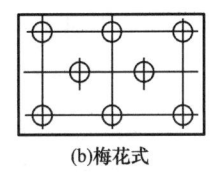

图 12-6 桩的平面布置

(a) 行列式　　(b) 梅花式

桩在承台中的平面布置多采用行列式，以便于施工放样，如果承台底面积不大，而需要排列的桩数较多，宜采用梅花式或环形排列，如图 12-6 所示。

桩的排列要考虑到减少对土体结构的破坏及施工的可能性，故桩间的最小中心距离应满足《桥规》的规定：

打入桩的桩尖中心距不应小于 3 倍桩径。振动下沉于砂类土内的桩，其桩尖中心距不应小于 4 倍桩径。桩尖爆扩桩的桩尖中心距，应根据施工方法确定。上述各类桩在座板底面处桩的中心距，不应小于 1.5 倍桩径。

钻（挖）孔灌注摩擦桩的中心距，不应小于 2.5 倍成孔桩径，钻（挖）孔灌注柱桩，其桩的中心距不应小于 2 倍成孔桩径。

对于各类桩的承台座板边缘至最外一排桩的净距，当桩径 $d \leqslant 1$ m 时，其值不得小于 $0.5d$，且不得小于 0.25 m；当桩径 $d > 1$ m 时，其值不得小于 $0.3d$，且不得小于 0.5 m。对于钻孔灌注桩，d 为设计桩径；对于矩形截面桩，d 为短边宽度。

(三) 承台的构造

桩基础承台的平面形式和尺寸，取决于墩台身底部的形式和尺寸，也和桩的布置及桩的数量有关系。

承台一般为钢筋混凝土结构，其混凝土强度等级不应低于 C25，当采用强度标准值 400 MPa 及以上钢筋时不应低于 C30。承台座板的厚度和配筋应根据受力情况决定，其厚度不宜小于桩直径的 1.5 倍，且不宜小于 1.5 m，底板的底部应布置一层钢筋网，如图 12-7 所示。当基桩采用桩顶主筋伸入座板联结时，此钢筋网在越过桩顶处不得截断。当基桩采用桩顶直接埋入承台座板内，且桩顶作用于座板的压应力超过座板混凝土的容许局部承压应力时，应在每一根桩的顶面以上，设置 1～2 层直径不小于 12 mm 的钢筋网，钢筋网的每边长度不得小于桩径的 2.5 倍，其网孔为 100 mm× 100 mm～150 mm×150 mm（图 12-7）。

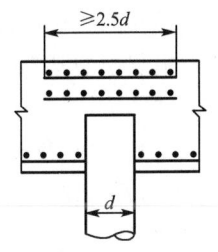

图 12-7 承台座板

(四) 桩与承台的联结

桩和承台的联结方式有以下两种：

1. 桩顶主筋伸入式

基桩桩顶主筋伸入承台座板内,如图12-8(a)、图12-8(b)所示,桩身伸入座板内的长度可采用100 mm。此时,桩顶伸入座板内的主筋长度(算至弯钩切点),对于HPB300钢筋不应小于40倍钢筋直径(设弯钩),对于带肋钢筋不应小于35倍钢筋直径(不设弯钩)。其箍筋的直径不应小于8 mm,箍筋间距可采用150～200 mm。伸入承台的主筋可做成喇叭型(图12-8(a))或竖直型(图12-8(b))。前者受力较好,特别是对受拉的桩有利;后者施工方便,特别对靠近承台边缘的桩布置有利。这种联结方式较牢固,多用于钻(挖)孔灌注桩。

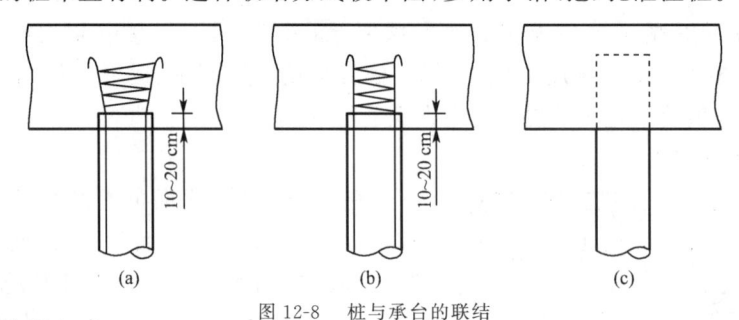

图12-8 桩与承台的联结

2. 桩顶直接埋入式

基桩桩顶直接埋入承台座板内(图12-8(c)),这种联结方式比较简单方便,多用于预应力钢筋混凝土桩和普通钢筋混凝土桩。为保证联结可靠,其桩顶埋入长度应满足下列规定:

(1)当桩径小于0.6 m时,桩顶埋入长度不得小于2倍桩径;
(2)当桩径为0.6～1.2 m时,桩顶埋入长度不得小于1.2 m;
(3)当桩径大于1.2 m时,桩顶埋入长度不得小于桩径。

承受拉力的桩与座板的联结,必须满足受拉强度的要求。嵌入新鲜岩面以下的钻(挖)孔灌注桩,其嵌入深度应根据计算确定,但不得小于0.5 m。

第二节 钻孔灌注桩基础施工

一、施工方法及程序

(一)钻孔桩基础的特点及适用范围

钻孔灌注桩简称为钻孔桩。钻孔桩基础施工作业简单,陆地、水中均可施工。对于处理复杂的地层中的基础,有显著的优点。与明挖基础比较,钻孔桩工作量小,能节省劳动力,对渗水量大的基坑,可避免大量的抽水工作,变水下作业为水上作业,改善劳动条件;与打入桩比较,桩径较大,桩周摩擦力大,因而承载力也大,可以穿过漂石、卵石、砾石等地层,并嵌固到基岩内,不需要模板,用料较省;与沉井比较,圬工量小,遇有大孤石和倾斜岩层时也容易处理,工期短、成本低。

(二)钻孔机具的选择

钻孔桩施工时常用的钻机有冲击式钻机、旋转式钻机、冲抓式钻机、旋挖式钻机等。

冲击式钻机对地层的适应性强,对岩层、坡积岩堆、漂砾、卵石等地层钻孔效率较高。在砂黏土、黏砂土地层效率较低。

旋转式钻机适用于砂黏土、黏砂土及风化砂页岩和卵石含量小于20%、粒径小于5 cm的土夹石地层。

冲抓式钻机适用于砂黏土、黏砂土及砂类卵（砾）石地层。

旋挖式钻机利用旋挖钻斗、短螺旋钻头、岩石筒钻互相配合，可用于各种土质地层、砂性土、砂卵砾石层和中等硬度以下基岩中钻孔。

根据地层及施工单位既有机具设备等情况，考虑选择钻孔机具的类型。

(三)主要施工程序

旋转式钻机的施工程序可参照图12-9进行。

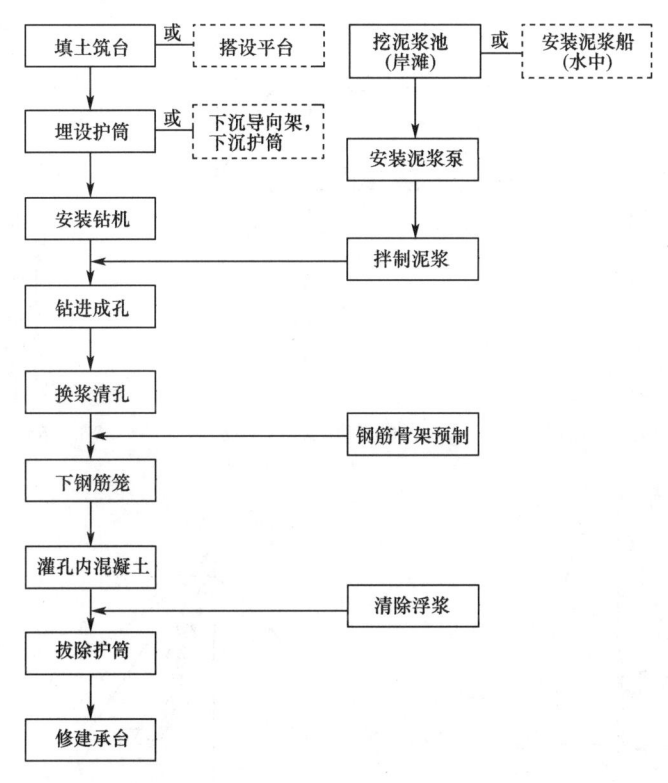

图12-9 旋转式钻机的施工程序

冲击式钻机钻进时的施工程序可参照图12-9。拌制泥浆工序可省略，但钻进和抽碴应间隔进行。

二、钻孔机械简介

(一)钻机

1.旋转式钻机

旋转式钻机按泥浆循环方式不同分为正循环旋转式钻机和反循环旋转式钻机两种。

(1)正循环旋转式钻机。将泥浆池的泥浆经由普通胶管吸入泵内，开动泥浆泵以1 200~4 000 kPa的压力通过高压胶管、空心钻杆，随钻头旋转，从钻头下部两侧喷出，冲刷孔底。高压泥浆起破坏孔底土层，保护孔壁及悬浮钻碴的作用。钻碴与泥浆混合在一起沿钻孔上升，从护筒口排出，流入沉淀池，钻碴沉积下来，较纯净的泥浆流回泥浆池，再由泥浆池打入钻孔内，如此形成一个工作循环，如图12-10(a)所示。和这种方式相似的，不在钻杆内腔运行泥浆的机械旋转钻，它的钻杆外侧设有一根胶皮管或钢管输送泥浆，辅助排碴。因不要求钻杆接头严密不漏浆，故钻杆的加工制作较为简易。

(2) 反循环旋转式钻机。其工作原理是利用真空泵抽去循环系统管道的空气,使其产生负压,夹带钻碴的泥浆经钻头、空心钻杆、胶管等进入泥浆泵,再由泥浆闸阀排出,流入沉淀池,沉淀后较纯净的泥浆又流回泥浆池。因为泥浆的循环路线与正循环恰好相反,故称为反循环。这种钻机的优点是:排碴快,并能吸出粒径较大的钻碴,可用于粗砂、砾砂和砂夹卵石地层中钻孔,如图 12-10(b)所示。

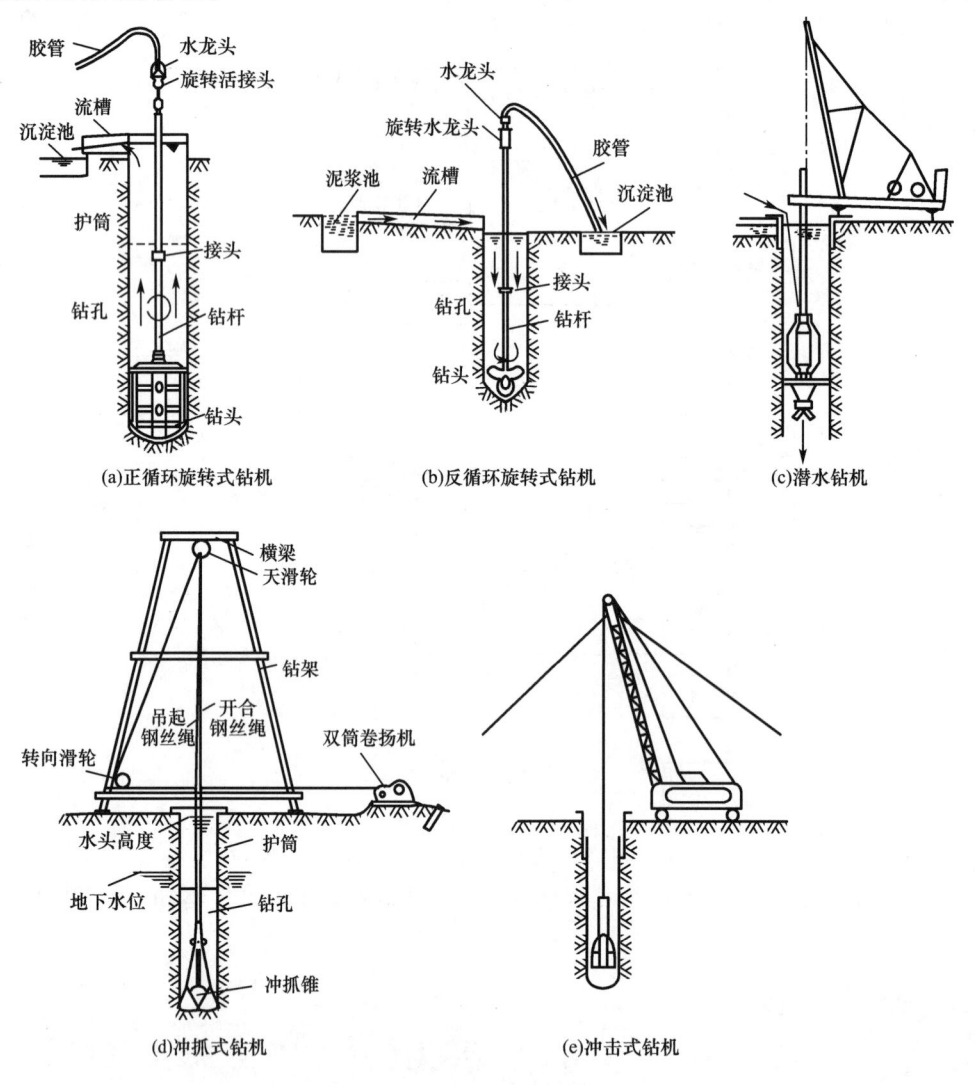

图 12-10 几种常见钻机

正循环旋转钻孔使用的钻机有磨盘钻、XJ-100 型钻机、SPJ-300 型钻机等。反循环旋转钻孔使用的钻机有 Z-3 型桥用钻机、爬杆式旋转钻机等。

2. 潜水钻机

潜水钻机配有排碴的潜水电钻。它结构简单,耗功和噪音小,是一种较有发展前途的钻机,如图 12-10(c)所示。

3. 冲抓式钻机

冲抓式钻机按操作方法可分为单绳冲抓和双绳冲抓两种,一般均使用简易钻架操纵,如图 12-10(d)所示。

4. 冲击式钻机

冲击式钻机在公路桥梁钻孔桩基础施工中广泛采用,如图 12-18(e)所示。常用的冲击式钻机有 CZ-30 型、CZ-22 型、CZ-20 型及简易钻机等。

5. 旋挖式钻机

旋挖钻成孔技术是近几年发展起来的一种新型钻孔灌注桩成孔技术。旋挖式钻机是通过短螺旋钻头、旋挖钻斗、岩石筒钻将岩土挖松并直接提钻带出孔外,并且可以把粒径较大的卵砾岩块等直接带出孔外。因此,旋挖钻成孔技术具有成孔速度快、适用性强、沉渣少等优点。

目前常用的旋挖钻机有德国宝峨公司生产的 BG-22、BG-25 系列等;北京三一重机有限公司生产的三一 SR 系列(图 12-11);安源重工机械厂生产的 AD80、AD220、AD150 系列等。

德国宝峨 BG-25 型旋挖钻机是一种适合建筑基础工程中成孔作业的施工机械。该系列钻孔机采用液压履带式伸缩底盘、自行起落可折叠钻桅、伸缩式钻杆,是带有垂直度自动检测和调整及孔深数码显示等全液压自带动力的全新液压钻机,一般整机操纵采用液压先导控制、负荷传感,具有操作轻便、舒适等特点。该类型钻孔机主要功能为上车钻孔作业和下车移动行驶,两部分通过换向阀互锁。下车移动行驶工作由马达带动减速机实现底盘的行走、转向、制动等功能。通过控制底盘的伸缩油缸用以改变履带中心距。

图 12-11 三一 SR 系列旋挖式钻机

钻孔作业时首先调整两级变幅油缸,使钻机对准钻孔位置;根据垂直度检测情况手动或自动调节钻桅的垂直度,直到达到要求为止;然后操作动力头带动钻杆旋转,同时进行加压,当进尺接近钻头高度时提升钻杆,此时主卷扬回转,加压油缸同时提升,当钻头提升至地面后转台回转至地面的抛土位置,若为短螺旋钻头则动力头减速机换快挡或用第三减速机实现抛土作业,若为回转斗钻头则需通过撞击动力头下挡板使回转斗下端开启,实现抛土作业。钻孔深度由电气数码显示,当作业至要求深度后即可停止。下放护壁套筒时,可由动力头下挡板直接压入或由动力头驱动将护筒旋入地下,这样可提高成孔质量。

运输钻机时可将钻桅下放至水平位置,鹅头部分和下端动力头折叠,根据牵引车载重情况也可将配重拆下,此时履带横向缩回至最小距离,这样钻机即可自行至牵引车上进行运输。

(二)钻头

1. 冲击钻钻头

冲击钻钻头由锥身、刃脚和转向装置三部分组成。锥身提供冲锥所必需的重量和冲击动能,并起导向作用。刃脚位于冲锥底部,是直接冲击破碎地层的部件。转向装置位于锥顶,与起吊钢丝绳(也叫大绳)联结,使冲锥灵活转动。

目前施工中常用的有十字形钻头、人字形钻头、工字形钻头及管式钻头。现仅对十字形钻头(图 12-12)作详细介绍。

钻头自重按钻机确定,钻刃直径 D 以设计孔径的大小为标准,高度在 1.5~2.5 m 范围内,其高度必须与重量和直径相适应,用以保证冲钻时的稳定和导向作用。钻头的造型好坏,对钻速影响很大,一个好钻头应具备

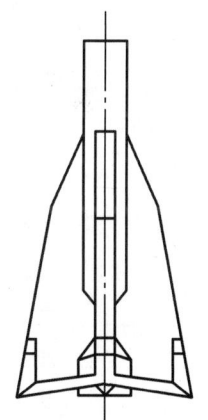

图 12-12 十字形钻头

下列条件：

（1）钻头重量应等于或稍小于钻机允许最大吊重，使单位长度钻刃上的冲击压力增大，有利于提高钻速。

（2）有高强耐磨的钻刃，钻刃直接与土层接触并将其破碎，以达到钻进的目的，刃口容易磨损，特别是遇到坚硬地层时更易磨钝卷口。因此，钻刃必须采用优质钢材加固，用工具钢、弹簧钢和高锰焊条，补焊钻刃，以提高其耐磨程度。

（3）用无钻杆接头的整体短钻杆，以免接头松脱掉钻，且重心低，稳定性好，易于检查。

（4）要想得到圆整的桩孔，需要钻头每冲击一次，转动一个角度，因此应在锥顶设置一个转向装置。常用的转向装置有合金套、转向套、转向环、绳帽套等四种，如图12-13所示。

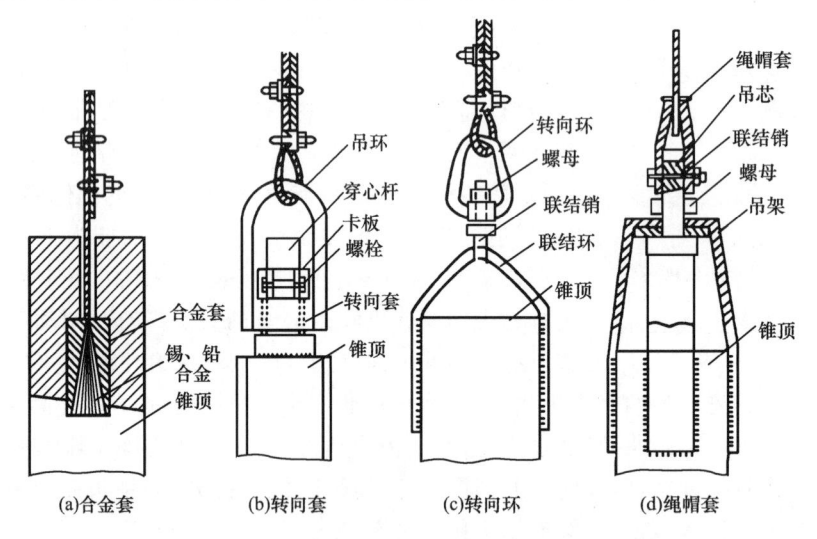

图12-13 转向装置

（5）钻头截面变化要平缓，使冲击应力不集中，不易开裂折断。

（6）钻头上应焊有便于打捞的装置，如图12-14所示。

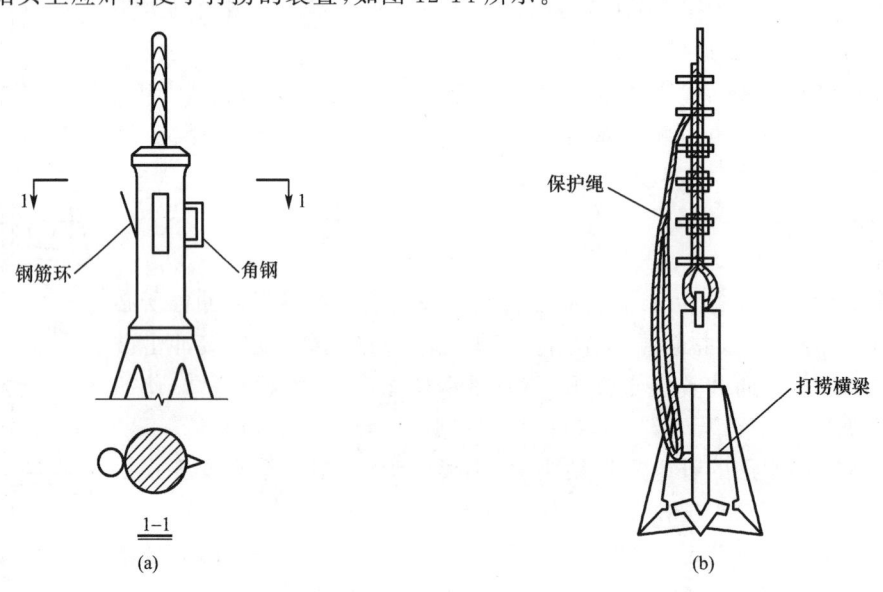

图12-14 钻头上的打捞装置

2. 冲抓钻钻头(冲抓锥)

冲抓锥是靠冲击作用使锥瓣切入土石,并由锥瓣直接抓取土钻进成孔的。这种成孔方法使用泥浆的目的是护壁而不是浮碴。按操纵锥瓣开合方法的不同,冲抓锥分为双绳和单绳两种形式。按冲抓锥构造分为三瓣、四瓣和六瓣三种,图12-15所示为六瓣双索冲抓锥。

3. 旋转钻钻头

旋转钻孔所用的钻头形式有很多种,现仅介绍一种鱼尾钻头的形式。

鱼尾钻头(图12-16)用50 mm钢板制作。钢板中部切割成宽度同圆钻杆接头相等而长度为30 cm的豁口。把钻杆接头嵌进豁口并焊连在一起。为增加钻头的刚度,在钢板两侧各焊3~4片加劲肋,另在钢板两侧钻杆接头的下口各焊一段90 mm×90 mm角钢,形成方向相反的两个出浆口。鱼尾的两道侧棱应镶焊合金钢,提高其耐磨性能。鱼尾钻头适用于黏土、粉砂土,中、细、粗砂;在砂卵石或风化岩中比其他形式钻头有较高的钻进效果。但是它的导向性能差,常出现梯级倾斜。

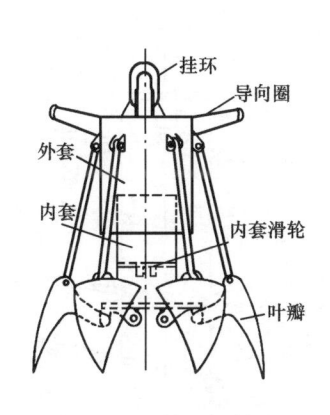

图12-15 六瓣双索冲抓锥　　图12-16 鱼尾钻头

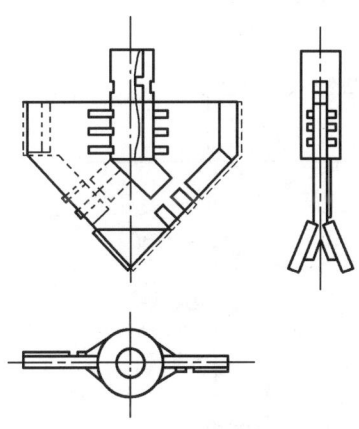

4. 旋挖钻钻头

旋挖钻成孔是利用螺旋钻头旋转将岩土疏松并旋入钻斗或螺旋叶片之间,然后通过提钻将岩土提出孔外卸掉。旋挖钻具主要有旋挖钻斗、短螺旋钻头、岩石筒钻三大类。根据工程的地质情况,选用不同的钻具。

(1)旋挖钻斗。主要用来钻进较软的第四纪地层,还用于钻孔清碴。针对地层情况制订不同的斗齿焊接角度。钻斗的筒体及底板均采用强度高、耐磨性能好的合金板制作。根据钻进不同地层,切削具可设计为耐磨合金钢铲式直斗齿和旋转斗齿、子弹头截齿以及斗齿与截齿混装三种形式。图12-17和图12-18分别为具有单层底板和双层底板的钻斗。单层底板钻斗适合钻进黏性地层及胶结性强的地层;双层底板钻斗适合钻进砂土层及胶结性差的卵砾石层。

图12-17 单层底板钻斗　　图12-18 双层底板钻斗

(2)短螺旋钻头。钻头的选择和使用是影响施工效率的重要环节。钻进硬地层的嵌岩短螺旋钻头结构如图 12-19 所示,由法兰、芯轴管、主螺旋叶片(导向螺片)和引导螺旋叶片(锥片)构成。常用的嵌岩短螺旋钻头按结构形式又可分为单锥单螺短螺旋钻头、双锥单螺短螺旋钻头和双锥双螺短螺旋钻头。单锥单螺短螺旋钻头(图 12-19)是指由一组主螺旋叶片(导向螺片)和引导螺旋叶片(锥片)组合而成的短螺旋钻头。双锥双螺短螺旋钻头(图 12-20)是指由两组主螺旋叶片(导向螺片)和两组引导螺旋叶片(锥片)组合而成(图 12-20)。双锥单螺短螺旋钻头则是由一组主螺旋叶片(导向螺片)和两组引导螺旋叶片(锥片)组合而成的短螺旋钻头。其他还有非整螺整锥的钻头形式,一般较少采用。单锥单螺短螺旋钻头的叶片间距等于导程,双锥双螺短螺旋钻头的叶片间距等于 1/2 导程。引导螺旋叶片上部有切削具,承担钻进碎岩和排土(石)的任务,平螺旋叶片具有导向和排土(石)的作用。切削具一般为头部镶焊有钨钴硬质合金的截齿。

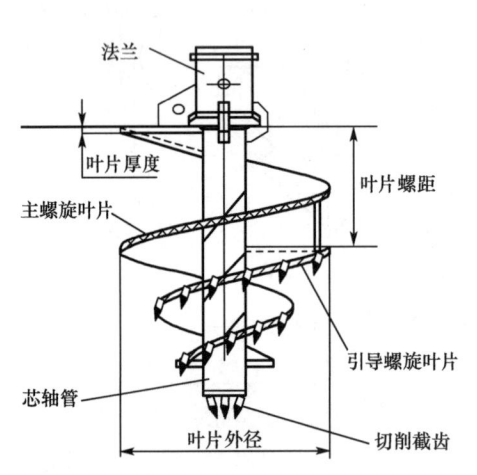

图 12-19 嵌岩短螺旋钻头结构

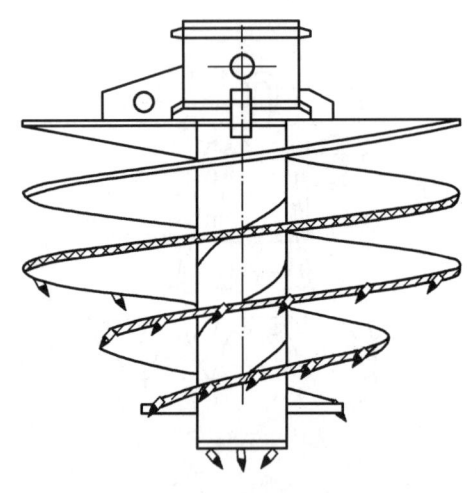

图 12-20 双锥双螺短螺旋钻头

短螺旋钻头的工作原理:钻进过程中,首先在钻压下,位于芯轴管底端的中心齿在孔底中心"掏槽",形成破碎自由面,位于引导螺旋叶片上的切削具跟进,形成锥形的钻孔,钻进中钻齿形成的轨迹线在孔底的投影是一组同心圆。岩屑和土、石等沿螺旋叶片反向上升,充满螺旋叶片之间后,被提钻带出孔,或落入孔中后用捞砂钻斗捞出。

(3)岩石筒钻。相对旋挖钻斗和短螺旋钻头来说,旋挖钻进施工一般较少用到岩石筒钻,如图 12-21 所示。对于硬度较大的基岩地层、大的漂石层以及硬质永冻土层,直接用短螺旋钻头或旋挖钻斗钻进都比较困难,需要岩石筒钻配合短螺旋钻头和双底板捞砂钻斗钻进。岩石筒钻分为取芯岩石筒钻和不取芯岩石筒钻两种。取芯岩石筒钻除了筒体下端焊有子弹头截齿外,筒体内壁上装有承托岩芯的合页片。不取芯岩石筒钻则没有承托岩芯的合页片。岩石筒钻的主要作用在于对孔内岩芯的圆周进行松动掏空,为以后下入嵌岩短螺旋钻头破碎岩芯创造破碎自由面。对于层理发育且各向异性的硬岩地层,用岩石筒钻配合嵌岩短螺旋钻头和双底板捞砂钻斗钻进,能有效地预防孔斜。

图 12-21 岩石筒钻

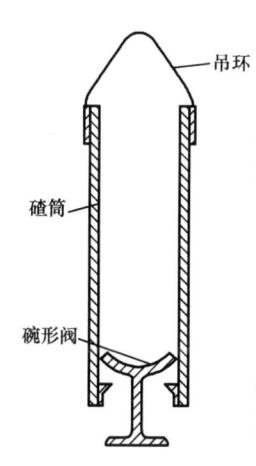

(三)抽碴筒

掏取孔内钻碴的工具称为抽碴筒(也称为掏碴筒),如图 12-22 所示。用 3~10 mm 厚钢板卷成直径为钻孔直径 40%~60% 的圆筒,高为 1.5~2.0 m。上面用直径 30 mm 左右的圆钢作成吊环,下面装有活门。

三、施工准备

(一)埋设护筒

埋设护筒的主要目的是固定桩孔位置,保护孔口地面,隔离地面水,并在钻孔内造成一定高度的水头,产生对孔壁的静水压力,以稳定孔壁,防止坍孔。

护筒宜采用钢板卷制。在陆上或潜水区筑岛处的护筒,其内径应至少大于桩 200 mm,壁厚应能使护筒保持圆筒状且不变形。护筒的埋设分岸滩无水河床和水中埋设两种情况。无水河床或岸滩埋设有挖埋与填筑两种方法。水中埋设有振动下沉、射水下沉和打入等几种方法。

图 12-22 抽碴筒

当地下水位在地面以下超过 1 m 时,用挖埋法比较简便,如图 12-23 所示。

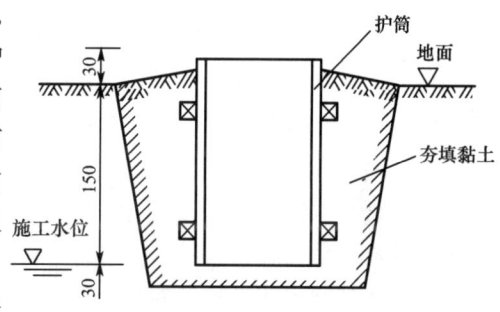

图 12-23 挖埋护筒(尺寸单位:cm)

在砂土、粉砂土和砂砾等松散河床挖埋护筒时,先在桩位处挖出比护筒高度深 30~50 cm,直径比护筒大 40~50 cm 的圆坑,然后在坑底填筑 30~50 cm 厚的黏土,分层夯实,以备安设护筒。

在黏性土中挖埋时,坑的直径与上述相同,坑深则与护筒相等,坑底稍加平整。通过定位的控制桩拉线放样,把钻孔的中心位置标于坑底。把护筒放进坑内,用十字架找出护筒的圆心位置。移动护筒使其圆心与坑底的钻孔中心位置重合,另用水平尺校正,使护筒直立,然后在护筒四周对称地均匀回填最佳含水量的黏土,并对称夯实。在砂砾地层埋设时,更应夯埋密实,以免回填黏土与砂砾交界处漏水。回填夯实第一层土后,应检查护筒位置是否正确,才能继续夯填。

在含水量较大的粉砂土或软土中埋设护筒时,应将该部分土挖除,换填好土。若松散的土层很厚,不可能全部换填时,应在坑底垫一层较厚的好土;也可在护筒中部外侧用方木做成井字架夹持护筒,一起埋于土中,也可用钢丝绳把护筒捆住。系牢于地垄木,防止护筒陷落。

当地下水位较高,挖埋比较困难时,可用填筑法,如图 12-24 所示。

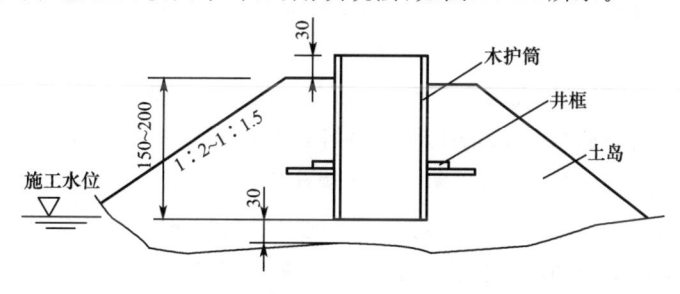

图 12-24 填埋护筒(尺寸单位:cm)

填筑的土岛高度应使护筒顶端比地下水位或施工水位高 1.5 m 以上。土岛边坡以 1∶2～1∶1.5 为宜。顶面宽度应满足钻孔机具布置的需要并便于操作。

护筒在埋设定位时,除设计另有规定外,护筒中心与桩中心的平面位置偏差应不大于 50 mm,护筒在竖直方向的倾斜度应不大于 1%;对深水基础中的护筒,在竖直方向的倾斜度宜不大于 1/150,平面位置的偏差可适当放宽,但应不大于 80 mm。

护筒顶宜高于地面 0.3 m 或水面 1.0～2.0 m,同时应高于桩顶设计高程 1 m。在有潮汐影响的水域,护筒顶应高出施工期最高潮水位 1.5～2.2 m,并应在施工期间采取稳定孔内水头的措施;当桩孔内有承压水时,护筒顶应高于稳定后的承压水位 2.0 m 以上。

护筒的埋置深度在旱地或筑岛处宜为 2～4 m,在水中或特殊情况下应根据设计要求或桩位的水文、地质情况经计算确定。对有冲刷影响的河床,护筒宜沉入施工期局部冲刷线以下 1.0～1.5 m,且宜采取防止河床在施工期过渡冲刷的防护措施。

除上述两种埋设方法外,如钻进中由于地质不良(产生流砂),加强泥浆护壁仍不能阻止孔壁坍塌,则应使用钢筋混凝土护筒或钢护筒,护筒必须随钻进逐节下沉,直达坚硬地层或设计标高为止。

(二)钻机就位

1.冲击式钻机就位

一般都是利用钻机本身的动力与安设的地锚配合,将钻机移动大致就位,再用千斤顶将机架顶起,准确定位,使起重滑轮、钻头和护筒中心在同一垂直线上,以保证钻孔的垂直度。钻机位置偏差不得大于 5 cm,对准桩位后,保持钻机平稳,用 15 cm×15 cm 的方木垫平,并在桅杆顶部对称钻机轴线上用四根缆风绳拴牢拉紧。

使用简易钻机时,则就地拼装钻架(有用三脚架、人字架和用万能杆件拼装的龙门架),使大致就位,从钻架顶上的起重滑轮(或称天轮)吊线,校正桩位,移动钻架,误差不得超过 5 cm,钻架要平稳牢固,防止发生偏沉现象。卷扬机要选择恰当的位置,不因钻架变位而移动,尽量用转向滑车来适应。

2.旋挖式钻机就位

立好钻架并调整和安设好起吊系统,使起重滑轮和固定钻杆的卡孔与护筒中心在同一垂线上,将钻头吊起,徐徐放进护筒内。启动卷扬机把转盘吊起,垫方木于转盘底座下。将钻机调平并对准钻孔。然后装上转盘,要求转盘中心同钻架的起吊滑轮在同一铅垂线上。在钻进过程中要经常检查转盘,如有倾斜或位移,应及时纠正。使用带有变速器的钻机时,要把变速器放平,安装在变速器板上的电动机轴心应和变速器被动轴心在同一水平线上。

(三)泥浆制备

钻孔中泥浆不仅可以保护孔壁不坍落,更重要的是在冲击法和旋挖法钻孔时,还有排碴的功用。根据实践,使用太稠的泥浆会增大钻头的阻力,因而影响钻进的速度,而且增加在孔壁或钢筋上的泥浆附着量,对受力不利,还会增加清孔工作的难度。反之,如泥浆太稀,排碴能力会受到影响,护壁效果也有所降低。因此应根据地层情况和施工方法,并考虑泥浆对孔壁和钢筋的附着等因素,选择恰当的泥浆指标(相对密度、黏度、含砂率、胶体率等)。

泥浆质量的好坏和制浆黏土的化学组成、黏粒的含量及黏粒大小有关。黏土中含有多种化学元素,且含钙离子和含钠离子的黏土占多数,含钙离子多的黏土的亲水能力比含钠离子多的黏土的亲水能力弱,黏粒间的内聚力较大,调制的泥浆易于结粒沉淀。因此,在可能的情况下,以选用含钠离子多的黏土为宜。

用冲抓锥、旋挖钻钻孔时,泥浆主要起护壁作用。因此,不必采用很稠的泥浆,一般在松散的砂性土中,可用相对密度为 1.1～1.3 的泥浆。黏性土中,如有足够高的水头,可用清水护壁。

用机动旋转钻或冲击钻钻孔时,泥浆的主要作用是排碴,因此,泥浆的相对密度、黏度应根据钻孔地层情况、钻碴大小、泥浆泵能量、钻孔直径和深度等因素确定。一般在黏性土中,相对密度采用 1.3 左右;在砂性土中,特别是在砂卵石中,相对密度采用 1.4～1.6。

四、钻进

(一)钻进前的注意事项

(1)开钻前应检查钻机运转是否正常,钻机底部有无变形,固定钻架的缆风绳有无松动,护筒位置是否符合设计等。

(2)如孔径大,钻头重量超过机械的负荷能力时,可采用分径成孔的方法,但分径不宜过多,一般为两次。使用钻头的重量除已有规定者外,以不超过钻机负荷能力的 70% 为宜。旋转方法造孔根据孔径与地质情况不同可分为一次成孔、先导钻后扩钻和先钻后扫三种方式。

(3)各个工序紧密衔接,互不干扰。基桩较多的基础,采用多机作业时,应事先拟定钻孔顺序和钻机移动的线路图。为了保证质量,加快进度,通常把钻孔、安放钢筋笼、灌注水下混凝土三道工序连续完成后,再移动钻机,这样可以充分利用钻机本身的起吊设备(根据现场具体情况决定)。

(二)钻进操作

1.冲击钻孔

冲击钻孔的程序:钻进 → 抽碴 → 投泥(或泥浆)→ 钻进的反复循环以及辅助作业(检查孔径、钻具,修理机械设备,补焊钻头等),关键问题是掌握冲程大小和抽碴时机。

操作时,要注意察看钢丝绳回弹和旋转的情况,再听冲击声音,借以判断孔底地质情况。本着"勤松、少松"的原则,因为松多了可能会减少冲程,松少了可能造成空打,损坏机具。冲孔过程中,要勤掏碴,勤保养机具,勤检查钢丝绳和钻头磨损情况,检查转向装置是否灵活,预防发生安全质量事故。

开孔前应在护筒内多加一些黏土块,如地表土层疏松,还要混合加入一定数量的片、卵石,然后注入泥浆或清水,借钻头的冲击把泥膏、石块挤向孔壁,以加固护筒脚。在开孔时应用小冲程慢冲,若用简易钻机施工时,冲程不宜大于 1 m;当孔底已在护筒脚以下 3～4 m,就可根据地质情况,适当加大冲程。

开孔时要随时检查孔位,务须使钻头中心对准桩孔中心。

孔内水位应高于护筒脚 0.5 m 以上,比护筒顶至少低 0.3 m,以免水荡漾损坏护筒脚孔壁,也能防止泥浆溢出。孔内水位要比孔外水位高 1.0～1.5 m,以保持必要的水头高度。

在砂、卵石地层钻进时,泥浆比重应大一些,可用 1.5 左右,冲程也可较大,如用简易钻机时,冲程可提高到 2～3 m。在黏土层钻进时,冲程不宜过大,如用简易钻机时,一般在 2 m 以内,以防黏钻。在砂层或淤泥层钻进时,应多投黏土,并掺入片、卵石,用小冲程将黏土和片、卵石挤进孔壁加固。

在基岩中钻进,可用大冲程,在不损坏钻头的情况下,适当采用高提猛击,增加冲击动能,加快进度,冲程一般在 3 m 以上,但不可太高;泥浆比重以满足悬浮钻碴为度,约在 1.3 左右。泥浆比重太小不利于浮碴,太大则增加钻头的阻力。如果岩层倾斜,可向孔内回填与基岩硬度相同的片、卵石,必要时回填混凝土高 0.3～0.5 m。凝固后,用小冲程快打,待冲平岩面后,方可加大冲程钻进,以免发生钻孔偏斜。

孔内遇到坚硬大漂石时,可回填硬度与漂石相似的片、卵石后,高提猛击,或用大、小冲程交替冲击,以将大漂石破碎成钻碴或挤进孔壁。如不见效,则在孔上安设勘探用的小型钻机,在漂石上钻眼装药爆破(应尽量不采用),爆破后再用钻头冲碎。

2. 旋转法钻孔

如设计孔径较小又是松土层,可用同直径的钻头一次钻成;如设计孔径较大(直径 110 cm 以上)又遇到坚硬土层时,可先用小钻头导钻一次,再换成与设计孔径相同的钻头扩钻。当钻孔中存在黏土夹层或在黏土地层中钻孔时,常会出现缩孔现象,则须采用先钻后扫的方法施工。

为了保证孔位正确、孔壁垂直和稳定,在开钻阶段要做到稳、准、慢,并适当加大泥浆稠度,尤其是护筒底与地层连接处应多投黏土,用慢速钻进,并使钻头空钻一段时间,利用钻头旋转力把黏土挤入孔壁起加固作用。

(三)抽碴

被钻头冲碎的钻碴,少部分和泥浆一起挤进孔壁,大部分则悬浮在钻孔下部的泥浆中,需靠抽碴筒清除出孔外。在开孔阶段,为了使钻碴泥浆尽量挤入孔壁,待冲进 4～5 m 以后即应勤抽碴。孔底沉碴太厚,就会妨碍钻刃冲击新鲜土层,同时还会使泥浆变稠,吸收大量冲击动能,从而影响进尺速度。一般是每进尺 0.5～1 m 抽碴一次,也有按钻孔进尺的变化来规定抽碴的。当 1 h 的进尺在卵、漂石地层小于 5 cm,在松软地层小于 15 cm 时,即应抽碴。抽碴时,应注意下列事项:

(1)及时向孔内加泥浆或清水,保证水头高度。如果向孔内投放黏土自行造浆,在抽完钻碴后,应及时随着冲击逐渐投放黏土;不宜一次倒进很多黏土,以免发生吸钻。

(2)在黏土来源困难的地方,应采取措施将泥浆流回孔中,节省黏土。

(3)抽碴前提出的钻头应小心横置慢慢放在地面的枕木上,不可猛落,以免发生事故。卸碴后抽碴筒也应轻放在适当的地方。

(四)钻进中的注意事项

(1)冲击钻头的刃口在钻进中不断磨损,特别在冲击基岩和卵、漂石时磨损更快。因此,要定时检查钻头,当钻头磨损比原来尺寸小 3～4 cm 或刃口磨钝时,就及时焊补,以免孔径不合要求及发生卡钻事故;焊补后的钻头在原孔中使用时,为防止卡钻,要先用小冲程慢慢冲击一段时间,将孔扩大一些后,才可用大冲程钻进。

(2)钻架使用时间长,可能发生位移,或孔内有探头石或其他情况,会使所钻的孔偏离设计孔位,因此每个台班要用探孔器检查钻孔一次。探孔器高度为钻孔直径的 4～6 倍,即长 4～5 m、直径比钻头直径小 2～4 cm 的专用钢筋笼。如发现移位、钻孔偏斜或弯孔现象,应及时处理。

(3)设专人负责记录钻进中的一切情况,以备钻进中分析和处理,也是使用时的原始依据。

五、钻进事故及施工中有关问题的处理方法

(一)冲击钻孔中常出现的事故

1. 坍孔

在不良地层(如软土、粉砂、细砂及松散堆积层)中钻孔,容易发生坍孔。在开孔阶段坍孔,会使护筒沉陷、歪斜,失去导向作用,造成偏孔;在正常钻进中坍孔,会造成扩孔及埋钻事故;在灌筑混凝土时坍孔,则会造成断桩。因此应认真分析坍孔的原因,切实做好预防和处理工作。

(1)坍孔的原因。护筒周围未黏土回填夯实,钻头、抽碴筒经常撞击孔壁,泥浆稠度小,起不到固壁作用,泥浆面高度不够,对孔壁的压力小;向孔内加水时,流速过大并直接冲刷孔壁,大绳松得太多,钻头晃动碰撞孔壁,射水(风)时压力太大,延续时间太长等原因,都会引起孔壁(尤其是护筒底附近)坍孔。

(2)预防和处理工作。从以上分析可知,坍孔主要是由于施工操作不当造成的,有些施工单位把预防坍孔的主要经验总结为六句话,可供参考:埋设护筒是关键,莫把孔内水位变,把好泥浆质量关,孔口周围水不见,吸泥射水掌握好,精心操作处处严。

如果发现护筒倾斜下陷,孔口土层下沉,说明孔口坍塌,必须停钻处理。若钻孔不深,可用黏土加片石回填,埋正护筒重钻;若钻孔较深,可将护筒接长,下到坍塌处以下,孔外四周回填黏土,或用草袋装黏土堆码加固。在钻进中如发现浆面冒出大量细小气泡,进度突然变慢,孔底标高回升等现象,说明是孔壁坍塌,此时应查明坍塌位置。轻者,可多投黏土,加大泥浆比重,提高孔内水位,继续钻进;重者,须用黏土加片石回填至坍塌部位以上 0.5 m 重钻;必要时,也可下钢套管护壁,在灌注水下混凝土时,随灌随将套管拔出。

2. 梅花孔

梅花孔(图 12-25)的成因有:钻进中没有适应地层情况,猛冲猛打,导致钻头转动失灵以致不转动,总在一个方向上下冲击;泥浆太稠,妨碍钻头转动;冲程太小,钻头刚提起又放下,得不到充分的时间转动,很少转向等。梅花孔在硬黏土或基岩中,在漂卵石、堆积层中钻孔都比较容易出现。

预防的方法是:根据地层情况,采用适当的冲程,同时加强钻头的旋转,采用大捻角的钢丝绳做大绳,并使用合金套活动接头联结钻头,保证转动灵活,加大钻头的摩擦角,以减少钻头与孔壁的摩擦力;随时调整泥浆稠度。一旦出现梅花孔,应回填片石至梅花孔顶部以上 0.5 m,用小冲程重钻。

3. 弯孔与斜孔

弯孔与斜孔(图 12-26)的成因有:在钻进过程中,缆风绳松紧不一致;钻机不稳,产生位移或不均匀沉陷,又未及时纠正;遇到软硬不均的地层或探头石;岩层倾斜不平等。弯(斜)孔会使钢筋笼难以下到设计标高,将使桩偏心受力,降低桩的承载力。所以,施钻中要经常检查钻机位置有无变动,钻头弹跳、旋转是否正常,地层有无变化。如钻头徐缓下放,大绳在泥浆面上逐渐离开中心位置,钻头到孔底后将大绳稍为带紧,就明显地看到绳位偏移,提钻时有轻微卡钻感觉,测量筒下不去等都足以说明钻孔出现斜(弯),应立即查明斜(弯)位置和弯折地段的标高与长度。解决的方案是:回填黏土加片石至不规则孔段以上 0.3~0.5 m,再用小冲程重新造壁,如在基岩倾斜处发生弯孔时,应用混凝土回填至不规则孔段以上 0.5 m,待终凝后重钻。

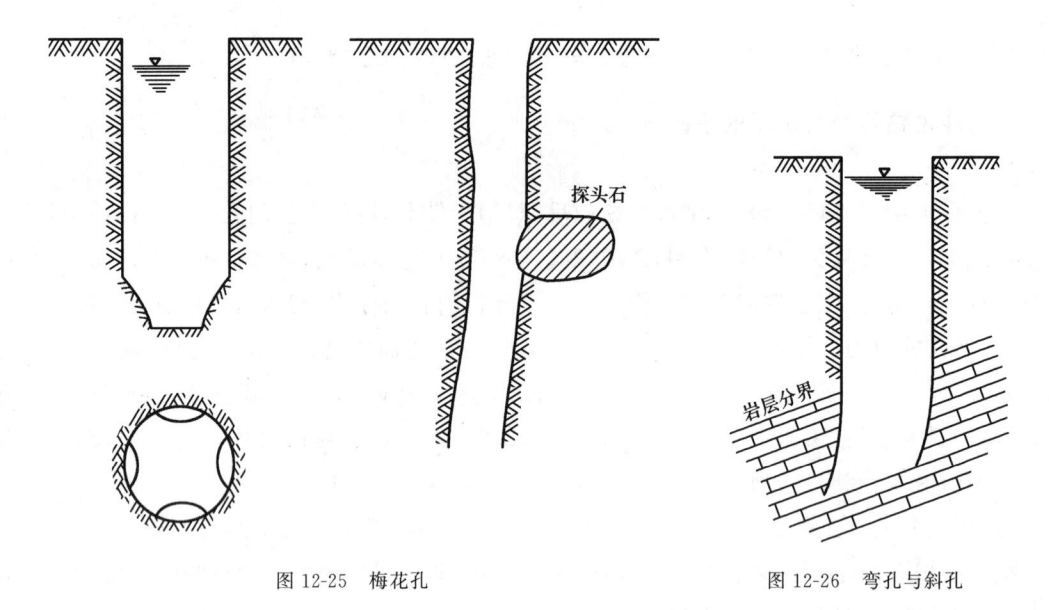

图 12-25　梅花孔　　　　　　　　　　　图 12-26　弯孔与斜孔

4. 卡钻

卡钻分为上卡和下卡两种,如图 12-27 所示。上卡多由于坍孔落石,使钻头卡在距孔底一定高度上,往上提不动,但可以向下活动。如果出现探头石,提钻过猛,会使钻刃挤入孔壁被卡住,这时钻头既提不上来又放不下去。下卡是钻头在孔底被卡住,上下都不能活动。产生下卡的主要原因是由于钻头严重磨损未及时焊补,造成孔径上大下小,孔壁倾斜。此时如用焊补后的钻头(直径增大)钻孔,很可能被孔壁挤紧面卡住。另外,孔底形成较深的十字槽也会造成下卡。因此,要经常检查钻头直径,当磨损超过规定(小于直径 3 cm)时应及时焊补。发生卡钻后,应查清被卡的位置和性质,不可强提硬拉,以免造成断绳掉钻,或越卡越紧的不利情况。对于落石引起的上卡,可放松并摇动大绳使钻头慢动或转动再上拉,因探头石引起的上卡,可用小钻头把探头石冲碎或用重物冲动钻头使之下落,转动一定角度再上提,如在孔底卡钻,则需下钢丝绳套住钻头,利用另立的小扒杆(或吊车)绞车与钻机上的大绳一起同时上提。

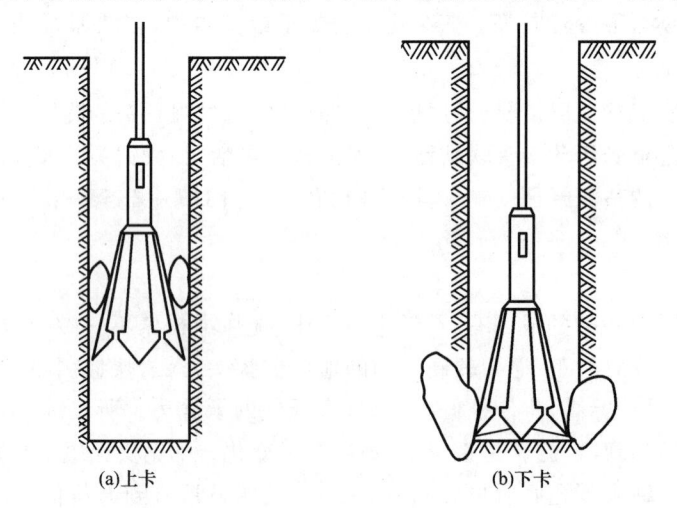

(a)上卡　　　　　(b)下卡

图 12-27　卡钻

钻头下卡时,先用吸泥机吸泥并清除钻碴。强提前必须加上保护绳,防止拉断大绳而掉钻,强提支承使用枕木垛时,它的位置要离开孔口一定距离,以免孔口受压面坍塌。如钻机的起重能力不够,可以采用滑车组、杠杆、千斤顶等起重设备提钻。

处理卡钻时为防止孔口受压发生坍塌,用枕木在孔口两侧各搭枕木垛一个。搭枕木垛时,底层的枕木应垂直孔口安放,各枕木之间用扒钉钉牢,成为一个整体结构,两枕木垛之间应加支承,保持两枕木垛的稳定,横梁所采用的型钢(或钢轨)规格应根据跨度、工地存料情况确定。用千斤顶顶拔时,应慢慢进行,不可持续顶拔,以减少土的吸力和摩阻力。

5.掉钻

产生掉钻的原因有:联结大绳与钻头的卡子松动或数量不足、大绳磨损断丝超过规定、合金套的合金灌注质量不好、钻头与钻杆焊接处焊缝开裂、钻头打空、钻头被卡后猛提猛拉等。

处理掉钻事故比较困难,特别在深孔中打捞钻头更加费事。因此,在钻进过程中,一定要按操作规程操作,并勤检查,发现问题应及时进行处理,并在接头处设钢丝绳保险,或在钻杆上端加焊角钢、钢筋环等。

在钻进中,如发现缓冲弹簧突然不伸缩,钢丝绳松弛,则表明钻头掉落。这时,应立即停机检查,找出原因,测量掉钻部位,探明钻头在井中的情况,立即组织人力进行处理,以防时间过长,沉碴埋住钻头。掉钻时,钻头可采用捞叉、捞钩、绳套、夹钳等工具捞取。

6.流砂

当钻头通过细砂或粉砂层时,由于渗水量大,孔内水压低,加上地层受到钻头冲击震动,容易发生流砂,使钻速减慢,严重者,钻孔会被流砂回填。发生流砂时,应及时提高孔内水位,多投黏土块,加大泥浆比重,利用钻头的冲击,将黏土挤入流砂层,以加固孔壁。如流砂严重,可安装钢护筒防护。

(二)旋转钻孔中常见的钻孔事故

1.坍孔

当在钻进中发现钻孔内水位突然下降,孔口冒细密水泡,钻具进尺很慢或不进尺,而钻机的负荷却明显增加,有异响等现象时,即可能发生了井孔坍塌,应立即停钻处理。

坍孔原因:泥浆比重不当;水头高度不够(或在汛期施工,由于河水上涨,事先缺少提高水头的准备,因而相对地降低了钻孔内的水头)引起坍孔;护筒埋置深度不足;钻头转速过快或空转时间过久,都易引起钻孔下部坍塌。

预防措施:在松散的粉砂土或流砂地层中钻进,选用高质量的黏土泥浆,在有地下水流动的流砂地层,选用比重大、黏度高的泥浆;钻进中,井孔内保持足够的水头高度,埋设的护筒符合规定,终孔后仍保持一定的水头高度并及时灌注水下混凝土,向井孔内注水时,水管不直接射向孔壁。

处理方法:发生孔口坍塌时,立即拆除护筒并回填钻孔,重新埋设护筒后再钻进。发生钻孔内坍塌时,用测深锤丈量孔深,若与钻进深度不符,说明已有坍塌。首先根据地质情况,分析判断坍孔的位置。然后用砂黏土混合物回填钻孔到超出坍方位置以上为止,并暂停一段时间,使回填土沉积密实,水位稳定后,再继续钻进。如坍孔严重,则将钻孔回填,照上述暂停一段时间后再钻。

2.钻孔偏斜

偏斜原因:地质条件、技术措施和操作方法。

钻孔中有较大的探头石,使钻头偏向一方,在有倾斜度的软硬地层交界处钻进,或在粒径大小相差悬殊的砂、卵石层中钻进时,受到阻力不均的钻头向较软或粒径较小的一方偏斜;在流砂层钻进时,由于流砂较易流动,如孔较大,则孔壁不能约束钻头,钻孔摆动偏向一方,导致偏斜;开孔时,钻头安放不平,立轴和钻杆不在同一铅垂线上,使钻杆和钻头沿着一定的偏斜方向钻进;机架底座支承不均,也会引起钻孔偏斜。操作时对钻杆加压,使钻杆产生过大的弯曲,或钻具连接后不垂直,都会发生钻孔偏斜。

预防措施:

(1)安装钻机时,应使钻盘顶面完全水平,立轴中心同钻孔中心必须在同一铅垂线上。

(2)开钻时,钻杆不可过长,以免钻杆上部摇动过大,影响钻孔垂直度。

(3)钻进过程中,应经常检查提引吊环中心、立轴和钻孔中心线,使三者在同一铅垂线上。转速、泵压和钻杆加压都要适当。

(4)钻孔前,应逐节检查钻杆,弯曲和有缺陷的均不得使用。

(5)遇到有倾斜度的软硬变化的地层,特别在由软变硬的地段,应吊住钻杆控制进尺。如使用有变速装置的钻机,可用低速挡钻进。

(6)加强技术管理,钻进时必须经常检查钻孔情况,发现偏斜应及时纠正。

处理方法:发现钻孔偏斜后,应先查清偏斜的位置和偏斜程度,然后进行处理。目前处理钻孔偏斜多采用扫孔法,即将钻头提到出现偏斜的位置,吊住钻头缓缓旋转扫孔,并上下反复进行,使钻孔逐渐正位。另一种方法是向钻孔回填黏土加卵石到偏斜的位置以上,待沉积密实后,提住钻头缓缓钻进。

3. 钻孔漏水

漏水原因:

(1)在透水性强的砂砾或流砂中,特别在有地下水流动的地层中钻进时,过稀的泥浆向孔壁外的漏失很大。

(2)埋设护筒时,回填土夯实不够或埋设太浅,护筒脚漏水。

(3)护筒制作不良,接缝不密合或焊缝有砂眼等,造成漏水。

处理方法:发现漏水时,首先应集中力量加水或泥浆,保持必要的水头,然后根据漏水原因决定处理方法。属于护筒漏水的,可用黏土在护筒周围加固。如漏水严重,应挖出护筒,修理完善后重新埋设;如因地层渗水性强而漏水,则可加入较稠的泥浆,经过一段时间循环流动,地层渗水可逐渐减少。

4. 钻杆折断

钻杆折断的处理虽然不是很困难,但是处理不及时,钻头或钻杆在孔底留置时间过长,会发生埋钻或埋杆的更大事故。

钻杆折断原因:

(1)由于钻杆的转速选用不当,使钻杆所受的扭转或弯曲等应力增大,因而折断。

(2)钻具使用过久,各处的连接丝扣磨损严重,因而钻杆接头的连接不牢固,发生折断。使用弯曲的钻杆也易发生钻杆折断事故。

(3)在坚硬地层中,钻杆给进尺快,使钻杆超负荷操作。

预防措施:

(1)不使用弯曲的钻杆;要求各节钻杆的连接以及钻杆与钻头的连接丝扣完好;接长后的钻杆必须在同一铅垂线上。

(2)不使用接头处磨损过甚的钻杆。

(3)钻进过程中,应控制给进。遇到复杂的地层,应由有经验的工人操作钻机。

(4)钻进过程中要经常检查钻具各部分的磨损情况以及接头强度是否足够。不符合要求者,应及时更换。

六、灌注水下混凝土

(一)桩孔检查

桩孔钻至设计标高后,必须对桩孔质量进行检查。现用仪器有超声波井斜仪和 DM-86 型超声波孔壁测定仪两种,可直接测出桩孔各项质量特征值(倾斜度、偏位值、扩孔率、孔径、孔深和壁面状况等),并用数值和图像直接显示,其优点是直观清楚、性能稳定,精确度可达 0.5 mm。

(二)清孔

桩孔钻至设计标高后,孔内一部分泥碴沉淀,一部分呈悬浮状态,还有一部分附着在孔壁上。随着间歇时间的增加,后两部分泥碴还会继续沉淀,从而使孔底积成一层沉碴,降低桩的承载能力。所以在灌注桩身混凝土前,必须将其清除,这项工作称为清孔。《公路桥涵施工技术规范》(JTG/T 3650—2020)规定,沉淀厚度应符合设计规定,设计未规定时,对于直径≤1.5 m 的摩擦桩,沉淀厚度≤200 mm;对于桩径>1.5 m 或桩长>40 m 或土质较差的摩擦桩,沉淀厚度≤300 mm;对于支承桩(柱桩),沉淀厚度≤50 mm。清孔的方法应根据钻孔方法、设计对清孔的要求、机具设备和孔壁土质情况而定,常用的方法如下:

1. 抽碴法

用抽碴筒掏孔底沉碴应边抽边加水,保持一定的水头高度。抽碴后,用一根水管插到孔底注水,使水流从孔口溢出。在溢水过程中,孔内的泥浆比重逐渐降低,达到所要求的标准后停止。此法适用于冲抓、冲击成孔的各类土质的摩擦桩,抽碴后孔内泥浆比重应不大于 1.3。

2. 吸泥法

吸泥法清孔用吸泥机或简易吸泥机进行,清孔时由风管将高压空气输进排泥管,使泥浆形成密度较小的泥浆空气混合物,在水柱压力下将泥浆和孔底沉碴排出,同时向孔内注水,保持孔内水位不变,直至喷出的泥浆指标符合规定时为止,此法适用于不易坍塌的柱桩和摩擦桩清孔,如图 12-28 所示。

若灌注混凝土前发现清孔后孔底沉淀层仍较厚时,可在导管外安设直径为 30 mm 射水(风)管,冲射 3～5 min,使沉淀层翻起,然后立即灌注水下混凝土,射水压力比孔底泥浆压力大 50 kPa 即可,如图 12-29 所示。使用本法时,钢筋笼可先放入孔内。

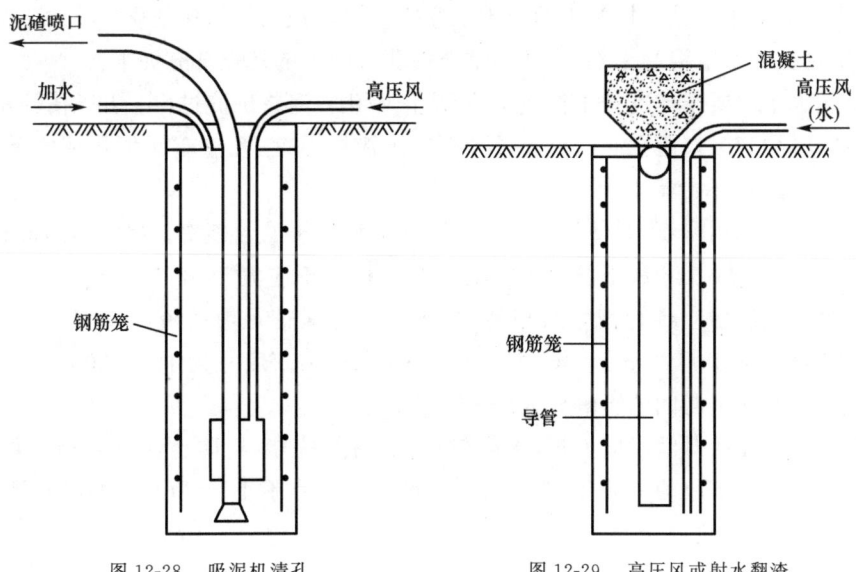

图 12-28 吸泥机清孔

图 12-29 高压风或射水翻渣

3. 换浆法

正循环旋转钻孔在终孔后,停止进尺,保持泥浆正常循环,以中速压入符合规定标准的泥浆,把孔内比重大的泥浆换出,使含砂率逐步减小,最后换成纯净的稠泥浆,这种泥浆短时间不会沉淀,使孔底沉淀层在允许范围内。其具体步骤是:当钻孔距设计标高 1 m 时,改用纯净的稠泥浆(比重不小于 1.4),钻至设计标高;然后钻头提离孔底 20 cm 左右空转,继续供给稠泥浆,保持泥浆正常循环,经数十分钟或数小时,待孔内泥浆换完直至稳定状态为止。此时迅速拆除钻机,下钢筋笼,灌注水下混凝土。

(三)钢筋笼制作和吊装

1. 钢筋笼制作

钢筋笼应根据设计要求和起重设备能力,整体或分节制作。一般钢筋笼较长(大于 12 m)时,常分节制作,分节长一般为 5~8 m。要求主筋平直,箍筋圆顺,尺寸准确,主筋接头应错开,同一截面内的接头根数不多于主筋总根数的 50%,两接头的距离应大于 50 cm。然后分节吊装并焊成整体,并保证轴线为一直线。为防止钢筋笼搬运及吊装时变形,每隔 2 m 左右设一道与主筋直径相同的加劲箍筋,主筋与箍筋连接处应点焊牢固,必要时可用方木临时加固。

2. 钢筋笼吊装、就位

钢筋笼宜整体吊装入孔,如施工困难时,可分节吊装。各节钢筋笼的主筋全部采用焊接,焊接时应确保每节钢筋笼的中轴线位于同一直线上。钢筋笼应对准孔位徐徐下放,避免冲击孔壁引起坍孔。

钢筋笼就位,应与孔壁保持设计保护层距离,可在钢筋笼主筋上每隔 2 m 左右对称设置四个"钢筋耳环",耳环钢筋尺寸一般为 $\phi 10 \sim \phi 12$ mm。或设混凝土垫块,其尺寸为 15 cm×20 cm×8 cm,靠孔壁面做成圆弧形,靠骨架面做成平面,并有十字槽,纵向为直槽,横向为曲槽,其曲率同箍筋的曲率,在纵槽两侧对称地预埋备绑扎的 12 号铅线。也可用导向钢管控制保护层厚度,钢管的数量不少于 4 根,其长度与钢筋笼长相等,钢管可在混凝土灌注过程中逐步拔出。

钢筋笼入孔后,要固定牢固,定位标高应准确,允许误差±5 cm,并使钢筋笼底部处于悬吊状态下灌注水下混凝土。

(四)水下混凝土灌注

灌注水下混凝土是钻孔桩施工的关键工序之一,应精心组织,保证质量。水下混凝土灌注原理与规定见沉井水下混凝土部分,现仅结合钻孔桩施工的特点补充如下:

(1)灌注水下混凝土的准备工作应迅速,防止坍孔和泥浆沉淀过厚。开始灌注前应再次核对钢筋笼标高、导管下口距孔底距离、孔深、泥浆沉淀层厚度、孔壁有无坍孔现象等,如不满足要求,经处理后方可开始灌注。

(2)粗集料宜选用卵石,如使用碎石宜适当增加混凝土的含砂率。粗集料的最大粒径不应大于导管直径的 1/8~1/6 和钢筋最小净距的 1/4,同时不应大于 37.5 mm。

(3)混凝土拌和物应具有良好的和易性,灌注时应保持足够的流动性,当孔径 $D<1.5$ m 时,其坍落度宜为 180~220 mm;当孔径 $D \geqslant 1.5$ m 时,坍落度宜为 160~200 mm。且应充分考虑气温、运距及施工时间的影响导致的坍落度减小。

(4)每根桩灌注的时间不应太长,尽量在 8 h 内灌注完毕,以防止顶层混凝土失去流动性,提升导管困难,增加事故的可能性,要求每小时灌注高度宜不小于 10 m。一经开灌,中途任何原因中断灌注皆不得超过 30 min。

(5) 灌注所需的混凝土数量,一般比按设计尺寸算得的数量大,约为设计桩径体积的1.3倍。

(6) 测量水下混凝土面的位置用测绳吊着重锤进行,过重则陷入混凝土内,过轻则浮在泥浆中沉不下去。一般用锤底直径为 $13\sim15$ cm、高为 $18\sim20$ cm 的钢板焊制的圆锥体,内灌砂配重,容重为 $15\sim20$ kN/m³。

(7) 导管埋入混凝土的深度取决于灌注速度和混凝土的性质,任何时候不应小于 1 m,一般控制在 $2\sim4$ m。

(8) 灌注标高应高出桩顶设计标高不少于 0.5 m,以便清除浮浆和消除测量误差。

(五)桩身混凝土质量检测

钻孔桩施工应保证其质量合乎设计要求。由于施工不慎或其他原因,可能在桩身产生空洞、蜂窝、离析等缺陷。为了及时发现隐患,以便采取补救措施,保证设计要求,可利用超声波对桩身混凝土进行检测。

钻孔桩内部缺陷的超声波检测法,是通过事先预埋在桩孔内的声测管,把发射探头和接收探头分别置于两根管道中,使超声脉冲穿过两管道之间的混凝土,并使两探头在管中做等距离的上下移动,观测声波传播时间变化,据此判断混凝土缺陷位置和尺寸。声测管的布置应根据桩截面大小分别用图 12-30 所示形状。一般两根声测管的间距最大不超过 1.5 m,常以 1.0 m 为宜。声测管的截面积之和应小于桩截面积的 1‰,外径过大会削弱桩的承载力,若桩径较大,声测管可按图 12-30(b)、图 12-30(c) 所示布置。若不用此法,对质量有怀疑的桩,应钻取芯部鉴定,每个桩基础检查的桩数应符合规范规定。

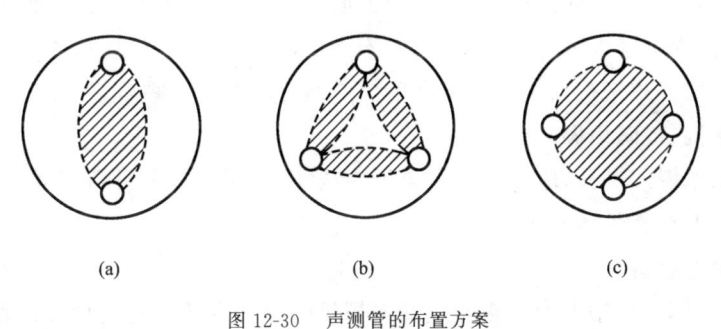

(a)   (b)   (c)

图 12-30 声测管的布置方案

第三节 挖孔灌注桩基础施工

一、施工方法及程序

(一)挖孔桩基础的特点及适用范围

挖孔灌注桩(简称挖孔桩)基础是用人工挖竖井的方法,挖出桩孔、放入钢筋笼、灌注混凝土而成桩,然后在桩顶上灌注承台混凝土形成桩基础。

挖孔桩的优越性在于施工简易,不受地形与机具设备的限制,"土法上马"也能快速施工。与钻孔桩相比,挖孔桩的桩径大(可达 4 m),孔形可方可圆,桩基底处理较易,桩尖不存在软垫层问题,质量容易保证;与沉井相比,挖孔桩可节省大量坞工,不需考虑遇到孤石或基底岩层倾斜所带来的困难和施工进度影响;与明挖基础相比,挖孔桩能省去大量土石方数量,特别是在地面横坡大,因傍山开挖而引起边坡坍塌危及基坑,从而使挖基无法进行的情况,如采用挖孔桩就可能避免或减少这些问题。

在挖孔过程中,可以较清楚地了解地质变化情况,验证设计调整桩长,使设计更切合实际。如果地基土强度不够,还可以将桩尖扩大,以提高桩的承载力。

挖孔桩也有它的缺点和局限性。对于地下水丰富或水位高的地层,流砂层很厚及淤泥质黏土地层等,不宜采用挖孔桩;并且施工范围较小,孔内作业条件差,挖孔过深时井下通风以及防护安全等问题都较为突出。

(二)挖孔桩基础的主要施工程序

开挖桩孔 → 设置孔口护壁 → 视地质情况随挖孔进度设置桩孔护壁 → 孔内出碴、排水、通风 → 孔底清理 → 设置钢筋笼 → 灌注桩身混凝土。

二、施工准备

(一)施工测量

根据桥位测量定出的墩台十字线,放出桩位,用 15 cm×15 cm 方木按设计桩孔断面尺寸做成框架,固定在孔台上,四周高出地面 10~15 cm,以防土石掉入孔内。埋设框架时,定出桩孔四边中心(圆孔则为十字线),用水平仪抄平,作为施工中校核的依据,因此必须稳固牢靠。若地层松软,为防止孔口坍塌,可使用混凝土护壁,高约 2 m。

(二)平整场地

开挖前,必须将桩基础周围(尤其是上坡方向)的危石、浮土及一切不安全因素清除,平整场地要因地制宜,既不宜大量开挖土石方,又不能影响邻近的墩台施工,在陡坡地带的下坡方向可采用搭平台的方式来扩大场地。桩孔四周应做好临时防护栏杆。

(三)挖排水沟、搭防雨棚

为了防止雨水浸入桩孔,应在孔口上搭设防雨棚(必须与提升设备相适应),并于孔口四周挖好排水沟。若有经常性地面水,排水沟应做防渗铺砌。

(四)安装提升设备

根据需要和可能,采用人力绞车或电动卷扬机作提升设备。安装提升设备时,首先要考虑到进料出碴方便灵活,拆装容易,还应注意到吊斗容量与起重能力的适应,起重安全系数应大于 3。挂钩及吊斗活门既要牢固而又有保护措施。工作人员上下应另设绳梯与安全绳。

(五)布置出碴道路

弃土地点应离孔口 10 m 以外,因此在井口卸碴处应接以架子车道或平车轨道,并要求这些道路能兼用于下钢筋笼与混凝土灌注。

三、桩孔开挖

(一)开挖顺序

挖孔的顺序视土质及桩孔布置形式而定。地质松软,在同一墩台范围内有四个桩孔时,先挖对角两孔,灌注混凝土后,再开挖另外两孔;如桩孔为五孔者,应先挖中间一孔,其余四孔同上按对角线方法开挖;五孔以上者,应采用跳跃式间隔开挖,以免相邻两孔的间隔太薄,支承力不足而造成坍孔。当土质紧密,不易坍孔时,同一墩台位的全部桩孔可同时开挖。

(二)开挖方法

开挖桩孔可以先挖承台后挖桩孔,也可在原地面开挖桩孔,灌注桩身混凝土后,再进行承台施工。在堆积层地区也有以承台套孔开挖,开挖的先后顺序取决于工点的地形地质,目的是巩固孔口,减少坑壁暴露,从而避免坍方。

挖孔的中线误差不得大于孔深的 0.15%。截面尺寸必须满足设计要求,孔壁不必修成光面,以增加桩壁摩擦力。坍孔较大时,宜用浆砌片石而不得使用松土或易腐朽材料回填。如孔内或孔底地质情况与设计资料相差较大时,应考虑变更设计。设计时必须根据验算调整桩长或扩大桩基础,以提高桩的承载力。孔底必须平整,无松碴、污泥、沉淀等软层,嵌入岩层深度应符合设计要求。

开挖时若遇有大孤石或岩层,严禁裸露药包爆破,以免震坏支承造成孔壁坍塌。本着浅眼松动的爆破原则,软岩层炮眼深度不超过 0.8 m,硬岩层不超过 0.4 m。炮眼数目、位置及斜插方向,应按孔底岩层情况决定,可采用中心掏槽法。松动爆破应严格控制用药量,一般中间炮眼装 2 号岩石硝胺药 1/2 节,边眼装 1/4~1/3 节。若炮眼渗水时,应用防水套药包,电引起爆。孔深小于 10 m 且干燥无水者,可以使用火花引爆,但应在孔上采用悬索点火法点火,以保安全。

(三)护壁

1.现浇钢筋混凝土护壁

人工掘进一段深度(设计护壁的每段高度)后,进行支模板、现浇钢筋混凝土的施工,当强度达到设计强度的 70% 时,拆模完成第一阶段施工。然后重新找孔底中心,挖土支模,现浇钢筋混凝土,拆模,如此循环,一直挖到基底设计标高。

支模用料可用木材。其特点是拼接方便,灵活机动,但木材消耗量大。若采用钢模板,平面形的模板难于满足圆形桩截面的曲率要求,需特别制造成圆形模板,所以有的工地采用钢木组合模板。

支模固定的方法是,上面用铁丝拴在爬梯的梯蹬上,下边垫木块作为受力支点,模板内使用打入土中的钢钎固定相对位置。

拆模时,先拆钢模后拆木条,拆下的模板运到地面上整理、刷隔离剂以备再用。

每段模板的支护高度为 1~1.2 m。砂层、淤泥、砾石层等易坍塌土层每层开挖与支护高度可减小到 0.5 m。

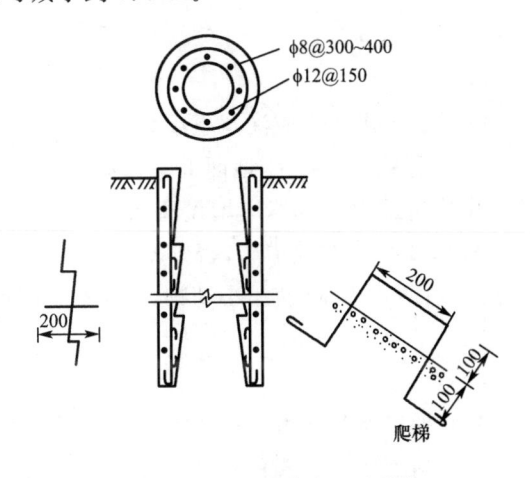

图 12-31 挖孔桩护壁钢筋笼(尺寸单位:mm)

护壁钢筋笼的制作如图 12-31 所示。由于施工中土层多变,很难测定土体侧压力的大小,所以钢筋只能凭经验配置:纵向钢筋要比每节段长 150~200 mm,以插入下一段护壁,保证上下护壁的整体性。

钢筋笼一般都在地面上成型。成型时留口,制作成不封闭的圆筒形,下孔时卷缩成稍小的圆筒,孔下张开绑扎成型或电焊成型。

在土质较好、地下水位较低、孔深不超过 5~6 m 时可不设护壁。但到地下水位以下时,必须设钢筋混凝土护壁。必要时,还可以在上、下护壁接头处装上钢板密封圈。此法可有效地防止压力较大的地下水浸入孔中。

孔中井壁宜设置爬梯。当用钢筋混凝土护壁时,用预埋钢筋作爬梯,每孔对称两排布置,一旦遇险,洞中挖土的两人可同时离开。爬梯还有利于护壁和桩身混凝土的共同工作,增加桩的承载力。护壁混凝土的强度等级,当桩径小于或等于 1.5 m 时,应不小于 C25,桩径大于 1.5 m 时,应不小于 C30,用 1~3 cm 碎石或卵石,坍落度 2~3 cm。为加快模板周转,提高掘进效率,护壁混凝土早期强度要高,必要时应添加早强剂。每节模板立完后,必须检查其中心线与设计轴线的偏差,要求偏差≤10 mm,桩径误差≤50 mm。

挖孔掘进的最后一道工序是清底。清底工作一是要按要求清出底面,二是清理干净孔底虚土。

2. 砖砌护壁

砖砌护壁一般适用于轻亚黏土、硬塑状黏土以及没有地下障碍物的松软土层,深度以 7~8 m 为宜。施工方法与现浇混凝土护壁类似。

3. 钢板护壁

用 3 mm 厚钢板卷制成护圈,每节高 1 m,竖向分成 3 块,每块四周镶以角钢,角钢上钻孔。每挖 1 m 深的土方,组装一节护圈,用 U 形卡连接,也可用螺栓或销钉联结成环形,然后用 4 个钩头销钉固定到孔壁上。

(四)排水

孔口四周的排水沟除截住地表水外,还能及时远引孔内抽出的地下水,防止因孔口积水渗透加大孔壁侧压力而坍孔。孔内渗水量不大时,可用桶提升排出;若水量较大采用机械抽水。孔深小于抽水机吸程时,抽水机设在孔口外;孔深大于抽水机吸程时,需用小型抽水机吊入孔内抽水。在同一墩台有几孔桩同时开挖,宜在渗水量大的桩孔超前开挖,集中抽水降低其他桩孔的水位,使其在无水或少水的情况下施工,排水的孔可待其他桩孔施工完毕后再行处理。

(五)人员配备和进度

挖孔时应组织三班制不间断作业,每班作业人数视孔径大小,孔内挖装 2~4 人,起吊出碴 2~4 人,其他木工、电工等则随班配备,不限定在一个桩孔工作。挖掘进度与孔径大小、地质情况、吊装设备等息息相关,很难确定。桩径在 1.2 m×1.2 m 以内,一般土质人力挖装的平均进度每班约 0.5~1.2 m,日进度约 1.5~3.6 m。

(六)注意事项

1. 建立和健全制度

(1)建立交接班制度。必须交清施工中存在的问题,提出下班应注意事项。

(2)建立呼应制度。井孔上下随时呼应,以防井孔下面发生意外,地面上不知道。

(3)制订放炮制度。严格遵守爆破操作规程,孔深超过 10 m 时,应增设通风设备,并经常检查孔内二氧化碳浓度。如二氧化碳浓度超过 0.3%,要采取有效措施,否则不能施工。放炮通风排烟后,工人下孔前,必须检查孔内有害气体浓度,防止中毒(使用小动物,如小狗、兔等放至孔底数分钟后,取出观察活动是否正常)。

2. 安全设施

上班前检查施工人员上下桩孔的吊篮、钢筋梯、软梯以及其他吊装设备等是否牢固。孔口和孔内设安全盖板,孔下施工人员必须戴安全帽,孔口附近严禁堆放料具,以防掉落孔内伤人。起吊弃碴或吊下支承时,孔下人员应躲在盖板下面。

3. 孔内照明

孔内照明应用 36 V 以下的低电压,在潮湿和渗水地区使用防水灯头与保护灯罩。

另外,挖孔时必须采取孔壁支护,可采用就地灌注混凝土或便于拆装的钢、木支承。支护应高出地面不小于 300 mm,并设置临时排水沟,以防止地面水流入孔内。支护结构应经过检算。

四、灌注桩身混凝土

(一)桩孔检查

开挖桩孔达到设计标高后,要进行终孔检查,除设计有特殊要求外,与明挖基础相同。

(二)安放钢筋笼

钢筋笼一般都是分节制作,分节长度按孔口提升设备的高度及起吊能力确定,每节长度以 5～8 m 为宜。骨架应牢固,主筋应平直,箍筋应圆顺,尺寸应准确。主筋与箍筋连接处应用点焊,钢筋头不得伸入钢筋内缘净空,以免妨碍串筒升降。拼接钢筋笼时,上下节轴线应吻合,焊成整体后缓缓下放,经检查无误后方可固定位置。

(三)灌注桩身混凝土

在干燥无水或有少量渗水时,可用一般灌注方法施工。入模混凝土应使用串筒导管,避免分散落下发生离析,影响桩身强度。如孔内有部分残存的支承,应随着灌注过程不断地由下至上清除干净。

若桩孔地层渗水量大,可采用水下混凝土灌注法施工。

大桩径挖孔桩也可采用空心断面。

第四节　打入桩基础施工

打入桩基础靠桩锤的冲击能量把桩打入土中,因此桩径不能太大,一般土质中桩径不大于 60 cm,桩的入土深度也不能太深,一般土质为 20～30 m,否则打桩设备要求较高,而打桩效率低。现主要使用的打入桩为预应力混凝土桩和少量钢桩。

一、打桩设备

打桩设备主要是桩锤、桩架、起重机具和动力设备等。

(一)桩锤

桩锤有柴油锤、蒸汽锤、气动锤、振动锤、液压锤、落锤等。以下对应用最广泛的筒式柴油锤做简要介绍。

筒式柴油锤的工作原理:锤的冲击体在圆筒形的汽缸内,根据二冲程柴油发动机的原理,以轻质柴油为燃料,利用冲击部分的冲击力和燃烧压力为驱动力,引起锤头跳动夯击桩顶。筒式柴油锤适宜打各种桩,并且适宜在一般土层中打桩,也可以打斜桩(最大斜桩角度为 45°)。其特点是:重量轻,体积小,打击能量大,施工性能好,单位时间内打击次数多,机动性强,桩顶不易打坏,运输费用低,燃料消耗少;但振动大,噪声大,润滑油飞散,在软土中打桩效率低。

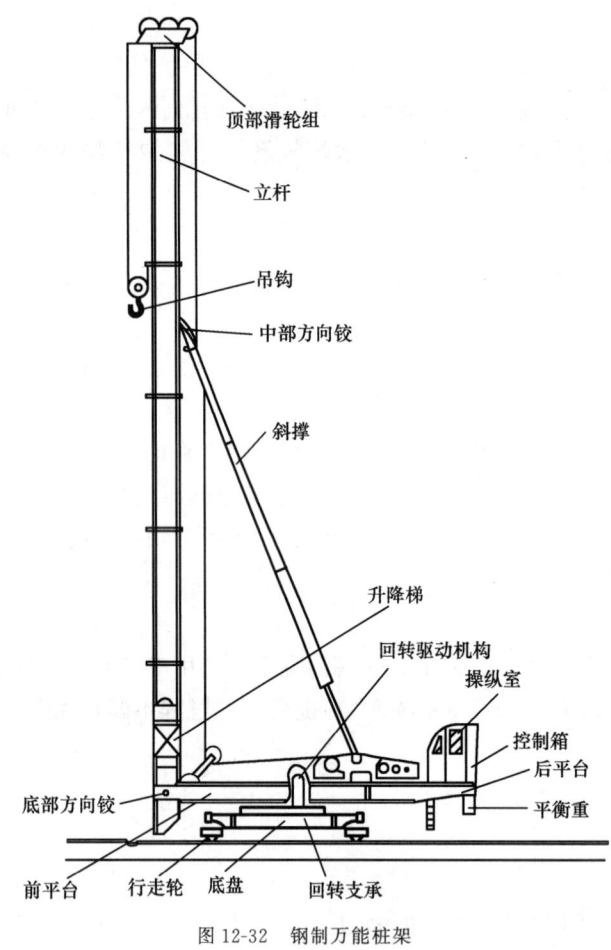

(二)桩架

柴油锤、蒸汽锤、气动锤、振动锤、液压锤、落锤以及钻机的工作装置等在施工时都必须与桩架配合使用。

桩架的作用主要是起吊各种桩锤、桩、料斗,给桩锤导向移动桩位。图 12-32 所示为钢制万能桩架。

常见的桩架有:滚动式桩架、轨道式桩架、步履式桩架、履带式桩架。其中,履带式桩架有悬挂式履带桩架和三点支承式履带桩架两种。

三点支承式履带桩架以专用履带式机械为主机,由钢管式导杆和两根后支承组成。它是国内外最先进的一种桩架,一般采用全液压传动,履带中心距可调,导杆可单向也可双向导向,还可自转 90°,可悬挂不同导轨间距的柴油锤。双导向导杆可一边悬挂螺旋钻机,一边悬挂柴油锤,可很方便地实施钻孔植桩的复合施工工艺。因此,施打预制桩宜优先选用三点支承式履带桩架。

图 12-32 钢制万能桩架

二、打桩施工

用锤击法下沉预制方桩的工序是:测量放样→打桩机就位→喂桩→对中、调直→锤击沉桩→接桩→再锤击→再接桩→至持力层(送桩)→收锤。

(一)打桩准备

1. 选桩

钢筋混凝土桩一般是在工厂制造,而钢筋混凝土方桩多在工地预制,可能因制造不良或因装卸、搬运、堆放方法不当等,使桩受到损伤,因此在打桩前必须检验。选择质量良好的桩施工,检验标准如下:

(1)容许偏差尺寸:方桩边长为±5 mm,桩顶对角线为±10 mm;管桩直径为±5 mm,管周长+15 mm,-5 mm,壁厚为+10 mm,-0 mm,管节长度±3 mm。

(2)桩尖对桩中心线偏距≤10 mm;桩身弯曲段矢高比≤0.1%。

(3)每节桩的端面应平整,并与桩轴线垂直。

(4)桩的表面应平直光滑。表面蜂窝深度≤5 mm;每面的蜂窝麻面面积不得超过该面总面积的 0.5%。

(5)方桩的棱角破损深度≤5 mm,且每 10 米长的边棱角上只能有一处破损,在一根桩上边棱破损的总长度≤500 mm。

(6)桩顶与桩尖均不应有蜂窝和破损,桩身不得有钢筋外露。

(7) 桩身收缩裂纹深度≤20 mm,宽度≤0.2 mm;横向裂纹长度:方桩不得超过边长的1/2,管桩及多角形桩不得超过直径或对角线的1/2。

2. 桩的堆放与起吊

钢筋混凝土桩的堆放场地必须平整、夯实,堆放层数不宜超过4层。吊点位置应根据吊点处由于桩重产生的负弯矩与吊点间桩重产生的正弯矩相等原则确定。一般吊(支)点如系两点时,垫木应在距两端 $0.21L$(L 为桩长)处;如系三点时,各垫木必须保持在同一平面上,垫木应在距两端 $0.15L$ 及中点处,各层垫木应在同一铅垂线上。当插桩时单吊点起吊,可将吊点设在 $0.3L$ 处,如图 12-33 所示。

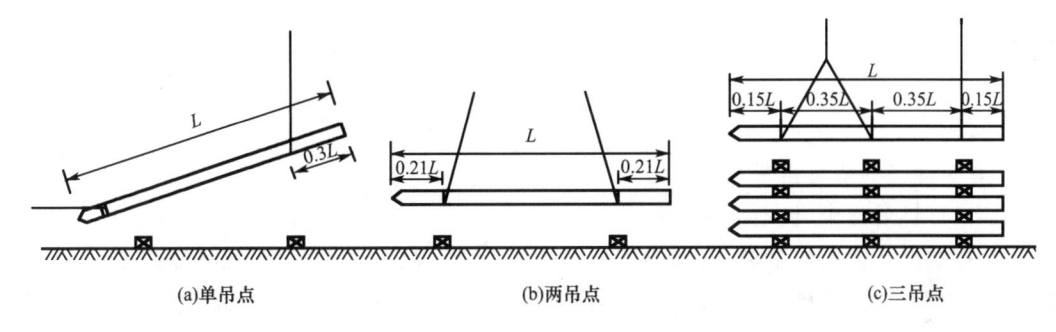

图 12-33　桩的堆放与起吊

在旱地打桩时,只需将打桩设备移动范围内的地面整平、夯实,再铺设垫木及钢轨等简单脚手。在浅水中,先打脚手桩,组成桩排架再搭设工作平台。在深水中,则需拼组打桩船在船上打桩。设置脚手时,都应留出桩位。桩位根据墩台的纵横中心线测定并加标志,水中的桩位须用导框控制。

当承台座板底面位于地面以下时,需开挖基坑,具体施工时有两种方法:一是先打桩后挖基坑,即将桩顶打到地面下适当深度(这里须用送桩),再挖基坑;另一种是先挖基坑后打桩,即先将基坑挖到设计标高后,再在坑内打桩。这两种方法各有优缺点:对于第一种方法,桩架在地面上移动方便,但须用送桩,影响判断桩承载力的准确性;对于第二种方法,可以较准确判断桩的承载力,但桩架在坑内移动较困难,特别是在渗水量较大的土层中,困难更大。

桩架的组立,一般都是在地面上拼组后,再用吊车或扒杆以及桩架本身的起吊设备将其竖立起来;也有采用逐节向上拼组的。立好后应按规定设平衡重,再拉好缆风绳,保持桩架稳定。

(二)打桩施工

1. 打桩顺序

打桩前应合理安排打桩顺序,安排打桩顺序时要考虑两个问题:一是要尽量减少桩架移动距离;二是要考虑打桩时土壤会被挤紧和隆起,致使后打的桩不易打下去,特别是桩数多、间距小时更加严重。因此,当基坑较小、土质密实时,应由中间向两边打桩,如图 12-34(a)所示。当基坑较大、桩数较多时,应分段进行打桩,如图 12-34(b)所示。当桩距大于4倍桩径时,打桩顺序可不考虑土壤挤紧的影响。

2. 吊桩、插桩及打桩

当桩架组立好后即可吊、插桩,吊点应符合规定,各吊点必须同时受力。插桩时要对准桩位,做到桩位、桩中心线及锤中心线在同一直线(直桩为铅垂线,斜桩为设计斜直线),然后徐徐放下桩锤,利用锤重把桩压入土中,开打时应慢打低击,因为桩入土浅,重心高,锤击过猛容易把桩打歪,随着桩入土深度增加逐渐加大锤击力量。在打桩过程中应有专人负责填写打桩

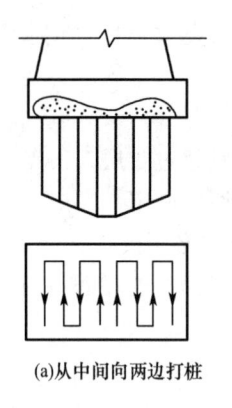

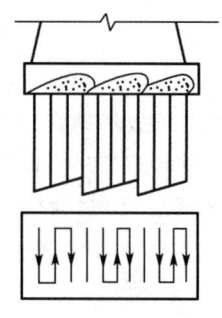

图 12-34　正确的打桩顺序

(a)从中间向两边打桩　　(b)分段进行打桩

记录。

3.打桩施工的质量控制

(1)在打桩过程中,桩不应被打坏。

(2)打到设计标高的基桩,其偏差不应超过规范规定的允许值。《公路桥涵施工技术规范》规定的允许偏差为:群桩,中间桩为 $d/2$ 且不大于 250 mm,外缘桩为 $d/4$;单排桩顺桥方向为 40 mm,垂直桥轴方向为 50 mm;倾斜度,直桩为 1%,斜桩不得大于倾斜角(桩纵轴线与竖直线间的夹角)正切值的 15%。

(3)打到设计标高的基桩的承载力必须满足设计要求。柱桩是以基桩置于设计规定的坚硬层上为准;摩擦桩除了穿过软弱下卧层、滑动弧度或因冲刷控制须按桩尖标高控制外,均按土的阻力决定桩的容许承载力。

(三)打桩事故处理

1.桩打不下去

桩打不下去可能是遇到孤石、坚硬土层或桩锤的冲击能不够等原因造成的。如果周围大多数桩都能通过某一深度,而只有少数桩在该深度受阻,则很可能是遇到孤石。此时若不能将孤石打碎,只有拔出,换位重打。如果附近大多数桩都在同一深度上受阻,说明遇到了坚硬土层。如桩打入缓慢、达不到设计深度时,说明桩锤的冲击能不够。遇到这两种情况,应改用重锤或配合射水边冲边打。

2.偏桩及歪桩

偏桩及歪桩是指桩偏离设计位置或与桩的设计轴线斜交。这种情况多数由于桩尖制作不良,插桩不正,开始阶段锤击过猛或被土中障碍物挤压而造成。当桩入土不深,可用拉或顶的方法矫正(钢筋混凝土桩禁用此法);如果桩入土深度大,不易矫正或桩位偏移量超过规定时,应拔出重打。拔不出来,就需补桩。

3.裂桩

造成裂桩的原因很多,如桩的质量不好,原来就有裂纹,或在打桩中桩身偏斜造成偏心锤击而劈裂。对于木桩,劈裂不大时,可用铁丝或铁箍加固;严重劈裂者,则须锯掉或拔出换桩重打。对于钢筋混凝土管桩,如破裂不严重,可用钢箍加固,继续打到设计深度后在桩内安放钢筋笼,灌注混凝土加固。

4.断桩

由于桩本身质量不好,或遇障碍而锤击过猛以及偏心锤击等都可能把桩打断。如断桩发生在地面以上,可把损坏部分(木桩)锯掉接桩再打;断桩若发生在土中,其征兆是桩在较长时间内打不进去,又突然产生大量下沉,且有偏斜,这种情况很可能是断桩,应根据具体情况,在附近补桩。

复习思考题

1. 何谓桩基础?桩基础如何进行分类?说明桩基础的适用范围。
2. 端承型桩和摩擦型桩的传力方式有何不同?
3. 桩的排列方式有几种?桩间距最小值是如何规定的?
4. 说明桩基承台座板的构造。承台内钢筋网的作用是什么?
5. 打入桩在打桩前的准备工作有哪些?
6. 简述钻孔桩施工的程序。
7. 旋转式钻机按泥浆循环方式可分为正循环和反循环,二者的主要区别是什么?
8. 钻孔桩基础施工前的准备工作有哪些?
9. 钻孔灌注桩施工中护筒有什么作用?埋设护筒有什么要求?
10. 钻孔桩在钻孔过程中经常会遇到哪些钻进事故?如何预防和处理?
11. 简述灌注水下混凝土的过程。钻孔灌注桩水下混凝土灌注需哪些设备?对这些设备有哪些要求?灌注水下混凝土应注意哪些问题?

第十三章 涵洞

重点提示

本章主要介绍涵洞的分类及适用条件；涵洞的构造；涵洞设计的基本知识；涵洞的施工。涵洞的构造和施工是本章学习的重点。

第一节 涵洞的类型和构造

一、涵洞的分类

(一)按建筑材料分类

1. 石涵

石涵是以石料为主要材料建造的，包括石盖板涵和石拱涵。石涵的造价和养护费用低，且可节省钢材和水泥。在产石地区应优先考虑采用石涵。

2. 混凝土涵

混凝土涵是以混凝土为主要材料建造的，可现场浇筑或预制成拱涵、圆管涵和小跨径盖板涵。该种涵洞节省钢材，便于预制，但损坏后修理和养护较困难。

3. 钢筋混凝土涵

钢筋混凝土涵是以钢筋混凝土为主要材料建造的，可用于管涵、盖板涵、拱涵和箱涵。钢筋混凝土涵的涵身坚固，经久耐用，养护费用少。管涵、盖板涵安装运输便利，但耗钢量较多，预制工序多，造价较高。

4. 其他材料涵洞

其他材料涵洞包括钢波纹管涵、铸铁管涵、陶瓷管涵等。

(二)按构造形式分类

1. 管涵

管涵的受力性能和对地基的适应性能较好，不需墩台，圬工数量少，造价低。

2. 盖板涵

盖板涵的构造简单，易于维修，有利于在低路堤上修建。盖板涵的跨径较小时可用石盖板，跨径较大时可用钢筋混凝土盖板。

3. 拱涵

拱涵宜在跨越深沟或高路堤时采用。拱涵的承载能力大,砌筑技术容易掌握。

4. 箱涵

箱涵适用于软土地基。其整体性强,但用钢量多,造价高,施工较困难。

(三) 按洞顶填土情况分类

1. 明涵

明涵的洞顶不填土或填土高度小于 50 cm,通常适用于低路堤、浅沟渠路段。

2. 暗涵

暗涵的洞顶填土高度大于或等于 50 cm,通常适用于高路堤、深沟渠路段。

(四) 按水力性能分类

通过涵洞的水流深度不同,直接影响涵洞过水的水力状态,从而产生不同的涵洞水力计算图式。按涵洞过水水力性质不同,涵洞可分为无压力式涵洞、半压力式涵洞、有压力式涵洞和倒虹吸管涵洞四种。涵洞宜设计成无压力式涵洞。

1. 无压力式涵洞

无压力式涵洞的特点是进口水流深度小于洞口高度,水流流经全涵保持自由水面。

2. 半压力式涵洞

半压力式涵洞的特点是进口水流深度大于洞口高度,但水流仅在进口处充满洞口,在涵洞其他部分都是自由水面。

3. 有压力式涵洞

有压力式涵洞的特点是涵前壅水较高,全涵内充满水流,无自由水面。

4. 倒虹吸管涵洞

当路线穿过沟渠,路堤高度很低或在浅挖方地段通过,填、挖高度不足,难以修建明涵时,或因灌溉需要,必须提高渠底高程,但建筑架空渡槽又不能满足路上净空要求时,常修建倒虹吸管涵洞。路线两侧水深都大于涵洞进出水口高度,进出水口设置竖井,水流充满全涵身。

(五) 按洞身形式分类

1. 平置式涵洞

平置式涵洞的洞身呈台阶布置形式,基础平置,又称为阶梯涵。

2. 斜置式涵洞

斜置式涵洞的洞身呈斜坡布置,基础斜置。平置式和斜置式涵洞统称为斜坡涵洞。

(六) 按适用功能分类

按适用功能,涵洞可分为排洪涵、灌溉涵和交通涵三类。

(七) 按洞身平面布置分类

按洞身平面布置,涵洞可分为正交涵洞和斜交涵洞。

二、洞身和洞口构造

涵洞是由洞身及洞口建筑组成的排水构造物。洞身的作用是:承受荷载压力和土压力,并将其传递给地基,保证水流的通过。洞口建筑是洞身、道路、河道三者的连接构造物。洞口建筑的作用是:连接洞身及道路边坡,并与洞身较好地衔接形成良好的泄水条件,确保道路边坡稳定。位于涵洞上游的洞口称为进水口,位于涵洞下游的洞口称为出水口。涵洞的组成如图 13-1 所示。

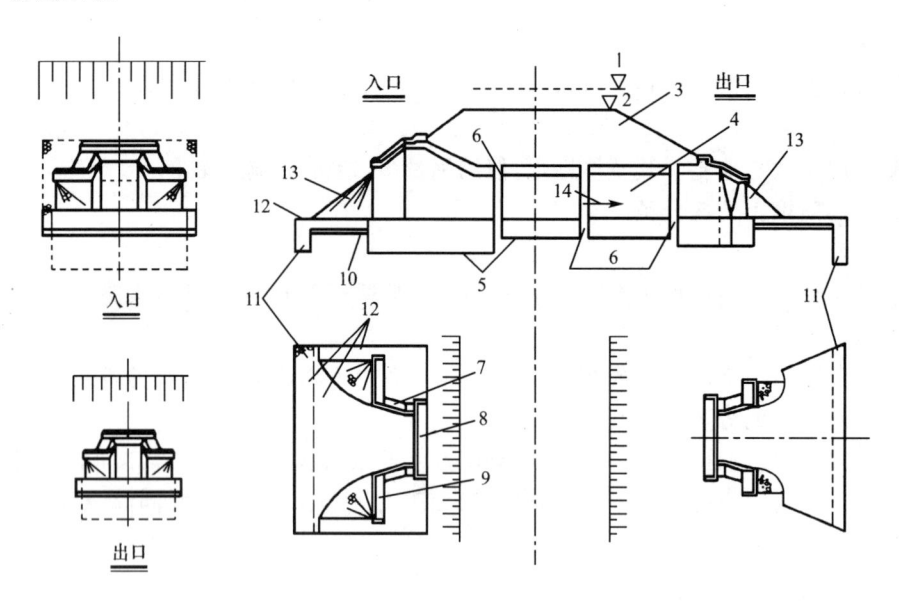

图 13-1 涵洞的组成

1—轨底；2—路肩；3—路堤；4—洞身；5—基础；6—沉降缝；7—翼墙；8—端墙；
9——字墙；10—碎石垫层；11—垂裙；12—沟床铺砌；13—锥体护坡；14—流向

(一)洞身构造

1. 管涵

圆管涵洞身主要由各分段圆管节和支承管节的基础垫层组成(图 13-2)。当整节钢筋混凝土圆管涵无铰时，称为刚性管涵。刚性管涵在横断面上是一个刚性圆环，管壁内钢筋有内外两层，钢筋可加工成单个的环状钢筋或螺旋筋。

圆管涵常用孔径 d_0 为 0.75 m、1.0 m、1.25 m、1.5 m、2.0 m，一般不大于 2.5 m，对应的管壁厚度 δ 分别为 8 cm、10 cm、12 cm、14 cm、15 cm。基础垫层厚度 t 根据基底土质确定，当为卵石、砾石、粗中砂及整体岩石地基时，$t=0$；当为亚砂土、黏土及破碎岩层地基时，$t=15$ cm；当为干燥地区的黏土、亚黏土、亚砂土及细砂的地基时，$t=30$ cm。

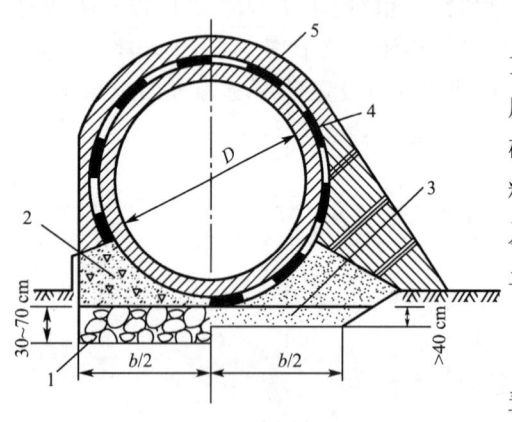

图 13-2 圆管涵基础

1—浆砌片石；2—混凝土；3—砂垫层；
4—防水层；5—黏土

2. 盖板涵

盖板涵洞身由涵台(墩)、基础和盖板组成。盖板有石盖板和钢筋混凝土盖板等。

钢筋混凝土盖板涵跨径为 1.5 m、2.0 m、2.5 m、3.0 m、4.0 m，相应的盖板厚度 d 为 15~22 cm。

3. 拱涵

拱涵洞身主要由拱圈和涵台(墩)组成，如图 13-3 所示。拱圈一般采用等截面圆弧拱，跨径为 1.0 m、1.5 m、2.0 m、2.5 m、3.0 m、4.0 m、5.0 m，相应拱圈厚度 d 为 25~35 cm。涵台(墩)临水面为竖直面，背面为斜坡，以适应拱脚较大水平推力的要求。基础有整体式和分离式两种。

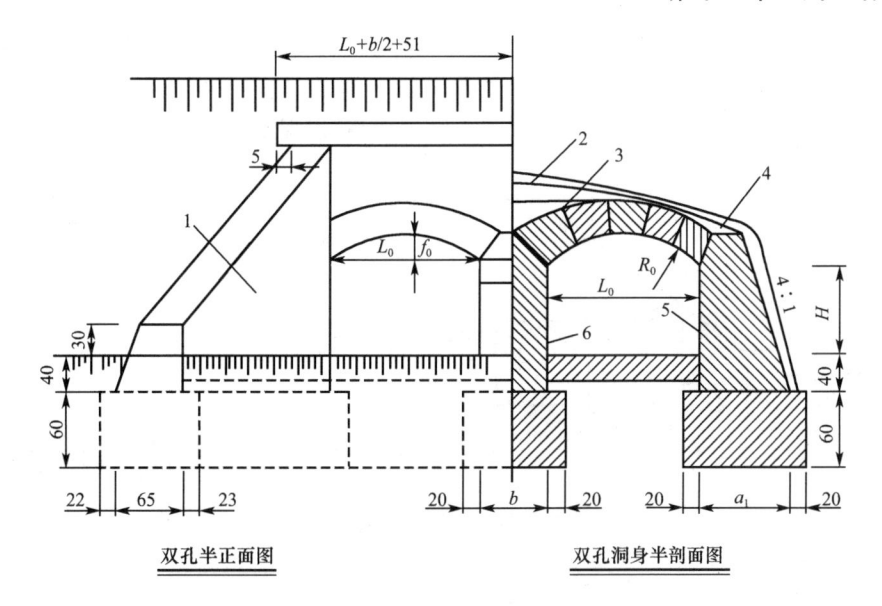

图 13-3 拱涵构造(尺寸单位:cm)

1—八字墙;2—胶泥防水层;3—拱圈;4—护拱;5—台身;6—墩身

4. 箱涵

箱涵为整体闭合式钢筋混凝土框架结构,具有良好的整体性和抗震性能,如图 13-4 所示。由于箱涵施工较困难,造价高,仅在软土地基上采用。箱涵主要由钢筋混凝土涵身、翼墙、基础、变形缝等部分组成。

箱涵涵身断面一般为长方形或正方形,常用跨径为 2.0 m、2.5 m、3.0 m、4.0 m、5.0 m。箱涵壁厚一般为 22~35 cm,内壁面四个折角处往往做成 $45°$ 的斜面,以增大转角处的刚度,其尺寸为 5 cm× 5 cm。

翼墙在涵身靠洞口侧的两端,与洞身连成整体,为钢筋混凝土薄壁结构。壁厚一般为 31~41 cm。翼墙主要用于洞身与进出口锥坡的连接,支挡路基填土。

(二)洞身分段及接头处理

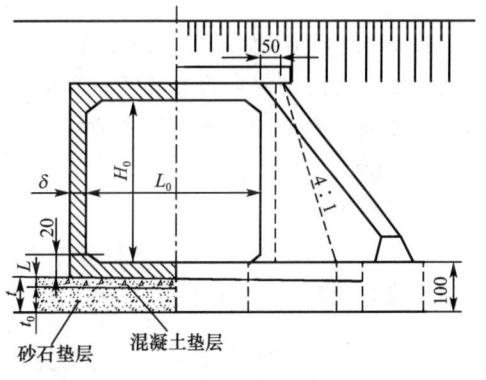

图 13-4 箱涵洞身(尺寸单位:cm)
L_0—跨径;H_0—净高;δ—箱涵壁厚
t_0—砂石垫层厚度;t—垫层厚度

洞身较长的涵洞沿纵向应分成数段,分段长度一般为 3~6 m,每段之间用沉降缝分开,缝宽 3 cm,基础也同时分开。涵洞分段可以适应由于荷载分布不均及基底土壤性质不同引起的不均匀沉降,避免涵洞开裂。沉降缝的设置是在缝隙间填塞浸涂沥青的木板或浸以沥青的麻絮。

(三)山坡涵洞洞身构造

山坡涵洞的洞底坡度大,一般为 $10\%\sim 20\%$,或更大一些。洞底纵坡主要由进水口和出水口处的标高决定。洞身的布置视底坡大小有以下几种形式。

1. 跌水式底槽(适用于坡度小于 12.5% 的涵洞)

底槽的总坡度等于河槽或山坡的总坡度。洞身由垂直缝分开的管节组成,后一管节比前一管节垂直降低一定高度,使涵洞得到稳定,每节管节有独立的基础,基础顶面做成水平,如图

13-5 所示。为了防止因管节错台在拱圈或盖板间产生缝隙,错台厚度不得大于拱圈或盖板厚度的 3/4,如图 13-5(a)所示。当相邻两节的高差大于涵顶厚度时,需加砌挡墙,如图 13-5(b)所示,但两节间高差也不应大于 0.7 m 或 1/3 涵洞净高,以保证泄水断面不受过大的压缩。

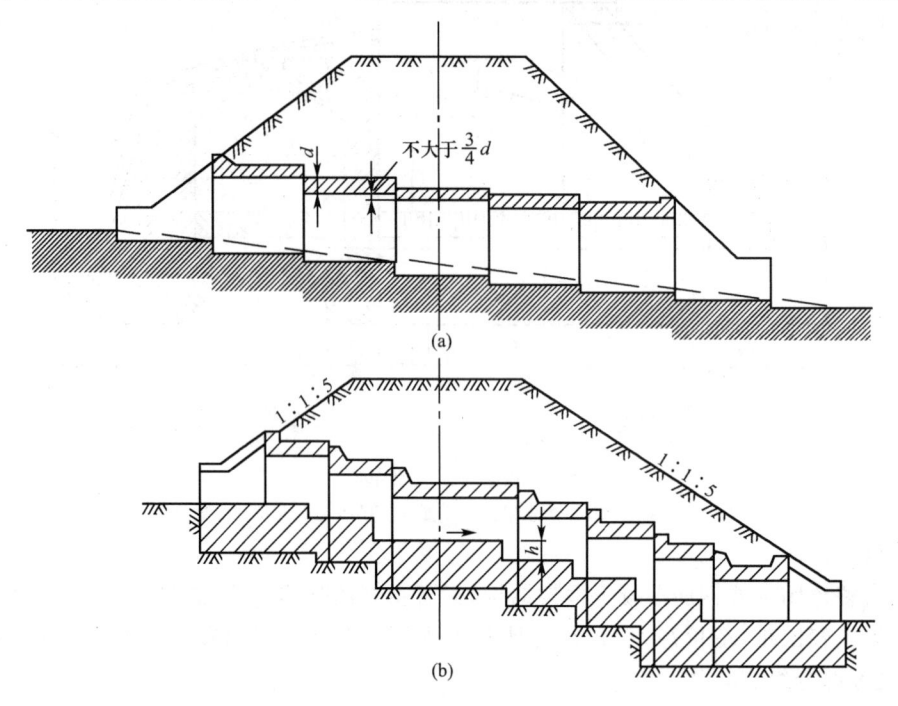

图 13-5 带跌水式底槽的涵洞纵断面

2. 急流坡式底槽(适用于坡度大于 12.5% 的涵洞)

当跌水式底槽每一管节的跌水高度太大,不能适应台阶长度的要求时,可建造急流坡式底槽。急流坡式底槽的坡度应等于或接近于天然坡度。涵洞的稳定性主要靠加深管节基础深度来保证,其形式一般为齿形或台阶形。

3. 小坡度底槽

如果地质情况不好,不允许修建坡度较大的涵洞时,应改为小坡度底槽,在进出水口设置有消能设备的涵洞,如图 13-6 所示。

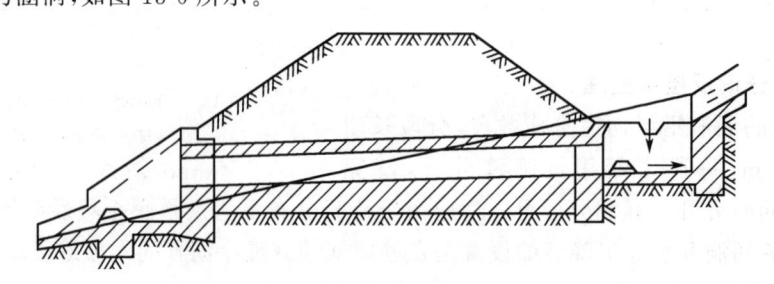

图 13-6 小坡度底槽的涵洞纵断面

(四)洞口建筑

洞口建筑是由进水口和出水口两部分组成。洞口应与洞身、路基衔接平顺,并起到调节水流和形成良好流线的作用,同时使洞身、洞口(包括基础)、两侧路基以及上下游附近河床免受冲刷。

常用的洞口形式有端墙式、八字式、走廊式和平头式四种。

1. 正交涵洞的洞口建筑

(1)端墙式。端墙式洞口由一道垂直于涵洞轴线的竖直端墙以及盖于其上的帽石和设在其下的基础组成,如图 13-7(a)所示。这种洞口构造简单,但泄水能力小,适用于流速较小的人工渠道或不易受冲刷影响的岩石河沟上。

(2)八字式。在洞口两侧设张开成八字形的翼墙,如图 13-7(b)所示。这种洞口工程数量小,水力性能好,施工简单,造价较低,因而是最常用的洞口形式。

(3)走廊式。走廊式洞口建筑是由两道平行的翼墙在前端展开成八字形或呈曲线形构成的,如图 13-7(c)所示。这种洞口使涵前壅水水位在洞口部分提前收缩跌落,可以降低涵洞的设计高度,提高了涵洞的宣泄能力。

(4)平头式。又称为领圈式,常用于混凝土圆管涵,如图 13-7(d)所示。因为需要制作特殊的洞口管节,所以模板耗用较多。

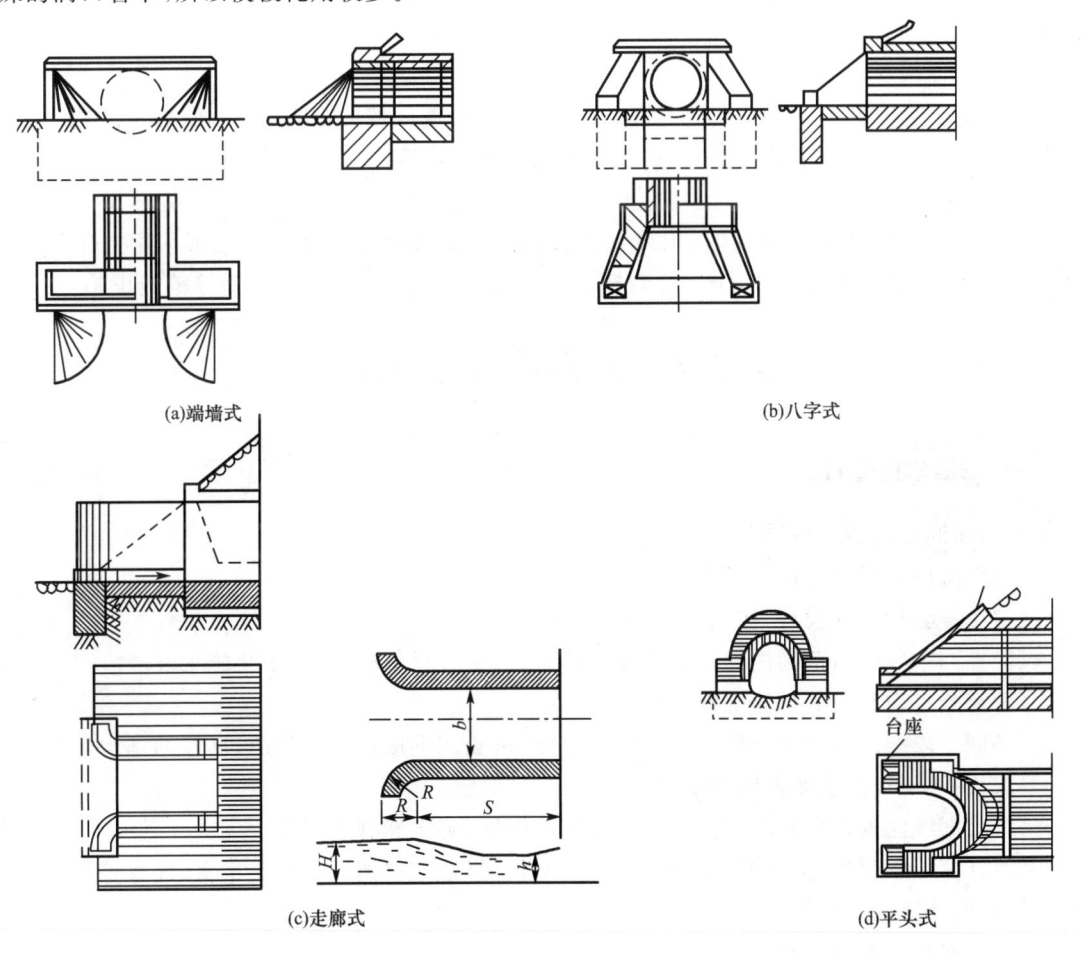

(a)端墙式

(b)八字式

(c)走廊式

(d)平头式

图 13-7 正交涵洞的洞口建筑

2. 斜交涵洞的洞口建筑

(1)斜交斜做。当涵洞洞口帽石方向与路线方向平行时,此种做法称为斜交斜做。此做法费工较多,但外形美观且适应水流,较常采用。

(2)斜交正做。涵洞洞口帽石方向与涵轴线方向垂直,即与正交时完全相同。此做法构造简单。

(五)进出水口沟床加固处理方法

进出水口沟床加固处理与涵洞本身设置的坡度和涵洞上下游河沟的纵向坡度有关,涵洞设置坡度小于临界坡度,上下游河沟纵向坡度也较小时称为缓坡涵洞;反之,称为陡坡涵洞。

1. 缓坡涵洞进水口沟床加固

河沟纵坡小于10%且河沟顺直时,涵洞顺河沟纵向设置。涵前天然河沟纵坡为10%～40%时,涵洞仍按缓坡设置,除岩石地基外,新开挖的沟底和沟槽侧向边坡均须采取人工加固,加固类型主要根据水流流速确定。当水流挟带泥沙较多时,可在进水口处设深约0.5 m的沉砂池,既能沉淀泥沙,又可以起到消能作用。

2. 陡坡涵洞进水口沟床加固

涵前河沟纵坡大于50%,且水流流速很高时,进口处须设置跌水或消力池、消力槛等消能设施,以减缓水流,削弱水能。上游沟槽开挖纵坡率,视河沟地质情况确定,以保证土体不致滑动。

3. 缓坡涵洞出水口处理

坡度 i 小于等于15%的天然河沟上设置缓坡涵底(洞底坡度小于5%),出水口流速不大,下游洞口河床可采用一般铺砌形式,在铺砌末端设置截水墙。

4. 陡坡涵洞出水口处理

当天然沟槽纵坡大于15%时,须设置陡坡涵洞。陡坡涵洞出水口一般可采用八字翼墙,同时视地形、地质和水力条件,采用急流槽、跌水、消力池、消力槛、人工加糙等消能设施。

第二节 涵洞的设计与计算

一、涵洞设计

(一)涵洞设计的一般原则

(1)宜就地取材,尽量节约钢材。
(2)尽量套用标准设计,加快设计、施工进度。
(3)在同一段线路范围内尽量减少涵洞类型,以便大量集中制造,简化施工。
(4)充分考虑日后养护和维修方便。
(5)同一段线路的涵洞应作合理布局,使全线桥涵能形成畅通无阻的、良好的排水系统。

(二)涵洞设计的主要内容和步骤

(1)根据线路的走向和溪、沟、河、渠、路等的位置,确定涵洞的位置。
(2)计算汇水面积,根据汇水面积、汇水区形状、当地植被情况和有关水文、气象等资料,计算涵洞的设计流量。
(3)根据设计流量和路基填土高度及地形、地质情况选择涵洞类型。
(4)根据流量大小、沟床坡度计算涵洞孔径。对于灌溉涵和交通涵,则根据实际需要,经与有关部门协商确定。
(5)根据地形情况进行涵洞的平面和纵断面布置。
(6)根据涵洞类型、孔径、路基高度等套用标准图,确定涵洞出入口类型、尺寸和洞身结构尺寸。
(7)计算涵洞长度。

(8)涵洞出入口铺砌防护设计。

(三)涵洞类型的选择

涵洞类型的选择应综合考虑以下因素。

1. 地形、地质、水文和水力条件

选择涵洞类型时应考虑水流情况、设计流量大小、路堤填方高度、涵前允许最大壅水高度、地基承载能力等。一般当设计流量在 10 m³/s 左右时,宜采用圆管涵;当设计流量在 20 m³/s 以上时,宜采用盖板涵;设计流量更大时,宜采用拱涵。地基情况较差时,可考虑采用箱涵。

2. 经济造价

因地区不同,涵洞造价往往差异很大。涵洞造价主要取决于材料的料场价格,其次是材料的运输费用和当地的人工、机具费用。

3. 材料选择和施工条件

涵洞材料的选择要因地制宜,尽可能就地取材,优先考虑圬工结构,少用钢材。为方便施工,一段线路上不宜采用过多类型的涵洞,便于集中预制,节省模板,保证质量,加快施工进度。

4. 养护维修

为便于养护,孔径不宜过小,洞身不宜过长。冰冻地区不宜采用倒虹吸管涵洞,否则应在冰冻前将管内积水排除,并将两端进口封闭。

(四)涵洞孔径的确定

根据设计流量确定涵洞的净跨径。在确定涵洞净跨径时,应结合涵洞净高综合考虑。根据计算的涵洞净跨径套用标准跨径。《公路桥涵设计通用规范》规定的涵洞标准化跨径有 0.75 m、1.0 m、1.25 m、1.5 m、2.0 m、2.5 m、3.0 m、4.0 m 八种。其中,0.75m 的孔径仅用于无淤积地区的灌溉渠,泄水涵洞的孔径不宜小于 2.0 m,排洪涵洞的最小孔径不应小于 1.25 m。位于城市或车站范围内有污水流入或易淤积的涵洞,可根据需要加大孔径。各式涵洞的长度应视其净高(或内径)h 而定:$h=1.25$ m,长度不宜超过 25 m;$h \geqslant 1.5$ m,长度不受限制;当采用 0.75 m 孔径且 $h<1.0$ m 时,长度不宜超过 10 m;$h \geqslant 1.0$ m 时,长度不宜超过 15 m。

(五)涵洞布置

1. 涵洞的平面布置

涵洞的平面布置主要解决涵位及涵轴线与路线交角的问题。涵洞应尽量布置成正交,当天然河道与路线斜交,经过技术经济比较不宜改河时,则采用斜交涵洞。斜交涵洞的斜交角通常取 5°为一级,以便利用标准图中的尺寸。

2. 涵洞的立面布置

(1)涵洞标高的确定。涵洞顶面中心标高应服从路线纵断面要求,可从路线设计标高推算出来。涵底中心标高一般与天然沟床标高一致或略低一些。如果是老涵洞改建,涵底的标高应考虑涵洞进出口沟底标高,以此确定涵底中心标高。

涵洞应设上拱度,其值视基底土的种类按表 13-1 确定,但入口流水槽面的高程不应低于中心管节流水槽面的高程,以免形成逆坡。

表 13-1　　　　　　　　　　　涵洞的上拱度

基底土名称	上拱度
碎石土、砾砂、粗砂、中砂、细砂	$H/80$
半干硬状态的、硬塑状态的黏性土及老黄土	$H/50$

注：1. H 为线路中线处自涵洞流水槽面至轨底的高度。
　　2. 基底土属软塑状态的黏性土或新黄土时，上拱度可适当加大。
　　3. 基底土为岩石、涵洞顶上填方厚度不足 2 m 以及坡度较陡的涵洞，可不设上拱度。

(2) 涵底纵坡。涵底纵坡最好选用临界坡度，此时涵洞的排洪能力最大。但实际设计时，涵底纵坡通常根据沟底纵坡确定。最小纵坡不小于 0.4%，以防淤积；也不大于最大坡度，以防涵底铺砌被冲毁。

(3) 涵底基础。设置在天然地基上的涵底基础，除岩石、砾石及粗砂地基外，其地基为冻胀性土时，均应将基底埋入冰冻线以下不小于 0.25 m。当基底下有软土层时，为了将基础置于好土层上或需人工加固地基时，往往需将基础埋置于较深的土层中。当沟床坡度大于 5% 时，涵底基础宜每隔 3～5 m 设置防滑横隔墙或把基础分段做成阶梯形（见山坡涵洞）。在无冲刷处，涵洞基底除岩石地基外，一般应设在天然地面或河底面以下 1 m，如河床上有铺砌层时，一般宜设在铺砌层顶面以下 1 m。

(六) 涵洞尺寸及工程数量

当涵洞选择标准跨径后，其细部尺寸及工程数量均可套用相应的标准图，使用时应注意：
(1) 荷载应与标准图一致，不能大于标准图的规定。
(2) 材料强度等级、地基承载力不能低于标准图的要求，否则应进行强度验算。
(3) 当设计墙身高与标准图不一致时，应选用标准图上大一级墙身所对应的各部分尺寸。
(4) 当有些工程数量无法从标准图上查得时，应通过计算确定。

(七) 洞口形式

涵洞的洞口形式应根据涵洞进出口的地形和流量大小确定。选定后，也可套用标准图。无论采用的是何种洞口形式，其进水口均须铺砌。

二、涵洞长度计算

(一) 正交涵洞长度计算

涵洞上游半部长度和下游半部长度并不相同，必须分别进行计算，由图 13-8 可得
$$L_1 = B_1 + (H-a-iL_1)m + C$$

则
$$L_1 = \frac{B_1 + (H-a)m + C}{1+im} \tag{13-1}$$

同理得
$$L_2 = \frac{B_2 + (H-b)m + C}{1-im} \tag{13-2}$$

式中　L_1、L_2——涵洞上、下游半部长度；
　　　B_1、B_2——上、下游路基宽度；
　　　a、b——进、出水口帽石顶面至基础顶面的高度；
　　　C——帽石宽度；
　　　H——路基边缘至涵底中心的距离。

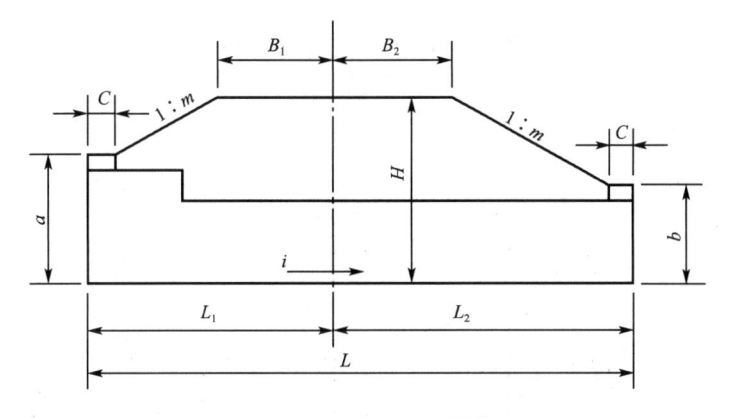

图 13-8 正交涵洞长度计算

(二)斜交涵洞长度计算

1. 斜交斜做(洞口与路线平行)

由图 13-8 和图 13-9 可得

$$L_1\cos\alpha = B_1 + (H-a-iL_1)m + C$$

则

$$L_1 = \frac{B_1 + (H-a)m + C}{\cos\alpha + im} \tag{13-3}$$

同理得

$$L_2 = \frac{B_2 + (H-b)m + C}{\cos\alpha - im} \tag{13-4}$$

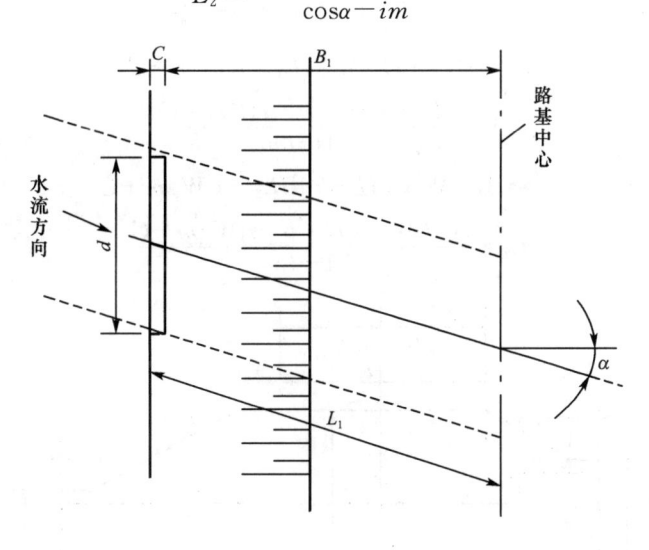

图 13-9 斜交斜做洞口的涵洞长度计算

2. 斜交正做(洞口与洞身垂直)

由图 13-10 可得

$$L_1 = A_1 + A_2 + \frac{B_1}{\cos\alpha} = C + \frac{d}{2}\tan\alpha + (H-a-iL_1)\frac{m}{\cos\alpha} + \frac{B_1}{\cos\alpha}$$

则

$$L_1 = \frac{B_1 + (H-a)m + \frac{d}{2}\sin\alpha + C\cos\alpha}{\cos\alpha + im} \tag{13-5}$$

同理得

$$L_2 = \frac{B_2 + (H-b)m + \frac{d}{2}\sin\alpha + C\cos\alpha}{\cos\alpha - im} \tag{13-6}$$

式中　d——帽石长度。

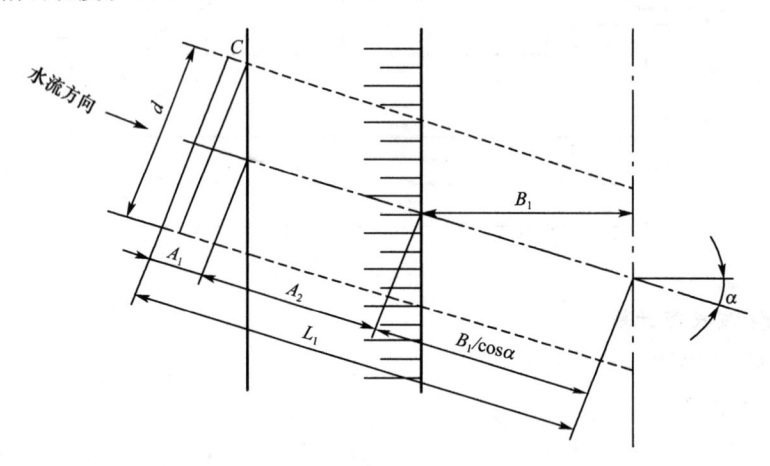

图 13-10　斜交正做洞口的涵洞长度计算

(三) 路基有超高加宽时正交涵洞的长度计算

1. i_1 和 i 方向一致时

由图 13-11 可得

$$L_1 = B_1 + (H - a - iL_1 + i_1 B)m + C$$

则

$$L_1 = \frac{B_1 + (H - a + i_1 B)m + C}{1 + im} \tag{13-7}$$

$$L_2 = B_2 + W + (H - b + iL_2 - i_1 W)m + C$$

则

$$L_2 = \frac{B_2 + W + (H - b - i_1 W)m + C}{1 - im} \tag{13-8}$$

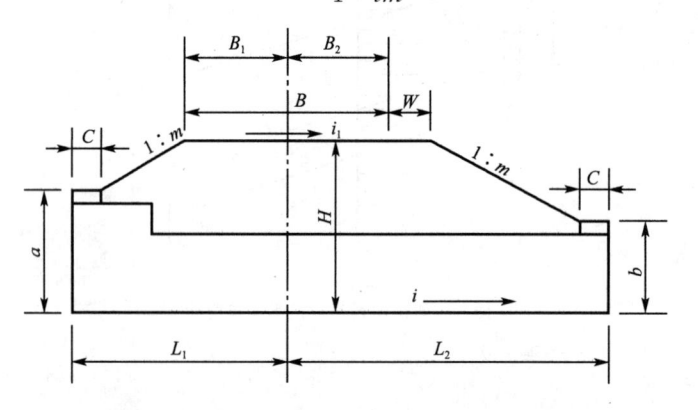

图 13-11　涵洞底坡与超高方向一致时的涵洞长度计算

2. i_1 和 i 方向相反时

由图 13-12 可得

$$L_1 = B_1 + W + (H - a - iL_1 - i_1 W)m + C$$

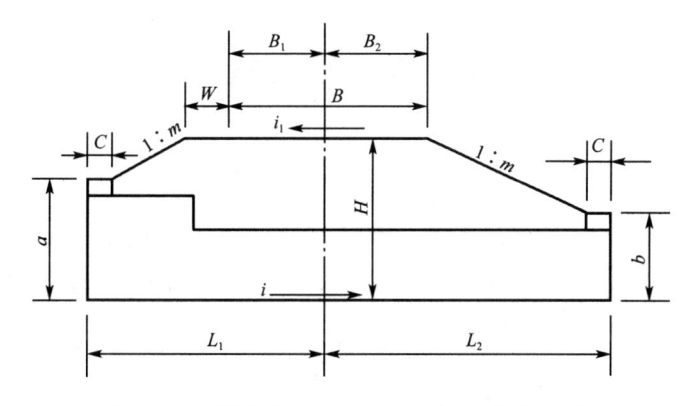

图 13-12 涵洞底坡与超高方向相反时的涵洞长度计算

则
$$L_1 = \frac{B_1 + W + (H - a - i_1 W)m + C}{1 + im} \tag{13-9}$$

$$L_2 = B_2 + (H - b + iL_2 + i_1 B)m + C$$

则
$$L_2 = \frac{B_2 + (H - b + i_1 B)m + C}{1 - im} \tag{13-10}$$

3. 涵洞与路线斜交，考虑路基纵坡影响涵洞长度计算

由图 13-13 可得
$$\Delta H = L_1 i_2 \sin\alpha$$

由式(13-3)可得
$$L_1 = \frac{B_1 + (H - a - L_1 i_2 \sin\alpha)m + C}{\cos\alpha \pm im}$$

$$(\cos\alpha \pm im)L_1 + L_1 i_2 m \sin\alpha = B_1 + (H - a)m + C$$

则
$$L_1 = \frac{B_1 + (H - a)m + C}{\cos\alpha \pm im + i_2 m \sin\alpha} \tag{13-11}$$

由式(13-4)可得
$$L_2 = \frac{B_2 + (H - b + L_2 i_2 \sin\alpha)m + C}{\cos\alpha \mp im}$$

$$(\cos\alpha \mp im)L_2 - L_2 i_2 m \sin\alpha = B_2 + (H - b)m + C$$

则
$$L_2 = \frac{B_2 + (H - b)m + C}{\cos\alpha \mp im - i_2 m \sin\alpha} \tag{13-12}$$

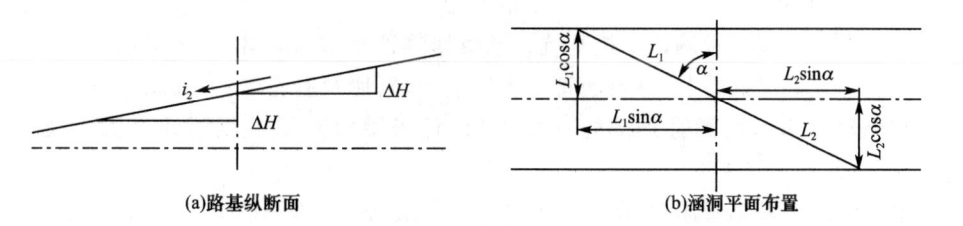

(a) 路基纵断面   (b) 涵洞平面布置

图 13-13 考虑路基纵坡影响斜交斜做的涵洞长度计算

第三节 涵洞施工

一、施工放样

涵洞施工设计图是施工放样的依据,根据设计中心里程,在地面上标定位置并设置涵洞纵向轴线。正交涵洞的轴线垂直于路线中线,斜交涵洞的轴线与路线中线前进方向的右侧呈斜交角 θ,θ 与 90°之差称为斜度,如图 13-14 所示。

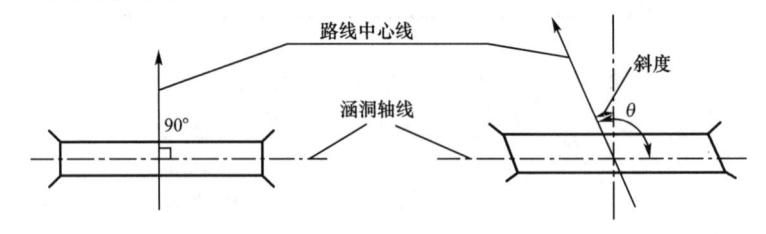

图 13-14 正交与斜交涵洞

涵洞轴线确定后量出上、下游涵洞的长度,考虑进、出口是否顺畅。当无须改善时,用小木桩标定涵端,用大木桩控制涵洞轴线,并以轴线为基准测定基坑和基础在平面上的所有尺寸,用木桩标出,如图 13-15 所示。

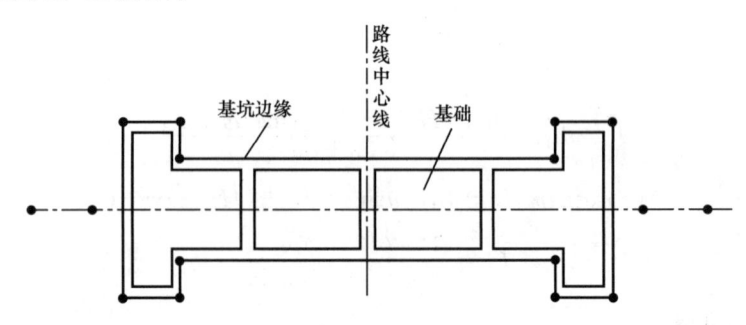

图 13-15 涵洞基础放样

测量放样时,应注意涵洞长度、涵底标高的正确性。对位于曲线和陡坡上的涵洞,应考虑加宽、超高和纵坡的影响。

二、各种类型涵洞施工技术

(一)混凝土管涵和钢筋混凝土管涵

1. 管涵施工程序

(1)单孔有圬工基础管涵。①挖基坑并准备修筑管涵基础的材料;②砌筑圬工基础或浇筑混凝土基础;③安装涵洞管节,修筑涵管出入口端墙、翼墙及涵底(端墙外涵底铺装);④铺设涵管防水层及修整;⑤铺设涵管顶部防水黏土(设计需要时),填筑涵洞缺口填土及修建加固工程。

(2)单孔无圬工基础管涵,如图 13-16 所示。①挖基坑、准备材料。②在捣固夯实的天然土表层或砂垫层上,修筑截面为圆弧状的管座,其深度等于管壁的厚度。③在圆弧管座上铺设垫层的防水层,然后安装管节,管节间接缝宜留 1 cm 宽,缝中填塞防水材料。④在管节的下侧再用天然土或砂砾垫层材料作培填料,并捣实至设计高程所示,且切实保证培填料与管节密贴。再将防水层向上包裹管节，防水层外再铺设黏性土。对于水平径线以下的一部分特别填土，应立即填筑，以免管节下面的砂垫层松散，并保证其与管节密贴。在严寒地区，这部分特别填土必须采用不冻胀土料。⑤修筑管涵出入口端墙、翼墙和涵底，以及整修工作。

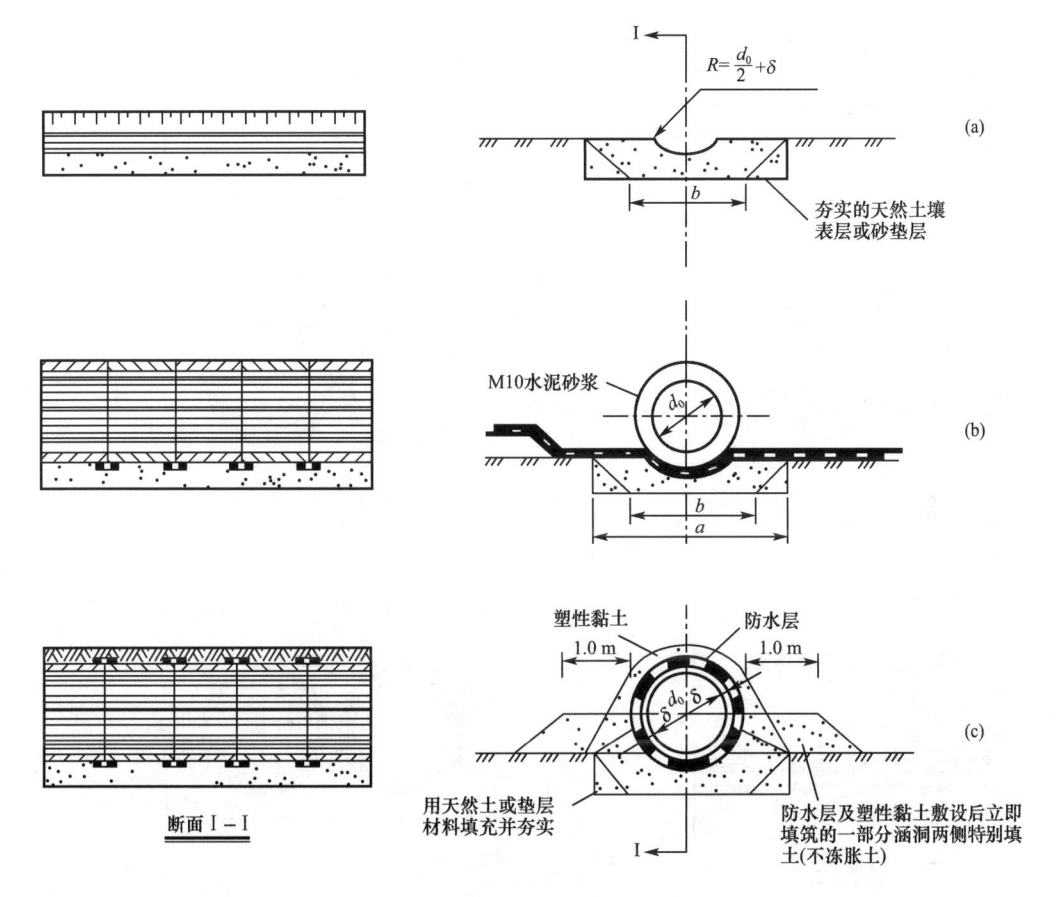

图 13-16 单孔无坞工基础管涵洞身施工程序
(注：砂垫层底宽，非严重冰冻地区为 b；严重冰冻地区为 a，即上下同宽。)

(3) 双孔有坞工基础管涵。可参考单孔有坞工基础管涵和双孔无坞工基础管涵施工程序进行施工。

(4) 双孔无坞工基础管涵，如图 13-17 所示。①挖基坑、准备材料。②在捣固夯实的天然土表层或砂垫层上修筑圆弧状管座，其深度等于管壁的厚度。③按图 13-17(b) 所示的程序，先安装右边管并铺设防水层，在左边一管节未安装前，在砂垫层上先铺设垫底的防水层，然后按同样方法安装管节。管节间接缝尽量抵紧，管节内外接缝均以 M10 水泥砂浆填塞。④在管节下侧用天然土或砂垫层材料作填料，夯实至设计高程处，并切实保证与管节密贴。左孔防水层铺设完后，用贫混凝土填充管节间的上部空腔，再铺设软塑状黏土。防水层及黏土铺设后，涵管两侧水平直径线以下的一部分填土应立即填筑，以免管节下面的砂垫层松散。在严寒地区，此部分填土必须采用不冻胀土料。⑤修筑出入口端墙、翼墙和涵底，以及整修工作。

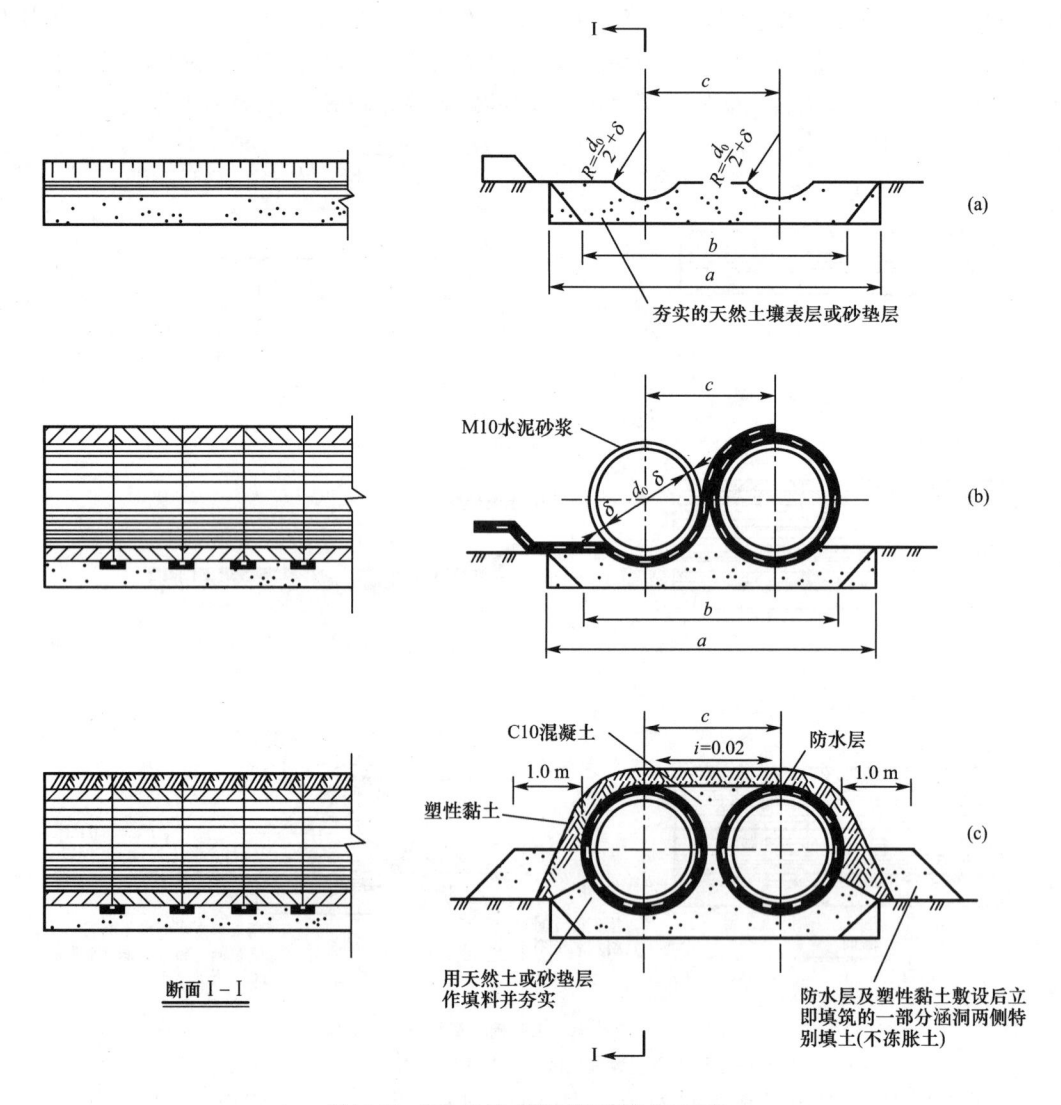

图 13-17 双孔无坞工基础管涵洞身施工程序

2.管涵基础修筑

(1)地基土为岩石。管节下采用无坞工基础,管节下挖去风化层后,填筑 0.4 m 厚砂垫层;出入口两端墙、翼墙下,在岩石层上用 C15 混凝土作基础,其埋置深度至风化层下 0.15~0.25 m,并最小等于管壁厚度加 5 cm。风化层过深时,可改用片石坞工,最深不大于 1 m。管节下为硬岩时,可用混凝土抹成与管节密贴的垫层。

(2)地基土为砾石土、卵石土或砾砂、粗砂、中砂、细砂或匀质黏性土。管节下一般采用无坞工基础,对砾、卵石土先用砂填充地基土空隙并夯实,然后填筑 0.4 m 厚砂垫层;对粗、中、细砂地基土表层应夯实;对匀质黏性地基土应做砂垫层;对于出入口两端端墙、翼墙的坞工基础埋置深度,设计无规定时为 1.0 m。

(3)地基土为黏性土。管节下应采用 0.5 m 厚的坞工基础,出入口两端端墙、翼墙基础埋置深度为 1.0~1.5 m;当地下水冻结深度不大时,埋置深度应等于冻结深度;当冻结深度大于 1.5 m 时,可在坞工基础下用砂夹卵石换填至冻结深度。

(二)混凝土拱涵、钢筋混凝土拱涵、盖板涵和箱涵

混凝土拱涵、钢筋混凝土拱涵(包括半环涵即无涵台身的各种曲线的拱涵)、盖板涵、箱涵的施工分为现场浇筑和在工地预制安装两大类,在此简单介绍后一种施工方法。

1. 预制构件结构的要求

(1)拱圈、盖板、箱涵节等构件预制长度,应根据起重设备和运输能力决定,但应保证结构的稳定性和刚度,一般不小于 1 m,但也不宜太长。

(2)拱圈构件上应设吊孔,以便起吊。吊孔应考虑平吊及立吊两种,安装后可用砂浆将吊孔填塞。箱涵节、盖板和半环节等构件,可设吊孔,也可于顶面设立吊环。吊环位置、孔径大小和制环用钢筋应符合设计要求,并要求吊钩伸入吊环内和吊装时吊环筋不断裂。安装完毕,环筋应锯掉或割掉。

(3)若采用钢丝绳捆绑起吊可不设吊孔或吊环。

2. 构件运输

构件达到设计强度并经质量检查和尺寸大小符合要求后,才能搬运。

3. 施工和安装

(1)基础、拱涵和盖板涵的涵台身。基础根据地基土类别和基础类型采用就地浇筑的施工方法。台身大都采用砌筑结构,可参看有关施工技术规范。

(2)上部构件的安装。拱圈、盖板、箱涵节的安装技术要求如下:

①安装之前应再检查构件尺寸、涵台尺寸和涵台间距离,并核对其高程,调整构件大小位置使其与沉降缝重合。

②拱座接触面及拱圈两边均应凿毛(沉降缝处除外)并浇水湿润,用灰浆砌筑。灰浆坍落度宜小一些,以免流失。

③构件砌缝宽度一般为 1 cm,拼装每段的砌缝应与设计沉降缝重合。

④构件可用扒杆、链滑车或汽车吊进行吊装。

(三)倒虹吸管涵洞

倒虹吸管涵洞宜采用钢筋混凝土或混凝土圆管,进、出水口必须设置竖井,包括防淤沉淀池。施工时管节接头及进、出水口砌缝应注意做好防渗处理。填土覆盖前应做灌水试验,符合要求后,方可填土。

倒虹吸管涵洞如需在冰冻期施工,除按冬季施工要求进行施工及养护外,还应在冰冻前将管内积水排出,以防冻裂。

倒虹吸管涵洞的进、出水口应在竣工后及时盖上。

三、涵洞附属工程的施工

(一)防水层

防水层的设置部位如下:

1. 各式钢筋混凝土涵洞(不包括圆管涵)

此类涵洞的洞身及端墙在基础以上凡被土掩埋部分,均须涂热沥青两道,每道厚 1～1.5 mm,不另抹砂浆。

2. 混凝土及石砌涵洞

此类涵洞的洞身、端墙和翼墙被土掩埋的部分，只需将圬工表面凿平，无凹入存水部分，可不设防水层。但北方严寒地区的混凝土结构仍需设防水层。

3. 钢筋混凝土圆管涵

此类管涵管节接头采用平头对接，接缝中用麻絮浸以热沥青塞满，管节上半部从外向内填塞，下半部从内向外填塞。管外靠接缝处裹以热沥青浸透的防水纸8层，宽度为15～20 cm。包裹方法：在现场用热沥青逐层黏合在管外壁上接缝处，再在全长管外裹以塑性黏土。

4. 钢筋混凝土盖板明涵

此类涵洞的盖板部分表面可先涂热沥青两次，再于其上设2 cm厚的防水水泥砂浆或4～6 cm厚的防水混凝土。

(二)沉降缝施工

对于沉降缝的施工，要求做到使沉降缝两边的构造物能自由沉降，又能严密以防水渗漏，故沉降缝必须贯穿整个断面(包括基础)。沉降缝具体施工方法如下：

1. 基础部分

可将原基础施工时嵌入的沥青木板或沥青砂板留下，作为防水用。如基础施工时，不用木板，也可用黏土填入捣实，并在流水面边缘以1∶3水泥砂浆填塞，深度约15 cm。

2. 涵身部分

缝外侧以浸过热沥青的麻绳填塞，深度约5 cm，内侧以1∶3水泥砂浆填塞，深度约15 cm，并视沉降缝处圬工的厚薄而定。可以用沥青麻絮与水泥砂浆填满；如太厚，也可将中间部分先填以黏土。

沉降缝的构造如图13-18所示。

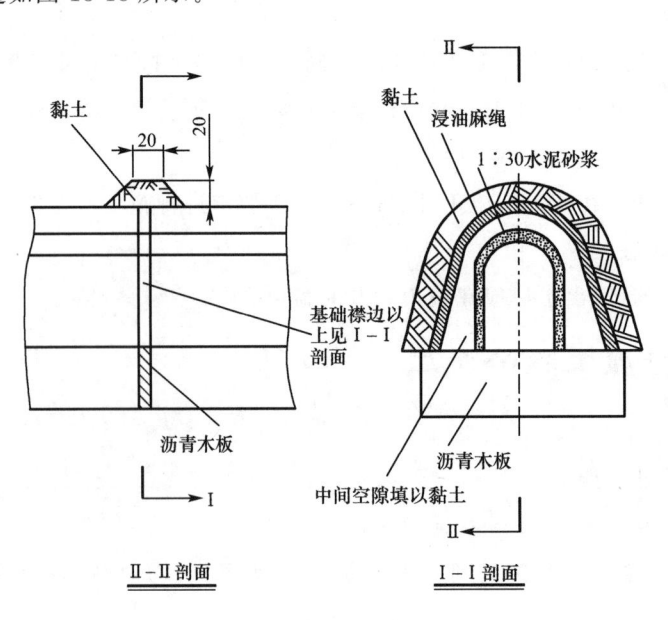

图13-18 沉降缝的构造(尺寸单位：cm)

(三)涵洞两侧填土

涵洞施工完成后,砌体砂浆或混凝土强度达到设计强度的85%时,方可进行涵洞洞身两侧的回填。涵洞两侧紧靠涵台部分的回填土不宜采用大型机械进行压实施工,宜采用人工配合小型机械的方法夯填密实。填土的每侧长度应符合设计规定;设计未规定时,应不小于洞身填土高度的1倍,特殊地形条件下应根据实际情况适当加长,填筑应在两侧同时对称、均衡地分层进行,填筑的压实度应不小于96%。涵洞顶部的填土厚度必须大于0.5 m后方可通行车辆和筑路机械。

复习思考题

1. 试述涵洞的分类及适用条件。
2. 简述圆管涵、盖板涵的主要构造。
3. 山坡涵洞洞身布置方式有哪几种?
4. 涵洞常用的洞口形式有哪几种?
5. 涵洞进、出水口河床加固处理方法有哪些?
6. 涵洞设计的原则是什么?
7. 斜交涵洞的斜交角是哪条线之间的夹角?
8. 试述管涵施工程序。
9. 简述倒虹吸管涵洞的适用范围及施工注意事项。
10. 试述涵洞防水层的作用及设置位置。
11. 涵洞为何要设置沉降缝?如何设置?

第十四章 桥涵工程质量检测

重点提示

主要介绍桥梁工程质量检验评定与验收、桥梁常用检测技术以及旧桥加固方法。其中,桥梁工程的质量检验与评定是学习的重点。

第一节 桥涵施工质量检验评定与验收

一、公路工程质量检验与等级评定的依据

《公路工程质量检验评定标准 第一册 土建工程》(JTG F80/1—2017)适用于公路工程施工单位、工程监理单位、建设单位、质量检测机构和质量监督部门对公路工程质量的管理、监控和检验评定;适用于四级及四级以上公路新建、改建工程的质量检验评定。

为满足建设任务、施工管理和质量检验评定的需要,应在施工准备阶段按表14-1将建设项目划分为单位工程、分部工程和分项工程。在建设项目中,根据签订的合同,具有独立施工条件的工程为单位工程。在单位工程中,应按结构部位、路段长度及施工特点或施工任务的不同将其划分为若干个分部工程。在分部工程中,应按不同的施工方法、材料、工序及路段长度等划分为若干个分项工程。施工单位、工程监理单位和建设单位应按相同的工程项目划分进行工程质量的监控和管理。

表 14-1 一般建设项目的工程划分表

单位工程	分部工程	分项工程
桥梁工程(每座或每合同段)	基础及下部构造(1~3墩台)	钢筋加工及安装,预应力筋加工和张拉,预应力管道压浆,混凝土扩大基础,钻孔灌注桩,挖孔桩,沉入桩,灌注桩桩底压浆,地下连续墙,沉井,钢围堰的混凝土封底,承台等大体积混凝土结构,砌体,混凝土墩、台,墩台身安装,支座垫石和挡块,拱桥组合桥台,台背填土等
	上部构造预制和安装(1~3跨)	钢筋加工及安装,预应力筋加工和张拉,预应力管道压浆,预制安装梁、板,悬臂施工梁,顶推施工梁,转体施工梁,拱圈节段预制,拱的安装,转体施工拱,中下承式拱吊杆和柔性系杆,刚性系杆,钢梁制作,钢梁安装,钢梁防护等
	上部构造现场浇筑(1~3跨)	钢筋加工及安装,预应力筋加工和张拉,预应力管道压浆,就地浇筑梁、板,悬臂施工梁,就地浇筑拱圈,劲性骨架混凝土拱,钢管混凝土拱,中下承式拱吊杆和柔性系杆,刚性系杆等
	桥面系、附属工程及桥梁总体	钢筋加工及安装,混凝土桥面板防水层,钢桥面板上防水黏结层,混凝土桥面板桥面铺装,钢桥面板上沥青混凝土铺装,支座安装,伸缩装置安装,人行道铺设,栏杆安装,混凝土护栏,钢桥上钢护栏安装,桥头搭板,混凝土小型构件预制,砌体坡面护坡,混凝土构件表面防护,桥梁总体等
	防护工程	砌体坡面护坡,护岸,导疏工程等
	引道工程	见路基工程、路面工程的分项工程

二、工程质量评分方法

施工单位应对各分项工程按《公路工程质量检验评定标准 第一册 土建工程》(JTG F80/1—2017)所列基本要求、实测项目和外观鉴定进行自检,按"分项工程质量检验评定表"及相关施工技术规范提交真实、完整的自检资料,对工程质量进行自我评定。工程监理单位应按规定要求对工程质量进行独立抽检,对施工单位检评资料进行签认,对工程质量进行评定。建设单位根据对工程质量的检查及平时掌握的情况,对工程监理单位所做的工程质量评分及等级进行审定。质量监督部门、质量检测机构可依据本标准对公路工程质量进行检测评定。

工程质量检验评分以分项工程为单元,采用100分制进行。在分项工程评分的基础上,逐级计算各相应分部工程、单位工程、合同段和建设项目评分值。

1. 分项工程质量评分

分项工程质量检验内容包括基本要求、实测项目、外观鉴定和质量保证资料四个部分。只有在其使用的原材料、半成品、成品及施工工艺符合基本要求,无严重外观缺陷且质量保证资料真实、齐全时,才能对分项工程质量进行检验评定。实测项目的规定极值是指任一单个检测值都不能突破的极限值,不符合要求时该实测项目为不合格。分项工程的评分值满分为100分,按实测项目采用加权平均法计算。存在外观缺陷或资料不全时,须减分。

$$分项工程得分 = \frac{\sum[检查项目得分 \times 相应权值]}{\sum 检查项目权值}$$

$$分项工程评分 = 分项工程得分 - 因外观缺陷减分 - 因资料不全减分$$

(1) 基本要求检查

分项工程所列基本要求,对施工质量优劣具有关键作用,应按基本要求对工程进行认真检查。经检查不符合基本要求时,不得进行工程质量的检验和评定。

(2) 实测项目计分

对规定检查项目采用现场抽样方法,按照规定频率和下列计分方法对分项工程的施工质量直接进行检测计分。检查项目除按数理统计方法评定的项目以外,均应按单点(组)测定值是否符合标准进行评定,并按合格率计分。

$$检查项目合格率(\%) = \frac{检查合格的点(组)数}{该项目的全部检查点(组)数} \times 100\%$$

$$检查项目得分 = 检查项目合格率 \times 100$$

(3) 外观缺陷减分

对工程外观情况应逐项检查,如发现外观缺陷,应予以减分。对于较严重的外观缺陷,施工单位须采取措施进行整修处理。

(4) 资料不全减分

分项工程的施工资料和图表残缺,缺乏最基本的数据,或有伪造涂改者,不予检验和评定。资料不全者应予以减分。减分幅度视资料不全情况,每款减1~3分。

2. 分部工程和单位工程质量评分

表 14-1 所示的分项工程和分部工程分为一般工程和主要(主体)工程,分别给以 1 和 2 的权值。进行分部工程和单位工程评分时,采用加权平均值计算法确定相应的评分值。

$$分部(单位)工程评分 = \frac{\sum[分项(分部)工程评分值 \times 相应权值]}{\sum 分项(分部)工程权值}$$

3. 合同段和建设项目工程质量评分

合同段和建设项目工程质量评分按《公路工程竣(交)工验收办法》计算。

$$合同段工程质量得分 = \frac{\sum[单位工程得分 \times 单位工程投资额]}{\sum 单位工程投资额}$$

$$合同段工程质量鉴定得分 = 合同段工程质量得分 - 内业资料扣分$$

$$建设项目工程质量评分 = \frac{\sum[合同段工程质量鉴定得分 \times 合同段工程投资额]}{\sum 合同段工程投资额}$$

4. 质量保证资料

质量保证资料应包括以下六个方面:所用原材料、半成品和成品质量检验结果;材料配比、拌和加工控制检验和试验数据;地基处理、隐蔽工程施工记录和大桥、隧道施工监控资料;各项质量控制指标的试验记录和质量检验汇总图表;施工过程中遇到的非正常情况记录及其对工程质量影响分析;施工过程中如发生质量事故,经处理补救后,达到设计要求的认可证明文件等。

三、工程质量等级评定

分项工程质量等级评定:分项工程评分值不小于 75 分者为合格,小于 75 分者为不合格;机电工程、工厂加工制造的桥梁金属构件不小于 90 分者为合格,小于 90 分者为不合格。评定为不合格的分项工程,经加固、补强、返工或调测,满足设计要求后,可以重新评定其质量等级,但计算分部工程评分值时按其复评分值的 90% 计算。

分部工程质量等级评定:所属各分项工程全部合格,则该分部工程评为合格;所属任一分项工程不合格,则该分部工程为不合格。

单位工程质量等级评定:所属各分部工程全部合格,则该单位工程评为合格;所属任一分部工程不合格,则该单位工程为不合格。

合同段和建设项目质量等级评定:合同段和建设项目所含单位工程全部合格,其工程质量等级为合格;所属任一单位工程不合格,则合同段和建设项目为不合格。

四、工程质量检验评定用表

分项工程、分部工程、单位工程、建设项目(合同段)质量评定表和工程汇总表的记录格式见表 14-2~表 14-6。

表 14-2 分项工程质量检验评定表

分项工程名称：　　　　　　　　　　　　　　　　　　所属分部工程名称：
所属建设项目：　　　　　　　　　　　　　　　　　　工程部位：(桩号、墩台号、孔号)
施工单位：　　　　　　　　　　　　　　　　　　　　监理单位：

基本要求				实测值或实测偏差值										质量评定			
实测项目	项次	检查项目	规定值或允许偏差	1	2	3	4	5	6	7	8	9	10	平均、代表值	合格率(%)	权值	得分
外观鉴定									减分					监理意见			
质量保证资料									减分								
工程质量等级评定			评分：								质量等级：						

检验负责人：　　　　检测：　　　　记录：　　　　复核：　　　　年　月　日

表 14-3 分部工程质量检验评定表

分部工程名称：　　　　　　　　　　　　　　　　　　所属单位工程：
所属建设项目：　　　　　　　　　　　　　　　　　　工程部位：(桩号、墩台号、孔号)
施工单位：　　　　　　　　　　　　　　　　　　　　监理单位：

施工单位	分项工程					备注
	工程名称	质量评定				
		实得分	权值	加权得分	等级	
	合计					
质量等级				加权平均分		
评定意见						

检验负责人：　　　　计算：　　　　复核：　　　　年　月　日

表 14-4 单位工程质量检验评定表

单位工程名称：　　　　　　　　　　　　　　　　　　所属建设项目：
路线名称：　　　　　　　　　　　　　　　　　　　　工程地点、桩号：
施工单位：　　　　　　　　　　　　　　　　　　　　监理单位：

施工单位	分项工程					备注
	工程名称	质量评定				
		实得分	权值	加权得分	等级	
	合计					
质量等级				加权平均分		
评定意见						

检验负责人：　　　　计算：　　　　复核：　　　　年　月　日

表 14-5　　　　　　　　　建设项目(合同段)质量检验评定表

项目名称：　　　　　　　　　　　　　　　　　　　　　　　路线名称：
起讫桩号：　　　　　　　　　　　　　　　　　　　　　　　完工日期：

施工单位	单位工程		
	工程名称	实得分	投资额
质量等级		加权平均分	
评定意见			

检验负责人：　　　　　计算：　　　　　复核：　　　　　年　月　日

表 14-6　　　　　　　　　工程汇总表

工　程	实得分	权值	加权得分	等级	备注
加权平均分				质量等级	

检验负责人：　　　　　计算：　　　　　复核：　　　　　年　月　日

五、桥梁工程质量检验与评定

桥梁工程质量检验包括桥梁总体,钢筋和预应力钢筋加工、安装及张拉,砌体,基础,墩、台身和盖梁,梁桥,拱桥,钢桥,斜拉桥,悬索桥,桥面系和附属工程。现就重点内容做简单介绍。

(一)桥梁总体

基本要求:桥梁施工应严格按照设计图纸、施工技术规范和有关技术操作规程要求进行;桥下净空不得小于设计要求;对于特大跨径桥梁或结构复杂的桥梁,必要时应进行荷载试验。

实测项目:桥面中线偏位、桥宽、桥长、引道中心线与桥梁中心线的衔接、桥头高程衔接。

外观鉴定:桥梁的内外轮廓线条应顺滑清晰,无突变、明显折变或反复现象;栏杆、防护栏,灯柱和缘石的线形顺滑流畅,无折弯现象;踏步顺直,与边坡一致。不符合要求时予以减分。

(二)钢筋和预应力钢筋的加工、安装及张拉

1. 钢筋的加工与安装

基本要求:钢筋、机械连接器、焊条等的品种、规格和技术性能应符合国家现行标准规定和设计要求;冷拉钢筋的机械性能必须符合规范要求,钢筋平直,表面不应有裂皮和油污;受力钢筋同一截面的接头数量、搭接长度、焊接和机械接头质量应符合施工技术规范要求;钢筋安装时,必须保证设计要求的钢筋根数;受力钢筋应平直,表面不得有裂纹及其他损伤。

实测项目:受力钢筋间距、箍筋、横向水平钢筋、螺旋筋间距、钢筋骨架尺寸、弯起钢筋位置、保护层厚度。

外观鉴定:钢筋表面无铁锈及焊渣;多层钢筋网要有足够的钢筋支承,保证骨架的施工刚度。不符合要求时予以减分。

2. 预应力钢筋的加工与张拉

基本要求:预应力钢筋的各项技术性能必须符合国家现行标准规定和设计要求;预应力钢筋束中的钢丝、钢绞线应梳理顺直,不得有缠绞、扭麻花现象,表面不应有损伤;单根钢绞线不允许断丝。单根钢筋不允许断筋或滑移;同一截面预应力钢筋接头面积不超过预应力钢筋总

面积的 25%,接头质量应满足施工技术规范的要求;预应力钢筋张拉或放张时,混凝土强度和龄期必须符合设计要求,严格按照设计规定的张拉顺序进行操作;预应力钢丝采用镦头锚时,镦头应头形圆整,不得有斜歪或破裂现象;制孔管道应安装牢固,接头密合,弯曲圆顺。锚垫板平面应与孔道轴线垂直;千斤顶、油表、钢尺等器具应经检验校正;锚具、夹具和连接器应符合设计要求,按施工技术规范的要求经检验合格后方可使用;压浆工作在 5℃以下进行时,应采取防冻保温措施;孔道压浆的水泥浆性能和强度应符合施工技术规范要求,压浆时排气、排水孔应有水泥原浆溢出后方可封闭;按设计要求浇筑封锚混凝土。

实测项目:钢丝、钢绞线先张法实测项目有镦头钢丝同束长度相对差、张拉应力值、张拉伸长率、同一构件内断丝根数不超过钢丝总数的百分数;粗钢筋先张法实测项目有冷拉钢筋接头在同一平面内的轴线偏位、中心偏位、张拉应力值、张拉伸长率;后张法实测项目有管道坐标、管道间距、张拉应力值、张拉伸长率、断丝滑丝数。

外观鉴定:预应力钢筋表面应保持清洁,不应有明显的锈迹,不符合要求时应予以减分。

(三)基础

1. 扩大基础

基本要求:所用的水泥、砂、石、水、外掺剂及混合材料的质量和规格必须符合有关规范的要求,按规定的配合比施工;不得出现露筋和空洞现象;基础的地基承载力必须满足设计要求;严禁超挖回填虚土。

实测项目:砂浆强度、平面尺寸、基础底面高程、基础顶面高程、轴线偏位。

外观鉴定:混凝土表面平整无明显施工接缝,不符合要求时应予以减分。

2. 钻孔灌注桩

基本要求:桩身混凝土所用的水泥、砂、石、水、外掺剂及混合材料的质量和规格必须符合有关规范的要求,按规定的配合比施工;成孔后必须清孔,并测量孔径、孔深、孔位和沉淀层厚度,确认满足设计或施工技术规范要求后,方可灌注水下混凝土;水下混凝土应连续灌注,严禁有夹层和断桩;嵌入承台的锚固钢筋长度不得小于设计规范规定的最小锚固长度;应选择有代表性的桩用无破损法进行检测,重要工程或重要部位的桩宜逐根进行检测。设计有规定或对桩的质量有怀疑时,应采取钻取芯样法对桩进行检测;凿除桩头预留混凝土后,桩顶应无残余的松散混凝土。

实测项目:混凝土强度、桩位、孔深、孔径、沉淀层厚度、钢筋骨架底面高程。

外观鉴定:用无破损法检测桩的质量有缺陷,但经设计单位确认仍可使用时应予以减分;桩顶面应平整,桩柱连接处应平顺且无局部修补,不符合要求时应予以减分。

3. 挖孔桩

基本要求:桩身混凝土所用的水泥、砂、石、水、外掺剂及混合材料的质量和规格必须符合有关规范的要求,按规定的配合比施工;挖孔达到设计深度后,应及时进行孔底处理,必须做到无松渣、淤泥等扰动软土层,使孔底情况满足设计要求;嵌入承台的锚固钢筋长度不得小于设计规范规定的最小锚固长度。

实测项目:混凝土强度、桩位、孔深、孔径、钢筋骨架底面高程。

外观鉴定:用无破损法检测桩的质量有缺陷,但经设计单位确认仍可使用时应予以减分;桩顶面应平整,桩柱连接处应平顺且无局部修补,不符合要求时应予以减分。

4. 沉井

基本要求:混凝土桩所用的水泥、砂、石、水、外掺剂及混合材料的质量和规格必须符合有关规范的要求,按规定的配合比施工;沉井下沉应在井壁混凝土达到规定强度后进行。浮式沉井在下水、浮运前,应进行水密性试验;沉井接高时,各节的竖向中轴线应与第一节竖向中轴线重合。接高前应纠正沉井的倾斜;沉井下沉到设计高程时,应检查基底,确认符合设计要求后方可封底;沉井下沉中出现开裂,必须查明原因,进行处理后才可继续下沉;沉井下沉应有完整、准确的施工记录。

实测项目:各节沉井混凝土强度、沉井平面尺寸、井壁厚度、沉井刃脚高程、中心偏位(纵、横向)、沉井最大倾斜度(纵、横向)、平面扭转角;沉井封底混凝土强度、基底高程、顶面高程。

外观鉴定:沉井接高时施工缝应清除浮浆和凿毛,不符合要求时应予以减分。

(四)承台

基本要求:所用的水泥、砂、石、水、外掺剂及混合材料的质量和规格必须符合有关规范的要求,按规定的配合比施工;必须采取措施控制混凝土内由水化热引起的最高温度,保证内外温差在允许范围内,以防止出现温度裂缝;不得出现露筋和空洞现象。

实测项目:混凝土强度、尺寸、顶面高程、轴线偏位。

外观鉴定:混凝土表面平整,棱角平直,无明显施工接缝;蜂窝麻面面积不超过该面总面积的0.5%,不符合要求时应予以减分;深度超过1 cm时必须进行处理;混凝土表面出现非受力裂缝时应予以减分,裂缝宽度超过设计规定或设计未规定该项时超过0.15 mm必须处理。

(五)墩、台身和盖梁

1.混凝土墩、台身浇筑

基本要求:混凝土所用的水泥、砂、石、水、外掺剂及混合材料的质量和规格必须符合有关技术规范的要求,按规定的配合比施工;不得出现空洞和露筋现象。

实测项目:墩、台身实测项目有混凝土强度、断面尺寸、竖直度或斜度、顶面高程、轴线偏位、节段间错台、大面积平整度、预埋件位置;柱或双壁墩身实测项目有混凝土强度、相邻间距、竖直度、高程、轴线偏位、断面尺寸、节段间错台。

外观鉴定:混凝土表面平整,施工缝平顺,棱角线平直,外露面色泽一致;蜂窝麻面面积不超过该面面积的0.5%,不符合要求时,每超过0.5%应予以减分;深度超过1 cm时必须处理;混凝土表面出现非受力裂缝时应予以减分,裂缝宽度超过设计规定或设计未规定该项时超过0.15 mm必须处理;施工临时预埋件或其他临时设施未做清除处理时应予以减分。

2.墩、台帽或盖梁

基本要求:混凝土所用的水泥、砂、石、水、外掺剂及混合材料的质量和规格必须符合有关技术规范的要求,按规定的配合比施工;不得出现露筋和空洞现象。

实测项目:混凝土强度、断面尺寸、轴线偏位、顶面高程、支座垫石预留位置。

外观鉴定:混凝土表面平整、光洁,棱角线平直;墩、台帽和盖梁如出现蜂窝麻面,必须进行修整并予以减分;墩、台帽和盖梁出现非受力裂缝时也予以减分,裂缝宽度超过设计规定或设计未规定该项时超过0.15 mm必须进行处理。

(六)梁桥

1.预制和安装梁(板)

基本要求:所用的水泥、砂、石、水、外掺剂及混合材料的质量和规格必须符合有关规范的要求,按规定的配合比施工;梁(板)不得出现露筋和空洞现象。空心板采用胶囊施工时,应采取有效措施防止胶囊上浮;梁(板)在吊移出预制底座时,混凝土的强度不得低于设计要求吊装强度;梁(板)在安装时,支承结构(墩台、盖梁、垫石)的强度应满足设计要求;梁(板)安装前,墩、台支座垫板必须稳固;梁(板)就位后,梁两端支座应对位,梁(板)底与支座以及支座底与垫石顶须密贴,否则应重新安装;两梁(板)之间接缝填充材料的规格和强度应满足设计要求。

实测项目:梁(板)预制实测项目有混凝土强度、梁(板)长度、宽度、高度、断面尺寸、平整度、横系梁及预埋件位置;梁(板)安装实测项目有支座中心偏位、倾斜度、梁(板)顶面高程、相邻梁(板)顶面高差。

外观鉴定:混凝土表面平整,色泽一致,无明显施工接缝;混凝土表面不出现蜂窝麻面,如出现必须修整并减分;混凝土表面出现非受力裂缝也应予以减分。裂缝宽度超过设计规定值或设计未规定该项时超过 0.15 mm 必须处理;封锚混凝土应密实、平整;梁(板)的填缝应平整密实。不符合要求时予以减分。

2. 就地浇筑梁(板)

基本要求:所用的水泥、砂、石、水、外掺剂及混合材料的质量和规格必须符合有关规范要求,按规定的配合比施工;支架和模板的强度、刚度、稳定性应满足施工技术规范要求;预计的支架变形及地基的沉降量应满足施工后梁体设计标高的要求,必要时应对支架进行预压;梁(板)体不得出现露筋和空洞现象;预埋件的设置和固定应满足设计和施工技术规范要求。

实测项目:混凝土强度、轴线偏位、梁(板)顶面高程、断面尺寸、长度、平整度。

外观鉴定:混凝土表面平整,色泽一致,无明显施工接缝;混凝土不出现蜂窝麻面,如出现必须修整;混凝土表面出现非受力裂缝时予以减分;裂缝宽度超过设计规定或设计未规定该项时超过 0.15 mm 必须处理。

3. 悬臂施工

基本要求:悬臂浇筑或合龙段浇筑所用的水泥、砂、石、水、外掺剂及混合材料的质量和规格必须符合有关规范要求,按规定的配合比施工;悬拼或悬浇块件前,必须对桥墩根部(0 号块件)的高程、桥轴线做详细复核,符合设计要求后方可进行悬拼或悬浇;悬臂施工必须对称进行,应对轴线和高程进行施工控制;在施工过程中,梁体不得出现宽度超过设计规范规定值的受力裂缝。一旦出现,必须查明原因,处理后方可继续施工;必须确保悬浇或悬拼的接头质量;悬臂合龙时,两侧梁体的高差应在设计规范允许范围内。

实测项目:悬臂浇筑梁实测项目有混凝土强度、轴线偏位、顶面高程、断面尺寸、合龙后同跨对称点高程差、平整度;悬臂拼装梁实测项目有混凝土强度、轴线偏位、顶面高程、合龙后同跨对称点高程差。

外观鉴定:线形平顺,梁顶面平整,各孔无明显折变;相邻块件色泽一致,接缝平整密实,无明显错台。每孔出现两处及两处以上明显错台(≥3 mm)时予以减分;混凝土表面不得出现蜂窝麻面,如出现必须进行修整并予以减分;梁体出现非受力裂缝也应予以减分。裂缝宽度超过设计规定或设计未规定该项时超过 0.15 mm 必须处理;梁体内外不应遗留建筑垃圾、杂物、临时预埋件等,不符合要求时应清理干净并予以减分。

第二节 桥梁工程检测技术

一、混凝土无损检测技术

混凝土无损检测技术,是指在不影响结构构件受力性能或其他使用功能的前提下,直接在构件上通过测定某些特定的物理量,推定混凝土的强度、均匀性、连续性、耐久性等一系列性能的检测方法。

由于混凝土无损检测技术不仅能推定混凝土强度,而且能够反映混凝土的均匀性、连续性等各项性能指标,因此在新建工程的质量评价、已建工程的安全性评价等方面具有无可替代的作用,受到人们的广泛重视。

混凝土检测技术按检测目的、基本原理做如下分类:

1. 混凝土强度的无损检测方法

混凝土强度的无损检测方法根据基本原理可分为以下三种。

(1)半破损法

半破损法是以不影响构件的承载能力为前提,在构件上直接进行局部破坏性试验,或直接钻取芯样进行破坏性试验。这类方法包括钻芯法、拔出法、射击法等。这类方法的特点是以局部破坏性试验测得混凝土强度,因而较为直接可靠。其缺点是造成结构物的局部破坏,需要进行修补,因而不宜用于大面积的全面检测。

半破损法中的钻芯法是利用专用钻机,从结构混凝土中钻取芯样以检测混凝土强度或观察混凝土内部质量的方法。钻芯法检测混凝土强度具有直观准确的优点,但其缺点是对结构构件的损伤较大,检测成本较高。因此一般宜将钻芯法与其他非破损方法结合使用。

(2)非破损法

非破损法是以混凝土强度与某些物理量之间的相关性为基础,检测时在不影响混凝土任何性能的前提下,测得这些物理量,然后根据相关关系推算被测混凝土的强度。这类方法包括回弹法、超声波法等。这类方法的特点是测试方便、费用低廉,但其测试结果的可靠性主要取决于混凝土的强度与所测试物理量之间的相关性。

非破损法中的回弹法是采用回弹仪进行混凝土强度测定,属于表面硬度法的一种。其原理是:回弹仪中运动的重锤以一定冲击动能撞击顶在混凝土表面的冲击杆后,测出重锤被反弹回来的距离,以回弹值作为与强度相关的指标,来推定混凝土强度。

超声波法检测混凝土强度的基本依据是超声波传播速度与混凝土弹性性质的密切关系。在实际检测中,超声波传播速度又通过混凝土弹性模量与其力学强度的内在联系与混凝土抗压强度建立相关关系,借以推定混凝土的强度。

(3)综合法

综合法就是采用两种或两种以上的无损检测方法,获取多项物理量,并建立强度与多项物理量的综合相关关系,以便从不同角度综合评价混凝土的强度。由于综合法采用多项物理量,能较全面地反映影响混凝土性能的各种因素,并且还能抵消部分影响强度与物理量相关性的因素,因而它比单一物理量的无损检测方法具有更高的准确性和可靠性。其中,超声回弹综合法已在国内外广泛应用。

2. 混凝土缺陷无损检测方法

混凝土缺陷是指那些在宏观上材质不连续、性能参数有明显差异,而且对结构的承载能力和使用性能产生影响的区域。即使整个结构中混凝土的普遍强度已满足设计要求,这些缺陷的存在也会使结构整体承载力严重下降,或影响结构的耐久性。因此,必须探明缺陷的部位、大小和性质,以便采取切实的处理措施,排除工程隐患。混凝土缺陷成因很复杂,检测要求也各不相同。混凝土缺陷有:内部空洞、蜂窝麻面、疏松、断层(桩)、结合面不密实、裂缝、碳化、冻融、化学腐蚀等。

混凝土缺陷的无损检测方法主要有超声脉冲法、脉冲回波法、雷达扫描法、红外热谱法等。

超声脉冲法检测混凝土内部缺陷又分为穿透法和反射法。穿透法是根据超声脉冲穿透混凝土时,在缺陷区的声时、波幅、波形、接收信号的频率等参数所发生的变化来判断缺陷,因此它只能在结构物的两个相对面上或在同一面上进行测试。目前超声脉冲穿透法比较成熟,并已经广泛用于工程实践,许多国家都已经编制了相应的技术规程。反射法则是根据超声脉冲在缺陷表面产生反射波的现象进行缺陷判断,由于它不必像超声脉冲穿透法那样在两个测试面上进行,因此对某些只能在一个测试面上检测的结构物(如桩基础、路面)具有特殊意义,也获得了广泛应用。

脉冲回波法是采用落球、锤击等方法在被测构件中产生应力波,用传感器接收回波,然后采用时域或频域方法分析回波的反射位置,以判断混凝土中缺陷位置的方法。其特点是激励力足以产生较强的回波,因而可检测尺寸较大的构件,如深度达数十米的基桩或厚度较大的混凝土板等。

3. 混凝土其他性能的无损检测方法

除了强度和缺陷检测以外,混凝土还有许多其他性能可用无损检测方法予以检测。其他性能主要是指与结构物使用功能有关的各种性能,例如碳化深度、保护层厚度、受冻层深度、含水率、钢筋位置与钢筋锈蚀状况、水泥含量等。现代工程结构所处的环境越来越复杂,对其他性能的要求也越来越高,因此其他性能的无损检测技术也得到重视。常用的检测方法主要有共振法、敲击法、磁测法、微波吸收法、中子散射法、中子活化法、渗透法等。

二、桩基础检测

(一)灌注桩完整性检测

灌注桩成桩质量通常存在两方面问题:一是桩身完整性,常见的问题有夹泥、断裂、缩径、扩径、混凝土离析及桩顶混凝土密实性较差等;二是嵌岩桩桩底支承条件的质量问题,主要是由于灌注混凝土前清孔不彻底,孔底沉淀层厚度超过规定极限值,影响承载力。目前,常用的钻孔灌注桩质量的检测方法有以下几种。

1. 反射波法

对于公路桥梁基桩检测多数地区实行普查制,基桩低应变动力检测法以其设备轻便灵活、现场检测工作量小、检测效率高、检测费用低等优点得到了广泛应用。反射波法是通过分析实测桩顶速度响应信号的特征来检测桩身的完整性,判定桩身缺陷位置及影响程度,判断桩端嵌固情况。反射波法适用于混凝土灌注桩和预制桩等刚性材料桩的桩身完整性检测。

2. 超声波法

超声波法适用于检测桩径大于 0.8 m 的混凝土灌注桩的完整性。其方法是在桩的混凝土灌注前,沿桩的长度方向平行预埋若干根检测用管道,作为超声发射和接收换能器的通道。检测时探头分别在两个管子中同步移动,沿不同深度逐点测出横截面上超声脉冲穿过混凝土时的各项参数,并按超声测缺原理分析每个断面上混凝土的质量。为了使超声脉冲能穿过不同深度的横截面,必须使超声探头深入桩体内部,为此须预埋声测管,作为探头进入桩内的通道。根据声测管埋设的不同情况,可有如下三种检测方式:双孔检测、单孔检测和桩外孔检测。双孔检测是桩基超声脉冲检测的基本形式,其他两种方式在检测和结果分析上都比较困难,只作为特殊情况的补救措施。

双孔检测法是在桩内预埋两根以上的管道,把发射探头和接收探头分别置于两根管道中(图14-1)。检测时超声脉冲穿过两根管道之间的混凝土,实际有效范围即为超声脉冲从发射到接收探头所扫过的面积。为了尽可能扩大在桩横截面上的有效检测面积,必须使声测管的布置合理。双孔测量时根据两探头相对高程的变化,又可分为平测、斜测、扇形扫测等方式,在检测时视实际需要灵活选用。

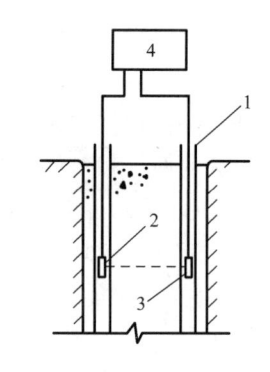

图14-1 钻孔灌注桩双孔检测法
1—声测管;2—发射探头;
3—接收探头;4—超声波检测仪

3. 钻芯检验法

由于大直径钻孔灌注桩的设计荷载一般较大,用静力式桩法有许多困难,所以常用地质钻机在桩身沿长度方向钻取芯样,通过对芯样的观察和测试确定桩的质量。但这种方法只能反映钻孔范围内的小部分混凝土质量,而且设备庞大、费工费时、价格昂贵,不宜作为大面积检测方法,只能用于抽样检查,一般抽检总桩量的3%~5%,或作为对无损检测结果的校核手段。

(二)基桩承载力检测

确定基桩承载力的方法有两类,一类是静荷载试验,另一类是各种桩的动荷载试验。静荷载试验是确定单桩承载力方法中最基本、最可靠的方法,其他各种测定方法(如静力触探、动测法等)的成果,都必须与静荷载试验相比较,才能判明其准确性。国内外规范一致规定,对重要工程都应进行静荷载试验。因此,一般对特大桥和地质复杂的大中桥试桩,应采用静荷载试验确定单桩承载力。静荷载试验的试验方法主要与试验要求有关,国内外普遍采用的试验方法主要有慢速维持荷载法、快速维持荷载法、等贯入速率法、循环加卸载法。

三、桥梁荷载试验

桥梁荷载试验可分为静载试验和动载试验。桥梁静载试验是将静止的荷载作用在桥梁上的指定位置,测试桥梁结构的静位移、静应变、裂缝等参数,进而推断桥梁结构在试验荷载作用下的工作性能及承载力。动载试验是利用某种激振方法激起桥梁结构的振动,测定桥梁结构的固有频率、阻尼比、振型、动力冲击系数、行车响应等参数,从而判断桥梁结构的整体刚度、行车性能。静载试验与动载试验虽然在试验目的、测试内容等方面不同,是两种性质的试验,但对于全面分析掌握桥梁结构的工作性能是同等重要的。下面就以桥梁静载试验为例进行说明。

(一)桥梁结构静载试验的目的、内容及程序

1. 静载试验的目的

桥梁静载试验的目的主要包括:检验桥梁结构的设计与施工质量,验证结构的安全性与可靠性;判断桥梁结构的工作性能及实际承载能力;验证桥梁结构的设计理论与计算方法,完善桥梁结构的计算理论。

2. 静载试验的内容

桥梁静载试验是一项复杂而细致的工作,应根据静载试验的目的进行认真调查,进行相关的理论分析,在此基础上制订出切实可行的试验方案。静载试验的主要内容包括:

(1)静载试验的目的及要求;

(2)静载试验的准备工作,包括技术资料的收集、桥梁现状检查、理论计算、现场准备;

(3)加载方案设计;

(4)测点设置与测试;

(5)加载控制与安全措施;

(6)试验结果分析与承载力评定;

(7)试验报告的编写。

3.静载试验的程序

一般情况下,桥梁静载试验可分为三个阶段,即桥梁结构的考察阶段(试验准备阶段)、加载与观测阶段、分析总结阶段。

试验准备阶段是桥梁静载试验顺利进行的前提和保障。这一阶段的工作内容很多,包括收集桥梁设计文件、施工记录、监理记录、原试验资料、桥梁养护与维修记录等桥梁技术资料;检查桥梁现状;检算设计荷载和试验拟加荷载作用下桥梁结构内力理论值;制订加载和量测方案;选用仪器仪表,搭设工作脚手架、设置测量仪表支架;测点放样及表面处理、布置测试元件、安装调试测量仪器仪表等一系列工作。检测工作能否顺利进行,很大程度上取决于检测前的准备是否充分。

加载与观测阶段是整个检测工作的中心环节。这一阶段的工作是在各项准备工作就绪的基础上,按照预定的试验方案与试验程序,利用适宜的加载设备进行加载,运用各种测试仪器,观测试验结构受力后的各项性能指标,如挠度、应变、裂缝宽度、加速度等,并采用人工记录或仪器自动记录等手段记录各种观测数据和资料。有时为了使某一加载、观测方案更为完善,可先进行探索性试验,以便更完满地达到原定试验目的。需要强调的是,对于静载试验,应根据当前所测得的各种指标与理论计算结果进行现场分析比较,以判断受力后结构行为是否正常,是否可以进行下一级加载,以确保试验结构、仪器设备及试验人员的安全,这对于存在病害的已建桥梁结构尤为重要。

分析总结阶段是对原始测试资料进行综合分析的过程。原始测试资料包括大量的观测数据、文字记载和图片等材料,受各种因素的影响,原始测试数据一般显得缺乏条理性与规律性,未必能深刻揭示试验结构的内在行为。因此,需对它们进行科学的分析处理,进行综合分析比较,从中提取有价值的资料。对于一些试验数据,有时还需按照数理统计的方法进行分析,或依靠专门的分析仪器和分析软件进行处理,或按照有关规程的方法进行计算。这一阶段的工作,直接反映整个检测工作的质量。测试数据经分析处理后,按照相关规范或规程以及检测的目的要求,对检测对象做出科学的判断与评价。

(二)桥梁结构静载试验的方案设计

1.试验对象的选择

一般说来,对于结构形式与跨度相同的多孔桥跨结构,可选择具有代表性的一孔或几孔进行加载试验检测;对于结构形式不相同的多孔桥跨结构,应依据不同的结构形式分别选取具有代表性的一孔或几孔进行试验;对于结构形式相同但跨度不同的多孔桥跨结构,应选取跨度最大的一孔或几孔进行试验;对于预制梁,应根据不同跨度及制梁工艺,按照一定的比例进行随机抽查试验。另外,试验对象的选择还应考虑以下因素:

(1)试验孔或试验墩台的计算受力状态最为不利;

(2)试验孔或试验墩台的破损或缺陷比较严重;

(3)试验孔或试验墩台便于搭设脚手架,便于布置测点及试验加载。

2. 加载工况的确定

在满足鉴定桥梁承载能力的前提下,加载项目安排应抓住重点,不宜过多。一般情况下,有 1~2 个主要内力控制截面工况,再根据桥梁具体情况可设置几个附加内力控制截面工况。此外,对桥梁的薄弱截面、损坏部位可以进行专门荷载工况设计,以检验该部位或截面对结构整体性能的影响。

3. 试验荷载的计算

(1) 控制荷载的确定

为了保证加载试验的效果,必须先确定试验的控制荷载大小。分别计算以上几种荷载对结构控制截面产生的内力(或变形)的最不利值,进行比较,取其中最不利值对应的荷载作为控制荷载。因为挂车和履带车不计冲击力,所以动载试验以汽车荷载作为控制荷载。

荷载试验应尽量采用与控制荷载相同的荷载,受客观条件所限,采用的试验荷载与控制荷载有差别时,为保证试验效果,在选择试验荷载的大小和加载位置时采用静载试验效率 η_q 进行控制。

(2) 静载试验效率

静载试验效率计算式为

$$\eta_q = \frac{S_s}{S(1+\mu)} \tag{14-1}$$

式中　S_s——静载试验荷载作用下控制截面内力计算值;

　　　S——控制荷载作用下控制截面最不利内力计算值;

　　　μ——按规范采用的冲击系数,平板挂车、履带车、重型车辆,取 $\mu=0$。

η_q 的取值范围为 0.8~1.05,且可采用低限;当桥梁的调查、检算工作不充分,尤其是缺乏桥梁计算资料时,η_q 应采用高限。总之应根据前期工作的具体情况来确定,一般情况下 η_q 不宜小于 0.95。

(3) 加载分级的计算

根据各加载分级按弹性阶段计算加载各测点的理论计算或应变,以便对加载试验过程进行分析和控制。计算采用的材料弹性模量,如已做材料试验则用实测值,否则可按规范规定选用。

4. 测试内容及测点布置

一般桥梁静载试验测试的主要内容有:应力、变形(变位、位移)、裂缝的变化。

测点布置应遵循必要、适量、方便观测的基本原则,并使观测数据尽可能地准确、可靠。

(三) 静载试验测试仪器

桥梁静载试验检测常用的仪器按其工作原理可分为机械式仪器、光学仪器和电测仪器。常用的仪器有百分表、千分表、应变仪、应变计(片)、精密水准仪、经纬仪、光电挠度仪、光纤光栅传感器、倾角仪、裂缝观测仪等。

(四) 静载试验现场组织

静载试验现场组织是实现预定的试验方案的重要保证,其内容包括试验前现场准备工作、加载测试工作、数据观测与记录以及现场清理的全部内容。试验组织就是把上述内容按先后顺序互相衔接,形成一个有机、完整、高效率的实施计划,并在试验中按照这个计划进行,只有遇到特殊情况或发现异常情况时,按照加载控制及加载终止的条件予以调整。

(五) 静载试验数据整理分析及试验报告编制

静载试验数据整理分析的直接目的是为了更好地达到预定的试验目的,以便对桥梁结构做出准确的技术评价。静载试验数据整理分析的内容包括对现场实测数据进行修正、整理,也包括实测数据的评价方法与评价指标的选用。

在对全部试验数据整理与分析的基础上,提交桥梁结构静载试验报告。试验报告内容包括以下各项:

1. 试验概况

试验概况的主要内容包括:试验桥梁的结构形式、跨度、桥宽、设计荷载、构造特点、施工概况等。对于鉴定性试验,要说明设计或施工过程中存在的技术问题,以及其对使用性能的影响;对于科学研究性试验,要说明设计施工中需要解决的问题。

2. 试验目的与依据

根据试验桥梁的特点,要有针对性地说明结构静载试验所要达到的目的与要求,说明试验的依据,试验对象的选取等。

3. 试验方案

试验方案包括理论分析计算结果、加载方案及加载程序、观测项目、测点布置、测试人员组织安排及测试仪器选择等方面。

4. 试验日期及试验过程

试验日期及试验过程主要说明组织桥梁静载试验的起讫日期、加载观测时间安排及试验准备阶段的情况,此外,还要说明试验过程中有无异常情况出现、试验时遇到的特殊问题及其解决方法等。

5. 试验成果与分析评价

依据桥梁静载试验的观测项目,将理论计算值、实测值及有关的参考限值进行比较,说明理论值与实测值的符合程度,从而说明试验对象的使用性能与承载能力,以及试验中所发现的新问题。综合实测数据、外观检查等方面的资料,说明试验对象的施工质量。对于一些科研性试验,要通过综合分析,说明计算理论的正确性、适用范围以及尚未解决的问题;如果试验资料丰富,还可以提出经验公式或参数图表。

6. 技术结论

在对测试资料综合分析的基础上,得出最后的技术结论,并对试验桥梁做出科学的评价。对于存在问题的桥梁结构,还要提出维修养护或加固改建的意见或建议。

7. 经验教训

从结构试验检测的角度,对本次试验的计划、程序、测试方法等方面总结经验,提出不足或改进的意见。

8. 有关的试验记录、图表、照片

将试验实测数据以图表曲线的形式表达出来。对于试验桥梁所存在的缺陷,如果可能,以照片的形式记录下来。

第三节 旧桥加固

一、概述

任何一座新建的桥梁经过若干年大自然的侵蚀和使用,终将成为一座旧桥。所以,旧桥加固、维修将是一个永久性的技术课题,旧桥的加固利用和改造已成为桥梁工程建设中既古老又年轻的学科;实践证明,旧桥的检测、评定与加固是一项综合繁杂,并且在不断发展创新、逐步完善的技术,是当今国际土木工程界所共同关心的热点问题之一,也是桥梁建设可持续发展的关键技术之一。

旧桥加固改造技术,是针对正在使用的旧桥进行检测、评定、维修、加固或改造等技术对策的总称。国内外的实践均已证明,旧桥加固、维修工作是一项技术上可行、经济上合理的举措。但由于旧桥加固的过程中常存在原始资料和图纸不全的客观因素,旧桥加固设计的制约因素和技术风险远比设计新桥大得多。

而且,旧桥加固是一项繁杂的系统工作,往往工程量不大,但涉及面广,并关联诸多隐蔽工程。病害原因、加固方法常常因桥、因地而异,且施工工艺多具特殊性和复杂性。上述情况是旧桥加固工作的特点,应引起我们的重视。同时,实践也证明,尽管每座旧桥的情况各不相同,具有各自不同的特点,但旧桥加固也存在一定的共性,有内在规律可循。我们应遵循桥梁加固、改造工作的共性,结合具体桥梁的特殊性,在实践中不断创新和探索,采用最先进的技术和材料,在旧桥检测、评定、加固和改造工作中,创造和总结出切实可行的技术和方法。

(一)旧桥加固工作内容

具体到对某座旧桥进行加固和改造时,既要针对其病害特点和环境条件,采取相应的、有效的具体措施,同时也应遵循如下工作步骤来开展工作:

①发现桥梁存在较为严重的结构病害后是否进行加固的决策过程;

②对桥梁进行结构检查、检测和评定;

③加固设计和编制工程预算;

④加固施工和加固后的鉴定、验收;

⑤加固前、后必要时进行动、静载试验等。

(二)关键的三项工作

上述旧桥加固的工作内容当中,以下三项是关键性工作:

①检测、评定是旧桥加固工作的前提:目的——了解"病情",诊断"病状";要求——检查要全面、仔细,病害分析要准确。

②加固设计是旧桥加固工作的基础:加固方法要合理,针对性强;灵活应用各种技术方法,创造性地确定加固方案。

③确保施工质量是旧桥加固工作的关键:加固施工的好坏起着决定性的作用。

二、旧桥检测与评定

(一)确定检测方案

在开展此项工作前,首先应明确工作的目的:病害桥梁的维修利用;加固改造,提高荷载等级;需要通过超重车辆等。然后,根据不同的目的来制订检测方案,并指导开展具体的检测工作。桥梁检测工作的好坏、资料是否齐全,关键在于事先准备工作是否充分、周全。一座桥梁的构件极为繁杂,如果现场检测时有所遗漏,致使检测资料不完整,则需要再次至现场补测,不仅影响工作进度,还要增加经费。因此,检测前制订翔实、周全的检测方案,是确保检测任务顺利、完整进行的先决条件。

(二)检测工作的实施

要全面、彻底、仔细地检测一座桥梁,桥下支架是不可缺少的。实践证明,检测支架是确保检测质量和检测人员安全的重要环节。在安全、可靠、适用的前提下,可因地制宜地解决好检测支架问题。经济条件许可的情况下可购买桥检车。

(三)检测结果分析与评定

要确保检测和收集的资料齐全、完整。实践证明,资料的可靠性和实用性取决于其完整性。

在病害产生原因分析时,一定要全面客观并有充分依据,病害的根源要找准并分析透彻,从而确保加固补强措施能够起到实效。

三、旧桥加固设计

(一)加固方案的选择

国内外已有很多成熟的旧桥加固技术和方法,但要针对某座桥的具体特点加以综合考虑,要重点考虑技术可行性、经济合理性和创造性。针对某种病害有多种处理方法,如何选择最优的方案,是加固好一座桥梁最基础的工作。

(二)加固设计

加固方案确定后,需进行细部设计。要强调的是,由于旧桥加固施工的特殊性,设计人员应将施工方法、工艺流程或施工顺序阐述清楚,并应有相应的技术要求和衡量工程质量的指标。

四、旧桥加固施工

(一)选择施工单位

由于旧桥加固施工不同于建新桥,工程量虽不大,但工序较繁杂,且涉及诸多隐蔽工程,施工工艺多具特殊性和复杂性,因此,应选择具有相应资质与类似加固工程施工经验的施工单位进行施工,并聘请具有旧桥加固工程施工经验的工程师进行监理,这是保证加固目的实现的关键。加固施工质量不好,不仅起不到加固补强作用,甚至可能对原有桥梁结构造成新的破坏。

(二)设计单位配合

设计人员要切实配合好施工全过程,尤其是施工前的技术交底,要详细讲解,以求施工人员明白设计意图和工程质量要求。同时,要充分调动施工人员的积极性和创造性,从而补充和完善加固设计的不足。最终目的就是共同搞好加固施工,使加固设计任务圆满完成。

五、桥跨结构加固方法简介

(一)桥面补强加固法

桥面补强加固法是通过在桥面板(主梁顶面)加铺一层钢筋混凝土层,使其与原有结构形成整体,是增大桥面板或主梁有效高度、增加桥面整体刚度、提高桥梁承载能力的一种常用且有效的加固方法。

主梁或桥面板承载力不足、刚度不够,或铰接梁、板的铰缝不能有效传力时,可采用桥面补强加固法进行加固。受桥面补强层厚度的限制,这种加固方法主要适用于中小跨径的桥梁。

采用桥面补强进行加固，桥面板或主梁恒载将有所增加，应通过计算判断桥面增厚后是否可以提高桥梁的有效承载能力。若恒载的增加影响较大，则应考虑采用其他加固方法或与其他方法综合运用。同时，加铺补强层后，桥面高程也将受到影响，连接路面或桥面纵坡应予以调整。为减少补强层增加的恒载，必须先将原有的桥面铺装层凿除，并要求对伸缩缝进行改造。

采用桥面补强加固法时，加固结构属二次受力结构，加固前原结构已经受力，补强层在加固后并不立即受力，而只有在新增荷载作用下，即第二次加载情况下才开始受力。其次，加固结构存在补强层与原结构整体工作、共同受力的问题，混凝土结合面上的强度较整体浇筑的强度要低，必须采取构造措施克服这一弱点。

桥面补强加固法施工活动全部在桥面进行，操作便利，易于控制工程质量。补强层仅增加受压区混凝土面积，承载能力提高幅度受原结构受拉区钢筋面积和强度的影响，宜与其他加固方法如粘贴钢板、碳纤维等结合使用，补强效果更加明显。此加固方法对新、旧混凝土结合面和收缩变形提出了特殊构造要求，以保证加固结构符合叠合结构的受力特征。

(二) 预应力加固法

预应力加固法的特点：施工工艺简单、对交通干扰少、所需设备简单、人力投入少、工期短、经济效益明显；能较大幅度提高或恢复桥梁的承载能力；对原结构损伤小，可以做到不影响桥下净空、不增加路面标高；预应力加固需要可靠的防腐设计。

预应力加固法的适用条件：适用于正截面受弯承载能力不足或正截面受拉区钢筋锈蚀的情况；适用于梁抗弯刚度不足导致的梁挠度超出规范要求，或由于刚度太小导致梁的受拉区裂缝宽度超过规范规定的情况；适用于梁斜截面受剪承载能力不足的情况。

预应力加固法实际上是使被加固结构成为一个带柔性拉杆的超静定结构。与其他预应力结构或其他加固方法不同的是：加固前桥梁所受荷载由恒载和活载组成，预应力钢筋的张拉控制值是在上部结构的恒载作用下读取的，即带载加固。因此，在计算预应力钢筋荷载作用下的应力增量时，应仅考虑活载的作用。根据上述受力特点，可将预应力加固梁桥结构分为施加预应力与活载作用两个阶段进行受力分析。

预应力加固法是一种主动加固法，能较大幅度地提高构件的承载能力，且施工简单、方便，在加固方法选择过程中，宜优先考虑。

(三) 粘贴碳纤维片加固法

碳纤维(CFRP)片材具有轻质高强、操作简单、易于粘贴、不锈蚀的优点，可用于抗弯、抗剪、抗压(偏心受压)及抗震等多种形式的加固。该方法适用于混凝土梁桥、板桥的抗弯和抗剪加固。对于配筋率较低或钢筋锈蚀严重的旧桥，加固效果尤为显著；还适用于混凝土墩柱的抗剪、抗压补强，抗震延性补强以及地震破坏后的修复等。需要注意是，在采用该技术加固时，必须严格遵守材料商对CFRP片材和黏结剂等提供的环境要求(如温度、湿度等)。

粘贴CFRP片材加固的一般施工工艺流程为：构件表面处理→涂刷底层树脂→找平修补→粘贴CFRP片材→表面防护。

(四) 粘贴钢板加固法

主梁承载力不足，或纵向主筋出现严重的锈蚀，或梁板桥的主梁出现严重横向裂缝时，可用黏结剂及锚栓将钢板粘贴锚固在混凝土结构的受拉缘或薄弱部位，使其与结构形成整体，以钢板代替增设的补强钢筋,提高桥梁的承载能力。粘贴钢板加固法适用于受弯、受剪和受拉构件,适用于环境温度在$-20 \sim 60\ ℃$范围内,相对湿度不大于70%及无化学腐蚀地区。粘贴钢板加固法须对结合面进行处理,并钻埋螺栓孔,可对原结构产生损伤;钢板需作防腐处理,增加了日后养护费用。

粘贴的钢板由于重量轻,所以操作便利,易于控制工程质量;钢板由于拉、压强度均很高,加之粘贴后的钢板主要承受活载,对于受弯、受剪和受拉构件,其补强效果优于加大混凝土截面的效果;结合面处理和钻埋螺栓孔对原结构有一定损伤,因此施工过程中要严格按照设计要求进行施工,将损伤程度降到最低。

(五)外包钢加固法

外包钢加固法适用于提高以受压为主的构件(桥墩、拱肋、桁架杆等)的承载力、刚度及延性。适用于环境温度在$-20 \sim 60\ ℃$范围内,相对湿度不大于70%及无化学腐蚀地区。外包钢加固法施工简便、效果直观明显、对施工环境影响小、成本低,不显著增大原构件截面尺寸和自重,但可大幅度提高其承载能力。此法需对结合面进行处理,并钻埋螺栓孔,对原结构有一定损伤;钢材需作防腐处理,增加了日后养护的费用。

(六)增大截面和配筋加固法

该加固方法是在构件表面加大混凝土尺寸,增加受力钢筋,使其与原结构形成整体,从而增大构件有效高度和受力钢筋面积,增加构件的刚度,提高桥梁整体承载能力。这种加固方法广泛应用于梁(板)桥及拱桥拱肋的加固。

加大构件截面时,会使上部结构恒载增加,对原结构及基础承载能力有一定影响。

(七)增加构件加固法

当墩台地基安全性能良好并具有承载能力,上部结构也基本完好,但其承载能力不能满足要求,或要求加宽桥面时,可通过增设纵梁来提高承载能力或适应拓宽改建要求,对于要进行拓宽改造的则还需要对墩台进行拓宽。

根据增加构件及新、旧主梁联合受力形式,可将增加构件加固法分为:增设纵梁加固(不拓宽桥面);增设边梁加固;单边拓宽技术改造;双边拓宽技术改造;加辅助横梁加固。

(八)改变结构受力体系加固法

改变结构受力体系加固旧桥通常是指增设附加构件和进行技术改造,使桥梁的受力体系和受力状况发生改变,从而起到减小承重构件的应力并改善桥梁性能的作用,达到提高承载能力的目的。常使用的方法如下:

(1)简支转连续法(图14-2);

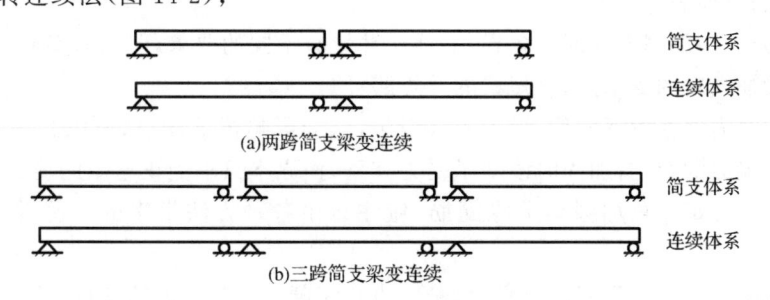

(a)两跨简支梁变连续

(b)三跨简支梁变连续

图14-2 简支转连续法

(2)将多跨简支梁改造为桥面连续简支梁体系;

(3)增加辅助墩法(图14-3);

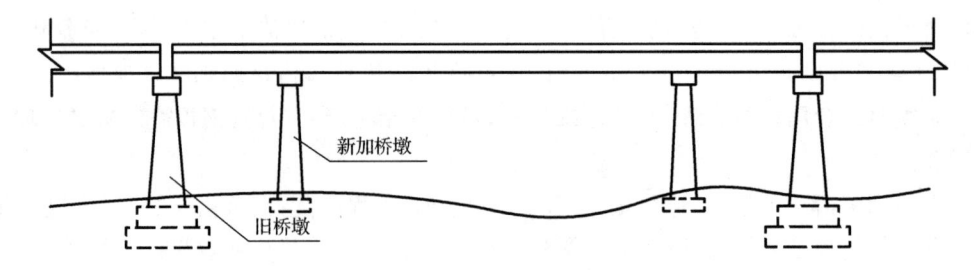

图 14-3　增加辅助墩法

(4)八字支承法(图 14-4);

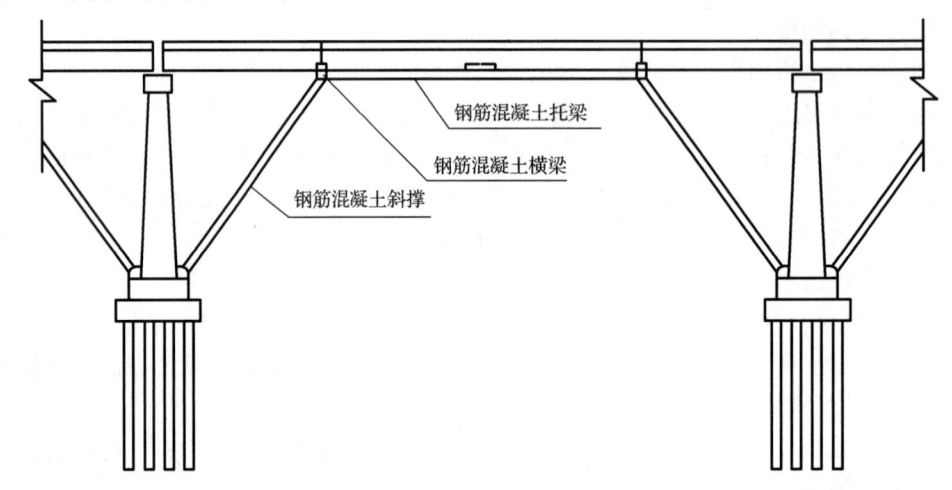

图 14-4　八字支承法

(5)将梁式桥转换为梁拱组合体系(图 14-5);

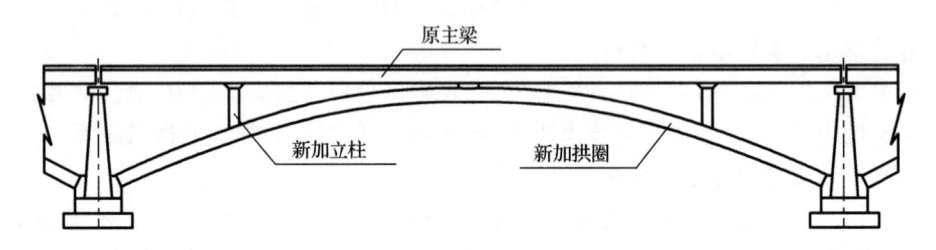

图 14-5　将梁式桥转换为梁拱组合体系

(6)改桥为涵洞加固;

(7)钢索斜拉加固(图 14-6)。

其中,(3)~(7)加固方法形式各异,对适用环境有不同的要求,但加固实质相同,即均是为所加固的桥梁加入新的支承点,缩短梁的计算跨径。

加固时往往需要在桥下操作,设置永久设施,这会影响桥下净空,所以必须考虑加固操作对通航及排洪能力的影响;加固时改变了受力体系,使原本只承受正弯矩的简支梁在部分位置出现负弯矩,所以要注意加强梁上缘配筋;应注意由各种方法带来的一些其他不利的附加影响。

旧桥加固技术是一门新兴的学科,也是一直在完善、补充、发展的学科。随着桥型的改变,尤其是新材料、新工艺、新技术的出现,新的、更好的加固方法也会出现并得到应用。

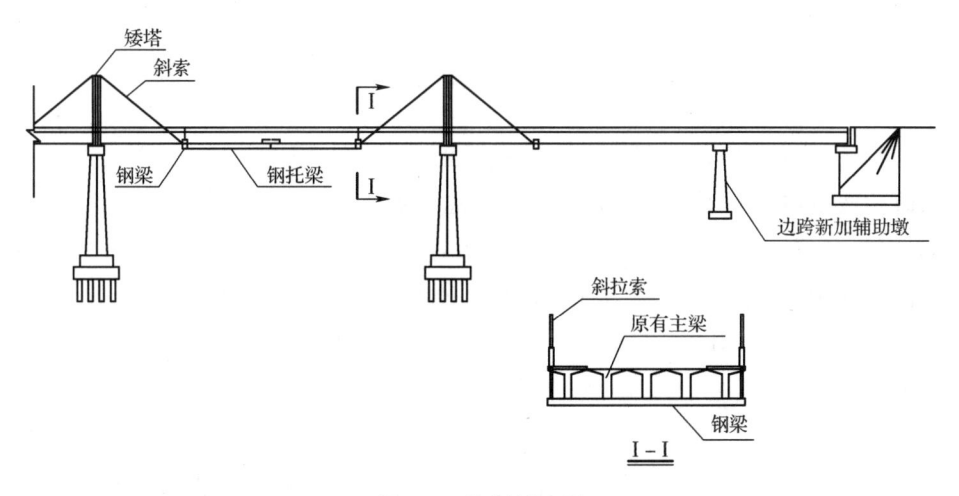

图 14-6　钢索斜拉加固

复习思考题

1. 如何进行桥梁工程质量评定？
2. 桩基础质量检验与评定的基本要求、实测项目和外观鉴定内容分别有哪些？
3. 各种施工方法的梁桥质量检验与评定的基本要求、实测项目和外观鉴定内容分别有哪些？
4. 混凝土强度和缺陷的无损检测方法有哪些？
5. 灌注桩完整性和承载能力检测方法有哪些？
6. 简述桥梁荷载试验的目的及静载试验的主要测试内容。
7. 桥梁静载试验中常采用哪些加载设备？
8. 桥梁荷载试验报告应包括哪些内容？
9. 桥跨结构常用的加固方法有哪些？

参 考 文 献

1. 邵旭东.桥梁工程[M].5版.北京:人民交通出版社,2019.
2. 李辅元.桥梁工程[M].2版.北京:人民交通出版社,2013.
3. 薛安顺.桥梁工程技术.[M].北京:高等教育出版社,2011.
4. 李自林.桥梁工程[M].2版.北京:机械工业出版社,2018.
5. 李灵.桥涵施工技术[M].北京:机械工业出版社,2018.
6. 中华人民共和国交通运输部.公路桥涵施工技术规范(JTG/T 3650—2020)[S].北京:人民交通出版社,2020.
7. 中华人民共和国交通运输部.公路钢筋混凝土及预应力混凝土桥涵设计规范(JTG 3362—2018)[S].北京:人民交通出版社,2018.
8. 中华人民共和国交通运输部.公路桥涵设计通用规范(JTG D60—2015)[S].北京:人民交通出版社,2015.
9. 中交公路规划设计研究院有限公司.公路圬工桥涵设计规范(JTG D61—2005)[S].北京:人民交通出版社,2005.
10. 中华人民共和国交通运输部.公路斜拉桥设计规范(JTG/T 3365-01—2020)[S].北京:人民交通出版社,2020.
11. 中华人民共和国交通运输部.公路桥涵地基与基础设计规范(JTG 3363—2019)[S].北京:人民交通出版社,2019.
12. 国家铁路局.铁路桥涵设计规范(TB 10002—2017)[S].北京:中国铁道出版社,2017.
13. 国家铁路局.铁路桥涵混凝土结构设计规范(TB 10092—2017)[S].北京:中国铁道出版社,2017.
14. 国家铁路局.铁路桥涵地基和基础设计规范(TB 10093—2017)[S].北京:中国铁道出版社,2017.